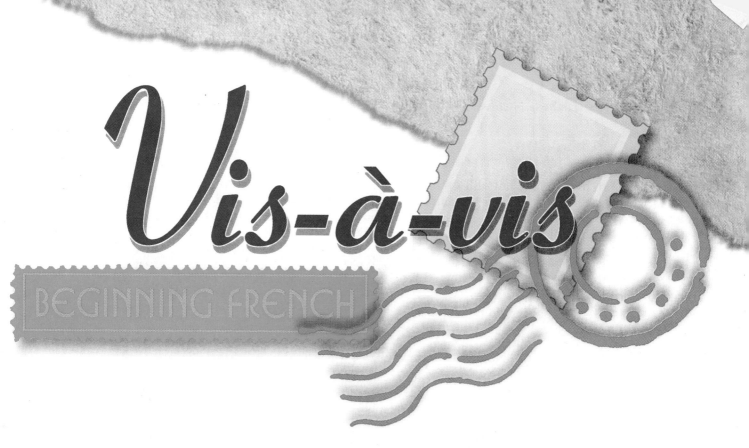

Vis-à-vis

BEGINNING FRENCH

Evelyne Amon

Judith A. Muyskens
UNIVERSITY OF CINCINNATI

Alice C. Omaggio Hadley
UNIVERSITY OF ILLINOIS, URBANA-CHAMPAIGN

With contributions by:
Thierry Duchesne
Claudine Convert-Chalmers

McGraw Hill

Boston, Massachusetts   Burr Ridge, Illinois   Dubuque, Iowa
Madison, Wisconsin   New York, New York   San Francisco, California   St. Louis,

McGraw-Hill

A Division of The McGraw-Hill Companies

Vis-à-vis
Beginning French

67890 VNH VNH 909

ISBN 0–07–001700–X (Student's Edition)
ISBN 0–07–001701–8 (Teacher's Edition)

This book was set in New Aster by GTS Graphics. The editors were Leslie Berriman, Marion Lignana Rosenberg, and Kathy Melee; the production supervisor was Tanya Nigh; the cover and interior designer was M. Elizabeth Williamson; the cover fine art, *Flowers in a vase and two figures* (*Flowers of France*), was by Paul Gauguin (1848–1903), Hermitage, St. Petersburg, Russia (Photo: SCALA/Art Resource, N.Y.); the cover photograph was by Owen Franken, © Owen Franken, Paris; the cover background map is reprinted with permission of Société d'Etudes et de Cartographie Inter Dessins (SECID), Paris; the front matter designer was BB&K Design, Inc.; the interior illustrators were David Bohn, Axelle Fortier, Lori Heckleman, Ellen Sasaki, and Katherine Tillotson; interior icons were designed by Genine Smith; the text photographer was Owen Franken; the interior photo researcher was Stephen Forsling; the cover photo researcher was Dallas Chang; editorial and production assistance was provided by Terri Wicks, Pam Webster, Iikka Valli of Paloma Design & Production, Melissa Gruzs, and Deborah Bruce.

Von Hoffman Press, Jefferson City, MO, was printer and binder.
Phoenix Color Corporation was cover separator and printer.

Library of Congress Cataloging-in-Publication Data
Amon, Evelyne.
    Vis-à-vis : beginning French / Evelyne Amon, Judith A. Muyskens,
Alice C. Omaggio Hadley : with contributions by, Thierry Duchesne,
Claudine Convert-Chalmers.
        p.   cm.
    Includes index.
    ISBN 0–07–001700–X (student ed.). — ISBN 0–07–001701–8 (teacher ed.)
    1. French language—Textbooks for foreign speakers—English.
I. Muyskens, Judith A. II. Hadley, Alice Omaggio, 1947–   .
III. Title.
PC2129.E5A48   1995
448.2'421—dc20
                                                    95-45823
                                                    CIP

CONTENTS

CHAPITRE 3 DESCRIPTIONS

CHAPITRE 4 À LA MAISON

CHAPITRE 7 — LA CUISINE

CHAPITRE 8 — EN VACANCES

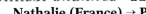

CONTENTS

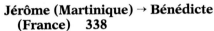

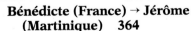

CHAPITRE 15 LES LOISIRS

CHAPITRE 16 POUR OU CONTRE?

APPENDICES

LEXIQUES

INDEX

PREFACE

Welcome to *Vis-à-vis,* a new introductory French program from McGraw-Hill. *Vis-à-vis* is a fully integrated multi-media package designed to make the French language and the cultures of the Francophone world come alive for your students. *Vis-à-vis* promotes a balanced, four-skills approach to learning French through a variety of speaking, listening, reading, and writing activities.

Here are a few of the highlights of this unique and practical program.

▶ **Clear organization:** The sixteen chapters of *Vis-à-vis* are divided into four lessons, each easily located through a color-coded tabbing system, along with a central cultural spread. Vocabulary, grammar, cultural material, and skill-building activities are grouped into distinct and regular lessons for optimum ease of use:

> **Leçon 1: Paroles**
> **Leçon 2: Structures**
> **Correspondance**
> **Leçon 3: Structures**
> **Leçon 4: Perspectives**

▶ **Integrated video:** An episode from the exclusive Video to accompany *Vis-à-vis*—featuring the upbeat adventures of four university students in Paris—is integrated into each chapter of the text.

▶ **Correspondence feature:** Beautifully illustrated postcards and letters exchanged by the video characters and their friends and relatives abroad appear twice in each chapter of *Vis-à-vis*. The continuing correspondence takes students to four main areas of the Francophone world in addition to France: Quebec, French-speaking Africa, French-speaking Europe, and the Antilles.

▶ **Unified culture presentation: Correspondance,** a bold and stunning cultural spread, appears at the center of each chapter of *Vis-à-vis*. Its sumptuous illustrations and up-to-date reports highlight the everyday and historic cultures of France, Quebec, French-speaking Africa, French-speaking Europe, and the Antilles.

▶ **CD-ROM:** Video segments, a variety of interactive activities, plus colorful cultural material are some of the features of the exciting CD-ROM to accompany *Vis-à-vis*.

Please turn the page for a fully illustrated Guided Tour of *Vis-à-vis*.

ORGANIZATION

V*is-à-vis* features a uniquely **clear and user-friendly organization**. Each of its sixteen chapters is divided into **four Leçons**, highlighted with **color tabs** for easy reference.

▶ **Leçon 1: Paroles** offers visual presentations of **thematic chapter vocabulary** and a wealth of enjoyable and efficient activities.

▶ **Leçons 2 and 3: Structures** contain two grammar points apiece, introduced via brief dialogues illustrating everyday conversation. **Clear presentations in English** follow, along with an abundance of French examples. An interesting **variety of exercises and activites**, ranging from **controlled and form-focused** to **open-ended and creative**, rounds out each section.

▶ **Leçon 4: Perspectives** integrates the vocabulary and grammar from the first three **Leçons** in a rich and stimulating selection of **skill-building activities**: Lecture (readings and pre-reading strategies); **À l'écoute!** (taped listening comprehension passages); and the exclusive **Vidéothèque** section.

For additional information, please turn to the **Skills Development** section of this Guided Tour.

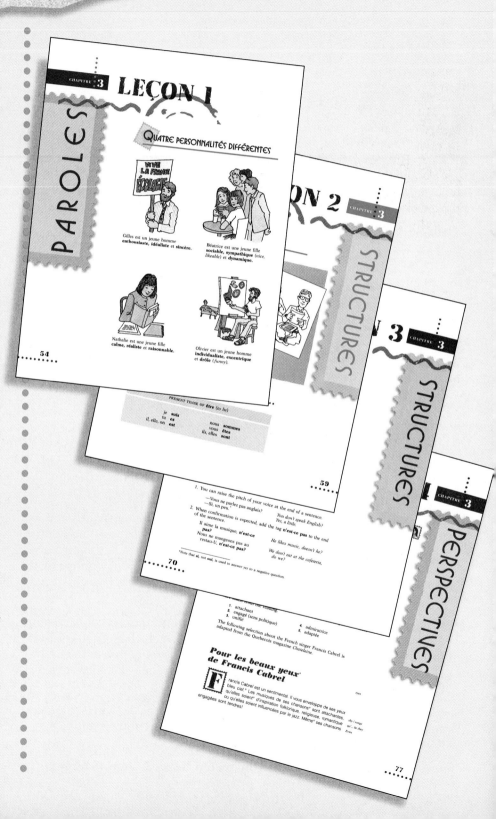

VIDEO & CORRESPONDENCE

Vis-à-vis offers an exclusive **integrated video** feature. In the **Vidéothèque** section of each chapter (highlighted by a symbol), students view the amusing endeavors of Paul, Bénédicte, Michel, and Caroline, four university students living in Paris.

Cue to: 18:51

Each **Vidéothèque** section offers a **convenient cue indicator** (with timings for real-time VCR counters and a blank reference, to be personalized with timings for equipment with mechanical counters), an introduction to the segment, vocabulary preparation, and one or two activities.

VIDÉOTHÈQUE*

THÈME 2   La famille

SCÈNE 2.3   Vivre à la maison
Michel, Caroline, and Paul discuss the pros and cons of living at home, each expressing a different point of view. What do they finally agree on?

VOCABULAIRE UTILE
Je trouve aussi!   I think, so, too!

In addition, the four video characters exchange **postcards and letters** with friends and relatives throughout the Francophone world. The cards and letters appear twice per chapter, as part of the lavishly illustrated chapter-opening page and **Correspondance** spread.

▶ **Chapters 1–4** highlight **Quebec,** as students follow the correspondence between Caroline (from the Video) and her sister Sophie in Canada.

▶ **Chapters 5–8** focus on **French-speaking Africa,** with an exchange of cards and letters between Michel (from the Video) and his friend Malik in Senegal and Ivory Coast.

▶ **Chapters 9–12** spotlight **French-speaking Europe,** as students witness the ups and downs between Paul (from the Video) and his former girlfriend Nathalie, a journalist travelling through France, Switzerland, and Belgium.

▶ **Chapters 13–16** conclude with the sunshine of the **Antilles** and the spirited exchange between Bénédicte (from the Video) and Jérôme, a tennis instructor at Club Med in Martinique.

The **cultures of the French-speaking world** are an integral part of every page of *Vis-à-vis,* but they come to the fore in the **central Correspondance section** of each chapter. Located between **Leçons 2** and **3, Correspondance** brings to life the immense richness and variety of Francophone cultures in a **single, easy-to-use presentation.**

▶ **Response postcard or letter:** The **response to the chapter-opening post-card or letter** kicks off each **Correspondance** spread.

▶ **Portrait:** An **outstanding individual** (contemporary or historic) from the French-speaking world is introduced.

CORRESPONDANCE 12

Odilon Redon (1840–1916) *Ophélie parmi les fleurs*
The National Gallery of Art, London

CARTE POSTALE

Mon petit Paul,

Je peux dire une chose: Tu es un grand romantique sous ton masque de Don Juan. Vraiment, tu as le sens de la mise en scène.

Malheureusement, le théâtre doit fermer. Je pars. Très loin. Je dois faire un article sur les îles francophones. Première étape: la Réunion, dans l'océan Indien.

Quelle chance! Je fais un métier que j'adore! Je voyage partout dans le monde! Je suis jeune, je suis libre: Tout est possible.

Je pense être à Paris dans quelques semaines. On se voit dès que j'arrive?

Gros bisous de Nathalie, journaliste globe-trotter!

PORTRAIT: Marguerite Yourcenar (écrivain belge, 1903–1987)

Pendant près de quarante ans, elle vit aux États-Unis avec Grace Frick, sa compagne. En 1981, elle est la première femme à entrer à l'Académie française, une institution prestigieuse d'intellectuels et d'écrivains français jusque-là[1] réservée aux hommes. Écrivain majeur, elle donne à la littérature française des œuvres capitales: Les *Mémoires d'Hadrien* (1951), *l'Œuvre au noir* (1968). Elle écrit dans une très belle langue classique faite d'équilibre et de mouvement. Son credo: « J'ai plusieurs religions comme j'ai plusieurs patries. »

[1] *until then*

FLASH 1 SUZANNE VALADON
(PEINTRE ET DESSINATEUR FRANÇAIS, 1867–1938)

'ai eu de grands maîtres. J'ai tiré[1] le meilleur
eux-mêmes, de leur enseignement, de leur exemple. Je
e suis trouvée, je me suis faite, et j'ai dit, je crois, ce que
vais à dire».

Femme, peintre, pauvre et autodidacte[2]: Suzanne
aladon transforme ces désavantages en avantages.

Pour gagner sa vie,[3] elle devient le modèle de Renoir et
e Toulouse-Lautrec. Elle s'instruit à leur contact.
endant ses heures de pose, elle les regarde travailler et
onstruit peu à peu sa personnalité artistique.

Son art est hardi[4] et très personnel: En dépit des[5]
bous de l'époque, elle fait son autoportrait sous forme
e nu et peint aussi des hommes nus.

Mère du peintre Utrillo à qui elle donne ses premières
çons, elle est une figure essentielle de la société
npressionniste. À sa mort, elle laisse au monde 478
bleaux, 273 dessins et 31 croquis.[6]

[1]rew [2]self-taught person [3]gagner… earn a living [4]bold [5]En… Despite the [6]sketches

Suzanne Valadon, *Portrait de Maurice Utrillo*, 1921.
(Collection particulière, Paris)

FLASH 2 LE MUSÉE RODIN

Où se trouve *Le Penseur*, la plus fameuse sculpture
d'Auguste Rodin? À Paris, au Musée Rodin installé
dans les murs de l'hôtel Biron où l'artiste a passé les dernières
années de sa vie.

Imaginez une sorte de petit palais avec des parquets en
bois. D'une pièce à l'autre, vous découvrez les chefs-d'œuvre
inscrits dans la pierre: le fameux *Baiser*, *La Main de Dieu*... Et
au premier étage, la collection de peinture de Rodin avec
notamment des tableaux de Van Gogh.

Vous sortez de ce musée, fasciné par la blancheur[1] du
marbre, ébloui[2] par ces corps et ces visages sculptés dans
l'éternité de la pierre.

Le jardin qui entoure le musée est une petite merveille.
Allez vous y promener, pour découvrir d'autres chefs-d'œuvre
du grand maître, exposés en plein air.

[1]whiteness [2]dazzled

Un moment de réflexion au Musée Rodin.

▶ **Flash 1:** Lively, incisive
reports on an aspect of the
chapter theme related to **life
in France** bring your students
up to date on many fascinating
issues in contemporary
French society.

▶ **Flash 2:** Engaging, pertinent
information keeps your students in the know about similar developments in the **four
areas of the Francophone
world** highlighted in *Vis-à-vis:*
in **Chapitres 1–4, Quebec;**
in **Chapitres 5–8, French-
speaking Africa;** in
**Chapitres 9–12, French-
speaking Europe;** and in
**Chapitres 13–16, the
Antilles.**

SKILLS DEVELOPMENT

To develop students' **speaking skills**, *Vis-à-vis* offers an abundance of **partner / pair activities**, highlighted in the text with a symbol.

▶ **Mots-clés** is a special boxed feature with **lexical items for communication** that appears whenever it is useful and contains active vocabulary to be used in the activity it accompanies.

In addition to the unique **Vidéothèque** feature, **Leçon 4: Perspectives** contains materials to sharpen students' **reading, listening, and speaking skills**.

▶ **Lecture:** Most **readings** are taken from **the contemporary French-language press.** They include profiles of popular musicians, articles on managing stress and eating well at exam time, and tips for coping with jet lag. Readings are highlighted with a symbol for easy reference.

▶ **Avant de lire:** Efficient, helpful **reading strategies** and a brief warm-up activity are presented before each reading.

Allez-y!

A **Problèmes de mathématiques.** Inventez six problèmes, puis demandez à un(e) camarade de les résoudre (*solve them*).

MODÈLES: 37 + 42 →
　　　　　　É1: Trente-sept plus (et) quarante-deux?

MOTS-CLÉS

Saying how often you usually do things

tous les jours	*every day*
une / deux / trois fois par semaine	*once / twice / three times a week*
le lundi / le vendredi s[...]	
le week-end	
pendant les vacances	

C **Les activités.** Qu'est-ce que vous faites... ? Complétez les phrases suivantes avec des réponses personnelles.

1. Je fais _____ tous les jours.   **2.** J'aime faire _____.   **3.** Je suis obligé(e) de faire _____ une fois par semaine.   **4.** Je déteste faire _____ le week-end.   **5.** J'adore faire _____ pendant les vacances.

Sondage. Maintenant comparez vos réponses avec celles (*those*) de vos camarades. Faites une liste de toutes les activités mentionnées.

LECTURE

Avant de lire

Skimming and scanning. When you look over articles, advertisements, brochures, and the like, it is often more efficient to look for specific information instead of reading line by line. You can usually skip most details and still find the facts that interest you.

Skimming and scanning are especially useful techniques when you read in a foreign language. When you take a moment to determine in advance the information you require—the date and time of an event, a critic's evaluation of a specific film, or the kinds of activities offered at a

À L'ÉCOUTE!

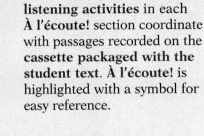

Bien entendu!

● **La météo.** You will hear a weather fore-cast for all of France. First, look through the drawings and the ~~...~~ Then listen

En situation

Déjeuner sur le pouce[1]

Contexte *Nous sommes dans une croissanterie[2] du Quartier latin où Sébastien et Corinne, deux étudiants québécois, déjeunent sur le pouce, entre deux cours.*

Objectif *Sébastien et Corinne commandent un repas à emporter.*[3]

LA SERVEUSE: Vous désirez?
SÉBASTIEN: Un croissant au jambon, s'il vous plaî~~t~~
CORINNE: Et pour moi, un croque-monsieur.[4]
LA SERVEUSE: C'est tout?

▶ **À l'écoute!:** Two different **listening activities** in each **À l'écoute!** section coordinate with passages recorded on the **cassette packaged with the student text.** **À l'écoute!** is highlighted with a symbol for easy reference.

▶ **Bien entendu!** is a **listening comprehension** activity, featuring interviews, weather reports, advertisements, and other interesting selections. One or two exercises allow students to confirm their understanding.

A PROPOS

Au restaurant

Voici d'autres expressions qu'on entend au restaurant.

Le serveur (La serveuse):
Combien de personnes, s'il vous plaît?
Vous avez choisi?
Comment voulez-vous le bifteck?

Les clients:
Qu'est-ce que vous proposez?
Qu'est-ce qu'il y a comme (fromage, dessert, etc.)?
saignant (*rare*)
à point (*medium*)

▶ **En situation** dialogues model **functional language** in the context of everyday exchanges. **À propos** boxes, listing **high-frequency con-versational expressions,** accompany each **En situa-tion** dialogue. Students make use of the functional expres-sions they hear and see for self-expression in the con-cluding **Jeu de rôles** activity.

Supplements

Vis-à-vis is a fully integrated multi-media program including the following components:

The combined **Workbook / Laboratory Manual** contains a variety of exercises on vocabulary, grammar, and culture; a guided writing section as well as a journal writing feature; and complete listening and pronunciation programs. Its sixteen chapters correspond to those in the main text. The Workbook / Laboratory Manual is designed primarily for independent study, and students may check their answers to single-response exercises against those given at the back of the Manual.

The annotated **Instructor's Edition** of the text includes marginal teaching hints, tips on vocabulary recycling, cultural notes, and scripts for the **Bien entendu!** and **Vidéothèque** sections.

The **Instructor's Manual** offers more detailed teaching suggestions, sample lesson plans, information on French resources on the Internet, and a complete videoscript for the Video to accompany *Vis-à-vis* (including scripts for additional scenes on the Video that are not integrated into the text).

The **Testing Program** includes three sets of tests for each chapter of *Vis-à-vis*, as well as quarter and semester exams.

The **Audiocassette Program,** recorded by native speakers of French, contains exercises and listening passages to guide students in speaking practice and listening comprehension. The Audiocassette Program is available free of charge to institutions and may also be purchased by students.

The **Tapescript** is a complete transcription of the Audiocassette Program. One copy of the Tapescript is included with each Audiocassette Program sent to language laboratories.

The **Listening Comprehension Tape,** recorded by native speakers of French, is packaged free with the student edition and is also provided to institutions. It contains the passages coordinated with the **À l'écoute!** activities in the main text.

The **Video to accompany *Vis-à-vis*,** filmed on location in France, coordinates with the **Vidéothèque** section of the text. It also features many additional adventures of Caroline, Michel, Paul, and Bénédicte as well as cultural vignettes containing authentic footage from a variety of French and Francophone sources.

The **CD-ROM,** designed specifically to accompany *Vis-à-vis*, coordinates with the sixteen chapters of the text. Each CD-ROM unit contains a video segment, six activities expanding on material from the text, and access to the videoscript and a complete vocabulary.

- The **McGraw-Hill Library of Authentic French Materials** includes one volume of French music videos and one volume of French commercials, each accompanied by an Instructor's Guide.

- The **McGraw-Hill Electronic Language Tutor** (MHELT 2.0) contains single-response exercises from the text. It is available in IBM and Macintosh formats.

- **Overhead Transparencies** in color are useful for vocabulary presentation, class activities, discussions, and review.

- **Slides** illustrating the beauty and diversity of the French-speaking world come with a booklet of commentary and questions for classroom use.

- A **Training / Orientation Manual** for use with teaching assistants, by James F. Lee (University of Illinois, Urbana-Champaign), offers practical advice for beginning language instructors and their coordinators.

- A **Practical Guide to Language Learning: A Fifteen-Week Program of Strategies for Success** by H. Douglas Brown (San Francisco State University) introduces beginning foreign-language students to the language-learning process. The guide provides practical strategies, exercises, self-tests, and encouraging guidance.

Please contact your local McGraw-Hill representative for information on the availability and costs of supplemental materials.

ACKNOWLEDGMENTS

The authors and publisher would like to thank all those who contributed to *Rendez-vous: An Invitation to French,* currently in its fourth edition, from which some material for *Vis-à-vis* was taken.

We acknowledge with gratitude the contributions of many individuals to *Vis-à-vis.* Françoise Santore of the University of California, San Diego, wrote the **Vidéothèque** sections of the text. Phyllis Golding of Queens College, City University of New York, created the Glossary of Grammatical Terms. Eileen LeVan made invaluable contributions to the **Lecture** sections of the text. Jehanne-Marie Gavarini read the entire manuscript to ensure its linguistic and cultural authenticity.

Thanks, too, to the editing, design, production, sales, and marketing staffs at McGraw-Hill for their superb work, first of all to Karen Judd and Francis Owens. Elizabeth Williamson created the splendid cover and interior design. Most of the beautiful color photographs were taken by Owen Franken expressly for *Vis-à-vis,* and Stephen Forsling was our expert photo researcher. Nancy Blaine of McGraw-Hill's Humanities Division provided expert assistance. Charlotte Jackson and Robyn Marshall were both indispensable in the later stages of production. Thanks to the incomparable McGraw-Hill sales force for their support of *Vis-à-vis,* and also to Margaret Metz. Warmest thanks to our editing supervisor, Kathy Melee, who shepherded this complex project through the production stages with unflagging skill, care, and good cheer.

Deepest gratitude is extended to the editorial group. Marion Lignana Rosenberg's development of the program was stellar, and she made immeasurable contributions to its content and visual beauty.

Leslie Berriman creatively directed the program from conceptualization to publication, and her guidance was exceptionally skillful. We would like to thank Susan Lake for the countless ways she participated in the completion of *Vis-à-vis.* Many thanks to Thalia Dorwick for being an advocate of *Vis-à-vis* and for allowing this program to happen.

ABOUT THE AUTHORS

Evelyne Amon studied at the Université de Paris-Sorbonne. She holds a DEA in modern literature, a Diplôme de Didactique des Langues in French as a second language, and a CAPES in modern literature. She teaches French language and literature at both the secondary and university level, and for the past several years has led in Switzerland a training seminar for professors on new advances in methodology and pedagogy. She has written several reference volumes (*Le vocabulaire du commentaire de textes, Le vocabulaire pour la dissertation, Les auteurs de la littérature française pour les épreuves de français*) and textbooks (*Littérature et Méthode*) for Larousse, Hatier, and Nathan. She resides in Paris and New York.

Judith A. Muyskens, Ph.D., Ohio State University, is Professor of French at the University of Cincinnati where she teaches courses in methodology and French language, supervises teaching assistants, and is department head. She has contributed to various professional publications, including *Modern Language Journal, Foreign Language Annals*, and the *ACTFL Foreign Language Education Series*. She is also coauthor of several other French textbooks, including *Rendez-vous: An Invitation to French*.

Alice C. Omaggio Hadley, Ph.D., Ohio State University, is a Professor in the Department of French at the University of Illinois at Urbana-Champaign, where she is Director of Basic Language Instruction. She supervises teaching assistants and is responsible for the curriculum development, testing, and administration of the elementary and intermediate language program. She is coauthor of the college French texts *Rendez-vous: An Invitation to French* and *Kaléidoscope*, and is author of a language teaching methods text, *Teaching Language in Context*, now in its second edition. Her publications have appeared in various professional journals and she has given numerous workshops throughout the country.

GLOSSARY OF GRAMMATICAL TERMS

ADJECTIVE   A word that describes a noun or pronoun.

a **big** house	une **grande** maison
She is **smart.**	Elle est **intelligente.**

Demonstrative adjective   An adjective that points out a particular noun.

this boy, **those** books	**ce** garçon, **ces** livres

Interrogative adjective   An adjective used to form questions.

Which notebook?	**Quel** cahier?
What posters are you looking for?	**Quelles** affiches cherchez-vous?

Possessive adjective   An adjective that indicates possession or a special relationship.

their cars	**leurs** voitures
my sister	**ma** sœur

ADVERB   A word that describes an adjective, a verb, or another adverb.

He is **very** tall.	Il est **très** grand.
She writes **well.**	Elle écrit **bien.**
They are going **too** quickly.	Ils vont **trop** vite.

ARTICLE   A determiner that sets off a noun.

Definite article   An article that indicates a specific noun.

the country	**le** pays
the chair	**la** chaise
the women	**les** femmes

Indefinite article   An article that indicates an unspecified noun.

a boy	**un** garçon
a city	**une** ville
(**some**) carrots	**des** carottes

Partitive article   In French, an article that denotes part of a whole. *Some* is not always expressed in English, but the partitive is almost always expressed in French.

(**some**) chocolate	**du** chocolat
(**some**) pie	**de la** tarte
(**some**) apples	**des** pommes

CLAUSE   A construction that contains a subject and a verb.

Main (Independent) clause   A clause that can stand on its own because it expresses a complete thought.

I'm looking for a girl.	**Je cherche une jeune fille.**
If I were rich, **I would buy a house.**	Si j'étais riche, **j'achèterais une maison.**

Subordinate (Dependent) clause   A clause that cannot stand on its own because it does not express a complete thought.

I'm looking for the girl **who plays tennis.**	Je cherche la jeune fille **qui joue au tennis.**
If I were rich, I would buy a house.	**Si j'étais riche,** j'achèterais une maison.

COMPARATIVE   The form of adjectives and adverbs used to compare two nouns or actions.

Léa is **less talkative** than Julien.	Léa est **moins bavarde** que Julien.
She runs **faster** than Julien.	Elle court **plus vite** que Julien.

CONDITIONAL   *See* Mood.

CONJUGATION   The different forms of a verb for a particular tense or mood. A present indicative conjugation:

I speak	we speak	je parle	nous parlons
you (*sing.*) speak	you (*pl.*) speak	tu parles	vous parlez
he/she/it/one speaks	they speak	il/elle/on parle	ils/elles parlent

CONJUNCTION   An expression that connects words, phrases, or clauses.

Christophe **and** Diane	Christophe **et** Diane
It's cold, **but** it's nice out.	Il fait froid, **mais** il fait beau.

DIRECT OBJECT   The noun or pronoun that receives the action of a verb.

I see **the man.**	Je vois **l'homme.**
I see **him.**	Je **le** vois.

GENDER   A grammatical category of words. In French, there are two genders: masculine and feminine. A few examples:

	masculine	feminine
articles and nouns:	**le** disque	**la** cassette
pronouns:	**il, celui**	**elle, celle**
adjectives:	intelligent, ancien	intelligent**e**, ancien**ne**
past participles:	est **né**	est **née**

IMPERATIVE   *See* Mood.

IMPERFECT (IMPARFAIT)   In French, a verb tense that expresses a past action with no specific beginning or ending.

We **used to swim** often.	Nous **nagions** souvent.

IMPERSONAL CONSTRUCTION   One containing a third person singular verb accompanied by an empty subject word.

It is important that . . .	**Il est important** que ...
It is necessary that . . .	**Il faut** que ...

INDICATIVE   *See* Mood.

INDIRECT OBJECT   The noun or pronoun that indicates for whom or to whom an action is performed.

Marc gives the present **to Rachel.**	Marc donne le cadeau **à Rachel.**
Marc gives **her** the present.	Marc **lui** donne le cadeau.

INFINITIVE   The form of a verb introduced in English by *to: to play, to sell, to come.* In French dictionaries, this form of the verb appears as the main entry: **jouer, vendre, venir.**

MOOD   A set of categories for verbs indicating the attitude of the speaker towards what he or she is saying.

Conditional mood   A verb form conveying possibility.

I **would go** if I had the time.	J'**irais** si j'avais le temps.

Imperative mood   A verb form expressing a command.

Go ahead!	**Allez-y!**

Indicative mood   A verb form denoting actions or states considered facts.

I **am going** to the library.	Je **vais** à la bibliothèque.

Subjunctive mood   A verb form, uncommon in English, used primarily in subordinate clauses after expressions of desire, doubt, or emotion. French constructions with the subjunctive have many possible English equivalents.

I want you to go there.	Je veux que vous y **alliez.**

NOUN   A word that denotes a person, place, thing, or idea. Proper nouns are capitalized names.

lawyer, city, newspaper, freedom, Louise	avocat, ville, journal, liberté, Louise

NUMBER

Cardinal number   A number that expresses an amount.

one chair, **three** students	**une** chaise, **trois** étudiants

Ordinal number   A number that indicates position in a series.

the **first** chair, the **third** student	la **première** chaise, le **troisième** étudiant

PASSÉ COMPOSÉ   In French, a verb tense that expresses a past action with a definite ending. It consists of the present indicative of the auxiliary verb (**avoir** or **être**) and the past participle. There are several equivalent forms in English.

I **ate** (**did eat, have eaten**).	J'**ai mangé.**
She **fell** (**did fall, has fallen**).	Elle **est tombée.**

PAST PARTICIPLE   The form of a verb used in compound tenses (like the **passé composé**): with forms of *to have* in English; with **avoir** or **être** in French.

eaten, finished, lost	mangé, fini, perdu

PERSON   The form of a pronoun or verb that indicates the person involved in an action.

	singular	plural
first person	I / **je**	we / **nous**
second person	you / **tu**	you / **vous**
third person	he, she, it, one / **il, elle, on**	they / **ils, elles**

PREPOSITION   A word or phrase that specifies the relationship of one word (usually a noun or pronoun) to another. The relationship is usually spatial or temporal.

to school	**à** l'école
near the airport	**près de** l'aéroport
with him	**avec** lui
before midnight	**avant** minuit

PRONOUN   A word used in place of one or more nouns.

Demonstrative pronoun   A pronoun that singles out a particular person or thing.

Here are two books. **This one** is interesting, but **that one** is boring.	Voici deux livres. **Celui-ci** est intéressant mais **celui-là** est ennuyeux.

Interrogative pronoun   A pronoun used to ask a question.

Who is he?	**Qui** est-il?
What do you prefer?	**Qu'est-ce que** vous préférez?

Object pronoun   A pronoun that replaces a direct object noun or an indirect object noun.

I see **Alain.** I see **him.**	Je vois **Alain.** Je **le** vois.
I give the book **to Mireille.**	Je donne le livre **à Mireille.**
I give **her** the book.	Je **lui** donne le livre.

Reflexive pronoun   A pronoun that represents the same person as the subject of the verb.

I look at **myself** in the mirror.	Je **me** regarde dans le miroir.

Relative pronoun   A pronoun that introduces a dependent clause and denotes a noun already mentioned.

We are talking to the woman **who** lives here.	On parle à la femme **qui** habite ici.
Here is the pen **(that)** you are looking for.	Voici le stylo **que** vous cherchez.

Stressed (Disjunctive) Pronoun   In French, a pronoun used for emphasis or as the object of a preposition.

You are impossible!	Tu es impossible, **toi!**
I work with him.	Je travaille avec **lui.**

Subject pronoun   A pronoun representing the person or thing performing the action of a verb.

Luc and Julie are playing tennis.	**Luc et Julie** jouent au tennis.
They are playing tennis.	**Ils** jouent au tennis.

SUBJECT The word(s) denoting the person, place, or thing performing an action or existing in a state.

Salima works here.   **Salima** travaille ici.

Paris is great!   **Paris** est formidable!

My **books** and my **computer**   Mes **livres** et mon
are over there.   **ordinateur** sont là-bas.

SUBJUNCTIVE *See* Mood.

SUPERLATIVE The form of adjectives or adverbs used to compare three or more nouns or actions. In English, the superlative is marked by *most* or *-est*.

I chose **the most expensive**   J'ai choisi la robe **la plus**
dress.   **chère.**

Annick works **the fastest.**   Annick travaille **le plus vite.**

TENSE The form of a verb indicating time: present, past, or future.

VERB A word that reports an action or state.

She **arrived.**   Elle **est arrivée.**

She **was** tired.   Elle **était** fatiguée.

Auxiliary verb A verb used in conjunction with an infinitive or participle to convey distinctions of tense and mood. In French, the main auxiliaries are **avoir** and **être.**

I **did** my homework.   **J'ai** fait mes devoirs.

We **went** to the movies.   Nous **sommes** allées au
cinéma.

Pronominal verb In French, a verb with a reflexive pronoun as well as a subject pronoun in its conjugated form. Its infinitive is preceded by **se.**

to remember: I remember   **se** rappeler: je **me** rappelle

Reflexive verb A verb whose subject and object are the same.

He **cuts himself** when he   Il **se coupe** quand il **se rase.**
shaves (himself).

PREMIERS PAS

Paris
Vue panoramique

CARTE POSTALE

RÉPUBLIQUE FRANÇAISE   LA POSTE 1995
J.J. Audubon
Buse
pattue
4,40

Chère Sophie,

Bonjour! Ça va?
Aujourd'hui, à Paris, il fait
beau.

Nous sommes lundi:
j'ai un cours de biologie.

À bientôt!
Caroline*

PAR AV

Enjoy the postcards and letters
in *Vis-à-vis*! You will gain the
most by reading them for pleasure and not being concerned
about the unfamiliar words you
will occasionally encounter.
English equivalents are available
in Appendix E, but try to use
this resource only as needed.

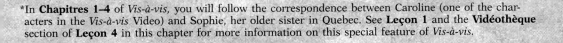

*In **Chapitres 1–4** of *Vis-à-vis*, you will follow the correspondence between Caroline (one of the characters in the *Vis-à-vis* Video) and Sophie, her older sister in Quebec. See **Leçon 1** and the **Vidéothèque**
section of **Leçon 4** in this chapter for more information on this special feature of *Vis-à-vis*.

1

LEÇON 1

BIENVENUS!°

Welcome!

Welcome to *Vis-à-vis*. During this introduction to the French language and the French-speaking world, you will be getting to know four college students from Paris, characters featured in the Video to accompany *Vis-à-vis*. They are:

Michel, a literature student

Caroline, a medical student

Bénédicte, a political science stud

Paul, a law student

As you work your way through *Vis-à-vis*, you will follow the lives of Caroline, Michel, Paul, and Bénédicte and see how they interact with one another. Their interests, desires, and adventures make up the **Vidéothèque** section that appears in each chapter.

Each chapter of *Vis-à-vis* has another special feature: an exchange of cards and letters between these four people and some of their friends and relatives in French-speaking areas abroad. Here are the four pairs of correspondents:

Sophie

Malik

Nathalie

Jérôme

- **Chapitres 1–4:** Caroline and her sister Sophie, a mother of two children living in Quebec (city)
- **Chapitres 5–8:** Michel and his friend Malik, a professional tour guide working in West Africa
- **Chapitres 9–12:** Paul and his former girlfriend Nathalie, a freelance journalist traveling through France, Switzerland, and Belgium
- **Chapitres 13–16:** Bénédicte and her friend Jérôme, a tennis instructor at Club Med in Martinique

Take a look at the maps on pages 4–5 and locate the four students from the Video as well as Sophie, Malik, Nathalie, and Jérôme.

LE MONDE FRANCOPHONE°

The French-speaking world

More than 100 million people in the world speak French, either as their native language or as a second language used in the workplace. French-speaking regions are found throughout the world.

Allez-y!

La francophonie. Find these places on the maps on pages 4–5, and read their names aloud.

1. four European countries where French is a principal language
2. three North African countries where French is an administrative language
3. areas in the Americas where French is spoken
4. the Francophone African nations bordering on the Atlantic
5. the Francophone nations in the interior of Africa
6. five Francophone island nations in the Indian Ocean

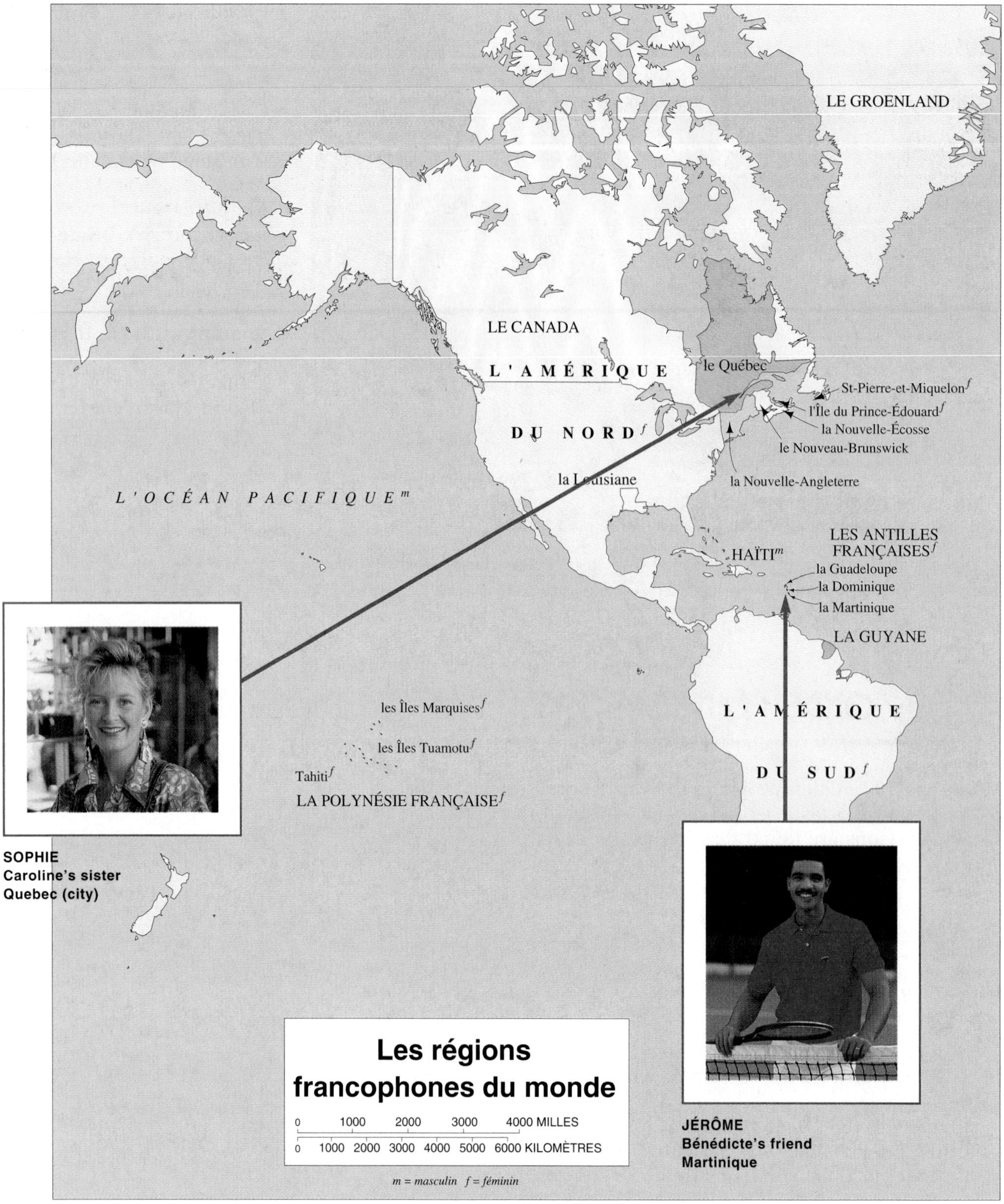

LE GROENLAND

LE CANADA

L'AMÉRIQUE

le Québec

St-Pierre-et-Miquelon^f

l'Île du Prince-Édouard^f

la Nouvelle-Écosse

DU NORD^f

le Nouveau-Brunswick

la Louisiane

la Nouvelle-Angleterre

L'OCÉAN PACIFIQUE^m

LES ANTILLES
FRANÇAISES^f

HAÏTI^m

la Guadeloupe

la Dominique

la Martinique

LA GUYANE

les Îles Marquises^f

L'AMÉRIQUE

les Îles Tuamotu^f

Tahiti^f

DU SUD^f

LA POLYNÉSIE FRANÇAISE^f

SOPHIE
Caroline's sister
Quebec (city)

JÉRÔME
Bénédicte's friend
Martinique

Les régions
francophones du monde

| 0 | 1000 | 2000 | 3000 | 4000 MILLES |

| 0 | 1000 | 2000 | 3000 | 4000 | 5000 | 6000 KILOMÈTRES |

m = masculin   f = féminin

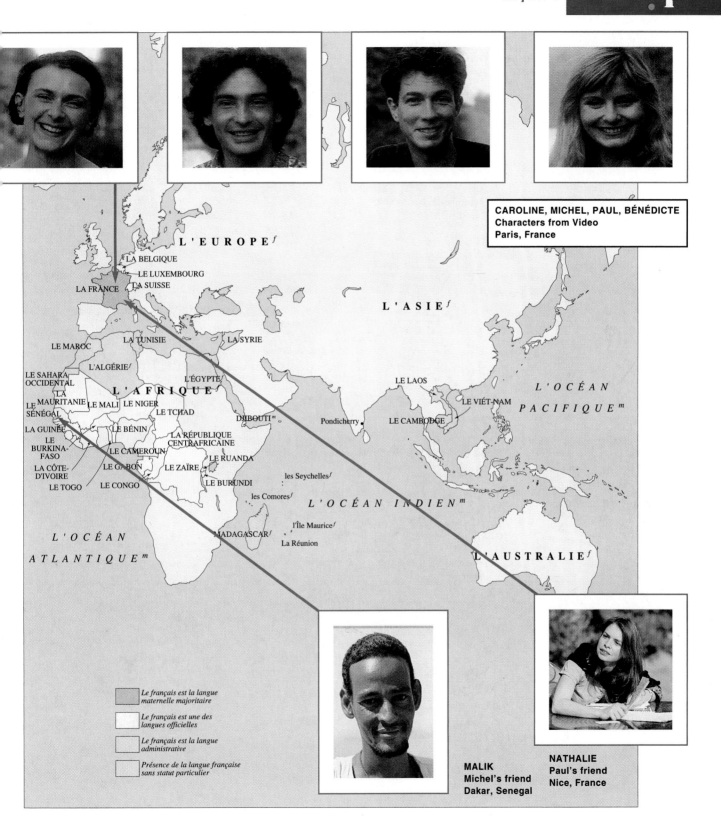

CAROLINE, MICHEL, PAUL, BÉNÉDICTE
Characters from Video
Paris, France

L'EUROPE*f*

LA BELGIQUE

LE LUXEMBOURG

LA FRANCE   LA SUISSE

L'ASIE*f*

LE MAROC   LA TUNISIE   LA SYRIE

L'ALGÉRIE

LE SAHARA
OCCIDENTAL   L'ÉGYPTE

LA
MAURITANIE   LE LAOS   L'OCÉAN

L'AFRIQUE*f*

LE
SÉNÉGAL   LE MALI   LE NIGER   LE VIÊT-NAM   PACIFIQUE*m*

LE TCHAD

DJIBOUTI*m*   Pondicherry   LE CAMBODGE

LA GUINÉE   LE BÉNIN

LE
BURKINA-   LA RÉPUBLIQUE
FASO   CENTRAFRICAINE

LA CÔTE-   LE CAMEROUN
D'IVOIRE   LE RUANDA
LE GABON   LE ZAÏRE

LE TOGO   LE CONGO   LE BURUNDI   les Seychelles*f*

les Comores*f*   L'OCÉAN INDIEN*m*

L'OCÉAN

ATLANTIQUE*m*   MADAGASCAR   l'Île Maurice*f*

La Réunion   L'AUSTRALIE*f*

Le français est la langue
maternelle majoritaire

Le français est une des
langues officielles

Le français est la langue
administrative

Présence de la langue française
sans statut particulier

MALIK
Michel's friend
Dakar, Senegal

NATHALIE
Paul's friend
Nice, France

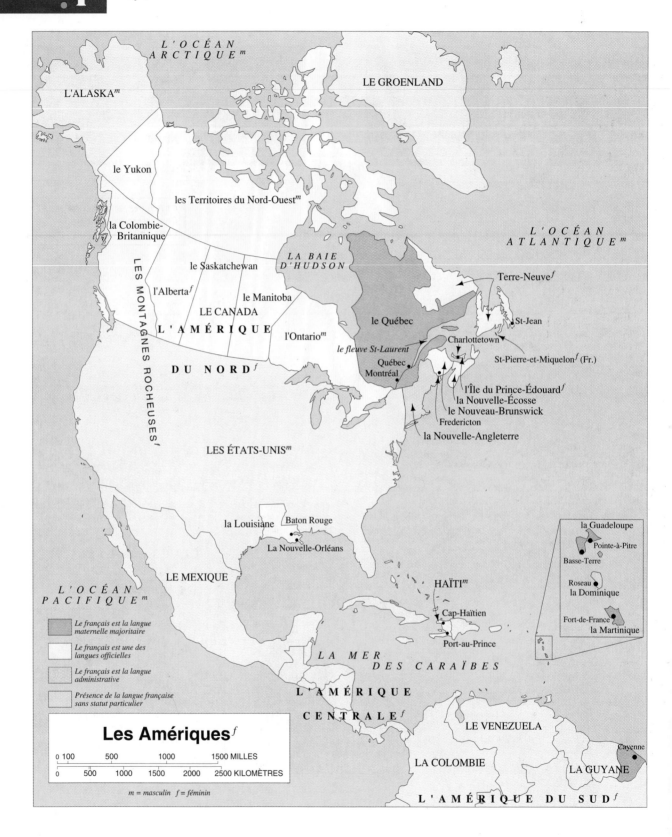

L'OCÉAN ARCTIQUE *m*

LE GROENLAND

L'ALASKA *m*

le Yukon

les Territoires du Nord-Ouest *m*

la Colombie-Britannique

L'OCÉAN ATLANTIQUE *m*

LA BAIE D'HUDSON

le Saskatchewan

Terre-Neuve *f*

l'Alberta *f*

le Manitoba

LE CANADA

le Québec

St-Jean

L'AMÉRIQUE

l'Ontario *m*

Charlottetown

le fleuve St-Laurent

St-Pierre-et-Miquelon *f* (Fr.)

DU NORD *f*

Québec

Montréal

l'Île du Prince-Édouard *f*

la Nouvelle-Écosse

le Nouveau-Brunswick

Fredericton

la Nouvelle-Angleterre

LES MONTAGNES ROCHEUSES *f*

LES ÉTATS-UNIS *m*

la Louisiane

Baton Rouge

La Nouvelle-Orléans

la Guadeloupe

Pointe-à-Pitre

Basse-Terre

LE MEXIQUE

L'OCÉAN PACIFIQUE *m*

HAÏTI *m*

Cap-Haïtien

Roseau

la Dominique

Port-au-Prince

Fort-de-France

la Martinique

LA MER DES CARAÏBES

Le français est la langue maternelle majoritaire

Le français est une des langues officielles

Le français est la langue administrative

Présence de la langue française sans statut particulier

L'AMÉRIQUE

CENTRALE *f*

LE VENEZUELA

Les Amériques *f*

0 100 500 1000 1500 MILLES

0 500 1000 1500 2000 2500 KILOMÈTRES

m = masculin   f = féminin

LA COLOMBIE

Cayenne

LA GUYANE

L'AMÉRIQUE DU SUD *f*

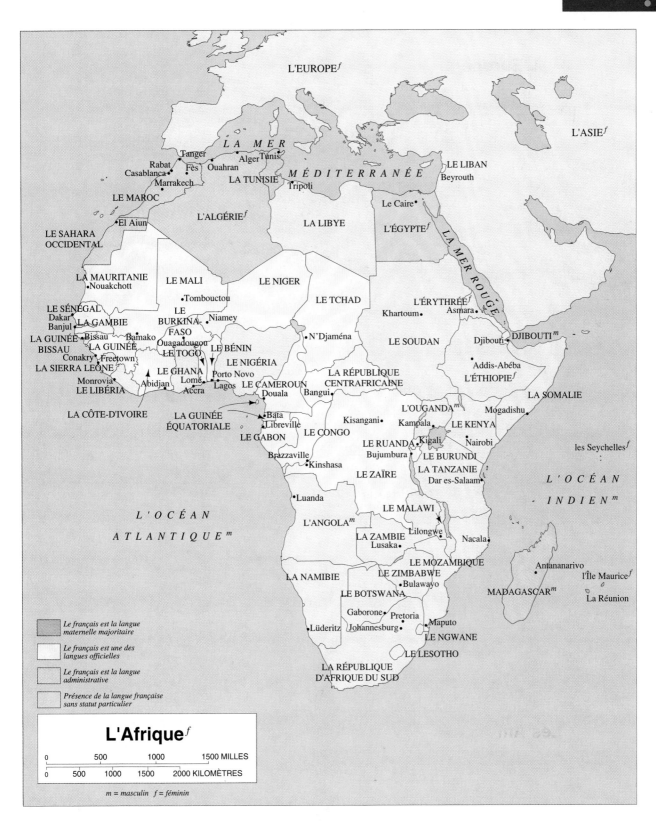

L'EUROPE*f*

L'ASIE*f*

LA MER

Tanger
Rabat Fès
Casablanca Ouahran
Marrakech
MÉDITERRANÉE
Alger Tunis
LA TUNISIE
Tripoli

LE LIBAN
Beyrouth

LE MAROC

El Aiun
L'ALGÉRIE*f*
LA LIBYE
Le Caire
L'ÉGYPTE*f*

LE SAHARA
OCCIDENTAL

LA MER ROUGE

LA MAURITANIE
Nouakchott
LE MALI
LE NIGER
LE TCHAD
L'ÉRYTHRÉE*f*
Khartoum
Asmara
DJIBOUTI*m*

Tombouctou
LE SÉNÉGAL
Dakar LE
LA GAMBIE BURKINA
Banjul FASO
Niamey
LE SOUDAN
Djibouti

LA GUINÉE Bissau Bamako
BISSAU LA GUINÉE Ouagadougou LE BÉNIN
Conakry Freetown LE TOGO
LA SIERRA LEONE
Monrovia LE GHANA
Abidjan Lomé
LA CÔTE-D'IVOIRE Accra
N'Djaména
LA RÉPUBLIQUE
CENTRAFRICAINE
Addis-Abéba
L'ÉTHIOPIE*f*

LE NIGÉRIA
Porto Novo
LE CAMEROUN
Lagos Douala
Bangui
LA SOMALIE

Mogadishu

LA GUINÉE
ÉQUATORIALE Bata
Libreville
LE GABON
Kisangani
L'OUGANDA*m*
LE CONGO
LE RUANDA
Bujumbura
Brazzaville
Kinshasa
Kampala
Kigali
LE KENYA
Nairobi
les Seychelles*f*

LE BURUNDI
LA TANZANIE
Dar es-Salaam

LE ZAÏRE
L'OCÉAN
INDIEN*m*

Luanda
LE MALAWI

L'OCÉAN
ATLANTIQUE*m*
L'ANGOLA*m*
Lilongwe
Nacala
Antananarivo
l'Île Maurice*f*

LA ZAMBIE
Lusaka
MADAGASCAR*m*
La Réunion

LE MOZAMBIQUE
LA NAMIBIE LE ZIMBABWE
Bulawayo

LE BOTSWANA
Gaborone
Lüderitz Johannesburg
Pretoria
Maputo
LE NGWANE
LE LESOTHO

LA RÉPUBLIQUE
D'AFRIQUE DU SUD

*Le français est la langue
maternelle majoritaire*

*Le français est une des
langues officielles*

*Le français est la langue
administrative*

*Présence de la langue française
sans statut particulier*

L'Afrique*f*

| 0 | 500 | 1000 | 1500 MILLES |
| 0 | 500 | 1000 | 1500 | 2000 KILOMÈTRES |

m = masculin   f = féminin

L'Europe^f

0   50 100   200   300   400   500 MILLES

0   100   200   300   400   500   600   700   800 KILOMÈTRES

m = masculin   f = féminin

Le français est la langue
maternelle majoritaire

Le français est une des
langues officielles

Le français est la langue
administrative

Présence de la langue française
sans statut particulier

Reykjavik • L'ISLANDE^f

LA SUÈDE

LA FINLANDE

LA NORVÈGE

Helsinki • •St-Pétersbourg

Oslo • •Tallinn   LA RUSSIE

Stockholm • L'ESTONIE^f

•Moscou

L'ÉCOSSE^f LA MER   •Riga

DU NORD   LA LETTONIE

L'IRLANDE DU NORD^f LE DANEMARK   LA LITUANIE

LA GRANDE-   Vilnius•

L'IRLANDE^f •Dublin   BRETAGNE   Copenhague•   •Tver   •Minsk

LE PAYS DE GALLES   L'ANGLETERRE^f LA BIÉLORUSSIE

Amsterdam•   Berlin•   Varsovie•

Londres•   LES PAYS-BAS^m

LA BELGIQUE•   L'ALLEMAGNE^f LA POLOGNE   •Kyev

Jersey   Bruxelles• •Bonn

•Luxembourg   Prague•   L'UKRAINE^f

LE LUXEMBOURG   LA RÉPUBLIQUE

•Paris   TCHÈQUE   LA SLOVAQUIE

L'OCÉAN   Bratislava•   LA MOLDAVIE

ATLANTIQUE^m LA FRANCE   Vienne•   •Budapest   Chisinau•

Berne• L'AUTRICHE^f LA HONGRIE

Lausanne• LA SUISSE   Ljubljana•   LA ROUMANIE

Genève•   •Zagreb

le Val d'Aoste   LA SLOVÉNIE   LA CROATIE   Belgrade•   Bucarest•   LA MER

L'ITALIE^f LA BOSNIE   NOIRE

L'ANDORRE^f HERZÉGOVINE   LA SERBIE   LA BULGARIE

LE PORTUGAL   LA MER   Sarajevo•

ADRIATIQUE   LE MONTÉNÉGRO   •Sofia

•Madrid   La Corse   Titograd•   Skopje•   Istanbul•

Lisbonne•   Ajaccio•   •Rome   Tirana•   LA MACÉDOINE

L'ESPAGNE^f L'ALBANIE^f LA TURQUIE

LA GRÈCE   LA MER

ÉGÉE

LA MER MÉDITERRANÉE   Athènes•

L'AFRIQUE^f LA CRÈTE

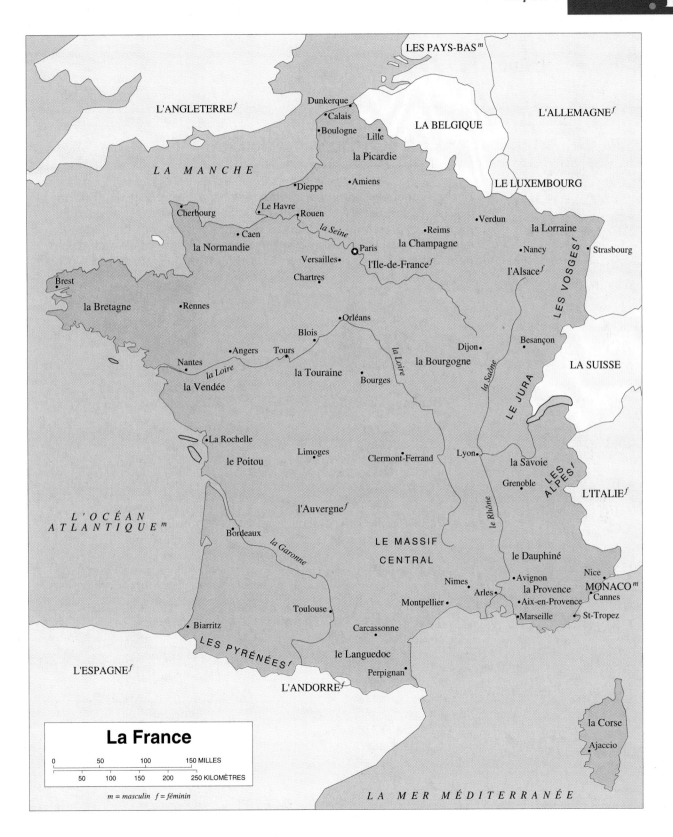

LES PAYS-BAS *m*

L'ANGLETERRE *f*

Dunkerque
• Calais
• Boulogne
Lille

LA BELGIQUE

L'ALLEMAGNE *f*

la Picardie

LA MANCHE

• Dieppe
• Amiens

LE LUXEMBOURG

Le Havre
• Cherbourg
• Rouen
la Seine

• Verdun
• Reims

la Lorraine

• Caen
la Normandie

la Champagne

• Nancy
• Strasbourg

• Paris
Versailles •
l'Ile-de-France *f*

l'Alsace *f*

LES VOSGES *f*

Chartres

Brest •

• Rennes
la Bretagne

• Orléans
Blois •
• Angers Tours •
Nantes •
la Loire
la Vendée

la Touraine
• Bourges
la Loire

• Dijon
• Besançon
la Bourgogne

la Saône

LE JURA

LA SUISSE

• La Rochelle
le Poitou

• Limoges

• Clermont-Ferrand

Lyon •

la Savoie

LES ALPES *f*

• Grenoble

L'OCÉAN
ATLANTIQUE *m*

l'Auvergne *f*

le Rhône

L'ITALIE *f*

• Bordeaux
la Garonne

LE MASSIF
CENTRAL

le Dauphiné

• Nîmes

• Avignon
Arles •
la Provence
• Aix-en-Provence

• Nice
MONACO *m*
• Cannes

• Toulouse

Montpellier •

• Marseille
• St-Tropez

• Biarritz

• Carcassonne

LES PYRÉNÉES *f*

le Languedoc

L'ESPAGNE *f*

Perpignan •

L'ANDORRE *f*

la Corse

• Ajaccio

La France

0   50   100   150 MILLES

50   100   150   200   250 KILOMÈTRES

m = masculin   f = féminin

LA MER MÉDITERRANÉE

LEÇON 2

LES BONNES MANIÈRES°

Good manners

In the French-speaking world, different greetings reflect the differing degrees of familiarity between people. Formality is the general rule; informal expressions are reserved for family, friends of long standing, and close associates and peers (for example, fellow students). All but informal greetings are followed by a title: **Bonjour, Madame!**

1. —Bonjour, Mademoiselle.*
—Bonjour, Madame.

2. —Bonsoir, Monsieur.
—Bonsoir, Madame.

3. —Je m'appelle Éric Martin. Et vous, comment vous appelez-vous?
—Je m'appelle Marie Dupont.

4. —Comment allez-vous?
—Très bien, merci. Et vous?
—Pas mal, merci.

5. —Salut, ça va?
—Oui, ça va bien. Et toi?
—Comme ci comme ça.
(Ça peut aller.)

6. —Comment? Je ne comprends pas. Répétez, s'il vous plaît.

---

*Abréviations: Mademoiselle = Mlle   Monsieur = M.   Madame = Mme

7. —Oh, pardon! Excusez-moi, Mademoiselle.

8. —Merci beaucoup.
    —De rien.

9. —Au revoir!
    —À bientôt!

Allez-y!

A **Répondez, s'il vous plaît.** Respond in French.

1. Je m'appelle Maurice Lenôtre. Et vous, comment vous appelez-vous? **2.** Bonsoir! **3.** Comment allez-vous? **4.** Merci. **5.** Ça va? **6.** Au revoir! **7.** Bonjour.

B **Formel ou informel?** Decide if each situation shown is formal or informal, then provide an appropriate expression for it.

1.

2.

3.

4.

5.

6.

7.

LES NOMBRES DE 0 À 60°

Numbers from 0 to 60

0	zéro	6	six	11	onze	16	seize
1	un	7	sept	12	douze	17	dix-sept
2	deux	8	huit	13	treize	18	dix-huit
3	trois	9	neuf	14	quatorze	19	dix-neuf
4	quatre	10	dix	15	quinze	20	vingt
5	cinq						

21	vingt et un	26	vingt-six	40	quarante
22	vingt-deux	27	vingt-sept	50	cinquante
23	vingt-trois	28	vingt-huit	60	soixante
24	vingt-quatre	29	vingt-neuf		
25	vingt-cinq	30	trente		

+ **plus, et**	− **moins**	× **fois**	= **font**

Combien?	*How much? How many?*
Combien de + *noun*...?	*How much...? How many...?*
Combien font 3 plus 10?	*How much is 3 + 10?*

Allez-y!

A **Problèmes de mathématiques.** Alternating with a partner, do some math problems!

MODÈLE: 6 + 2 →
      É1*: Combien font six plus (et) deux?
      É2: Six plus (et) deux font huit.

1.	8 + 2	**4.**	3 + 8	**7.**	56 − 21	**10.**	3 × 20
2.	5 + 9	**5.**	43 − 16	**8.**	49 − 27	**11.**	6 × 5
3.	4 + 1	**6.**	60 − 37	**9.**	2 × 10	**12.**	7 × 3

B **Les numéros de téléphone.** In French, telephone numbers are said in groups of four two-digit numbers. Look in Claire's address book and, alternating with a partner, read out loud some of her most frequently called numbers.

MODÈLE: É1: L'université de Nantes?
      É2: 40.29.07.39

---

*É1 and É2 stand for **Étudiant(e) 1** and **Étudiant(e) 2** (*Student 1* and *Student 2*). These abbreviations are used in partner/pair activities throughout *Vis-à-vis*.

MES AMIS

noms	prénoms	adresses	tél.
Duclos	Alain	60, blvd. de l'Egalité	41.48.05.52
Bercegol	Fabienne	98, avenue Patton	41.46.42.60
de Bailleux	Bénédicte	83, rue des Renardières	41.57.13.44
Koehulein	Valérie	7, rue de Verneuil	41.35.21.08
Université de Nantes		4400 NANTES	40.29.07.39

LA COMMUNICATION EN CLASSE° *Communication in class*

Les expressions françaises. Match each French expression with its English equivalent.

1. Répondez.
2. En français, s'il vous plaît.
3. Prenez votre livre.
4. Oui, c'est exact.
5. Non, ce n'est pas juste, ça.
6. Silence!
7. Est-ce que vous comprenez?
8. Non, je ne comprends pas.
9. Bravo! Excellent!
10. Je ne sais pas.
11. Comment dit-on «Cheers!» en français?
12. Écoutez et répétez.
13. Vive le professeur!
14. À bas les examens!
15. Attention!
16. Levez la main.
17. J'ai une question.
18. Allez au tableau.

a. Great! Excellent!
b. Do you understand?
c. How do you say "Cheers!" in French?
d. Raise your hand.
e. I have a question.
f. In French, please.
g. Listen and repeat.
h. Yes, that's correct.
i. Long live (Hurray for) the professor!
j. No, that's not right.
k. Go to the chalkboard.
l. Pay attention! (Be careful! Watch out!)
m. Answer (Respond).
n. Take your book.
o. No, I don't understand.
p. I don't know.
q. Down with exams!
r. Quiet!

CORRESPONDANCE

Québec
Temps d'hiver

CARTE POSTALE

ART CANADA

86

Chère Caroline,

Bonjour! À Québec, il fait froid. Fini les bikinis!

Voici l'automne...

Et toi, ça va à l'université?

Bon courage!
Sophie

By air p
Par a

PORTRAIT: George Sand (écrivain[1] français, 1804–1876)

Une femme[2] scandaleuse: elle choisit[3] un prénom d'homme[4] «George» et fume[5] le cigare. Une femme libre: elle critique le mariage, la religion, l'argent.[6] Un écrivain à succès: elle est une des grandes figures féminines du Romantisme au XIXème siècle.[7]

[1] *writer* [2] *Une... A woman* [3] *elle... she chooses* [4] *un... man's first name*
[5] *smokes* [6] *money* [7] *century*

Welcome to **Correspondance**! Here, at the center of each chapter of *Vis-à-vis*, you will find several features:

- The *response* to the postcard or letter that opened the chapter. In **Chapitres 1–4,** the correspondents are Caroline, from the Video to accompany *Vis-à-vis,* and her sister Sophie in Quebec.

- **Portrait,** an introduction to an eminent individual (historic or contemporary) from the French-speaking world.

- **Flash 1,** up-to-date information about some aspect of the chapter theme as it relates to life in France.

- **Flash 2,** an engaging report on a different facet of the same theme as it relates to Canada, Africa, French-speaking Europe, or the Antilles.

Remember that English equivalents of the correspondence are available in Appendix E. **Amusez-vous bien** (*Have fun*)!

FLASH 1 BISOUS,[1] BISOUS!

En France, le baiser[2] est une preuve[3] d'affection ou[4] d'amour.
Pour dire «bonjour» ou «au revoir», donnez[5] deux... trois... quatre baisers sur la joue[6]—selon[7] la région! Mais attention! Réservez[8] vos bisous à vos proches[9]!

[1]*kisses* [2]*light kiss* [3]*proof, sign* [4]*or* [5]*give* [6]baisers... *kisses on the cheek*
[7]*depending on* [8]*Limit* [9]vos... *those close to you*

Bisous à l'arrivée, bisous au départ.

FLASH 2 QUÉBEC: LA CULTURE DU FROID[1]

« Mon pays, ce n'est pas un pays, c'est l'hiver... »[2]
—Gilles Vigneault, musicien québécois.

Vous aimez le froid?[3] Le Québec possède quarante stations de sports d'hiver[4]! Le sport le plus[5] populaire, c'est le ski.
Vous n'aimez pas[6] le sport? Amusez-vous[7] à la Fête des neiges[8] de Montréal, au Carnaval du Québec! Créez des sculptures sur glace![9]

[1]*cold* [2]Mon... *My country is not a country. It's winter.* [3]Vous... *Do you like the cold?* [4]sports... *winter sports* [5]le... *the most* [6]Vous... *You don't like*
[7]*Have fun* [8]la... *the Snow Festival* [9]Créez... *Create ice sculptures!*

Salut, maman! Nous voici!

DANS LA SALLE DE CLASSE°

In the classroom

une craie
un étudiant
une étudiante
un tableau
une fenêtre
un professeur
un livre
un stylo
une table
un crayon
un bureau
une porte
une chaise
un cahier

Allez-y!

A **Qu'est-ce que c'est** (*What is it*)**?** Alternating with a classmate, identify the people and objects in the drawing above.

MODÈLE: É1*: L'objet numéro un, qu'est-ce que c'est?
É2: C'est un bureau.

B **Combien?** Look at the classroom above. Taking turns with a classmate, ask and answer questions about the number of people and objects you see. Use the expression **Il y a** (*There is/are*).

MODÈLE: étudiantes →
É1: Il y a combien d'étudiantes?
É2: Il y a quatre étudiantes.

*É1 and É2 stand for **Étudiant(e) 1** and **Étudiant(e) 2** (*Student 1* and *Student 2*). These abbreviations are used in partner/pair activities throughout *Vis-à-vis*.

QUEL JOUR SOMMES-NOUS?°

What day is it?

La semaine (*week*) de Claire

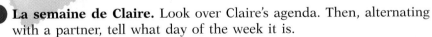

lundi	examen de biologie
mardi	examen de chimie
mercredi	chez le dentiste
jeudi	tennis avec Vincent
vendredi	laboratoire
samedi	théâtre avec Vincent
dimanche	en famille

In French, the days of the week are not capitalized. The week begins with Monday.

—Quel jour sommes-nous (aujourd'hui)? / Quel jour est-ce (aujourd'hui)?

What day is it (today)?

—Nous sommes mardi. / C'est mardi.

It's Tuesday.

Allez-y!

● **La semaine de Claire.** Look over Claire's agenda. Then, alternating with a partner, tell what day of the week it is.

MODÈLE: Claire est au laboratoire. →
  É1: Claire est au laboratoire. Quel jour est-ce? (Quel jour sommes-nous?)
  É2: C'est vendredi. (Nous sommes vendredi.)

1. Claire va (*goes*) au théâtre avec Vincent.
2. Claire est chez (*at*) le dentiste.
3. Claire a (*has*) un cours de biologie.
4. Claire est en famille.
5. Claire joue au (*is playing*) tennis avec Vincent.
6. Claire a un examen de chimie.

QUEL TEMPS FAIT-IL? LES SAISONS ET LE TEMPS°

How's the weather? Seasons and weather

Au **printemps,** en Belgique:
Le temps est nuageux.
Il fait frais.

En **été,** à la Martinique:
Il fait beau!
Il fait du soleil. (Il fait soleil.)
Il fait chaud.

En **automne,** en Bretagne:
Il pleut.
Il fait mauvais.
Le temps est orageux.

En **hiver,** au Québec:
Il neige.
Il fait froid.
Il fait du vent!

- To ask about the weather

   Quel temps fait-il?

- To tell about the season

   Nous sommes au printemps (en été, en automne, en hiver).

Allez-y!

A **Les fêtes** (*Holidays*) **et le temps.** Give the season and the weather for these holidays.

MODÈLE: Noël (*Christmas*) →
          Nous sommes en hiver. Il fait froid!

1. Pâques (*Easter*)
2. la Fête de l'indépendance américaine
3. l'anniversaire de George Washington
4. le Jour du souvenir (*Memorial Day*)
5. le Jour de l'an (*New Year's Day*)

B **La météo** (*Weather forecast*). Look over the weather forecasts for Alsace (a region in eastern France) and for the rest of Europe and the Mediterranean, then answer the following questions.

1. Quel temps fait-il sur l'Alsace?
   a. Il neige.
   b. Le temps est nuageux.
   c. Il pleut.
2. Quel temps fait-il à Berlin?
   a. Il fait (du) soleil.
   b. Le temps est orageux.
   c. Il fait beau.
3. Quel temps fait-il à Alger?
   a. Il fait mauvais.
   b. Il fait froid.
   c. Il fait (du) soleil.

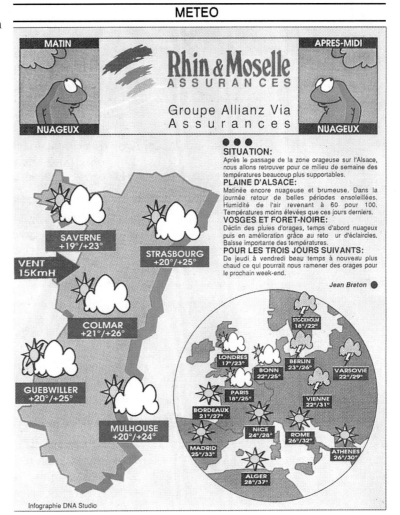

METEO

MATIN   APRES-MIDI

Rhin & Moselle
ASSURANCES

Groupe Allianz Via
Assurances

● ● ●

NUAGEUX   NUAGEUX

SITUATION:
Après le passage de la zone orageuse sur l'Alsace, nous allons retrouver pour ce milieu de semaine des températures beaucoup plus supportables.
PLAINE D'ALSACE:
Matinée encore nuageuse et brumeuse. Dans la journée retour de belles périodes ensoleillées. Humidité de l'air revenant à 60 pour 100. Températures moins élevées que ces jours derniers.
VOSGES ET FORET-NOIRE:
Déclin des pluies d'orages, temps d'abord nuageux puis en amélioration grâce au retour d'éclaircies. Baisse importante des températures.
POUR LES TROIS JOURS SUIVANTS:
De jeudi à vendredi beau temps à nouveau plus chaud ce qui pourrait nous ramener des orages pour le prochain week-end.

Jean Breton ●

SAVERNE +19°/+23°
STRASBOURG +20°/+25°
VENT 15KmH
COLMAR +21°/+26°
GUEBWILLER +20°/+25°
MULHOUSE +20°/+24°

STOCKHOLM 18°/22°
LONDRES 17°/23°
BONN 22°/25°
BERLIN 23°/26°
VARSOVIE 22°/29°
PARIS 18°/25°
VIENNE 22°/31°
BORDEAUX 21°/27°
NICE 24°/28°
ROME 26°/32°
MADRID 25°/33°
ATHENES 26°/30°
ALGER 28°/37°

Infographie DNA Studio

LEÇON 4

L'ALPHABET FRANÇAIS°

The French alphabet

a	a	**h**	hache	**o**	o	**v**	vé
b	bé	**i**	i	**p**	pé	**w**	double vé
c	cé	**j**	ji	**q**	ku	**x**	iks
d	dé	**k**	ka	**r**	erre	**y**	i grec
e	e	**l**	elle	**s**	esse	**z**	zède
f	effe	**m**	emme	**t**	té		
g	gé	**n**	enne	**u**	u		

LES ACCENTS°

Accents

Accents or diacritical marks sometimes change the pronunciation of a letter, and sometimes serve to distinguish between two words otherwise spelled the same. A French word written without its diacritical marks is misspelled.

é   e **accent aigu**
à   a **accent grave**
ô   o **accent circonflexe**
ï   i **tréma**
ç   c **cédille**

Allez-y!

A **À vous!** Spell your name in French. Then spell the name of a city, and see if your classmates can figure out which one it is.

B **Inscription.** Several students are signing up for classes. Spell their names and cities for the clerk in registration.

DUPONT Isabelle	Paris
EL AYYADI Allal	Rabat
GOUTAL Françoise	Papeete
GUEYE Jérôme	Dakar
HUBERT Hélène	Lille
PASTEUR Loïc	Montréal

LES MOTS APPARENTÉS°

Cognates

French and English have many cognates, or **mots apparentés**: words spelled similarly with similar meanings. Their pronunciation often differs dramatically in the two languages.

Here are a few patterns to help you recognize cognates.

FRANÇAIS	**ANGLAIS**	
ét-	*st-*	**ét**at → *state*
-ie, -é	*-y*	cit**é** → *city*
-eux, -euse	*-ous*	sér**ieux** → *serious*
-ique	*-ic, -ical*	prat**ique** → *practical*
-iste	*-ist, -istic*	matéria**liste** → *materialistic*
-ment	*-ly*	apparem**ment** → *apparently*
-re	*-er*	ord**re** → *order*

Be aware that there are also many apparent cognates, called **faux amis** (*false friends*). A few examples:

le collège *secondary school*   l'université *college, university*
la librairie *bookstore*   la bibliothèque *library*
rester *to stay, remain*   se reposer *to rest*

Allez-y!

A Répétez, s'il vous plaît! Pronounce these French cognates as your instructor does.

1. attitude
2. police
3. balle
4. bracelet
5. passion
6. conclusion
7. injustice
8. hôpital
9. champagne
10. parfum
11. magazine
12. présentation

B Les mots apparentés. Try to figure out the English equivalents for the first five words. Then figure out the French equivalents for the last five words.

MODÈLES: étranger → *stranger*
                generally → généralement

1. logique
2. sombre
3. l'étude
4. la liberté
5. courageuse
6. imperialistic
7. strange
8. tender
9. logically
10. historic

À L'ÉCOUTE!

Listening

Bien entendu!

The **Bien entendu!** sections in *Vis-à-vis* offer a variety of recorded listening passages to develop your skills in understanding French, including conversations, interviews, stories, and advertisements. The passages appear on your student tape only and are not printed in your textbook.

Make an effort to listen for general meaning, without worrying about understanding every word. The activities in your textbook check that you have understood the passage and do not require you to produce any language from what you hear.

● **Les bonnes manières.** You will hear some people greeting each other. First, look at the drawings. Next, listen to the conversations. Then, mark a letter (*a* through *e*) under each drawing to indicate which conversation it represents. Replay the tape as often as you need to. (See Appendix G for answers.)

1. _____

2. _____

3. _____

4. _____

5. _____

VIDÉOTHÈQUE

Cue to: 00:15*

Introduction: Les comédiens (*actors*). Welcome to the **Vidéothèque!** Each chapter of *Vis-à-vis* is coordinated with a segment from the Video to accompany *Vis-à-vis*. In **Chapitres 2–16,** activities in the **Vidéothèque** section are coordinated with the scene you watch.

In this first chapter, however, there are no activities. Simply sit back and enjoy the upbeat introduction to the characters, whom you will come to know as Caroline, Michel, Bénédicte, and Paul. This is an opportunity to learn a little about them. Caroline, for example, is outgoing but not terribly organized. Michel lives with his family and is committed to protecting the environment. Bénédicte is good friends with Caroline, but not quite such an extrovert. And Paul? His friends all agree that he is not very . . . what? Well, listen carefully and see if you can figure it out for yourself.

Amusez-vous bien (*Have fun*)! **En route** (*We're off*)!

CHAPITRE 1

VOCABULAIRE

Les bonnes manières

À bientôt. See you soon.
Au revoir. Good-bye.
Bonjour. Hello. Good day.
Bonsoir. Good evening.
Ça peut aller. All right, pretty well.
Ça va? How's it going?
Ça va bien. Fine. (Things are going well.)
Ça va mal. Things are going badly.

Comme ci, comme ça. So so.
Comment? What? (How?)
Comment allez-vous? How are you?
Comment vous appelez-vous? What's your name?
De rien. Not at all. Don't mention it. You're welcome.
Et vous? And you?
Excusez-moi. Excuse me.
Je m'appelle... My name is . . .

Je ne comprends pas. I don't understand.
Madame (Mme) Mrs. (ma'am)
Mademoiselle (Mlle) Miss
Merci. Thank you.
Monsieur (M.) Mr. (sir)
Pardon. Pardon (me).
Pas mal. Not bad(ly).
Répétez. Repeat.
Salut! Hi!
S'il vous plaît. Please.
Très bien. Very well (good).

---

*NOTE: Cue times refer to counter numbers in real time. If your school's VCR has a mechanical counter, write your individual counter time in the blank provided.

Les nombres de 0 à 60

un, deux, trois, quatre, cinq, six, sept, huit, neuf, dix, onze, douze, treize, quatorze, quinze, seize, dix-sept, dix-huit, dix-neuf, vingt, vingt et un, vingt-deux, etc., trente, quarante, cinquante, soixante

La communication en classe

À bas les examens! Down with exams!

Allez au tableau. Go to the chalkboard.

Attention! Pay attention! (Be careful! / Watch out!)

Bravo! Excellent! Great! Excellent!

Comment dit-on «Cheers!» en français? How do you say "Cheers!" in French?

Écoutez et répétez. Listen and repeat.

En français, s'il vous plaît. In French, please.

Est-ce que vous comprenez? Do you understand?

J'ai une question. I have a question.

Je ne sais pas. I don't know.

Levez la main. Raise your hand.

Non, ce n'est pas juste, ça. No, that's not right.

Non, je ne comprends pas. No, I don't understand.

Oui, c'est exact. Yes, that's correct.

Prenez votre livre. Take your book.

Répondez. Answer.

Silence! Quiet!

Vive le professeur! Long live (Hurray for) the professor!

Dans la salle de classe

un bureau a desk
un cahier a notebook
une chaise a chair
une craie a stick of chalk
un crayon a pencil
un étudiant a (male) student
une étudiante a (female) student
une fenêtre a window
un livre a book
une porte a door
un professeur a professor, instructor (male or female)
une salle de classe a classroom
un stylo a pen
une table a table
un tableau a chalkboard

Les jours de la semaine

Quel jour sommes-nous / est-ce? Nous sommes / C'est... lundi, mardi, mercredi, jeudi, vendredi, samedi, dimanche.

Le temps

Quel temps fait-il? How's the weather?

Il fait beau. It's nice (out).
Il fait chaud. It's hot.
Il fait (du) soleil. It's sunny.
Il fait du vent. It's windy.
Il fait frais. It's cool.
Il fait froid. It's cold.
Il fait mauvais. It's bad (out).
Il neige. It's snowing.
Il pleut. It's raining.
Le temps est nuageux. It's cloudy.
Le temps est orageux. It's stormy.

Les saisons

Au printemps... In spring . . .
En automne... In fall . . .
En été... In summer . . .
En hiver... In winter . . .

Mots et expressions divers

aujourd'hui today
beaucoup very much, a lot
c'est un (une)... it's a . . .
combien de how many
il y a there is/are
il y a... ? is/are there . . . ?
non no
oui yes
Qu'est-ce que c'est? What is it?

À L'UNIVERSITÉ

Montréal
L'Université de Montréal

CARTE POSTALE

Chère Caroline,

Nous avons une étudiante américaine «au pair». Elle habite et mange avec nous. Elle adore les deux enfants!

Elle étudie le français à l'Université de Montréal. Elle a l'intention de visiter la France. Une amie pour toi, peut-être?

À bientôt!
Bisous, bisous.
Sophie*

---

*Enjoy reading the postcards and letters in *Vis-à-vis*! Although you will occasionally encounter unfamiliar expressions and structures, make an effort to read simply for pleasure. If you feel you need help, turn to Appendix E at the back of the book where English equivalents of the correspondence are given. However, try to use this resource only as necessary. Have fun!

PAROLES

LES LIEUX°

Places

Voici l'amphithéâtre (l'amphi).

Voici le restaurant universitaire
(le restau-U; le R.U.).

Voici la cité-universitaire (la cité-U).

Voici la bibliothèque.

Allez-y!

A **Une visite.** Where do you find these things?

MODÈLES: un examen de français → dans l'amphithéâtre

un coca → dans le restaurant universitaire

1. un dictionnaire
2. une radio
3. un café
4. un livre
5. une télévision
6. un cours de français
7. un sandwich
8. une encyclopédie

B **C'est bizarre? C'est normal?** Give your opinion!

MODÈLE: Un match de football dans le restaurant universitaire... →
Un match de football dans le restaurant universitaire, c'est
bizarre!

1. Un cours de français dans l'amphithéâtre...
2. Une radio dans la bibliothèque...
3. Un examen à la cité-universitaire...
4. Un café dans l'amphithéâtre...
5. Un dictionnaire dans la bibliothèque...

LES MATIÈRES°

Academic subjects

À la Faculté des Lettres et Sciences Humaines, on étudie (*one studies*)
**la littérature, la linguistique, les langues
étrangères** (*foreign languages*)
(**l'allemand** [*German*]**, l'anglais,
le chinois, l'espagnol, l'italien,
le japonais**)**, l'histoire,
la géographie, la philosophie,
la psychologie** et **la sociologie.**

À la Faculté des Sciences, on étudie **les mathématiques (les maths),**
l'informatique (*computer science*),
la physique, la chimie (*chemistry*)
et **les sciences naturelles**
(**la géologie** et **la biologie**).

AUTRES MOTS UTILES
le commerce   business
le droit   law
l'économie   economics

Allez-y!

A **Les études et les professions.** Imagine what subjects are necessary
for the following professions.

> MODÈLE: pour (*for*) la profession de diplomate → On étudie les
>   langues étrangères.

1. pour la profession de psychologue
2. pour la profession de chimiste
3. pour la profession de physicien (*physicist*)
4. pour la profession d'historien
5. pour la profession d'ingénieur

B **Mes** (*My*) **cours à l'université.** Look back over the lists of **matières,**
then tell about yourself by completing the following sentences.

1. J'étudie (*I study*)...
2. J'aime étudier (*I like to study*)...
3. Je n'aime pas (*don't like*) étudier...
4. J'aimerais bien (*would like*) étudier...

C **Et vos camarades?** Find out what three different classmates are
studying this term.

> MODÈLE: É1*: Moi (*Me*), j'étudie le français, l'histoire et l'informa-
>   tique. Et toi (*you*)?
>   É2: Moi, aussi (*too*), j'étudie le français, et j'étudie la
>   philosophie et la chimie.

---

*__É1__ and **É2** stand for **Étudiant(e) 1** and **Étudiant(e) 2**. These abbreviations are used in
partner/pair activities throughout *Vis-à-vis*.

LES PAYS ET LES NATIONALITÉS

Countries and nationalities

LES PAYS	LES NATIONALITÉS	
	PERSONNES	**ADJECTIFS**
la France	le Français, la Française	français, française
l'Angleterre	l'Anglais, l'Anglaise	anglais, anglaise
l'Espagne	l'Espagnol, l'Espagnole	espagnol, espagnole
l'Italie	l'Italien, l'Italienne	italien, italienne
l'Allemagne	l'Allemand, l'Allemande	allemand, allemande
la Suisse	le/la Suisse	suisse
la Belgique	le/la Belge	belge
l'Algérie	l'Algérien, l'Algérienne	algérien, algérienne
le Maroc	le Marocain, la Marocaine	marocain, marocaine
la Tunisie	le Tunisien, la Tunisienne	tunisien, tunisienne
le Liban	le Libanais, la Libanaise	libanais, libanaise
le Zaïre	le Zaïrois, la Zaïroise	zaïrois, zaïroise
la Côte-d'Ivoire	l'Ivoirien, l'Ivoirienne	ivoirien, ivoirienne
le Sénégal	le Sénégalais, la Sénégalaise	sénégalais, sénégalaise
les États-Unis	l'Américain, l'Américaine	américain, américaine
le Canada	le Canadien, la Canadienne	canadien, canadienne
le Québec	le Québécois, la Québécoise	québécois, québécoise
le Mexique	le Mexicain, la Mexicaine	mexicain, mexicaine
la Chine	le Chinois, la Chinoise	chinois, chinoise
le Japon	le Japonais, la Japonaise	japonais, japonaise
la Russie	le/la Russe	russe

The adjective of nationality is identical to the noun except that it is written in lowercase. Example: **un Anglais; un étudiant anglais.**

Allez-y!

A **Les villes** (*Cities*) **et les nationalités.** What nationality are the following people? Ask a classmate to name the nationality. (Use **un** for males; **une** for females.)

  Karim / Tunis

 Djamila / Tunis

MODÈLES: É1: Karim habite (*lives in*) Tunis.
É2: C'est un (*He is a*) Tunisien.

É1: Djamila habite Tunis.
É2: C'est une (*She is a*) Tunisienne.

1. Gino / Rome

2. Kai / Kyôto

3. Mme Roberge / Montréal

4. Evelyne / Beyrouth (*Beirut*)

5. Léopold / Dakar

6. Françoise / Bruxelles

7. Salima / Casablanca

8. Claudine / Genève

B **Les nationalités et les langues.** Working with a partner, give the nationality and probable language(s) of the people from Activity A.

MODÈLES: Karim →   É1: Karim?
                            É2: Karim est (*is*) tunisien. Il parle (*He speaks*) arabe et français.

              Djamila →   É2: Djamila?
                            É1: Djamila est tunisienne. Elle parle (*She speaks*) arabe et français.

Langues: allemand, anglais, arabe, flamand (*Flemish*), français, italien, japonais

Les Distractions°

Entertainment

Julien   Fatima   Rémi   Anne-Laure   Marc   Thu   Sophie   Allal

LA MUSIQUE
la musique classique
le rock
le jazz
le disco
le rap

LE SPORT
le tennis
le jogging
le ski
le basket-ball
le football américain

LE CINÉMA
les films d'amour
les films d'aventure
les films de
   science-fiction
les films d'horreur

Allez-y!

Préférences. What do these people like?

MODÈLE: Rémi → Rémi aime le rock.

1. Et Thu?
2. Et Sophie?
3. Et Julien?
4. Et Anne-Laure?
5. Et Allal?
6. Et Fatima?
7. Et Marc?

LEÇON 2

ARTICLES AND NOUNS
IDENTIFYING PEOPLE AND THINGS

Dans le quartier universitaire*

Alex, **un étudiant** américain, visite **l'université** avec Mireille, **une étudiante** française.

MIREILLE: Voilà **la bibliothèque, la librairie** universitaire et **le restau-U.**
ALEX: Et y a-t-il aussi **un café**?
MIREILLE: Oui, bien sûr; voici **le café.** C'est le centre de la vie universitaire!
ALEX: En effet! Il y a vingt ou trente personnes ici et seulement **une étudiante** à **la bibliothèque**!

Complétez la conversation selon le dialogue.

MIREILLE: Voilà _____ bibliothèque et _____ librairie universitaire.
ALEX: Il y a _____ ou _____ personnes ici et _____ étudiante à _____ bibliothèque.
MIREILLE: C'est normal! _____ café, c'est _____ centre de _____ vie universitaire.

The Definite Article

In French, all nouns are either masculine (**masculin**) or feminine (**féminin**), as are the articles that precede them.

Here are the forms of the singular definite article (**le singulier de l'article défini**) in French, all corresponding to *the* in English.

---

*Throughout *Vis-à-vis*, brief dialogues present new grammatical structures in the context of everyday conversations or passages. If you cannot determine from context the new expressions they contain, you can look them up in the **Lexique français-anglais** at the back of the book. Complete translations of all the brief dialogues also appear in the Appendix.

MASCULINE	FEMININE	MASCULINE OR FEMININE BEGINNING WITH A VOWEL OR MUTE **h**[*]
le livre *the book* **le** cours *the course*	**la** femme *the woman* **la** table *the table*	**l'**ami *the friend (m.)* **l'**amie *the friend (f.)* **l'**homme *the man (m.)* **l'**histoire *the story (f.)*

1. The definite article in French corresponds to **the** in English. It is used to indicate a specific noun.

   Voici **le** restau-U.   *Here's the university restaurant.*

2. In French, the definite article is also used with nouns employed in a general sense.

   J'aime **le** café.   *I like coffee.*
   C'est **la** vie!   *That's life!*

The Indefinite Article

MASCULINE	FEMININE
un ami *a friend (m.)* **un** bureau *a desk* **un** homme *a man*	**une** amie *a friend (f.)* **une** librairie *a bookstore* **une** histoire *a story*

The singular indefinite article (**le singulier de l'article indéfini**), corresponding to *a* (*an*) in English, is **un** for masculine nouns and **une** for feminine nouns. **Un/Une** can also mean *one*, depending on the context.

   Voilà **un** café.   *There's a café.*
   Il y a **une** étudiante.   *There is one student.*

---

*In French, **h** is either *mute* (**muet,** *nonaspirate*) or *aspirate* (**aspiré**). In **l'homme,** the **h** is called *mute,* which simply means that the word **homme** "elides" with a preceding article (**le + homme = l'homme**). Most **h**'s in French are of this type. However, some **h**'s are aspirate, which means there is no elision. **Le héros** (*the hero*) is an example of this. However, in neither case is the **h** pronounced.

The Gender of Nouns

Because the gender of a noun is not always predictable, it is best to learn the gender along with the noun. For example, learn **un livre** rather than just **livre.** Here are a few general guidelines to help you determine gender.

1. Nouns that refer to males are usually masculine. Nouns that refer to females are usually feminine.

l'homme	*the man*
la femme	*the woman*

2. Sometimes the ending of a noun is a clue to its gender.

MASCULINE		FEMININE	
-eau	le bureau	**-ence**	la différence
-isme	le tourisme	**-ion**	la vision
-ment	le département	**-ie**	la librairie
		-ure	la littérature
		-té	l'université

3. Nouns borrowed from other languages are usually masculine: **le jogging, le tennis, le Coca-Cola, le jazz, le basket-ball.**

4. The names of languages are masculine. They are not capitalized.

l'anglais	*(the) English (language)*
le français	*(the) French (language)*

5. Some nouns that refer to people can be changed from masculine to feminine by adding **-e** to the noun ending.

un am**i** *a friend (m.)*	→	une am**ie** *a friend (f.)*
un étudian**t** *a student (m.)*	→	une étudian**te** *a student (f.)*
un Américai**n** *an American (m.)*	→	une Américai**ne** *an American (f.)*
un Alleman**d** *a German (m.)*	→	une Alleman**de** *a German (f.)*
un Françai**s** *a French man*	→	une Françai**se** *a French woman*

Final **t, n, d,** and **s** are silent in the masculine form. When followed by **-e** in the feminine form, they are pronounced.

6. Many nouns that end in **-e** have only one singular form, used to refer to both males and females. Sometimes gender is indicated by the article.

le touriste	*the tourist (m.)*
la touriste	*the tourist (f.)*

Sometimes even the article is the same for both masculine and feminine.

une personne	*a person (male or female)*
Madame Brunot, **le** professeur	*Mrs. Brunot, the professor*

Allez-y!

A **Pensez-y** (*Think about it*)! Figure out the gender of the following words. Then add the definite article.

MODÈLE: femme → féminin, la femme

1. appartement
2. division
3. italien
4. tableau
5. Coca-Cola
6. biologie
7. université
8. aventure
9. personne
10. tourisme
11. science
12. homme

B **Qu'est-ce que c'est** (*What is it*)**?** Working with a partner, identify the following items and people.

MODÈLE: →
    É1: Qu'est-ce que c'est?
    É2: C'est une table.

1.
2.
3.
4.

5.
6.
7
8.

C **Une interview.** Working with a classmate, tell about your preferences.

MODÈLE: politique (*f.*) →
    É1: Est-ce que tu aimes (*like*) la politique?
    É2: Oui, j'aime la politique. Vive la politique! (*ou* Non, je déteste la politique. À bas la politique!)

1. rock
2. jogging
3. télévision
4. philosophie
5. opéra
6. gouvernement
7. conformisme
8. cours de français
9. chimie

PLURAL ARTICLES AND NOUNS
EXPRESSING QUANTITY

Un professeur excentrique

LE PROFESSEUR: Voici le système de notation:
zéro pour **les nuls**
quatre pour **les médiocres**
huit pour **les génies**
et dix pour le professeur
Il y a **des questions**?

Expliquez le système de notation du professeur:
dix pour... ? huit pour... ? quatre pour... ? zéro pour... ?

Plural Forms of Definite and Indefinite Articles

	DEFINITE ARTICLES		INDEFINITE ARTICLES	
	SINGULAR	PLURAL	SINGULAR	PLURAL
Masculine	**le** touriste	**les** touristes	**un** touriste	**des** touristes
Feminine	**la** touriste		**une** touriste	

1. The plural form (**le pluriel**) of the definite article is always **les.**[*]

   le livre, **les** livres   *the book, the books*
   la femme, **les** femmes   *the woman, the women*
   l'examen, **les** examens   *the exam, the exams*

2. The plural indefinite article is always **des.**

   un ami, **des** amis   *a friend, some friends, friends*
   une question, **des** questions   *a question, some questions, questions*

---

*In French, the final **s** of an article is usually silent, except when followed by a vowel or vowel sound: **les étudiants; des hommes.** In these cases, the **s** is pronounced like the English letter *z*. This linking is called **liaison** (*f.*).

3. Note that in English a plural noun frequently has no article: *friends, questions.* In French, however, a form of the article is almost always used with plural nouns.

Plural of Nouns

Most French nouns are made plural by adding an **s** to the singular, as seen in the preceding examples. Here are some other common patterns.

- **-s, -x, -z** → no change

le cour**s** → les cour**s**	*the course, the courses*
un choi**x** → des choi**x**	*a choice, some choices*
le ne**z** → les ne**z**	*the nose, the noses*

- **-eau, -ieu** → **-eaux, -ieux**

le tab**leau** → les tab**leaux**	*the board, the boards*
le bur**eau** → les bur**eaux**	*the desk, the desks*
le **lieu** → les **lieux**	*the place, the places*

- **-al, -ail** → **-aux**

un hôpit**al** → des hôpit**aux**	*a hospital, hospitals*
le trav**ail** → les trav**aux**	*the work, tasks*

Note that the masculine form is used in French to refer to a group that includes at least one male.

un étudian**t** et sept étudian**tes** → des étudian**ts**
un Françai**s** et une Françai**se** → des Françai**s**

Allez-y!

A **Suivons** (*Let's follow*) **le guide!** Show your guests around campus, using the plural of these expressions.

MODÈLE: la salle de classe → Voilà les salles de classe.

1. la bibliothèque
2. l'amphi(théâtre)
3. le professeur
4. l'étudiant
5. le laboratoire de langues
6. le bureau

B **Mon** (*My*) **quartier.** Now show people around the neighborhood. Give the plural.

MODÈLE: un Français → Voilà des Français.

1. un hôpital
2. un Anglais
3. un touriste
4. une librairie
5. un restaurant
6. une salle de gymnastique

CORRESPONDANCE 2

Marc Chagall (1887–1985)
Paris par la fenêtre, 1913
Solomon R. Guggenheim Museum, New York

Chère Sophie,

Merci pour ta carte!

Je suis parfaitement organisée maintenant: Je mange au restau-U; je travaille beaucoup; j'étudie à la bibliothèque.

Je m'amuse aussi. Je regarde des films à la télévision et je pratique régulièrement la gym et la danse.

Baisers à toute la famille!

Ta petite Caroline

PAR AVIO

PORTRAIT: Robert Charlebois (chanteur-compositeur[1] québécois, 1944–   )

Dans les années 70,[2] Robert Charlebois révolutionne la chanson[3] québécoise: il invente un nouveau[4] langage rock. Sa[5] méthode? La parodie des différents styles musicaux, l'humour, la provocation, l'irrespect.

[1]*singer-songwriter* [2]*Dans... In the 1970s* [3]*song* [4]*new* [5]*His*

FLASH 1 LE QUARTIER LATIN: PARIS, VÈME ARRONDISSEMENT[1]

Le Quartier latin: C'est le territoire des[2] étudiants. C'est le quartier des libraires, des bibliothèques (Sainte Geneviève) et des universités (la Sorbonne fondée en 1258 par Robert de Sorbon). Mais[3] c'est aussi[4] le quartier des jardins (le Luxembourg), des cafés, des cinémas, des restaurants. Des restaurants pour PETITS[5] budgets!

[1]Le... *The Latin Quarter: Paris, 5th district* [2]*of the* [3]*But* [4]*also* [5]pour... *for small*

Oui, mes cours sont très intéressants...

FLASH 2 LE QUÉBEC: PARLONS FRANÇAIS[1]

Qui sont[2] les Québécois francophones? Ce sont les descendants des colons[3] français arrivés entre 1608 et 1759 pour peupler[4] le Canada.

En 1759, 60 000 francophones sont installés dans[5] cette partie du Canada baptisée la «Nouvelle-France». Aujourd'hui, ils sont[6] 7 millions et représentent 82% de la population du Québec.

Dans quelle langue s'expriment-ils?[7] En français, bien sûr!

[1]Parlons... *Let's speak French* [2]Qui... *Who are* [3]*colonists* [4]pour... *in order to populate* [5]sont... *are settled in* [6]ils... *they are* [7]Dans... *In what language do they express themselves?*

Publications multilingues à Québec.

STRUCTURES

SUBJECT PRONOUNS AND -ER VERBS

EXPRESSING ACTIONS

Rencontre d'amis à la Sorbonne

XAVIER: Salut, Françoise! **Vous visitez** l'université?

FRANÇOISE: Oui; **nous admirons** particulièrement la bibliothèque. Voici Paul, de New York, et Mireille, une amie.

XAVIER: Bonjour, Paul, **tu parles** français?

PAUL: Oui, un petit peu.

XAVIER: Bonjour, Mireille, **tu étudies** à la Sorbonne?

MIREILLE: Oh non! **Je travaille** pour la bibliothèque.

Trouvez (*Find*) la forme correcte du verbe dans le dialogue.

1. Vous _____ l'université?
2. Nous _____ particulièrement la bibliothèque.
3. Tu _____ français?
4. Tu _____ à la Sorbonne?
5. Je _____ pour la bibliothèque.

Subject Pronouns and *parler*

The subject of a sentence indicates who or what performs the action of the sentence: **L'étudiant visite l'université.** A pronoun is a word used in place of a noun: **Il visite l'université.**

SUBJECT PRONOUNS AND **parler** (*to speak*)		
SINGULAR		**PLURAL**

je	parle	*I speak*	nous	parlons	*we speak*
tu	parles	*you speak*	vous	parlez	*you speak*
il		*he, it (m.) speaks*	ils		*they (m., m. + f.) speak*
elle }	parle	*she, it (f.) speaks*	elles }	parlent	*they (f.) speak*
on		*one speaks*			

1. **Tu** and **vous.** There are two ways to say *you* in French: **Tu** is used when speaking to a friend, fellow student, relative, child, or pet; **vous** is used when speaking to a person you don't know well or when addressing an older person, someone in authority, or anyone with whom you wish to maintain a certain formality. The plural of both **tu** and **vous** is **vous.** The context will indicate whether **vous** refers to one person or to more than one.

> Michèle, **tu** parles espagnol?   *Michèle, do you speak Spanish?*
> Maman! Papa! Où êtes-**vous**?   *Mom! Dad! Where are you?*
> **Vous** parlez bien français,   *You speak French well,*
>   Madame.   *madame.*
> Pardon, Messieurs (Mesdames,   *Excuse me, gentlemen (ladies),*
>   Mesdemoiselles), est-ce que   *do you speak English?*
>   **vous** parlez anglais?

2. **Il(s)** and **elle(s).** The English pronouns *he, she, it,* and *they* are expressed by **il(s)** (referring to masculine nouns) and **elle(s)** (referring to feminine nouns). **Ils** is used to refer to a group that includes at least one masculine noun.

3. **On.** In English, the words *people, we, one,* or *they* are often used to convey the idea of an indefinite subject. In French, the indefinite pronoun **on** is used, always with the third person singular of the verb.

> Ici **on** parle français.   { *One speaks French here.*
>   *People (They, We) speak*
>   *French here.*

On is also used frequently in colloquial French instead of **nous.**

> Nous parlons Français. → **On** parle français.

4. **Je.** Note that **je** is not capitalized unless it starts a sentence. When a verb begins with a vowel sound, **je** becomes **j'.**

> En hiver, **j'aime** faire du ski.   *In winter, I like to go skiing.*

41

Present Tense of *-er* Verbs

Most French verbs have infinitives ending in **-er: parler** (*to speak*), **aimer** (*to like; to love*). To form the present tense of these verbs, drop the final **-er** and add the endings shown in the chart.[*]

PRESENT TENSE OF **aimer** (*to like; to love*)			
j'	aim**e**	nous	aim**ons**
tu	aim**es**	vous	aim**ez**
il elle on	aim**e**	ils elles	aim**ent**

1. Note that the present tense (**le présent**) in French has several equivalents in English.

Je **parle** français. { *I speak French.* *I am speaking French.* *I do speak French.*

2. Other verbs conjugated like **parler** and **aimer** include:

adorer	*to love; to adore*	**étudier**	*to study*
aimer mieux	*to prefer (to like better)*	**habiter**	*to live*
		manger[†]	*to eat*
chercher	*to look for*	**regarder**	*to watch; to look at*
danser	*to dance*	**rêver**	*to dream*
demander	*to ask for*	**skier**	*to ski*
détester	*to detest; to hate*	**travailler**	*to work*
		trouver	*to find*
donner	*to give*	**visiter**	*to visit (a place)*
écouter	*to listen to*		

Vous **cherchez** le restau-U?   *Are you looking for the cafeteria?*
Nous **étudions** l'informatique.   *We're studying computer science.*

3. Some verbs, such as **adorer, aimer,** and **détester,** can be followed by an infinitive.

J'**aime écouter** la radio.   *I like to listen to the radio.*
Je **déteste regarder** la télévision.   *I hate to watch television.*

---

[*]As you know, final **s** is usually not pronounced in French. Final **z** of the second-person plural and the **-ent** of the third-person plural verb form are also silent.
[†]Note that the **nous** form of **manger** is **mangeons**. The **e** is kept to retain the soft **g** sound.

Allez-y!

A **Dialogue en classe.** Complete the following dialogue with subject pronouns or forms of **parler.**

LE PROFESSEUR: Valérie, _____^{1} parlez français?

VALÉRIE: Oui, nous _____^{2} français.

LE PROFESSEUR: Ici, en classe, on _____^{3} français?

JIM: Oui, ici _____^{4} parle français.

ROBERT: Marc et Marie, vous _____^{5} chinois?

MARC ET MARIE: Oui, _____^{6} parlons chinois.

CHRISTINE: Jim, tu _____^{7} allemand?

JIM: Oui, _____^{8} parle allemand.

MARTINE: Paul parle italien?

ROLAND: Oui, _____^{9} parle italien.

B *Tu* ou *vous*? Complete the following sentences, using the appropriate pronoun and the correct form of the verb in parentheses.

1. Madame, _____ _____ (habiter) près de (*near*) l'université?
2. Gérard, _____ _____ (chercher) la Faculté des Sciences?
3. Paul et Jacqueline, _____ _____ (visiter) le Quartier latin?
4. Monsieur, _____ _____ (trouver) ce que (*what*) _____ _____ (chercher)?
5. Richard, _____ _____ (demander) des renseignements (*information*) sur la cité universitaire?

C **Portraits.** State the preferences of the following people.

MODÈLE: Mon (*My*) cousin... → Mon cousin aime bien le football, mais (*but*) il aime mieux le basket. Il adore le rock et il déteste le travail!

Je...	aimer bien	le tennis
Mon (Ma) camarade...	aimer mieux	le jogging
Mes parents...	adorer	le cinéma
Les étudiants...	détester	la littérature
Le professeur...		les maths
		la physique

D **Une interview.** Interview your instructor.

MODÈLE: aimer mieux danser ou skier →
Vous aimez mieux danser ou skier?

1. aimer mieux la télévision ou le cinéma
2. adorer ou détester regarder la télévision
3. aimer mieux le rock ou la musique classique
4. aimer mieux la musique ou le sport
5. aimer mieux les livres ou l'aventure

Mots-Clés

Use the following adverbs to tell how often you do something. They usually follow the verb.

toujours	*always*
souvent	*often*
en général	*generally*
quelquefois	*sometimes*
rarement	*rarely*
de temps en temps	*from time to time*

Je regarde **souvent** la télévision.
Annie et moi, nous travaillons **quelquefois** pour la bibliothèque.
En général, j'étudie le week-end.

E Une autre interview. Now get to know a classmate. Ask if . . .

MODÈLE: il/elle aime écouter la radio →
   É1: Tu aimes écouter la radio?
   É2: Oui, j'aime bien écouter la radio. Et toi (*you*)?
   É1: Moi, je déteste écouter la radio!

1. il/elle rêve en classe toujours ou de temps en temps
2. il/elle donne souvent ou rarement des conseils (*advice*)
3. il/elle aime ou déteste manger les huîtres (*oysters*)
4. il/elle aime mieux étudier ou danser
5. il/elle regarde toujours la télévision
6. il/elle adore le cinéma

Now say which response you find original or strange.

MODÈLE: Sonia déteste le cinéma. C'est bizarre!

Negation using *ne... pas*
EXPRESSING DISAGREEMENT

La fin d'une amitié?

BERNARD: Avec Martine ça va comme ci comme ça. Elle aime danser, je **n'aime pas** la danse. J'aime skier, elle **n'aime pas** le sport. Elle est étudiante en biologie, je **n'aime pas** les sciences...

MARTINE: Avec Bernard ça va comme ci comme ça. Il **n'aime pas** danser, j'aime la danse. Je **n'aime pas** skier, il aime le sport. Il est étudiant en lettres, je **n'aime pas** la littérature...

1. Martine aime danser? et Bernard?
2. Martine aime le sport? et Bernard?
3. Martine aime la littérature? et Bernard?
4. Martine aime les sciences? et Bernard?

Maintenant posez ces questions à un(e) camarade. (Tu aimes... ?)

1. To make a sentence negative in French, **ne** is placed before a conjugated verb and **pas** after it.

   Je **parle** chinois. → Je **ne parle pas** chinois.
   Elles **regardent** souvent la télévision. → Elles **ne regardent pas** souvent la télévision.

2. **Ne** becomes **n'** before a vowel or a mute **h.**

> Elle aime skier. → Elle **n'a**ime pas skier.
> Nous habitons ici. → Nous **n'h**abitons pas ici.

3. If a verb is followed by an infinitive, **ne** and **pas** surround the conjugated verb.

> Il aime étudier. → Il **n'aime pas** étudier.

4. In informal conversation, the **e** in **ne** is often dropped; sometimes you may not hear **ne** at all.

> Je **ne** pense **pas** (*I don't think so*).
> Je **n'**pense **pas.** J'pense **pas.**

Allez-y!

A **Portrait de Bernard.** Here is some more information about Bernard.

> Bernard habite à la cité universitaire et, en général, il étudie à la bibliothèque. Après les cours, il parle avec ses amis au café. Le soir (*In the evening*), il écoute la radio: il aime beaucoup le jazz! Il adore le sport, il skie très bien et le week-end, il regarde les matchs de football à la télévision.

And Martine? Now tell what Martine doesn't like and doesn't do. Replace **il** with **elle** in the paragraph above and make all the verbs negative. **Martine...**

B **Habitudes et préférences.** Find out about a classmate's habits and preferences by asking if he or she does the following things.

> MODÈLE: travailler →
> É1: Tu travailles?
> É2: Non, je ne travaille pas. (Oui, je travaille.) Et toi?

1. étudier la psychologie
2. skier
3. détester les maths
4. habiter à la cité-U
5. parler italien
6. manger au restau-U
7. danser
8. aimer écouter la radio

C **Et vous?** Tell about yourself by completing the sentences.

1. J'aime _____, mais je n'aime pas _____.
2. J'adore _____, mais je déteste _____.
3. J'écoute _____, mais je n'écoute pas _____.
4. J'aime _____, mais j'aime mieux _____.
5. Je n'étudie pas _____. J'étudie _____.

LEÇON 4

LECTURE°

Reading

Avant de lire°

Before reading

Predicting from context. When reading a text in your native language, you constantly—though perhaps unconsciously—make use of contextual information. This information gives you an immediate, overall orientation; it also allows you to figure out the meaning of unfamiliar words. Here are some ways to use contextual information when reading French texts.

1. Orient yourself using graphic elements: logos, illustrations, headings, large or heavy type. Quickly, try to find the name of the organization in the first advertisement that follows. Glance at the second advertisement and name the main topics it covers. How were you able to locate this information?

2. Continue to pay close attention to **mots apparentés,** or cognates. Underline the ones you find in the following sentence, taken from the second advertisement. Then try to figure out their meaning.

   Le campus rassemble la Faculté des Lettres, la Résidence et le Restaurant Universitaires, la piscine et le gymnase à 10 minutes du centre ville et à 5 minutes des plages.

   You may wish to review the presentation of **Les mots apparentés** in **Chapitre 1, Leçon 4.**

3. Use familiar expressions to deduce the meaning of new ones. Look over the following phrase from the first advertisement and try to figure out the meaning of **hébergement:**

   Hébergement: à l'hôtel, dans une famille, en résidence universitaire.

   Were you able to infer that **hébergement** means *lodging*?

   Now apply these skills to the two advertisements. Scan them for the most important information they convey, then underline all the cognates you can identify. Finally, without consulting a dictionary, try to figure out the meaning of some of the unfamiliar terms. When you have completed these steps, fill out the chart on page 48. **Bonne chance** (*Good luck*)!

PERSPECTIVES

Compréhension

You plan to study French this summer in France. To choose the school best suited to your needs and interests, do a comparative study of the **Alliance Française de Montpellier** and the **Université de Nice—Sophia-Antipolis.** Fill in the boxes (on the next page) with the information you obtain from these announcements.

ALLIANCE FRANÇAISE DE MONTPELLIER
École internationale de langue et de civilisation françaises

juin-juillet-août-septembre
3-4 semaines ou plus

L'école est ouverte toute l'année
Renseignements, inscriptions: 6, rue Boussairolles, 34000 MONTPELLIER
Tél.: 67 58 92 74

Cours de langue
Cours intensifs (20 heures par semaine)
4 heures tous les matins
1 h 30 sous forme d'ateliers
(Civilisation. Littérature. Théâtre. Chansons. Grammaire).

I. Cours pour débutants et faux-débutants
II. Cours d'entretien et de perfectionnement (niveaux moyens et avancés)

PRÉPARATION AUX DIPLÔMES DE L'ALLIANCE FRANÇAISE DE PARIS

- Diplôme de langue française
- Diplôme Supérieur d'Études Françaises Modernes

Le visa du Ministère de l'Éducation Nationale est apposé sur ces diplômes.
L'Alliance organise des activités socio-culturelles (excursions, visites de musées, théâtre, danse, concerts, festivals).
Hébergement: à l'hôtel, dans une famille, en résidence universitaire.
Restauration: aux restaurants universitaires.
Prix pour 4 semaines: 6 500 F.
Établissement privé d'enseignement supérieur.

UNIVERSITÉ DE NICE - SOPHIA-ANTIPOLIS
Faculté des Lettres, 98 boulevard Herriot - BP 209 - 06204 NICE Cedex 3

JUILLET - AOÛT
3 - 28 JUILLET / 1er AOÛT - 26 AOÛT

Université Internationale d'Eté

COURS
- Sessions de 2, 3 ou 4 semaines - 23 h. par semaine
- Cours audiovisuels débutants et tous niveaux
- Langue et Civilisation (4 niveaux, sauf débutants)
- Français Economique et Commercial
- Traduction et Conversation en petits groupes
- Séminaires de Pédagogie (observation et discussion, conseils pratiques)
- Possibilité de cours ou séminaires spéciaux pour groupes selon leurs besoins.
- Diplôme d'Université (après examen).

AUTRES ACTIVITES
- Conférences et rencontres avec personnalités.
- Ateliers : Musique, Danse, Théâtre, Cuisine, Informatique.
- Visites et Excursions (Riviera, Alpes, Provence)
- Sports : Piscine, tennis, plongée sous-marine, sports de plage.
- Soirées de théâtre, poésie, vidéo, soirées dansantes.

HEBERGEMENT
- Logement : en Résidence sur le Campus ou en ville. Pension ou demi-pension.
- Le campus rassemble la Faculté des Lettres, la Résidence et le Restaurant Universitaires, la piscine et le gymnase à 10 minutes du centre ville et à 5 minutes des plages.

TARIFS
Exemple :

4 semaines tout compris (sauf excursions) :	7 700 F
4 semaines cours seulement	: 3 500 F

CONTACT
Tél. : 93.37.53.94
Fax : 93.37.54.66

	1	2
Nom		
Adresse		
Prix (Price) *par semaine*		
Nombre d'heures par semaine		
Hébergement		
Activités proposées		
Début (Beginning) *des cours*		

Which school do you choose? Explain your preference (in English).

Bien entendu!

The **Bien entendu!** sections in *Vis-à-vis* offer a variety of recorded listening passages to develop your skills in understanding French, including conversations, interviews, stories, and advertisements. The passages appear on your student tape only and are not printed in your textbook.

Make an effort to listen for general meaning, without worrying about understanding every word. The activities in your textbook check that you have understood the passage and do not require you to produce any language from what you hear.

● **Les étudiants étrangers.** A journalist is interviewing several foreign students in Paris. First, read through the topics in the chart. Next, listen to the vocabulary followed by the students' remarks. Then, do the activity. Replay the tape as often as you need to. (See Appendix G for answers.)

VOCABULAIRE UTILE
des cinémas   movie theaters
partout   everywhere

Draw a line connecting the name of each student with his or her country of origin, field of study, and hobby. (We have drawn the first two lines, to get you started.)

NOMS	PAYS	ÉTUDES	DISTRACTIONS
Fatima	Canada	philosophie	cinéma
François	Tunisie	sociologie	sport
Scott	Angleterre	espagnol	café

En situation

The **En situation** dialogues in *Vis-à-vis* give you examples of everyday language in a natural context. These dialogues are recorded on the student tape that accompanies *Vis-à-vis*. Before listening, read the dialogue printed in the text. Note that unfamiliar words and expressions are glossed. Listen to the dialogue as many times as you want. After listening, look at the list of functional expressions in the **À propos** box, all related to the theme of the dialogue. Try using these new expressions yourself in the **Jeu de rôles** (*Role-playing*) activity. **Amusez-vous bien** (*Have fun*)!

Rendez-vous

Contexte *Michel et Julien aiment parler ensemble, mais ils étudient dans des sections[1] différentes de la Faculté des Lettres.*

Objectif *Michel donne rendez-vous à Julien au[2] café.*

MICHEL: Tiens! Salut, Julien. Comment ça va?
JULIEN: Pas mal. Et toi?
MICHEL: Bof, ça va. Tu travailles à la bibliothèque cet[3] après-midi?
JULIEN: Oui, je prépare une dissertation.[4]
MICHEL: Eh bien alors,[5] rendez-vous au Métropole à cinq heures[6]?
JULIEN: D'accord.
MICHEL: À tout à l'heure.[7]
JULIEN: Salut.

[1]*departments* [2]*at the* [3]*this* [4]*paper, report*
[5]*Eh... Well, then* [6]*cinq... five o'clock*
[7]*À... See you later.*

À PROPOS

Comment saluer (*to greet*) les amis

SALUTATIONS	**RÉPONSES**
Salut!	Salut!
Tu vas bien? *Are you doing ok?*	Très bien, merci. Et toi? *And you?*
Comment vas-tu? *How are you?*	Ça va super bien. *It's going very well.*
Comment ça va? *How's it going?*	Ça va! *It's going ok.*
	Pas mal. *Not bad.*
	Pas terrible. *Not so great.*
	Bof, ça peut aller. *Well, it's going ok.*
	Ça ne va pas du tout! *It's not going well at all!*
Quoi de neuf? *What's new?*	Rien de nouveau. *Nothing new.*
	Pas grand-chose. *Not much.*
Salut! *Bye!*	Salut! À la prochaine. *Until next time.*

Comment saluer quelqu'un dans une situation formelle

SALUTATIONS	**RÉPONSES**
Bonjour!	Bonjour!
Comment allez-vous? *How are you?*	Très bien, merci. Et vous?
Vous allez bien? *Are you doing well?*	Ça ne va pas du tout.*
Au revoir!	Au revoir. À bientôt. *See you soon.*

● **Jeu de rôles.** Working with a classmate, use the expressions in the **En situation** dialogue and in **À propos** to act out the following encounters. Be as expressive as you can! Consider circulating around the room and repeating the activity with several different classmates.

1. Two students meet outside the **cité-U.** Neither is having a very exciting day.
2. Two classmates meet at the **amphi.** They are both doing very well.
3. A student and a professor meet in the **bibliothèque.** They greet, ask each other how they are doing, then take their leave.

Now repeat the activity, switching roles and using new expressions whenever possible.

---

*Some expressions can be used in formal or informal situations.

VIDÉOTHÈQUE*

Each chapter of *Vis-à-vis* is coordinated with a segment from the Video to accompany *Vis-à-vis*. Activities in the **Vidéothèque** section spin off of the scene you watch.

The four main characters in the video—Caroline, Michel, Paul, and Bénédicte—are the characters whose correspondence you are following on the chapter opening page and in the **Correspondance** section of each chapter. See **Leçon 1** in **Chapitre 1** for the full introduction to the four video characters (as well as to the four people with whom the video characters correspond).

THÈME 1*   La vie universitaire

Cue to: 7:37†

SCÈNE 1.2   Faire connaissance (*Making acquaintance*)

Bénédicte and Caroline are talking after class at the university. The conversation turns to Paul, who is Bénédicte's friend. Caroline says she finds Paul annoying and pretentious, but see what happens when Paul comes over to talk . . .

First read over the **Vocabulaire utile** and the activity, then watch the scene. You may not be able to understand every word, but you will be able to grasp the most important information. Check your comprehension by doing the activity.

VOCABULAIRE UTILE

le prof	professor (*familiar*)
sciences po (sciences politiques)	political science (*fam.*)
sympa (sympathique)	friendly, nice (*fam.*)
À tout à l'heure!	See you soon!

1. Le professeur de Bénédicte est (*is*) _____.
   a. stupide   **b.** intéressant   **c.** prétentieux
2. Caroline a besoin d' (*needs*) _____.
   a. un livre   **b.** un stylo   **c.** un ticket pour le restau-U
3. Paul et Bénédicte se disent (*say to each other*) _____.
   a. «Bonjour»   **b.** «Bonsoir»   **c.** «Salut»
4. Quel temps fait-il? Il fait _____.
   a. mauvais   **b.** froid   **c.** beau
5. Caroline et Paul vont (*are going*) _____.
   a. au (*to the*) café   **b.** à la bibliothèque   **c.** à la fenêtre

---

*The theme and scene numbers correspond to those in the Video to accompany *Vis-à-vis*.
†Note: Cue times refer to counter numbers in real time. If your school's VCR has a mechanical counter, write your individual counter time in the blank provided.

CHAPITRE 2 VOCABULAIRE

Verbes

adorer to love, adore
aimer to like, love
aimer mieux to prefer (like better)
chercher to look for
danser to dance
détester to detest
donner to give
écouter to listen to
étudier to study
habiter to live
manger to eat
parler to speak
regarder to look at; to watch
rêver to dream
skier to ski
travailler to work
trouver to find
visiter to visit (*a place*)

Substantifs

l'ami(e) (*m., f.*) friend
l'amphithéâtre (*m.*) lecture hall
la bibliothèque library
le café café; cup of coffee
le choix choice
le cinéma movies; movie theater
la cité universitaire (la cité-U) university dormitory
le cours course
le dictionnaire dictionary
l'examen (*m.*) test, exam
la faculté division (*academic*)
la femme woman
le film film

l'homme (*m.*) man
la librairie bookstore
le lieu place
la musique music
le pays country
le quartier quarter, neighborhood
la radio radio
le restaurant restaurant
le restaurant universitaire (le restau-U; le R.U.) university cafeteria
la soirée party
le sport sport; sports
la télévision television
le travail work
l'université (*f.*) university
la vie life
la ville city
la visite visit

À REVOIR: **le bureau, le cahier, l'étudiant(e), le livre, le professeur, la salle de classe**

Mots et expressions divers

à at, in
après after
avec with
d'accord okay; agreed
dans in
de of, from
de temps en temps from time to time
en in
en général generally
et and
ici here

maintenant now
mais but
ou or
pour for, in order to
quelquefois sometimes
rarement rarely
souvent often
toujours always
un peu (de) a little (of)
voici here is/are
voilà there is/are

Les nationalités

l'Allemand(e), l'Américain(e), l'Anglais(e), le/la Chinois(e), l'Espagnol(e), le/la Français(e), l'Italien(ne), le/la Japonais(e), le/la Russe

Les matières

la biologie, la chimie, le commerce (business), **le droit** (law), **l'économie** (*f.*), **la géographie, la géologie, l'histoire, l'informatique** (*f.*) (computer science), **la linguistique, la littérature, les mathématiques (les maths)** (*f.*), **la philosophie, la physique, la psychologie, la sociologie**
les langues étrangères (*f.*): **l'allemand** (German), **l'anglais, le chinois, l'espagnol, l'italien, le japonais**

DESCRIPTIONS

CHAPITRE 6

Chère Caroline,

Voici une photo récente des enfants.

Ils sont beaux et intelligents! Nicole est gentille et sociable. Jérémie est très sérieux. Il aime les livres. Mais c'est aussi un grand sportif: Il adore le football!

Ça va?

Bisous!
Sophie

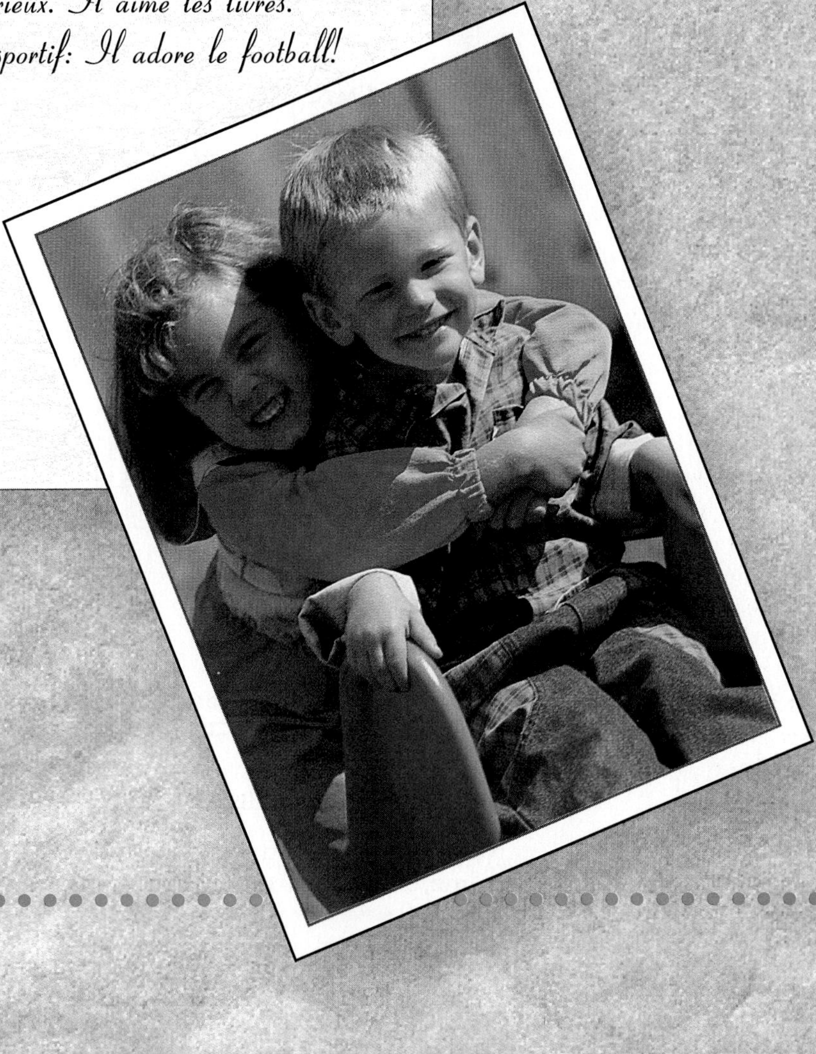

PAROLES

QUATRE PERSONNALITÉS DIFFÉRENTES

Gilles est un jeune homme
enthousiaste, idéaliste et **sincère.**

Béatrice est une jeune fille
sociable, sympathique (*nice,*
likeable) et **dynamique.**

Nathalie est une jeune fille
calme, réaliste et **raisonnable.**

Olivier est un jeune homme
individualiste, excentrique
et **drôle** (*funny*).

Allez-y!

A **Qualités.** Tell about these people by paraphrasing each statement.

MODÈLE: Béatrice aime parler avec des amis. →
C'est une jeune fille sociable.

1. Gilles parle avec sincérité.
2. Nathalie n'aime pas l'extravagance.
3. Olivier est amusant.
4. Béatrice aime l'action.
5. Gilles parle avec enthousiasme.
6. Olivier n'est pas conformiste.
7. Nathalie regarde la vie avec réalisme.
8. Olivier aime l'excentricité.
9. Nathalie n'est pas nerveuse.

B **Question de personnalité.** What are the different people in your life like? Describe them using at least three adjectives.
Autres adjectifs possibles: hypocrite, conformiste, altruiste, antipathique, absurde, optimiste, pessimiste, insociable, calme, égoïste, sincère, modeste, matérialiste...

MODÈLE: votre meilleur ami (meilleure amie, *f.*) (*your best friend*) →
Il/Elle est calme, sincère...

1. votre meilleur ami (meilleure amie)
2. votre père (*father*)
3. votre mère (*mother*)
4. votre camarade de chambre (*roommate*)
5. votre professeur de français
6. le président américain

Et vous? Now describe yourself. Begin your sentence with **Je suis** (*I am*)... **mais je ne suis pas** (*I'm not*)...

C **Interview.** Ask a classmate the following questions. Use **très, assez, peu,** or **un peu** when appropriate.

MODÈLE: sociable ou solitaire →
É1: Es-tu sociable ou solitaire?
É2: Moi, je suis assez sociable. Et toi?

1. sincère ou hypocrite
2. excentrique ou conformiste
3. individualiste ou altruiste
4. sympathique ou antipathique
5. calme ou dynamique
6. réaliste ou idéaliste
7. raisonnable ou inflexible
8. optimiste ou pessimiste

Now summarize by stating a few characteristics of your classmate, along with their opposites.

MOTS-CLÉS

How to qualify your description. When you first learn a foreign language, you inevitably exaggerate a little because you do not yet have the tools to convey nuances. The following adverbs may be useful.

| **très** | *very* | **peu** | *hardly* |
| **assez** | *somewhat* | **un peu** | *a little* |

Jeanne est **très** calme mais Jacques est **un peu** nerveux.
Mon chien (*dog*) est **peu** intelligent mais il est **assez** drôle.

LES VÊTEMENTS

Allez-y!

A **Qu'est-ce qu'ils portent?** Describe what these people are wearing.

Bruno   **Mme Dupuy**   **Aurélie**   **M. Martin**

1. Bruno porte _____.
2. Mme Dupuy porte _____.

3. Aurélie porte une casquette (*a French cap*), _____.
4. M. Martin porte _____.

B **Un vêtement pour chaque** (*each*) **occasion.** Describe in as much detail as possible what you wear when you go to these places.

1. à un match de football américain 2. à un concert de rock 3. à une soirée 4. dans un restaurant élégant 5. à l'université 6. à la plage (*beach*)

C **Descriptions.** Take a few minutes to jot down on a slip of paper what you are wearing. Your instructor will then collect the descriptions, shuffle them, and distribute them at random among the students. Find your partner: the student who most closely matches the description written on the slip of paper you are holding. When you have located your partner, go over and compliment him/her on his/her outfit, using a simple phrase: **J'aime bien ton jean!; C'est chic!; Comme tu es élégant(e)!** Your partner may respond with a simple **merci,** or may compliment your outfit in turn.

CHRISTINE, MICHEL ET LA VOITURE

1. Michel est **sur** le banc. Il attend (*is waiting for*) Christine.

2. Christine arrive. Elle est **dans** la voiture.

3. Michel est **devant** la voiture.

4. Christine est **à côté de** la voiture. Michel est **sur** la voiture.

5. Michel pousse (*is pushing*) la voiture. Il est **derrière** la voiture.

6. Christine est **sous** la voiture. Elle est **par terre.**

Allez-y!

A **Oui ou non?** Look at the pictures on the previous page and correct any statements that are wrong.

1. Christine est assise (*seated*) sur le banc.
2. Michel est dans la voiture.
3. Christine est à côté de la voiture.
4. Michel est derrière la voiture.
5. Michel est devant la voiture.
6. Christine est sous la voiture.

B **Désordre.** Alain has a problem with clutter! Describe his room, using **sur, sous, devant, derrière, dans,** and **par terre.**

MODÈLE: Il y a deux livres sous la chaise.

Qu'est-ce qu'il y a derrière la voiture rouge?

THE VERB ÊTRE
IDENTIFYING PEOPLE AND THINGS

Le génie de Fabrice

FABRICE: Eh bien, je **suis** prêt à travailler!

MARTINE: Moi aussi, mais où **sont** les livres et le dictionnaire?

FABRICE: Euh... ah oui, regarde, les voilà. Le dictionnaire **est** sous le chapeau et les cahiers **sont** sur le blouson. Maintenant, nous **sommes** prêts.

MARTINE: Tu sais, Fabrice, tu **es** très bon en littérature, mais pour l'organisation, tu **es** nul!

FABRICE: Peut-être, mais le désordre, c'**est** un signe de génie!

Complétez les phrases d'après le dialogue.

1. La chambre de Fabrice est **en ordre / en désordre.**
2. Martine et Fabrice sont étudiants **en lettres / en sciences.**
3. Martine **admire / critique** les talents de Fabrice en littérature.

Forms of *être*

PRESENT TENSE OF **être** (*to be*)	
je **suis**	nous **sommes**
tu **es**	vous **êtes**
il, elle, on **est**	ils, elles **sont**

STRUCTURES

Uses of *être*

1. The uses of **être** closely parallel those of *to be*.

Fabrice **est** intelligent.	*Fabrice is intelligent.*
Est-ce que Martine **est** organisée?	*Is Martine organized?*
Fabrice et Martine **sont** à la bibliothèque.	*Fabrice and Martine are at the library.*

2. In describing someone's nationality, religion, or profession, no article is used following **être**.

Je **suis anglais.**	*I am English.*
Je **suis catholique;** mon ami **est musulman.**	*I'm (a) Catholic; my friend is (a) Muslim.*
—Vous **êtes professeur?**	*Are you a teacher?*
—Non, je **suis étudiant.**	*No, I am a student.*

Ce versus *il/elle* with *être*

1. The indefinite pronoun **ce** (**c'**) is an invariable third-person pronoun. **Ce** has various English equivalents: *this, that, these, those, he, she, they,* and *it.*

2. The expression **c'est** (plural, **ce sont**) is used before modified nouns (always with an article) and proper names; it usually answers the questions **Qui est-ce?** or **Qu'est-ce que c'est?**

—Qui est-ce?	*Who is it?*
—C'est Maxime. C'est un étudiant belge.	*It's Maxime. He is a Belgian student.*
—Ce sont des Français?	*Are they French?*
—Non, ce sont des Italiens.	*No, they're Italian.*
—Qu'est-ce que c'est?	*What is that?*
—C'est une friperie.	*That's (It's) a secondhand clothes shop.*
—Et ça, qu'est-ce que c'est?	*And that, what is it?*
—Oh ça, c'est une boutique de haute couture.	*Oh, that's a fashion designer's shop.*

3. **C'est** can also be followed by an adjective, to refer to a general situation or to describe something that is understood in the context of the conversation.

Le français? C'est facile!
J'adore la France. C'est magnifique!

4. **Il/Elle est** (and **Ils/Elles sont**) are generally used to describe someone or something already mentioned in the conversation. They are usually followed by an adjective, a prepositional phrase, and occasionally by an unmodified noun (without an article).

—Où est située la friperie?   *Where's the secondhand clothes shop located?*

—Elle est dans la rue Mouffetard.   *It's on Mouffetard Street.*

—Voici Karim. Il est étudiant en biologie.   *Here's Karim. He's a biology student.*
—Est-il français?   *Is he French?*
—Oui, il est français, d'origine algérienne.   *Yes, he's French, of Algerian descent.*

Allez-y!

A Description. You have been invited to the home of some French friends. Describe what you see, using **devant, dans, sur, sous,** or **derrière.**

MODÈLES: Les cafés sont sur la table.

Les garçons (*boys*) sont devant la table.

1. Rémy

2. Cléopâtre

B Un examen. Complete the following dialogue between Fabrice and Martine, using the correct form of the verb **être.**

FABRICE: Ces livres _____^{1} difficiles!
MARTINE: Pas pour toi, tu _____^{2} un génie!
FABRICE: Oui, mais le professeur _____^{3} très exigeant (*demanding*).
MARTINE: Et il dit toujours (*always says*): «Vous _____^{4} une étudiante intelligente, Mademoiselle.»
FABRICE: Nous _____^{5} peut-être intelligents, mais moi, je ne _____^{6} pas prêt pour l'examen!

Qui est-ce? Identify each person described below, on the basis of the dialogue.

1. C'est une personne très exigeante.
   C'est _____.
2. C'est une étudiante intelligente.
   C'est _____.
3. Il n'est pas prêt pour l'examen.
   C'est _____.

C **Deux étudiants africains à Paris.** Tell about these young people by completing the descriptions with **c', il,** or **elle.**

Voici Fatima. _____¹ est marocaine. _____² est étudiante en philosophie. _____³ est une personne sociable et dynamique. Son petit ami (*boyfriend*) s'appelle Barthélémy. _____⁴ est sénégalais. _____⁵ est un jeune homme enthousiaste. _____⁶ est aussi un peu timide. _____⁷ est un étudiant sérieux.

D **La France et les Français.** Taking turns with a classmate, ask and answer questions using **c'est** and **ce n'est pas.**

MODÈLE: le sport préféré des Français:
le jogging, le football (*soccer*) →
É1: Le sport préféré des Français, c'est le jogging ou le football?
É2: Ce n'est pas le jogging, c'est le football!

1. un symbole de la France: la rose, la fleur de lys
2. un président français: Chevalier, Chirac
3. un cadeau (*present*) des Français aux Américains: la Maison-Blanche (*White House*), la Statue de la Liberté
4. une ville avec beaucoup de Français: La Nouvelle-Orléans, St. Louis
5. un génie français: Mme Curie, Albert Einstein
6. parler français: difficile, facile

E **Et vous, comment êtes-vous?** Tell a little about yourself.

Je m'appelle _____.
Je suis un(e) _____. (femme / homme / jeune fille / jeune homme)
Je suis _____. (étudiant[e] / professeur)
Je suis _____. (nationalité)
Je suis de _____. (ville [*city*])
Je suis l'ami(e) de _____.
_____ et _____ sont mes (*my*) amis.
Je porte _____. (vêtements)

Now describe one of your classmates.

Il/Elle s'appelle _____.
Il/Elle est un(e) _____.
Il/Elle est _____, _____ et _____. (personnalité)

Descriptive Adjectives
DESCRIBING PEOPLE AND THINGS

Rencontres par ordinateur

Il est sociable,	Elle est sociable,
charmant,	charmante,
sérieux,	sérieuse,
beau,	belle
idéaliste,	idéaliste,
sportif...	sportive...

Répondez aux questions suivantes.

1. Il cherche une femme sportive? réaliste? extravagante?
2. Il est ordinaire? extraordinaire? réaliste?
3. Elle cherche un homme sociable? drôle? réaliste?
4. Elle est ordinaire? extraordinaire? réaliste?
5. La machine est optimiste?

Position of Descriptive Adjectives

Descriptive adjectives **(les adjectifs qualificatifs)** give information about people, places, and things. In French, they usually follow the nouns they modify. They may also follow the verb **être**.

C'est un professeur **intéressant.**	*He's an interesting teacher.*
J'aime les personnes **sincères** et **individualistes**.	*I like sincere and individualistic people.*
Gabrielle est **sportive.**	*Gabrielle is athletic.*

A few common adjectives that generally precede the nouns they modify are presented in **Chapitre 7, Leçon 3.**

Agreement of Adjectives

In French, adjectives always agree in gender (masculine or feminine) and number (singular or plural) with the nouns they modify. Most adjectives follow the pattern illustrated in the table at the top of the following page.

	MASCULINE	FEMININE
Singular	un étudiant intelligent	une étudiante intelligent**e**
Plural	des étudiants intelligent**s**	des étudiantes intelligent**es**

1. Most feminine adjectives are formed by adding an **-e** to the masculine form. Exception: adjectives whose masculine form ends in an unaccented **-e.**

   Alain est **persévérant.** → Sylvie est **persévérante.**
   Paul est **optimiste.** → Claire est **optimiste.**

   Remember that final **d, s,** and **t,** usually silent in French, are pronounced when **-e** is added.

2. Most plural adjectives of either gender are formed by adding an **-s** to the singular form. Exception: adjectives whose singular form ends in **-s** or **-x.**

   Elle est **charmante.** → Elles sont **charmantes.**
   L'étudiant est **sénégalais.** → Les étudiants sont **sénégalais.**
   Marc est **courageux.** → Marc et Loïc sont **courageux.**

3. If a plural subject refers to one or more masculine items or persons, the plural adjective is masculine.

   Sylvie et Françoise sont **françaises.**
   Sylvie et François sont **français.**

Descriptive Adjectives with Irregular Forms

PATTERN		SINGULAR		PLURAL	
MASC.	*FEM.*	*MASC.*	*FEM.*	*MASC.*	*FEM.*
-eux } -eur } →	**-euse**	courageux travailleur	courageuse travailleuse	courageux travailleurs	courageuses travailleuses
-er →	**-ère**	cher (*expensive*)	chère	chers	chères
-if →	**-ive**	sportif	sportive	sportifs	sportives
-il } -el } →	**-ille** **-elle**	gentil (*nice, pleasant*) intellectuel	gentille intellectuelle	gentils intellectuels	gentilles intellectuelles
-ien →	**-ienne**	parisien	parisienne	parisiens	parisiennes

Other adjectives that follow these patterns include **paresseux/ paresseuse** (*lazy*), **naïf/naïve** (*naïve*), **sérieux/sérieuse** (*serious*), **fier/ fière** (*proud*), and **canadien/canadienne.** The feminine forms of **beau** (*handsome, beautiful*) and **nouveau** (*new*) are **belle** and **nouvelle.**

Les couleurs

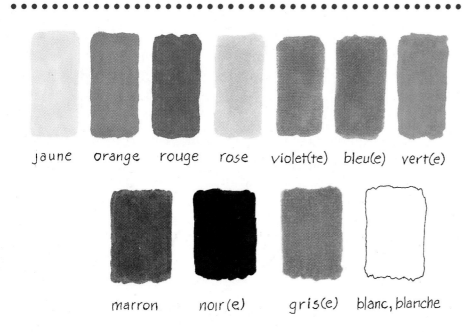

jaune   orange   rouge   rose   violet(te)   bleu(e)   vert(e)

marron   noir(e)   gris(e)   blanc, blanche

1. Most adjectives of color have both masculine and feminine forms.

   un chemisier **blanc** / **bleu** / **gris** / **noir** / **vert** / **violet**
   une chemise **blanche** / **bleue** / **grise** / **noire** / **verte** / **violette**

2. **Jaune, rouge,** and **rose** are invariable in gender.

   un pantalon
   une robe $\Big\}$ **jaune, rose, rouge**

3. **Marron** and **orange** are invariable in gender and number.

   un chemisier **marron** / **orange**   des chemisiers **marron** / **orange**

Allez-y!

A Dans la salle de classe. Dominique has a wonderful class. Describe it, choosing the appropriate expressions from the second column.

1. Le professeur est...	a. bleue et blanche.
2. Les étudiants sont...	b. confortables et nombreuses.
3. La salle de classe est...	c. intelligent et dynamique.
4. Les chaises sont...	d. sociables et amusants.

B Des âmes sœurs (*Soulmates*). Patrice and Patricia are alike in every respect. Describe them, taking turns with a partner.

MODÈLE: français →
   É1: Patrice est français. Et Patricia?
   É2: Patricia est française.

1. optimiste	5. sérieux	9. sportif
2. intelligent	6. parisien	10. courageux
3. charmant	7. naïf	11. travailleur
4. fier	8. gentil	12. intellectuel

C De quelle couleur? State the colors of the following things.

MODÈLE: le drapeau (*flag*) américain →
   Le drapeau américain est rouge, blanc et bleu.

1. le drapeau français
2. la mer (= l'océan)
3. l'éléphant (*m.*)
4. la violette
5. la neige (*snow*)
6. le tigre
7. le zèbre
8. les plantes (*f.*)
9. les fleurs (*f.*)

D **À mon avis** (*In my opinion*). Complete these sentences according to your own opinions.

1. L'homme idéal est _____.
2. La femme idéale est _____.
3. Le/La camarade de classe idéal(e) est _____.
4. Le professeur idéal est _____.
5. Le chauffeur de taxi idéal est _____.

E **Une lettre.** Here is the letter Stéphane dreads receiving from his girlfriend. Transform it into the one that is actually on the way by changing the adjectives and some verbs.

Angers, le 7 janvier

Stéphane,

Je te déteste. Tu es stupide et antipathique. Tous les jours (*Every day*) tu es nerveux, tu ne rêves pas parce que tu es peu idéaliste, et tu es même (*even*) souvent hypocrite. En plus (*Furthermore*) je trouve que tu es paresseux.

Je ne veux pas te revoir. (*I don't want to see you again.*)

Adieu.

Catherine

Elle est timide, la jeune femme?

Élisabeth Louise Vigée-Lebrun (1755–1842)
Autoportrait, 1790
Galerie des Offices, Florence

Chère Sophie,

Oui, ça va bien! En ce moment, je suis enthousiaste, dynamique et optimiste!

Physiquement je suis en forme. Je ne mange pas trop pour rester mince. J'essaie d'être élégante: je ne suis pas riche, alors, j'achète mes vêtements dans les friperies. Ce n'est pas cher et c'est original.

Demain, j'ai un examen! Au travail!

Je t'embrasse.

Caroline

PORTRAIT: *Coco Chanel (créatrice de mode[1] française, 1883–1971)*

1883–1912: Gabrielle Chanel n'a pas de parents.[2] Elle a une vie[3] difficile.

1912: Elle devient[4] Coco Chanel. Elle triomphe avec le style Chanel qui libère le corps[5] de la femme.

1920: Elle crée le célèbre[6] parfum n° 5. Toute sa vie, elle fréquente des gens riches et célèbres. Mais elle est individualiste, fière,[7] excentrique. Elle meurt vieille[8] et solitaire.

[1] *fashion* [2] *n'a... has no parents* [3] *life*
[4] *becomes* [5] *body* [6] *famous* [7] *proud*
[8] *meurt... dies old*

FLASH 1 FRANÇAIS, QUI ÊTES-VOUS?

Les Français aiment les petites promenades.

Portrait en chiffres

1° Démographie

La France compte 57,7 millions d'habitants soit 1% de la population mondiale.[1] 4,1 millions d'immigrés vivent[2] sur son territoire.

2° Économie

La France occupe la 4ème place parmi les pays les plus riches[3] du monde; elle est le 4ème exportateur mondial.

3° Société

Les Français fréquentent l'école 18,3 ans.
58% des familles possèdent un animal.
6 millions d'adultes vivent seul.[4]
47% des femmes de plus de quinze ans travaillent (= 11 millions de femmes).

4° Signes particuliers

La France est la première destination touristique du monde.
Les Français ont le plus grand[5] nombre de Prix Nobel de Littérature du monde: 12.

[1]*worldwide* [2]*live* [3]parmi... *among the richest countries*
[4]*alone* [5]le... *the largest*

FLASH 2 QUÉBEC: UNE VOLONTÉ D'INDÉPENDANCE

Le Québec est une province du Canada. Beaucoup de Québécois rêvent de s'émanciper et désirent abandonner l'état[1] fédéral pour créer un état indépendant à majorité française en Amérique du Nord. La population est divisée en deux camps:

- 1° Les indépendantistes: ils sont représentés par deux partis: le Parti québécois (radical) et le Parti libéral.

- 2° Les fédéralistes: ils sont une force majeure du Québec et disent[2] « non » à l'indépendance (60% au référendum de 1980).

Indépendance ou fédéralisme? Depuis les années 60,[3] le débat est ouvert.[4] Toute[5] la vie politique du Québec dépend de cette question.

[1]*state* [2]*say* [3]Depuis... *Since the 1960s* [4]*open* [5]*All*

Montréal: deux indépendantistes enthousiastes.

LEÇON 3

STRUCTURES

Yes/no Questions

GETTING INFORMATION

Discussion entre amis

LE TOURISTE: **Est-ce** un accident?
L'AGENT DE POLICE: Non, ce n'est pas un accident.
LE TOURISTE: **Est-ce que** c'est une manifestation?
L'AGENT DE POLICE: Mais, non!
LE TOURISTE: Alors, c'est une dispute?
L'AGENT DE POLICE: Pas vraiment. C'est une discussion animée entre amis.

Voici les réponses. Posez les questions. Elles sont dans le dialogue.

1. Ce n'est pas un accident.
2. Ce n'est pas une manifestation.
3. Ce n'est pas une dispute.

In French, there are several ways to ask a question requiring a *yes* or *no* answer.

Questions Without Change in Word Order

1. You can raise the pitch of your voice at the end of a sentence.

   —Vous ne parlez pas anglais?　　*You don't speak English?*
   —Si, un peu.*　　　　　　　　　*Yes, a little.*

2. When confirmation is expected, add the tag **n'est-ce pas** to the end of the sentence.

   Il aime la musique, **n'est-ce pas?**　　*He likes music, doesn't he?*

   Nous ne mangeons pas au restau-U, **n'est-ce pas?**　　*We don't eat at the cafeteria, do we?*

---

*Note that **si,** not **oui,** is used to answer *yes* to a negative question.

3. The most common way is to precede a statement with **Est-ce que** (**Est-ce qu'** before a vowel sound).

> **Est-ce que** Robert étudie l'espagnol? *Does Robert study Spanish?*
> **Est-ce qu'**elles écoutent la radio? *Are they listening to the radio?*

Questions With Change in Word Order

Questions can also be formed by inverting the order of subject and verb. This question formation is more common in written French.

1. When a pronoun is the subject of the sentence, the pronoun and verb are inverted and hyphenated.

> **Tu es** étudiante en philosophie. →   **Es-tu** étudiante en philosophie?
> **Ils aiment** les discussions animées. →   **Aiment-ils** les discussions animées?

The final **t** of third-person plural verb forms is pronounced when followed by **ils** or **elles: aiment-elles.** When third-person singular verbs end with a vowel, **-t-** is inserted between the verb and the pronoun.

> Elle aim**e** les jupes. →   **Aime-t-elle** les jupes?
> Il port**e** un veston. →   **Porte-t-il** un veston?

Je is seldom inverted. **Est-ce-que** is used instead: **Est-ce que je suis élégant?**

2. When a noun is the subject of the sentence, the noun subject is retained. The third-person pronoun corresponding to the subject follows the verb and is attached to it by a hyphen.

> **Marc** est étudiant. →   **Marc est-il** étudiant?
> **Delphine** travaille beaucoup. →   **Delphine travaille-t-elle** beaucoup?
> **Les amis** arrivent ce soir. →   **Les amis arrivent-ils** ce soir?

Allez-y!

A **C'est difficile à croire!** You find it hard to believe what Mireille is telling you. Express your surprise by turning each statement into a question. (Your intonation should express your disbelief!)

MODÈLE: Solange est de Paris. → Solange est de Paris?

1. Pascal est aussi de Paris.
2. Solange et Pascal sont belges.
3. Roger est le camarade de Pascal.
4. C'est un garçon drôle.
5. Il n'habite pas à Paris.
6. Sandra est canadienne.

B **Une personne peu sûre.** You are feeling insecure today. Ask for reassurance!

MODÈLE: intelligent(e) →
É1: Est-ce que je suis intelligente?
É2: Bien sûr, tu es très intelligente!

1. sympathique **2.** intéressant(e) **3.** gentil(le) **4.** amusant(e)

Now take turns asking the questions again, as a self-assured person might: **Je suis intelligente, n'est-ce pas?**

C **Étudiants à la Sorbonne.** You are writing an article on student life in Paris. Verify the information you have jotted down by expressing your statements as questions.

MODÈLE: Stéphane étudie à la Sorbonne. →
Stéphane étudie-t-il à la Sorbonne?

1. Il est zaïrois.
2. Vous admirez Stéphane.
3. Stéphane et Carole sont étudiants en philosophie.
4. Ils sont sympathiques.
5. Carole habite à la cité-U.

D **Portrait d'un professeur.** Ask your instructor about his or her personality, tastes, and clothing. Use inversion in your questions. **Verbes suggérés:** aimer, danser, écouter, être, parler, regarder, skier...

MODÈLES: Êtes-vous pessimiste?

Aimez-vous les cravates orange?

Now see if your classmates were listening. Ask a classmate three questions about your instructor.

MODÈLE: Est-ce que le professeur est pessimiste?

C'est bien la sieste en plein air, n'est-ce pas?

THE PREPOSITIONS À AND DE

MENTIONING SPECIFIC PLACES OR PEOPLE

Arnaud et Delphine, deux étudiants

Ils habitent **à la** cité universitaire.
Ils mangent **au** restaurant universitaire.
Ils jouent **au** volley-ball dans la salle des sports.
Le week-end, ils jouent **aux** cartes entre amis.
Ils aiment parler **des** professeurs, **de** l'examen
d'anglais, **du** cours de littérature française et **de
la** vie **à** l'université.

Et vous?

1. Habitez-vous à la cité universitaire?
2. Mangez-vous au restaurant universitaire?
3. Jouez-vous au volley-ball dans la salle
   des sports?
4. Le week-end, jouez-vous aux cartes?
5. Aimez-vous parler des professeurs? de
   l'examen de français? du cours de
   français? de la vie à l'université?

Prepositions (**les prépositions**), which include *to, in, under,* and *for,* give
information about the relationship between two words. In French, they
sometimes contract with articles.

The Preposition *à*

1. **À** indicates location or destination. It has several English equivalents.

Arnaud habite **à** Paris.*   *Arnaud lives in Paris.*
Il étudie **à** la bibliothèque.   *He studies at (in) the library.*
Il arrive **à** Bruxelles demain.   *He's arriving in Brussels*
                                        tomorrow.

À indicates location primarily with names of cities. See **Chapitre 8 for prepositions used
with names of countries.*

2. With verbs such as **donner, montrer, parler,** and **téléphoner, à** introduces the indirect object (usually a person) even when *to* is not used in English.

Arnaud **donne** un livre **à** son copain.	*Arnaud gives his roommate a book.*
Arnaud **montre** une photo **à** Delphine.	*Arnaud shows Delphine a photo.*
Il **parle à** un professeur.	*He's speaking to a professor.*
Il **téléphone à** un ami.	*He's calling a friend.*

The preposition *to* is not always used in English, but **à** must be used in French with these verbs.

The Preposition *de*

1. **De** indicates where something or someone comes from.

Medhi est **de** Casablanca.	*Medhi is from Casablanca.*
Il arrive **de** la bibliothèque.	*He is coming from the library.*

2. **De** also indicates possession (expressed by *'s* or *of* in English) and the concept of belonging to, being a part of.

Voici la librairie **de** Madame Vernier.	*Here is Madame Vernier's bookstore.*
J'aime mieux la librairie **de** l'université.	*I prefer the university bookstore (the bookstore of the university).*

3. When used with **parler, de** means *about.*

Nous parlons **de** la littérature contemporaine.	*We're talking about contemporary literature.*

The Prepositions *à* and *de* with the Definite Articles *le* and *les*

à + le = au	Arnaud arrive **au** cinéma.
à + les = aux	Arnaud arrive **aux** cours.
à + la = à la	Arnaud arrive **à la** librairie.
à + l' = à l'	Arnaud arrive **à l'**université.
de + le = du	Arnaud arrive **du** cinéma.
de + les = des	Arnaud arrive **des** cours.
de + la = de la	Arnaud arrive **de la** librairie.
de + l' = de l'	Arnaud arrive **de l'**université.

The Verb *jouer* with the Prepositions *à* and *de*

When **jouer** is followed by the preposition **à,** it means to play a sport or game. When it is followed by **de,** it means to play a musical instrument.

Martine
joue au tennis.

Philippe
joue du piano.

Allez-y!

A Camille, une personne très active. Adapt the following sentences, using the words in parentheses.

1. Camille téléphone *à Sophie.* (le professeur / les amies / Baudouin / le restaurant)
2. Elle parle *de la littérature africaine.* (le rap / la politique française / les livres de Marguerite Duras / le cours de japonais)
3. Camille arrive *de la librairie.* (le restau-U / New York / la bibliothèque / les courts de tennis)
4. Elle aime jouer *au football.* (le piano / les cartes / le basket-ball / la guitare)

B Où va-t-on (*Where do we go*)**?** Answer, taking turns with a partner. **Suggestions:** l'Alliance (*Institute*) Française, l'amphithéâtre, la bibliothèque, le café, le cinéma, le concert, les courts de tennis, le Quartier latin, le restaurant universitaire, la salle des sports

MODÈLE: pour écouter une symphonie →
      É1: Où va-t-on pour écouter une symphonie?
      É2: On va au concert.

1. pour regarder un film   2. pour jouer au tennis   3. pour jouer au volley-ball   4. pour écouter le professeur   5. pour apprendre (*learn*) le français   6. pour étudier   7. pour manger   8. pour visiter la Sorbonne   9. pour parler avec des amis

C **Les passe-temps.** Complete the following sentences with the verb **jouer à** or **de.** Match the players with the sports or instruments they play.

MODÈLE: Steve Young → Steve Young joue au football.

1. Wynton Marsalis
2. Steffi Graf
3. Bruce Springsteen
4. Midori
5. Shaquille O'Neal et Christian Laettner
6. Mario Lemeux
7. Bobby Fischer
8. Matt Williams
9. Mitsuko Uchida
10. Roberto Baggio

a. le violon
b. le hockey
c. les échecs
d. la trompette
e. le piano
f. le basket-ball
g. le base-ball
h. la guitare
i. le foot
j. le tennis

D **Trouvez quelqu'un qui...** Find someone in the classroom who does each of the following activities. On a separate piece of paper, note down his or her name next to the activity. See who can complete the list the fastest.

MODÈLE: Est-ce que tu joues au tennis?
Oui, je joue au tennis. (*ou* Non, je ne joue pas au tennis.)

jouer de la guitare
jouer au poker
jouer au base-ball
jouer au volley
jouer au bridge
jouer au tennis
jouer de la clarinette

aimer les films français
manger à la cafétéria
    aujourd'hui
aimer le laboratoire de langues
jouer aux cartes

MOTS-CLÉS

Linking words. The following words will help you form more interesting and complicated sentences by linking ideas.

et	*and*	mais	*but*
aussi	*also*	si	*if*
ou	*or*	donc	*therefore*
parce que	*because*	alors	*so*

Note the different impressions linking words make in the following sentences.

- Ma cousine étudie l'espagnol. J'étudie le français. → Ma cousine étudie l'espagnol **mais** (**et**) j'étudie le français.
- Je n'aime pas danser. Je ne danse pas ce (*this*) week-end. → Je n'aime pas danser, **donc** je ne danse pas ce week-end.
- Je ne suis pas riche. J'achète mes vêtements dans les friperies. → Je ne suis pas riche, **alors** j'achète mes vêtements dans les friperies.
- Je ne sais pas (*I don't know*) **si** le professeur aime danser.

E **Jeu de logique.** Complete the following thoughts logically using a linking word from the **Mots-clés.**

1. Anne est une personne sérieuse et raisonnable _____ elle aime beaucoup les films comiques.
2. Daniel, par contre, est drôle _____ excentrique.
3. Je me demande (*wonder*) _____ Daniel est artiste.
4. Moi, je suis idéaliste, _____ je travaille pour une organisation écologiste.
5. Travaillez-vous _____ vous aimez travailler ou simplement pour gagner de l'argent (*earn money*)?
6. Êtes-vous sociable _____ préférez-vous des activités solitaires?
7. J'étudie l'italien _____ j'adore l'art de la Renaissance italienne.
8. Mme Cohen est experte en informatique, _____ elle a plusieurs ordinateurs (*several computers*).
9. Joël est très sportif _____ il aime aussi l'opéra!

LECTURE

Avant de lire

Recognizing cognates. You already know that cognates (**mots apparentés**) are words similar in form and meaning in two or more languages. As you learn to recognize the common patterns of change between English and French, you will be able to read French texts more quickly and with greater ease and enjoyment. Take a moment to review the presentation of **les mots apparentés** in **Chapitre 1, Leçon 4.** Here are a few additional patterns you will find helpful:

FRANÇAIS	ANGLAIS	
-ant(e)	-ing	touch**ant**; touch**ing**
-é(e)	-ed	edit**é**; edit**ed**
-teur (-trice)	-er, -or	collabora**teur**, collabora**trice**; collabora**tor**
-ir	-ish	embell**ir**; to embell**ish**

Can you figure out the English equivalents of the following words? Most are taken from the reading.

1. attachant
2. engagé (sens politique)
3. unifié

4. admiratrice
5. adaptée

The following selection about the French singer Francis Cabrel is adapted from the Quebecois magazine *Chatelaine*.

Pour les beaux yeux° de Francis Cabrel

eyes

Francis Cabrel est un sentimental. Il vous enveloppe de ses yeux bleu ciel.° Les musiques de ses chansons° sont attachantes, qu'elles soient° d'inspiration folklorique, religieuse, romantique ou qu'elles soient influencées par le jazz. Même° ses chansons engagées sont tendres!

sky / songs
qu'... be they
Even

Je ne suis pas une admiratrice fanatique, mais je succombe au charme de *Je t'aimais, je t'aime et je t'aimerai* où° il dit à sa bien-aimée:° «l'amour est partout° où tu regardes... » Je ne suis pas la seule à craquer° semble-t-il, parce qu'au Québec comme en France, il établit des records de vente.°

where / beloved

l'amour... love is everywhere

la... the only one to succumb

sales

Pour les beaux yeux, bien sûr!

Francis Cabrel, Théâtre du forum, Montréal, les 19, 20, 21 et 22 janvier. À Québec, à la même période.

Compréhension

C'est exact? Correct any false statements.

1. Francis Cabrel a un caractère froid.
2. Les yeux de Francis Cabrel sont verts.
3. La musique de ses chansons est d'inspiration classique.
4. Les chansons engagées de Francis Cabrel sont brutales.
5. *Je t'aimais, je t'aime et je t'aimerai* est une salle de concert à Montréal.
6. L'auteur n'aime pas la musique de Cabrel.
7. Francis Cabrel est très populaire en France et au Québec.
8. Cet article parle des concerts de Cabrel en Angleterre.

À L'ÉCOUTE!

Bien entendu!

Mon meilleur copain. Guillaume is talking about his best friend, Patrice. First, look through the activities. Next, listen to the vocabulary and Guillaume's description of Patrice. Then, do the activities. Replay the tape as often as you need to. (See Appendix G for answers.)

VOCABULAIRE UTILE
vachement very (*slang*)
le cuir leather

A **C'est bien Patrice?** Based on Guillaume's description, circle the drawing of Patrice.

B **Toujours Patrice!** Now choose the correct answer, based on what you hear.

1. Patrice habite _____.
   a. à Lyon **b.** à Nice
2. Patrice étudie _____.
   a. l'anglais **b.** l'espagnol
3. Patrice adore _____.
   a. la musique classique **b.** le rock
4. Il joue _____.
   a. du piano **b.** de la guitare
5. Patrice est _____.
   a. intelligent mais un peu paresseux
   b. très intellectuel
6. Patrice porte toujours _____.
   a. un jean et un blouson noir
   b. un costume gris

En situation

Au restau-U

Contexte *Nous sommes dans un restaurant universitaire d'Aix-en-Provence. Patricia, une étudiante américaine, trouve une place[1] à la table de Régis.*

Objectif *Patricia fait connaissance avec[2] des étudiants français et francophones.*

RÉGIS: Bonjour! Comment t'appelles-tu?[3]
PATRICIA: Je m'appelle Patricia. Et toi[4]?
RÉGIS: Moi, c'est[5] Régis. Je suis nul en anglais[6] mais je suis un génie en musique... Voilà Médoune. C'est un pianiste. Il est de Dakar.
PATRICIA: Bonjour, Médoune.
RÉGIS: Et voici Christine. Elle est de Genève et joue très bien au tennis.
PATRICIA: Salut, Christine.
CHRISTINE: Salut. Et toi, Patricia, tu es d'où?

---

[1]*seat* [2]*fait... meets* [3]Comment... *What's your name?* [4]*you* [5]Moi... *Me, I'm* [6]Je... *I'm very bad at English*

À PROPOS

Comment présenter quelqu'un

DANS UNE SITUATION INFORMELLE

Les présentations
Voici Jim. *This is Jim.*
Ça, c'est Jim. *This is Jim.*
Je te présente Jim. *I'd like you to meet Jim.*

Les réponses
Salut. Bonjour. *Hello.*
Enchanté(e). *Delighted to meet you.*
Très heureux/euse. *Glad to meet you.*

DANS UNE SITUATION FORMELLE

Les présentations
Je vous présente Jim Becker.
I would like you to meet Jim Becker.

Les réponses
Bonjour. *Hello.*
Enchanté(e). *Delighted to meet you.*
Très heureux/euse de faire votre connaissance. *Very happy to make your acquaintance.*

● **Jeu de rôles.** Working with two classmates, use the expressions in the **En situation** dialogue and in **À propos** to act out the following encounters. Be as expressive as you can! Consider circulating around the room and repeating the activity with several different classmates.

1. You are sitting in a café with a friend. A new classmate stops by, and you introduce him or her to your companion. They say where they are from; you tell each of them about the other person (hobbies, general personality, etc.).

2. You are at a reception with your French professor, M. Jacob. He introduces you to a visiting professor from Paris, Mme Dupuy.

Now repeat the activity, switching roles and using new expressions whenever possible.

Cue to: 35:50

VIDÉOTHÈQUE*

THÈME 4   Le shopping

SCÈNE 4.1   De nouveaux vêtements
Bénédicte and Caroline are shopping for clothes. Will Bénédicte ever make up her mind? Can Caroline help her friend find a great outfit in time for her date with Michel?

---

*The theme and scene numbers correspond to those in the Video to accompany *Vis-à-vis*.

VOCABULAIRE UTILE

quelque chose de joli	something pretty
Quelle taille fais-tu?	What's your size?
Ça dépend des coupes.	It depends on the cut.
pas très mode	not very fashionable
BCBG	preppy (*lit.,* «**bon chic, bon genre**»)
trop habillé(e)	too dressy
C'est la ruine!	I'd be broke!
Tu dois l'essayer!	You have to try it on!
Ne t'inquiète pas...	Don't worry . . .

● **Une décision difficile.** See if you can match the garment with Bénédicte's reason for rejecting it.

1.	_____ la robe à fleurs (*flowered*)	**a.**	trop chère (*expensive*)
2.	_____ la deuxième (*second*) robe	**b.**	trop habillé
3.	_____ la robe rose	**c.**	pas très mode
4.	_____ le chemisier rouge	**d.**	trop BCBG
5.	_____ la robe noire	**e.**	un peu triste (*sad*)
6.	_____ le chemisier noir	**f.**	fait plus vieux (*more old-fashioned*) que l'autre

CHAPITRE 3 VOCABULAIRE

Verbes

arriver to arrive
être to be
jouer à to play (*a sport or game*)
jouer de to play (*a musical instrument*)
montrer to show
porter to wear; to carry
téléphoner à to telephone

À REVOIR: **regarder, travailler**

Substantifs

les cartes (*f.*) cards
les échecs (*m.*) chess
la jeune fille girl, young lady

le jeune homme young man
la personne person
la voiture automobile

À REVOIR: **l'ami(e), la bibliothèque, la femme, l'homme, l'université**

Adjectifs

beau/belle beautiful
cher/chère expensive
drôle funny, odd
facile easy
fier/fière proud
gentil(le) nice, pleasant
nouveau/nouvelle new
paresseux/euse lazy

prêt(e) ready
sportif/ive *describes someone who likes physical exercise and sports*
sympa(thique) nice
travailleur/euse hardworking

À REVOIR: **espagnol(e), français(e), italien(ne)**

Adjectifs apparentés

amusant(e), calme, conformiste, courageux/euse, (dés)agréable, différent(e), difficile, dynamique, enthousiaste, excentrique, idéaliste, (im)patient(e),

important(e), individualiste, inflexible, intellectuel(le), intelligent(e), intéressant(e), naïf/naïve, nerveux/euse, optimiste, parisien(ne), pessimiste, raisonnable, réaliste, sérieux/euse, sincère, snob, sociable, solitaire

Prépositions

à côté de beside, next to
derrière behind
devant in front of
sous under
sur on, on top of

Les vêtements

le blouson windbreaker
les bottes (*f.*) boots
la casquette French cap
le chapeau hat
les chaussettes (*f.*) socks
les chaussures (*f.*) shoes
la chemise shirt
le chemisier blouse

le costume (*man's*) suit
la cravate tie
l'imperméable (*m.*) raincoat
le jean jeans
la jupe skirt
le maillot de bain swimsuit
le manteau coat
le pantalon pants
le pull-over sweater
la robe dress
le sac à dos backpack
le sac à main handbag
les sandales (*f.*) sandals
le short shorts
le tailleur woman's suit
le tee-shirt T-shirt
les tennis (*m.*) tennis shoes
la veste sports coat or blazer
le veston suit jacket

Les couleurs

blanc(he) white
bleu(e) blue
gris(e) gray
jaune yellow
marron (*inv.*) brown

noir(e) black
orange (*inv.*) orange
rose pink
rouge red
vert(e) green
violet(te) violet

Mots et expressions divers

alors so
assez somewhat
aussi also
donc therefore
eh bien,... well, . . . (well, then)
où where
par terre on the ground
parce que because
peu not very; hardly
un peu a little
quand when
qui... ? who (whom) . . . ?
si if
très very

À LA MAISON

Château de Versailles
La chambre du Roi

Sophie!

Tu aimes ma chambre royale?

En réalité mon palais est très modeste: un lit, un bureau, des étagères: tout ça dans un espace de 10m^2! C'est petit... mais c'est charmant.

Bien sûr, il est difficile d'avoir de l'ordre dans ces conditions! Mais pour trouver ce que je cherche, je regarde sous le lit!

Bisous, bisous à tous!

Caroline

LEÇON 1

DEUX CHAMBRES D'ÉTUDIANTS

La chambre d'Agnès est en ordre.
Agnès habite dans une maison.

La chambre de Céline est en désordre.
Céline habite dans un appartement.

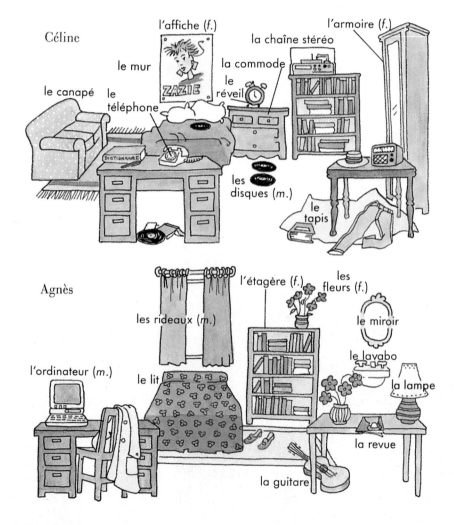

Céline

l'affiche (f.)
la chaîne stéréo
l'armoire (f.)
le mur
la commode
le réveil
le canapé
le téléphone
les disques (m.)
le tapis

Agnès

l'étagère (f.)
les fleurs (f.)
le miroir
les rideaux (m.)
le lavabo
l'ordinateur (m.)
le lit
la lampe
la revue
la guitare

AUTRES MOTS UTILES

la cassette	cassette tape
le lecteur de cassettes	cassette player
la platine laser (*ou* **le lecteur de CD**)	CD player

Allez-y!

A **Deux chambres.** Taking turns with a partner, ask and answer questions about the two rooms. Start with **Qu'est-ce qu'il y a...** (What is there . . .).

MODÈLE: derrière l'étagère d'Agnès? →
   É1: Qu'est-ce qu'il y a derrière l'étagère d'Agnès?
   É2: Il y a un mur.

1. sur le bureau d'Agnès? de Céline?
2. à côté du lit d'Agnès? de Céline?
3. sous la table d'Agnès? de Céline?
4. sur le lit d'Agnès? de Céline?
5. sur l'étagère d'Agnès? de Céline?
6. sous le bureau de Céline?
7. à côté de la radio de Céline?
8. sur le mur d'Agnès? de Céline?
9. par terre (*on the ground*) dans la chambre de Céline?
10. sur la table de Céline?
11. à côté de l'étagère d'Agnès?
12. sur le tapis d'Agnès? de Céline?

B **Préférences.** What might you find in the room of a person with the following interests?

1. étudier
2. écouter de la musique
3. parler à des amis
4. le sport
5. la mode
6. le cinéma

Moi, j'aime bien parler avec mes amis.

LES AMIS D'AGNÈS ET DE CÉLINE

Lise est grande, belle et dynamique. Elle a (*has*) les yeux verts et les cheveux blonds. (Elle est blonde.)

Déo a les cheveux noirs. Il est beau et charmant. Il est de taille moyenne (*medium height*).

Chantal est aussi de taille moyenne. Elle a les yeux marron et les cheveux courts et roux. (Elle est rousse [*redheaded*].)

Jacques est très sportif. Il est grand, il a les cheveux longs, châtains (*light brown*)* et en désordre.

Thu est très petite et intelligente. Elle a les cheveux noirs et raides.

Allez-y!

A **Erreur!** Correct any sentences that are wrong.

MODÈLE: Déo a les cheveux châtains. → Non, il a les cheveux noirs.

1. Jacques a les cheveux courts. **2.** Chantal a les cheveux longs et châtains. **3.** Thu a les cheveux noirs. **4.** Chantal a les yeux noirs. **5.** Lise a les cheveux roux. **6.** Déo est très grand. **7.** Lise est de taille moyenne. **8.** Thu est petite. **9.** Déo et Lise sont laids (*ugly*). **10.** Chantal est blonde et Lise est rousse.

B **Vos camarades de classe.** Describe the hair, eyes, and height of someone in the classroom. Your classmates will guess who it is.

MODÈLE: Il/Elle a les cheveux longs et noirs, il/elle a les yeux marron et il/elle est de taille moyenne.

---

*literally, *chestnut;* invariable in gender

QUELLE EST LA DATE D'AUJOURD'HUI?

LES MOIS

décembre	mars	juin	septembre
janvier	avril	juillet	octobre
février	mai	août	novembre

In French, the day is usually followed by the month. **Nous sommes le 21 mars** (abbreviated as 21.3). **Le** usually precedes the day of the month.

Dates in French are expressed with cardinal numbers (**le 21 mars**), with the exception of the first of the month: **le 1ᵉʳ (premier) janvier.**

Allez-y!

A **Fêtes** (*Holidays*) **américaines.** What months do you associate with the following holidays?

1. 2. 3. 4.

5. 6. 7.

B **C'est aujourd'hui sa fête** (*name day*). In France, each day of the year is associated with a particular saint. Look over the list of names and dates. Choose six of them, and, with a partner, ask and answer questions about name days.

MODÈLE: É1: Quand célèbre-t-on la fête de Didier?
É2: Le vingt-trois mai. Et la fête de Gilbert?

fêtes à souhaiter

a

ADOLPHE	30	juin
ADRIEN	8	sept
AGNES	21	janv
AIME	13	sept
AIMEE	20	fév
ALAIN	9	sept
ALBAN	22	juin
ALBERT	15	nov
ALEXANDRE	22	avril
ALEXIS	17	fév
ALFRED	15	août
ALICE	16	déc
ALINE	20	oct
ALPHONSE	1	août
AMAND	6	fév
ANATOLE	3	fév
ANDRE	30	nov
ANGE	5	mai
ANGELE	27	janv
ANNE	26	juil
ANSELME	21	avril
ANTOINE	17	janv
ANTOINETTE	28	fév
ANTONIN	2	mai
ARISTIDE	31	août
ARLETTE	17	juil
ARMAND	8	juin
ARMEL	16	août
ARNAUD	10	fév
ARTHUR	15	nov
AURORE	13	déc

b

BAUDOUIN	17	oct
BEATRICE	13	fév
BENJAMIN	31	mars
BENOIT	11	juil
BERNADETTE	18	fév
BERNARD	20	août
BERTHE	4	juil
BERTRAND	6	sept
BRIGITTE	23	juil

c

CAMILLE	14	juil
CARINE	7	nov
CAROLE	17	juil
CATHERINE	25	nov
CECILE	22	nov
CELINE	21	oct
CHANTAL	12	déc
CHARLES	2	mars
CHRISTEL (LE)	24	juil
CHRISTIAN	12	nov
CHRISTINE	24	juil
CHRISTOPHE	21	août
CLAIRE	11	août
CLAUDE	6	juin
CLEMENCE	21	mars
CLEMENT	23	nov
CLOTILDE	4	juin
COLETTE	6	mars
CORINNE	18	mai
CYRILLE	18	mars

d

DANIEL	11	déc
DAVID	29	déc
DELPHINE	26	nov
DENIS	9	oct
DENISE	15	mai
DIDIER	23	mai
DOMINIQUE	8	août

e

EDITH	13	sept
EDMOND	20	nov
EDOUARD	5	janv
ELIANE	4	juil
ELIE	20	juil
ELISABETH	17	nov
ELISE	17	nov
ELOI	1	déc
EMILE	22	mai
EMILIENNE	5	janv
EMMANUEL	25	déc
ERIC	18	mai
ERNEST	7	nov
ESTELLE	11	mai
ETIENNE	26	déc
EUGENE	13	juil
EVA	6	sept
EVELYNE	27	déc

f

FABIEN	20	janv
FABRICE	22	août
FELIX	12	fév
FERDINAND	30	mai
FERNAND	27	juin
FRANÇOIS	4	oct
FRANÇOISE	12	déc
FREDERIC	18	juil

g

GABRIEL (LE)	29	sept
GAEL	17	déc
GAETAN	7	août
GASTON	6	fév
GAUTIER	9	avril
GENEVIEVE	3	janv
GEOFFROY	8	nov
GEORGES	23	avril
GERALD	5	déc
GERARD	3	oct
GERAUD	13	oct
GERMAIN	31	juil
GERMAINE	15	juin
GERVAIS	19	juin
GHISLAIN	10	oct
GILBERT	7	juin
GILBERTE	11	août
GILLES	1	sept
GINETTE	3	janv
GISELE	7	mai
GODEFROY	8	nov
GONTRAN	28	mars
GREGOIRE	3	sept
GUILLAUME	10	janv
GUSTAVE	7	oct
GUY	12	juin

h

HELENE	18	août
HENRI	13	juil
HERVE	17	juin
HONORE	16	mai
HORTENSE	5	oct
HUBERT	3	nov
HUGUES	1	avril

i

IRENE	5	avril
ISABELLE	22	fév

j

JACINTHE	30	janv
JACQUELINE	8	fév
JACQUES	25	juil
JEAN	24	juin
JEANNE	30	mai
JEROME	30	sept
JOACHIM	26	juil
JOEL	13	juil
JOHANNE	30	mai
JOSEPH	19	mars
JOSETTE	19	mars
JOSSELIN	13	déc
JULES	12	avril
JULIEN	2	août
JULIENNE	16	fév
JULIETTE	30	juil
JUSTE	14	oct

k

KARINE	7	nov

l

LAETITIA	18	août
LAURENT	10	août
LEA	22	mars
LEON	10	nov
LILIANE	4	juil
LINE	20	oct
LIONEL	10	nov
LISE	17	nov
LOIC	25	août
LOUIS	25	août
LOUISE	15	mars
LUC	18	oct
LUCIE	13	déc
LUCIEN	8	janv
LUDOVIC	25	août

m

MADELEINE	22	juil
MARC	25	avril
MARCEL	16	janv
MARCELLE	31	janv
MARIANNE	9	juil
MARIANNICK	15	août
MARIE	15	août
MARIE-THERESE	7	juin
MARTHE	29	juil
MARTIAL	30	juin
MARTINE	30	janv
MARYVONNE	15	août
MATHILDE	14	mars
MATTHIAS	14	mai
MATTHIEU	21	sept
MAURICE	22	sept
MICHEL	29	sept
MICHELINE	19	juin
MIREILLE	15	août
MONIQUE	15	août
MURIEL	15	août

n

NATHALIE	27	juil
NELLY	18	août
NICOLAS	6	déc
NICOLE	6	mars
NOEL	25	déc

o

ODETTE	20	avril
ODILE	14	déc
OLIVIER	12	juil

p

PASCAL	17	mai
PATRICE	17	mars
PAUL	29	juin
PAULE	26	janv
PHILIPPE	3	mai
PIERRE	29	juin
PIERRETTE	31	mai

r

RAOUL	7	juil
RAPHAEL	29	sept
RAYMOND	7	janv
REGINE	7	sept
REGIS	16	juin
REMI	15	janv
RENAUD	17	sept
RENE (E)	19	oct
RICHARD	3	avril
ROBERT	30	avril
RODOLPHE	21	juin
ROGER	30	déc
ROLAND	15	sept
ROLANDE	13	mai
ROMAIN	28	fév
RONALD	17	sept
ROSELINE	17	janv
ROSINE	11	mars

s

SABINE	29	août
SAMUEL	20	août
SANDRINE	2	avril
SEBASTIEN	20	janv
SERGE	7	oct
SIMON	28	oct
SOLANGE	10	mai
SOPHIE	25	mai
STANISLAS	11	avril
STEPHANE	26	déc
SUZANNE	11	août
SYLVAIN	4	mai
SYLVESTRE	31	déc
SYLVIE	5	nov

t

TANGUY	19	nov
THERESE	1	oct
THIBAUT	8	juil
THIERRY	1	juil
THOMAS	3	juil

v

VALENTIN	14	fév
VALENTINE	25	juil
VALERIE	28	avril
VERONIQUE	4	fév
VICTOR	21	juil
VINCENT de Paul	27	sept
VIRGINIE	7	janv
VIVIANE	2	déc

w

WALTER	9	avril
WILFRIED	12	oct

x

XAVIER	3	déc

y

YOLANDE	11	juin
YVES	19	mai
YVETTE	13	janv
YVON	19	mai

STRUCTURES

VERBS ENDING IN -IR

EXPRESSING ACTIONS

À bas les dissertations!

Khaled et Naima ont une dissertation* d'histoire.

KHALED: Quel sujet **choisis**-tu?
NAIMA: Je ne sais pas, je **réfléchis.** Bon, je **choisis**
le premier sujet—l'Empire de Napoléon.
(Deux jours plus tard.)
KHALED: Alors, tu es prête?
NAIMA: Attends, je **finis** ma conclusion et j'arrive. Et
si je **réussis** à avoir 15 sur 20, on fait la fête!

Vrai ou faux?

1. Naima n'aime pas le premier sujet.
2. Naima finit son introduction.
3. Naima veut *(wants)* avoir 15 sur 20.

While the infinitives of the largest group of French verbs end in **-er**, those of a second group end in **-ir**. To form the present tense of these verbs, drop the final **-ir** and add the endings shown in the chart.

PRESENT TENSE OF **finir** *(to finish)*			
je	fin**is**	nous	fin**issons**
tu	fin**is**	vous	fin**issez**
il, elle, on	fin**it**	ils, elles	fin**issent**

The **-is** and **-it** endings of the singular forms have silent final consonants. The double **s** of the plural forms is pronounced.

---

*__Dissertation__ is the equivalent of a term paper. (A doctoral dissertation in France is **une thèse.**)

1. Other verbs conjugated like **finir** include:

agir	*to act*
choisir	*to choose*
réfléchir (à)	*to reflect (upon), to consider*
réussir (à)	*to succeed (in)*

J'**agis** toujours avec raison. — *I always act reasonably.*
Nous **choisissons** des affiches. — *We're choosing some posters.*

2. The verb **réfléchir** requires the preposition **à** before a noun when it is used in the sense of *to consider, to think about,* or *to reflect upon something.*

Elles **réfléchissent aux** questions de Paul. — *They are thinking about Paul's questions.*

3. The verb **réussir** requires the preposition **à** before an infinitive or before the noun in the expression **réussir à un examen** (*to pass an exam*).*

Je **réussis** souvent **à** trouver les réponses. — *I often succeed in finding the answers.*
Marc **réussit** toujours **à** l'examen d'histoire. — *Marc always passes the history exam.*

4. The verb **finir** requires the preposition **de** before an infinitive.

En général, je **finis d'**étudier à 8 h 30. — *I usually finish studying at 8:30.*

Allez-y!

A À la bibliothèque. Read the description of Céline's visit to the library. Then imagine that Céline and Agnès are there together and restate the account using **nous**.

Je choisis un livre de référence sur la Révolution française. Je réfléchis au sujet. Je réussis à trouver une revue intéressante sur la Révolution. Je finis très tard.

B En cours de littérature. Complete the sentences with appropriate forms of **agir, choisir, finir, réfléchir,** or **réussir.**

1. Le professeur _____ des textes intéressants.
2. Les étudiants _____ avant de répondre aux questions du professeur.
3. Pierre et Anne _____ toujours leur travail très vite (*fast*).
4. Nous _____ toujours aux examens.
5. Toi, tu _____ souvent sans (*without*) réfléchir.

*****Passer un examen** means *to take an exam,* not *to pass* one.

C **Choisissez!** What might these people pick out for their new rooms?
Suggestions: une armoire, des étagères, un lecteur de CD, un miroir,
un ordinateur, un téléphone

MODÈLE: Karim. Il aime la musique. → Il choisit un lecteur de CD.

1. Ako. Elle étudie l'informatique.   **2.** Fatima et Julie. Elles ont (*have*)
beaucoup de livres.   **3.** Luc. Il est vaniteux (*vain*).   **4.** Henri et Yves. Ils
ont beaucoup de vêtements.   **5.** Chantal. Elle aime bavarder (*to chat*).

D **Une conversation.** Use the following cues as a springboard for discussion with a classmate.

MODÈLE: réussir / aux examens →
  É1: Est-ce que tu réussis toujours aux examens?
  É2: Oui, bien sûr, je réussis toujours aux examens!
  É1: Ah, tu es intelligent(e)! Moi, je ne réussis pas toujours
    aux examens.

1. agir / souvent / sans réfléchir
2. finir / exercices / français
3. choisir / cours (difficiles, faciles,...)
4. réfléchir / problèmes (politiques, des étudiants,...)
5. choisir / camarade de chambre (patient, intellectuel, calme,...)

THE VERB AVOIR
EXPRESSING POSSESSION AND SENSATIONS

Camarades de chambre

JEAN-PIERRE: Tu **as** une chambre très agréable, et elle
    a l'air tranquille...
FLORENCE: Oui, j'**ai besoin de** beaucoup de calme
    pour travailler.
JEAN-PIERRE: Tu **as** une camarade de chambre
    sympathique?
FLORENCE: Oui, nous **avons de la chance:** nous
    aimons toutes les deux le tennis, le
    calme... et le désordre!

Vrai ou faux?

1. La chambre est calme.
2. Florence aime le calme pour étudier.
3. La camarade de chambre de Florence est
   ordonnée (*organized*).
4. Elles n'aiment pas le tennis.

Forms of *avoir*

The verb **avoir** is irregular in form.

PRESENT TENSE OF **avoir** (*to have*)			
j'	**ai**	nous	**avons**
tu	**as**	vous	**avez**
il, elle, on	**a**	ils, elles	**ont**

—J'**ai** un studio agréable.
—**Avez**-vous une camarade de chambre sympathique?
—Oui, elle **a** beaucoup de patience.

I have a nice studio apartment.
Do you have a nice roommate?
Yes, she has lots of patience.

Expressions with *avoir*

The verb **avoir** is used in many common idioms.

Elle **a chaud.**
Il **a froid.**

Elles **ont faim.**
Ils **ont soif.**

Loïc, tu **as tort.**
Magalie, tu **as raison.**

Frédéric **a l'air** content. Il **a de la chance.**

L'immeuble **a l'air** moderne.

Jean **a sommeil.**

Ingrid **a besoin d'**une lampe.

Avez-vous envie de danser?

Il **a rendez-vous** avec le professeur.

Il **a peur du** chien.

Elle **a honte.**

Isabelle **a quatre ans.**

Note that with **avoir besoin de, avoir envie de,** and **avoir peur de,** the preposition **de** is used before an infinitive or a noun.

Allez-y!

A **Vive la musique!** You and your friends are planning a musical evening. Say what each person has to contribute to the occasion.

MODÈLE: Isaac / une platine laser → Isaac a une platine laser.

1. Monique et Marc / des disques compacts
2. vous / une guitare
3. tu / une clarinette
4. je / des cassettes
5. nous / un piano
6. Isabelle / une flûte

B **Quel âge ont-ils?** Working with a partner, ask and answer questions about the age of the following people. Make educated guesses!

MODÈLE: É1: Quel âge a-t-il?
É2: Il a deux ou trois ans.

1.   2.   3.   4.

C **Qu'est-ce que vous avez** (*What's the matter*)**?** For each situation, use an expression with **avoir.**

MODÈLE: Pour moi, un Coca-Cola, s'il vous plaît. → J'ai soif.

1. Je porte un pull et un manteau.
2. Il est minuit (*midnight*).
3. J'ouvre (*open*) la fenêtre.
4. Je mange une quiche.
5. Paris est la capitale de la France.
6. Des amis français m'invitent (*invite me*) à Paris.
7. Je gagne (*win*) à la roulette.
8. Attention, un lion!
9. Je casse (*break*) le vase préféré de ma mère.
10. Je vais en boîte (*disco*).
11. Rome est en Belgique.
12. Et une limonade, s'il vous plaît.

D **Désirs et devoirs** (*duties*). What do you and the people you know *want* to do? What do you *have* to do? Use **avoir envie / besoin de** to tell about these people.

MODÈLE: je →
J'ai envie de jouer au tennis, mais j'ai besoin d'étudier!

1. je
2. mon meilleur ami (ma meilleure amie)
3. mes parents
4. le professeur de français
5. mon/ma camarade de chambre

CORRESPONDANCE 4

Québec
Capitale de la province de Québec

CARTE POSTALE

Chère Caroline,

Nous habitons un nouvel appartement dans le vieux Québec. C'est un quartier plein de charme: des rues pittoresques, des églises anciennes, de belles maisons en pierre, des monuments construits au XVIIème siècle! J'ai l'impression d'être dans le vieux Paris.

Nous t'invitons pour les vacances! D'accord?

Mille baisers.
Sophie

PORTRAIT: *Louis XIV le Grand* (Roi de France, 1638–1715)

Pendant cinquante-quatre ans, Louis XIV gouverne la France seul, sans[1] premier ministre. Il adore l'art et le luxe. Il construit le château de Versailles et transforme le Louvre. Pour les 4 000 courtisans qui doivent l'honorer[2] en permanence, il invente l'étiquette.

[1] *without a* [2] *qui... who are obliged to honor him*

FLASH 1 PARIS ET SES TRÉSORS

Est-ce que Paris est la plus belle ville du monde[1]? À vous de décider. Mais que visiter en priorité?

Le château de Versailles (1668), ce palais gigantesque et somptueux élevé à la gloire de Louis XIV? Le Centre Pompidou (1977) et son architecture révolutionnaire? La Grande Arche de la Défense (1989) et ses lignes futuristes?

Oui!

Non! La tour Eiffel d'abord! la pyramide du Louvre! l'Arc de triomphe! l'Opéra!

Pas du tout![2] Il faut voir[3] en priorité la Bibliothèque Nationale de France (BNF): ses quatre immeubles ont la forme de quatre livres ouverts...

[1] world   [2] Pas... Not at all!   [3] Il... One must see

La hauteur impressionnante de l'Arche de la Défense.

n discute les événements de la journée dans un restaurant à Montréal.

FLASH 2 MONTRÉAL: L'EUROPE À VOTRE PORTE

18 mai 1642 Un groupe de dévôts français (50 hommes et 4 femmes) fonde Ville-Marie.

Aujourd'hui Ville-Marie, c'est Montréal: une cité qui compte 1 million d'habitants!

Visitez la vieille[1] ville. Entrez dans un bar, choisissez un «breuvage»[2] et vous avez l'impression d'être en Europe. Pourquoi? Parce que les origines de Montréal sont inscrites dans son architecture européenne. Mais surtout, parce que comme les habitants de Paris, de Rome ou de Madrid, les habitants de Montréal attachent une importance essentielle à la culture et à la qualité de la vie.

[1] old   [2] drink (terme québécois)

STRUCTURES

INDEFINITE ARTICLES IN NEGATIVE SENTENCES
EXPRESSING THE ABSENCE OF SOMETHING

Le confort étudiant

NATHALIE: Où sont les toilettes*?

ANNE: Désolée, je **n'**ai **pas de** toilettes dans ma chambre. Elles sont dans le couloir.

NATHALIE: Mais tu as une douche?

ANNE: Non, **pas de** toilettes, **pas de** douche, mais j'ai une petite kitchenette et...

NATHALIE: Et une télé?

ANNE: Non, il **n'**y a **pas de** télé, mais j'ai une chaîne stéréo.

Complétez selon le dialogue.

1. Dans sa chambre, Anne n'a _____.
2. Il n'y a pas _____.
3. Elle a une chaîne stéréo mais _____.

1. In negative sentences, the indefinite article (**un, une, des**) becomes **de** (**d'**) after **pas.**

Il a une amie.

Elle porte une casquette.

Il y a des voitures dans la rue.

---

*In French, **toilettes** is always plural. You can also say **les W.-C.** (*water closet*).

Il n'a pas d'amie.

Elle ne porte pas de casquette.

Il n'y a pas de voitures dans la rue.

—Est-ce qu'il y a **un livre** sur la table?

Is there a book on the table?

—Non, il n'y a **pas de livre** sur la table.

No, there is no book on the table.

—Est-ce qu'il y a **des livres** sur la table?

Are there any books on the table?

—Non, il n'y a **pas de livres** sur la table.

No, there aren't any books on the table.

2. In negative sentences with **être,** however, the indefinite article does not change.

> —**C'est un livre?**
> —**Non, ce n'est pas un livre.**

3. The definite article (**le, la, les**) does not change in a negative sentence.

> —Elle a **la** voiture aujourd'hui?
> —Non, elle n'a pas **la** voiture.

Allez-y!

A **Une chambre intéressante!** Patrick is not very happy. In his room . . .

MODÈLE: Il y a un ordinateur, mais... →
Il y a un ordinateur, mais il n'y a pas de téléphone.

1. Il y a une table, mais...

2. Il y a une étagère, mais...

3. Il y a une chaîne stéréo, mais...

4. Il y a un cahier, mais...

5. Il y a une raquette, mais... (balle)

B **Chambre à louer.** The room Christian is inquiring about is very sparsely furnished. Play the roles of Christian and his prospective landlord or landlady, following the example.

MODÈLE: une télé →
    É1: Est-ce qu'il y a une télévision dans la chambre?
    É2: Non, il n'y a pas de télévision.

1. un lavabo
2. une armoire
3. des tapis
4. des étagères
5. une commode
6. un lit

INTERROGATIVE EXPRESSIONS
GETTING INFORMATION

Chambre à louer

MME GÉRARD: Bonjour, Mademoiselle. **Comment** vous appelez-vous?

AUDREY: Audrey Delorme.

MME GÉRARD: Vous êtes étudiante?

AUDREY: Oui.

MME GÉRARD: **Où** est-ce que vous étudiez?

AUDREY: À la Sorbonne.

MME GÉRARD: C'est très bien, ça. Et **qu'est-ce que** vous étudiez?

AUDREY: La philosophie.

MME GÉRARD: Oh, c'est sérieux, ça. Vous avez **combien d'**heures de cours?

AUDREY: 21 heures par semaine.

MME GÉRARD: Vous avez besoin d'une chambre pas chère?

AUDREY: Oui, c'est ça. **Quand** est-ce que la chambre est disponible?

MME GÉRARD: Aujourd'hui. Elle est à vous.

Vrai ou faux?

1. Audrey est étudiante à Paris.
2. Mme Gérard a l'air gentille.
3. Audrey a besoin d'une chambre pas chère.

Information Questions with Interrogative Words

Information questions ask for new information or facts. They often begin with interrogative expressions. Here are some of the most common interrogative words in French.

où	*where*	**pourquoi**	*why*
quand	*when*	**combien de**	*how much,*
comment	*how*		*how many*

Information questions may be formed with **est-ce que** or with a change in word order. (You may wish to review the presentation of yes/no questions in **Chapitre 3, Leçon 3.**) The interrogative word is usually placed at the beginning of the question.

1. These are information questions with **est-ce que.**

> **Où**
> **Quand**
> **Comment**   **est-ce que** Michel joue du banjo?
> **Pourquoi**

> **Combien de** fois par semaine (*times a week*) **est-ce que** Michel joue?

2. These are information questions with a change in word order.

PRONOUN SUBJECT
> **Où**
> **Quand**   étudie-t-il la
> **Comment**   musique?
> **Pourquoi**
> **Combien d'**instruments a-t-il?

NOUN SUBJECT
> **Où**
> **Quand**   Michel étudie-t-il
> **Comment**   la musique?
> **Pourquoi**
> **Combien d'**instruments Michel a-t-il?

3. These are information questions consisting of a noun subject and verb only. With **où, quand, comment,** and **combien de,** it is possible to ask information questions using only a noun subject and the verb, with no pronoun.

> **Où**
> **Quand**   étudie Michel?
> **Comment**

> **Combien d'**instruments a Michel?

However, the pronoun is almost always required with **pourquoi.**

> **Pourquoi** Michel étudie-t-**il**?

Information Questions with Interrogative Pronouns

Some of the most common French interrogative pronouns (**les pronoms interrogatifs**) are **qui, qu'est-ce que,** and **que.**

1. **Qui** (*who, whom*) is used to ask about a person or persons.

Qui étudie le français?	*Who studies French?*
Qui regardez-vous? **Qui** est-ce que vous regardez? }	*Whom are you looking at?*
À qui Michel parle-t-il? **À qui** est-ce que Michel parle? }	*Whom is Michel speaking to?*

2. **Qu'est-ce que** and **que** (*what*) refer to things or ideas. **Que** requires inversion.

Qu'est-ce que vous étudiez? **Qu'**étudiez-vous? }	*What are you studying?*
Que pense-t-il de la chambre?	*What does he think of the room?*

Allez-y!

A **De l'argent** (*Money*). Monsieur Harpagon is sometimes stingy. Respond to these statements as he would, using **pourquoi.**

MODÈLE: J'ai besoin d'un manteau. →
        Pourquoi as-tu besoin d'un manteau?

1. Nous avons besoin d'une étagère.
2. Monique a besoin d'un dictionnaire d'anglais.
3. Paul a besoin d'une voiture.
4. J'ai besoin d'un nouveau tapis.

B **Une visite chez Camille et Marie-Claude.** Ask a question in response to each statement about Camille and Marie-Claude's new apartment. Use **qu'est-ce que** or **que.**

MODÈLE: Nous visitons le logement de Camille et Marie-Claude. →
        Qu'est-ce que vous visitez? (*ou* Que visitez-vous?)

1. Il y a un miroir sur le mur.
2. Je regarde les affiches de Camille.
3. Nous admirons l'ordre de la chambre de Camille.
4. Guy écoute les disques de Marie-Claude.
5. Je trouve des revues intéressantes.
6. Elles cherchent le chat de Camille.
7. Guy n'aime pas les rideaux à fleurs.
8. Nous aimons bien la vue et le balcon.

C Les étudiants et le logement. With a little help from her friends, Brigitte finds a new room. Create a question, using **qui** or **à qui,** that corresponds to each item of information.

MODÈLE: *Brigitte* cherche un logement. →
          Qui cherche un logement?

1. *Mme Boucher* a une petite chambre à louer dans une maison.
2. Jocelyne et Richard parlent de Mme Boucher à *Brigitte*.   **3.** Brigitte téléphone à *Mme Boucher*.   **4.** Mme Boucher montre (*shows*) la chambre à *Brigitte*.   **5.** *Brigitte* loue la chambre de Mme Boucher.

D Une chambre d'étudiant. Complete the conversation with the appropriate interrogative expressions. **Suggestions:** comment, où, qu'est-ce que (que), pourquoi, quand, combien de...

MODÈLE: SABINE: Comment est la chambre?
          JULIEN: La chambre est *très agréable*.
          SABINE: _____?
          JULIEN: Il y a *des affiches* et *un miroir* sur le mur.
          SABINE: _____?
          JULIEN: La lampe est *à côté de la stéréo*.
          SABINE: _____?
          JULIEN: Il y a *deux* chaises et *une* table.
          SABINE: _____?
          JULIEN: J'ai une stéréo *parce que j'adore la musique*.
          SABINE: _____?
          JULIEN: J'écoute de la musique *quand j'étudie*.
          SABINE: _____?
          JULIEN: La chambre est *petite* mais *confortable*.

E Voici les réponses. Invent questions for these answers.

MODÈLE: Dans la chambre de Claire. →
          Où y a-t-il des affiches de cinéma?
          Où sont les disques d'Aimé?

1. C'est une revue française.
2. À l'université.
3. Parce que je n'ai pas envie d'étudier.
4. Vingt-quatre étudiants.
5. À midi.
6. Djamila.
7. Très bien.
8. Parce que j'ai faim.
9. Maintenant.

Giving reasons: To answer the question *why* (**pourquoi?**), use **parce que.**

Je travaille **parce que** j'ai besoin d'argent.

F Une interview. Interview a classmate.

1. D'où es-tu? Comment est ta (*your*) ville?
2. Où habites-tu, dans une maison, un appartement ou une résidence universitaire? Avec qui? Comment est ta chambre?
3. Est-ce que tu aimes l'université? Pourquoi ou pourquoi pas? Combien de cours as-tu ce semestre? Comment sont tes cours?
4. Comment sont tes copains (*pals*)? ton/ta camarade de chambre? tes professeurs?
5. Est-ce que tu parles avec tes amis après les cours? Où?

PERSPECTIVES

LECTURE

Avant de lire

More on predicting from context. Another technique you already use in English is to look at the surrounding context to figure out the meaning of an unfamiliar word. Sometimes it helps to read ahead; often the sentences that follow an unfamiliar expression will clarify its meaning. Look, for example, at the underlined word in this sentence.

> Comme tous les étudiants, Patrice et Corinne <u>louent</u> leur logement. Ils paient 3 000 francs de loyer par mois.

When you encounter the word **louent,** you may not know immediately what it means, but if you finish the sentence, you can infer that it is a verb meaning *rent*. Try the same strategy with the other underlined words in the reading.

La cuisine de Corinne et Patrice est jolie.

Le logement

Patrice et Corinne habitent un petit studio à Lyon. Ils ont une grande <u>pièce</u> avec une petite cuisine équipée. Leur studio n'est pas grand mais il est très <u>agréable.</u> Comme tous les étudiants, Patrice et Corinne louent leur logement. Ils paient 3 000 francs de loyer par mois.

L'immeuble° des parents de Patrice est ancien. Mais en France on trouve aussi beaucoup de maisons et d'immeubles modernes, surtout en banlieue.° Dans les villes on <u>construit</u> beaucoup ou on <u>rénove</u> les bâtiments° anciens. Souvent, quand l'immeuble est très beau mais en mauvais état,° on <u>garde</u> seulement° sa façade et derrière on construit un bâtiment neuf.°

apartment building

suburbs

buildings

mauvais... *poor condition*

only / new

Comme beaucoup de personnes qui habitent en ville, les parents de Patrice sont aussi <u>propriétaires</u> d'une maison à la campagne° où ils passent leurs° week-ends et une <u>partie</u> de leurs vacances. Ils organisent souvent des <u>dîners</u> en famille ou entre amis.

country

their

Le confort moderne d'une maison de banlieue.

Compréhension

1. Comment est l'appartement de Patrice et Corinne? Donnez des détails.
2. Où trouve-t-on, en général, des immeubles modernes?
3. Où vont beaucoup de Français le week-end?

À L'ÉCOUTE!

Bien entendu!

Chambre à louer. Laurence is looking for a room. She calls Madame Boussard, who has a room to rent. First, read the activity on the next page. Listen to the vocabulary and the conversation. Then, complete the activity.

VOCABULAIRE UTILE

qui donnent sur	that overlook
meublé(e)	furnished
je peux la visiter	I may (may I) visit it

Circle all the words that describe the room for rent.

1. La chambre est _____.
   - **a.** petite
   - **b.** grande
   - **c.** moderne
   - **d.** simple
   - **e.** confortable
   - **f.** calme
   - **g.** blanche

2. Dans la chambre, il y a _____.
   - **a.** un lavabo
   - **b.** un lit
   - **c.** un canapé
   - **d.** deux étagères
   - **e.** une chaîne stéréo
   - **f.** une armoire
   - **g.** deux chaises
   - **h.** une table

À PROPOS

Comment demander des renseignements

DANS UNE SITUATION INFORMELLE

Pardon, est-ce que tu peux me dire...
   où se trouve...
   où est/sont...
S'il te plaît, est-ce que tu sais..

Excuse me, can you tell me . . .
   where to find (one finds) . . .
   where is/are . . .
Please, do you know . . .

DANS UNE SITUATION FORMELLE

Excusez-moi, Madame/Monsieur,
   pourriez-vous* m'indiquer (me
   dire)... / savez-vous... /
   j'aimerais* savoir...

*Excuse me, ma'am/sir, could
   you tell me . . . / do you
   know . . . / I'd like to
   know . . .*

---

*These verbs are in the conditional mood, used to express polite requests. You will learn more about the conditional in **Chapitre 9, Leçon 2,** and **Chapitre 15, Leçon 2.**

En situation

Pardon...

Contexte *C'est le premier jour de Karen, une étudiante américaine, à la cité universitaire d'Orléans. Elle pose des questions à une étudiante française.*

Objectif *Karen demande des renseignements.*[1]

KAREN: Pardon, où est le téléphone, s'il te plaît?
MIREILLE: Dans le foyer.
KAREN: Mmm... qu'est-ce que c'est, le foyer?
MIREILLE: Eh bien, c'est la salle, en bas, où il y a une télé, une table de ping-pong, un distributeur[2] de café et de Coca...
KAREN: Dis-moi, comment est le restaurant universitaire?
MIREILLE: Ça, je ne sais pas. Moi aussi, je suis nouvelle ici. On déjeune ensemble[3]?
KAREN: Bonne idée! J'ai très faim!

[1]*information*   [2]*machine*   [3]*à deux*

● **Jeu de rôles.** Use the expressions in **À propos** to play a brief scene with another student. He/She is advertising for a roommate, and you want more information on the available quarters. Ask . . .

1. où est la chambre à louer
2. s'il y a un téléphone ou une télévision
3. s'il y a un lavabo ou une douche dans la chambre
4. si la chambre est calme
5. s'il est possible d'avoir des visiteurs le soir
6. si l'immeuble est grand ou petit

After the interview, decide if you are going to rent the room, and explain why or why not.

Vidéothèque*

THÈME 2   La famille

Cue to: 18:51

SCÈNE 2.3   Vivre à la maison
Michel, Caroline, and Paul discuss the pros and cons of living at home, each expressing a different point of view. What do they finally agree on?

VOCABULAIRE UTILE

Je trouve aussi!	I think, so, too!
On s'entend bien.	We get along well.
mon propre appartement	my own apartment
Tu n'as pas envie d'être... ?	Don't you feel like being . . . ?
Ma famille me manque.	I miss my family.
plus libre que moi	freer than me
payer les factures	to pay the bills
boursière	a (*scholarship*) student
la plupart des étudiants	majority of students

A On discute. Indicate the person speaking: Caroline (C), Michel (M), or Paul (P).

1. _____ « On s'entend bien. »
2. _____ « Je suis content d'avoir mon propre appartement. »
3. _____ « Tu aimes payer les factures de gaz, d'électricité et de téléphone? »
4. _____ « C'est un peu l'école de la vie. »
5. _____ « Je suis boursière. »
6. _____ « Je le reconnais, j'ai de la chance. »
7. _____ « La musique de Vanessa Paradis est vraiment super! »

B Enfin! Complete the sentences as they are spoken by Caroline, Michel, and Paul.

1. _____ « Michel, ta famille...
2. _____ « J'ai toute la vie devant moi et...
3. _____ « Habiter seul, c'est agréable,...
4. _____ « Je peux inviter mes amis,...
5. _____ « La plupart des étudiants...

a. habitent chez leurs parents. »
b. mais parfois ma famille me manque. »
c. est vraiment très sympa. »
d. faire la fête, rentrer tard. »
e. j'ai beaucoup de liberté ici. »

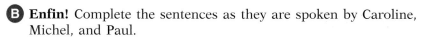

*The theme and scene numbers correspond to those in the Video to accompany *Vis-à-vis*.

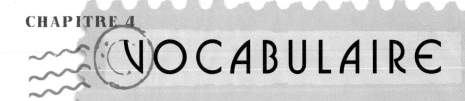

CHAPITRE 4
VOCABULAIRE

Verbes

agir to act
avoir to have
choisir to choose
demander to ask (for)
finir de (+ *inf.*) to finish
louer to rent
passer un examen to take an exam
réfléchir (à) to think (about)
réussir (à) to succeed (in); to pass (*a test*)

Substantifs

l'affiche (*f.*) poster
le/la camarade de chambre roommate
le canapé sofa
la cassette cassette tape
la chaîne stéréo stereo
la chambre room, bedroom
les cheveux (*m.*) hair
le chien dog
la commode chest of drawers
le copain, la copine pal, roommate, boy- or girlfriend
le disque record
la douche shower
l'étagère (*f.*) shelf
la fête holiday; name day
la fleur flower
l'immeuble (*m.*) apartment building
la lampe lamp
le lavabo bathroom sink
le lecteur de cassettes cassette player
le lit bed
le logement lodging(s), place of residence

la maison house, home
le miroir mirror
le mot word
le mur wall
l'ordinateur (*m.*) computer
la platine laser (le lecteur de CD) compact disc (CD) player
le réveil alarm clock
la revue magazine
le rideau curtain
la rue street
le tapis rug
le téléphone telephone
les yeux (*m.*) eyes

À REVOIR: le cahier, la casquette, la télévision, la voiture

Adjectifs

autre other
blond(e) blond
châtain brown (*hair*)
court(e) short (*hair*)
grand(e) tall, big
laid(e) ugly
long(ue) long
petit(e) small, short
raide straight (*hair*)
roux red (*hair*)
roux/rousse redheaded
tranquille quiet, calm

Expressions avec *avoir*

avoir l'air (+ *adj.*); **avoir l'air (de** + *inf.*) to seem; to look
avoir (20) ans to be (20) years old
avoir besoin de to need
avoir chaud to be warm
avoir de la chance to be lucky
avoir envie de to want, feel like

avoir faim to be hungry
avoir froid to be cold
avoir honte to be ashamed
avoir peur de to be afraid of
avoir raison to be right
avoir rendez-vous avec to have a meeting (date) with
avoir soif to be thirsty
avoir sommeil to be sleepy
avoir tort to be wrong

Expressions interrogatives

combien (de)... ?, comment... ?, pourquoi... ?, que... ?, qu'est-ce que... ?, ...quoi... ?

Mots et expressions divers

de taille moyenne of medium height
en désordre disorderly, disheveled
en ordre orderly
près de close to

À REVOIR: à côté de, derrière, devant, sous, sur

Les mois

janvier January
février February
mars March
avril April
mai May
juin June
juillet July
août August
septembre September
octobre October
novembre November
décembre December

EN FAMILLE

Pierre Auguste Renoir (1841–1919)
Madame Charpentier et ses enfants, 1878
Metropolitan Museum of Art, New York

Salut Malik!

Merci pour ta carte d'anniversaire. Je vais célébrer
l'événement à Paris, chez moi, en famille et avec mes amis.

Comment vas-tu? Es-tu satisfait de ton travail de guide
de voyages? Quel est ton itinéraire en Afrique?

Moi, je voyage dans mes livres!

À bientôt!

Ton ami,
Michel *

*Chapitres 5–8** of *Vis-à-vis* feature an exchange of cards and letters between Michel, from the Video to
accompany *Vis-à-vis*, and his friend Malik, from Dakar, Senegal. Refer to **Chapitre 1, Leçon 1** to
refamiliarize yourself with these two people.

LEÇON 1

PAROLES

TROIS GÉNÉRATIONS D'UNE FAMILLE

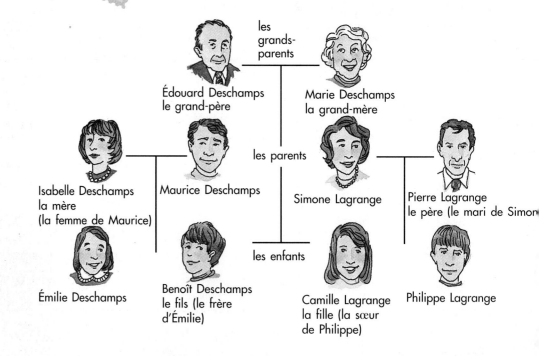

les grands-parents

Édouard Deschamps
le grand-père

Marie Deschamps
la grand-mère

les parents

Isabelle Deschamps
la mère
(la femme de Maurice)

Maurice Deschamps

Simone Lagrange

Pierre Lagrange
le père (le mari de Simon

les enfants

Émilie Deschamps

Benoît Deschamps
le fils (le frère
d'Émilie)

Camille Lagrange
la fille (la sœur
de Philippe)

Philippe Lagrange

AUTRES MOTS UTILES

le petit-enfant grandchild
la petite-fille granddaughter
le petit-fils grandson

le cousin, la cousine cousin
le neveu nephew
la nièce niece
l'oncle uncle
la tante aunt

le beau-frère brother-in-law
la belle-sœur sister-in-law
le demi-frère half brother (*or* stepbrother)
la demi-sœur half sister (*or* stepsister)
le beau-père father-in-law (*or* stepfather)
la belle-mère mother-in-law (*or* stepmother)

le parent parent (*or* relative)
l'arrière-grand-parent great-grandparent

célibataire single
divorcé(e) divorced
marié(e) married

Allez-y!

A **La famille Deschamps.** Étudiez l'arbre généalogique (*family tree*) de la famille Deschamps et répondez aux questions.

1. Comment s'appelle la femme d'Édouard?
2. Comment s'appelle le mari d'Isabelle?
3. Comment s'appelle la tante d'Émilie et de Benoît? Et l'oncle?
4. Combien d'enfants ont les Lagrange? Combien de filles et de fils?
5. Comment s'appelle le frère d'Émilie?
6. Combien de cousins ont Émilie et Benoît? Combien de cousines?
7. Comment s'appelle la grand-mère de Philippe? Et le grand-père?
8. Combien de petits-enfants ont Édouard et Marie? Combien de petites-filles? Combien de petits-fils?
9. Comment s'appelle la sœur de Philippe?
10. Comment s'appellent les parents de Maurice et de Simone?

B **Qui sont-ils?** Complétez les définitions suivantes.

1. Le frère de mon père est mon _____.
2. La fille de ma tante est ma _____.
3. Le père de ma mère est mon _____.
4. La femme de mon grand-père est ma _____.

Maintenant définissez les personnes suivantes.

5. nièce
6. arrière-grands-parents
7. tante
8. grand-père
9. belle-sœur
10. demi-frère

C **Une famille française.** Avec un(e) camarade, décrivez la famille sur la photo. Donnez le nombre de personnes, et essayez de deviner (*try to guess*) qui sont les personnes et quel âge elles ont. Puis imaginez leur (*their*) profession, leurs goûts (*tastes*), leur personnalité. Donnez le plus de (*as many . . . as*) détails possibles.

D **Une famille américaine.** Posez (*Ask*) les questions suivantes à votre camarade.

1. As-tu des frères? des sœurs? des demi-frères ou des demi-sœurs? Combien? Comment s'appellent-ils/elles? (Ils/Elles s'appellent...)
2. As-tu des grands-parents? Combien? Habitent-ils chez vous? dans une maison? dans un appartement?
3. As-tu des cousins ou des cousines? Combien? Habitent-ils/elles près ou loin (*far*) de la famille?
4. Combien d'enfants (de fils ou de filles) désires-tu avoir? Combien d'enfants y a-t-il dans une famille idéale?

MOTS-CLÉS

Chez: **Chez** generally refers to someone's personal residence and means **à la maison de. Chez** can also denote a place of business (doctor's office, auto repair shop, etc.).

Tu vas **chez** Éric ce soir?
Are you going to Eric's tonight?

J'habite **chez** mes parents.
I live with my parents.

On va **chez** toi ou **chez** moi?
Are we going to your place or my place?

Moi, je vais **chez** le dentiste et puis **chez** le boucher!
I'm going to the dentist('s) and then to the butcher('s)!

C'est une affaire de famille.

LA MAISON DES CHABRIER

MAISON À LOUER: 5 pièces—
cuisine, salle de bains

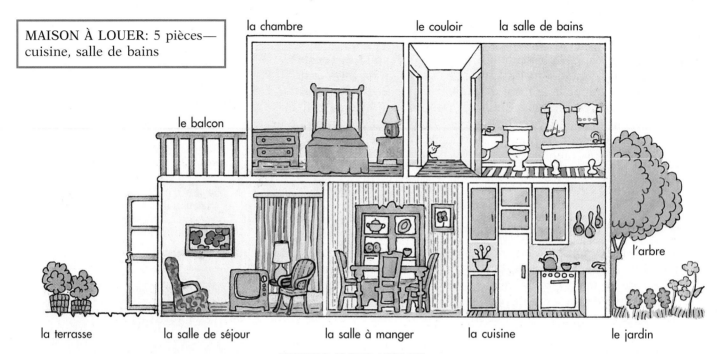

la chambre · le couloir · la salle de bains · le balcon · l'arbre · la terrasse · la salle de séjour · la salle à manger · la cuisine · le jardin

AUTRES MOTS UTILES

le bureau	study/office
l'escalier (*m.*)	stairway
le rez-de-chaussée	ground floor
le premier (deuxième) étage	second (third) floor (in the U.S.)

Allez-y!

● **Les pièces de la maison.** Trouvez les pièces d'après (*according to*) les définitions suivantes.

MODÈLE: un lieu qui donne sur (*that overlooks*) la terrasse →
le balcon

1. la pièce où il y a une table pour manger
2. la pièce où il y a un poste de télévision (*TV set*)
3. la pièce où il y a un lavabo
4. la pièce où on prépare le dîner
5. un lieu de passage
6. la pièce où il y a un lit

POSSESSIVE ADJECTIVES
EXPRESSING POSSESSION

STRUCTURES

La maison, reflet d'une situation sociale

Marc, un étudiant à la Sorbonne, fait un petit tour de Paris et de la banlieue avec Thu. Il indique à Thu différentes sortes de logement.

Mon beau-frère a beaucoup d'argent. Voilà **sa** villa: elle est formidable, n'est-ce pas? **Notre** maison est petite, mais confortable; **ma** famille y est assez heureuse. Ici en banlieue on trouve les grands ensembles où habitent surtout des familles d'ouvriers et d'immigrés. **Leurs** immeubles s'appellent les H.L.M. (Habitation à Loyer Modéré, *French public housing*).

Maintenant complétez les phrases selon la description de Marc.

1. _____ beau-frère est très riche; _____ villa est grande et élégante.
2. Et voilà la maison de _____ famille. Elle est petite mais _____.
3. Voici les immeubles où habitent beaucoup d'ouvriers et d'immigrés. _____ habitations s'appellent les _____.

One way to indicate possession in French is to use the preposition **de:** **la maison *de* Claudine.** Another way is to use possessive adjectives.

	SINGULAR		PLURAL
	MASCULINE	FEMININE	MASCULINE AND FEMININE
my	**mon** père	**ma** mère	**mes** parents
your (**tu**)	**ton** père	**ta** mère	**tes** parents
his, her, its, one's	**son** père	**sa** mère	**ses** parents
our	**notre** père	**notre** mère	**nos** parents
your (**vous**)	**votre** père	**votre** mère	**vos** parents
their	**leur** père	**leur** mère	**leurs** parents

1. In French, possessive adjectives agree in gender and number with the nouns they modify.

Mon frère et **ma sœur** aiment le sport.	*My brother and my sister like sports.*
Voilà **notre maison.**	*There's our house.*
Habitez-vous avec **votre sœur** et **vos parents**?	*Do you live with your sister and your parents?*
Ils skient avec **leurs cousins** et **leur oncle**.	*They're skiing with their cousins and their uncle.*

2. The forms **mon, ton,** and **son** are also used before feminine nouns that begin with a vowel or mute **h.**

affiche (*f.*) → **mon affiche**   histoire (*f.*) → **son histoire**
amie (*f.*) → **ton amie**

3. Pay particular attention to the use of **sa, son, ses** (*his, her*). Whereas English has two possessives corresponding to the sex of the possessor (*his, her*), French has three, corresponding to the gender and number of the noun possessed (**sa, son, ses**).

Il \\ Elle / aime **sa** maison.	*He likes his house.* *She likes her house.*
Il \\ Elle / aime **son** chien.	*He likes his dog.* *She likes her dog.*
Il \\ Elle / aime **ses** livres.	*He likes his books.* *She likes her books.*

Allez-y!

A La curiosité. Formulez des questions et répondez.

MODÈLES: la lampe de Georges? (oui) →
  É1: Est-ce que c'est la lampe de Georges?
  É2: Oui, c'est sa lampe.

  les lampes de Georges (non) →
  É1: Est-ce que ce sont les lampes de Georges?
  É2: Non, ce ne sont pas ses lampes.

1. la chambre de Pierre? (oui)
2. la commode de Léa? (non)
3. les affiches de Jean? (non)
4. le piano de Pierre et de Sophie? (oui)
5. les meubles (*furniture*) d'Annick? (non)
6. les bureaux des parents? (oui)
7. l'ordinateur de Fatima? (oui)
8. l'étagère de Claude? (non)

B **Casse-tête familial** (*Family puzzle*). Posez rapidement les questions suivantes à un(e) camarade.

MODÈLE: Qui est le fils de ton oncle? → C'est mon cousin.

1. Qui est la mère de ton père?
2. Qui est la fille de ta tante?
3. Qui est la femme de ton oncle?
4. Qui est le père de ton père?
5. Qui est le frère de ta mère?
6. Qui est la sœur de ta mère?
7. Qui sont les femmes de tes frères?
8. Qui sont les enfants de tes sœurs?

C **À qui est-ce?** Complétez les dialogues suivants avec les adjectifs possessifs. Étudiez bien le contexte avant de (*before*) choisir l'adjectif.

1. É1: Paul et Florence adorent les animaux.
   É2: Oui, ils ont un chien et deux chats (*cats*): _____ chien s'appelle Marius et _____ chats Minou et Félix.
2. É1: Tiens, voilà Pierre. Avec qui est-il?
   É2: Il est avec _____ parents et _____ amie Laure.
   É1: Et _____ sœur n'est pas là?
   É2: Non, elle est en vacances au Maroc.
3. É1: Salut, Alain!
   É2: Salut, Pierre. Dis, la jolie fille aux cheveux blonds, c'est _____ cousine belge?
   É1: Oui. Viens (*Come*). Alain, je te présente _____ cousine Sylvie.
   É2: Enchanté, Mademoiselle.
4. É1: Pardon, vous êtes Monsieur et Madame Legrand, n'est-ce pas?
   É2: Oui.
   É1: Je suis Monsieur Smith, le professeur d'anglais de _____ enfants.
   É2: Oh, mais ce ne sont pas _____ enfants, ce sont les fils de mon frère Henri. Voici _____ fils.
5. É1: Tu as de la chance, tu as une famille super! _____ parents sont très sympa! Est-ce que _____ grand-père habite avec vous?
   É2: Non, mais il est souvent à la maison.
   É1: _____ grand-pere, malheureusement (*sadly*), habite très loin.

D **Interview.** Posez les questions suivantes à un(e) camarade de classe.

1. Y a-t-il un membre de ta famille (un cousin, une cousine, un neveu, etc.) que tu admires particulièrement? Pourquoi? **2.** Comment s'appelle-t-il/elle? **3.** Où habite-t-il/elle? Avec qui? Comment est sa maison? **4.** Quel est son sport préféré? Sa musique favorite?

Maintenant faites le portrait du parent proche (*close relative*) préféré de votre camarade. Utilisez les mots suivants: **formidable, bien, génial, pas mal.**

THE VERB *ALLER*

TALKING ABOUT PLANS AND DESTINATIONS

Un père exemplaire

SIMON: On joue au tennis cet après-midi?
STÉPHANE: Non, je **vais** au zoo avec Céline.
SIMON: Alors, demain?
STÉPHANE: Désolé, mais demain je **vais** emmener Sébastien chez le dentiste.
SIMON: Quel père exemplaire!

Vrai ou faux? Corrigez les phrases fausses.

1. Simon va jouer au tennis avec Stéphane.
2. Stéphane va aller au zoo avec Céline.
3. Stéphane est le grand-père de Céline et Sébastien.

Forms of *aller*

The verb **aller** is irregular in form.

PRESENT TENSE OF **aller** (*to go*)	
je **vais**	nous **allons**
tu **vas**	vous **allez**
il, elle, on **va**	ils, elles **vont**

Allez-vous à Grenoble pour vos vacances? — *Are you going to Grenoble for your vacation?*
Comment **va-t-on** à Grenoble? — *How do you go to (get to) Grenoble?*

You have already used **aller** in several expressions.

Comment **allez-vous**? — *How are you?*
Salut, ça **va**? — *Hi, how's it going?*
Ça **va** bien (mal). — *Fine (badly).*

Aller + Infinitive

In French, **aller** + *infinitive* is used to express an event that will occur in the near future. This construction is called **le futur proche.**

Paul **va louer** un appartement.	*Paul is going to rent an apartment.*
Allez-vous **visiter** la France cet été?	*Are you going to visit France this summer?*

Allez-y!

A **Où va-t-on?** La solution est simple!

MODÈLE: J'ai envie de regarder un film. →
Alors, je vais au cinéma!

1. Nous avons faim.
2. Il a envie de parler français.
3. Elles ont besoin d'étudier.
4. J'ai soif.
5. Tu as sommeil.
6. Vous avez envie de regarder la télévision.

dans la salle de séjour
à la bibliothèque
dans la cuisine
à Paris
dans la salle à manger
dans la chambre

Mots-clés

Saying when you are going to do something

tout à l'heure	*in a while*
tout de suite	*immediately*
bientôt	*soon*
demain	*tomorrow*
la semaine prochaine	*next week*
dans quatre jours	*in four days*
ce week-end	*this weekend*
ce soir/matin	*this evening/ morning*
cet après-midi	*this afternoon*

B **Des projets** (*Plans*). Qu'est-ce qu'on va faire (*to do*)?

MODÈLE: tu / regarder / programme préféré / soir →
Tu vas regarder ton programme préféré ce soir.

1. je / finir / travail / semaine prochaine
2. nous / écouter / disques de jazz
3. vous / jouer / guitare
4. Frédéric / trouver / livre en français / bientôt
5. je / choisir / film préféré
6. les garçons / aller au cinéma / voiture / après-midi
7. tu / aller / concert / avec / amis

C **Quels sont vos projets pour le week-end?** Interviewez un(e) camarade de classe. Racontez (*Tell*) à la classe les projets de votre camarade.

Suggestions: rester (*stay*) à la maison, écouter la radio (des disques compacts), préparer un dîner (des leçons), regarder un film (la télévision), travailler à la bibliothèque (dans le jardin), aller dans un restaurant extraordinaire, parler avec des amis, finir un livre intéressant...

MODÈLE: aller au cinéma →
É1: Vas-tu aller au cinéma?
É2: Oui, je vais aller au cinéma. (*ou* Non, je ne vais pas aller au cinéma.) Et toi?

CORRESPONDANCE 5

Cher Michel,

Mon itinéraire: un circuit au Sénégal et en Côte-d'Ivoire. J'accompagne un groupe de 30 touristes.

Aujourd'hui, je suis à Dakar, la capitale du Sénégal. Mon contact, Timité, m'invite à dîner chez lui. Il a sept sœurs et deux frères: une famille de dix enfants au total. Quelle responsabilité pour ses parents! Mais tu sais, avec mes touristes, je me demande souvent si je suis guide ou... père d'une famille nombreuse!

Écris, si tu as le temps!

Bises de ton vieux copain,

Malik

PORTRAIT: Léopold Sédar Senghor (homme politique et écrivain sénégalais, 1906–)

Symbole de la francophonie, Léopold Sédar Senghor dirige le Sénégal de 1960 à 1980. Il est Président mais aussi poète. Il écrit en français des poèmes à la gloire de son peuple et célèbre la culture africaine.

FLASH 1 FRANCE: LE PAYS DE L'UNION LIBRE[1]

Les Français doutent du[2] mariage: en 1993, seulement 4,4 unions pour 1 000 habitants! En France, 33% des enfants naissent[3] chez des couples non–mariés. Pourquoi? Parce que pour les Français, l'amour[4] est souvent plus important que[5] le mariage. On s'aime? On vit[6] ensemble, on fonde une famille: c'est très simple.

Mais voici quelques précisions importantes:

- L'union libre est plus fréquente chez les jeunes et dans les grandes villes.

- Elle est trois fois plus fréquente chez les diplômés que chez les non-diplômés.

- Les jeunes[7] femmes sont plus nombreuses que les hommes à préférer l'union libre au mariage.

Pour beaucoup, l'union libre est un mariage à l'essai...[8]

Paris: ville de l'amour.

[1]l'union... *living together* [2]doutent... *have their questions about* [3]*are born* [4]*love* [5]plus... *more important than* [6]*lives* [7]*young* [8]un... *a trial marriage*

FLASH 2 AFRIQUE: UN CONTINENT JEUNE[1]

Aujourd'hui en Afrique, la moitié[2] de la population a moins de[3] vingt ans. Sur le continent noir la population augmente de 2,5% à 3,7% par an. À ce rythme, la population d'un pays[4] double en 25 ans maximum.

L'origine de cette explosion démographique? En Afrique, la famille est en général une institution solide. Souvent, les hommes et les femmes ont beaucoup d'enfants car[5] l'enfant apporte le prestige social et le bonheur.[6]

Voilà pourquoi en 2025, l'Afrique constituera, après l'Asie, le deuxième continent du monde!

Splendeur et grâce de la jeunesse africaine.

[1]*young* [2]*half* [3]moins... *less than* [4]*country* [5]*because* [6]*happiness*

STRUCTURES

THE VERB *FAIRE*

EXPRESSING WHAT YOU ARE DOING OR MAKING

Une question d'organisation

SANDRINE: Vous mangez au restau-U, ta copine et toi?

MARION: Non, Candice et moi, nous sommes très organisées. Elle, elle **fait** les courses et moi, je **fais** la cuisine.

SANDRINE: Et qui **fait** la vaisselle?

MARION: Le lave-vaisselle, bien sûr!

Répondez d'après le dialogue.

1. Qui fait les courses?
2. Qui fait la cuisine?
3. Qui fait la vaisselle?

Et chez vous, en général, qui fait la cuisine? la vaisselle? les courses?

Forms of *faire*

The verb **faire** is irregular in form.

PRESENT TENSE OF **faire** (*to do; to make*)			
je	**fais**	nous	**faisons**
tu	**fais**	vous	**faites**
il, elle, on	**fait**	ils, elles	**font**

Note the difference in pronunciation of **fais/fait, faites,** and **faisons.**

Je fais mon lit.	*I make my bed.*
Nous faisons le café.	*We're making coffee.*
Faites attention! C'est chaud.	*Watch out! It's hot.*

Expressions with *faire*

The verb **faire** is used in many idiomatic expressions.

faire attention (à)	*to pay attention (to); to watch out (for)*
faire la connaissance (de)	*to meet (for the first time), make the acquaintance (of)*
faire les courses	*to do errands*
faire la cuisine	*to cook*
faire ses devoirs	*to do one's homework*
faire la lessive	*to do the laundry*
faire le marché	*to do the shopping; to go to the market*
faire le ménage	*to do the housework*
faire une promenade	*to take a walk*
faire un tour (en voiture)	*to take a walk (a ride)*
faire la vaisselle	*to do the dishes*
faire un voyage	*to take a trip*

Le matin je **fais le marché**, l'après-midi je **fais une promenade** et le soir je **fais mon travail.**

In the morning I go to the market, in the afternoon I take a walk, and in the evening I do my homework.

Faire is also used to talk about sports: **faire du sport, faire du jogging, de la voile** (*sailing*), **du ski, de l'aérobic.**

Allez-y!

A **Faisons connaissance!** Suivez le modèle.

MODÈLE: Je / le professeur d'italien →
Je fais la connaissance du professeur d'italien.

1. tu / la sœur de Louise
2. nous / un cousin
3. Annick / une étudiante sympathique
4. les Levêque / les parents de Simone
5. je / la femme du professeur
6. vous / la nièce de M. de La Tour

B **Activités du week-end.** Qui fait les activités suivantes? Faites des phrases logiques avec les éléments des deux colonnes.

1. Tu...
2. Pierre...
3. Anne et Laurence...
4. Mon frère et moi, nous...
5. Benoît et toi, vous...
6. Non, moi le dimanche, je...

a. faisons du jogging dans le parc.
b. ne fais pas le ménage.
c. faites vos devoirs de français.
d. fais la cuisine pour mes amis.
e. font des courses en ville.
f. fait du sport avec ses copains.

C **Les activités.** Qu'est-ce que vous faites... ? Complétez les phrases suivantes avec des réponses personnelles.

1. Je fais _____ tous les jours. **2.** J'aime faire _____. **3.** Je suis obligé(e) de faire _____ une fois par semaine. **4.** Je déteste faire _____ le week-end. **5.** J'adore faire _____ pendant les vacances.

Sondage. Maintenant comparez vos réponses avec celles (*those*) de vos camarades. Faites une liste de toutes les activités mentionnées. Ensuite, classez-les selon (*Then rank them according to*) leur popularité.

VERBS ENDING IN -RE

EXPRESSING ACTIONS

Beauregard au restaurant

JILL: Vous **entendez**?
GÉRARD: Non, qu'est-ce qu'il y a?
JILL: J'**entends** un bruit sous la table.
GENEVIÈVE: Oh, ça! C'est Beauregard... Il **attend** son dîner... et il n'aime pas **attendre**...

Trouvez la phrase équivalente dans le dialogue.

1. Écoutez.
2. Quel est le problème?
3. Il n'aime pas patienter (*to wait patiently*).

A third group of French verbs has infinitives that end in **-re.**

PRESENT TENSE OF **vendre** (*to sell*)	
je vend**s**	nous vend**ons**
tu vend**s**	vous vend**ez**
il, elle, on vend	ils, elles vend**ent**

1. Other verbs conjugated like **vendre** include the following.

attendre	*to wait (for)*	**rendre**	*to give back, to return*
descendre	*to go down (to); to get off*	**rendre visite à**	*to visit (someone)*
		répondre à	*to answer*
entendre	*to hear*		
perdre	*to lose, to waste*		

Elle attend le dessert.	*She's waiting for dessert.*
Nous descendons de l'autobus.	*We're getting off the bus.*
Le commerçant rend la monnaie à la cliente.	*The storekeeper gives change back to the customer.*
Je réponds à sa question.	*I'm answering his question.*

2. The expression **rendre visite à** means to visit a *person* or *persons*. The verb **visiter** is used only with places or things.

> **Je rends visite à** mon ami.
> **Les touristes visitent** les monuments de Paris.

Allez-y!

A **Tiens** (*You don't say*)! C'est bizarre: tout ce que (*everything that*) fait Jean-Paul, les autres le font aussi. Formez les phrases selon le modèle.

MODÈLE: vendre sa guitare (moi) →
  É1: Jean-Paul vend sa guitare.
  É2: Tiens! Moi aussi, je vends ma guitare.

1. rendre tous (*all*) ses livres à la bibliothèque (nous)
2. attendre une lettre importante (son frère)
3. descendre de l'autobus rue Mouffetard (vous)
4. entendre des bruits bizarres au sous-sol (*in the basement*) (moi)
5. perdre toujours ses lunettes (*glasses*) (toi)
6. répondre à un sondage d'opinion politique (les amis)

B **Un week-end à Paris.** Complétez l'histoire avec les verbes indiqués.

Alain et Marie-Lise habitent à Bruxelles. Aujourd'hui ils _____¹ à Paris en train. Ils vont _____² visite à leur cousine Pauline. Les trois cousins ont toujours beaucoup de projets (*plans*) et ne _____³ pas une minute quand ils sont ensemble (*together*). Alain et Marie-Lise aiment beaucoup Pauline parce qu'elle _____⁴ toujours à leurs lettres. Pauline aime aussi ses cousins, et elle _____⁵ leur arrivée avec impatience. Elle _____⁶ enfin la sonnette (*doorbell*)!

perdre
rendre
descendre
entendre
attendre
répondre

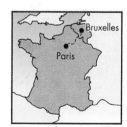

C **Perdez-vous souvent patience?** Interviewez un(e) camarade de classe. Il/Elle utilise **souvent, pas souvent** ou **toujours** dans sa réponse. Décidez d'après ses réponses s'il (si elle) est **très patient(e), patient(e), normal(e), impatient(e), très impatient(e).**

MODÈLE: É1: Tu attends l'autobus. Il n'arrive pas. Est-ce que tu perds patience?
  É2: Oui, je perds souvent patience.

1. Tu attends un coup de téléphone (*telephone call*). La personne ne téléphone pas. 2. Un ami (Une amie) ne répond pas à tes lettres.
3. Tu perds les clés (*keys*) de ta voiture ou de ton appartement.
4. Tu as rendez-vous avec un ami (une amie). Tu attends longtemps (*for a long time*), mais il/elle n'arrive pas.

LEÇON 4

LECTURE

Avant de lire

Topic sentences. A sentence has been underlined in the first paragraph of the following passage. This is a topic sentence, so called because it expresses the main point of the paragraph. The other sentences elaborate upon or illustrate the main point. The topic sentence is usually the first one in a paragraph, although it sometimes appears at the end to summarize the ideas presented earlier. It may occasionally appear in the middle, serving as a thread to link ideas together. Can you identify the topic sentence in the third paragraph of the passage?

Week-ends: les vacances hebdomadaires[a]

Le dimanche reste un jour exceptionnel!

Pour la plupart[b] des Français, il est synonyme de fête et de famille, une pause nécessaire dans un emploi du temps généralement chargé.[c] Neuf Français sur dix le passent en famille et il n'est pas rare que trois générations se retrouvent;[d] les jeunes de moins de 35 ans mariés se déplacent fréquemment[e] chez leurs parents pour déjeuner[f] avec eux, avec leurs propres enfants.

Les Français aiment les dimanches

• 86% des Français aiment le dimanche, 11% peu, 3% pas du tout.
• Habituellement, 56% retrouvent la famille, rencontrent des amis, 50% regardent la télévision, 43% se promènent, 33% flânent[g] chez eux, 32% jardinent ou bricolent,[h] 32% lisent[i] ou écrivent[j] de la musique, 21% dorment[k] ou font la sieste, 20% s'oc-cupent de[l] leurs enfants, 20% cuisinent[m] ou vont au restaurant, 16% font du sport, 16% travaillent, 11% prennent le temps de prier,[n] 9% vont au marché ou font les courses, 4% vont au cinéma.
• Pour 42% des Français, le dimanche a une signification religieuse, pour 58% non.
• Pour 76%, le dimanche est le dernier jour de la semaine, pour 23% le premier.

Le repas[o] de midi est en effet une étape[p] importante du rituel dominical.[q] 60% des familles font plus de cuisine le dimanche; la plupart privilégient la cuisine traditionnelle (poulet, gigot[r]...) et terminent le repas par un gâteau.[s]

Les loisirs[t] dominicaux n'évoluent guère:[u] la famille, les amis et la télévision y tiennent[v] la plus grande place. Mais une autre tradition, celle de la messe,[w] est au contraire en nette diminution;[x] moins d'un quart des ménages[y] se rendent[z] a l'église[aa] le dimanche.

---

[a]*weekly* [b]*majority* [c]*un... a busy timetable* [d]*se... get together* [e]*se... vont souvent* [f]*to have a midday meal* [g]*idle their time away* [h]*do odd jobs* [i]*read* [j]*write* [k]*sleep* [l]*s'occupent... take care of* [m]*cook* [n]*to pray* [o]*meal* [p]*step, stage* [q]*du dimanche* [r]*poulet... chicken, leg of lamb* [s]*cake* [t]*leisure activities* [u]*n'évoluent... scarcely change at all* [v]*y... occupy* [w]*mass* [x]*en... clearly in decline* [y]*moins... less than one quarter of all families* [z]*se... vont* [aa]*church*

Compréhension

1. En général, est-ce que les Français passent le dimanche en famille?
2. Quelles activités occupent la plus grande place dans les familles françaises?
3. À votre avis, est-ce que la religion a beaucoup d'importance pour les Français? Expliquez.
4. Les Français aiment le dimanche. Et vous, aimez-vous le dimanche? Pourquoi (ou pourquoi pas)?
5. Est-ce que les dimanches sont différents aux États-Unis? Expliquez.

Dimanche matin: c'est l'heure d'arroser les fleurs!

À L'ÉCOUTE!

Bien entendu!

● **Une grande famille.** Véronique is 15. She is very fond of her family, and is describing it to a friend. First, look at the diagram on the following page. Next, listen to the vocabulary and the names of the people in Véronique's family. Then, listen to Véronique's description. Finally, complete the activity.

VOCABULAIRE UTILE

au lycée	at the high school
une banque	a bank
un garçon	a boy
unique	only
un atelier	an artist's studio

LA FAMILLE DE VÉRONIQUE

Henri	Raphaël	Franck
Virginie	Géraldine	Caroline
Georges	Charles	Léa
Gérard	Marie	
Nicole	Juliette	
Josiane	Laurence	

Fill in the blank boxes with the correct names based on Véronique's description.

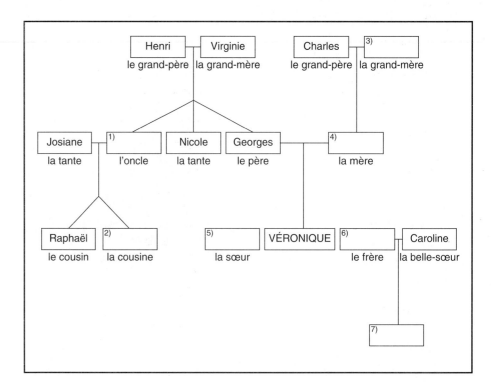

En situation

Invitation

Contexte *Jennifer et son ami Yannick étudient le marketing à l'université de Montpellier. Yannick et sa famille invitent souvent Jennifer pour le week-end.*

Objectif *Jennifer accepte une invitation.*

YANNICK: Jennifer, tu es libre[1] dimanche?

JENNIFER: Oui, pourquoi?

YANNICK: Eh bien, nous allons pique-niquer en famille. Tu veux venir avec nous?

JENNIFER: Oh, oui, avec plaisir! Qu'est-ce que je peux apporter[2]?

YANNICK: Je ne sais pas, des fruits ou du chocolat... Ah, et n'oublie[3] pas ton frisbee!

JENNIFER: Oui, d'accord. Ça va être sympa!

[1]*free*   [2]je... *can I bring*   [3]*forget*

À PROPOS

Comment inviter des amis

DANS UNE SITUATION INFORMELLE

Tu es libre?
Tu as envie de... ?
Je t'invite à...
Viens donc...
   écouter de la musique, faire une promenade, jouer au tennis...

DANS UNE SITUATION FORMELLE

Êtes-vous libre?
Avez-vous envie de... ?
Je vous invite à...
Venez donc...
   écouter de la musique, faire une promenade, etc.

Pour accepter

DANS UNE SITUATION INFORMELLE

Oui, je suis libre.
Bonne idée!
D'accord.
Ça va être sympa(thique)!
Ça va être génial!

DANS UNE SITUATION FORMELLE

Ça me ferait (*would give me*) grand plaisir.
J'accepte avec plaisir.
Je vous remercie (*I thank you*).
C'est gentil.

Pour refuser poliment

DANS LES SITUATIONS FORMELLES ET INFORMELLES

C'est gentil, mais...
C'est dommage (*too bad*), mais...
Désolé(e), mais...

je ne suis pas libre.
je suis pris(e) (*engaged*).
je ne peux pas (*I can't*).
je suis occupé(e) (*busy*).
j'ai quelque chose de prévu (*something planned*).

● **Jeu de rôles.** Avec un(e) camarade, jouez les rôles de:

1. Chantal, étudiante à la Sorbonne, et Daniel, son copain américain. Chantal invite Daniel chez ses parents pour sa fête d'anniversaire. Daniel n'est pas libre.

2. M. Durand, professeur d'histoire, invite Mme Cohën, professeur d'anglais, au restaurant. Elle accepte.

Cue to: 13:43

VIDÉOTHÈQUE*

THÈME 2 La famille

SCÈNE 2.1 Une famille nombreuse

Bénédicte and Paul meet at an outdoor café and talk about their families. As they talk, Paul notices how different Bénédicte's family is from his. Can you name a difference or two?

VOCABULAIRE UTILE

Je viens de déjeuner...	I just had lunch . . .
frère aîné	older brother
seul	alone
On n'est jamais tout seul...	One is never all alone . . .
du bruit	noise
son ordinateur	her computer
occupé	busy
consacré	devoted

A **La famille.** Indicate **vrai** (V) or **faux** (F) for the following statements.

1. V F Paul aime le fast-food.
2. V F Bénédicte adore faire la cuisine.
3. V F Le chien de Bénédicte s'appelle Wellington.
4. V F La sœur de Paul habite dans un studio avec une copine.
5. V F Chez Bénédicte, les petits font souvent du bruit.
6. V F Il y a très peu d'activité chez Bénédicte.
7. V F La grand-mère de Bénédicte est très active.

B **La famille de Bénédicte.** Bénédicte has an active family. Can you match the family members with their favorite pastimes?

1. _____ Jacques
2. _____ la grand-mère
3. _____ Sylvie
4. _____ les autres
5. _____ les parents
6. _____ Florence

a. jouer avec l'ordinateur
b. jouer au foot
c. voyager
d. jouer au bridge
e. travailler
f. regarder la télévision
g. écouter de la musique
h. passer des heures au téléphone

*The theme and scene numbers correspond to those in the video to accompany *Vis-à-vis*.

CHAPITRE 5 VOCABULAIRE

Verbes

aller to go
aller + *inf.* to be going (to do something)
aller mal to feel bad (ill)
attendre to wait (for)
descendre (de) to go down (to); to get off
entendre to hear
faire to do; to make
perdre to lose; to waste
préparer to prepare
rendre to give back; to return; to hand in
rendre visite à to visit (*someone*)
répondre à to answer
rester to stay, remain
vendre to sell

À REVOIR: **étudier, habiter, jouer à (de), manger**

Substantifs

l'appartement (*m.*) apartment
l'arbre (*m.*) tree
l'autobus (*m.*) (city) bus
le bruit noise
le bureau office
la famille family
le foyer home
le premier (deuxième) étage second (third) floor (*in the U.S.*)
les projets (*m.*) plans
le rez-de-chaussée ground floor
le temps time
les vacances (*f. pl.*) vacation

À REVOIR: **l'affiche** (*f.*), **le chien, la commode, le lavabo, le lit, le logement**

Adjectifs

affreux/euse awful
célibataire single (*person*)
divorcé(e) divorced
formidable great
génial(e) delightful
marié(e) married
préféré(e) favorite, preferred
superbe superb

Les parents

l'arrière-grand-parent great-grandparent
le beau-frère brother-in-law
le beau-père father-in-law; stepfather
la belle-mère mother-in-law; stepmother
le belle-sœur sister-in-law
le cousin cousin (*male*)
la cousine cousin (*female*)
le demi-frère half-brother; stepbrother
la demi-sœur half-sister; stepsister
l'enfant (*m., f.*) child
la femme wife
la fille daughter
le fils son
le frère brother
la grand-mère grandmother
le grand-parent (les grands-parents) grandparent

le grand-père grandfather
le mari husband
la mère mother
le neveu nephew
la nièce niece
l'oncle (*m.*) uncle
la père father
la petite-fille granddaughter
le petit-enfant grandchild
le petit-fils grandson
la sœur sister
la tante aunt

La maison

le balcon balcony
la chambre room; bedroom
le couloir hall
la cuisine kitchen
l'escalier (*m.*) stairway
le jardin garden
le meuble piece of furniture
la pièce room
le poste de télévision TV set
la salle à manger dining room
la salle de bains bathroom
la salle de séjour living room
la terrasse terrace

Expressions avec *faire*

faire attention (à) to pay attention (to); to watch out (for)
faire la connaissance (de) to meet (for the first time), make the acquaintance (of)
faire les courses to do errands
faire la cuisine to cook
faire ses devoirs to do one's homework

127

faire la lessive to do the laundry

faire le marché to do the shopping, go to the market

faire le ménage to do the housework

faire une promenade to take a walk

faire du sport: faire de l'aérobic to do aerobics; **du jogging** to run, jog; **du ski** to ski; **du vélo** to go cycling; **de la voile** to go sailing

faire un tour (en voiture) to take a walk (ride)

faire la vaisselle to do the dishes

faire un voyage to take a trip

Mots et expressions divers

alors then, in that case

après after, afterward

bien good (*fam.*)

bientôt soon

ce week-end this weekend

cet après-midi / ce matin / ce soir this afternoon / morning / evening

chez at the home (establishment) of

dans quatre jours in four days

demain tomorrow

une fois par semaine once a week

loin de far from

le lundi / le vendredi soir on Mondays / on Friday evenings

mal badly

pas du tout not at all

pendant les vacances (*f.*) during vacation

peut-être maybe

la semaine prochaine next week

tous les jours every day

tout à l'heure in a while

tout de suite immediately

le week-end on weekends

À TABLE

CHAPITRE 7

Cher Michel,

Aujourd'hui, je déjeune avec mon groupe dans un excellent restaurant d'Abidjan, en Côte-d'Ivoire.

Le menu est exotique. Je choisis une spécialité locale: du «macharon» (une variété de poisson) et comme boisson, du «lemouroudji» (citron vert et gingembre).

C'est délicieux et... différent!

Bises,

Malik

P.S. Voici mon amie Abena. Elle est très bonne cuisinière. Oh là là! Je vais grossir!

PAROLES

LES REPAS DE LA JOURNÉE*

le lait
le pain
le café
le croissant   le beurre   le sucre

Le matin: le petit déjeuner

les haricots verts
les pommes de terre
le fromage
l'eau minérale
les frites
la poire
le poulet   le sel   le poivre

À midi: le déjeuner

le chocolat
le thé
les gâteaux au chocolat
la tarte aux pommes

L'après-midi: le goûter†

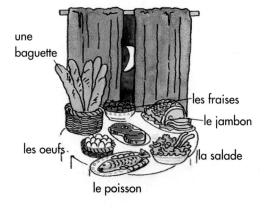

une baguette
les fraises
le jambon
les oeufs
la salade
le poisson

Le soir: le dîner

AUTRES MOTS UTILES

la boisson drink
la cuisine cooking; food
le fruit fruit

le légume vegetable
la viande meat

---

*La journée (*The day*) is used instead of **le jour** to emphasize the notion of an entire day, as in the expression **"Quelle journée!"** (*What a day!*).

†**Le goûter** is an occasional afternoon snack: **pains au chocolat pour les enfants; thé ou café et gâteaux pour les adultes.**

Allez-y!

A **Catégories.** Ajoutez (*Add*) d'autres aliments dans les catégories mentionnées.

> MODÈLE: La mousse au chocolat est *un dessert.* →
> Le gâteau, la tarte aux pommes et les fraises sont aussi des desserts.

1. La bière est *une boisson.*
2. La pomme de terre est *un légume.*
3. Le porc est *une viande.*
4. La banane est *un fruit.*

B **L'intrus.** Trouvez l'intrus et expliquez votre choix.

1. café / fraise / bière / thé / lait
2. haricots verts / salade / carotte / œuf / pomme de terre
3. bifteck / porc / pain / jambon / poulet
4. sel / gâteau / poivre / sucre / beurre
5. vin / banane / pomme / orange / melon
6. tarte aux pommes / fromage / chocolat / thé / gâteau au chocolat

C **Fiche (*Form*) gastronomique.** Demandez à un(e) camarade de classe quelles sont ses préférences et complétez la fiche. Utilisez **quel** (*m.*) ou **quelle** (*f.*) et le verbe **préférer.**

> MODÈLE: É1: Quelle boisson préfères-tu*?
> É2: Je préfère le/la...

boisson _____
viande _____
légume _____
fruit _____
dessert _____
repas _____
plat (*dish*) _____

Maintenant, avec vos camarades de classe, examinez les différentes fiches et déterminez quels sont les plats et les boissons préférés de la classe.

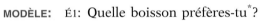

---

*For **-er** verbs with spelling changes, see Appendix D.

À TABLE

la carafe d'eau   la bouteille

le verre
à vin

la petite
cuillère

la cuillère
à soupe

l'assiette à soupe

Une table française

le verre

la tasse

la serviette

la fourchette   l'assiette   le couteau

Une table américaine

AUTRES MOTS UTILES
le bol bowl-shaped cup (for **café au lait**)

Allez-y!

A **L'objet nécessaire.** Quels objets utilisez-vous?

MODÈLE: le café au lait →
J'utilise un bol pour le café au lait.

1. le vin
2. la viande
3. la soupe
4. la salade
5. le thé
6. la mousse au chocolat
7. l'eau du robinet (tap)
8. le café express

B **L'art de la table.** Mettre le couvert (*Setting the table*) est souvent un art. Regardez la photo tirée du magazine *Gault Millau* et répondez aux questions.

1. Décrivez ce qu'il y a sur la table. Est-ce une table pour un repas simple ou élégant? Quel est l'objet en papier à gauche (*on the left*)?
2. À votre avis, pourquoi y a-t-il quatre verres?
3. Et chez vous, qu'est-ce qu'on place sur la table au petit déjeuner? au déjeuner? au dîner? pour un repas spécial?

VERBS ENDING IN -RE: PRENDRE AND BOIRE

TALKING ABOUT FOOD AND DRINK

Au restaurant

LE SERVEUR: Que **prenez**-vous, Messieurs Dames?

JULIETTE: Nous **prenons** le poulet à la crème et les légumes.

LE SERVEUR: Et que **buvez**-vous?

JEAN-MICHEL: Je **prends** une bière, et pour mademoiselle une bouteille d'eau minérale, s'il vous plaît.

Maintenant, avec un(e) camarade, faites les substitutions suivantes et jouez à nouveau le dialogue.

le poulet à la crème → le poisson grillé
les légumes → la salade de tomates
une bière → un verre de vin rouge
une bouteille d'eau minérale → une carafe d'eau

Prendre and Similar Verbs

The verb **prendre** is irregular in its plural forms.

PRESENT TENSE OF **prendre** (*to take*)	
je prends	nous pren**ons**
tu prends	vous pren**ez**
il, elle, on prend	ils, elles pren**nent**

1. Verbs conjugated like **prendre** include **apprendre** (*to learn*) and **comprendre** (*to understand; to include*).

—Qu'est-ce que vous **prenez**?	*What are you having?*
—Je **prends** la salade verte.	*I'm having the green salad.*
Il **apprend** l'espagnol.	*He's learning (how to speak) Spanish.*
Est-ce que tu **comprends** l'allemand?	*Do you understand German?*
Le menu **comprend** la fruit.	*The fixed-price meal includes fruit.*

2. When an infinitive follows **apprendre,** the preposition **à** must be used.

Ma sœur **apprend à** danser.	*My sister is learning (how) to dance.*
Apprenez-vous **à** skier?	*Are you learning (how) to ski?*

Apprendre can also mean *to teach*. In this case, the person taught is preceded by **à.** If the thing taught is a verb, it is also preceded by **à.**

J'apprends le russe à Mireille.	*I'm teaching Mireille Russian.*
J'apprends à Mireille à parler russe.	*I'm teaching Mireille to speak Russian.*

3. Some common expressions with **prendre** include:

prendre son temps	*to take one's time*
prendre un repas	*to eat a meal*
prendre le petit déjeuner	*to have breakfast*
prendre un verre	*to have a drink (usually alcoholic)*

Boire

The verb **boire** is also irregular in form.

Offrir un verre aux amis, c'est sympa!

PRESENT TENSE OF **boire** (*to drink*)			
je	**bois**	nous	**buvons**
tu	**bois**	vous	**buvez**
il, elle, on	**boit**	ils, elles	**boivent**

Tu **bois** de l'eau minérale.	*You're drinking mineral water.*
Nous **buvons** de la bière.	*We're drinking beer.*

Allez-y!

A **Des étudiants modèles?** Lisez les phrases, puis faites les substitutions suivantes: (1) tu, (2) mon meilleur ami (ma meilleure amie), (3) mon/ma camarade et moi, (4) je, (5) mes copains.

1. Vous apprenez le français.   **2.** Vous comprenez presque (*almost*) toujours le professeur.   **3.** Pour préparer les examens, vous prenez des livres à la bibliothèque.   **4.** Pour faire votre travail vous prenez votre temps.   **5.** Mais malheureusement (*unfortunately*), vous buvez trop de (*too much*) café.

B **Qu'est-ce qu'on boit?** Choisissez une boisson différente pour chaque situation.

MODÈLE: Nous sommes le 31 décembre. (Loïc) →
Il boit un verre de champagne.

1. Il fait très chaud. (vous)
2. Il fait froid. (Christian)
3. Il est minuit (*midnight*). (tu)
4. Il est huit heures du matin (*eight* A.M.). (je)
5. Nous sommes au café. (nous)
6. Agnès et Marie sont au restaurant. (elles)

C **Conversations au café.** Vous êtes au café. Qu'est-ce que les gens disent? Complétez les conversations avec les verbes **prendre, apprendre** ou **comprendre.**

1. CHANTAL: Est-ce que tu _____ un café?
   JOËL: Non, j'ai soif; je _____ une bouteille d'eau minérale.
2. LÉA: Est-ce que tu _____ l'anglais?
   FRANCO: Oui, et j'_____ l'italien à deux enfants. Et vous deux, qu'est-ce que vous _____ comme (*as*) langue étrangère?
   PAUL: Nous, nous _____ le japonais.
3. CLAUDE: Est-ce que vous _____ toujours le professeur de philosophie?
   JEAN: Non, mais les autres (*others*) _____ tout (*everything*)!

D **Mission impossible?** Parmi (*Among*) vos camarades, trouvez quelqu'un qui (*someone who*)...

MODÈLE: prend du sucre dans son café →
Est-ce que tu prends du sucre dans ton café?

1. ne prend pas de petit déjeuner
2. prend en général des crêpes (*pancakes*) au petit déjeuner
3. boit cinq tasses de café ou plus par jour
4. boit un verre de lait à chaque (*each*) repas
5. apprend un nouveau sport ce semestre
6. comprend le sens de la vie (*meaning of life*)

PARTITIVE ARTICLES

EXPRESSING QUANTITY

Pas de dessert

JULIEN: Qu'est-ce qu'on mange aujourd'hui, maman?

MME TESSIER: Il y a **du poulet** avec **des pommes de terre.**

JULIEN: Et **la mousse au chocolat** dans le frigo, c'est pour midi?

MME TESSIER: Ah non, **la mousse,** c'est pour ce soir. Pour midi, il y a **des fruits** ou **de la glace au café.**

JULIEN: Je n'aime pas **la glace** et je n'aime pas **les fruits**! Mais j'adore **la mousse**!

MME TESSIER: Non, c'est non!

Et vous? Répondez aux questions suivantes.

1. Mangez-vous souvent **du** poulet?
2. Prenez-vous souvent **des** fruits?
3. Est-ce que vous aimez **la** glace au café?

In addition to the definite and indefinite articles, there is a third article in French, called the partitive (**le partitif**). It has three forms: **du** (*m.*), **de la** (*f.*), and **de l'** (before a vowel or mute h). It agrees in gender with the noun it precedes.

Prenez-vous **du** jambon?	*Are you having (some) ham?*
de la salade?	*(some) salad?*
de l'eau minérale?	*(some) mineral water?*

1. The partitive article is used to indicate part of a quantity that is measurable but not countable. This idea is sometimes expressed in English by *some* or *any*; usually, however, *some* is only implied. Examples of noncountable nouns (also called *mass nouns*) include **viande, chocolat, lait, sucre, glace, vin, eau, beurre, pain, temps,** and **argent.**

Avez-vous **du** thé?	*Do you have tea?*
Je voudrais **du** sucre.	*I would like (some) sugar.*
Mangez-vous **du** poisson?	*Do you eat fish?*

2. When a quantity is countable, the indefinite article is used instead.

Je vais préparer **une** tarte aux fraises.	*I'm going to prepare a straw-berry pie.*
Elle commande **un** jus de fruits et **un** croissant.	*She is ordering a fruit juice and a croissant.*
Elle achète **des** tomates et **des** haricots verts.	*She is buying tomatoes and green beans.*

Partitive versus Definite Articles

1. The partitive article is used with verbs such as **prendre, boire, acheter,** and **manger,** because they usually involve consuming or buying a *portion* of something. But, after verbs of preference such as **aimer, aimer mieux, préférer, adorer,** and **détester,** the definite article is used, because these verbs generally express a reaction to an entire category.

Beaucoup de Français mangent **du** fromage après le repas, mais moi, je déteste **le** fromage.	*Many French people eat (some) cheese after a meal, but I hate cheese.*

2. The partitive is also used with abstract qualities attributed to people, whereas the definite article is used to talk about these qualities in general.

Elle a **du** courage.	*She has (some) courage.*
Elle déteste **l'**hypocrisie.	*She hates hypocrisy.*

Partitives in Negative Sentences

1. In negative sentences, partitive articles become **de (d')**, except after **être.**

Je bois **du** lait.	→	Je ne bois **pas de** lait.
Tu prends **de l'**eau.	→	Tu ne prends **pas d'**eau.
Vous mangez **des** carottes.	→	Vous ne mangez **pas de** carottes.
Ce sont **des** poires.	→	Ce ne sont **pas des** poires.

2. The expression **ne... plus** (*no more, not any more*) surrounds the con-jugated verb, like **ne... pas**.

François et Zoë? Ils **ne** mangent **plus** de viande.	*François and Zoë? They don't eat meat anymore.*
Je suis désolé, mais nous **n'**avons **plus** de vin.	*I'm sorry, but we have no more wine.*

Partitives with Expressions of Quantity

Partitive articles also become **de (d')** after expressions of quantity.

Elle commande
du vin.

Combien de verres
commande-t-elle?

Elle commande
un peu de vin.

Elle commande
beaucoup de vin.

Elle commande
un verre de vin.

Elle a **assez de vin.**

Elle boit **trop de vin.**

Allez-y!

A **À table!** Qu'est-ce que vous prenez, en général, à chaque repas? Qu'est-ce que vous ne prenez pas? Pensez-y!

MODÈLE: Au petit déjeuner... →
Au petit déjeuner, je prends du jus d'orange, mais je ne prends pas de café au lait.

1. Au petit déjeuner...
2. Au déjeuner...
3. Au dîner...

Possibilités: du café au lait, des croissants, du bacon, un bifteck, des frites, du fromage, un fruit, un hamburger, de la pizza, du poulet, des spaghettis...

B **Dîner d'anniversaire** (*birthday*). Avec un(e) camarade vous préparez un dîner surprise pour fêter l'anniversaire d'un ami (d'une amie). Mais avez-vous tous (*all*) les ingrédients nécessaires?

MODÈLE: carottes (assez) / (ne... pas) champignons →
É1: Est-ce que tu as des carottes?
É2: Oui, j'ai assez de carottes mais je n'ai pas de champignons.

1. eau minérale (3 bouteilles) / (ne... plus) jus d'orange
2. café (un peu) / (ne... plus) thé
3. fraises (beaucoup) / (ne... pas) melon
4. chocolat (trop) / (ne... pas) œufs
5. viande (assez) / (ne... pas) légumes
6. sucre (un bol) / (ne... plus) sel

C **Ce que mangent les Français.** Regardez le tableau, étudiez les résultats (*results*) et répondez aux questions.

Français, ce que vous mangez*							
EN BAISSE[a]	1965	1979	1989	**EN HAUSSE**[b]	1965	1979	1989
Pain (kg)	84,3	51,3	44,3	Agrumes[f] et bananes (kg)	21,0	22,7	24,0
Pâtes[c] alimentaires (kg)	7,6	5,5	5,7	Fruits frais métropoli-			
Pommes de terre (kg)	95,2	56,2	34,7	tains[g] (kg)	36,9	39,3	37,7
Légumes frais (kg)	72,1	65,4	59,2	Porc, lard (kg)	3,0	8,7	7,8
Viande de boucherie[d] (kg)	20,9	24,0	18,7	Charcuterie[h] (kg)	7,0	8,7	9,0
Œufs (unités)	169	179	147	Volailles[i] (kg)	12,2	13,7	13,4
Beurre (kg)	8,8	8,0	5,5	Poissons, crustacés (kg)	6,6	6,8	7,7
Huiles alimentaires[e] (litres)	11,8	10,3	8,5	Fromages (kg)	10,4	14,4	16,9
Sucre (kg)	20,9	13,4	8,6	Yaourts (unités)	—	73,3	161,5
Vin (litres)	90,6	54,9	31,7	Boissons non alcoolisées			
Bière (litres)	20,8	16,6	11,8	(litres)	—	65,6	99,7

*Quantités consommées à domicile par personne par an. Source INSEE.

[a]en... *diminishing* [b]en... *increasing* [c]*Pasta* [d]*butcher's shop* [e]*Huiles... Cooking oils* [f]*Citrus fruits*
[g]frais... *fresh grown in France (not overseas)* [h]*delicatessen specialties* [i]*Poultry*

1. Qu'est-ce que les Français aiment mieux: le pain ou les pommes de terre?
2. Est-ce que les Français mangent plus de fromage en 1989 qu'en 1965, ou moins (plus... que: *more than*)?
3. En 1979, les Français boivent beaucoup moins de vin que de boissons non alcoolisées (moins... que: *less than*). Et en 1989?
4. D'après ce tableau, quelles sont les boissons préférées des Français?
5. À votre avis, y a-t-il une grande différence entre ce que (*what*) mangent les Français et ce que mangent les Américains? Expliquez.
6. Et vous, qu'est-ce que vous mangez et buvez un peu (beaucoup, trop)?
7. Vous mangez beaucoup de légumes frais? de yaourt? des fruits frais?

CORRESPONDANCE

Salut Malik!

À Paris j'ai découvert un petit restaurant dans mon quartier. Il s'appelle «Chez Yvette». Menu à 100 francs, tout compris: un quart de vin ou une eau minérale, entrée, plat du jour, salade, fromage ET dessert. En plus, un café pour finir. Une bonne cuisine française familiale. C'est parfait.

Je dîne souvent là-bas avec mon amie Bénédicte qui est une gourmande.

Je t'invite! Quand?

Allez, à bientôt.

Michel

Paul Cézanne

PORTRAIT: Paul Bocuse
(cuisinier français, 1926–   )

Dans la famille Bocuse, la cuisine est un art depuis le XVIIème siècle. Les secrets du métier[1]? Paul Bocuse les apprend chez ses parents puis chez les grands maîtres de la région lyonnaise.[2] Situé près de Lyon, son restaurant classé «1er restaurant du monde» est fréquenté par les gastronomes du monde entier.[3]

[1]craft   [2]of Lyon   [3]par... by food lovers from all over the world

FLASH 1
LES FRANÇAIS, CES MANGEURS DE GRENOUILLES[1]

En France, la cuisine est considérée comme un art: elle a ses règles,[2] ses secrets, ses traditions. Un bon repas, un excellent vin, voilà le bonheur pour beaucoup de Français!

Les «fast-food»? Ils intéressent en majorité les enfants et les jeunes.

Les aliments allégés[3]? Ils n'ont pas beaucoup de succès. Les Français préfèrent les spécialités régionales: par exemple, le foie gras, une spécialité du sud-ouest. Il ne faut pas penser aux calories! Le plaisir d'abord!

Vous appréciez le lapin[4]? Vous aimez les grenouilles, les escargots[5] et les huîtres[6]? Alors, vous êtes vraiment un ami de la France!

[1]frogs [2]rules [3]low-fat [4]rabbit [5]snails [6]oysters

«Moi, je prendrais la sole farcie... »

FLASH 2 ALGÉRIE, MAROC, TUNISIE:
LA CÉRÉMONIE DU COUSCOUS

Le couscous est une spécialité d'Afrique du Nord. C'est un plat unique que l'on sert pour le déjeuner ou pour le dîner, en général le vendredi, jour de repos chez les musulmans.[1]

Il est composé de semoule,[2] de viande (mouton, poulet), de légumes et d'un bouillon.

Dans les familles traditionnelles, si on vous offre de partager[3] un couscous, d'abord vous vous lavez les mains[4] dans un récipient d'eau. Puis vous mangez dans le plat commun avec les trois doigts[5] de la main droite.[6]

[1]Muslims [2]semolina (a grain) [3]share [4]vous... you wash your hands [5]fingers
[6]la... your right hand

Un dîner somptueux au Maroc.

LEÇON 3

THE IMPERATIVE
GIVING COMMANDS

L'ennemi d'un bon repas

FRANÇOIS: Martine, **passe**-moi le sel, s'il te plâit...
(*Martine passe la salade à François.*)
FRANÇOIS: Mais non, enfin! **Écoute** un peu... je te
demande le sel!
MARTINE: François, **sois** gentil—**ne parle pas**
si fort. Je n'entends plus la télé...

1. Est-ce que François demande la salade?
2. Est-ce que Martine passe le sel à François?
3. Est-ce que Martine écoute François?

The imperative is the command form of a verb. There are three forms.
As in English, subject pronouns are not used with the imperative.

(tu)	**Parle!**	*Speak!*
(nous)	**Parlons!**	*Let's speak!*
(vous)	**Parlez!**	*Speak!*

1. Verbs ending in **-er:** The imperatives are the same as the corresponding present-tense forms, except that the **tu** form does not end in **-s**.

INFINITIVE	tu	nous	vous
regarder	**Regarde!**	**Regardons!**	**Regardez!**
entrer	**Entre!**	**Entrons!**	**Entrez!**

Regardez! Un restaurant russe.   *Look! A Russian restaurant.*
Entrons!   *Let's go in!*

The imperative forms of the irregular verb **aller** follow the pattern of regular **-er** imperatives: **va, allons, allez.**

2. Verbs ending in **-re** and **-ir:** The imperative forms are identical to their corresponding present-tense forms. This is true even of most irregular **-re** and **-ir** verbs.

INFINITIVE	**tu**	**nous**	**vous**
attendre	**Attends!**	**Attendons!**	**Attendez!**
finir	**Finis!**	**Finissons!**	**Finissez!**
faire	**Fais... !**	**Faisons... !**	**Faites... !**

Attends! Finis ton verre!   *Wait! Finish your drink!*
Faites attention!   *Pay attention! (Watch out!)*

3. The verbs **avoir** and **être** have irregular command forms.

INFINITIVE	**tu**	**nous**	**vous**
avoir	**Aie... !**	**Ayons... !**	**Ayez... !**
être	**Sois... !**	**Soyons... !**	**Soyez... !**

Sois gentil, Michel.   *Be nice, Michel.*
Ayez de la patience.   *Have patience.*

4. In negative commands, **ne** comes before the verb and **pas** follows it.

Ne prends pas de sucre!   *Don't have any sugar!*
Ne buvons pas trop de café.   *Let's not drink too much coffee.*
N'attendez pas le dessert.   *Don't wait for dessert.*

Allez-y!

A Les bonnes manières. Vous apprenez les bonnes manières à un enfant.

MODÈLE: ne pas jouer avec ton couteau →
              Ne joue pas avec ton couteau!

1. attendre ton père **2.** prendre ta serviette **3.** finir ta soupe
4. manger tes carottes **5.** regarder ton assiette **6.** être sage (*good* [*lit., wise*]) **7.** ne pas manger de sucre **8.** boire ton verre de lait
9. ne pas demander le dessert

B **Un job d'été.** Vous travaillez comme serveur (serveuse) dans un café. Voici les recommandations de la patronne (*owner*).

MODÈLE: faire attention aux clients → Faites attention aux clients.

1. être aimable   2. avoir de la patience   3. écouter les clients
4. répondre aux questions   5. ne pas perdre de temps   6. rendre correctement la monnaie (*change*)

Maintenant vous parlez avec un autre serveur (une autre serveuse) des choses qu'il faut (= il est nécessaire de) faire au travail. Répétez les recommandations de la patronne.

MODÈLE: faire attention aux clients → Faisons attention aux clients!

TIME OF DAY
TELLING TIME

Quelle heure est-il?

Il est sept heures. Quel repas Vincent prend-il?

Il est dix heures et demie.* Où est Vincent?

Il est midi. Quel repas prend-il?

Il est deux heures et quart. Où est Vincent?

Il est quatre heures moins le quart. Où Vincent prend-il un café?

Il est huit heures vingt. Qui sert (*is serving*) le dîner?

Il est minuit moins vingt. Est-ce que Vincent étudie toujours?

Il est minuit. Vincent dort (*is sleeping*).

---

*To tell the time on the half hour, **et demie** is used after the feminine noun **heure(s)** and **et demi** is used after the masculine nouns **midi** and **minuit.**
Il est trois heures **et demie.**   *It's 3:30 (half past three).*
Il est midi **et demi.**   *It's 12:30 (half past noon).*

1. To ask the time:

   Quelle heure est-il?　　　*What time is it?*

2. To ask at what time something happens:

   À quelle heure commence le　　*At what time does the movie*
   film?　　　　　　　　　　　　*start?*
   À deux heures et demie.　　　*At two-thirty.*

3. To tell the time:

   Il est une **heure.**　　　　*It is one o'clock.*
   Il est deux **heures.**　　　*It is two o'clock.*
   Il est presque **midi/minuit.**　*It's almost noon/midnight.*

4. To make a distinction between A.M. and P.M.:

   Il est neuf heures **du matin.**　　*It's 9 A.M. (in the morning).*
   Il est quatre heures **de l'après-**　*It's 4 P.M. (in the afternoon).*
   midi.
   Il est onze heures **du soir.**　　*It's 11 P.M. (in the evening, at*
   　　　　　　　　　　　　　　night).

   The 24-hour clock is used for official announcements (e.g. TV or transportation schedules), to make appointments, and to avoid ambiguity. For time expressed in figures, **h** (**heures**) is used (without a colon).

   Il est quinze heures trente (15 h 30).　*It's 3:30 P.M.*

Mots-Clés

Expressing the time in a general way

Il est **tard.**	It's late.
Il est **tôt.**	It's early.
Alain prend son repas **de bonne heure.**	Alain eats early.

M. RENOU:　Ne rentre pas **tard** ce soir!

Don't come home late tonight!

ÉRIC RENOU:　Mais non, je rentre toujours **de bonne heure.** Et demain, je dois partir **tôt.**

No, I always come home early. And tomorrow I have to leave early.

Allez-y!

A **Le réveil.** Quelle heure est-il?

1.
2.
3.
4.
5.
6.

7.
8.
9.
10.
11.
12.

B **Paris–Genève en TGV.** Imaginez que vous êtes à Paris et que vous allez visiter Genève. Vous décidez de prendre le train. Voici les horaires (*schedules*) du TGV (Train à grande vitesse).

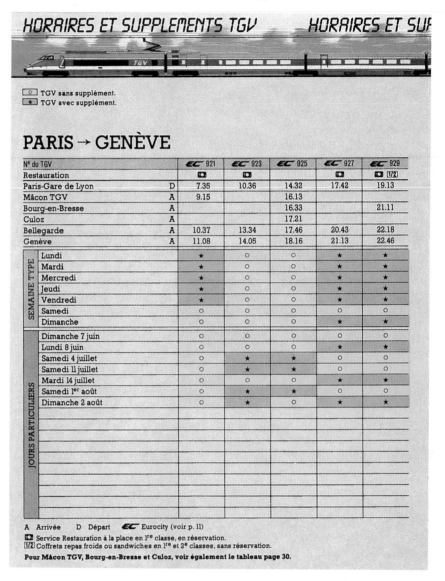

HORAIRES ET SUPPLEMENTS TGV

☐ TGV sans supplément.
★ TGV avec supplément.

PARIS → GENÈVE

Nº du TGV		EC 921	EC 923	EC 925	EC 927	EC 929
Restauration		▯	▯	▯	▯	▯ 1/2
Paris-Gare de Lyon	D	7.35	10.36	14.32	17.42	19.13
Mâcon TGV	A	9.15		16.13		
Bourg-en-Bresse	A			16.33		21.11
Culoz	A			17.21		
Bellegarde	A	10.37	13.34	17.46	20.43	22.18
Genève	A	11.08	14.05	18.16	21.13	22.46

SEMAINE TYPE		EC 921	EC 923	EC 925	EC 927	EC 929
	Lundi	★	○	○	★	★
	Mardi	★	○	○	★	★
	Mercredi	★	○	○	★	★
	Jeudi	★	○	○	★	★
	Vendredi	★	○	○	★	★
	Samedi	○	○	○	○	○
	Dimanche	○	○	○	★	★

JOURS PARTICULIERS		EC 921	EC 923	EC 925	EC 927	EC 929
	Dimanche 7 juin	○	○	○	○	○
	Lundi 8 juin	○	○	○	★	★
	Samedi 4 juillet	○	★	★	○	○
	Samedi 11 juillet	○	★	★	○	○
	Mardi 14 juillet	○	○	○	★	★
	Samedi 1er août	○	★	★	○	○
	Dimanche 2 août	○	★	○	★	★

A Arrivée   D Départ   EC Eurocity (voir p. 11)

▯ Service Restauration à la place en 1re classe, en réservation.
1/2 Coffrets repas froids ou sandwiches en 1re et 2e classes, sans réservation.
Pour Mâcon TGV, Bourg-en-Bresse et Culoz, voir également le tableau page 30.

1. À quelle heure y a-t-il des départs (*departures*) de Paris-Gare de Lyon pour Genève? À quelle heure ces trains arrivent-ils à Genève?
2. À quelle heure y a-t-il des départs le week-end?
3. Regardez l'itinéraire du TGV 925. À quelle heure part-il de Paris? À quelle heure arrive-t-il dans chaque (*each*) ville?
4. Vous voulez partir de bonne heure de Paris-Gare de Lyon. Quel train prenez-vous?
5. Vous avez besoin d'arriver tard à Genève. Quel train prenez-vous dans ce cas?

PERSPECTIVES

LECTURE

Avant de lire

Determining the main thought in a sentence. As you know, the fundamental pattern of French syntax (word order) is *subject + verb.* Together, the subject and verb convey the essential information in a sentence. When you encounter a long or complex sentence, you can more easily grasp its meaning by isolating the subject and the verb.

Here are two strategies to help you narrow down the main thought in a sentence:
1. Disregard words and phrases set off by commas. The information they convey is likely to be supplementary in nature.
2. Pass over clauses introduced by relative pronouns: **qui** and **que,** for example, meaning *who*, *whom*, or *that*. (You will learn how to use relative pronouns later, in **Chapitre 14, Leçon 3;** for the time being, you need only recognize them.)

Find the subject and verb in the following sentence.

> Au dessert, on mange une bûche de Noël, gâteau roulé au chocolat en forme de bûche.

Once you have identified the main thought in the sentence (**on mange**), read it again to gather additional information. What does one eat? What is a **bûche de Noël**? Set off by a comma to the right of this term is a phrase including the words **gâteau** and **chocolat**, with which you are already familiar. Though the precise definition of **la bûche** may not be apparent, you can figure out that it is a chocolate dessert eaten at Christmas time. **Et voilà!** By focusing on essentials and working with what you know, you are able to grasp the most important information in the sentence.

Apply these strategies to your reading of **Grandes occasions**, and remember to scan the glosses and illustrations first.

Grandes occasions

En France, les jours de fête sont une occasion pour se réunir° en famille ou entre amis. Pour chaque fête, on mange des plats typiques qui changent° parfois° selon les régions. Voici les fêtes les plus gourmandes° du calendrier français.

se... *to get together*

varient / quelquefois

les plus... où l'on mange bien

De bonnes huîtres pour la Saint-Sylvestre.

Paris: les délices de Pâques.

Pour la fête des rois,* le 6 janvier, on achète chez le pâtissier° une galette. C'est un gâteau qui contient un petit objet appelé une **fève.** La personne qui trouve la fève dans son morceau° de gâteau est le roi (ou la reine)° et cette personne choisit sa reine (ou son roi). La famille ou les amis boivent à leur santé.°

Pâques° est, bien sûr, la fête du chocolat! C'est aussi un grand jour de réunion familiale, à l'église et à table. On fait un grand repas, et au dessert grands et petits mangent des œufs, des cloches,° des poules ou des poissons en chocolat remplis° de bonbons.

Noël est peut-être la fête des fêtes. Le Réveillon° de Noël est un grand dîner que l'on prend le plus souvent après la messe° de minuit. Au menu: huîtres, foie gras, dinde aux marrons° et beaucoup de champagne! Au dessert, on mange une bûche° de Noël, un gâteau roulé au chocolat en forme de bûche. Les enfants, bien sûr, attendent avec impatience l'arrivée du Père Noël.

chez... at the pastry maker's

piece / roi... king (or queen)

health
Easter

bells
filled

Midnight supper
une cérémonie catholique
huîtres... oysters, pâté, turkey with chestnuts
log

Compréhension

Match the following quotations with the relevant paragraphs in "Grandes occasion."

1. « C'est ma fête préférée parce que j'adore les œufs en chocolat. »
2. « Je suis le roi! »
3. « Nous attendons toujours avec impatience l'arrivée de la bûche. »

---

*This Christian holiday, also called Twelfth-day, commemorates Christ's appearance to the Gentiles (in the form of the Three Kings).

À L'ÉCOUTE!

Bien entendu!

● **La météo.** You will hear a weather forecast for all of France. First, look through the drawings and the activities. Then listen to the forecast. Based on the forecast, place the appropriate weather symbol in the correct place on the map of France. Next, write down the temperatures you hear next to the appropriate city.

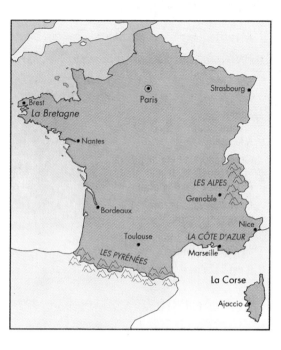

le soleil   la pluie

le vent

la neige   les nuages

En situation

Non, merci

Contexte *Ken, un étudiant américain, passe un semestre à Strasbourg où il habite dans une famille française. Strasbourg est la ville principale d'Alsace, une province où la cuisine est très riche. Les Alsaciens sont aussi très hospitaliers. Ken découvre[1] les plaisirs et les dangers d'un repas de week-end en famille!*

Objectif *Ken essaie de refuser un plat avec tact.*

M. GIRARD: Encore un peu de bière, Ken?

KEN: Non, merci.

MME GIRARD: Vous allez bien reprendre un peu de quiche, quand même[2]?

KEN: Elle est vraiment[3] délicieuse, mais non, merci.

MARIE-LINE: Tu es au régime?

KEN: Non, mais j'ai déjà beaucoup mangé.

MARIE-LINE: Ken, la cuisine, c'est une expérience culturelle.

MME GIRARD: Mais oui, Ken, faites un sacrifice culturel et prenez de la tarte aux mirabelles[4]; c'est ma spécialité!

KEN: Alors, je ne peux[5] pas refuser.

Le vieux Strasbourg.

[1]*discovers*   [2]*quand... all the same*   [3]*truly, really*
[4]*plums*   [5]*can*

À PROPOS

À table

The following expressions will be useful when you are eating in a French-speaking area.

Bon appétit!	*Enjoy your meal;* literally, *good appetite.*
Santé! **À votre santé!** **À ta santé!**	These expressions meaning *to your health* or *Cheers!* are useful for toasts.
Je reprendrais bien un peu de... **Passez-moi... s'il vous plaît.** **Passe-moi... s'il te plaît.**	*May I have another helping of . . .* Say this when you want someone to pass you something.
En voulez-vous encore? **En veux-tu encore?**	*Do you want some more (of a certain dish or drink)?*
S'il vous plaît. / Non, merci. **Je n'ai plus faim.**	*Yes, please. / No, thank you. I'm full. I've eaten enough.*
C'est délicieux! Je me régale.	*It's delicious! I'm having a feast.* Say this to compliment the cook.

● **Jeu de rôles.** Un repas entre amis: Avec deux camarades, imaginez une conversation qui a lieu (*that takes place*) à table. Utilisez les expressions de l'**À propos.** Puis jouez la scène devant la classe.

VIDÉOTHÈQUE*

Cue to: 31:04

THÈME 3 Bon appétit!

SCÈNE 3.3 Au restaurant

Michel has brought Bénédicte to one of his favorite restaurants. What do they find tempting this evening? First read over the **Vocabulaire utile** and the activity, then watch the scene. Check your comprehension by completing the activity.

*The theme and scene numbers correspond to those in the Video to accompany *Vis-à-vis*.

VOCABULAIRE UTILE

Quel joli cadre!	What a pretty setting!
le menu à cent trente francs	fixed-price meal for 130 francs
l'assiette au saumon	salmon plate
l'escalope de veau à la normande	veal cutlet in cream and mushroom sauce
le confit de canard	duck simmered in its own fat
la terrine de homard et son pamplemousse rose	lobster terrine with pink grapefruit
des côtes d'agneau grillées aux herbes	grilled lamb chops with herbs
la charlotte et son coulis de framboises	cake with cream and raspberry sauce
la coupe de fraises à la chantilly	strawberry sundae with whipped cream

● **Bon appétit!** Choisissez la bonne réponse.

1. Le menu à 130 francs comprend _____.
   a. l'eau minérale
   b. un poisson ou une viande
   c. des fruits
2. Michel aime _____ de ce restaurant.
   a. l'assiette au saumon
   b. l'escalope de veau
   c. la salade nordique
3. Les deux amis prennent _____.
   a. du vin
   b. du chocolat
   c. une bouteille d'eau minérale
4. Avant de boire (*Before drinking*), ils disent _____.
   a. « Santé! »
   b. « Félicitations (*Congratulations*)! »
   c. « Skoal! »
5. Comme dessert, il n'y a pas de _____.
   a. crème brûlée
   b. mousse au chocolat
   c. tarte aux pommes
6. Michel et Bénédicte prennent aussi _____.
   a. un dessert et un café
   b. du fromage
   c. du thé
7. Selon Bénédicte, c'est un restaurant _____.
   a. affreux (*dreadful*)
   b. médiocre
   c. excellent

CHAPITRE 6 VOCABULAIRE

Verbes

acheter to buy
apprendre to learn
boire to drink
commander to order (*in a restaurant*)
comprendre to understand; to include
dîner to dine, have dinner
passer to pass, spend (*time*)
préférer to prefer
prendre to take; to have (to eat; to order)

À REVOIR: **aimer mieux, préparer**

Substantifs

la boisson drink
la cuisine cooking; kitchen
le déjeuner lunch
le dessert dessert
le dîner dinner
le fruit fruit
le goûter afternoon snack
le hors-d'œuvre * appetizer
la journée (whole) day
le légume vegetable
le petit déjeuner breakfast
le repas meal
la viande meat

Les provisions

le beurre butter
la bière beer
le bifteck steak
la carotte carrot
le chocolat chocolate
la crème cream
le croissant croissant
l'eau (minérale) (*f.*) (mineral) water
la fraise strawberry
les frites (*f.*) French fries
le fromage cheese
le gâteau cake
les haricots * **verts** (*m.*) green beans
le jambon ham
le lait milk
l'œuf (*m.*) egg
le pain bread
la poire pear
le poisson fish
le poivre pepper
la pomme apple
la pomme de terre potato
le poulet chicken
la salade salad; lettuce
le sel salt
le sucre sugar
la tarte pie
le thé tea
la tomate tomato
le vin wine

À table

l'assiette (*f.*) plate
le bol wide cup
la bouteille bottle
la carafe carafe
le couteau knife
la cuillère (à soupe) (soup) spoon
la fourchette fork
la serviette napkin
la tasse cup
le verre glass

L'heure

Quelle heure est-il? What time is it?
Il est... heure(s). It is . . . o'clock.
  ...et demi(e) half past (the hour)
  ...et quart quarter past (the hour)
  ...moins le quart quarter to (the hour)
  ...du matin in the morning
  ...de l'après-midi in the afternoon
  ...du soir in the evening, at night
Il est midi. It's noon.
Il est minuit. It's midnight.

À REVOIR: **les chiffres** (*numbers*) **à la page 12.**

Mots et expressions divers

Ah bon? Oh, really?
assez de enough
Au contraire... On the contrary . . .
Bien sûr que oui (non). Of course (not).
de bonne heure early
ne... plus no more
presque almost
tard late
tôt early
trop de too much
vers around, about (*with time expressions*)

---

*The initial **h** is aspirate here, which means there is no elision with the article **les.**

LA CUISINE

Paris
Au marché

CARTE POSTALE

Cher Malik,

Ce soir, j'invite mes amis à dîner. Je prépare un coq au vin. Ma réputation est en jeu!

Je vais au marché pour acheter un petit coq, des oignons, des herbes de Provence, du fromage, des fruits. Ma copine Bénédicte désire m'aider, mais... non, non et non! Je ne veux pas partager mon triomphe!

Souhaite-moi «bonne chance»!

Je t'embrasse,
Michel
(alias Paul Bocuse)

LEÇON 1

LES MAGASINS D'ALIMENTATION

---

*These are also separate stores: **la boulangerie, la pâtisserie,** etc.

Allez-y!

Les magasins du quartier. Où va-t-on pour acheter les produits suivants?

MODÈLE: des éclairs au chocolat →
Pour acheter des éclairs au chocolat on va à la boulangerie-pâtisserie.

1. des saucisses et un rôti de veau
2. des huîtres et des crabes
3. des sardines à l'huile
4. des côtes de porc
5. de la sole
6. du pâté de campagne et un filet de bœuf
7. des oranges et des boîtes de conserve
8. un pain de campagne

CHEZ L'HIPPO FUTÉ

Au restaurant

L'HIPPO FUTÉ 73,00 F
Salade Hippo
Faux filet grillé (240 g)
sauce poivrade
Pommes allumettes

LES VINS EN PICHET (31 cl)[a]

BORDEAUX ROUGE A.C.	23,00 F
GAMAY DE TOURAINE A.C.	17,00 F

LES ENTRÉES

ASSIETTE DU JARDINIER[b]	29,00 F
TERRINE DU CHEF	27,00 F
COCKTAIL DE CREVETTES	30,00 F
SALADE DE SAISON	13,00 F

LES GRILLADES
avec sauce au choix.

FAUX FILET MINUTE	59,00 F

Tellement goûteux qu'il plaît aussi à ceux qui l'aiment «bien cuit».

T. BONE	89,00 F

Tranche à l'américaine, avec le filet et le faux filet de part et d'autre de l'os en T. 2 qualités de viande dans le même morceau d'environ 380 g.

PAVÉ*	69,00 F

Tranché dans le cœur des rumsteaks, c'est une tranche maigre et épaisse (conseillé pour ceux qui aiment «rouge»).

ENTRECÔTE*	69,00 F

Un morceau qui permet à ceux qui aiment «bien cuit» d'apprécier cependant la bonne viande.

CÔTE «VILLETTE»*	184,00 F

Pour 2 affamés d'accord sur la même cuisson. 850 grammes environ.

CÔTES D'AGNEAU[c]	73,00 F

LES FROMAGES

BRIE DE MEAUX AUX NOIX	23,00 F
FROMAGE BLANC NATURE	15,00 F

LES DESSERTS

MOUSSE AU CHOCOLAT	22,00 F
TARTE AUX FRUITS	29,00 F

LES SORBETS[d]

POIRE	22,00 F
FRUIT DE LA PASSION	22,00 F

[a]*pitcher*
[b]Assiette... *Mixed salad*
[c]*lamb*
[d]*sherbets*

*****Pavé, entrecôte,** and **côte «villette»** are different cuts of beef.

AUTRES MOTS UTILES

l'entrée (*f.*)	first course
le plat	course (*of a meal*); dish (*type of food*)
le plat principal	main course
la carte	menu
le menu	fixed-price meal (usually including an **entrée,** a **plat,** and **du fromage** or **un dessert**)
l'addition (*f.*)	check
le pourboire	tip

Allez-y!

A **L'Hippo.** Mettez le dialogue dans le bon ordre. Numérotez de 1 jusqu'à 14.

LE SERVEUR

_____ Vous voulez (*want*) de la sauce avec votre entrecôte?

_____ Vous prenez le menu ou la carte?

_____ Bien, je vous écoute.

_____ Bonjour, Madame. Avez-vous choisi (*Have you chosen*)?

_____ (*plus tard*) Prenez-vous du fromage ou un dessert?

_____ (*plus tard*) Vous désirez autre chose (*something else*)?

_____ Et vous prenez du vin?

LA CLIENTE

_____ Oui, je vais prendre un pichet de gamay de Touraine.

_____ Je vais prendre la carte.

_____ Oui, j'ai fait mon choix (*I've made my choice*).

_____ Non merci. Apportez-moi l'addition, s'il vous plaît!

_____ Non, merci, je suis au régime (*on a diet*).

_____ Euh, je vais prendre un sorbet à la poire et un café.

_____ Comme entrée, je vais prendre une assiette du jardinier, et ensuite une entrecôte saignante (*rare*) avec des frites.

B **Au restaurant.** Avec un(e) camarade, regardez le menu et la carte de l'Hippo Futé. Jouez les rôles du serveur (de la serveuse) et du client (de la cliente). Notez ce que le client commande.

MODÈLE: LE SERVEUR (LA SERVEUSE): Qu'est-ce que vous prenez comme entrée? (plat principal, boisson...)

LE CLIENT (LA CLIENTE): Je prends le/la*...

---

*The definite article, rather than the partitive, is often used when one orders from a menu.

ENCORE DES NOMBRES (60, 61, ETC.)

60	soixante	80	quatre-vingt**s**
61	soixante **et** un	81	quatre-vingt-un
62	soixante-deux	82	quatre-vingt-deux
63	soixante-trois	83	quatre-vingt-trois
70	soixante-dix	90	quatre-vingt-dix
71	soixante **et** onze	91	quatre-vingt-onze
72	soixante-douze	92	quatre-vingt-douze
73	soixante-treize	93	quatre-vingt-treize
		100	cent

- Note that **quatre-vingts** takes an **-s,** but that numbers based on it do not: **quatre-vingt-un,** and so on.

101	cent un	600	six cents
102	cent deux	700	sept cents
200	deux cents	800	huit cents
201	deux cent un	900	neuf cents
300	trois cents	999	neuf cent quatre-vingt-dix-neuf
400	quatre cents	1 000	mille
500	cinq cents	999 999	?

- Note that the **-s** of **cents** is dropped if it is followed by any other number: **deux cent un, sept cent trente-cinq.**
- Like **cent, mille** (*one thousand*) is expressed without an article. **Mille** is invariable and never ends in **s**: **mille quatre, sept mille neuf, neuf mille neuf cent quatre-vingt-dix-neuf.**
- French currency is **le franc** (**fr**). It is divided into **centimes.** There are several common ways of writing prices in French:

quarante-huit (francs) cinquante

48F50   48frs50
48ff50   48,50frs
48,50

Un petit restaurant aux produits biologiques.

Allez-y!

A **Problèmes de mathématiques.** Inventez six problèmes, puis demandez à un(e) camarade de les résoudre (*solve them*).

MODÈLES: 37 + 42 →
    É1: Trente-sept plus (et) quarante-deux?
    É2: Trente-sept plus (et) quarante-deux font (égalent) soixante-dix-neuf.

    10 × 10 000 →
    É1: Dix fois dix mille?
    É2: Dix fois dix mille font (égalent) cent mille.

Vocabulaire utile: + (plus, et), − (moins), × (fois), ÷ (divisé par), = (font)

B **La cuisine diététique.** Votre partenaire et vous avez un restaurant français qui sert (*serves*) de la cuisine diététique. Créez (*Create*) un menu avec moins de (*fewer than*) 1 000 calories. Le menu doit (*must*) avoir...

une entrée ou un hors-d'œuvre
un plat principal (viande + légumes)
un fromage ou un dessert

VALEUR CALORIQUE DE QUELQUES ALIMENTS							
TRÈS CALORIQUES		**CALORIQUES**		**PEU CALORIQUES**		**TRÈS PEU CALORIQUES**	
Saucisson	559	Brie	271	Banane	97	Poire	61
Chocolat	500	Pain	259	Crevettes	96	Pomme	61
Pâté de foie gras	454	Côte d'agneau	256	Pommes de terre	89	Carotte	43
Biscuits secs	410	Filet de porc	172	Lait	67	Fraise	40
Macaronis, pâtes	351	Œufs	162	Artichaut	64	Orange	40
Riz	340	Poulet	147			Champignons	31
Camembert	312	Canard (*Duck*)	135			Tomates	22

C **Quel est le numéro?** Demandez à un(e) camarade les numéros suivants.

MODÈLE: le numéro de sa carte d'étudiant →
    É1: Quel est le numéro de ta carte d'étudiant?
    É2: C'est le trois deux sept...

1. son numéro de sécurité sociale   **2.** son adresse   **3.** le numéro de son permis de conduire (*driver's license*)   **4.** son code postal
5. le numéro de téléphone d'un ami (d'une amie)

D **Les promotions du mois.** Ce soir vous faites des courses. Vous allez dans un magasin spécialisé en produits surgelés (*frozen*). Vous achetez un plat principal, des légumes et un dessert. Qu'est-ce que vous allez choisir?

Les promotions du mois chez Picard Surgelés

Bifteck bavette Bigard,
130 g env. Sac de 8. Le kg ~~75,70~~ **68,10**

Côtes de porc première
et filet Bigard, 140 g. env.
(le kg 32,00 F). Sac de 1,3 kg ~~46,30~~ **41,60**

Rôti de veau épaule, sans barde,
Bigard, 1 kg environ. Le kg ~~58,20~~ **52,40**

Navarin (assortiment ragoût)
Bigard, morceaux 70 g env.
Sac de 1 kg ~~41,10~~ **37,00**

Poulet classe A, sans abats,
1,2 kg environ. Le kg ~~20,80~~ **18,70**

Poisson Thaï au lait de coco,
avec riz printanier, Thaïlande,
(le kg 58,44 F). Boîte de 450 g ~~29,20~~ **26,30**

Chili con carne, bœuf et
légumes avec épices fortes à
part, Mexique (le kg 61,42 F).
Boîte de 350 g ~~23,90~~ **21,50**

Feuilletine de veau
à l'orange, sauce porto,
M. Guérard (le kg 92,50 F).
Boîte de 440 g ~~45,20~~ **40,70**

Cannelloni
(le kg 34,44 F). Boîte de 450 g ~~18,20~~ **15,50**

Petits pois doux extra-fins
(le kg 10,00 F). Sac de 2,5 kg ~~28,40~~ **25,00**

Haricots mange-tout mi-fins
(le kg 7,76 F). Sac de 2,5 kg ~~22,10~~ **19,40**

Epinards hachés, tablettes 6 g
environ. Sac de 1 kg ~~8,60~~ **7,60**

Choux-fleurs en fleurettes.
Sac de 1 kg ~~12,50~~ **11,00**

Chou vert, 2 plaques de 500 g.
Sac de 1 kg ~~13,40~~ **11,80**

Poivrons verts et rouges
mélangés en dés, Espagne.
Sac de 1 kg ~~13,70~~ **12,10**

Pommes de terre
en cubes à rissoler, préfrites
Sac de 1 kg ~~9,80~~ **8,60**

Purée de carottes,
tablettes de 6 g environ.
Sac de 1 kg ~~13,20~~ **11,60**

Eclairs (2 café, 2 chocolat)
60 g, Patigel (le kg 53,75 F).
Boîte de 4 ~~15,20~~ **12,90**

Bavaroise aux myrtilles,
Niemetz, 530 g, 8 parts
(le kg 54,15 F). Pièce ~~33,00~~ **28,70**

Tarte Tatin, Ninon, 450 g,
4 parts (le kg 44,22 F).
Pièce ~~23,40~~ **19,90**

Fraises entières, France.
Sac de 1 kg ~~23,70~~ **21,00**

Croissants feuilletés, pur
beurre, cuits, 40-45 g
(le kg 38,75 F). Sachet de 12 ~~21,90~~ **18,60**

Poire Belle-Hélène, Miko,
125 ml (le litre 27,40 F).
Boîte de 4 ~~16,10~~ **13,70**

Crème vanille, Mövenpick,
crème glacée vanille avec crème.
Boîte de 1 litre ~~29,80~~ **25,30**

Composez votre menu.

Maintenant calculez le prix réel de ce que vous allez acheter, le prix en promotion que vous allez payer et combien vous allez économiser (*to save*).

	PRIX AVANT PROMOTION	PRIX EN PROMOTION	DIFFÉRENCE DE PRIX
Plat principal	_____	_____	_____
Légumes	_____	_____	_____
Dessert	_____	_____	_____
Total	_____	_____	_____

Enfin, donnez votre menu et les résultats de vos calculs à la classe. Qui compose le menu le plus cher (*most expensive*)? le plus original? Qui économise le plus? Combien économise-t-il/elle?

LEÇON 2

DEMONSTRATIVE ADJECTIVES

POINTING OUT PEOPLE AND THINGS

Un dîner entre amis

BRUNO: **Ce** rôti de bœuf, il est vraiment délicieux!

ANNE: Merci.

BRUNO: Est-ce que je peux goûter encore un peu de **cette** sauce-**là**?

ANNE: Mais bien sûr.

MARIE: **Ces** haricots verts, hum! Où vas-tu faire tes courses?

ANNE: Rue de la Contrescarpe.

MARIE: Moi aussi. J'adore **cette** rue, **cette** ambiance de village, **ces** petits magasins...

Répondez.

1. Qu'est-ce que les trois amis mangent?
2. Est-ce qu'ils mangent des légumes?
3. Pourquoi Marie aime-t-elle la rue de la Contrescarpe?

Forms of Demonstrative Adjectives

Demonstrative adjectives (*this/that, these/those*) are used to specify a particular person, object, or idea. They agree in gender and number with the nouns they modify.

	SINGULAR	PLURAL
Masculine	**ce** magasin	**ces** magasins
	cet escargot	**ces** escargots
	cet homme	**ces** hommes
Feminine	**cette** épicerie	**ces** épiceries

STRUCTURES

Note that **ce** becomes **cet** before masculine nouns beginning with a vowel or mute **h**.

Use of *-ci* and *-là*

In English, *this/these* and *that/those* indicate the relative distance to the speaker. In French, the suffix **-ci** is added to indicate closeness, and **-là,** to indicate greater distance.

—Prenez-vous **ce** gâteau-**ci**?
—Non, je préfère **cet** éclair-**là**.

Allez-y!

A **Au supermarché.** Qu'est-ce que vous achetez?

MODÈLE: une bouteille d'huile (*oil*) → J'achète cette bouteille d'huile.

1. une boîte de sardines **2.** un camembert **3.** des tomates **4.** une bouteille de vin **5.** quatre poires **6.** une bouteille d'eau minérale **7.** des pommes de terre **8.** un éclair au café **9.** un artichaut

B **Exercice de contradiction.** Vous allez faire un pique-nique. Vous faites des courses avec un(e) camarade, mais vous n'êtes pas d'accord! Jouez les rôles.

MODÈLE: pain / baguette →
   É1: On prend ce pain?
   É2: Non, je préfère cette baguette.

1. saucisson / jambon
2. pâté / poulet froid
3. filet de bœuf / rôti de veau
4. haricots verts / boîte de carottes
5. pizza (*f.*) / sandwich

6. pommes / bananes
7. tarte / éclair
8. gâteau / glace
9. jus de fruits / bouteille de vin
10. boîte de sardines / morceau de fromage

C **Chez le traiteur** (*At the delicatessen*). Jouez les rôles du client et du traiteur.

MODÈLE: poulet →
   LE CLIENT (LA CLIENTE): Donnez-moi du poulet, s'il vous plaît.
   LE TRAITEUR: Ce poulet-ci ou ce poulet-là?
   LE CLIENT (LA CLIENTE): Ce poulet-ci. Et donnez-moi aussi un peu de ce fromage.
   LE TRAITEUR: Tout de suite, Monsieur (Madame).

1. salade **2.** rôti **3.** légumes **4.** pâté **5.** pizza **6.** saucisses

THE VERBS VOULOIR, POUVOIR, AND DEVOIR

EXPRESSING DESIRE, ABILITY, AND OBLIGATION

Le Procope*

MARIE-FRANCE: Tu **veux** du café?

CAROLE: Non, merci, je ne **peux** pas boire de café. Je **dois** faire attention. J'ai un examen aujourd'hui. Si je bois du café, je vais être trop nerveuse.

PATRICK: Je bois du café seulement les jours d'examen. Ça me donne de l'inspiration, comme à Voltaire!

Répétez le dialogue et substituez les nouvelles expressions aux expressions suivantes.

1. café → vin
2. nerveux/euse → lent(e) (*sluggish*)
3. Voltaire → Bacchus†

Vive le café!

---

*In the eighteenth century, **Le Procope** was the first place in France to serve coffee. Because coffee was considered a subversive beverage, only freethinkers like the writer Voltaire dared to consume it.
†In classical mythology, Bacchus is the god of wine.

Forms of *vouloir, pouvoir,* and *devoir*

The verbs **vouloir** (*to want*), **pouvoir** (*to be able to*), and **devoir** (*to owe; to have to; to be obliged to*) are all irregular in form.

	vouloir	pouvoir	devoir
je	veux	peux	dois
tu	veux	peux	dois
il, elle, on	veut	peut	doit
nous	voulons	pouvons	devons
vous	voulez	pouvez	devez
ils, elles	veulent	peuvent	doivent

Voulez-vous des hors-d'œuvre, Monsieur?	*Do you want some hors d'œuvres, sir?*
Est-ce que nous **pouvons** avoir la salade avant le plat principal?	*Can we have the salad before the entrée?*
Je **dois** laisser un pourboire.	*I must leave a tip.*

Uses of *vouloir* and *devoir*

1. **Vouloir bien** means *to be willing to, to be glad to (do something)*; **vouloir dire** expresses *to mean.*

Je **veux bien.**	*I'm willing. (I agree.)*
Il **veut bien** goûter les escargots.	*He's willing to taste the snails.*
Qu'est-ce que ce mot **veut dire**?	*What does this word mean?*

2. **Devoir** can express necessity or obligation; it can also express probability.

Je suis désolé, mais nous **devons** partir.	*I'm sorry, but we must leave.*
Elles **doivent** arriver demain.	*They are supposed to arrive tomorrow.*
Marc n'est pas en cours; il **doit** être malade.	*Marc isn't in class; he must be ill.*

3. When not followed by an infinitive, **devoir** means *to owe.*

Combien d'argent est-ce que tu **dois** à tes amis?	*How much money do you owe (to) your friends?*
Je **dois** 87F à Henri et 99F à Georges.	*I owe Henri 87 francs and Georges 99 francs.*

Allez-y!

A Une soirée compliquée. Composez un dialogue entre Christiane et François.

CHRISTIANE: je / avoir / faim / et / je / vouloir / manger / maintenant
FRANÇOIS: tu / vouloir / faire / cuisine?
CHRISTIANE: non... / est-ce que / nous / pouvoir / aller / restaurant?
FRANÇOIS: oui, je / vouloir / bien
CHRISTIANE: où / est-ce que / nous / pouvoir / aller?
FRANÇOIS: on / pouvoir / manger / couscous / Chez Bébert
CHRISTIANE: nous / devoir / inviter / Carole
FRANÇOIS: tu / pouvoir / inviter / Jean-Pierre / aussi
CHRISTIANE: ce / soir / ils / devoir / être / cité universitaire?
FRANÇOIS: oui, ils / devoir / préparer / un / examen
CHRISTIANE: un / examen? / mais / nous / aussi, / nous / avoir / un / examen / demain
FRANÇOIS: ce / (ne... pas) être / sérieux / nous / pouvoir / parler / de / ce / examen / restaurant

B Le Ritz. Pour fêter son anniversaire (*To celebrate his birthday*), Stéphane invite ses amis américains Ben et Jessica au restaurant « le Ritz ». Complétez leur dialogue avec les verbes **pouvoir, devoir** ou **vouloir.**

BEN: Qu'est-ce qu'on _____¹ prendre?
STÉPHANE: En entrée vous _____² prendre le pâté de lapin, il est excellent. Et comme plat de résistance...
JESSICA: Pardon, que _____³ dire «plat de résistance»?
STÉPHANE: Bon, c'est le plat principal du repas. Vous _____⁴ absolument essayer la truite aux amandes, c'est la spécialité de la maison. En dessert si vous _____⁵, vous _____⁶ prendre une charlotte aux framboises.
JESSICA: Ce _____⁷ être très nourrissant (*rich, fattening*) tout ça, non?
STÉPHANE: Un peu mais ce n'est pas tous les jours mon anniversaire. Tu _____⁸ oublier ton régime pour aujourd'hui.

(*Une heure plus tard.*)

STÉPHANE: Bon, on _____⁹ y aller. Mes parents _____¹⁰ aller au ciné ce soir et ils _____¹¹ attendre la voiture. S'il vous plaît, combien je vous _____¹²?
LE SERVEUR: Deux cent soixante-quinze francs, s'il vous plaît.
BEN: Est-ce que nous _____¹³ laisser un pourboire?
STÉPHANE: Si tu _____¹⁴ mais ici le service est compris. Cela _____¹⁵ dire qu'on n'est pas obligé.

MOTS-CLÉS

Devoir is generally used to talk about what one or several individuals must do. To talk about necessity in a more general way, use **il faut** with an infinitive.

> Pour ne pas grossir, **il faut** faire de l'exercice. **Il ne faut pas** manger trop d'aliments riches.

Il faut can also be followed by nouns referring to objects, to talk about what is needed.

> Pour faire une soupe à l'oignon, **il faut** des oignons, du consommé de bœuf, du gruyère et du pain.
> **Il faut** du courage pour goûter des escargots, n'est-ce pas?

C **Qu'est-ce qu'il faut?** Répondez aux questions avec un(e) camarade et notez vos conclusions. Répondez avec **il faut** + *infinitif* ou *nom*.

MODÈLE: pour passer une soirée à la française? →
Qu'est-ce qu'il faut pour passer une soirée à la française?
Il faut des amis.
(*ou* Il faut aimer la bonne cuisine. / Il faut prendre son temps.)

1. pour faire une omelette?
2. pour ne pas grossir (*to gain weight*)?
3. pour s'amuser (*to have fun*) à une soirée à l'américaine?
4. pour se faire «une bonne bouffe (*a big meal*)»?
5. pour passer un bon réveillon (*New Year's Eve*)?
6. pour faire des sandwichs?
7. pour être en bonne santé (*health*)?
8. pour fêter son anniversaire (*celebrate one's birthday*)

Quelles sont les réponses les plus agréables? les plus bizarres?

D **Conversation à trois.** Avec deux autres camarades vous allez préparer un repas pour toute la classe. Qu'est-ce que vous allez préparer? Où pouvez-vous acheter les provisions nécessaires? Comment voulez-vous partager (*to share*) le travail? Utilisez les verbes **pouvoir, vouloir** et **devoir. Expressions utiles:** vouloir bien, devoir acheter, devoir commander, devoir essayer de préparer un plat français, pouvoir acheter, pouvoir choisir, pouvoir boire du champagne, devoir demander un pourboire

Après votre conversation, décrivez votre menu à la classe.

CORRESPONDANCE 7

Côte-d'Ivoire
Marché en plein air

CARTE POSTALE

Cher Michel,

Ils sont fascinants, les marchés africains: des fruits fabuleux (mangues, goyaves), des légumes exotiques, des poissons fantastiques. Une symphonie de rouge, de vert, de jaune, comme un feu d'artifice. Les femmes en boubous ressemblent à des fleurs. Le soleil, les couleurs, les parfums: Voilà l'Afrique authentique.

Complètement différent de ton marché français, non?

Salut!

Malik

PORTRAIT: *Tahar Ben Jelloun* (écrivain marocain, 1944–   )

Prix Goncourt 1987, Tahar Ben Jelloun écrit en français. C'est un conteur:[1] Ses histoires continuent la tradition populaire des contes orientaux.[2] C'est aussi un messager: Par sa voix, ce sont les exclus[3] qui parlent: les femmes, les immigrés et les pauvres.

[1] storyteller [2] eastern [3] oppressed

FLASH 1 FAIRE SES COURSES EN FRANCE

Quelle différence y a-t-il entre les croissants que vous achetez au supermarché et les croissants que vous achetez à la boulangerie? Les premiers sont en paquet, les seconds sont frais, chauds, parfumés.[1]

Pour les Français, l'idéal est de faire ses courses dans des magasins spécialisés: boulangeries, fromageries, charcuteries, boucheries, épiceries. C'est une garantie de qualité. Les Français apprécient également les marchés en plein air:[2] Les produits y sont frais, savoureux[3] et peu chers.

Pour les gens pressés,[4] il y a aussi les grands supermarchés. Mais là, tout est anonyme et déshumanisé...

[1]fragrant [2]en... outdoor [3]tasty [4]rushed

Bonjour, madame! Une baguette, s'il vous plaît!

FLASH 2 SÉNÉGAL, CÔTE-D'IVOIRE: LA PÊCHE[1] MIRACULEUSE

L'Afrique est le paradis des poissons et... des pêcheurs[2]! Les eaux de Dakar sont réputées dans le monde entier pour leur richesse en poissons: On y trouve des centaines[3] d'espèces différentes.

Sur le plan économique, la pêche est la seconde ressource du Sénégal. La production totale est de 275 000 tonnes par an. Elle est assurée aux deux tiers[4] par la pêche traditionnelle. Un village de pêcheurs, un petit équipage,[5] quelques filets,[6] un bateau[7] et beaucoup de courage. Voilà les conditions de la pêche miraculeuse en Afrique.

[1]fishing [2]fishermen (women) [3]hundreds [4]aux... two-thirds of the time
[5]team [6]nets [7]boat

Sénégal: une équipe de pêcheurs.

LEÇON 3

STRUCTURES

THE INTERROGATIVE ADJECTIVE *QUEL*
ASKING ABOUT CHOICES

Henri Lefèvre, restaurateur à Deauville

Dan Bartell, journaliste américain, interroge Henri Lefèvre.

DAN BARTELL: **Quelle** est la principale différence entre la cuisine traditionnelle et la nouvelle cuisine?

HENRI LEFÈVRE: Les sauces, mon ami, les sauces.

DAN BARTELL: Et **quelles** sauces préparez-vous?

HENRI LEFÈVRE: J'aime beaucoup préparer les sauces traditionnelles comme la sauce bordelaise et le beurre blanc.

DAN BARTELL: **Quels** vins achetez-vous pour votre restaurant?

HENRI LEFÈVRE: J'achète surtout des vins rouges de Bourgogne et des vins blancs d'Anjou.

Et vous?

1. Quel est votre plat favori?
2. Quelle boisson préférez-vous?
3. Quelle cuisine préférez-vous?

Forms of *quel*

Quel (**quelle, quels, quelles**) means *which* or *what*. It agrees in gender and number with the noun it modifies. You are already familiar with **quel** in such expressions as **Quelle heure est-il?** and **Quel temps fait-il?** It is used to obtain more precise information about a noun already mentioned or implied.

Quel fromage voulez-vous goûter?	*Which (What) cheese would you like to try?*
À **quelle** heure dînez-vous?	*(At) what time do you have dinner?*

Dans **quels** restaurants aimez-vous manger?	*In what (which) restaurants do you like to eat?*
Quelles boissons préférez-vous?	*What (Which) beverages do you prefer?*

Quel with être

Quel can also stand alone before **être** followed by the noun it modifies.

Quel est le prix de ce champagne?	*What's the price of this champagne?*
Quelle est la différence entre le Perrier et l'Evian?	*What's the difference between Perrier (water) and Evian (water)?*

Mots-clés

Quel is also used in exclamations.

Quel père exemplaire! *What an exemplary father!*

Quelle horreur! *How awful!*

Allez-y!

A Qui vient dîner? Mme Guilloux veut organiser un dîner demain soir. Son mari l'interroge (*asks her questions*). Complétez leur dialogue avec **qu'est-ce que, quel(le)** ou **qui.**

M. GUILLOUX: _____¹ vas-tu inviter?

MME GUILLOUX: Maxime, Isabelle et Laurence.

M. GUILLOUX: Et _____² tu vas préparer?

MME GUILLOUX: Un rôti de bœuf avec des pommes de terre sautées.

M. GUILLOUX: Oh là là, _____³ chance (*luck*)! Mais _____⁴ va faire les courses?

MME GUILLOUX: Toi, bien sûr.

M. GUILLOUX: Ben voyons! _____⁵ vin est-ce que je dois acheter?

MME GUILLOUX: Je ne sais pas. _____⁶ tu préfères?

M. GUILLOUX: Un vin rouge. Un bordeaux, par exemple.

MME GUILLOUX: Très bien. _____⁷ heure est-il?

M. GUILLOUX: 6h 30.

MME GUILLOUX: Déjà! _____⁸ tu attends? Dépêche-toi (*Hurry up*), les magasins vont bientôt fermer.

B Une interview. Interrogez vos camarades sur leurs goûts. Utilisez l'adjectif interrogatif **quel** et variez la forme de vos questions.

MODÈLE: sport →
Quel est le sport que tu préfères? (*ou* Quel sport préfères-tu?)

1. boisson
2. légume
3. viande
4. repas
5. distractions
6. disques
7. boîte de nuit (*f.*)
8. programme de télévision
9. livres
10. revues
11. couleur (*f.*)
12. matières
13. vêtements
14. films

Quelle est la réponse la plus insolite (*unusual*)? la plus drôle?

THE PLACEMENT OF ADJECTIVES
DESCRIBING PEOPLE AND THINGS

Un nouveau restaurant

CHLOË: Il y a un **nouveau** restaurant dans le quartier.

VINCENT: Ah bon! Où ça?

CHLOË: À côté de la **petite** épicerie. Il s'appelle « Le **Bon Vieux** Temps ».

VINCENT: C'est un **joli** nom. On y va samedi soir?

CHLOË: **Bonne** idée!

C'est exact?

1. Il y a un nouvel hôtel dans le quartier.
2. D'après son nom, ce restaurant prépare des plats traditionnels.
3. Vincent n'aime pas le nom du restaurant.
4. Vincent et Chloë vont au restaurant samedi soir.

Adjectives That Usually Precede the Noun

1. Certain short and commonly used adjectives usually precede the nouns they modify.

REGULAR	IRREGULAR	IDENTICAL IN MASCULINE AND FEMININE
grand(e) *big, tall; great* **joli(e)** *pretty* **mauvais(e)** *bad* **petit(e)** *small, little* **vrai(e)** *true*	**beau/belle** *beautiful, handsome* **bon(ne)** *good* **faux/fausse** *false* **gentil(le)** *nice, kind* **gros(se)** *large, fat, thick* **long(ue)** *long* **nouveau/nouvelle** *new* **vieux/vieille** *old*	**autre** *other* **chaque** *each, every* **jeune** *young* **pauvre** *poor; unfortunate*

La cuisine est une **vraie** tradition pour les Français.	*Cooking is a real tradition for the French.*
La **nouvelle** cuisine est dépassée en ce moment.	*The "new cooking" is unfashionable right now.*
Antoine est un **vieux** restaurant de La Nouvelle-Orléans.	*Antoine is an old restaurant in New Orleans.*
Les **jeunes** clients aiment bien le propriétaire de ce restaurant.	*Young customers like the owner of this restaurant.*
Il y a toujours un **grand** monde.	*There is always a big crowd.*

2. The adjectives **beau, nouveau,** and **vieux** are irregular. They have two masculine forms in the singular.

SINGULAR		
Masculine	*Masculine before vowel or mute* **h**	*Feminine*
un **beau** livre	un **bel** appartement	une **belle** voiture
un **nouveau** livre	un **nouvel** appartement	une **nouvelle** voiture
un **vieux** livre	un **vieil** appartement	une **vieille** voiture

PLURAL	
Masculine	*Feminine*
de **beaux** appartements	de **belles** voitures
de **nouveaux** appartements	de **nouvelles** voitures
de **vieux** appartements	de **vieilles** voitures

Adjectives Preceding Plural Nouns

When an adjective precedes the noun in the plural form, the plural indefinite article **des** generally becomes **de.**[*]

J'ai **des** livres de cuisine.	J'ai **de** nouveaux livres de cuisine.
Faisons **des** desserts!	Faisons **de** bons desserts!
Il y a **des** épiceries tout près d'ici.	Il y a **de** petites épiceries tout près d'ici.

---

[*]In colloquial speech, **des** is often retained before the plural adjective: **Elle trouve toujours** *des beaux* **fruits.**

Adjectives That May Precede or Follow Nouns They Modify

The adjectives **ancien/ancienne** (*old; former*), **cher/chère** (*dear; expensive*), **grand(e)**, and **pauvre** may either precede or follow a noun, but their meaning depends on their position. Generally, the adjective in question has a literal meaning when it follows the noun and a figurative meaning when it precedes the noun.

LITERAL SENSE

C'est un homme très **grand.**[*]
He's a very tall man.

Les clients **pauvres** ne vont pas
   à la Tour d'Argent.
*Poor (not rich) customers don't
   go to the Tour d'Argent.*

Il achète des chaises **anciennes**
   pour décorer la Tour d'Argent.
*He's buying antique chairs to
   decorate the Tour d'Argent.*

C'est un vin très **cher.**
That's a very expensive wine.

FIGURATIVE SENSE

C'est un très **grand** chef de
   cuisine.
He's a very great chef.

Pauvres clients! Il n'y a plus
   de champagne!
*The poor (unfortunate) cus-
   tomers! There's no more
   champagne!*

M. Sellier est l'**ancien** maître
   d'hôtel de la Tour d'Argent.
*Mr. Sellier is the former maître
   d'hôtel of the Tour d'Argent.*

Ma **chère** amie...
My dear friend . . .

Placement of More Than One Adjective

When more than one adjective modifies a noun, each adjective precedes or follows the noun as if it were used alone.

C'est une **petite** femme **blonde.**
J'ai de **bons** livres **français.**
C'est un **vieux** restaurant **agréable.**

---

*The adjective **grand(e)** is placed *after* the noun to mean *big* or *tall* only in descriptions of people. When it precedes the noun in descriptions of things and places, it means *big, tall, large:* **les grandes fenêtres, un grand appartement, une grande table.**

Allez-y!

A **Qu'est-ce que vous aimez?** Choisissez parmi ces adjectifs et faites des phrases selon le modèle: beau/belle; grand(e); joli(e); petit(e); vrai(e); bon(ne); nouveau/nouvelle; vieux/vieille; gros(se).

MODÈLE: les desserts → J'aime les **bons** desserts.

1. les restaurants
2. les recettes (*f., recipes*)
3. les hamburgers
4. les voitures
5. les maisons

B **Un dîner réussi.** Hervé nous explique comment il fait pour réussir un bon repas. Transformez les noms du singulier au pluriel.

MODÈLE: J'invite <u>un vrai ami</u>. → J'invite de vrais amis.

Pour décorer, je mets sur la table <u>une belle chandelle</u>[1] mais je ne mets jamais <u>une fausse plante</u>.[2] Pour le dîner, je choisis toujours <u>un bon vin</u>.[3] J'essaie (*try*) <u>une nouvelle recette</u>.[4] J'achète <u>un beau pain</u>[5] de campagne. Comme dessert, je prépare <u>un bon gâteau</u>[6] et ensuite je sers <u>un petit verre</u>[7] de liqueur ou <u>un petit digestif</u>[8] (*after-dinner drink*).

C **On fait la critique.** Voici la description d'un nouveau restaurant à New York. Complétez les phrases avec les adjectifs entre parenthèses. Faites attention! Les adjectifs ne sont pas toujours dans le bon ordre.

MODÈLE: Le chef fait la cuisine selon *la tradition*... (français, vieux) →
Le chef fait la cuisine selon la vieille tradition française.

1. Les clients trouvent *une ambiance*... (bon, français)
2. Vous pouvez dîner sur *une terrasse*... (agréable, grand)
3. On peut commander *un vin*... (rouge, bon)
4. Il y a *du pain*... (vrai, français)
5. Les clients paient *des prix*... (raisonnable, petit)
6. Vous allez parler avec *la propriétaire*... (vieux, sympathique)
7. Les étudiants universitaires sont *des clients*... (agréable, jeune)

D **Une bonne table.** Lisez ce que le magazine gastronomique *Gault Millau* dit du restaurant l'Auberge du Cheval Blanc à Lembach, en Alsace. Puis remplacez les adjectifs **vieux, opulente** et **large** par les adjectifs **ancien, pittoresque** et **varié**. Faites attention à la position des nouveaux adjectifs.

Maintenant, avec un(e) camarade, faites la description d'un restaurant de votre région. Ensuite, présentez votre description devant la classe sans nommer le restaurant. Est-ce que les autres membres de la classe peuvent deviner de quel restaurant vous parlez?

> ● **LEMBACH**
>
> ♔♔ **15/20 Auberge du Cheval Blanc**
> Un vieux relais de poste transformé en opulente auberge au large répertoire culinaire : salade aux crustacés, panaché de foie chaud, turbot aux huîtres. Produits magnifiques, exécution impeccable. Menus de 115 F à 265 F.
> *4, rue Wissembourg. F. lundi, mardi et du 4 au 22 juil. Jusqu'à 21 h. Tél. : 88 94 41 86.*

LECTURE

Avant de lire

Skimming for the gist. Skimming is a useful way to approach any new text, particularly in a foreign language. You will usually find it easier to understand more difficult passages once you have a general idea of the content. At this point, you need not be concerned with understanding everything when reading authentic French texts; just try to get the gist, then answer the questions that follow the reading to check your overall comprehension.

The following article appeared in a French magazine, *Bon sens*. Glance at the title and headings. What kind of information do you think the article contains, and how is the information organized?

Next, skim the article to get an impression of the major points. Do not attempt to understand every word. See if you can remember five or six primary pieces of information. Then read the sections that appeared most difficult when you skimmed the article, and make inferences based on the rest of the text.

Pour tenir LA FORME

Notre corps, c'est ce qu'on néglige le plus en période d'examens. On mange trop (pour surmonter le stress) ou pas assez (pas le temps d'y penser maintenant), on dort[a] mal même quand on dort beaucoup, on ne bouge plus de sa[b] chaise et, quand on fait du sport pour se défouler,[c] on se fait mal.[d]... Attention, ne prenez pas de tels risques!

[a]*sleeps*   [b]*ne... never gets out of one's*   [c]*se... to unwind*
[d]*se... hurts oneself*

« DIS-MOI CE QUE TU MANGES, JE TE DIRAI QUI TU ES »

e Dis... *Tell me*
f te... *will tell you*
g *to skip*
h grignoter... *to snack on just anything*
i se... *to relax*
j Fractionnez... *Rather, divide up*
k *snacks*
l rappelez... *remember*

L'alimentation est le premier facteur de l'équilibre. Surtout en période de révisions. C'est souvent quand on a particulièrement besoin d'un apport régulier et équilibré de protides, glucides, lipides, éléments minéraux et vitamines, que le stress nous incite à sauter g des repas, à négliger notre corps, à grignoter n'importe quoi h à n'importe quelle heure, bref: à faire exactement ce qu'il ne faut pas faire.

COMMENT MANGER?

Régulièrement

Avant tout, il s'agit de faire de chaque repas une occasion pour se détendre; inutile donc de grignoter deux biscuits diététiques en travaillant, juste pour vous donner bonne conscience.

Fractionnez plutôt j vos repas (maximum 5 par jour, dont 2 en-cas k), et prenez-les à heures régulières: les repas doivent rythmer votre journée. Et rappelez-vous l que le petit déjeuner doit apporter 25% des calories quotidiennes, l'en-cas de 10 heures 10%, le déjeuner 30%, le goûter 5% et le dîner 30%.

Compréhension

1. Selon l'article, quels problèmes avons-nous en période d'examens?
2. Pourquoi saute-t-on (*does one skip*) des repas en période d'examens? Et vous, sautez-vous souvent des repas? Pourquoi ou pourquoi pas?
3. Selon l'auteur, pourquoi doit-on prendre ses repas à des heures régulières? Quel est votre repas le plus important, en général? Et en période d'examens?
4. Combien de repas par jour prenez-vous d'habitude? À votre avis, est-ce que votre alimentation est équilibrée? Pourquoi ou pourquoi pas?
5. À votre avis, que veut dire le titre de l'article? Qu'est-ce que vous faites pour tenir la forme?
6. Est-ce que vous mangez tous les jours de la salade? des légumes frais? des fruits frais? du pain complet (*whole grain*)?
7. Qu'est-ce que vous mangez, en général, en période d'examens? Et qu'est-ce que vous buvez?

À L'ÉCOUTE!

Bien entendu!

I. Les supermarchés Traffic. The **Traffic** supermarket chain is advertising some of its products on the radio. First, look at activities A and B. Next, listen to the vocabulary and the ad. Then do the activities.

VOCABULAIRE UTILE

des promotions	*specials (sales)*
des prix incroyables	*incredible prices*
ouverts	*open*
venez vite!	*come quickly!*

A Les promotions Traffic. Draw a line linking each price with the appropriate product, based on the ad.

1. 5frs
2. 40frs
3. 3frs
4. 2,50frs

a. un litre de jus de pommes
b. un kilo de jambon
c. une baguette
d. un kilo d'oranges

B Horaire. Place a check mark next to the correct answer.

Les supermarchés Traffic sont ouverts:

1. _____ de 8 heures à 21 heures
2. _____ de 9 heures à 22 heures
3. _____ de 9 heures à 21 heures

II. Un repas inoubliable (*unforgettable*). Maryse and Thomas, a tourist couple from Belgium, are having dinner in a French restaurant. A waiter is taking their order. First, look at the activity. Next, listen to their conversation. Then do the activity.

Précisions. Circle the correct answer.

1. Ils ont une réservation pour _____.
   a. 20h   **b.** 19h30
2. Le nom de famille de Thomas est _____.
   a. Bonnet   **b.** Blanchard
3. Maryse commande _____.
   a. un poisson   **b.** un filet de bœuf
4. Thomas commande _____.
   a. un steak au poivre   **b.** un saumon
5. Aujourd'hui, c'est _____.
   a. la fête   **b.** dimanche
6. Maryse et Thomas dînent dans _____.
   a. un restaurant élégant   **b.** un café

En situation

Déjeuner sur le pouce[1]

Contexte *Nous sommes dans une croissanterie[2] du Quartier latin où Sébastien et Corinne, deux étudiants québécois, déjeunent sur le pouce, entre deux cours.*

Objectif *Sébastien et Corinne commandent un repas à emporter.[3]*

LA SERVEUSE: Vous désirez?

SÉBASTIEN: Un croissant au jambon, s'il vous plaît.

CORINNE: Et pour moi, un croque-monsieur.[4]

LA SERVEUSE: C'est tout?

SÉBASTIEN: Non, je voudrais aussi une crêpe au Grand-Marnier.[5] Et toi, Corinne?

CORINNE: C'est tout pour moi.

LA SERVEUSE: Et comme boisson?

SÉBASTIEN: Deux cafés, s'il vous plaît.

LA SERVEUSE: C'est pour emporter ou pour manger ici?

CORINNE: Pour emporter.

SÉBASTIEN: Ça fait combien?

LA SERVEUSE: Ça fait trente-sept francs trente... Merci.

SÉBASTIEN: Au revoir, merci.

[1]Déjeuner... *Quick lunch* (lit., *Lunch on the thumb*)   [2]un *magasin où on vend des croissants*   [3]*to take out*
[4]un... *melted cheese and ham sandwich*   [5]crêpe... *French-style pancake served with Grand Marnier liqueur*

Henri Matisse, *Nature morte d'après Jan Davidsz. de Heem*, 1915
Museum of Modern Art, New York

Au restaurant

Voici d'autres expressions qu'on entend au restaurant.

Le serveur (La serveuse):
   Combien de personnes, s'il vous plaît?
   Vous avez choisi?
   Comment voulez-vous le bifteck?

Les clients:
   Qu'est-ce que vous proposez?
   Qu'est-ce qu'il y a comme (fromage, dessert, etc.)?
   saignant (*rare*)
   à point (*medium*)
   bien cuit (*well done*)
   Je vais prendre...
   Donnez-moi aussi...
   L'addition, s'il vous plaît.
   Le service est-il compris? (*Is the tip included?*)

● **Jeu de rôles.** Vous êtes dans une crêperie à Paris pour déjeuner sur le pouce avec des copains. Un étudiant (Une étudiante) joue le rôle du serveur (de la serveuse). Voici la carte.

Crêpes

Prix nets

BEURRE ET SUCRE	11,00 F
POMMES (compote)	14,50 F
CITRON	14,00 F
MIEL D'ACADIA	17,00 F
CHOCOLAT CHAUD	17,00 F
CREME DE MARRONS	17,00 F
CONFITURE (fraise, abricot)	16,00 F
CONFITURE (myrtilles)	17,00 F
NOISETTES CHOCOLAT OU CARAMEL	19,50 F
LA CHOCONOIX.	20,50 F
COCO CASSIS (noix de coco et crème de cassis)	19,50 F
CHANTILLY.	18,00 F
SIROP D'ERABLE	18,00 F
GRAND MARNIER OU RHUM	19,50 F
LA CHATELAINE	23,00 F
(Noisettes, chocolat chaud, Chantilly)	
CLAFOUTIS Maison	15,50 F
+ Chantilly	17,50 F
CREPE TATIN A LA SAUCE NOUGAT.	23,50 F
(Pommes morceaux, sauce nougat , Calvados, Chantilly)	
L'ARMADA	23,50 F
(Poire arrosée de Calvados, chocolat chaud, Chantilly)	
COCKTAIL DE FRUITS AU GRAND MARNIER	17,50 F

Cue to: 27:54

VIDÉOTHÈQUE*

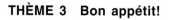

THÈME 3   Bon appétit!

SCÈNE 3.2   Le repas fait maison

Paul has invited Caroline and Bénédicte to dinner at his apartment. He has made a quiche lorraine—or has he? First read over the **Vocabulaire utile** and the activities, then watch the scene. Check your comprehension by completing the activities.

*The theme and scene numbers correspond to those in the Video to accompany *Vis-à-vis*.

VOCABULAIRE UTILE

Je meurs de faim.	I'm dying of hunger.
Tu nous gâtes.	You're spoiling us.
volontiers	gladly
Tu peux nous donner la recette?	Can you give us the recipe?
Je compte bientôt faire la compétition...	I plan on competing soon . . .
Laisse-moi t'aider.	Let me help you.
j'avoue...	I confess . . .
un traiteur	a delicatessen
Je le jure.	I swear.
des profiteroles au chocolat	cream puffs with chocolate sauce

A **À table!** Indiquez la personne qui dit les choses suivantes: Caroline (C), Paul (P) ou Bénédicte (B).

1. _____ « Tu nous gâtes. »
2. _____ « Je compte bientôt faire la compétition avec Paul Bocuse. »
3. _____ « C'est la recette de ma grand-mère de Lorraine. »
4. _____ « Je meurs de faim. »
5. _____ « Mon dessert préféré! »
6. _____ « J'ai pris la recette sur ce livre. »
7. _____ « Le grand secret familial. »

B **La recette de la quiche.** Cochez (✓) les ingrédients nécessaires à la préparation d'une quiche lorraine.

1. _____ du beurre
2. _____ de la crème
3. _____ de l'huile
4. _____ du fromage
5. _____ du sel
6. _____ du sucre
7. _____ de la farine (*flour*)
8. _____ du bœuf
9. _____ des œufs
10. _____ du jambon
11. _____ du lait
12. _____ du poivre

Restauration rapide, à toute heure!

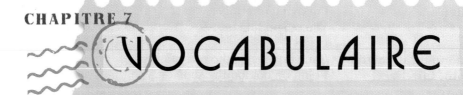

CHAPITRE 7 VOCABULAIRE

Verbes

apporter to bring; to carry
devoir to owe; to have to, be
    obliged to
goûter to taste
laisser to leave (behind)
pouvoir to be able to, can
vouloir to want
  vouloir bien to be willing; to
    agree
  vouloir dire to mean

À REVOIR: **acheter, boire,**
    commander, préparer,
    vendre

Substantifs

l'addition (*f.*) bill, check (*in a
    restaurant*)
l'argent (*m.*) money
la baguette (de pain) baguette
le billet bill (*currency*)
le bœuf beef
la boîte (de conserve) can (*of
    food*)
la carte menu
le centime 1/100th of a French
    franc
la côte chop
l'éclair (*m.*) eclair (*pastry*)
l'entrée (*f.*) first course
le filet fillet (*beef, fish, etc.*)
le franc franc (*currency*)
la glace ice cream; ice
le hors-d'œuvre* appetizer

l'huître (*f.*) oyster
le jus (de fruit) (fruit) juice
le kilo(gramme) kilo(gram)
le magasin store, shop
le menu fixed (price) menu
le morceau piece
le pâté de campagne (country-
    style) pâté
la pièce coin
le plat course (*meal*)
le plat principal main dish
le porc pork
le pourboire tip
le prix price
le rôti roast
les sardines (à l'huile) (*f.*)
    sardines (in oil)
la saucisse sausage
le/la serveur/euse waiter,
    waitress
la sole sole (*fish*)
la tranche slice

À REVOIR: **l'assiette** (*f.*), **la
    boisson, la cuisine, le
    déjeuner, le dîner, le
    fromage, le gâteau, les
    haricots verts, le pain, le
    petit déjeuner, la pomme, la
    pomme de terre, la viande,
    le vin**

Adjectifs

ancien(ne) old, antique; former
bon(ne) good

cher/chère dear; expensive
faux/fausse false
frais/fraîche fresh
jeune young
joli(e) pretty
mauvais(e) bad
nouveau/nouvel/nouvelle new
pauvre poor; unfortunate
quel(le) which (*int. adj.*)
vieux/vieil/vieille old
vrai(e) true

Les magasins

la boucherie butcher shop
la boulangerie bakery
la charcuterie pork butcher's
    shop (delicatessen)
l'épicerie (*f.*) grocery store
la pâtisserie pastry shop; pastry
la poissonnerie fish store

Mots et expressions divers

cela (ça) this, that
ensuite then, next
Il faut... It is necessary to / One
    needs . . .
J'aimerais (+ *infinitive*) I would
    like (*to do something*)
même same; even
plutôt instead, rather
(et) puis (and) then, next
Que veut dire... ? What does . . .
    mean?
si so (very); if

---

*The **h** in **hors-d'œuvre** is aspirate, which means that there is no "elision" with the article
le (i.e., **le hors-d'œuvre**). Note how this is different from **l'huître,** which has a mute **h.** In
both cases, the **h** is silent.

En Vacances

CHAPITRE 6

La plage au Sénégal, près de Dakar

Salut, Michel!

Crois-tu au paradis? Moi, oui!

Depuis deux jours, je passe mon temps à dormir sur la plage, à quelques kilomètres de Dakar. Quand j'ouvre les yeux, derrière mes lunettes de soleil, je vois du bleu (la mer et le ciel), du blanc (le sable). L'infini...

Mais dans dix jours, je pars en expédition: itinéraire surprise. Finie, notre correspondance (pour le moment): Je vais être nomade.

Bises,
Malik,
l'aventurier

LEÇON 1

Les vacances en France

L'ANGLETERRE

LE NORD

Faire du bateau sur les fleuves

Camper dans les forêts

La Bretagne

Faire de la bicyclette* sur les routes de campagne

LE MASSIF CENTRAL

Skier dans les montagnes

LES ALPES

Nager dans les lacs

LA CÔTE D'AZUR

Faire de la planche à voile dans la mer

Bronzer sur les plages

Faire de l'alpinisme dans les montagnes

LES PYRÉNÉES

L'ESPAGNE

LA CORSE

*faire de la bicyclette is synonymous with faire du vélo

AUTRES MOTS UTILES

faire... du cheval	to go... horseback riding
de la plongée sous-marine	skin diving
du ski nautique	waterskiing
du ski de piste	downhill skiing
du ski de fond	cross-country skiing
une randonnée	for a hike
pêcher	to fish

Allez-y!

● **Où passer les vacances?** Quels sont les avantages touristiques des endroits (*places*) suivants?

1. Qu'est-ce qu'on peut faire dans les montagnes?
2. Dans les lacs?
3. Sur les plages?
4. Sur les routes de campagne?
5. Sur les fleuves?
6. Dans les forêts?
7. À la mer?

Maintenant expliquez où vous voulez passer vos prochaines vacances et quelles activités on peut faire à cet endroit.

Au MAGASIN DE SPORTS

les skis
les lunettes de soleil
les lunettes de ski
le maillot de bain
le sac de couchage
l'anorak
la tente
le parapluie
la serviette de plage
les chaussures de ski
le pantalon de ski
les chaussures de montagne

Allez-y!

A Achats (*Purchases*). Complétez les phrases selon le dessin à la page 183.

1. Le jeune homme va acheter des _____. Il va passer ses vacances à Grenoble où il veut _____.
2. La jeune femme veut acheter un _____, une _____ et des _____. Elle va descendre sur la Côte d'Azur (*French Riviera*) où elle va _____ et _____.
3. La jeune fille a envie d'acheter des _____ de ski, des chaussures de _____ et un _____ de ski. Sa famille va passer les vacances dans les Alpes où elle va _____.
4. L'homme va acheter un _____ et une _____. Il va _____ dans le nord de la France ce week-end.
5. La vieille dame est très sportive. Elle va acheter un _____ et des _____. Ce week-end, elle va _____ avec son mari dans les Pyrénées.
6. Le vieux monsieur a l'air patient. Il veut acheter un _____.

B Choix de vêtements. Qu'est-ce qu'on porte pour faire les activités suivantes?

MODÈLE: pour aller pêcher (*to go fishing*) →
Pour aller pêcher, on porte un chapeau...

1. pour faire du ski nautique **2.** pour aller à la montagne **3.** pour faire une promenade dans la forêt **4.** pour faire de la bicyclette **5.** pour faire du bateau **6.** pour faire du ski de fond

Et vous? Décrivez les vêtements que vous portez quand vous faites votre sport favori.

C Conseils pratiques. Vous préparez un voyage en Tunisie. Voici les vêtements qu'on vous recommande.

1. Selon la brochure, quels vêtements mettez-vous dans votre valise si vous voyagez en hiver? en été? Donnez des exemples.
2. À votre avis, quel temps fait-il en Tunisie en hiver? en été?

Les vêtements

*En hiver : quelques pulls, un imperméable et des vêtements de demi-saison.[a]
En été : des vêtements légers en fibres naturelles, maillot de bain, lunettes de soleil, chapeau, chaussures aérées,[b] tenues[c] pratiques pour les excursions. Sans oublier un léger pull pour les soirées et les hôtels climatisés.[d]*

[a]*spring or autumn* [b]*well-ventilated* [c]*dress, clothes* [d]*air-conditioned*

Imaginez maintenant que vous travaillez dans une agence de voyages. Quels vêtements allez-vous conseiller à des touristes qui voyagent dans l'Alaska? au Mexique? dans le Grand Canyon? Quels autres achats conseillez-vous (*do you suggest*)?

La sublimité du paysage désertique en Tunisie.

DES ANNÉES IMPORTANTES

La machine à calculer inventée par Blaise Pascal en **1642** (seize cent quarante-deux).

Le ballon à air chaud inventé par les frères Montgolfier en **1783** (dix-sept cent quatre-vingt-trois).

Les procédés de développement des images photographiques inventés par Jacques Daguerre en **1835** (dix-huit cent trente-cinq).

- In French, years are expressed with a multiple of **cent** or with **mil.**

dix-neuf cents (mil neuf cents)	*1900*
dix-neuf cent quatre-vingt-dix-huit (mil neuf cent quatre-vingt-dix-huit)	*1998*
seize cent quatre (mil six cent quatre)	*1604*

- Note that **mille** is spelled **mil** when years are spelled out. An exception is the year 1000, **l'an mille,** or 2000, **l'an deux mille.**
- The preposition **en** is used to express *in* with a year.

  en dix-neuf cent vingt-trois   *in 1923*

- Note the expression **les années _____: les années cinquante,** *the (nineteen) fifties.*

Allez-y!

A **Un peu d'histoire.** Êtes-vous bon(ne) en histoire? Avec un(e) camarade, trouvez la date qui correspond à chaque événement historique. Les événements sont en ordre chronologique!

1. Charlemagne est couronné (*crowned*) empereur d'Occident.
2. Guillaume, duc de Normandie, conquiert (*conquers*) l'Angleterre.
3. Jeanne d'Arc bat (*beats*) les Anglais à Orléans.
4. Prise de la Bastille.
5. Napoléon est couronné empereur des Français.
6. Gustave Eiffel construit la tour Eiffel.
7. Débarquement (*Landing*) anglo-américain en France.

a. 1944
b. 1804
c. 1889
d. 1066
e. 1429
f. 1789
g. l'an 800

B **L'avenir** (*The future*). Quels sont vos projets d'avenir? Posez les questions suivantes à un(e) camarade. Ensuite, présentez à la classe une observation sur l'avenir de votre camarade.

1. En quelle année vas-tu obtenir (*obtain*) ton diplôme universitaire?
2. En quelle année vas-tu passer des vacances en France?
3. En quelle année vas-tu avoir 65 ans?

DORMIR AND SIMILAR VERBS; VENIR
EXPRESSING ACTIONS

Les joies de la nature

STÉPHANE: Vous allez où en vacances cet été?

ANNE-LAURE: Cette année on va à la Martinique. On va camper dans un petit village à 30 km de Fort-de-France. Boire du ti'punch,* **sortir** tous les soirs, bronzer à l'ombre des cocotiers... le rêve quoi!† **Viens** avec nous. On **part** le deux août.

STÉPHANE: Non merci, la mer n'est pas pour moi. **Sentir** les odeurs de poisson, **dormir** avec les moustiques, pas question!

ROMAIN: Décidément, tu ne changes pas. Monsieur a besoin de son petit confort. Tant pis pour toi! Nous, on aime **dormir** à la belle étoile, **sentir** le vent de la mer et admirer les étoiles.

Décidez d'après le dialogue si les affirmations suivantes sont probables ou peu probables. Corrigez les phrases improbables.

1. Anne-Laure aime faire la fête (*to party*).
2. Stéphane adore camper.
3. Romain est romantique.
4. Anne-Laure et Romain ont peur de dormir à la belle étoile.
5. Anne-Laure et Romain adorent la nature.

---

*Creole language for a white rum and lime drink.
†*a dream, huh?* **Quoi** is often added to the end of sentences in informal conversations for emphasis.

Dormir and Similar Verbs

1. The verb **dormir** has an irregular conjugation.

PRESENT TENSE OF **dormir** (*to sleep*)	
je **dors**	nous **dormons**
tu **dors**	vous **dormez**
il, elle, on **dort**	ils, elles **dorment**

Je **dors** très bien.	*I sleep very well.*
Dormez-vous à la belle étoile?	*Do you sleep in the open air?*
Nous **dormons** jusqu'à 7h30.	*We sleep until 7:30.*

2. Verbs conjugated like **dormir** include:

partir	*to leave; to depart*
sentir	*to feel; to sense; to smell*
servir	*to serve*
sortir	*to go out; to take out*

Je **pars** en vacances.	*I'm leaving on vacation.*
Ce plat **sent** bon (mauvais).	*This dish smells good (bad).*
Nous **servons** le petit déjeuner à 8 heures.	*We serve breakfast at 8:00.*
À quelle heure allez-vous **sortir** ce soir?	*What time are you going out tonight?*

Partir, sortir, quitter

Partir, sortir, and **quitter** all mean *to leave,* but are used differently.

1. **Partir** is the opposite of **arriver.** It can be used alone or followed by a preposition.

Je **pars** demain.	*I'm leaving (departing) tomorrow.*
Elle **part** de (pour) Cannes.	*She's leaving from (for) Cannes.*

2. **Sortir** is the opposite of **entrer.** It also can be used alone or followed by a preposition.

Tu **sors**?	*Are you going out?*
Elle **sort** de la caravane.	*She's getting out of the camper.*
Sortons de l'eau!	*Let's get out of the water!*

Sortir can also mean that one is going out for the evening, or seeing another person regularly.

Tu **sors** ce soir?	*Are you going out tonight?*
Michèle et Édouard **sortent** ensemble.	*Michèle and Édouard are going out together.*

3. **Quitter** (a regular **-er** verb) means *to leave something or someone.* It always requires a direct object, either a place or a person.

Je **quitte** Paris.	*I'm leaving Paris.*
Elle **quitte** son ami.	*She's leaving her boyfriend.*

Venir

1. The verb **venir** (*to come*) is irregular.

PRESENT TENSE OF **venir**	
je **viens**	nous **venons**
tu **viens**	vous **venez**
il, elle, on **vient**	ils, elles **viennent**

Nous **venons** de Saint-Malo.	*We come from Saint-Malo.*
Viens voir la plage!	*Come see the beach!*

2. **Venir de** + *infinitive* means *to have just* (done something).

Je **viens de nager.**	*I've just been swimming.*
Mes amis **viennent de téléphoner.**	*My friends have just telephoned.*

3. Verbs conjugated like **venir** include:

devenir	*to become*
revenir	*to come back*

Ils **reviennent** des vacances.	*They're coming back from vacation.*
On **devient** expert grâce à l'expérience.	*One becomes expert with (thanks to) experience.*

Allez-y!

A **Quel verbe?** Choisissez le verbe correct: **partir, sortir** ou **quitter.**

MODÈLE: Alain, Philippe et Claire sont amis. →
Ils **sortent** ensemble tous les week-ends.

1. Luc aime aller au ciné. Il _____ souvent.
2. Caroline et Patrick vont au Canada. Ils _____ demain.
3. Je _____ Rome lundi; je _____ pour Bruxelles.
4. Isabelle est dans la piscine. Il fait trop froid. Elle _____ de la piscine.
5. Vous avez fini (*have finished*) vos études. Vous _____ en vacances.
6. Léa _____ la maison à sept heures du matin.
7. Je ne veux pas rester seul(e). Je _____ avec mes amis.

B **Au pays des pharaons** (*pharaohs*). Loïc et Nathalie sont en vacances en Égypte avec le Club Aquarius. Ils envoient (*send*) une carte postale à leur grand-mère. Complétez la carte avec les verbes de la colonne de droite.

CLUB AQUARIUS EN EGYPTE

Chère mamie,
    Nous _____[1] d'arriver en Égypte. Le Club Aquarius, c'est le grand confort. Nous _____[2] dans des chambres immenses et tous les matins on _____[3] le petit déjeuner dans la chambre. Demain nous _____[4] pour le temple de Louxor. Nous _____[5] des experts en égyptologie. Nous _____[6] en France dans quatre jours.
    À bientôt et grosses bises (*big kisses*).

          Loïc et Nathalie

servir
partir
devenir
venir
revenir
dormir

C **La curiosité.** Imaginez avec un(e) camarade ce que ces personnes viennent de faire. Donnez trois possibilités pour chaque phrase.

MODÈLE: Albert rentre d'Afrique. →
Il vient de visiter le Sénégal. Il vient de passer une semaine au soleil. Il vient de faire un safari.

1. Jennifer part en vacances.
2. Je sors du magasin de sports.
3. Nous revenons de la montagne.
4. Jean-Jacques et Yvon reviennent de la campagne.
5. Marie-Laure rentre du Canada.

THE PASSÉ COMPOSÉ WITH AVOIR

TALKING ABOUT THE PAST

À l'hôtel

LE CLIENT: Bonjour, Madame. **J'ai réservé** une chambre pour deux personnes.

L'EMPLOYÉE: Votre nom, s'il vous plaît.

LE CLIENT: Bernard Meunier.

L'EMPLOYÉE: Heu... oui, chambre n° 12, au rez-de-chaussée. Vous **avez demandé** une chambre avec vue sur la mer, c'est bien ça?

LE CLIENT: Oui, c'est exact.

L'EMPLOYÉE: Alors, remplissez cette fiche, s'il vous plaît.

Jouez le dialogue avec un(e) camarade et faites les substitutions suivantes.

Nombre de personnes: une
Nom: votre nom

The **passé composé** is a compound past tense. It relates events that began and ended at some point in the past. The **passé composé** of most verbs consists of the present tense of the auxiliary verb (**le verbe auxiliaire**) **avoir** plus the past participle (**le participe passé**) of the verb in question.

PASSÉ COMPOSÉ OF **voyager** (*to travel*)	
j' **ai voyagé**	nous **avons voyagé**
tu **as voyagé**	vous **avez voyagé**
il, elle, on **a voyagé**	ils, elles **ont voyagé**

The **passé composé** has several equivalents in English. For example, **j'ai voyagé** can mean *I traveled, I have traveled,* or *I did travel,* according to the context.

Regular Past Participles

The following chart illustrates the formation of regular past participles.

Verbs ending in **-er**:	**-er** → **-é**	ache**ter** → ache**té**
Verbs ending in **-ir**:	**-ir** → **-i**	chois**ir** → chois**i**
Verbs ending in **-re**:	**-re** → **-u**	perd**re** → perd**u**

J'**ai acheté** de nouvelles valises.	*I bought some new suitcases.*
Tu **as choisi** la date de ton départ?	*Have you chosen your departure date?*
Nous **avons perdu** nos passeports.	*We lost our passports.*

Irregular Past Participles

Most irregular verbs have irregular past participles, although some follow fairly predictable patterns.

1. Many verbs ending in **-oir** have past participles ending in **-u**.

bu (boire)	**plu** (pleuvoir, *to rain*)
dû (devoir)	**pu** (pouvoir)
eu (avoir)	**reçu** (recevoir)
obtenu (obtenir, *to obtain, get*)*	**voulu** (vouloir)

Il **a bu** deux verres de vin.	*He drank two glasses of wine.*
Nous **avons eu** peur.	*We got scared.*
Nous **avons obtenu** de bons résultats.	*We got (obtained) good results.*

2. Some verbs ending in **-re** have past participles ending in **-s**.

appris (apprendre)	**mis** (mettre)
compris (comprendre)	**pris** (prendre)

Marc **a appris** à faire du ski.	*Marc learned to ski.*
Il **a mis** ses gants pour faire du ski.	*He put on his gloves to ski.*
Nous **avons pris** le soleil.	*We sat in the sun (sunbathed).*

3. Other common verbs have past participles ending in **-t**.

dit (dire)	**écrit** (écrire)	**fait** (faire)

---

*Note that **obtenir** ends in **-ir** not **-oir.** It is conjugated like **venir** in the present tense.

Ce matin j'**ai écrit** six cartes postales.	*This morning I wrote six postcards.*
Nous **avons fait** une promenade sur la plage.	*We took a walk on the beach.*

4. The past participle of **être** is **été.**

Mes vacances **ont été** formidables.	*My vacation was wonderful.*

Negative and Interrogative Sentences in the *passé composé*

1. In negative sentences, **ne... pas** surrounds the auxiliary verb (**avoir**).

Nous **n'avons pas** voyagé en Suisse.	*We have not traveled to Switzerland.*
Vous **n'avez pas** pris de vacances?	*Didn't you take a vacation?*

2. In questions with inversion, only the auxiliary verb and the subject are inverted.

Marie **a-t-elle demandé** le prix de la robe?	*Did Marie ask the price of the dress?*
As-tu oublié ton passeport?	*Did you forget your passport?*

Une forêt au Zaïre.

Allez-y!

A **Tourisme.** Qu'est-ce que ces personnes ont fait pendant les vacances? Faites des phrases complètes au passé composé.

MODÈLES: nous / acheter / cartes postales →
Nous avons acheté des cartes postales.

Loïc / écrire / beaucoup / lettres → ·
Loïc a écrit beaucoup de lettres.

1. tu / nager / dans / fleuve
2. Sylvie / camper / dans / forêt
3. je / dormir / sous / tente*
4. Michèle et Vincent / perdre / clés (*keys*)
5. Thibaut / faire / bicyclette
6. vous / boire / Coca / au bord (*shore*) de / mer
7. nous / prendre / beaucoup / photos
8. Thérèse et toi, vous / apprendre à / faire du bateau

B **Une carte postale de la neige.** Complétez la carte postale de Marie. Mettez les verbes au passé composé.

Chère Claudine,
    J' _____¹ mes vacances d'hiver une   prendre
semaine avant Noël avec Christine. Nous   commencer (*begin*)
_____² le train jusqu'en Suisse. Nous _____³   passer
deux semaines à la montagne.
    Nous _____⁴ de rester à Saint-Moritz.   être
Nous_____⁵ du ski et du patin à glace (*ice*   manger
skating). Nous _____⁶ une fondue délicieuse.   faire
Au retour, nous _____⁷ visite à des amis à   décider
Genève. Notre séjour en Suisse _____⁸   rendre
inoubliable.
    Je t'embrasse,
                   Marie

C **À Orange.** Thierry pose des questions à ses cousins Chantal et Jean-Claude, qui (*who*) ont visité la ville historique d'Orange. Jouez les rôles avec deux camarades.

MODÈLE: trouver l'auberge de jeunesse (*youth hostel*) à Orange →
    THIERRY: Avez-vous trouvé l'auberge de jeunesse à Orange?
    JEAN-CLAUDE: Non, nous n'avons pas trouvé l'auberge de jeunesse à Orange.

L'amphithéâtre à Orange.

*In French one says **dormir *sous* la tente**.

1. faire une promenade dans la vieille ville
2. prendre une photo de l'amphithéâtre romain
3. contempler la vieille fontaine
4. étudier les inscriptions romaines
5. apprendre l'histoire de France
6. acheter des cartes postales
7. envoyer une description de la ville à vos parents

Mots-clés

Expressing when you did something in the past

avant-hier *(the day before yesterday)*
hier matin
hier après-midi, hier soir

Avant-hier, une amie m'a invité à faire du camping.
Hier matin, j'ai fait les préparatifs.
Nous avons acheté un sac à dos **hier après-midi,** et
nous l'avons perdu **hier soir.**

Use **matinée** and **soirée,** rather than **matin** and **soir,** if you wish to emphasize the duration. They are often used with **toute.**

toute la matinée (soirée)

J'ai passé **toute la matinée (soirée)** à acheter des provisions.

Use **dernier** or **passé** to express *last (month, week, etc.).*

la semaine dernière (passée)
**l'an dernier (passé) / l'année
  dernière (passée)**

J'ai acheté un billet d'avion pour Rome **la semaine dernière.**
Nous avons voyagé en Grèce **l'année passée.**

D **Interview.** Posez des questions à un(e) camarade sur ses activités du passé. Essayez d'utiliser les expressions des **Mots-clés.** Voici des suggestions.

Le matin: dormir tard, faire du sport, regarder la télévision, boire du café, prendre un petit déjeuner, ...

L'après-midi / Le soir: pique-niquer, skier, jouer aux cartes, étudier une leçon, inviter des amis, ...

La semaine dernière / L'année dernière: voyager en Europe, finir une dissertation, travailler dans un magasin, rendre visite à des amis, acheter une nouvelle bicyclette, ...

MODÈLE: É1: Est-ce que tu as dormi tard hier matin?
        É2: Oui, j'ai dormi jusqu'à (*until*) onze heures.
        (Non, je n'ai pas dormi...) Et toi?

Puis racontez à la classe ce que votre camarade a fait.

CORRESPONDANCE 8

Blois (Loir-et-Cher)
Château: aile François Ier (XVI^{e}s.)

CARTE POSTALE

Malik,

Moi aussi, je suis en vacances. Avec mon frère, à Blois, chez ma grand-mère.

Notre programme? manger des grosses tartines de pain beurré, ramasser des laitues et des carottes dans le jardin, acheter des œufs à la ferme, visiter le magnifique château...

J'attends ton feu vert pour continuer notre correspondance.

Bonne chance et bon voyage!
Michel

PORTRAIT: *Bernard Dadié (écrivain ivoirien, 1916–   )*

Dans ses contes,[1] ses poèmes, ses romans,[2] Bernard Dadié peint[3] le folklore, le charme, l'innocence de la société africaine. Il met en cause[4] l'exploitation des communautés noires par le Blanc colonisateur mais aussi la dépravation de la société africaine moderne. Le titre de son premier recueil[5] de poésie *Afrique debout!*[6] (1950) traduit sa philosophie.

[1] *tales* [2] *novels* [3] *paints* [4] *met... challenges* [5] *collection* [6] *Stand up!*

F LASH 1 FRANCE: LES GRANDES VACANCES

En France, les vacances sont sacrées. En 1936, l'État accorde deux semaines de vacances payées aux travailleurs salariés. Aujourd'hui, les Français bénéficient de cinq semaines de vacances payées.

Quelle est leur destination? Pendant les petites vacances d'hiver, 8 millions de skieurs français se précipitent[1] à la montagne, principalement dans les Alpes (Courchevel, Val d'Isère, etc.). En été, pendant les grandes vacances, c'est l'exode vers le sud: Les plages sont noires de monde[2] et Paris est... vide.[3] La mode?[4] Le «tourisme vert» pour les amoureux de la nature: On va respirer l'air pur de la campagne, on campe dans un champ[5] ou bien on choisit la formule originale des «vacances à la ferme.»[6]

[1]se... *rush*   [2]de... *with people*   [3]*empty*   [4]La... *The rage?*   [5]*field*   [6]*farm*

Vacances de neige dans les Alpes françaises.

F LASH 2 DESTINATION AFRIQUE: LES PARCS NATIONAUX

Sénégal: Parc national de Niokolo-Koba. Cameroun: Parc de la Benoué. Côte-d'Ivoire: Parc national de la Comoé.

Le continent africain a une réserve d'espaces naturels unique au monde. Depuis quelques années, les gouvernements ont créé les parcs nationaux, immenses étendues de savane,[1] de forêts ou d'îles. Dans ces territoires protégés, la nature se développe sans être menacée par les humains. Avec un guide, vous pouvez visiter ces parcs et même y[2] passer la nuit. Les animaux mythiques de l'Afrique y vivent tranquillement: lions, buffles, éléphants, antilopes, hippopotames, singes...[3] Mais attention: Ces animaux n'aiment pas la présence des humains! Pour les voir, levez-vous tôt[4] le matin!

[1]étendues... *expanses of grassland*   [2]*there*   [3]*apes*   [4]levez-vous... *get up early*

La beauté bouleversante de la nature en Afrique.

STRUCTURES

DEPUIS, PENDANT, IL Y A
EXPRESSING HOW LONG OR HOW LONG AGO

Question d'entraînement

OLIVIA: **Depuis quand** participes-tu à des compétitions?
MARIE: **Depuis** 1994. Et toi, **depuis combien de temps** fais-tu de la planche à voile?
OLIVIA: **Depuis** quinze jours seulement!
MARIE: Moi, j'ai commencé **il y a** huit ans.
OLIVIA: C'est dur, mais c'est formidable! Hier j'ai même pu rester sur la planche **pendant** quatre minutes.

1. Depuis quand Marie participe-t-elle à des compétitions?
2. Depuis combien de temps Olivia fait-elle de la planche à voile?
3. Quand est-ce que Marie a commencé?
4. Pendant combien de temps a-t-elle pu rester sur sa planche hier?

Depuis

Depuis is used with a verb in the present tense to talk about an activity that began in the past and continues into the present time.

> **Depuis quand... ?**
> **Depuis combien de temps... ?** + *present tense* = How long . . . ?
> For how long . . . ?
>
> **Depuis** + *time period* + *present tense* = for (*duration*)
>
> **Depuis** + *date* + *present tense* = since

—**Depuis combien de temps (Depuis quand)** jouez-vous au tennis?

(For) how long have you been playing tennis?

—Je **joue** au tennis **depuis deux ans (depuis 1994).**

I've been playing tennis for two years (since 1994).

Pendant

Pendant expresses the duration of a habitual or repeated action, situation, or event with a definite beginning and end.

Pendant combien de temps + *present or past tense* = How long . . . ?
For how long . . . ?

Pendant + *time period* + *present or past tense* = for (*duration*)

Pendant combien de temps dormez-vous en vacances?

How long do you sleep when on vacation?

Pendant combien de temps ont-ils visité Paris?

(For) how long did they visit Paris?

Ils ont visité Paris **pendant deux semaines.**

They visited Paris for two weeks.

Il y a

Il y a + *time period* = ago

J'ai acheté ce guide d'Italie **il y a une semaine.**

I bought this guide to Italy a week ago.

Avez-vous voyagé en Suisse **il y a deux ans**?

Did you go to Switzerland two years ago?

Allez-y!

A Activités. Demandez à vos camarades depuis quand ou depuis combien de temps ils/elles font les activités suivantes.

MODÈLE: être étudiant(e) →
      É1: Depuis quand est-ce que tu es étudiant(e)?
      É2: Je suis étudiant(e) depuis...

1. étudier le français
2. pratiquer son sport préféré
3. être à l'université
4. avoir son objet préféré
5. habiter à...

B Expressions de temps. Complétez les phrases de façon logique, selon vos observations ou vos expériences personnelles.

1. L'été passé, j'ai _____ pendant _____ semaines (mois).
2. Ma famille _____ depuis _____ ans.
3. Il y a deux semaines, mes amis et moi, nous _____.
4. Les étudiants de cette classe _____ depuis _____.
5. Pendant une heure (_____ heures), je _____.
6. Je ne _____ depuis le mois de _____.

L'été passé, j'ai visité Paris
pendant deux mois...

PREPOSITIONS WITH GEOGRAPHICAL NAMES

EXPRESSING LOCATION

Bruno au Congo

Bruno est en vacances au Congo. Il a fait la connaissance de Kofi.

KOFI: Tu es d'où **en France**?

BRUNO: **De Marseille.**

KOFI: Ça doit être beau là-bas! Dis, tu as d'autres projets de voyages pour l'avenir?

BRUNO: Oui, plein. D'abord, l'année prochaine, je vais aller **au Mexique** avec ma copine. Et plus tard je veux aller **en Russie, au Québec, au Sénégal** et aussi **en Asie.**

KOFI: Et tu aimerais habiter dans quelle ville?

BRUNO: **À Vérone en Italie**—pour trouver ma Juliette!

Répondez aux questions selon les indications.

1. D'où vient Bruno? (ville, pays) D'où est Kofi? (pays, continent)
2. Où Bruno va-t-il aller l'année prochaine? (pays, continent)
3. Et où veut-il aller plus tard? (continents)
4. Où rêve-t-il d'habiter? (ville, pays)

Gender of Geographical Nouns

1. In French, most place names that end in **-e** are feminine; most others are masculine. Two important exceptions: **le Mexique, le Zaïre.**
2. The names of the continents are feminine: **l'Afrique, l'Amérique du Nord, l'Amérique du Sud, l'Asie, l'Australie, l'Europe, l'Océanie** (Australia and the Pacific islands).
3. The names of most states in the United States are masculine: **le Connecticut, le Kentucky.** The names of nine states end in **-e** in French and are feminine:

la Californie
la Caroline du Nord et du Sud
la Floride
la Géorgie

la Louisiane
la Pennsylvanie
la Virginie
la Virginie-Occidentale

Prepositions with Geographical Names

1. With continents: **en** = *to, in;* **de (d')** = *from.*

Le professeur d'espagnol voyage **en** Amérique du Sud.	*The Spanish instructor is traveling in South America.*
Il vient **d'**Amérique du Nord.	*He comes from North America.*

2. With masculine countries: **au (aux)** = *to, in;* **du (des)** = *from.*

Les Doi habitent **au** Japon.	*The Doi family lives in Japan.*
Ils vont arriver **aux** États-Unis demain.	*They're going to arrive in the United States tomorrow.*
Es-tu jamais allée **au** Mexique?	*Have you ever been to Mexico?*
Quand sont-ils partis **des** Pays-Bas?	*When did they leave the Netherlands (Holland)?*

3. With feminine countries: **en** = *to, in;* **de (d')** = *from.*

Je vais **en** Égypte.	*I'm going to Egypt.*
Il revient **de** Gambie.	*He's coming back from Gambia.*

4. With masculine states or regions: **dans le (l')** = *to, in;* **du (de l')** = *from.*

J'ai passé la semaine **dans le** Nevada.	*I spent the week in Nevada.*
Je viens **du** Michigan.	*I come from Michigan.*

Exceptions: **au Texas; dans l'état de New York / Washington** (to distinguish the states from the cities).

5. With feminine states or regions: **en** = *to, in;* **de (d')** = *from.*

Pierre va passer un mois **en** Californie.	*Pierre is going to spend a month in California.*
M. Carter est **de** Géorgie.	*Mr. Carter is from Georgia.*

6. With cities and islands: **à** = *to, in;* **de (d')** = *from.*

Mlle Dupont habite **à** Paris.	*Miss Dupont lives in Paris.*
Ils sont allés **à** Cuba.	*They went to Cuba.*
Ils sont **de** Marseille.	*They're from Marseille.*
Elles sont parties **d'**Hawaï.	*They left from Hawaii.*

Allez-y!

A Jeu géographique. Voici quelques villes francophones. Dans quels pays se trouvent-elles? (Voir les cartes au début du livre.)

MODÈLE: Paris est en France.

1.	Rabat	a.	Haïti
2.	Montréal	b.	la Belgique
3.	Kinshasa	c.	la Tunisie
4.	Alger	d.	le Zaïre
5.	Dakar	e.	le Canada
6.	Bruxelles	f.	la Suisse
7.	Tunis	g.	le Maroc
8.	Abidjan	h.	la Côte-d'Ivoire
9.	Port-au-Prince	i.	l'Algérie
10.	Genève	j.	le Sénégal

B **Retour de vacances.** Voici un groupe de touristes qui rentre de vacances. D'après ce qu'ils ont dans leurs valises, dites d'où ils arrivent.

MODÈLE: une montre
             la Suisse → Ils arrivent de Suisse.

SOUVENIRS	PAYS
1. du parfum	le Cameroun
2. une caméra vidéo	la Hollande
ultra-moderne	l'Italie
3. une bouteille de tequila	le Mexique
4. un masque d'initiation	le Japon
5. des chaussures en cuir (*leather*)	l'Écosse
6. un pull en cashmere	le Maroc
7. des tulipes	la Colombie
8. du café	la Belgique
9. un couscoussier (*couscous maker*)	la France
10. du chocolat	

C **Un(e) jeune globe-trotter.** Votre camarade va faire le tour du monde. Vous lui demandez où il/elle va aller.

Continents: l'Afrique, l'Océanie, l'Europe, l'Asie, l'Amérique du Nord, l'Amérique du Sud

Pays: l'Algérie, l'Allemagne, l'Australie, le Brésil, le Canada, la Chine, le Danemark, l'Égypte, les États-Unis, la Finlande, la Grèce, l'Inde, l'Italie, le Japon, le Maroc, le Mexique, la Polynésie française, la Norvège, le Viêt-nam...

MODÈLE: É1: Vas-tu en Asie?
             É2: Oui, je vais en Chine (au Japon...).

D **Interview.** Posez les questions à un(e) camarade de classe. Ensuite, communiquez sa réponse la plus surprenante à la classe.

1. D'où viens-tu? de quelle ville? de quel état? Et tes parents?
2. Où habitent tes parents? Et le reste de ta famille?
3. Dans quels états as-tu voyagé?
4. Est-ce qu'il y a un état que tu préfères? Pourquoi?
5. Est-ce qu'il y a un état que tu n'aimes pas? Pourquoi?
6. Dans quel état est-ce qu'il y a de beaux parcs? de beaux lacs? de belles montagnes? de grandes villes? de grands déserts?

PERSPECTIVES

LECTURE

Avant de lire

Skimming and scanning. When you look over articles, advertisements, brochures, and the like, it is often more efficient to look for specific information instead of reading line by line. You can usually skip most details and still find the facts that interest you.

Skimming and scanning are especially useful techniques when you read in a foreign language. When you take a moment to determine in advance the information you require—the date and time of an event, a critic's evaluation of a specific film, or the kinds of activities offered at a resort—you are able to read with greatly enhanced speed and ease.

Quickly skim the advertisement to determine its overall sense and purpose. Then read the **Compréhension** questions carefully. When you refer back to the text, read only for the information you need to complete the activity. Don't forget to use contextual information to figure out unfamiliar terms. Pay particular attention to visual clues as well. (Hint: **C.M.**, in the address at the end, stands for **Club Méditerranée.**) **Bonne chance!**

Vivent les Boucaniers!

■ *MARTINIQUE*

les **Boucaniers**

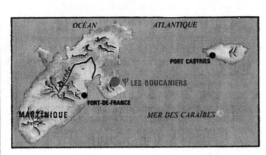

TOUS LES PLAISIRS DE LA MER DES CARAÏBES. COULEURS ET PARFUMS DES TROPIQUES.
RYTHMES DE LA "BIGUINE" ET DOUCEUR DU PARLER CREOLE.

VILLAGE
Au sud de la Martinique, à proximité de Sainte-Anne, un village aux teintes pastel entre une vaste cocoteraie et une plage de sable clair. Bungalows climatisés à 2 lits avec salle d'eau. Voltage : 220.

SPORTS
Voile : 10 Holders, 1 Laser, 1 Mentor. Ski nautique : 4 bateaux. Plongée bouteille : école d'initiation et de perfectionnement. Plongée libre. Planche à voile Tiga : 15 Fun Cup, 7 Speed, 5 Swift, 3 Jibe. Promenades en mer et pique-niques. Tennis : 7 courts en dur dont 6 éclairés. Basket-ball. Volley-ball. Salle de musculation et mise en forme. Aérobic.

ET AUSSI...
Spécialités à la "Maison créole". Boutique Club. Location de voitures. Enfants à partir de 12 ans.

EXCURSIONS
Un programme varié d'excursions vous sera proposé sur place.
C.M. - Les Boucaniers -
97227 Pointe Marin - Sainte-Anne - Tél. 596.76.74.52.

Compréhension

1. Dans quel pays se trouve ce village de vacances?
2. Quel est le nom du village?
3. Où va-t-on loger?
4. Quelles sont les activités proposées? Quels sports vous intéressent? Quels sports ne vous intéressent pas? Pourquoi?
5. Les enfants sont admis chez les Boucaniers?
6. Quel est le numéro de téléphone du village?

Imaginez maintenant que vous venez de rentrer des vacances. Racontez vos vacances à la classe. Commencez par « J'ai passé une semaine en Martinique... » **Suggestions:** vêtements, temps, sports, ambiance, repas, jeux...

Bien entendu!

Souvenirs de vacances. This is the first day of class at the **Université de Nice.** Sandrine and Jean-Yves are talking about their vacations. First, read through the activities. Next, listen to the vocabulary followed by the conversation. Then do the activities.

VOCABULAIRE UTILE

quinze jours	two weeks
essayer	to try

You will now hear their conversation, followed by a few statements about it. Listen carefully, then do the exercises.

A Vrai ou faux? Think about it!

1. _____ Jean-Yves a passé du temps à la campagne.
2. _____ Jean-Yves a fait du sport.
3. _____ Sandrine a passé un mois avec des amis.
4. _____ Sandrine a fait de la planche à voile, mais elle a eu peur.
5. _____ Sandrine a fait du bateau.

B Qui a fait ça? Now determine who could have made the following statements. Mark **S** for Sandrine and **J-Y** for Jean-Yves.

1. _____ Cette année j'ai pris deux semaines de vacances.
2. _____ J'ai rendu visite à ma grand-mère.
3. _____ J'ai beaucoup dormi.
4. _____ J'ai loué un bateau.
5. _____ J'ai marché sur la plage.

En situation

Une nuit à l'auberge de jeunesse

Contexte *Sean fait un voyage en France depuis deux mois et il dort chaque nuit dans une auberge de jeunesse. L'avantage? Les auberges sont souvent situées près d'une gare,[1] elles ne coûtent pas cher et l'ambiance[2] y est très sympathique. Ici, Sean arrive à l'Auberge de Jeunesse de Caen, en Normandie.*

Objectif *Sean réserve une place à l'auberge.*

SEAN: Bonjour, Madame, est-ce que vous avez encore de la place?
LA DAME: Oui, il y a de la place dans le petit dortoir.[3]
SEAN: Ça fait combien, pour une nuit? J'ai une carte[4] de l'American Youth Hostels...
LA DAME: Alors, quarante-cinq francs. Vous avez besoin de draps[5]?
SEAN: Non, j'ai mon sac de couchage.
LA DAME: Nous ne servons pas de repas chauds, mais il y a une petite cuisine au rez-de-chaussée.
SEAN: Eh bien, c'est d'accord. Voici quarante-cinq francs.
LA DAME: Merci. Ah, faites bien attention: l'auberge ferme[6] à vingt-deux heures. Ne rentrez[7] pas trop tard!

[1]*train station* [2]*atmosphere* [3]*sleeping quarters (dormitory)* [4]*(membership) card* [5]*sheets* [6]*closes* [7]*return*

À PROPOS

Comment choisir une chambre d'hôtel

Je voudrais une chambre pour deux personnes / une chambre à deux lits, s'il vous plaît.
Combien coûte la chambre? / Quel est le prix de la chambre?
Est-ce que le petit déjeuner est compris?
Est-ce qu'il y a une salle de bains dans la chambre?
Est-ce que vous prenez les cartes de crédit / les chèques de voyage?

● **Jeu de rôles.** Avec deux camarades, préparez la scène suivante. Utilisez les expressions de l'**À propos.** Puis jouez la scène devant la classe:

   Vous entrez dans un hôtel de luxe à Paris avec un(e) ami(e). Vous demandez au / à la réceptionniste une chambre à deux lits. Vous demandez des renseignements sur la chambre: s'il y a un téléphone, une télévision, une salle de bains, etc. Le/La réceptionniste vous demande votre nom, adresse, vos documents, etc. Vous voulez votre petit déjeuner à sept heures du matin, et vous précisez ce que vous désirez.

VIDÉOTHÈQUE*

THÈME **5** **Les vacances et les voyages**

SCÈNE **5.1** **L'agence de voyages**
While Michel and Paul are waiting at a travel agency, they talk about Paul's memorable vacation to Italy last year. Then they meet with a travel agent to set up Paul's vacation for this year. First read over the **Vocabulaire utile** and the activity, then view the scene. Check your comprehension by completing the activity.

VOCABULAIRE UTILE

des vacances inoubliables	an unforgettable vacation
deux heures de retard	two hours late
Il a fallu trouver...	We had to find . . .
Il t'est arrivé pas mal de mésaventures!	A lot of bad things happened to you!
J'ai quand même fait la connaissance...	I nevertheless met . . .
On m'a volé mon appareil-photo...	Someone stole my camera . . .
faire de telles affaires	to get good deals
les souks	North African markets
marchander	to bargain
des cadeaux	presents
J'aurai droit à quoi?	I'll be entitled to what?
le billet d'avion aller-retour	round-trip plane ticket
un bon moyen	a good way
Il nous reste encore...	We still have . . .
la date limite de réservation	deadline for making reservations
trois semaines auparavant	three weeks beforehand

● **Vivent les vacances!** Indiquez si les phrases suivantes sont vraies (V) ou fausses (F).
1. V F Paul a envie de visiter le Maroc.
2. V F Michel a déjà visité l'Afrique.
3. V F Paul n'a pas eu de problèmes pendant ses vacances en Italie.

*The theme and scene numbers correspond to those in the Video to accompany *Vis-à-vis*.

4. V F Paul n'a pas de photo de Giovanna.
5. V F Paul aime marchander.
6. V F Le prix inclut le billet aller-retour, un hôtel confortable et deux repas par jour.
7. V F Paul va avoir besoin de vaccinations et d'un visa.
8. V F Il reste beaucoup de choix pour la fin juillet et le début août.

CHAPITRE 8 — VOCABULAIRE

Verbes

bronzer to get a suntan
devenir to become
dormir to sleep
fermer to close
fumer to smoke
mettre to put on; to place
nager to swim
obtenir to obtain, get
oublier to forget
partir (à) (de) to leave (for) (from)
pêcher to fish
pleuvoir to rain
quitter to leave (*someone or someplace*)
revenir to come back to, return (*someplace*)
sentir to feel; to sense; to smell
servir to serve
sortir to leave; to go out
venir to come
  venir de + *inf.* to have just (*done something*)
voyager to travel

À REVOIR: **porter, pouvoir, rendre visite à, rester**

Substantifs

l'achat (*m.*) purchase
l'alpinisme (*m.*) mountaineering
l'an (*m.*) year
l'année (*f.*) year
le bateau (à voile) (sail)boat
la bicyclette bicycle
  faire de la... to go bicycling
la campagne country(side)
le camping camping
le cheval horse
  faire du... to go horseback riding
la clé, clef key
l'endroit (*m.*) place
l'état (*m.*) state
le fleuve (large) river
la forêt forest
le lac lake
la matinée morning
la mer sea, ocean
le mois month
le monde world
la montagne mountain
la nuit night
le parapluie umbrella
le pays country (nation)
la plage beach
la planche à voile windsurfer

la plongée sous-marine skin diving
  faire de la... to go skin diving
la randonnée hike
  faire une... to go hiking
la route road
la semaine week
le ski de piste downhill skiing
  ...de fond cross-country skiing
  ...nautique waterskiing
la soirée evening
le/la voisin(e) neighbor

À REVOIR: **la carte postale, la promenade, les vacances** (*f. pl.*)

Les vêtements et l'équipement sportifs

l'anorak (*m.*) (ski) jacket
les chaussures (*f.*) **de ski** ski boots
  ...de montagne hiking boots
les lunettes (*f.*) glasses
  ...de ski ski goggles
  ...de soleil sunglasses
le sac de couchage sleeping bag
la serviette de plage beach towel

le ski ski
la tente tent
À REVOIR: **la chaussure, le maillot de bain, la robe, le sac à dos**

Expressions temporelles

les années (cinquante) the decade (era) of (the fifties)
avant-hier the day before yesterday
depuis since, for
dernier/ière last
hier yesterday
il y a ago
passé(e) last

Pays

l'Algérie (*f.*) Algeria
l'Allemagne (*f.*) Germany
l'Angleterre (*f.*) England
la Belgique Belgium
le Brésil Brazil
le Canada Canada
la Chine China
le Congo Congo
la Côte-d'Ivoire Ivory Coast
l'Espagne (*f.*) Spain
les États-Unis (*m.*) United States
la France France
la Grèce Greece
Haïti (*m.*) Haiti

l'Italie (*f.*) Italy
le Japon Japan
le Maroc Morocco
le Mexique Mexico
le Portugal Portugal
le Québec Quebec
la Russie Russia
le Sénégal Senegal
la Suisse Switzerland
la Tunisie Tunisia
le Zaïre Zaire

EN ROUTE!

Paris
Carrefour Charles de Gaulle-Étoile

Chère Nathalie,

*Bonne nouvelle: J'ai acheté une voiture rouge!
une occasion unique! une pièce de collection!*

*Mauvaise nouvelle: J'ai déjà éclaté un pneu!
J'ai fait le plein, j'ai roulé une demi-heure dans
Paris, et pan! l'explosion de mon pneu sur L'Avenue
des Champs-Élysées.*

*Je suis désespéré. Je suis ruiné. Et comment
aller à la fac maintenant?*

Console-moi!

*Paul**

---

*Chapitres **9–12** of *Vis-à-vis* feature an exchange of cards and letters between Paul, from
the Video to accompany *Vis-à-vis*, and his former girlfriend Nathalie from Nice, France.
Refer to **Chapitre 1, Leçon 1** to refamiliarize yourself with these people.

LEÇON I

PAROLES

En avion

À l'aéroport

Air France Vol No. 512
à destination
de New York

l'avion

le pilote

le steward   l'hôtesse de l'air

Zone fumeur   Zone non-fumeur

Première classe   Classe affaires   Classe économique

la carte d'embarquement

Allez-y!

● **Bienvenue à bord!** Complétez les phrases d'après le dessin.

1. Si on fume, on veut un siège (*seat*) dans la _____.
2. Le _____ est le conducteur de l'avion.
3. L' _____ apporte les repas.
4. Les gens très riches voyagent en _____.
5. Quand on est dans la _____, on ne peut pas fumer.
6. Le _____ sert les boissons.
7. On présente une _____ pour monter dans l'avion.
8. Les hommes et les femmes d'affaires voyagent en _____.
9. Les étudiants voyagent en _____.
10. Le _____ 512 part à 13h50.

LA POSTE 1995 4.40

RÉPUBLIQUE FRANÇAISE   PONT DE NORMANDIE

LES POINTS CARDINAUX

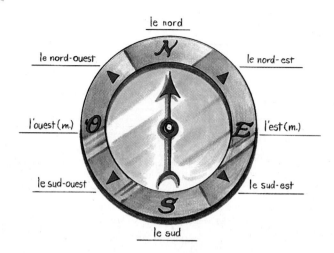

le nord

le nord-ouest — le nord-est

l'ouest (m.) — l'est (m.)

le sud-ouest — le sud-est

le sud

A **Quelques pays européens et leurs capitales.** Quel pays trouve-t-on
_____? Quelle est sa capitale? (Regardez la carte géographique de
l'Europe au début de ce livre.)

MODÈLE: au sud-est de l'Italie →
Au sud-est de l'Italie, on trouve la Grèce. Capitale: Athènes.

PAYS	CAPITALES
1. au nord-est de l'Espagne	Londres
2. à l'est de la Belgique	Madrid
3. au sud-ouest de la France	Bruxelles
4. à l'ouest de l'Espagne	Berne
5. au nord-ouest de la France	Berlin
6. au sud-est de la France	Rome
7. au nord de l'Italie	Lisbonne
8. au nord de la France	Paris

B **Bon voyage!** Maintenant, un(e) camarade décrit la situation
géographique d'un pays étranger qu'il/elle a visité ou d'un pays
étranger visité par un ami ou un parent. Essayez d'identifier le pays.
Puis donnez le nom d'une ville de ce pays. Regardez les cartes au
début de ce livre!

MODÈLE: É1: Ma cousine Betty a visité un pays au nord-ouest de l'Italie.
É2: Ta cousine a-t-elle visité la France?
É1: Oui. Elle a visité Lille.

EN TRAIN

À la gare

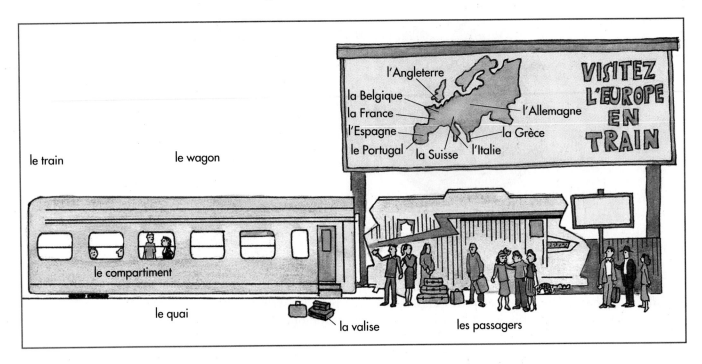

le train   le wagon

l'Angleterre
la Belgique
la France
l'Espagne
le Portugal   la Suisse   l'Italie
l'Allemagne
la Grèce

VISITEZ L'EUROPE EN TRAIN

le compartiment

le quai

la valise   les passagers

AUTRES MOTS UTILES

le billet	ticket
la couchette	berth
le guichet	(ticket) window

Allez-y!

A **Définitions.** Répondez, s'il vous plaît!

1. Quel véhicule de transport trouve-t-on dans une gare?
2. Comment s'appelle chaque voiture d'un train?
3. Comment s'appellent les personnes qui voyagent?
4. Comment s'appelle la partie du wagon où les passagers sont assis (*seated*)?
5. Où est-ce que les passagers attendent l'arrivée d'un train?
6. Où achète-t-on les billets?

B **Trains/autos accompagnées.** Pour partir en vacances, beaucoup de Français prennent le train. Lisez la publicité de la SNCF (Société nationale des chemins de fer français) puis répondez aux questions.

1. Quel service propose cette publicité?
2. Où se trouve le «coffre» d'une voiture? À quoi sert-il (*What is it for*)?
3. Quel autre véhicule peut-on transporter en train?
4. Comment sont les compartiments? Et les couchettes?
5. Est-ce que le petit déjeuner est compris dans le prix du voyage?
6. Combien de temps après l'arrivée retrouve-t-on sa voiture?

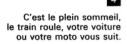

TRAINS AUTOS ACCOMPAGNÉES

1

Chez vous ; le coffre est chargé : plus de souci de valises jusqu'à l'arrivée.

2

Vous arrivez tranquillement à la gare de chargement, vous avez jusqu'à 20 h 15 pour remettre votre voiture ou votre moto

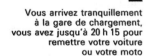

3

Le compartiment est climatisé, la couchette est confortable, vous vous glissez dans vos draps.

4

C'est le plein sommeil, le train roule, votre voiture ou votre moto vous suit.

5

7 h 45 : vous descendez du train ; le petit déjeuner vous attend, il est gratuit.

6

8 h 30 : en forme, vous retrouvez votre voiture ou votre moto. Bonne route !

Un exemple : Paris - Saint-Raphaël.

C **Interview.** Demandez à un(e) camarade s'il (si elle) a voyagé en train. A-t-il/elle mangé dans un wagon-restaurant? A-t-il/elle dormi dans un wagon-lit? Quelle ville a-t-il/elle visitée pendant ce voyage? À qui a-t-il/elle rendu visite? Ensuite, racontez à la classe le voyage de votre camarade.

215

EN ROUTE!

Jean-Pierre **conduit**
sa **moto** dans les Alpes.

Annick **roule** toujours très vite.
Elle préfère **l'autoroute!**

Marianne **fait le plein**
d'essence à la station-service.

Martine et Annie **traversent**
la France en vélo.

Allez-y!

A **Moyens de transport.** Quel véhicule conduit-on dans les situations suivantes?

1. Vous vous trouvez au bord d'un lac.
2. La classe fait une excursion.
3. Vous êtes sportif/ive.
4. Vous aimez rouler très vite.
5. Vous passez le week-end avec votre famille.
6. Vous arrivez à l'aéroport d'une ville.
7. Vous voulez faire de l'exercice.
8. Quand vous faites le plein, vous payez très peu.

B **Interview.** Posez les questions suivantes à un(e) camarade.

1. Comment préfères-tu voyager en vacances? Pourquoi? Est-ce que ça dépend de ta destination?
2. Quels moyens de transort préfères-tu prendre en ville?

3. À ton avis, quel moyen de transport est très économique? très rapide? très dangereux? très polluant? très agréable? Quels problèmes de transport y a-t-il dans ta ville ou dans ta région?

LE VERBE CONDUIRE

PRESENT TENSE OF **conduire** (*to drive*)			
je	condu**is**	nous	condu**isons**
tu	condu**is**	vous	condu**isez**
il, elle, on	condu**it**	ils, elles	condu**isent**

Past participle: **conduit**

- All verbs ending in **-uire** are conjugated like **conduire.**

construire *to construct*	Nous **construisons** une nouvelle ville.
détruire *to destroy*	On **détruit** le vieux pour construire du neuf.
traduire *to translate*	**Traduis** cette brochure en espagnol.

Allez-y!

Interview. Posez les questions suivantes à un(e) camarade de classe. Ensuite, rapportez le fait le plus intéressant à la classe. Utilisez également les expressions de la page 216.

1. Conduis-tu souvent? Quand tu sors avec des copains (= amis), conduisez-vous ou utilisez-vous les transports en commun?
2. Dans ta famille, qui conduit le plus souvent? Qui ne conduit pas?
3. Aimes-tu conduire? Quelle marque de voiture préfères-tu? Pourquoi? Préfères-tu les voitures américaines ou les voitures fabriquées à l'étranger (*abroad*)?
4. Penses-tu que les voitures détruisent les grandes villes? Est-ce qu'on construit trop d'autoroutes aux États-Unis?
5. Que penses-tu des motos? des bicyclettes?
6. As-tu jamais traversé les États-Unis en voiture? Quand? Avec qui?

STRUCTURES

THE *PASSÉ COMPOSÉ* WITH *ÊTRE*

TALKING ABOUT THE PAST

Les explications du dimanche matin

MME FERRY: Je voudrais bien savoir où tu **es allée** hier soir! Et à quelle heure **es**-tu **rentrée**?

STÉPHANIE: Pas tard, maman. Je **suis sortie** avec des copains. On **est allé** prendre un verre chez Laurent, on **est resté** à peu près une heure puis on **est parti** pour aller au ciné. Je **suis revenue** à la maison aussitôt après le ciné.

MME FERRY: Tu es sûre? Parce que ton père **est revenu** du match de foot à 11h et il n'a pas vu la voiture dans le garage....

Retrouvez la phrase correcte dans le dialogue.

1. À quelle heure es-tu arrivée hier soir?
2. On a bu un verre chez Laurent.
3. On a discuté pendant une heure.
4. On a vu un film.
5. Ton père est rentré à 11h.

Most French verbs form the **passé composé** with **avoir** as the auxiliary verb. A few, however, require **être** as the auxiliary verb. One such verb is **aller.**

PASSÉ COMPOSÉ OF **aller**	
je suis all**é(e)**	nous sommes all**é(e)s**
tu es all**é(e)**	vous êtes all**é(e)(s)**
il, on est all**é**	ils sont all**és**
elle est all**ée**	elles sont all**ées**

1. The past participle of verbs conjugated with **être** in the **passé composé** agrees with the subject in gender and number.

Marc est all**é** au Japon.	*Marc went to Japan.*
Hélène est all**ée** en Côte-d'Ivoire.	*Hélène went to Ivory Coast.*
Jean et Loïc sont all**és** à Chartres.	*Jean and Loïc went to Chartres.*
Léa et Évelyne sont all**ées** à Hawaï.	*Léa and Évelyne went to Hawaii.*

2. The following verbs take **être** in the **passé composé**. Note that most convey motion or a change in state. Irregular past participles are indicated in parentheses.

aller *to go*	**rentrer** *to return; to go home*
arriver *to arrive*	**rester** *to stay*
*descendre *to go down; to get off*	**retourner** *to return; to go back*
entrer *to enter*	**revenir (revenu)** *to come back*
*monter *to go up; to climb*	
mourir (mort) *to die*	*†sortir *to go out*
naître (né) *to be born*	**tomber** *to fall*
†partir *to leave*	**venir (venu)** *to come*
*passer par *to pass by*	

3. Word order in negative and interrogative sentences in the **passé composé** with **être** is the same as that for the **passé composé** with **avoir**.

Je **ne suis pas** allé au cours.	*I did not go to class.*
Sont-ils arrivés à l'heure?	*Did they arrive on time?*

L'année dernière je suis allée voir le Centre Pompidou...

---

*When **descendre, monter, passer,** and **sortir** are followed by a direct object, they take **avoir** in the **passé composé: Nous avons descendu la rivière en bateau. Elle a passé la frontière hier.**

†You may wish to review the presentation of **partir, sortir,** and **quitter** in **Chapitre 8, Leçon 2.**

Allez-y!

A **Une journée de vacances.** Dites où chaque personne est allée.

MODÈLE: Françoise / la musique classique / au concert →
Françoise aime la musique classique. Elle est allée au concert.

1. Joël / la planche à voile / au lac
2. tu / le football / au match
3. Mme Robert / le plein air / à la campagne
4. nous / les trains / à la gare
5. Chantal et Marie / les films / au cinéma
6. je / le soleil / à la plage
7. vous / l'art / au musée
8. Léa / la musique contemporaine / au Centre Pompidou

B **Départ en vacances.** Les Dupont, vos voisins, sont partis en vacances ce week-end. Vous racontez maintenant la scène à vos amis. Complétez l'histoire de façon logique et mettez les verbes au passé composé.

sortir
entrer
partir
retourner
aller

descendre
partir
tomber
repartir
monter
rester

Ce matin, mes voisins les Dupont _____¹ en vacances. Ils _____² à la mer. À 8 heures, M. Dupont et son fils _____³ et _____⁴ de la maison plusieurs fois avec des sacs et des valises. Mme Dupont _____⁵ cinq fois dans la maison pour aller chercher des objets oubliés.

Enfin, trois heures plus tard, toute la famille _____⁶ dans la voiture et elle _____⁷. Mais pas de chance, une des valises _____⁸ de la galerie (*roof rack*). M. Dupont _____⁹ de la voiture pour la remettre sur la galerie et ils _____¹⁰. Moi, je _____¹¹ chez moi.

C **Week-end en Suisse.** Brigitte et Bernard ont passé le week-end à Genève. Mettez l'histoire au passé composé et faites attention au choix de l'auxiliaire (**avoir** ou **être**).

Bernard vient¹ chercher Brigitte pour aller à la gare. Ils montent² dans le train. Ils cherchent³ leur voiture. Le train part⁴ quelques minutes plus tard. Il entre⁵ en gare de Genève à midi. Bernard et Brigitte descendent⁶ du train et vont⁷ tout de suite à l'hôtel. L'après-midi, ils sortent⁸ visiter la ville. Le soir ils dînent⁹ dans un restaurant élégant. Dimanche Brigitte va¹⁰ au musée et prend¹¹ beaucoup de photos de la ville. Bernard reste¹² à l'hôtel. Brigitte et Bernard quittent¹³ Genève en fin d'après-midi. Ils arrivent¹⁴ à Paris fatigués mais contents de leur week-end.

Qu'est-ce que Brigitte a fait que Bernard n'a pas fait?

D **Les voyageurs.** Ces personnes ont (peut-être) voyagé en Europe. Vous voulez connaître tous les détails du voyage. Avec un(e) camarade, formulez des questions complètes et donnez des réponses originales.

MODÈLE: Jacqueline / partir le 19 juin →
       É1: Est-elle partie le 19 juin?
       É2: Non, elle n'est pas partie le 19 juin; (elle a perdu son passeport).

1. Raphaël / rester une semaine à Nice
2. toi / arriver hier soir
3. Emma / aller en Italie
4. Marianne et David / passer par la Suisse
5. vous / repartir le 15 août
6. Marie et Flore / revenir en septembre

E **Profil psychologique.** Posez à un(e) camarade des questions basées sur les éléments donnés. Utilisez le passé composé dans vos questions. Ensuite, faites le portrait psychologique de votre camarade. D'après les réponses de votre camarade, quel caractère a-t-il/elle? Justifiez votre point de vue. **Mots utiles:** sociable, (ir)responsable, ponctuel(le), négligent(e), nostalgique, courageux/euse, aventureux/euse, (im)prudent(e), superstitieux/euse...

1. prendre un verre avec des amis hier soir
2. à quelle heure / rentrer
3. à quelle heure / arriver à l'université ce matin
4. entrer dans la salle de classe en retard, à l'heure ou en avance (*early*, or *in advance*)
5. retourner souvent à l'endroit où il/elle est né(e)
6. passer la nuit tout(e) seul(e) dans une forêt
7. monter souvent au sommet d'une montagne
8. descendre souvent dans une grotte (*cave*)
9. refuser de passer sous une échelle (*ladder*)

Ils sont sociables ou solitaires, ces jeunes gens?

THE PRESENT CONDITIONAL (INTRODUCTION)

EXPRESSING WISHES AND POLITE REQUESTS

Un week-end à Londres

JULIE: Est-ce que vous **auriez** des tarifs intéressants en ce moment pour Londres?

L'EMPLOYÉE: Vous tombez bien! Nous avons un vol en promotion à cinq cent cinquante francs aller-retour.

JULIE: Super! Et **pourriez**-vous me réserver une chambre d'hôtel du 3 au 7 septembre?

L'EMPLOYÉE: Pas de problème! Dans quel coin de Londres **aimeriez**-vous être?

JULIE: Je **voudrais** trouver un hôtel pas trop cher près de Hyde Park.

Quelles phrases de la partie de Julie correspondent aux descriptions suivantes?

1. Julie veut acheter un billet pas cher pour Londres.
2. Elle veut réserver une chambre d'hôtel.
3. Elle veut être près de Hyde Park.

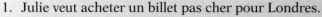

1. The conditional (**Le conditionnel**) is a verb form used to express possible or potential actions. In both French and English, it is used to make polite requests or inquiries. It gives a softer, more deferential tone to statements that might otherwise seem abrupt.

Pourriez-vous m'aider à trouver un vol?	*Could you help me (to) find a flight?*
Auriez-vous l'horaire des avions?	*Would you have a flight schedule?*
Je **voudrais** partir demain matin.	*I would like to leave tomorrow morning.*

2. The complete conjugation of the conditional will be presented in **Chapitre 15, Leçon 2.** Right now you will learn a handful of particularly useful forms. They appear in boldface in the following examples.

AVOIR

Valérie, tu **aurais** un livre de français à me prêter?

Valérie, would you have a French book to lend me?

Monsieur, **auriez**-vous la gentillesse de m'aider avec ma valise?

Sir, would you be so kind as to help me with my suitcase?

POUVOIR

Je **pourrais** vous poser une question?

Could I ask you a question?

Martine, tu **pourrais** m'aider?

Martine, could you help me?

Pourriez-vous me répondre par écrit?

Could you answer me in writing?

VOULOIR

Je **voudrais** un billet de train pour aller à Nice.

I would like a train ticket to go to Nice.

Marc, tu **voudrais** venir avec moi?

Marc, would you like to come with me?

Mademoiselle, **voudriez**-vous me suivre?

Miss, would you follow me, please?

Allez-y!

A **Dans le train.** Vous entendez ces bribes (*snippets*) de conversation dans le train. Complétez les phrases suivantes avec le conditionnel de **pouvoir, vouloir** ou **avoir.**

1. _____ -vous la gentillesse de fermer la fenêtre?
2. _____ -tu me passer mon sac?
3. Est-ce que je _____ ouvrir la fenêtre maintenant? J'ai chaud.
4. _____ -vous me dire à quelle heure le train arrive à Nice?
5. _____ -vous venir au wagon-restaurant avec nous?
6. Tu _____ peut-être partager (*to share*) mon sandwich?

B **Soyons diplomates.** Vous avez un ami (une amie) qui donne toujours des ordres. Indiquez-lui (*Tell him/her*) deux façons de demander la même chose, mais poliment.

MODÈLE: L'AMI(E): Dites-moi (*me*) à quelle heure le train part!
         VOUS: Non! Pourriez-vous me dire (*tell me*) à quelle heure le train part? (Je voudrais savoir [*to know*] à quelle heure le train part.)

1. Donnez-moi un billet de première classe!
2. Expliquez-moi pourquoi les places (*seats*) sont si chères.
3. Donnez-moi quatre billets de deuxième classe.
4. Indiquez-moi quand le train va arriver.
5. Dites-moi si je dois réserver des places!

CORRESPONDANCE

Pauvre Paul!

À mon avis, à Paris, un tank serait plus sûr et plus solide.

Autre solution: Tu pourrais circuler à vélo. C'est économique et écologique. Ou encore: Tu achètes une carte orange et, comme tout le monde, tu prends le métro ou le bus. Mais peut-être, est-ce trop commun pour toi?

Dernière solution: Tu marches. C'est gratuit et c'est excellent pour la forme.

Quant à moi, je n'ai pas de tels problèmes ici en Bourgogne. Je prends le train pour Cannes la semaine prochaine. Le Festival m'attend, et je compte faire une série d'interviews pour mon journal.

Bon courage!

Nathalie

PORTRAIT: Jules Verne
(écrivain français, 1828–1905)

Qui est-il? L'auteur du *Tour du monde en quatre-vingts jours*. Le créateur du roman de science-fiction à la française. Un fanatique des voyages extraordinaires. Un visionnaire qui prévoit,[1] dès le XIXème siècle, les voyages sur la lune.[2]

[1] foresees [2] moon

FLASH 1 ÉTUDIANTS: COMMENT VOYAGER MOINS CHER?

Vous êtes étudiant? Cela signifie que: 1° vous n'avez pas beaucoup d'argent; 2° mais vous avez du temps, surtout pendant les vacances; 3° et surtout, vous adorez voyager! En France, la SNCF (Société Nationale des Chemins de Fer français) vous propose toutes sortes de solutions pour voyager moins cher:

- Avec les prix Joker ou la carte «Carrissimo», vous obtenez des réductions qui peuvent, selon le cas, atteindre[1] 60% du prix du billet.

- Avec la « Carte Inter Rail » de libre[2] circulation vous pouvez voyager tous les jours, dans toute l'Europe pour le même prix!

Où acheter ces cartes? Dans toutes les gares de France. Bon voyage!

[1]reach [2]free

Pause de jeunes voyageurs à la Gare de Lyon.

FLASH 2 LA PETITE REINE[1] OU LA REVANCHE DE LA BICYCLETTE

Plus de 100 000 cyclistes à Paris! « Auto, c'est trop: la ville aux vélos », « Paris à vélo et le monde est plus beau »: Voilà les slogans des partisans de « la petite reine », principalement les jeunes qui adoptent de plus en plus ce moyen de locomotion non polluant.

Réunis en associations et mouvements de défense de la bicyclette, les cyclistes manifestent[2] régulièrement à Paris. Ils protestent contre la dictature de la voiture. Ils demandent la protection des cyclistes: se déplacer[3] sans danger dans les rues de Paris! Circuler décontracté,[4] sans avoir peur des voitures, quel rêve![5]

[1]queen [2]demonstrate [3]se... to move about [4]in a relaxed manner [5]dream

Paris à vélo: C'est génial!

LEÇON 3

STRUCTURES

AFFIRMATIVE AND NEGATIVE ADVERBS
EXPRESSING NEGATION

Le train à grande vitesse

PATRICIA: Tu as **déjà** voyagé en TGV?
FRÉDÉRIC: Non, **pas encore.** Mais j'ai réservé une place pour samedi prochain. Je vais voir mes parents à Lyon.
PATRICIA: Est-ce qu'il faut **toujours** réserver à l'avance pour le TGV?
FRÉDÉRIC: Oui, c'est obligatoire. Moi, je **n'**aime **pas du tout** ce système parce que j'ai **toujours** eu horreur de prévoir à l'avance. J'aime partir à la dernière minute, je **ne** fais **jamais de** projets, et je **n'**ai **jamais** eu **d'**agenda.

Trouvez la phrase ou la question équivalente dans le dialogue.

1. Tu n'as pas encore voyagé en TGV?
2. Ne peut-on jamais prendre le TGV sans réservation?
3. Moi, je déteste ce système.

1. The adverbs **toujours, souvent,** and **parfois** (*sometimes*) generally follow the verb in the present tense. The expression **ne (n')... jamais,** constructed like **ne... pas,** is the negative adverb (**l'adverbe de négation**) equivalent to *never* in English.

> Henri voyage **toujours** en train.*
> Marie voyage **souvent** en train.*
> Hélène voyage **parfois** en train.
> }
> Je **ne** voyage **jamais** en train.
> *I never travel by train.*

---

*Sentences whose verbs are modified by **toujours** and **souvent** may also be negated by **ne (n')... pas**: Henri ne voyage pas toujours en train. Il voyage parfois en avion. Marie ne voyage pas souvent en train. Elle préfère conduire sa voiture.

2. Other common adverbs follow this pattern.

AFFIRMATIVE	NEGATIVE
encore *still*	**ne (n')... plus** *no longer, no more*
déjà *already*	**ne (n')... pas encore** *not yet*
Le train est **encore** sur le quai.	Le train **n'**est **plus** sur le quai.
The train is still on the platform.	*The train is no longer on the platform.*
Nos valises sont **déjà** là?	Nos valises **ne** sont **pas encore** là.
Are our suitcases there already?	*Our suitcases aren't there yet.*

3. As with **ne (n')... pas,** the indefinite article and the partitive article become **de (d')** when they follow negative adverbs.

AFFIRMATIVE	NEGATIVE
Je vois **toujours des Américains** dans l'autocar.	Je **ne** vois **jamais de Français** dans l'autocar.
I always see Americans on the tourist bus.	*I never see (any) French people on the tourist bus.*
Avez-vous **encore des billets** à vendre?	Non, je **n'**ai **plus de billets** à vendre.
Do you still have (some) tickets to sell?	*No, I have no more (I don't have any more) tickets to sell.*
Karen a **déjà des amis** en France.	Vincent **n'**a **pas encore d'amis** aux États-Unis.
Karen already has (some) friends in France.	*Vincent doesn't have any friends in the United States yet.*

Definite articles do not change.

> Je ne vois jamais **le** contrôleur (*conductor*) dans ce train.
> Annick ne prend plus **l'**autoroute à Caen.
> On ne voit pas encore **le** sommet de la montagne.

4. In the **passé composé,** affirmative adverbs are generally placed between the auxiliary and the past participle.

> M. Huet **a toujours (souvent, parfois)** pris l'avion.

5. Note the interrogative forms of the negative adverbial construction.

—Marie **n'a**-t-elle **jamais** voyagé en avion? (Est-ce que Marie a déjà voyagé en avion?)	*Hasn't Marie ever traveled by plane? (Has she already traveled by plane?)*
—Non, elle **n'**a **jamais** voyagé en avion.	*No, she has never traveled by plane.*
—Non, elle **n'**a **pas encore** voyagé en avion.	*No, she has not yet traveled by plane.*

227

6. **Ne... pas du tout** is used instead of **ne... pas** for emphasis.

Je **n'**aime **pas du tout** les avions!	*I don't like planes at all!*
—As-tu faim?	*Are you hungry?*
—**Pas du tout!**	*Not at all!*

Allez-y!

A **Un voyageur nerveux.** Chaque fois qu'il part en vacances, M. Laffont se préoccupe de tout (*worries about everything*). Mme Laffont essaie toujours de le calmer (*calm him down*). Avec un(e) camarade, jouez les rôles de M. et Mme Laffont. Suivez le modèle.

MODÈLE: M. LAFFONT: Tu n'as pas encore trouvé les valises.
MME LAFFONT: Mais si!* J'ai déjà trouvé les valises.

1. Nous ne faisons jamais de voyages agréables.
2. Il n'y a plus de places dans le train.
3. Il n'y a plus de billets en seconde classe.
4. Nous ne sommes pas encore arrivés.
5. Il n'y a jamais de téléphone à la gare.
6. Il n'y a plus de voitures à louer.
7. Tu n'as pas encore trouvé la carte (*map*).
8. Nous ne sommes pas encore sur la bonne route (*the right road*).

B **En voyage.** Dites ce que font ces personnes quand elles sont en voyage. Remplacez **seulement** par **ne... que.**

MODÈLE: Je prends seulement le train. →
Je ne prends que le train.

1. Martin envoie (*sends*) seulement des cartes postales.
2. Vous achetez seulement des souvenirs drôles.
3. Mes cousins mangent seulement dans les fast-food.
4. Tu prends seulement une valise.
5. Nous dormons seulement dans des auberges de jeunesse (*youth hostels*).
6. Sophie regarde seulement les bateaux sur la mer.

MOTS-CLÉS

Ne... que

The expression **ne (n')... que (qu')** is used to indicate a limited quantity of something. It has the same meaning as **seulement** (*only*).

> Je **n'**ai **qu'**un billet.
> J'ai **seulement** un billet.
> *I have only one ticket.*

> Il **n'**y a **que** trois trains cet après-midi.
> Il y a **seulement** trois trains cet après-midi.
> *There are only three trains this afternoon.*

> Hélène **n'**a fait **que** deux réservations.
> Hélène a fait **seulement** deux réservations.
> *Hélène made only two reservations.*

---

*Remember that **si** rather than **oui** is used to contradict a negative question or statement.

© **Préparatifs de voyage.** Quand vous partez en voyage, faites-vous les choses suivantes **toujours, souvent, parfois** ou **jamais**? Interviewez un(e) camarade.

MODÈLE: arriver à l'aéroport à la dernière minute →
   É1: Est-ce que tu arrives toujours à l'aéroport à la dernière minute?
   É2: Moi non, je n'arrive jamais à l'aéroport à la dernière minute! (J'arrive parfois à l'aéroport à la dernière minute.) Et toi?

1. oublier ton passeport (ta brosse à dents [*toothbrush*], ta carte de crédit...)
2. prendre ton appareil-photo (un guide, une carte...)
3. acheter de nouveaux vêtements (de nouvelles chaussures, de nouvelles lunettes de soleil...)
4. créer un itinéraire (à l'avance, au dernier moment)
5. faire ta valise au dernier moment (la veille [*the day before*], une semaine avant...)

AFFIRMATIVE AND NEGATIVE PRONOUNS
EXPRESSING NEGATION

La consigne automatique

SERGE: Il y a **quelque chose** qui ne va pas?
JEAN-PIERRE: Oui, j'ai des ennuis avec la consigne; elle ne marche pas.
SERGE: Ah, ça! Il n'y a **rien** de plus énervant!
JEAN-PIERRE: **Tout le monde** semble toujours trouver une consigne qui marche, sauf moi.
SERGE: Regarde, **quelqu'un** sort ses bagages d'une consigne. Là, tu es sûr qu'elle marche!
JEAN-PIERRE: Excellente idée!

Corrigez les phrases inexactes.

1. Tout va bien pour Jean-Pierre.
2. Il y a quelque chose de plus énervant (*something more exasperating*) qu'une consigne qui ne marche pas.
3. Jean-Pierre et deux autres passagers ne trouvent pas de consigne qui marche.
4. Quand quelqu'un place ses bagages dans une consigne, on est sûr qu'elle marche.

Affirmative Pronouns

Quelqu'un[*] (*Someone*), **quelque chose** (*something*), **tout** (*everything, all*), and **tout le monde** (*everybody*) are indefinite pronouns (**des pronoms indéfinis**). All four can serve as the subject of a sentence, the object of a verb, or the object of a preposition.

Il y a **quelqu'un** au guichet maintenant.	*Someone is at the ticket counter now.*
Vous avez vu **quelqu'un** sur le quai?	*Did you see someone on the platform?*
Jacques a parlé avec **quelqu'un** il y a un moment.	*Jacques spoke with someone a moment ago.*
Quelque chose est arrivé.	*Something has happened.*
Marie a acheté **quelque chose** au restaurant de la gare.	*Marie bought something at the station restaurant.*
Elle pense à **quelque chose,** mais à quoi?	*She's thinking about something, but what?*
Tout est possible.	*Everything is possible.*
Tout le monde est prêt?	*Is everybody ready?*

Negative Pronouns

1. **Personne** (*No one, Nobody, Not anybody*) and **rien** (*nothing, not anything*) are negative pronouns generally used in a construction with **ne (n')**. They can be the subject of a sentence, the object of a verb, or the object of a preposition.

Personne n'est monté dans ce train.	*No one boarded this train.*
Je **ne** vois **personne** dans le compartiment.	*I don't see anyone in the compartment.*
Jacques **ne** parle avec **personne** maintenant.	*Jacques isn't speaking with anyone right now.*
Rien ne l'intéresse.	*Nothing interests him/her.*
Je **ne** veux **rien.**	*I don't want anything.*
Elle **ne** pense à **rien.**	*She's not thinking about anything.*
Rien n'est impossible.	*Nothing is impossible.*
Personne n'est prêt.	*Nobody is ready.*

2. As the object of a verb in the **passé composé, rien** precedes the past participle, whereas **personne** follows it.

Marie **n'**a **rien** acheté au restaurant de la gare.	*Marie didn't buy anything at the station restaurant.*
Je **n'**ai vu **personne.**	*I didn't see anyone.*

---

[*]**Quelqu'un** is invariable in form: it can refer to both males and females.

3. Like **jamais, rien** and **personne** may be used without **ne** to answer a question.

—Qu'est-ce qu'il y a sur la voie?	*What's on the track?*
—**Rien.**	*Nothing.*
—Qui est au guichet?	*Who's at the ticket counter?*
—**Personne.**	*Nobody.*

4. When used with adjectives, the expressions **quelque chose, quelqu'un, ne... rien, ne... personne** are followed by **de** (**d'**) plus the masculine singular form of the adjective.

Y a-t-il **quelque chose de bon** au menu du wagon-restaurant?	*Is there something good on the menu in the restaurant car?*
Il y a **quelqu'un d'intéressant** dans le compartiment d'à côté.	*There is someone interesting in the next compartment.*
Il **n'y** a **rien d'amusant** dans ce journal.	*There is nothing entertaining in this paper.*
Il **n'y** a **personne d'important** dans la voiture de première classe.	*There is no one important in the first-class car.*

Allez-y!

A À la gare. Vous avez des ennuis avant de partir en voyage. Transformez les phrases suivantes.

MODÈLE: Quelqu'un est prêt! → Personne n'est prêt!

1. Quelqu'un a acheté les billets.
2. Quelqu'un a apporté nos valises.
3. Tout est prêt.
4. Jean-Claude pense à quelque chose.
5. Eric a tout pris.
6. Claudine parle avec quelqu'un.

B La vie en rose. Avec un(e) camarade, donnez une réponse affirmative pour chaque énonciation négative.

MODÈLE: Il n'y a personne à la caisse (*cash register*). →
  É1: Il n'y a personne à la caisse.
  É2: Mais si! Il y a quelqu'un à la caisse.

1. Il n'y a personne dans ce restaurant. **2.** Il n'y a rien de bon sur la carte. **3.** Il n'y a rien dans ce magasin de sport. **4.** Il n'y a rien de joli ici. **5.** Il n'y a personne dans cette agence de voyages. **6.** Il n'y a rien d'intéressant dans ces brochures. **7.** Il n'y a rien de moderne dans ce quartier. **8.** Il n'y a rien d'intéressant dans les rues.

LEÇON 4

LECTURE

Avant de lire

Anticipating content. When you encounter a new text, it can be helpful to make an educated guess about its content in advance. The following piece, for example, is taken from *Approche,* a publication of the Aéroports de France; keep this information in mind. Before you begin a close reading, glance at the headline. Think about these questions, too:

- For whom is the text written? How do you know?
- What is the main topic? What do you already know about it?
- How might the magazine of the Aéroports de France treat this topic?

When you approach a text with a few general ideas about its content, you will understand what you read more easily, even if—in the end—some of the writer's ideas do not fit your expectations.

As you read this article, remember that your goal is not to understand every word, but simply to grasp the overall meaning. You may even find it contains some useful advice. **Allez-y!**

La Concorde: toujours à l'avant-garde de l'aviation.

Jet-lag le mal des voyageurs au long cours

Virginie Michelet

Franchir les fuseaux horaires[a] *déboussole la pendule*[b] *biologique des voyageurs. Jet-lag mode d'emploi.*

Fatigué, stressé. Il est huit heures du matin. Vous descendez de l'avion après un vol de sept heures et tout à coup vous redoutez cette réunion de travail à dix heures. Vous souffrez du jet-lag, la "maladie" du décalage horaire. Comme la moitié,[c] voire les deux tiers de vos compagnons de voyage. Y compris les membres de l'équipage[d]! Le jet-lag se manifeste lorsque l'horloge[e] biologique – notre rythme propre – est inadaptée à un fuseau horaire. Il lui faut un jour par fuseau, soit[f] une semaine pour un New York-Paris, pour rétablir l'équilibre. Direction ouest, vous vous réveillez aux aurores et vous vous sentez lessivé[g] le soir. Vers l'est, vous êtes tout à fait alerte à minuit, mais impossible de vous lever le matin.

Interrogez les voyageurs avertis, ils ont chacun leur recette : régime élaboré, relaxation, aérobic à bord, somnifères... Depuis une quinzaine d'années cependant, des scientifiques américains, dont Martin Moore-Ede, professeur de physiologie à la Harvard Medical School, ont développé une panoplie de produits pour comprendre et prévenir les effets du jet-lag: *Circadian travel Guide, Jet-lag Combat Kit,* chambre "cocon" dans les hôtels de luxe pour rester à l'heure du pays d'origine... La grande responsable de ce malaise semble être la mélatonine, une substance activée par la lumière. Il est recommandé de s'exposer à une lumière forte,[h] en respectant l'alternance du jour et de la nuit sur le fuseau horaire. Des expérimentations récentes ont prouvé que la prise de mélatonine sous forme de pilules[i] atténuait les effets du jet-lag.

Important : mettre sa montre[j] à l'heure du pays de destination dans l'avion et éviter de se dire "chez moi, il est telle heure", se relaxer, boire beaucoup d'eau, éviter[k] excitants, alcools et somnifères, manger léger (protéines jusqu'à midi et hydrates de carbone le soir), enfin, s'accorder vingt minutes de sieste pour aider le corps à se régénérer. Dernier conseil des compagnies aériennes : pour un voyage de moins de quarante-huit heures, ne pas changer d'heure et laisser les autres s'adapter ! ●

[a]Franchir... *Crossing time zones*

[b]*clock*

[c]*half*

[d]*crew*

[e]*clock*

[f]*that is*

[g]*all washed out*

[h]une... *an intense light*

[i]*pills*

[j]*wristwatch*

[k]*avoid*

Compréhension

1. *Décalage horaire* est synonyme de _____.
   a. jet-lag
   b. fuseau horaire
   c. réunion de travail
2. Le décalage horaire frappe (*strikes*) _____.
   a. les passagers
   b. les membres de l'équipage
   c. les deux (*both*)

3. Quand on va à l'est, on est _____ à minuit.
   a. un peu fatigué
   b. alerte
   c. endormi (*asleep*)
4. La cause du jet-lag est probablement _____.
   a. une substance activée par la lumière
   b. l'aérobic à bord
   c. la lumière forte
5. Pour combattre le jet-lag, il est recommandé de _____.
   a. prendre un excitant
   b. dormir autant que (*as much as*) possible en avion
   c. respecter l'alternance du jour et de la nuit dans le pays de destination

À L'ÉCOUTE!

Bien entendu!

I. Retour de voyage. Alain is talking to Philippe about his vacation. First, look at the activities. Next, listen to the vocabulary and the conversation. Then do the activities.

VOCABULAIRE UTILE

raconte	tell (a story) (*imperative*)
partout	everywhere
le couscous	North African grain dish
du thé à la menthe	mint tea

A **Précisons!** Circle the correct answer.

1. Alain a fait un voyage _____.
   a. touristique b. d'affaires c. d'études
2. Alain est allé en _____.
   a. Asie b. Afrique c. Amérique du Sud
3. Alain a visité _____.
   a. Marrakech b. Casablanca c. Agadir
4. Le couscous est _____.
   a. une boisson b. un plat c. un taxi
5. Il a bu du _____.
   a. thé b. café c. vin
6. Alain est revenu avec _____.
   a. deux valises b. une valise seulement c. trois valises

B **Vrai ou faux?**

1. _____ Philippe a voyagé en Amérique du Sud.
2. _____ Le Maroc est un pays bilingue.
3. _____ Au Maroc, on voit des femmes partout.
4. _____ Alain n'a pas aimé la cuisine marocaine.
5. _____ Il a rapporté beaucoup de souvenirs.

II. Le pauvre Joseph. Joseph is often absent-minded. You will hear a brief story about him. First, look at the activity. Next, listen to the vocabulary followed by the story. Then do the activity.

VOCABULAIRE UTILE

tout d'un coup	all at once
est tombée en panne	broke down
a appelé	called
le mécanicien	mechanic

Une petite histoire. Put the following events in chronological order, based on the story.

_____ **a.** La voiture est tombée en panne.
_____ **b.** Le mécanicien est arrivé.
_____ **c.** Joseph est parti de chez lui.
_____ **d.** Il est retourné jusqu'à sa voiture.
_____ **e.** Il a pris l'autoroute du nord.
_____ **f.** Il est descendu de sa voiture.
_____ **g.** Il a roulé pendant une heure.
_____ **h.** Il a attendu dix minutes.
_____ **i.** Il a appelé un garage.
_____ **j.** Il a vu un téléphone.

Faire de la voiture dans les environs de Saint-Rémy-de-Provence.

En situation

En voiture![1]

Contexte *Geoffroy est venu faire des études d'optométrie à Nice. Il n'a pas encore eu le temps de visiter le Sud et a décidé de passer le week-end à Avignon pour voir le Palais des Papes[2] et le vieux pont.[3] Comme tout le monde, il prend le train.*

Objectif *Geoffroy achète un billet de train.*

GEOFFROY: *(au guichet)* À quelle heure est le prochain train pour Avignon, s'il vous plaît?

LE GUICHETIER: Vous avez un train dans vingt minutes et le suivant[4] est à vingt-deux heures.

GEOFFROY: Combien coûte le billet aller-retour[5] en deuxième classe?

LE GUICHETIER: Deux cent quatre-vingt-quatorze francs.

GEOFFROY: Je veux un aller simple,[6] s'il vous plaît. Je peux régler[7] par chèque de voyage?

LE GUICHETIER: Oui, s'ils sont en francs. Voilà votre billet. Vous avez une place[8] dans le compartiment 23, et vous partez du quai numéro 6.

GEOFFROY: Merci.

LE GUICHETIER: Oh, n'oubliez pas de composter.[9]

[1]En... *All aboard!* [2]Palais... *Palace of the Popes* [3]*bridge* [4]le... *the next one* [5]*round-trip ticket* [6]aller... *one-way ticket* [7]*payer* [8]*seat* [9]*have your ticket punched*

À PROPOS

Expressions utiles en voyage

EN VOITURE
Faites le plein (*Fill it up*), s'il vous plaît.
...de l'essence ordinaire ou du super?
Ma voiture est en panne (*broken down*).
Où y a-t-il une station-service (un garage), s'il vous plaît?

EN TAXI
C'est combien pour aller à Nation, s'il vous plaît?
(Emmenez-moi) à l'Hôtel du Centre, s'il vous plaît.

DANS LE MÉTRO (*SUBWAY*)
(Je voudrais) un ticket (de métro), s'il vous plaît.
(Je voudrais) un carnet (*book of tickets*), s'il vous plaît.

EN AUTOBUS
Où est l'arrêt de bus (*bus stop*), s'il vous plaît?
(Je voudrais) un ticket (de bus), s'il vous plaît.
Quel bus faut-il prendre pour aller à...?

● **Jeux de rôles.** Avec un(e) camarade, préparez une conversation entre un chauffeur de bus et un passager. Le passager ne sait pas (*doesn't know*) quel bus il faut prendre. Utilisez les expressions de l'**À propos**. Puis jouez la scène devant la classe.

VIDÉOTHÈQUE*

THÈME 5　Les vacances et les voyages

Cue to 50:18

SCÈNE 5.2　Comment aller à la gare
Paul tries to give a woman directions to the train station. Will she ever get there? Read over the **Vocabulaire utile** and the activity, then view the scene. Check your comprehension by completing the activity.

VOCABULAIRE UTILE

le chemin pour aller	the way to go
prendre la deuxième à gauche	to take the second left
tout droit jusqu'au deuxième feu	straight to the second stoplight
C'est à quelle distance?	How far is it?
environ	about
Vous continuez tout droit.	You keep going straight.
Vous ne pouvez pas la rater (*fam.*).	You can't miss it.
Mais laquelle?	But which one?
tourner	to turn
vers	toward

● **Le sens de l'orientation.** Numérotez les phrases par ordre chronologique.

_____ **a.** « La gare n'est pas très loin d'ici. »
_____ **b.** « Vous êtes bien gentil. »
_____ **c.** « Vous allez prendre la deuxième à gauche. »
_____ **d.** « Vous pourriez répéter, s'il vous plaît? »
_____ **e.** « Vous ne pouvez pas la rater. »
_____ **f.** « Après, vous marchez pendant cinq minutes. »
_____ **g.** « Je peux vous accompagner. »
_____ **h.** « Environ cinq cent mètres. »

*The theme and scene numbers correspond to those in the Video to accompany *Vis-à-vis*.

CHAPITRE 9
VOCABULAIRE

Verbes

conduire to drive
construire to construct
descendre to go down; to get off
détruire to destroy
entrer to enter
faire le plein to fill it up (*gas tank*)
marcher to work (*machine or object*)
monter to go up; to climb
mourir to die
naître to be born
passer (par) to pass (by)
rentrer to return, go home
retourner to return; to go back
rouler to travel (*in a car*)
tomber to fall
traduire to translate
traverser to cross

À REVOIR: **partir, voyager**

Substantifs

l'aéroport (*m.*) airport
l'arrivée (*f.*) arrival
l'autoroute (*f.*) highway
l'avion (*m.*) airplane
le billet ticket

la carte d'embarquement boarding pass
la classe affaires business class
la classe économique tourist class
le compartiment compartment
le/la conducteur/trice driver
la couchette berth
le départ departure
l'ennui (*m.*) problem, trouble
la gare train station
le guichet (ticket) window
l'hôtesse de l'air (*f.*) stewardess
le métro subway
la motocyclette, la «moto» motorcycle
le/la passager/ère passenger
le/la pilote pilot
le quai platform (*train station*)
le steward steward
le train train
la valise suitcase
le vol flight
le wagon train car
la zone fumeur smoking area
la zone non-fumeur nonsmoking area

À REVOIR: **l'endroit** (*m.*), **l'état** (*m.*), **la fois, le monde, le pays, la semaine, la voiture**

Expressions affirmatives et négatives

déjà already
encore still
ne... jamais never
ne... pas du tout not at all
ne... pas encore not yet
ne... personne no one, nobody
ne... plus no longer
ne... que only
ne... rien nothing
parfois sometimes
quelque chose something
quelqu'un someone
seulement only
tout everything
tout le monde everybody, everyone

Mots et expressions divers

à l'est/ouest to the east/west
à l'étranger abroad, in a foreign country
à l'heure on time
au nord/sud to the north/south
en retard late, not on time
si yes (*response to negative question*)

LES MÉDIAS ET LA COMMUNICATION

CHAPITRE 12

Cannes (Côte d'Azur)
Gérard Dépardieu au festival de Cannes

Pau... au... au... l!

J'ai réalisé l'interview du siècle: l'actrice Isabelle Adjani, en personne! Elle a répondu à toutes mes questions avec beaucoup de gentillesse et, en plus, elle m'a parlé de son prochain film: une exclusivité!

Je suis la meilleure! Je vais monter en grade! Le journalisme et moi, c'est pour la vie!
J'attends de tes nouvelles!

Bisous, bisous,

Nathalie

LEÇON I

PAROLES

LES MÉDIAS ET LA COMMUNICATION

1. Nous écrivons et nous envoyons*...

Où est la dame sur le dessin? Qu'est-ce qu'il y a, en général, sur une enveloppe? Où trouve-t-on des boîtes aux lettres? Que fait-on quand on veut envoyer (*to send*) un message urgent? Qu'est-ce qu'on envoie souvent pendant les vacances? Si vous envoyez un cadeau (*gift*) à quelqu'un, qu'est-ce que vous envoyez?

2. Nous lisons...

Où va-t-on pour acheter des journaux? Où se trouvent les petites annonces? Quand est-ce qu'on regarde les petites annonces? Quels magazines achetez-vous régulièrement? quelles revues?† quels journaux?

---

*Appendix D contains the complete conjugation of **envoyer, acheter,** and **appeler.**
†**Une revue** is generally a monthly publication of a scholarly or informational nature.

3. Nous parlons...

D'après ce dessin, où va-t-on pour téléphoner? Que doit-on chercher? Comment peut-on payer sa communication?* Que dit la personne qui répond? Où se trouvent les numéros de téléphone?

4. Nous écoutons et nous regardons...

Quelques chaînes de la télévision française

Télévision Française 1 (TF1)
le journal

France 2 (F2)
la publicité

France 3 (F3)
une émission de musique

Canal Plus (Télévision privée par câble)
une retransmission sportive

Canal Plus est une chaîne publique? Aimez-vous les émissions de musique classique? les retransmissions sportives? Regardez-vous régulièrement le journal? Que pensez-vous des publicités?

---

*Nearly all public phones in France require the **télécarte,** which can be purchased at the post office or a tobacco store (**le bureau de tabac**).

QUELQUES VERBES DE COMMUNICATION

Dire bonjour

Lire le journal

Écrire une lettre

Mettre de l'argent

	dire *(to say; to tell)*	**lire** *(to read)*	**écrire** *(to write)*	**mettre** *(to place; to put)*
je (j')	dis	lis	écris	mets
tu	dis	lis	écris	mets
il, elle, on	dit	lit	écrit	met
nous	disons	lisons	écrivons	mettons
vous	dites	lisez	écrivez	mettez
ils, elles	disent	lisent	écrivent	mettent
Past participle:	**dit**	**lu**	**écrit**	**mis**

Another verb conjugated like **écrire** is **décrire** (*to describe*).

Allez-y!

A **Lettre aux parents**

1. Vous racontez à un(e) camarade ce que vous mettez dans la lettre que vous écrivez à vos parents. Complétez les phrases avec les verbes **décrire, dire, écrire, lire** et **mettre,** au présent. Faites tous les changements nécessaires.

Cet après-midi, je _____¹ une longue lettre à mes parents. Dans ma lettre, je _____² mes cours et ma vie à l'université. Je donne aussi beaucoup de détails sur mes camarades et mes professeurs parce que mes parents sont très curieux. Ils sont aussi très compréhensifs (*understanding*) et je leur _____³ toujours la vérité quand j'ai des problèmes. Avant de fermer l'enveloppe, je _____⁴ la lettre une dernière fois (*last time*). Puis je _____⁵ la lettre à la boîte aux lettres.

2. Racontez la même histoire, mais cette fois commencez par « **mon (ma) camarade de chambre** », puis par « **Stéphanie et Albane** ». Faites tous les changements nécessaires.

B **Interview.** Posez les questions suivantes à un(e) camarade, puis inversez les rôles.

1. Est-ce que tu écris souvent des lettres? des cartes postales? À qui écris-tu? D'habitude, pour donner de tes nouvelles à tes amis, préfères-tu écrire ou téléphoner?

2. Est-ce que tu aimes lire? Lis-tu le journal tous les jours? Si oui, lequel? As-tu déjà cherché du travail dans les petites annonces? Quel magazine achètes-tu régulièrement? As-tu lu un bon livre récemment? Lequel?
3. Est-ce que tu regardes la télévision tous les soirs? Quelles émissions préfères-tu? Que penses-tu de la télévision américaine? À ton avis, y a-t-il trop de publicité à la télévision?

D'après ses réponses, que pouvez-vous dire de votre camarade et de ses goûts?

LES NOUVELLES TECHNOLOGIES

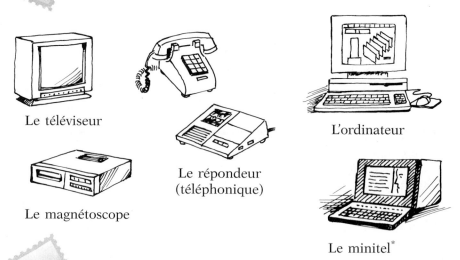

Le téléviseur

Le répondeur
(téléphonique)

L'ordinateur

Le magnétoscope

Le minitel*

Allez-y!

A **Définitions.** Regardez les dessins et trouvez le mot qui correspond à chaque définition.

1. C'est une machine qui prend des messages.
2. C'est un appareil qui nous permet de regarder des films à la maison.
3. C'est une machine qui nous permet de préparer des textes écrits.
4. C'est un petit terminal d'ordinateur qui donne accès aux services.
5. C'est un appareil qui nous permet de regarder les émissions de sport.

B **Les nouvelles technologies.** Posez les questions suivantes à un(e) ou plusieurs (*several*) camarades. **Mots et expressions utiles:** le photocopieur, le répondeur téléphonique, le magnétophone (la cassette), le disque compact, le magnétoscope (la vidéocassette), la caméra vidéo, la base de données (*data*), le traitement de texte (*word processing*), programmer, faire des calculs, des recherches...

1. Avez-vous un ordinateur? Est-ce qu'il a changé votre façon de travailler? Expliquez.
2. Avez-vous des jeux électroniques (*computer games*)? Quel jeu préférez-vous?
3. Quelles autres nouvelles technologies utilisez-vous? D'après vous, lesquelles sont indispensables? Expliquez pourquoi.
4. Préférez-vous regarder les films au magnétoscope ou au cinéma?

*For more on **le minitel,** see **Flash 2** in this chapter's **Correspondance** section.

STRUCTURES

THE IMPARFAIT

DESCRIBING THE PAST

Pauvre grand-mère!

MME CHABOT: Tu vois, quand j'**étais** petite, la télévision n'**existait** pas.

CLÉMENT: Mais alors, qu'est-ce que vous **faisiez** le soir?

MME CHABOT: Eh bien, nous **lisions,** nous **bavardions;** nos parents nous **racontaient** des histoires...

CLÉMENT: Pauvre grand-merè, ça **devait** être triste de ne pas pouvoir regarder la télévision le soir...

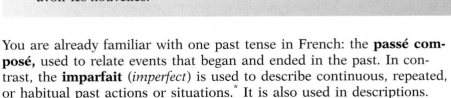

Qui parle dans les phrases suivantes, Mme Chabot ou Clément?

1. La télévision n'existait pas quand j'étais petite.
2. Ça devait être triste de ne pas regarder la télévision.
3. Tu n'avais pas de télévision, mais avais-tu la radio?
4. La télévision existait-elle quand je suis né?
5. Nous n'avions que la radio et les journaux pour avoir les nouvelles.

You are already familiar with one past tense in French: the **passé composé,** used to relate events that began and ended in the past. In contrast, the **imparfait** (*imperfect*) is used to describe continuous, repeated, or habitual past actions or situations.[*] It is also used in descriptions.

The **imparfait** has several equivalents in English. For example, **je parlais** can mean *I talked, I was talking, I used to talk,* or *I would talk.*

---

[*]You will learn more about the differences between the **passé composé** and the **imparfait** in **Chapitre 11, Leçon 2.**

Formation of the *imparfait*

1. The formation of the **imparfait** is identical for all French verbs except **être.** To find the regular imperfect stem, drop the **-ons** ending from the present-tense **nous** form. Then add the imperfect endings.

nous parlǿnś   **parl-**
nous finissǿnś   **finiss-**
nous vendǿnś   **vend-**
nous avǿnś   **av-**

IMPARFAIT OF **parler**			
je	parl**ais**	nous	parl**ions**
tu	parl**ais**	vous	parl**iez**
il, elle, on	parl**ait**	ils, elles	parl**aient**

J'**allais** au bureau de poste tous les matins.	*I used to go to the post office every morning.*
Mon grand-père **disait** toujours: « L'excès en tout est un défaut ».	*My grandfather always used to say, "Moderation in all things."*
Quand j'**habitais** avec les Huet, je **mettais** souvent la table.	*When I lived with the Huets, I would often set the table.*

2. Verbs with an imperfect stem that ends in **-i** (**étudier: étudi-**) have a double **i** in the first- and second-persons plural of the **imparfait: nous étud*i*ions, vous étud*i*iez.** The **ii** is pronounced as a lengthened *i* sound, to distinguish the **imparfait** from the present-tense forms **nous étudions** and **vous étudiez.**

3. Verbs with stems ending in **c** or **g** have a spelling change when the **imparfait** endings start with **a: je mang*e*ais, nous mangions; elle commen*ç*ait, nous commencions.** In this way, the pronunciation of the stem is preserved.

À Paris, j'allais au bureau de poste tous les jours pour envoyer des cartes postales.

4. The verb **être** (*to be*) has an irregular stem in the **imparfait: ét-.**

IMPARFAIT OF **être**			
j'	**étais**	nous	**étions**
tu	**étais**	vous	**étiez**
il, elle, on	**était**	ils, elles	**étaient**

Quand tu **étais** petit, tu aimais bien lire les contes de la Mère l'oie.

When you were little, you liked to read Mother Goose stories.

J'**étais** très heureux quand j'habitais à Paris.

I was very happy when I lived in Paris.

Uses of the *imparfait*

In general, the **imparfait** is used to describe actions or situations that existed for an indefinite period of time in the past. There is usually no mention of the beginning or end of the event. The **imparfait** is used in the following situations.

1. In descriptions, to set a scene:

C'**était** une nuit tranquille à Paris. Il **pleuvait** et il **faisait** froid. M. Cartier **lisait** le journal. Mme Cartier **regardait** la télévision et Achille, leur chat, **dormait.**

It was a quiet night in Paris. It was raining and (it was) cold. Mr. Cartier was reading the newspaper. Mrs. Cartier was watching television, and Achille, their cat, was sleeping.

2. For habitual or repeated actions:

Quand j'étais jeune, j'**allais** chez mes grands-parents tous les dimanches. Nous **faisions** de belles promenades.

When I was young, I went to my grandparents' home every Sunday. We would take (used to take) lovely walks.

3. To describe feelings and mental states:

Claudine **était** très heureuse— elle **avait** envie de chanter.

Claudine was very happy—she felt like singing.

4. To tell the time of day or to express age in the past:

Il **était** cinq heures et demie du matin.

It was 5:30 A.M.

C'était son anniversaire; il **avait** douze ans.

It was his birthday; he was twelve years old.

5. To describe an action or situation that was happening when another event (usually in the **passé composé**) interrupted it:

> Jean **lisait** le journal quand le téléphone a sonné.

> *Jean was reading the paper when the phone rang.*

MOTS-CLÉS

Talking about repeated past actions:
Use **tous les** (*m.*) or **toutes les** (*f.*) in the following expressions to indicate habitual actions.

tous les jours
every day

tous les après-midi (matins / soirs)
every afternoon (morning / evening)

toutes les semaines
every week

Other useful adverbs with the **imparfait** include the following.

d'habitude
as a rule, habitually

en général
generally

souvent
often

Allez-y!

A Sorties. L'an dernier, vous sortiez régulièrement avec vos amis. Faites des phrases complètes selon le modèle.

MODÈLE: dîner ensemble → Nous dînions ensemble.

1. jouer aux cartes les jours de pluie 2. boire des cafés 3. faire des promenades l'après-midi 4. pique-niquer à la campagne 5. aller en boîte (*disco*) tous les week-ends 6. partir en vacances ensemble

B Souvenirs d'enfance. Qui dans votre famille faisait les choses suivantes quand vous étiez petit(e)? **Expressions utiles: mes parents, mon frère / ma sœur, mon meilleur ami (ma meilleure amie) et moi, je...**

1. Qui lisait le journal tous les matins? 2. Qui regardait la télévision après le dîner? 3. Qui aimait écouter la radio le matin? 4. Qui faisait beaucoup de sport? 5. Qui étudiait tous les après-midi?
6. Qui lisait des bandes dessinées (*comics*)?

C C'était hier. Regardez les tableaux et répondez aux questions (% = **pour cent**).

1. En 1972, combien de Français pouvaient téléphoner de chez eux (*from their homes*)?
2. En 1962, la télévision était en couleur ou en noir et blanc?
3. En 1962, quel pourcentage de familles françaises avaient la télévision?
4. Combien de chaînes de télévision y avait-il en 1962?
5. Et vos grands-parents, qu'est-ce qu'ils faisaient en 1962? Est-ce qu'ils regardaient la télé? Est-ce qu'ils écoutaient la radio? Est-ce qu'ils lisaient le journal?

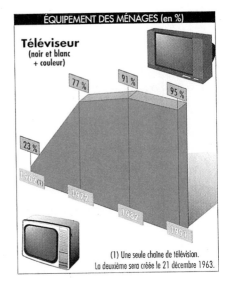

ÉQUIPEMENT DES MÉNAGES (en %)

Téléviseur
(noir et blanc + couleur)

77 % 91 % 95 %

23 %

1962 (1) 1972 1982 1991

(1) Une seule chaîne de télévision. La deuxième sera créée le 21 décembre 1963.

ÉQUIPEMENT DES MÉNAGES (en %)

Téléphone 79,5 % 97 %

9,3 % 18,2 %

1962 1972 1982 1991

D **Conversation.** Posez les questions suivantes à un(e) camarade. En 1989...

1. Quel âge avais-tu?   **2.** Habitais-tu à la campagne, dans une petite ville ou dans une grande ville? Avec qui habitais-tu?   **3.** Comment était ta maison ou ton appartement?   **4.** Étais-tu bon(ne) élève (*pupil*) à l'école (*school*)? Aimais-tu tes instituteurs (*teachers*)?   **5.** Étais-tu content(e)? Pourquoi ou pourquoi pas?   **6.** Où passais-tu tes vacances?   **7.** Faisais-tu du sport?

Maintenant racontez au reste de la classe ce que votre camarade faisait en 1989.

DIRECT OBJECT PRONOUNS
SPEAKING SUCCINCTLY

Les Cossec déménagent

THIERRY: Qu'est-ce qu'on fait avec la télé?
MARYSE: On va **la** donner à ta sœur.
THIERRY: D'accord. Et avec tous nos livres?
MARYSE: On va **les** envoyer par la poste. Ils ont un tarif spécial pour les livres.
THIERRY: Tu as raison. Je n'ai pas envie de **les** jeter. Et le minitel, on va **le** vendre?
MARYSE: Mais non. Tu sais bien qu'on **le** loue à France Télécom.* On doit **le** rendre avant la fin du mois.

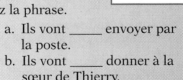

Trouvez la réponse correcte et complétez la phrase.

1. Qu'est-ce qu'ils font avec la télé?
2. Et avec les livres?
3. Et avec le minitel?

a. Ils vont _____ envoyer par la poste.
b. Ils vont _____ donner à la sœur de Thierry.
c. Ils vont _____ rendre.

Direct objects are nouns that receive the action of a verb. They usually answer the question *what?* or *whom?* For example, in the sentence *Robert dials the number,* the word *number* is the direct object of the verb *dials.*

Direct object pronouns (**les pronoms compléments d'objet direct**) replace direct object nouns: *Robert dials it.*

J'admire **la France.** Je l'admire.   *I admire France. I admire it.*
Je regarde **ma sœur.** Je la regarde.   *I look at my sister. I look at her.*

---
*France Télécom: Agence française de télécommunication.

Forms and Position of Direct Object Pronouns

DIRECT OBJECT PRONOUNS			
me (m')	*me*	**nous**	*us*
te (t')	*you*	**vous**	*you*
le (l')	*him, it*	**les**	*them*
la (l')	*her, it*		

1. Usually, French direct object pronouns immediately precede the verb in the present and the imperfect tenses and the auxiliary verb in the **passé composé.**

   Laurent compose **le numéro.**   Laurent composait **le numéro.**

   Laurent **le** compose.   Laurent **le** composait.

   Laurent a composé **le numéro.**

   Laurent **l'**a composé.

2. Third-person direct object pronouns agree in gender and in number with the nouns they replace.

   —Pierre lisait-il **le journal**?   *Was Pierre reading the newspaper?*

   —Oui, il **le** lisait.   *Yes, he was reading it.*

   —Veux-tu **ma revue**?   *Do you want my magazine?*

   —Oui, je **la** veux.   *Yes, I want it.*

   —Est-ce que vous postez **ces lettres?**   *Are you mailing these letters?*

   —Oui, je **les** poste.   *Yes, I'm mailing them.*

3. If the verb following the direct object pronoun begins with a vowel sound, the direct object pronouns **me, te, le,** and **la** become **m', t',** and **l'.**

   J'achète la carte postale. Je **l'**achète.   *I'm buying the postcard. I'm buying it.*

   Isabelle **t'**admirait. Elle ne **m'**admirait pas.   *Isabelle used to admire you. She didn't admire me.*

   Nous avons lu le journal. Nous **l'**avons lu.   *We read the newspaper. We read it.*

4. If the direct object pronoun is the object of an infinitive, it is placed immediately before the infinitive.

Annick va **chercher l'adresse.**	*Annick is going to get the*
Annick va **la chercher.**	*address. Annick is going to get it.*
Elle allait **la chercher.** Elle est allée **la chercher.**	*She was going to get it. She went to get it.*

5. In a negative sentence, the direct object pronoun always immediately precedes the verb that refers to it.

Nous ne regardons pas **la télévision.** Nous ne **la** regardons pas.	*We don't watch TV. We don't watch it.*
Je ne vais pas acheter **les billets.** Je ne vais pas **les** acheter.	*I'm not going to buy the tickets. I'm not going to buy them.*
Elle n'est pas allée chercher **le journal.** Elle n'est pas allée **le** chercher.	*She did not go to get the newspaper. She did not go to get it.*

6. Direct object pronouns also precede **voici** and **voilà.**

Le voici!	*Here he (it) is!*
Me voilà!	*Here I am!*

Allez-y!

A **Eurêka!** Suivez le modèle.

MODÈLE: Je cherche le bureau de poste. → Le voilà (*ou* Le voici).

1. Où est l'annuaire?
2. Elle a perdu le numéro de téléphone.
3. Où est le téléphone?
4. Il cherche le kiosque.
5. Il a envie de lire *Le Monde* d'hier.
6. Avez-vous le journal?
7. Où est l'adresse des Thibaudeau?
8. J'ai besoin de la grande enveloppe blanche.

LA POSTE

Pas de problème,
La Poste est là.

B **De quoi parlent-ils?** Vous êtes dans un café parisien et vous entendez les phrases suivantes. Trouvez dans la colonne de droite l'information qui correspond à chaque pronom.

1. Je vais les poster cet après-midi.   a. l'adresse
2. Elle le consulte.   b. les lettres
3. Je l'écris sur l'enveloppe.   c. le numéro
4. Nous venons de la lire.   d. l'annuaire
5. Je les achète à la poste.   e. la revue
6. Je l'ai déjà composé.   f. les timbres

« Alors, c'est d'accord pour se voir vendredi soir? »

C **Projets de voyage.** Jean-Luc et Philippe font toujours la même chose. Avec un(e) camarade, parlez de leurs projets selon le modèle.

MODÈLE: étudier le français cette année →
　　É1: Est-ce que Jean-Luc va étudier le français cette année?
　　É2: Oui, et Philippe va l'étudier aussi.

1. apprendre le français très rapidement (*quickly*)
2. prendre l'avion pour Paris en juin
3. visiter la tour Eiffel
4. admirer la vue du haut de la tour Eiffel
5. prendre ses repas dans de bons restaurants
6. regarder les gens sur les Champs-Élysées
7. essayer de lire les romans (*novels*) de Flaubert

Maintenant imaginez que Jean-Luc est l'opposé de Philippe.

MODÈLE: É1: Est-ce que Jean-Luc va étudier le français cette année?
　　É2: Oui, mais Philippe, il ne va pas l'étudier.

D **Interview.** Interviewez un(e) camarade de classe sur les préférences. Votre camarade doit utiliser un pronom complément d'objet direct dans sa réponse.

1. Utilises-tu souvent le téléphone?
2. Appelles-tu souvent tes camarades de classe? tes professeurs? tes parents?
3. Est-ce que tes parents t'appellent souvent? et tes amis?
4. Regardes-tu souvent la télé?
5. Aimes-tu regarder la publicité?
6. Préfères-tu apprendre les nouvelles dans le journal ou à la radio? à la radio ou à la télé?
7. Lis-tu des revues internationales?

Le Figaro, un petit crème: un après-midi parisien.

CORRESPONDANCE 10

Jardin des Tuileries
Paris

CARTE POSTALE

Chère Nathalie,

Je vois que tu t'amuses bien. Tant mieux pour toi. Moi, je m'ennuie à mourir. Il pleut, et je passe mon temps devant la télévision, à regarder des émissions sans intérêt. Au cinéma, il n'y a rien à voir: Les bons films vont sortir après le Festival de Cannes.

Naturellement, j'ai mes copains: Bénédicte, Michel, Caroline... Mais sans toi, la vie n'est pas drôle. Si tu travaillais à Paris? Pour un journal, pour une chaîne de télévision?

J'ai essayé de te téléphoner: impossible de te joindre. C'est exaspérant. Tu m'appelles?

Gros bisous,
Paul

PORTRAIT: Isabelle Adjani (actrice française, 1956–   )

Elle est la reine[1] du cinéma français: noble, belle, intelligente, talentueuse, elle inspire le respect au public et aux journalistes. À travers des[2] rôles prestigieux comme celui de[3] Camille Claudel, elle projette une image très contemporaine de la femme à la conquête de sa liberté.

[1]*queen*   [2]*À... Through such*   [3]*comme... as that of*

FLASH 1 CINÉMA FRANÇAIS: L'EXCEPTION CULTURELLE

Depuis des années, le cinéma français doit faire face à[1] un concurrent tout-puissant[2]: le cinéma américain. Comment lutter[3] contre ce géant de la production audiovisuelle?

En 1993, la menace[4] se précise: Les accords de libre-échange[5] du GATT mettent en danger le cinéma européen. Et pour la France l'audiovisuel ne doit pas devenir le monopole de l'Amérique.

Sous sa pression,[6] l'Europe obtient que le cinéma soit exclu des accords.[7] En effet, pour la France, les films ne sont pas une marchandise ordinaire. Le cinéma est un art, non un produit de consommation.[8] C'est ce que l'on appelle « l'exception culturelle ».

Mesure protectionniste au regard des Américains, l'exception culturelle a une signification économique et idéologique. Elle constitue peut-être la dernière chance d'un cinéma à la fois[9] indépendant et européen.

[1]faire... *face up to*   [2]concurrent... *all-powerful competitor*   [3]*to fight*   [4]*threat*
[5]les... *the free trade agreements*   [6]*pressure*   [7]obtient... *wins the fight that films be excluded from the free trade agreements*   [8]de... *consumer*   [9]a... *at the same time*

Orphée (1951) de Jean Cocteau manifeste la distinction du cinéma français.

FLASH 2 LE MINITEL: JE SAIS[1] TOUT, JE DIS TOUT

Informer, analyser, choisir, réserver, acheter, vendre, payer, louer, négocier,[2] discuter, s'amuser, rencontrer: Le minitel, créé par France Télécom, est l'outil[3] de communication le plus utilisé en France. Un petit écran,[4] un clavier[5] et un téléphone incorporé: Le minitel est une boîte[6] magique qui donne accès à toutes sortes de services.

Vous voulez acheter un billet de train? Composez le 36 15, code SNCF. Vous êtes immédiatement en relation avec le terminal SNCF. Faites votre transaction. Il ne vous reste plus qu'à retirer[7] votre billet à la gare 30 minutes avant votre départ.

Mais attention aux mauvaises surprises: Le minitel coûte cher! Comptez les minutes!

[1]*know*   [2]*trade*   [3]*tool*   [4]*screen*   [5]*keyboard*   [6]*box*   [7]*pick up*

Faxer par minitel: C'est rapide et efficace.

AGREEMENT OF THE PAST PARTICIPLE
TALKING ABOUT THE PAST

L'opinion d'un téléspectateur américain en France

LE REPORTER: Avez-vous déjà regardé la télévision française?

L'AMÉRICAIN: Oui, je **l'**ai **regardée** hier soir.

LE REPORTER: Quelles **émissions** avez-vous **préférées**?

L'AMÉRICAIN: C'est difficile à dire...

LE REPORTER: Ne trouvez-vous pas qu'elle est très différente de la télévision américaine?

L'AMÉRICAIN: Eh bien... **les émissions** que j'ai **vues** sont plutôt semblables... « Santa Barbara », « Les Simpson »... Enfin oui, elles sont différentes—elles sont en français!

Et vous?

1. Est-ce que vous avez lu le journal ce matin?
2. Avez-vous regardé la télévision hier soir?
3. Quelles émissions avez-vous choisies? Les avez-vous aimées?

In the **passé composé,** the past participle is generally used in its basic form. However, when a direct object—noun or pronoun—precedes the auxiliary verb **avoir** plus the past participle, the participle agrees with the preceding direct object in gender and number.

J'ai lu le **journal.**
Je **l'**ai **lu.**

J'ai lu **la revue.**
Je **l'**ai **lue.**

Quels **amis** avez-vous **appelés**?

J'ai lu les **journaux.**
Je **les** ai **lus**.

J'ai lu les **revues.**
Je **les** ai **lues.**

Quelles **émissions** avez-vous **regardées**?

Allez-y!

A **Un nouveau travail.** Vous travaillez comme secrétaire. Votre patronne (*boss*) vous pose des questions. Répondez affirmativement ou négativement.

MODÈLE: Avez-vous regardé *le calendrier* ce matin? →
Oui, je l'ai regardé. (Non, je ne l'ai pas regardé.)

1. Est-ce que vous avez donné *notre numéro de téléphone* à Mme Milaud?
2. Est-ce que vous avez mis *le nouveau nom de la firme* sur les enveloppes?
3. Attendiez-vous *le facteur* à 5 heures hier soir?
4. Allez-vous finir *le courrier (mail)* avant midi?
5. Avez-vous appelé *Georges Dupic et Catherine Duriez*?
6. Avez-vous vu *Annick et Françoise* ce matin?
7. *M'*avez-vous comprise pendant la réunion (*meeting*) hier?
8. Est-ce que je *vous* dérange (*disturb*) si je téléphone à midi et demi?

B **Conversation.** Posez les questions suivantes à un(e) camarade. Il/Elle utilise, quand c'est possible, un pronom complément d'objet direct dans ses réponses.

1. Quand tu étais enfant, écoutais-tu quelquefois la radio? Préférais-tu regarder la télévision? Quels programmes de radio ou quelles émissions aimais-tu surtout?
2. Quels magazines ou quelles revues préférais-tu quand tu étais adolescent(e)? et maintenant?
3. As-tu lu des romans de Stephen King? de Toni Morrison? Aimes-tu les livres d'aventures? Aimes-tu mieux les romans d'amour? Quel est ton écrivain préféré?
4. Quelle est la meilleure (*best*) chaîne de télévision, à ton avis? Peux-tu nommer deux ou trois émissions que tu considères comme excellentes, et expliquer pourquoi?

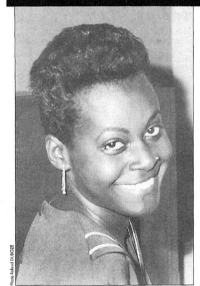

"Sur Africa N° 1 je raconte des histoires africaines"

Hit-parade, concerts, interviews, derniers succès, nouveaux talents : la musique africaine, c'est le rythme d'Africa N°1. Pourrait-il en être autrement quand l'ensemble de ses journalistes, animateurs et techniciens sont eux-mêmes africains.
Africa N°1, c'est jour après jour l'information, la musique et le sport pour 20 millions d'auditeurs africains entre Dakar et Kinshasa.
Pour rester à la pointe de l'information à travers l'Afrique et dans le monde entier, branchez-vous sur l'Afrique en direct...
Branchez-vous sur Africa N°1.

"HISTOIRES D'ENFANTS", "CARTE BLANCHE" :
les émissions de Ghislaine sont la mémoire de l'Afrique.

AFRIQUE DE L'OUEST
de 07 h à 16 h : 17630 KHz
de 16 h à 21 h : 15475 KHz
ou de 05 h à 23 h : 9580 KHz
AFRIQUE CENTRALE
de 06 h à 24 h : 9580 KHz

AFRICA N°1

BP 1 Libreville - GABON
Tél. : (241) 76.00.01
Fax : (241) 74.21.32
Télex : 5588 GO

L'AFRIQUE EN DIRECT

INDIRECT OBJECT PRONOUNS

SPEAKING SUCCINCTLY

Journalistes pour le *Canard?*

RÉGIS: Tu as écrit aux journalistes du *Canard Enchaîné**?
NICOLE: Oui, je **leur** ai écrit.
RÉGIS: Ils **t'**ont répondu?
NICOLE: Oui, ils **nous** ont donné rendez-vous demain.
RÉGIS: Ils ont aimé nos caricatures politiques?
NICOLE: Ils ne **m'**ont encore rien dit: on va voir demain!

Retrouvez la phrase correcte dans le dialogue.

1. J'ai écrit aux journalistes.
2. Les journalistes ont donné rendez-vous à Nicole et à Régis.
3. Les journalistes n'ont encore rien dit à Nicole.

Indirect Objects

1. As you know, direct object nouns and pronouns answer the question *what?* or *whom?* Indirect object nouns and pronouns usually answer the question *to whom?* or *for whom?* In English, the word *to* is frequently omitted: I gave the book *to Paul*. → I gave *Paul* the book. In French, the preposition **à** is *always* used before an indirect object noun.

J'ai donné la caricature **à** Paul.	*I gave the cartoon to Paul.*
Elle a écrit une lettre **au** rédacteur.	*She wrote a letter to the editor.*
Nous montrons l'article **aux** journalistes.	*We show the article to the journalists.*
Elle prête les photos **à** son frère.	*She lends the photos to her brother.*

2. If a sentence has an indirect object, it usually has a direct object as well. Some French verbs, however, take only an indirect object. These include **téléphoner à, parler à,** and **répondre à.**

Je téléphone (parle) souvent **à** mes amis.	*I often phone (speak to) my friends.*
Elle a répondu **au** professeur.	*She answered the instructor.*

---

*The *Canard Enchaîné* is a satirical weekly newspaper published in Paris.

Indirect Object Pronouns

1. Indirect object pronouns replace indirect object nouns. They are identical in form to direct object pronouns, except for the third-person forms, **lui** and **leur.**

INDIRECT OBJECT PRONOUNS		
me, m'	(to/for) me	nous (to/for) us
te, t'	(to/for) you	vous (to/for) you
lui	(to/for) him, her	**leur** (to/for) them

2. The placement of indirect object pronouns is identical to that of direct object pronouns. However, the past participle does not agree with a preceding indirect object.

Je **lui** ai montré la réception.   *I showed him (her) the (front) desk.*

On **m'**a demandé l'adresse de l'auberge de jeunesse.   *They asked me for the address of the youth hostel.*

Valérie **nous** a envoyé une carte postale.   *Valérie sent us a postcard.*

Nous n'allons pas **leur** téléphoner maintenant.   *We're not going to telephone them now.*

Je **leur** ai emprunté* la voiture.   *I borrowed the car from them.*

Ils **m'**ont prêté de l'argent.   *They loaned me some money.*

3. In negative sentences, the object pronoun immediately precedes the conjugated verb.

Je **ne** t'ai **pas** donné les billets.   *I didn't give you the tickets.*

Elle **ne** lui a **pas** téléphoné.   *She hasn't telephoned him.*

Allez-y!

A **L'après-midi de Léa.** Léa va tous les vendredis après-midi chez sa grand-mère. Elle nous raconte ce qu'elle a fait vendredi dernier. Complétez son histoire avec les pronoms qui correspondent: **me, te, lui, nous, vous, leur.**

Après les cours, j'ai pris un café avec des amies. Je _____¹ ai montré mon nouveau baladeur (*walkman*). Un peu plus tard, j'ai rendu visite à ma grand-mère. Je _____² ai apporté ses magazines préférés. Elle

---

*****Emprunter** (*to borrow*) may take both a direct object (the thing borrowed) and an indirect object (the person from [**à**] whom it is borrowed).

était très contente et elle _____³ a dit: « Je vais _____⁴ préparer un bon goûter ». En fin d'après-midi, mon frère est arrivé. Il _____⁵ a raconté ses aventures avec sa nouvelle moto.

Nous avons beaucoup ri. (*We laughed a lot.*) Au moment de partir, ma grand-mère _____⁶ a demandé (à mon frère et à moi): « Je vous revois la semaine prochaine, les enfants? » « Bien sûr », nous _____⁷ avons répondu, « à vendredi prochain! »

B **N'oublie pas...** Au moment de dire au revoir, la grand-mère de Léa se rappelle (*remembers*) plusieurs questions qu'elle voulait lui poser. Jouez le rôle de Léa et répondez-lui, en utilisant des pronoms compléments d'objet indirect.

1. As-tu téléphoné à ton oncle? **2.** Tu as écrit à ta tante Louise? **3.** Tu as donné des timbres à ton frère pour sa collection? **4.** As-tu répondu à M. et Mme Morin en Espagne? **5.** Est-ce que tu as dit « bon anniversaire » à ton petit cousin? **6.** Est-ce que tu as rendu à Jeannot et Janine le livre qu'ils nous ont prêté?

C **Êtes-vous communicatif/ive?** Posez les questions suivantes à un(e) camarade et créez de nouvelles questions sur le même sujet.

1. À qui as-tu écrit la semaine dernière? Qu'est-ce que tu lui as écrit? Pourquoi? En général, écris-tu souvent?
2. À qui as-tu téléphoné hier soir? Qu'est-ce que tu lui as dit?
3. As-tu jamais envoyé un fax? du courrier (*mail*) électronique? À quelle occasion? À qui?

Ensuite, dites à la classe si votre camarade est très ou peu communicatif/ive. Pouvez-vous déterminer la personne la plus (*the most*) communicative de la classe?

« L'ordinateur, c'est très simple, papa! »

LECTURE

PERSPECTIVES

Avant de lire

Skimming for the main ideas. As you know, most newspaper articles, particularly on the front page, are not meant to be read in a linear fashion; they usually do not present an argument that builds to a conclusion. Instead, the headlines, lead lines, and graphics convey information intended to draw the reader's attention. The text itself is often a somewhat loosely organized collection of striking facts or quotations about the topic, designed to draw the reader further into the paper.

The following piece is from the first page of *Le Figaro*, one of the major French daily newspapers. Skim it for the main points. What are they? What supporting evidence is included? **Allez-y!**

Violence à la télévision : la controverse

45 % des Français favorables à une censure, selon un sondage « Le Figaro »-Sofres. 54 % préfèrent la responsabilité individuelle.

Le Figaro poursuit sa série sur les questions que se posent les Français, avec une enquête sur la violence à la télévision.

● **126 meurtres, 142 fusillades[a], 153 bagarres[b] et 236 explosions :** c'est le nombre d'actes de violence que nous avons recensés, sur les principales chaînes hertziennes, un dimanche entre 0 heure et minuit. Au hit-parade de ce « télé-massacre », c'est Canal + qui emporte la palme[c] avec 53 homicides, suivi par TF 1 (37) et M 6 (34).

● **Interrogés par la Sofres,**

45 % des Français estiment qu'il « *faut censurer les programmes pour supprimer la violence* », tandis que 54 % pensent que « *c'est à chaque famille de décider de ce qu'elle peut regarder ou non* ».

● **L'écrivain Pascal Bruckner** estime que « *c'est le niveau général de médiocrité qui est accablant[d] sur le petit écran* ». « *La vraie contagion*, ajoute-t-il, *est celle de la débilité[e] qui concourt à l'abaissement[f] de toute une génération.* »

(Les articles d'**Arnaud HUBERT** et **Jean-Paul MULOT,** page 17)

[a]*shootings*

[b]*fights*

[c]*emporte... wins (lit., takes the palm leaf [of victory])*

[d]*overwhelming*

[e]*idiocy*

[f]*decline, degradation*

Compréhension

A **Statistiques.** Complétez le tableau suivant selon l'article.

> Nombres d'actes de violence à la télévision en une période de 24 heures: (en tout) _____
>
> Chaîne de télévision avec le plus d'actes violents pendant la même période: _____
>
> Pourcentage de Français *pour* la censure des émissions télévisées: _____
>
> Pourcentage de Français *pour* la responsabilité individuelle en ce qui concerne la télévision: _____

B **À son avis.** Selon l'écrivain Pascal Bruckner, lesquelles des tendances suivantes sont les plus troublantes à la télévision?

_____ la violence   _____ l'attitude envers les femmes
_____ la médiocrité   _____ les publicités
_____ les stéréotypes raciaux _____ les émissions culturelles

D'après vous, la télévision a-t-elle une mauvaise influence sur les téléspectateurs? Pourquoi (ou pourquoi pas)?

À L'ÉCOUTE!

Bien entendu!

Où suis-je? Vous allez entendre parler diverses personnes dans des situations variées. Lisez les activités ci-dessous avant d'écouter les séquences sonores qui leur correspondent.

A **Où se trouve-t-on?** Décidez où on peut entendre de telles bribes (*snatches*) de conversation.

1. La première séquence a lieu (*takes place*) _____.
   a. dans une cabine téléphonique   **b.** dans une boucherie   **c.** dans un bureau de poste
2. La deuxième séquence a lieu _____.
   a. dans une librairie   **b.** dans un kiosque à journaux   **c.** dans une boulangerie
3. La troisième séquence a lieu _____.
   a. pendant un match de football   **b.** à la radio   **c.** au cinéma

B **Vrai ou faux?** Pensez-y!

1. **La première séquence.** Cette personne:
   _____ est en train d'acheter une télécarte.
   _____ veut envoyer une carte postale en Afrique.
2. **La deuxième séquence.** Cette personne:
   _____ voudrait acheter un journal.
   _____ veut une revue sur le cinéma.
3. **La troisième séquence.** Cette personne dit que:
   _____ le président de la République va aller aux États-Unis.
   _____ les deux présidents vont parler des produits agricoles.

En situation

Coup de fil[*]

Contexte *Caroline Périllat rêve d'être hôtesse. Elle a terminé ses études à l'École Internationale d'Hôtesses de Paris et elle vient de trouver son premier job. Elle téléphone à sa sœur, Stéphanie, qui habite encore au Sénégal, pour lui annoncer la bonne nouvelle. Stéphanie est étudiante à l'Institut Supérieur de Tourisme de Dakar.*

Objectif *Caroline parle au téléphone.*

CAROLINE: Allô? Bonjour, Madame, c'est bien l'Institut de Tourisme?
LA STANDARDISTE[1]: Oui, c'est bien ça.
CAROLINE: Pourrais-je parler à Stéphanie Périllat, s'il vous plaît?
LA STANDARDISTE: C'est de la part de qui?[2]
CAROLINE: C'est de la part de Caroline Périllat, sa sœur.
LA STANDARDISTE: Ne quittez pas, je vous la passe.[3]
CAROLINE: Merci bien.

CAROLINE: Allô, Stéphanie? Devine! Je viens de décrocher[4] mon premier boulot.[5]
STÉPHANIE: C'est génial[6]! Et c'est quoi comme boulot?[7]
CAROLINE: Je suis chargée de l'accueil des vedettes[8] au Palais des Festivals de Cannes!
STÉPHANIE: Ce n'est pas vrai! Tu rigoles?[9]
CAROLINE: Non je te jure,[10] c'est vrai.
STÉPHANIE: Eh bien, félicitations[11]! J'espère que tu es heureuse.
CAROLINE: Évidemment,[12] je regrette seulement de ne pas pouvoir fêter ça avec toi...
STÉPHANIE: Écoute, je te quitte, tu vas avoir une facture[13] énorme. Mais je te rappelle demain soir, d'accord?
CAROLINE: OK. Je t'embrasse. À demain et dis bonjour aux parents de ma part.[14]

[1]*operator, receptionist* [2]*C'est... Who may I say is calling?* [3]*Ne... Please hold; I'll transfer you to her.* [4]*to land* (literally, *to take down, detach, unhook*) [5]*job* (familiar) [6]*great* [7]*c'est... what kind of job is it?* [8]*chargée... responsible for welcoming stars* [9]*Tu... Are you kidding?* [10]*je... I swear* [11]*congratulations* [12]*Of course* [13]*(phone) bill* [14]*dis... tell the folks I say "hi"*

*Coup... *Telephone call*

À PROPOS

Comment réagir à une nouvelle (*react to news*)

UNE BONNE NOUVELLE
C'est génial!
C'est formidable!
C'est super!
Je suis content(e) pour toi. (*I'm happy for you.*)

UNE MAUVAISE NOUVELLE
C'est dommage.
C'est horrible.
C'est dégoûtant (*disgusting*).
C'est un scandale!
Ça me rend malade. (*That makes me sick.*)

UNE NOUVELLE QUI VOUS LAISSE INDIFFÉRENT(E)
Ah bon!
Oh, ça m'est égal. (*That's all the same to me.*)
Ce n'est pas grave. (*That's no big deal.*)
Je m'en fiche. (*I don't care.*)

● **Jeu de rôles.** Avec un(e) camarade, préparez la scène suivante. Utilisez les expressions de l'**À propos.** Puis jouez la scène devant la classe: Votre ami(e) vous téléphone pour vous annoncer une très bonne (ou une très mauvaise) nouvelle. Réagissez de façon convenable (*appropriate*).

Cue to: 1:01:30

VIDÉOTHÈQUE*

THÈME 6 Les médias

SCÈNE 6.2 La télévision: pour ou contre?
Bénédicte, Michel, and Paul discuss the pros and cons of television. Paul tries to defend his position, but can he convince his friends? Look over the **Vocabulaire utile** and the activities, then view the scene. Check your comprehension by completing the activities.

———————————

*The theme and scene numbers correspond to those in the Video to accompany *Vis-à-vis*.

VOCABULAIRE UTILE

Quoi de neuf?	What's new?
néfaste	harmful
le manque de communication	lack of communication
de plus en plus de temps	more and more time
le petit écran	television (*the small screen*)
un moyen	a means
se distraire	to be entertained
Les gens feraient mieux...	People would be better off . . .
les feuilletons	daily or weekly shows
un esclave	a slave

Ⓐ Le petit écran. Est-ce que c'est Bénédicte (B), Paul (P) ou Michel (M) qui parle?

1. _____ « J'aime bien. Il y a des programmes éducatifs et culturels. »
2. _____ « Je pense que la télé est néfaste. »
3. _____ « Les enfants passent de plus en plus de temps devant le petit écran. »
4. _____ « C'est un moyen de s'informer et de se distraire. »
5. _____ « Moi, j'avoue, je la regarde mais je sélectionne les programmes. »

Ⓑ Opinions diverses. Trouvez la bonne réponse.

1. Paul est en train de chercher _____.
   a. une adresse
   b. l'heure d'un programme
   c. le nom d'une actrice
2. Michel pense qu'il y a des programmes éducatifs et culturels

   _____.
   a. seulement à certaines heures
   b. sur toutes les chaînes
   c. trop souvent
3. Selon Bénédicte, les gens feraient mieux de _____.
   a. sortir avec des amis
   b. lire
   c. faire de l'exercice
4. Paul aime les programmes comme _____.
   a. les films et les dessins animés (*cartoons*)
   b. les feuilletons et les émissions sportives
   c. les nouvelles et les publicités
5. Paul a rendez-vous avec la télé pour _____.
   a. un programme culturel
   b. un feuilleton
   c. un match de foot

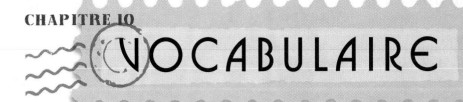

CHAPITRE 10 VOCABULAIRE

Verbes

appeler to call
chanter to sing
commencer to begin
composer un numéro to dial a
    number
créer to create
décrire to describe
dire to say; to tell
écrire (à) to write (to)
emprunter (à) to borrow (from)
envoyer to send
essayer to try
lire to read
prêter (à) to lend (to)
raconter to tell, relate
retransmettre to broadcast

À REVOIR: **écouter, entendre,
    jouer, regarder, rendre**

Substantifs

l'adresse (*f.*) address
l'annuaire (*m.*) telephone book
l'appareil (*m.*) apparatus;
    telephone
la boîte aux lettres mailbox
le bureau de poste (la poste)
    post office

la cabine téléphonique
    telephone booth
la carte postale postcard
la chaîne television channel;
    network
l'école (*f.*) school
l'émission (*f.*) program;
    broadcast
l'enveloppe (*f.*) envelope
le journal (les journaux)
    newspaper; news
le kiosque kiosk; newsstand
la lettre letter
le magazine (illustrated)
    magazine
la monnaie coins, change
le numéro (de téléphone)
    (telephone) number
le paquet package
les petites annonces (*f.*)
    classified ads
la publicité commercial; adver-
    tisement; advertising
la revue review, magazine
la télécarte telephone calling
    card
le timbre stamp

À REVOIR: **le poste de télévision,
    la télévision**

Adjectifs

content(e) happy, pleased
heureux/euse happy, fortunate

Les nouvelles technologies

le magnétoscope VCR
le minitel minitel
l'ordinateur (*m.*) computer
le répondeur (téléphonique)
    answering machine
le téléviseur television set

Au téléphone

Allô. Hello.
Qui est à l'appareil? Who's
    calling?

Mots et expressions divers

d'habitude habitually, usually
surtout especially
tout, toute, tous, toutes all;
    every
tous les jours (matins, etc.)
    every day (morning, etc.)
toutes les semaines every week

EN VILLE

Genève, Suisse
Au bord du lac Léman

Paul,

C'est vrai, je suis difficile à joindre. Je suis toujours en route! Mais le journalisme, c'est la mobilité. Je n'ai pas le choix.

Cette semaine, par exemple, je fais de la recherche sur les capitales européennes pour un article sur le thème « Vivre en ville ». Aujourd'hui je suis à Genève, puis je vais à Vienne, à Madrid, à Bruxelles.

Viens me rejoindre! On passera le week-end ensemble! Ça te changera les idées.

Bisous,

Nathalie

LEÇON I

PAROLES

UNE PETITE VILLE

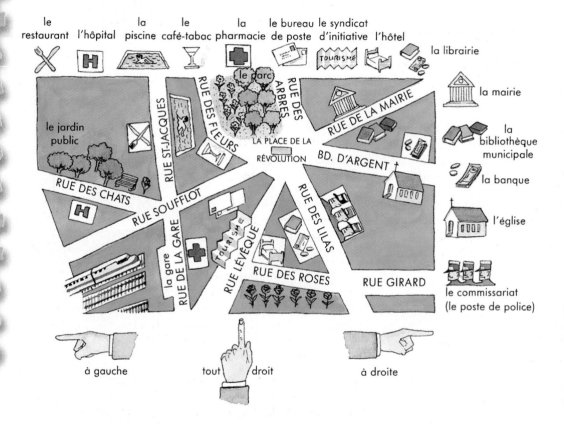

le restaurant · l'hôpital · la piscine · le café-tabac · la pharmacie · le bureau de poste · le syndicat d'initiative · l'hôtel · la librairie · la mairie · la bibliothèque municipale · la banque · l'église · le commissariat (le poste de police)

le parc · le jardin public · RUE DES FLEURS · RUE ST-JACQUES · RUE DES ARBRES · RUE DE LA MAIRIE · LA PLACE DE LA RÉVOLUTION · BD. D'ARGENT · RUE DES CHATS · RUE SOUFFLOT · RUE DE LA GARE · la gare · TOURISME · RUE LÉVÊQUE · RUE DES LILAS · RUE DES ROSES · RUE GIRARD

à gauche · tout droit · à droite

AUTRES MOTS UTILES
le coin corner
jusqu'à up to, as far as

Comment va-t-on de la banque à la pharmacie? On **prend** le boulevard d'Argent à droite et on va **jusqu'à** la place de la Révolution. On **traverse** la rue des Lilas et on **prend** la rue Lévêque à gauche. On **continue tout droit jusqu'au coin** et on **prend** la rue de la Gare **à droite.** La pharmacie est **en face de** la gare.

Allez-y!

A **Les endroits importants.** Où va-t-on...

MODÈLE: pour acheter des livres? →
Pour acheter des livres on va à la librairie.

1. pour toucher (*to cash*) un chèque de voyage?   **2.** pour acheter de l'aspirine?   **3.** pour parler avec le maire (*mayor*) de la ville?   **4.** pour obtenir des brochures touristiques?   **5.** pour nager?   **6.** pour admirer les plantes et les fleurs?   **7.** pour assister aux (*to attend*) services religieux catholiques?   **8.** pour acheter des timbres?   **9.** pour boire une bière?

B **Où est-ce?** Précisez l'emplacement des endroits suivants.

MODÈLE: Où est l'hôtel? →
L'hôtel est en face du syndicat d'initiative dans la rue Lévêque.*

1. Où est le jardin public?   **4.** Où est l'église?
2. Où est le commissariat?   **5.** Où est la librairie?
3. Où est la bibliothèque?   **6.** Où est le syndicat d'initiative?

C **Trouvez votre chemin** (*way*). Regardez le plan (*map*) de la ville. Imaginez que vous êtes à la gare. Un(e) touriste vous demande où est le bureau de poste; vous lui indiquez le chemin. Jouez les rôles avec un(e) camarade.

MODÈLE: LE/LA TOURISTE: Pardon madame/monsieur, pourriez-vous me dire où est le bureau de poste?
VOUS: Tournez à gauche. Prenez la rue Soufflot à droite et vous y êtes (*you're there*).
LE/LA TOURISTE: Je tourne à gauche, je prends la rue Soufflot à droite et j'y suis.

1. le café-tabac **2.** le restaurant **3.** l'hôtel **4.** la banque **5.** le poste de police **6.** le parc **7.** la mairie **8.** la pharmacie **9.** le jardin public **10.** la place de la Révolution **11.** la piscine **12.** le syndicat d'initiative

Maintenant, avec un(e) autre camarade de classe, faites une liste de cinq ou six endroits sur votre campus ou dans votre ville. À tour de rôle (*Taking turns*), indiquez le chemin pour aller à ces endroits. Votre salle de classe est votre point de départ.

---

*One says **dans la rue,** but **sur le boulevard** and **sur l'avenue.**

Paris et sa banlieue

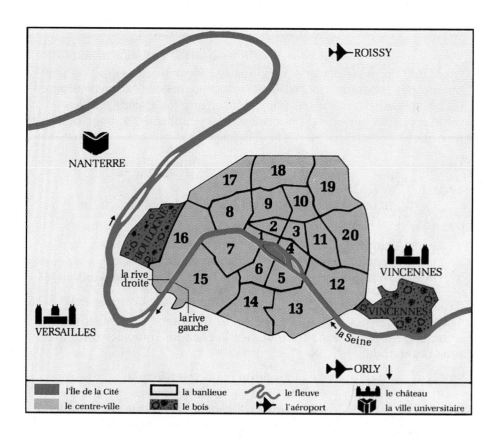

AUTRES MOTS UTILES
la carte   map (*of a region, country*)
le plan   map (*of a city*)

Les vingt arrondissements (*wards*) de Paris:

1er le premier	11e le onzième
2e le deuxième	12e le douzième
3e le troisième	13e le treizième
4e le quatrième	14e le quatorzième
5e le cinquième	15e le quinzième
6e le sixième	16e le seizième
7e le septième	17e le dix-septième
8e le huitième	18e le dix-huitième
9e le neuvième	19e le dix-neuvième
10e le dixième	20e le vingtième

Les nombres ordinaux

- Ordinal numbers (*first, second,* and so on) are formed by adding **-ième** to cardinal numbers. Note the irregular form **premier** (**première**), and the spelling of **cinquième** and **neuvième**.
- **Le** and **la** do not elide before **huitième** and **onzième: le huitième.**
- The superscript abbreviation ^e indicates that a number should be read as an ordinal: 7 = **sept**; 7e = **le/la septième.**
- Note the forms **vingt et unième, trente et unième,** etc.

Allez-y!

A **Les arrondissements de Paris.** Quels arrondissements trouve-t-on sur la Rive (*bank*) gauche de la Seine? sur la Rive droite? Quel arrondissement est situé au bord du Bois de Boulogne? du Bois de Vincennes? Où est l'île de la Cité[*]?

B **Le plan de Paris.** Qu'est-ce que c'est?

MODÈLE: Versailles →
          C'est un château. Il est dans la banlieue (*suburbs*) ouest de Paris.

1. Roissy
2. la Seine
3. Boulogne
4. Vincennes
5. Nanterre
6. Orly

Le Louvre et la pyramide de l'architecte I. M. Pei.

---

*The **île de la Cité** is the historical center of Paris; it is one of the two islands on the Seine in Paris. The other is the **île St-Louis.**

LEÇON 2

STRUCTURES

THE *PASSÉ COMPOSÉ* VERSUS THE *IMPARFAIT*

DESCRIBING PAST EVENTS

Casablanca

ALAIN: Alors, tu nous racontes tes vacances au Maroc?

SYLVIE: Eh bien, je **suis partie** de Paris le 23 juillet. Il **faisait** un temps pourri, il **faisait** froid, il **pleuvait,** l'horreur! Mais quand je **suis arrivée** à Casablanca, le ciel **était** tout bleu, le soleil **brillait,** la mer **était** tiède...

RÉMI: Et tu **as aimé** la ville?

SYLVIE: Oui, beaucoup. Mais je **voulais** visiter une mosquée et je n'**ai** pas **pu** entrer.

ALAIN: Pourquoi?

SYLVIE: C'est ma faute parce que je **portais** une mini-jupe.

Répondez aux questions.

1. Quel temps faisait-il à Paris le 23 juillet? et à Casablanca?
2. Que voulait faire Sylvie à Casablanca?
3. Pourquoi n'a-t-elle pas visité la mosquée?

When speaking about the past in English, you choose which past tense forms to use in a given context: *I visited Casablanca, I did visit Casablanca, I was visiting Casablanca, I used to visit Casablanca,* and so on. Usually only one of these options will convey exactly the meaning you want to express. Similarly in French, the choice between the **passé composé** and the **imparfait** depends on the kind of past action or condition that is being conveyed, and sometimes on the speaker's standpoint with respect to the past event.

The **passé composé** is used to indicate a single completed action, something that began and ended in the past, or a sequence of such actions.

The **imparfait,** on the other hand, usually indicates an ongoing or habitual action in the past. It does not emphasize the end of that action.

J'écrivais des lettres.	*I was writing letters.*	*ongoing action*
J'ai écrit des lettres.	*I wrote (have written) letters.*	*completed action*
Je **commençais** mon travail.	*I was starting on my assignments.*	*ongoing action*
J'ai commencé mon travail.	*I started (have started) my assignments.*	*completed at a specific point in time*
Elle **allait** au parc le dimanche.*	*She went (used to go) to the park on Sundays.*	*habitual action*
Elle **est allée** au parc dimanche.	*She went to the park on Sunday.*	*completed on a specific day*

The following chart sets out the major differences between these two tenses.

IMPARFAIT	PASSÉ COMPOSÉ
1. *Ongoing action with no emphasis on the completion or end of the action* **J'allais** en France. Je **visitais** des monuments.	*Completed action, or a series of completed events or actions* Je **suis allé** en France. **J'ai visité** des monuments.
2. *Habitual or repeated action* Je **voyageais** en France tous les ans. Je **visitais** souvent le Centre Beaubourg.	*A single event* **J'ai voyagé** en France l'année dernière. **J'ai visité** Beaubourg un samedi matin.
3. *Description or "background" information; how things were or what was happening when . . .* Je **visitais** Beaubourg... J'**étais** à Paris...	*. . . an event or events occurred. ("foreground" information)* ...quand on **a annoncé** la projection d'un vieux film de Chaplin. ...quand une lettre **est arrivée.**
4. *Physical or mental states of being (general description)* Ma nièce **avait** peur des chiens.	*Changes in an existing physical or mental state at a precise moment, or for a particular isolated cause.* Ma nièce **a eu** peur quand le chien a aboyé *(barked).*

---

*Remember the role of the definite article with days of the week: **le dimanche** (*on Sundays*); **dimanche** (*on Sunday*).

In summary, the **imparfait** is generally used for *descriptions* in the past, and the **passé composé** is generally used for the *narration* of specific events in the past. The **imparfait** also often sets the stage for an event expressed with the **passé composé.** Look over the following passages with these points in mind.

IMPARFAIT	PASSÉ COMPOSÉ
Il **faisait** beau; le ciel (*sky*) **était** clair; les terrasses des cafés **étaient** pleines (*filled*) de gens; c'**était** un beau jour de printemps à Paris.	J'**ai continué** tout droit dans la rue Mouffetard, j'**ai traversé** le boulevard de Port-Royal et j'**ai descendu** l'avenue des Gobelins jusqu'à la place d'Italie.

MOTS-CLÉS

Indicators of tense

Here are some time expressions that often accompany the **imparfait** and the **passé composé.**

IMPARFAIT
d'habitude (*usually*)
de temps en temps
autrefois (*formerly*)
le week-end
le lundi (le mardi...)

PASSÉ COMPOSÉ
une fois (*once*), deux fois...
plusieurs fois
un week-end
un jour
lundi (mardi...)
soudain, tout d'un coup (*suddenly*)

D'habitude, nous **étudiions** à la bibliothèque.

Quand j'**étais** jeune, nous **allions** à la plage **le week-end.**

Un jour, nous **avons étudié** au café.

Un week-end, nous **sommes allés** à la montagne.

Allez-y!

A **Un dimanche pas comme les autres.** Votre voisin Marc Dufour était une personne routinière, mais un dimanche il a changé ses habitudes. Voici son histoire.

MODÈLE: le dimanche matin / dormir en général jusqu'à huit heures / mais ce dimanche-là / dormir jusqu'à midi →
Le dimanche matin, il dormait en général jusqu'à huit heures, mais ce dimanche-là, il a dormi jusqu'à midi.

1. normalement au petit déjeuner / prendre des céréales et une tasse de café / mais ce matin-là / prendre un petit déjeuner copieux
2. après le petit déjeuner / faire toujours du jogging dans le parc / mais ce jour-là / rester longtemps au téléphone
3. souvent l'après-midi / regarder le match de football à la télé / mais cet après-midi-là / lire des poèmes dans le jardin
4. d'habitude le soir / sortir avec ses copains / mais ce soir-là / sortir avec une jeune fille
5. parfois / aller au cinéma ou / jouer aux cartes / mais ce soir-là / inviter son amie dans un restaurant élégant
6. normalement / rentrer assez tôt chez lui / mais ce dimanche-là / danser jusqu'au petit matin (*early morning*)

B **Interruptions.** Annie était à la maison hier soir. Elle voulait faire plusieurs choses, mais il y a eu toutes sortes d'interruptions. Décrivez-les.

MODÈLE: étudier... téléphone / sonner →
Annie étudiait quand le téléphone a sonné.

1. parler au téléphone / un ami... l'employé / couper la ligne (*to cut the line*)
2. écouter / disques... son voisin / commencer à faire / bruit (*noise*)
3. lire / journal... la propriétaire (*landlord*) / venir demander / argent
4. faire / devoirs... un ami / arriver
5. regarder / informations à la télé... son frère / changer de chaîne
6. dormir... téléphone / sonner de nouveau (*again*)

C **Une année à l'université de Caen.** Marc a passé un an à Caen, une des grandes villes de Normandie. Il raconte son histoire. Choisissez l'imparfait ou le passé composé pour les verbes suivants.

Mon année en Normandie était vraiment super, mais je devais passer beaucoup de temps à étudier. Je (*avoir*)[1] cours le matin de 8 heures à 11 heures. L'après-midi, je (*étudier*),[2] en général, à la bibliothèque. Le week-end, avec des amis, nous (*faire*)[3] du tourisme. Le samedi, nous (*rester*)[4] en ville et le dimanche, nous (*aller*)[5] à la campagne. En octobre, nous (*faire*)[6] une excursion à Rouen. Ce (*être*)[7] très intéressant. Pour Noël, je (*rentrer*)[8] chez mes parents. En février, je (*faire*)[9] du ski dans les Alpes. Nous (*avoir*)[10] de la chance car il (*faire*)[11] très beau et je (*rentrer*)[12] bien bronzé (*tanned*). De temps en temps, je (*manger*)[13] chez les Levergeois, des amis français très sympathiques. Pendant ces dîners entre amis, je (*perfectionner*)[14] mon français. Finalement, au début du mois de mai, je (*devoir*)[15] quitter Caen. Je (*être*)[16] triste (*sad*) de partir.

Au Jardin du Luxembourg, Paris.

MOTS-CLÉS

Putting events in chronological order

DÉPANNAGE (*emergency repair*)

d'abord *first of all*	**D'abord,** j'ai garé (*parked*) la voiture.
puis *next*	**Puis,** j'ai cherché une cabine téléphonique.
ensuite *and then . . .*	**Ensuite,** j'ai tout expliqué au mécanicien.
après *after that . . .*	**Après,** j'ai attendu dans la voiture.
enfin *finally*	**Enfin,** il est arrivé. Maintenant, le carburateur fonctionne à merveille.

Puis and **ensuite** can be used interchangeably.

D **Biographie de Marguerite Yourcenar.**[*] Voici quelques faits (*facts*) importants de la vie de cette romancière (*novelist*) et historienne de langue française. Mettez-les dans l'ordre chronologique et utilisez des adverbes de temps (voir **Mots-clés**).

1. Elle est allée aux États-Unis en 1958.
2. Elle a écrit son fameux livre *L'Œuvre au noir* en 1968.
3. Elle est née à Bruxelles en 1903.
4. Elle est morte en 1987 à l'âge de 84 ans dans le Maine, aux États-Unis.
5. Elle a été la première femme élue à l'Académie française, en 1980.

Maintenant, faites brièvement (*briefly*) votre autobiographie.
Utilisez des adverbes de temps.

E **Conversation.** Avec un(e) camarade, posez les questions et répondez. L'année dernière,...

1. Où étais-tu? Où as-tu étudié? Qu'est-ce que tu as étudié?
2. Qu'est-ce que tu as fait pendant tes vacances? As-tu fait un voyage? Où es-tu allé(e)? Comment était le voyage?
3. Et tes amis? Où étaient-ils l'année dernière? Qu'est-ce qu'ils ont fait pendant les vacances?

---

*For more on Marguerite Yourcenar, see the **Portrait** in **Correspondance 12.**

THE PRONOUNS Y AND EN
SPEAKING SUCCINCTLY

Paris: ville de l'amour

MYRIAM: Tu es déjà allée au Parc Montsouris?

FABIENNE: Non, pas encore, mais j'**y** vais samedi avec Vincent.

MYRIAM: Vincent? Dis-moi, tu as combien de petits amis?

FABIENNE: En ce moment, j'**en** ai deux. Mais je vais bientôt rompre avec Jean-Marc.

MYRIAM: Et tu **en** as parlé à Jean-Marc?

FABIENNE: Non, pas encore. J'**y** pense mais j'ai un peu peur de sa réaction.

Trouvez la phrase équivalente dans le dialogue.

1. Je vais au Parc Montsouris samedi.
2. J'ai deux petits amis.
3. Tu as parlé à Jean-Marc de ta décision?
4. Je pense à lui parler.

The Pronoun *y*

1. The pronoun **y** can refer to a place that has already been mentioned. It replaces a prepositional phrase, and its English equivalent in such cases is *there*.

—Fabienne est-elle déjà allée **au Parc Montsouris**?
—Non, mais elle **y** va samedi.

Has Fabienne already gone to the Parc Montsouris?
No, but she is going there Saturday.

—Myriam va-t-elle **au festival** avec elle?
—Non, elle n'**y** va pas avec elle.

Is Myriam going to the festival with her?
No, she isn't going (there) with her.

—Vont-ils **chez Fabienne** ce week-end?
—Oui, ils **y** vont ensemble.

Are they going to Fabienne's this weekend?
Yes, they're going (there) together.

Note that *there* is often implicit in English, whereas **y** must always be expressed in French.

2. **Y** can replace the combination **à** + *noun* when the noun refers to a place or thing. This substitution most often occurs after certain verbs that are followed by **à: répondre à, réfléchir à, réussir à, penser à** (*to think about someone or something*), **jouer à.** (It is not usually applied to the **à** + *noun* combination when the noun refers to a person; in these cases, a stressed or indirect object pronoun is used.)*

—As-tu répondu **à la lettre** de ta sœur?	*Did you answer your sister's letter?*
—Oui, j'**y** ai répondu.	*Yes, I answered it.*
—Elle pense déjà **au voyage** à Marseille?	*Is she already thinking about the trip to Marseille?*
—Non, elle n'**y** pense pas encore.	*No, she's not thinking about it yet.*

BUT

—As-tu téléphoné **à ta mère**?	*Did you call your mother?*
—Non, je ne **lui** ai pas téléphoné.	*No, I didn't call her.*

3. The placement of **y** is identical to that of object pronouns: It precedes a conjugated verb, an infinitive, or an auxiliary verb in the **passé composé.**

La ville de Nice? Nous **y** cherchons une maison.	*The city of Nice? We're looking for a house there.*
Mon mari va **y** arriver jeudi.	*My husband will arrive there on Thursday.*
Y est-il allé en train ou en avion?	*Did he go there by train or by plane?*

The Pronoun *en*

1. **En** can replace a combination of a partitive article (**du, de la, de l', des**) or indefinite article (**un, une, des**) plus a noun. **En** is then equivalent to English <u>some</u> or <u>any</u>. Again, whereas these expressions can often be omitted in English, **en** must always be used in French. Like other object pronouns, **en** is placed directly before the verb that refers to it. In the **passé composé,** it is placed directly before the auxiliary verb.

—Y a-t-il **des musées intéressants** à Avignon?	*Are there interesting museums in Avignon?*
—Oui, il y **en** a.	*Yes, there are (some).*
—Est-ce que vous avez visité **des sites touristiques** à Avignon?	*Did you visit any tourist attractions in Avignon?*

---

*In informal conversation, however, **y** is now used frequently to refer to people: **Je pense aux enfants. J'y pense.** You will learn about stressed pronouns in **Chapitre 12, Leçon 2.**

—Oui, nous y **en** avons visité.   *Yes, we visited some (there).*

—Avez-vous acheté **des souvenirs**?   *Did you buy souvenirs?*

—Non, nous n'**en** avons pas acheté.   *No, we didn't buy any.*

—Voici **du vin d'Avignon. En** veux-tu?   *Here's some wine from Avignon. Do you want some?*

—Non merci. Je n'**en** veux pas.   *No, thanks, I don't want any.*

2. **En** can also replace a noun modified by a number or by an expression of quantity such as **beaucoup de, un kilo de, trop de, deux,** and so on. Only **en** (*of it, of them*) and the number or expression of quantity are used in place of the noun.

—Avez-vous **une chambre**?   *Do you have a room?*

—Oui, j'**en** ai **une**.*   *Yes, I have one.*

—Y a-t-il **beaucoup de chambres** disponibles?   *Are there a lot of rooms available?*

—Oui, il y **en** a **beaucoup**.   *Yes, there are a lot.*

—**Combien de lits** voudriez-vous?   *How many beds would you like?*

—J'**en** voudrais **deux**.   *I'd like two.*

3. **En** is also used to replace **de** plus a noun and its modifiers (unless the noun refers to people) in sentences with verbs or expressions that use **de: parler de, avoir envie de,** and so on.

—Avez-vous besoin **de ce guide**?   *Do you need this guide?*

—Oui, j'**en** ai besoin.   *Yes, I need it.*

—Parliez-vous **des ruines romaines**?   *Were you talking about the Roman ruins?*

—Non, nous n'**en** parlions pas.   *No, we weren't talking about them.*

Y and *en* Together

The combination of **y en** is very common with the expression **il y a**.

—Combien de terrains de camping y a-t-il?   *How many campgrounds are there?*

—Il **y en** a sept.   *There are seven (of them).*

—Combien de campeurs y avait-il?   *How many campers were there?*

—Il **y en** avait à peu près cent cinquante.   *There were about a hundred fifty (of them).*

---

*In a negative answer to a question containing **un(e)**, the word **un(e)** is not repeated: **Je n'en ai pas.**

Allez-y!

A **Roman policier.** Paul Marteau est détective. Il file (*trails*) une suspecte, Pauline Dutour. Doit-il aller partout (*everywhere*) où elle va?

MODÈLE: Pauline Dutour va à Paris. →
Marteau y va aussi. (*ou* Marteau n'y va pas.)

1. La suspecte entre dans un magasin de vêtements.
2. Elle va au cinéma.
3. Elle entre dans une cabine téléphonique.
4. Pauline reste longtemps dans un bistrot.
5. La suspecte monte dans un taxi.
6. Elle va chez le coiffeur (*hairdresser*).
7. Elle entre dans un hôtel.
8. La suspecte va au bar de l'hôtel.
9. Maintenant elle va en prison.

Maintenant, racontez les aventures de Marteau au passé composé.

B **Un dîner chez Maxim.** Un(e) camarade vous interroge sur votre choix.

MODÈLE: pâté →
É1: Tu as envie de manger du pâté? (Prends-tu du pâté?)
É2: Oui, j'en ai envie. (Oui, j'en prends.)
(*ou* Non, je n'en ai pas envie. / Non, je n'en prends pas.)

1. hors-d'œuvre
2. soupe
3. escargots
4. viande
5. légumes
6. vin
7. dessert
8. café

C **Lettre à ma mère.** Lisez la lettre et répondez aux questions à la page suivante. Utilisez le pronom **en** dans vos réponses.

Paris le 3 septembre

Chère maman

Je suis à Paris depuis trois jours. J'ai déjà trouvé un appartement dans le 15e. J'ai une chambre, un salon et une petite cuisine. Ma copine me parle souvent de la vie parisienne. C'est une ville fascinante. Je vais acheter un vélo la semaine prochaine pour me promener sur les bords° du canal St Martin. Je ne veux pas de voiture. C'est trop dangereux ici.
Je t'embrasse très fort. À bientôt.

Ta fille adorée
Marie

me... *ride along the banks*

1. Est-ce que Marie a trouvé un appartement?
2. Combien de pièces y a-t-il?
3. Est-ce que Marie et ses copains parlent souvent de la vie parisienne?
4. Quand va-t-elle acheter un vélo?
5. Pourquoi ne veut-elle pas de voiture?

D **Votre ville.** Imaginez qu'un(e) touriste vous pose des questions sur votre ville. Jouez les rôles avec un(e) camarade. Utilisez dans vos réponses le pronom **en** et un nombre ou une expression de quantité. Donnez aussi le plus de détails possible.

MODÈLE: É1: Y a-t-il de grands magasins dans votre ville?
          É2: Oui, il y en a beaucoup—Saks, Macy's, Nordstrom...
              (Il y en a seulement deux, Macy's et Saks.)

1. Avez-vous une université dans votre ville?
2. Y a-t-il des musées intéressants à visiter?
3. Combien de cinémas et de théâtres avez-vous?
4. Est-ce qu'on peut faire beaucoup de sport?
5. Combien d'habitants y a-t-il dans votre ville?
6. Rencontre-t-on beaucoup d'étrangers?

MOTS-CLÉS

Asking someone's opinion

Que pensez-vous de... *
What do you think of . . .

Qu'en penses-tu?
What do you think about that?

À votre (ton) avis,...
In your opinion . . .

La Défense: centre de commerce près de Paris.

E **Échange d'opinions.** Avec un(e) camarade, donnez des opinions sur des sujets divers. **Suggestions:** les musées, les touristes, les chauffeurs de taxi, les monuments, les grandes villes américaines, les transports en commun...

MODÈLE: É1: Que penses-tu des voitures japonaises?
          É2: Elles sont jolies (trop petites, pratiques)... Et toi, qu'en penses-tu?
          É1: Je (ne) les aime (pas). Elles (ne) sont (pas)...

*Penser de is normally used to ask a person's opinion about something or someone; **penser à** means to be thinking about (to have on one's mind) something or someone.

Raoul Dufy (1877–1953)
La vie en rose, 1933
Musée d'art moderne de la ville de Paris

École des langues orientales
1795-1995
2,80
LA POSTE
Langues'O
République française

Nathalie,

Sais-tu que j'ai fini mes révisions? Je me sens libre comme l'air.

D'accord pour te voir à Bruxelles, la ville du chocolat et des frites! Dimanche prochain, je t'attends devant l'entrée principale du Parlement européen à midi. Un bouquet de roses rouges dans la main droite et la main gauche sur le cœur. Au programme: restaurants, cinéma, promenades.

D'accord?

Paul

P.S. Je crois que je me suis trompé d'orientation: Je suis fait pour le théâtre et non pour le droit. Qu'en penses-tu?

PAR AVIO

PORTRAIT:
Simone de Beauvoir
(écrivain français, 1908–1986)

En France et à l'étranger, Simone de Beauvoir est la référence du féminisme.

L'aliénation de la femme? Elle est la première à la dénoncer ouvertement[1]: «Toute son éducation conspire à lui barrer[2] les chemins de la révolte et de l'aventure». La libération de la femme? Elle en fait une cause personnelle qu'elle défend par son action et par son œuvre[3] (*Le Deuxième sexe*, 1949).

[1]openly [2]block [3]work, publications

FLASH 1 PARIS RENDEZ-VOUS

Une discussion entre amis au Café de Flore.

Paris, dit-on, est la ville la plus romantique du monde. La ville des rendez-vous. Bistrots populaires, cafés chics, cafés pour touristes, cafés secrets... il y a 12 000 cafés à Paris!

Les plus illustres? La Closerie des Lilas à Montparnasse: Sur les tables sont inscrits les noms de ses clients célèbres comme Ernest Hemingway et Scott Fitzgerald. Le Café de Flore et les Deux-Magots, à Saint-Germain-des-Prés: Après la Deuxième Guerre mondiale,[1] les existentialistes en ont fait leur quartier général. Sartre, Camus, Simone de Beauvoir y passaient des heures à écrire au milieu du bruit et de la fumée.[2]

Quand vous serez à Paris, asseyez-vous[3] à la terrasse de café. Lisez votre journal devant un petit crème[4] et regardez passer les gens. C'est un plaisir vraiment parisien!

[1]Deuxième... *World War II* [2]au... *amidst noise and smoke* [3]*sit down* [4]café au lait

FLASH 2 BRUXELLES: LA VOIX DE L'EUROPE

Bruxelles est la capitale administrative de l'Europe. Les 340 millions de citoyens de l'Union européenne sont représentés par 567 députés élus au suffrage universel.[1]

Pour travailler, ces députés se retrouvent principalement dans deux institutions:

1° Le Parlement européen: Il a un rôle consultatif. Il siège[2] à Strasbourg.

2° La Commission européenne: Elle a un rôle exécutif. Elle siège à Bruxelles et constitue en quelque sorte le gouvernement de l'Union. Elle se réunit[3] une fois par semaine.

Elle se compose de 17 membres appelés «commissaires européens». Chaque commissaire est responsable d'un secteur particulier. Son rôle est essentiel: C'est elle qui représente l'Union européenne dans les négociations internationales et commerciales. C'est elle aussi qui a le pouvoir[4] de décision.

[1]suffrage... *general election* [2]*is headquartered* [3]se... *gathers* [4]*power*

Siège de l'Union Européene à Bruxelles.

LEÇON 3

STRUCTURES

Saying what and whom you know: *savoir* and *connaître*

EXPRESSING KNOWING

Labyrinthe

MARCEL: Taxi! Vous **connaissez** la rue Vaucouleurs?

LE CHAUFFEUR: Mais bien sûr, je **sais** où elle est! Je **connais** Paris comme ma poche!

MARCEL: Je ne **sais** pas comment vous faites. Je me suis perdu hier dans l'île de la Cité.

LE CHAUFFEUR: Je **connais** mon métier et puis, vous **savez,** avec un plan de Paris, ce n'est pas si difficile!

ALPHA Taxis

JOUR ET NUIT
45.85.85.85

DES CHAUFFEURS A VOTRE SERVICE
RESERVATION — ABONNEMENT
PARIS — BANLIEUE
AEROPORT — PROVINCE

Renseignements Administratifs : Tél. : 45.85.60.45

Faites des phrases complètes pour décrire ce qui se passe (*what happens*) dans le dialogue.

Marcel	sait	la rue Vaucouleurs
le chauffeur	ne sait pas	où est la rue Vaucouleurs
	connaît	Paris
	ne connaît pas	comment le chauffeur fait son métier

The verbs **savoir** and **connaître** both correspond to the English verb *to know,* but they are used differently.

PRESENT TENSE OF **savoir**		
je **sais**	nous **savons**	
tu **sais**	vous **savez**	
il, elle, on **sait**	ils, elles **savent**	

Past participle: **su**

PRESENT TENSE OF **connaître**		
je **connais**	nous **connaissons**	
tu **connais**	vous **connaissez**	
il, elle, on **connaît**	ils, elles **connaissent**	

Past participle: **connu**

1. **Savoir** means *to know* or *to have knowledge of* a fact, *to know by heart,* or *to know how to* do something. It is frequently followed by an infinitive or by a subordinate clause introduced by **que, quand, pourquoi,** and so on.

Sais-tu l'heure qu'il est?	*Do you know what time it is?*
Savez-vous où est le bureau de poste le plus proche d'ici?	*Do you know where the closest post office is?*
Je **sais** que le bureau de poste du boulevard Haussmann est fermé.	*I know that the post office on Boulevard Haussmann is closed.*

2. In the **passé composé, savoir** means *to learn* or *to find out.*

J'**ai su** hier que la mairie va être démolie.	*I learned yesterday that the city hall is going to be demolished.*

3. **Connaître** means *to know* or *to be familiar (acquainted) with* someone or something. **Connaître**—never **savoir**—means *to know a person.* **Connaître** is always used with a direct object; it cannot be followed directly by an infinitive or by a subordinate clause.

—**Connais**-tu Marie-Françoise?	*Do you know Marie-Françoise?*
—Non, je ne la **connais** pas.	*No, I don't know her.*
Ils **connaissent** très bien Dijon.	*They know Dijon very well.*

Une belle journée a Dakar, Sénégal.

4. In the **passé composé, connaître** means *to meet for the first time*. It is the equivalent of **faire la connaissance de.**

> **J'ai connu** Jean à l'université.   *I met Jean at the university.*

Allez-y!

A **Dialogue.** Complétez les phrases avec **connaître** ou **savoir.**

MME DUPUY: _____¹-vous Paris, Monsieur?

M. STEIN: Je _____² seulement que c'est la capitale de la France.

MME DUPUY: _____³-vous quelle est la distance entre Paris et Marseille?

M. STEIN: Non, mais je _____⁴ une agence de voyages où on doit le _____⁵. Dans cette agence, ils _____⁶ très bien le pays.

MME DUPUY: _____⁷-vous s'il y a d'autres villes intéressantes à visiter?

M. STEIN: Comme je l'ai dit, je ne _____⁸ pas bien ce pays, mais hier j'ai fait la connaissance d'un homme qui _____⁹ où aller pour passer de bonnes vacances.

MME DUPUY: Je voudrais bien _____¹⁰ cet homme. _____¹¹-vous où il travaille?

B **Et vous?** Connaissez-vous Paris? Avec un(e) camarade, posez des questions et répondez-y.

MODÈLE: l'Opéra-Garnier →

> VOUS: Connaissez-vous l'Opéra-Garnier?
>
> VOTRE CAMARADE: Non, je ne le connais pas, mais je sais qu'on y va pour écouter de la musique.

ENDROITS	DÉFINITIONS
l'Opéra-Garnier	C'est le quartier des étudiants à Paris.
Notre-Dame de Paris	Le président y habite.
le Louvre	On y va pour écouter de la musique.
le Palais de l'Élysée	On y trouve une vaste collection de
la tour Eiffel	livres.
la Bibliothèque nationale	C'est une église située dans l'île de la
le Quartier latin	Cité.
la Pyramide	C'est la structure en verre (*glass*) devant le Louvre.
	On y trouve une riche collection d'art.
	Elle a 320 mètres de haut (*tall*) et elle est en fer.

Les luxes de la ville: le grand escalier de l'Opéra, Paris.

C **Vos connaissances.** Utilisez ces phrases pour interviewer un ami (une amie). Dans les réponses, utilisez les verbes **savoir** ou **connaître.**

1. Nomme deux choses que tu sais faire.
2. Nomme deux choses que tu veux savoir faire un jour.
3. Nomme deux domaines (*fields*) où tu es plus ou moins (*more or less*) incompétent(e). (Je ne sais pas...)
4. Nomme une personne que tu as connue récemment.
5. Nomme quelqu'un que tu aimerais (*would like*) connaître.

D **Une ville.** Donnez le nom d'une ville que vous connaissez bien. Ensuite, racontez ce que (*what*) vous savez sur cette ville.

MODÈLE: Je connais New York. Je sais qu'il y a d'immenses gratte-ciel (*skyscrapers*).

THE VERBS VOIR AND CROIRE

EXPRESSING OBSERVATIONS AND BELIEFS

Où sont les clés?

MICHAËL: Je **crois** que* j'ai perdu les clés de la voiture.

VIRGINIE: Quoi!... Elles doivent être au restaurant.

MICHAËL: Tu **crois**?

VIRGINIE: Je ne suis pas sûre mais on peut aller **voir**.

(au restaurant)

MICHAËL: Tu as raison. Elles sont là-bas sur la table. Je les **vois**.

VIRGINIE: Ouf! Bon, qu'est-ce qu'on fait maintenant?

MICHAËL: Allons **voir** ce qu'on trouve chez les bouquinistes.†

Vrai ou faux?

1. Michaël a perdu son stylo.
2. Virginie croit que les clés sont au restaurant.
3. Michaël voit une plante sur la table.
4. Michaël veut voir la tour Eiffel.

The verbs **voir** (*to see*) and **croire** (*to believe*) are irregular.

VOIR		CROIRE	
je **vois**	nous **voyons**	je **crois**	nous **croyons**
tu **vois**	vous **voyez**	tu **crois**	vous **croyez**
il, elle, on **voit**	ils, elles **voient**	il, elle, on **croit**	ils, elles **croient**
Past participle: **vu**		*Past participle:* **cru**	

****Croire** and **voir** must be followed by **que** (*that*) when they introduce another clause.
†The **bouquinistes** (*booksellers*) and their stalls filled with new and used books, magazines, engravings, postcards, and sundry items are a fixture along the banks of the Seine.

J'**ai vu** Michèle à la plage la semaine passée.	*I saw Michèle at the beach last week.*
Est-ce que tu **crois** cette histoire?	*Do you believe this story?*
Je **crois** qu'il va faire beau demain.	*I think the weather is going to be fine tomorrow.*
—La capitale de l'Algérie, c'est Alger.	*Algeria's capital city is Algiers.*
—Tu **crois**?	{ *You think so?* *Are you sure?*

1. **Revoir** (*to see again*) is conjugated like **voir**.

   Je **revois** les Moreau.   *I'm seeing the Moreau family again.*

2. **Croire à** means *to believe in* a concept or idea.

   Nous **croyons à** la chance.   *We believe in luck.*

Exception: **croire en Dieu,** *to believe in God.*

Allez-y!

A **Paris dans le brouillard** (*fog*). Trois étudiants américains sont désorientés. Complétez la conversation avec les verbes **croire** et **voir** au présent, sauf quand le passé composé est indiqué.

JULIE: Tu _____¹ où on est?

DAVID: Non, je ne _____² pas cette rue sur le plan.

JOËL: Vous faites confiance à ce vieux plan?

JULIE: Non, nous _____³ ce que (*what*) nous a dit le guide.

DAVID: Elle a beaucoup d'expérience et je _____⁴ ce qu'elle dit.

JOËL: Moi, je pense qu'elle _____⁵ à la chance!

JULIE: Très drôle... mais dis, David, tu _____⁶ (*passé composé*) Annick, le guide, quelque part?

DAVID: Oui, j'_____⁷ (*passé composé*) Annick, mais il y a environ une heure, aux Deux-Magots...

JOËL: Cette fois, je _____⁸ que nous sommes perdus!

B **Conversation.** Avec un(e) camarade, parlez d'une ville qu'il/elle a visitée récemment. Qu'est-ce qu'il/elle a vu? Qui a-t-il/elle vu? Qu'est-ce qu'il/elle veut revoir? Qui veut-il/elle revoir? Ensuite, racontez à la classe l'expérience la plus intéressante (*most interesting*) de votre camarade.

C **Interview.** Interrogez un(e) camarade sur ses croyances. Est-ce qu'il/elle croit à la chance? à l'amour? au progrès? à une religion? à la perception extra-sensorielle? aux O.V.N.I.* (*UFOs*)? à _____?

———————————
*Objets Volants Non Identifiés

LEÇON 4

PERSPECTIVES

LECTURE

Avant de lire

Scanning paragraphs. In **Chapitre 5** you studied topic sentences and the organization of paragraphs. Quickly scan each paragraph of this magazine article from the *Journal Français d'Amérique* about the mayor of a small village in Brittany. As you scan, note the general function of each paragraph in the reading. Do not read every paragraph word for word, but look for the major point made in each one. Indicate whether each paragraph presents a principal idea, an example, or an anecdote.

PARAGRAPHE	IDÉE PRINCIPALE	EXEMPLE	ANECDOTE
premier	☐	☐	☐
deuxième	☐	☐	☐
troisième	☐	☐	☐
quatrième	☐	☐	☐
cinquième	☐	☐	☐

Profile: Kofi Yamgnane

MAIRE° BRETON   *mayor*
ORIGINAIRE DU TOGO

Kofi Yamgnane avec Jack Lang, ancien
Ministre de la Culture.

remier maire noir de France métropolitaine° et même° d'Europe, Kofi Yamgnane préside depuis plus de deux ans aux destinées° de Saint-Coulitz, un petit village breton (dans le Finistère) de 364 habitants. Mais M. Yamgnane n'est pas «que» maire. Il est aussi secrétaire d'Etat à l'Intégration du gouvernement Cresson.

continental / even

aux... over the inhabitants

Né au Togo (Afrique occidentale), Kofi Yamgnane est remarqué° dès 7 ans° par un Père jésuite, envoyé à l'école primaire puis au lycée de Lomé. En 1964, il débarque° à Brest avec le bac en poche° pour faire ses études. «À l'époque, se souvient-il°, j'étais le seul Noir de toute l'Université. Malgré° un accueil° souvent chaleureux° de la part des Bretons, je ne pouvais qu'éprouver° un fort sentiment d'isolement».

noticed

dès... from the age of seven

disembarks / en... in hand (lit., in pocket)

À... At the time, he recalls / Despite

welcome / warm

experience

Après un détour par l'École des Mines de Nancy, il s'installe avec sa famille (sa femme est bretonne) à Saint-Coulitz en 1973. En 1983, un groupe d'agriculteurs le persuade de se présenter aux élections municipales. Il est élu.° Pendant son mandat,° il fera preuve° d'un esprit constructif et sera un modèle de dynamisme. En 1989, il enlèvera le siège° de maire.

elected / term / fera... will show

enlèvera... wins the seat

M. Yamgnane a eu l'idée, prise dans son village africain, de créer un Conseil des sages.° Il s'agit° d'un groupe de cinq femmes et de quatre hommes de plus de 60 ans, élus, qui se réunissent° une fois par mois pour donner leur avis sur les sujets appelés à être traités° ensuite par le Conseil municipal.

Conseil... Council of wise people / Il... It involves

se... meet

appelés... meant to be tackled

Monsieur le Maire fait décidément de sa commune une vitrine° de démocratie, que certains° d'ailleurs tentent° de copier.

"show window," model

certaines personnes / try

Compréhension

A **Petite biographie.** Mettez dans le bon ordre les diverses étapes de la vie de Kofi Yamgnane.

_____ Kofi Yamgnane vient en France faire ses études.
_____ Il s'installe avec sa famille à Saint-Coulitz, en Bretagne.
_____ Kofi Yamgnane est né au Togo.
_____ Il va au lycée à Lomé, capitale du Togo.
_____ Il devient maire de Saint-Coulitz.
_____ Il est élu au Conseil municipal.
_____ Il se marie avec une Bretonne.

B **Réflexions.** Répondez, s'il vous plaît!

1. Qui a persuadé Kofi Yamgnane de faire de la politique?
2. Kofi Yamgnane n'est pas un maire comme les autres. Pourquoi?
3. Quelle idée africaine a-t-il appliquée dans le village de Saint-Coulitz?
4. Le Conseil des sages, vous semble-t-il une bonne idée?
5. Qui est le maire de votre ville?

À L'ÉCOUTE!

Bien entendu!

Pour aller au syndicat d'initiative. Anne-Marie visite Blain, une petite ville dans le nord-ouest de la France. Elle demande à un passant où se trouve le syndicat d'initiative. Lisez les activités avant d'écouter le dialogue qui leur correspond.

A **Vous avez bien compris?** Encerclez la bonne réponse d'après le dialogue.

1. Pour aller au syndicat d'initiative, Anne-Marie préfère _____.
   a. marcher   **b.** prendre le bus
2. Elle doit prendre la première rue _____.
   a. à droite   **b.** à gauche
3. Elle doit traverser _____.
   a. la place de la Gare   **b.** la rue Pasteur
4. À la rue Pasteur elle doit tourner à gauche dans la _____.
   a. quatrième rue   **b.** cinquième rue
5. Le syndicat d'initiative est en face _____.
   a. d'une boulangerie   **b.** du commissariat

B **Le chemin d'Anne-Marie.** Maintenant tracez le chemin sur la carte.

Encerclez le syndicat d'initiative. Y a-t-il un chemin plus court (*shorter route*) pour aller au syndicat d'initiative? Si oui, tracez-le aussi.

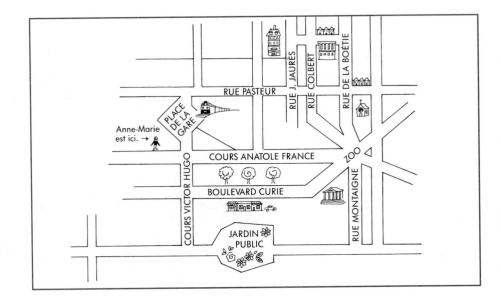

METRO DE PARIS

Les ennuis de la ville: les contraventions!

En situation

Aventure en métro

Contexte *Charles, un étudiant québécois, veut aller à l'École de Médecine, dans le Quartier latin, à Paris. Ses amis, Francis et Geneviève, lui expliquent comment y aller en métro.*

Objectif *Charles utilise le métro.*

GENEVIÈVE: Charles, tu peux y aller en métro, à l'École de Médecine.

CHARLES: Oui, mais comment fait-on pour y aller?

GENEVIÈVE: Viens, on va regarder la carte: quelle est la station près de l'École?

CHARLES: Odéon.

FRANCIS: Bon, on est près d'Oberkampf.

GENEVIÈVE: Regarde la carte maintenant: comment fait-on pour aller d'Oberkampf à Odéon?

CHARLES: Heu... on va jusqu'à Strasbourg Saint-Denis, on change et on va jusqu'à Odéon.

GENEVIÈVE: Quand on va d'Oberkampf à Strasbourg Saint-Denis, on prend direction Pont de Sèvres et...

CHARLES: Attends, j'ai tout compris. Et quand on va de Strasbourg Saint-Denis à Odéon, on prend direction Porte d'Orléans.

GENEVIÈVE: Super! Vous connaissez bien Paris maintenant.

CHARLES: Pas vraiment, mais on apprend vite!

● **Jeu de rôles.** Un nouvel étudiant (Une nouvelle étudiante) vous demande le chemin pour aller dans divers endroits de votre campus. Jouez la scène avec un(e) camarade. Soyez précis(e) dans vos instructions. Le nouvel étudiant (La nouvelle étudiante) doit répéter les instructions pour vérifier qu'il/elle les a bien comprises. Utilisez les expressions de l'**À propos.**

À PROPOS

Comment demander son chemin

Pourriez-vous (Pourrais-tu) me dire...
   où est... ?
   dans quelle direction est... ?
   par où je dois passer pour... ?
   si... est loin d'ici / près d'ici?

Comment indiquer le chemin

C'est...
   là-bas (*there*).
   derrière...
   devant...
   à côté de...
   de l'autre côté de...
   en face de...
Vous allez tout droit.

Vous tournez { à droite.
              { à gauche.

VIDÉOTHÈQUE*

Cue to: 39:16

THÈME 4 Le shopping

SCÈNE 4.2 Un petit cadeau

Michel and Paul are window shopping for a birthday present for Michel's brother. Michel turns down all of Paul's suggestions—but why? Read over the **Vocabulaire utile** and the activities, then view the scene. Check your comprehension by completing the activities.

VOCABULAIRE UTILE

un cadeau	a present
une bande dessinée	a comic book
faire du lèche-vitrine	to window shop
Il a horreur de...	He hates . . .
un appareil-photo	a camera
ces jouets	those toys
en promotion	on sale
fauché (*fam.*)	broke (*without money*)
...lui fera très plaisir	. . . will really please him
C'est l'intention qui compte.	It's the thought that counts.

A **Le cadeau d'anniversaire.** Indiquez si les phrases suivantes sont vraies (V) ou fausses (F).

1. V   F   Le petit frère de Michel a seize ans.
2. V   F   Cette année, Michel va être original.
3. V   F   Le couteau suisse coûte quatre cent soixante francs.
4. V   F   Le frère ne porte que des jeans et des pull-overs.
5. V   F   Michel va acheter une petite voiture pour son frère.

B **Les arguments de Michel.** Quels sont les arguments de Michel pour refuser les suggestions de Paul?

1. ____ le couteau suisse
2. ____ le stylo vert
3. ____ des vêtements
4. ____ une raquette de tennis
5. ____ un appareil-photo

a. C'est le cadeau des parents.
b. C'est de mauvaise qualité.
c. Le frère ne joue pas très sérieusement.
d. Le frère ne porte que des jeans.
e. Il est trop compliqué.
f. Le frère a horreur de cette couleur.

---

*The theme and scene numbers correspond to those in the Video to accompany *Vis-à-vis*.

CHAPITRE II
VOCABULAIRE

Verbes

commencer to begin
connaître to know; to be familiar with
croire à (que) to believe in (that)
penser à to think of, about
penser de to think of, about (to have an opinion about)
revoir to see again
savoir to know (how)
toucher to cash (*a check*); to touch; to concern
se trouver to be located, situated
voir to see

À REVOIR: **écrire, prendre, réfléchir à, réussir à**

Substantifs

l'arrondissement (*m.*) ward, section (*of Paris*)
la banlieue suburbs
le bâtiment building
le bois forest, woods
le boulevard boulevard
le café-tabac bar-tobacconist
la carte map (*of a region, country*)
le centre-ville downtown
le château castle, château
le chemin way (road)
le coin corner
le commissariat (le poste de police) police station
l'église (*f.*) church
l'île (*f.*) island
la mairie town hall
la piscine swimming pool

la place square
le plan map (*of a city*)
le poste de police police station
la Rive droite the Right Bank (*in Paris*)
la Rive gauche the Left Bank (*in Paris*)
le syndicat d'initiative tourist information bureau
la tour tower

À REVOIR: **la bibliothèque, le jardin, la librairie, la pièce, la rue**

Les nombres ordinaux

le premier (la première), le/la deuxième,... , le/la cinquième,... , le/la huitième, le/la neuvième,... , le/la onzième, etc.

Les expressions temporelles

autrefois formerly
d'abord first, first of all, at first
de temps en temps from time to time
enfin finally
puis then, next
soudain suddenly
tout d'un coup suddenly; all at once
une fois once

Mots et expressions divers

à droite (*prep.*) on (to) the right
à gauche (*prep.*) on (to) the left

À votre (ton) avis,... ? In your opinion, . . . ?
de nouveau (*adv.*) again
en (*pron.*) of them; of it; some
en face de (*prep.*) across from
jusqu'à up to, as far as
là (*adv.*) there
partout (*adv.*) everywhere
Qu'en penses-tu? What do you think of that?
Que pensez-vous de... ? What do you think about . . . ?
tout droit (*adv.*) straight ahead
y (*pron.*) there

Mots apparentés

Verbes: **continuer, tourner**
Substantifs: **la banque, l'hôpital** (*m.*), **l'hôtel** (*m.*), **le monument, le musée, le parc, la pharmacie, la station (de métro)**
Adjectifs: **municipal(e), public/publique**

BEAUX ARTS

Paris
Place des Vosges, dans le Marais

Nathalie,

Un week-end en or, Nathalie! On a passé un week-end en or! Je suis prêt à recommencer.

Voilà ce que je te propose: prochain rendez-vous à Paris, Place des Vosges, devant la maison de Victor Hugo. Dans treize jours, trois heures et dix minutes à partir de ce moment précis. (Nous sommes lundi. Il est 9 heures moins dix.)

Ne me dis pas que je ne suis pas créatif!

Tu viendras, n'est-ce pas?

Je t'embrasse!!!
  Paul

LE PATRIMOINE HISTORIQUE

La cathédrale d'Amiens, chef-d'œuvre (*masterpiece*) du moyen âge (l'époque médiévale: Vème–XIVème siècles [*centuries*])

Les arènes d'Arles, monument de l'époque romaine (59 av. J.-C.*–Vème siècle)

*avant Jésus-Christ

Chenonceaux, château de la Renaissance (XVème–XVIème siècles).

Versailles, château de l'époque classique (XVIIème siècle).

A **Définitions.** Regardez les quatre photos et complétez les phrases.

1. Une période historique, c'est une _____.
2. Une durée de cent ans, c'est un _____.
3. On a bâti (*built*) la cathédrale d'Amiens à l'époque _____.
4. L'époque historique qui se situe entre le Vème et le XIVème siècles s'appelle (*is called*) le _____.
5. Le château de Chenonceaux a été bâti aux _____.
6. Le château de Versailles date de l'époque _____.
7. Les arènes d'Arles datent de l'époque _____.

B **Leçon d'histoire.** Faites une phrase complète pour nommer le siècle et l'époque où les événements suivants se sont passés (*took place*). Remplacez les éléments en italique par des pronoms.

MODÈLE: *Guillaume, duc de Normandie*, a conquis *l'Angleterre* en 1066. →
Il l'a conquis au XIème siècle, à l'époque du moyen âge.

1. *Blaise Pascal* a inventé *la première machine à calculer* en 1642.
2. On a bâti *les arènes de Nîmes* au premier siècle.
3. *La ville de Paris* s'est appelée Lutèce du IIème siècle av. J.-C. jusqu'au IVème siècle après J.-C.
4. *Jacques Cartier* a pris possession *du Canada* au nom de la France en 1534.
5. *Jeanne d'Arc* a essayé de prendre *la ville de Paris* en 1429.
6. *René Descartes* a écrit *sa «Géométrie»* en 1637.
7. *Charlemagne* est devenu roi (*king*) en 768.

LE PATRIMOINE ARTISTIQUE

Les œuvres d'art et de littérature

La littérature

une pièce de théâtre

un poème

un roman

l'écrivain (la femme écrivain)

La sculpture

une sculptur

le sculpteur

La peinture

un tableau

le peintre

La musique

le compositeur (le musicien)

l'actrice

Le cinéma l'acteur

la cinéaste

Allez-y!

A **Qui sont-ils?** Retrouvez la profession de ces artistes français. Si vous ne savez pas, devinez!

MODÈLE: Jean-Paul Sartre → C'est un écrivain.

1.	Sarah Bernhardt	peintre
2.	Auguste Rodin	sculpteur
3.	Pierre Auguste Renoir	musicien
4.	Simone de Beauvoir	cinéaste
5.	François Truffaut	écrivain
6.	Camille Claudel	acteur/actrice
7.	Claude Debussy	
8.	Suzanne Valadon	
9.	Henri Matisse	
10.	Catherine Deneuve	

B **Littérature.** Complétez les phrases avec la forme correcte des mots suivants: **poésie, acteur, roman, pièce de théâtre, écrivain, poème.**

1. *L'Étranger* est un _____*Roman*_____ d'Albert Camus.
2. Molière était un _*écrivain*_ et un _*acteur*_. Il a écrit des _*pièce de théâtre*_.
3. La vie de Verlaine et de Rimbaud était turbulente, mais leurs _____ sont parmi les chefs-d'œuvre de la _____ française.
4. Simone de Beauvoir a écrit des _*roman*_ et des essais sur la condition féminine.
5. *Les Fleurs du mal* est un recueil (*collection*) de _*poème*_ de Charles Baudelaire.

C **Les goûts** (*tastes*) **artistiques.** Posez les questions à un(e) camarade.

1. Quel est ton roman préféré? C'est de qui?
2. Quel est ton peintre préféré? Pourquoi?
3. Connais-tu des artistes français? Lesquels?
4. Est-ce que tu écoutes de la musique classique? Quel (Quelle) est ton compositeur préféré (ta compositrice préférée)?
5. Aimes-tu la poésie? Quels poètes anglais ou américains aimes-tu? Connais-tu un poème par cœur (*by heart*)? Lequel?
6. Vas-tu quelquefois au théâtre? Quelle pièce as-tu vue récemment?
7. Aimes-tu aller au cinéma? Quel film as-tu vu récemment?

Maintenant, décrivez les goûts artistiques de votre camarade à la classe.

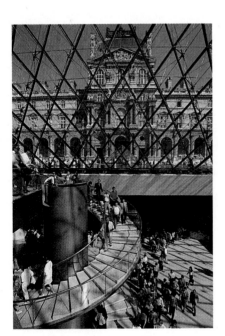

Escalier au Louvre.

DEUX VERBES POUR PARLER DES ARTS

suivre (*to follow*)		**vivre** (*to live*)	
je **suis**	nous **suivons**	je **vis**	nous **vivons**
tu **suis**	vous **suivez**	tu **vis**	vous **vivez**
il, elle, on **suit**	ils, elles **suivent**	il, elle, on **vit**	ils, elles **vivent**
Past participle: **suivi**		*Past participle:* **vécu**	

Suivre and **vivre** are irregular verbs, and they have similar conjugations in the present tense. **Suivre un cours** means *to take a course.*
Poursuivre (*to pursue*) is conjugated like **suivre.**

L'impressionnisme a-t-il **suivi** le cubisme?	*Did Impressionism follow Cubism?*
Combien de cours d'art **suis**-tu?	*How many art courses are you taking?*
Suivez mes conseils!	*Follow my advice!*
A-t-il **poursuivi** ses études de musique?	*Did he pursue his musical studies?*

MOTS-CLÉS

Expressing to live: *vivre* or *habiter*

Use **vivre** to express *to live; to be alive, to exist.* Use it also to express how one lives.

Picasso **a vécu** jusqu'à 92 ans.
Cette artiste ne **vit** pas dans le luxe.
Ils **vivent** toujours dans cette région.

In general, use **habiter** to express *to reside.*

Suzanne Valadon **a habité** Paris pendant des années.
Vous **habitez** rue de Rivoli?

Vivre is also used in certain idiomatic expressions.

Elle est **difficile (facile) à vivre.**	*She's hard (easy) to live with.*
Il est parti sans raison apparente, « pour **vivre ma vie** », a-t-il dit.	*He left without apparent reason, to "live my own life," as he put it.*

Allez-y!

A **Van Gogh.** Complétez l'histoire suivante par les verbes suivants: **suivre, poursuivre, vivre, habiter.** Mettez tous les verbes, excepté le numéro 7, au présent.

Vincent Van Gogh est né en 1853 à Groot-Zundert, aux Pays-Bas. En 1877, il _____¹ des cours pour devenir pasteur (*preacher*), mais malheureux (*[being] unhappy*), il change d'avis. Il _____² des études d'anatomie parce qu'il veut devenir artiste. Après des séjours en Belgique et aux Pays-Bas, où il peint *Les Mangeurs des pommes de terre*, il _____³ à Paris, où il fait la connaissance des peintres impressionnistes. C'est Pissarro qui le convainc de peindre en couleurs vives (*bright*). À Paris, Van Gogh ne vend aucun* tableau; il _____⁴ dans la misère (*poverty*). De 1888 jusqu'à sa mort, Van Gogh _____⁵ le sud de la France où il _____⁶ sa passion pour la peinture. De plus en plus tourmenté, il se suicide en 1890. Il _____⁷ (*passé composé*) seulement jusqu'à l'âge de 37 ans, et n'a vendu qu'un tableau pendant sa vie.

B **Conversation.** Avec un(e) camarade, répondez aux questions suivantes.

1. Quelle carrière veux-tu poursuivre? Suis-tu déjà des cours qui mènent à (*lead to*) cette carrière?
2. Est-ce que la plupart (*majority*) des gens basent leur choix de carrière sur ce qui les intéresse? Sinon, comment la choisissent-ils?
3. Comment veux-tu vivre dans dix ans? Dans le luxe en ville, par exemple, ou très simplement, à la campagne? Dans quelle sorte de logement veux-tu habiter?
4. À ton avis est-il plus important de suivre ses passions dans la vie ou de poursuivre la fortune? Pourquoi?

Vincent Van Gogh: *Autoportrait,* **1889–90.**
(Musée du Louvre, Paris)

***ne... aucun(e)** is a negative expression used to mean *no, not one.*

LEÇON 2

STRUCTURES

STRESSED PRONOUNS
EMPHASIZING AND CLARIFYING

Des visites artistiques

David est en visite à Paris avec ses parents et son frère. Il raconte leurs activités à Géraldine, une amie parisienne.

GÉRALDINE: Et **toi,** David, tu es allé au Louvre?

DAVID: Non, il est trop grand pour **moi.** Je préfère le musée Picasso.

GÉRALDINE: **Moi** aussi! Mais tes parents, ils ont visité le Louvre?

DAVID: **Eux?** Oui, ils y sont allés plusieurs fois. Mais mon frère, **lui,** il préfère visiter les magasins et les boîtes de nuit!

Les phrases suivantes sont des variantes des phrases du dialogue. Complétez ces phrases avec **moi, toi, lui** ou **eux.**

1. Tu es allé au Louvre, _____?
2. _____, j'aime mieux le musée Picasso.
3. Non, mais _____, ils l'ont visité.
4. _____, il n'aime pas les musées.

Forms of Stressed Pronouns
● ●

Stressed pronouns (**les pronoms disjoints**) are used as objects of prepositions or for clarity or emphasis. The following chart shows their forms. Note that several are identical in form to subject pronouns.

moi	*I, me*	**nous**	*we, us*
toi	*you*	**vous**	*you*
lui	*he, him*	**eux**	*they, them (m.)*
elle	*she, her*	**elles**	*they, them (f.)*
soi[*]	*oneself*		

Uses of Stressed Pronouns

Stressed pronouns are used:

1. As objects of prepositions

Nous allons travailler chez **toi** ce soir.	*We're going to work at your house tonight.*
Après **vous**!	*After you!*
Après le concert, tout le monde rentre chez **soi.**	*After the concert, everybody goes back home.*

2. As part of compound subjects

Clara et elle ont lu *À la recherche du temps perdu*[†] en entier.	*She and Clara read the entire* In Search of Lost Time.
Michel et moi avons joué ensemble une sonate de Debussy.	*Michel and I played a sonata of Debussy together.*

3. With subject pronouns, to emphasize the subject

Et **lui,** écrit-il un roman?	*What about him? Is he writing a novel?*
Eux, ils ont de la chance.	*As for them, they are lucky.*
Tu es brillant, **toi.**	*You're so brilliant!*

When stressed pronouns emphasize the subject, they can be placed at the beginning or the end of the sentence.

4: After **ce + être**

—C'est **vous,** Monsieur Lemaître?	*Is it you, Mr. Lemaître?*
—Oui, c'est **moi.**	*Yes, it's me (it is I).*
C'est **lui** qui faisait le cours sur Proust.	*He's the one who was teaching the course on Proust.*

---

[*]**Soi** corresponds to the subjects **on, tout le monde,** and **chacun** (*each one*).
[†]Long roman de Marcel Proust, en sept volumes. L'ancienne traduction anglaise du titre était *Remembrance of Things Past.*

5. In sentences without verbs, such as one-word answers to questions and tag questions

—Qui a visité le musée
Delacroix?
—**Toi!**

*Who has visited the Delacroix
Museum?*
You!

—As-tu pris mon livre d'art?
—**Moi**?

Did you take my art book?
Me?

Nous allons voir un film
vidéo sur la peinture moderne.
Et lui?

*We're going to see a videotape
on modern painting. What
about him?*

6. In combination with **même(s)** for emphasis

Préparent-ils le film vidéo
eux-mêmes?
Allez-vous choisir les images
vous-même?

*Are they preparing the videotape
themselves?*
*Are you going to choose the
pictures yourself?*

Allez-y!

A **Au théâtre.** Vos amis et vous avez présenté une pièce de théâtre devant la classe. Décrivez vos sentiments pendant que vous attendiez le commencement de la pièce, à l'aide des pronoms disjoints.

MODÈLE: nous / fatigués → Nous, nous étions fatigués.

1. je / préoccupé(e)
2. Catherine / anxieuse
3. Louis / agité
4. Jessica et Christine / sérieuses
5. Marc et Angela / calmes
6. nous / heureux

B **Pour monter la pièce** (*prepare the play*). D'autres étudiants vous ont aidé(e) à monter la pièce de l'exercice précédent. Dites ce qu'ils ont fait. Remplacez les mots en italique par des pronoms qui correspondent aux mots entre parenthèses. Faites attention à la conjugaison du verbe.

1. Qui a fait les costumes? C'est *moi* qui ai fait les costumes. (Sandrine, Bruno, Pierre et Jean-Paul)
2. Vous avez écrit le scénario vous-mêmes? Oui, *nous* l'avons écrit *nous*-mêmes. (je, une amie et moi, Richard et Jean-Claude, les acteurs)

C **Êtes-vous indépendant(e)?** Est-ce que vos camarades et vous faites régulièrement des choses intéressantes, utiles (*useful*) ou inhabituelles... ? Renseignez-vous sur les activités de quatre camarades. Utilisez les pronoms disjoints + **même(s)** pour décrire ces activités. Regardez les verbes utiles à la page suivante.

Verbes utiles: acheter, aller, bâtir* (*to build*), devoir, faire, gagner, jouer, lire, pouvoir, préparer, réparer, travailler, vendre, venir, voir, vouloir, etc.

MODÈLES: Moi, je fais toujours le pain moi-même pour les repas à la maison.
J'ai une camarade qui, elle, répare elle-même sa voiture.

PRONOMINAL VERBS (INTRODUCTION)
EXPRESSING ACTIONS

Une rencontre

DENIS: Anne! Comment vas-tu?
VÉRONIQUE: Vous **vous trompez,** je ne **m'appelle** pas Anne.
DENIS: Je **m'excuse,** je **me demande** si je ne vous ai pas déjà rencontrée...
VÉRONIQUE: Je ne **me souviens** pas de vous avoir rencontré. Mais ça ne fait rien... Je **m'appelle** Véronique. Comment **vous appelez**-vous?

Retrouvez la phrase correcte dans le dialogue.

1. Vous avez tort, mon nom n'est pas Anne.
2. Pardon, je pense que je vous ai déjà rencontrée.
3. Mon nom est Véronique. Quel est votre nom?

1. Certain French verbs are always conjugated with two pronouns. Consequently, they are called pronominal verbs (**les verbes pronominaux**). The pronouns agree with the subject of the verb. **Se reposer** (*to rest*) and **s'amuser** (*to have fun*) are two pronominal verbs.

se reposer				s'amuser			
je	**me** repose	nous	**nous** reposons	je	**m'**amuse	nous	**nous** amusons
tu	**te** reposes	vous	**vous** reposez	tu	**t'**amuses	vous	**vous** amusez
il, elle, on	**se** repose	ils, elles	**se** reposent	il, elle, on	**s'**amuse	ils, elles	**s'**amusent

---
*Conjugated like **finir.**

—Est-ce que tu **t'amuses** en général chez tes grands-parents?

Do you usually have fun at your grandparents' house?

—Oui, on **s'amuse** bien ensemble.

Yes, we have a good time together.

—Nous **nous entendons** bien.

We get along well.

Note that the reflexive pronouns **me, te,** and **se** become **m', t',** and **s'** before a vowel or a nonaspirate **h.**

2. Common pronominal verbs include:

s'appeler *to be named*	**s'excuser** *to excuse oneself*
s'arrêter *to stop*	**s'installer** *to settle down, settle in*
se demander *to wonder*	
se dépêcher *to hurry*	**se rappeler** *to remember*
se détendre *to relax*	**se souvenir (de)** *to remember*
s'entendre (avec) *to get along (with)*	**se tromper** *to be wrong*
	se trouver *to be located*

L'autobus **s'arrête** devant le musée.

The bus stops in front of the museum.

Où **se trouve** l'arrêt?

Where is the bus stop?

Jean-Luc ne **se souvient** pas à quelle heure le musée ouvre.

Jean-Luc doesn't remember what time the museum opens.

Je vais **me dépêcher** pour arriver à l'heure.

I'm going to hurry to arrive on time.

3. Note that word order in the negative and infinitive form follows the usual word order for pronouns: The reflexive pronoun precedes the verb.

Allez-y!

A **Question de logique.** Trouvez dans la colonne de droite la réponse logique aux phrases de la colonne de gauche.

1. Je dis que le Louvre est sur la Rive gauche.
2. L'autobus part pour l'excursion dans cinq minutes et je ne suis pas encore prêt!
3. Tu as oublié d'apporter notre plan de la ville!
4. Quelle est la date de construction du Louvre?
5. Toi et moi, nous aimons les mêmes musées!

a. Je ne me souviens pas de la date.
b. Tu te trompes!
c. Nous nous entendons bien.
d. Je me demande pourquoi tu n'y as pas pensé!
e. Il faut vous dépêcher.

B **Départ à la hâte.** Il est l'heure de partir pour Chartres mais vous avez un petit problème. Remplacez l'expression en italique par un des verbes pronominaux suivants: **se demander, se rappeler, se tromper, se trouver, se dépêcher.**

Où *est*[1] mon sac à dos? Je ne *me souviens*[2] plus où je l'ai mis. En plus, je dois *partir tout de suite,*[3] je suis en retard. Mais je ne peux pas aller à Chartres sans mon appareil-photo. Je *veux savoir*[4] si Jean-François l'a pris avec lui ce matin. Il peut facilement *faire une erreur*[5] quand il est en retard.

C **Réflexions sur la personnalité.** Complétez les phrases suivantes. Puis comparez vos phrases avec celles de deux camarades de classe. Est-ce que vous vous ressemblez?

1. Je m'excuse quand...
2. Je ne m'entends pas du tout avec... parce que...
3. Quand je pense à mon enfance, je me rappelle surtout... (*nom*)
4. Je me demande souvent si...
5. Quand je me trompe, je...
6. Pour me détendre, j'aime...

D **Trouvez quelqu'un qui...** Circulez dans la classe pour trouver quelqu'un qui fait une des activités suivantes. Faites-lui écrire son nom (*Have him/her write his/her name*) à côté de l'activité. Ensuite, trouvez quelqu'un qui fait l'activité suivante et continuez.

1. veut s'installer à l'étranger (*abroad*)
2. se souvient de son premier jour de classe à l'université
3. se trompe souvent
4. s'amuse en regardant le foot (*soccer*)
5. ne s'entend pas bien avec ses frères ou ses sœurs
6. se repose en écoutant (*while listening*) de la musique classique
7. s'arrête tous les jours au café
8. se rappelle son meilleur ami (sa meilleure amie) à l'école primaire

Ensuite, comparez vos réponses.

Des jeunes musiciens à Paris.

Odilon Redon (1840–1916) *Ophélie parmi les fleurs*
The National Gallery of Art, London

CARTE POSTALE

Mon petit Paul,

Je peux dire une chose: Tu es un grand romantique sous ton masque de Don Juan. Vraiment, tu as le sens de la mise en scène.

Malheureusement, le théâtre doit fermer. Je pars. Très loin. Je dois faire un article sur les îles francophones. Première étape: la Réunion, dans l'océan Indien.

Quelle chance! Je fais un métier que j'adore! Je voyage partout dans le monde! Je suis jeune, je suis libre: Tout est possible.

Je pense être à Paris dans quelques semaines. On se voit dès que j'arrive?

Gros bisous de Nathalie, journaliste globe-trotter!

PORTRAIT: Marguerite Yourcenar (écrivain belge, 1903–1987)

Pendant près de quarante ans, elle vit aux États-Unis avec Grace Frick, sa compagne. En 1981, elle est la première femme à entrer à l'Académie française, une institution prestigieuse d'intellectuels et d'écrivains français jusque-là[1] réservée aux hommes. Écrivain majeur, elle donne à la littérature française des œuvres capitales: Les *Mémoires d'Hadrien* (1951), *l'Œuvre au noir* (1968). Elle écrit dans une très belle langue classique faite d'équilibre et de mouvement. Son credo: « J'ai plusieurs religions comme j'ai plusieurs patries. »

[1] *until then*

FLASH 1 SUZANNE VALADON (PEINTRE ET DESSINATEUR FRANÇAIS, 1867–1938)

«J'ai eu de grands maîtres. J'ai tiré[1] le meilleur d'eux-mêmes, de leur enseignement, de leur exemple. Je me suis trouvée, je me suis faite, et j'ai dit, je crois, ce que j'avais à dire».

Femme, peintre, pauvre et autodidacte[2]: Suzanne Valadon transforme ces désavantages en avantages.

Pour gagner sa vie,[3] elle devient le modèle de Renoir et de Toulouse-Lautrec. Elle s'instruit à leur contact. Pendant ses heures de pose, elle les regarde travailler et construit peu à peu sa personnalité artistique.

Son art est hardi[4] et très personnel: En dépit des[5] tabous de l'époque, elle fait son autoportrait sous forme de nu et peint aussi des hommes nus.

Mère du peintre Utrillo à qui elle donne ses premières leçons, elle est une figure essentielle de la société impressionniste. À sa mort, elle laisse au monde 478 tableaux, 273 dessins et 31 croquis.[6]

[1]*drew* [2]*self-taught person* [3]*gagner... earn a living* [4]*bold* [5]En... *Despite the* [6]*sketches*

Suzanne Valadon, *Portrait de Maurice Utrillo*, 1921. (Collection particulière, Paris)

FLASH 2 LE MUSÉE RODIN

Où se trouve *Le Penseur*, la plus fameuse sculpture d'Auguste Rodin? À Paris, au Musée Rodin installé dans les murs de l'hôtel Biron où l'artiste a passé les dernières années de sa vie.

Imaginez une sorte de petit palais avec des parquets en bois. D'une pièce à l'autre, vous découvrez les chefs-d'œuvre inscrits dans la pierre: le fameux *Baiser*, *La Main de Dieu*... Et au premier étage, la collection de peinture de Rodin avec notamment des tableaux de Van Gogh.

Vous sortez de ce musée, fasciné par la blancheur[1] du marbre, ébloui[2] par ces corps et ces visages sculptés dans l'éternité de la pierre.

Le jardin qui entoure le musée est une petite merveille. Allez vous y promener, pour découvrir d'autres chefs-d'œuvre du grand maître, exposés en plein air.

[1]*whiteness* [2]*dazzled*

Un moment de réflexion au Musée Rodin.

LEÇON 3

DOUBLE OBJECT PRONOUNS
SPEAKING SUCCINCTLY

Un tempérament artistique

Marie veut une boîte de peinture.

MARIE: Allez maman, **achète-la-moi!**

MAMAN: **Écoute-moi** bien! Je ne peux pas **te l'offrir.**
Je n'ai plus d'argent.

MARIE: **Demandes-en** à papa!

MAMAN: D'accord, d'accord. Je vais **lui en parler.**
Mais toi, ne **lui dis** rien. **Jure-le-moi!**

MARIE: Je **te le jure!**

Trouvez la phrase correspondante dans le dialogue.

1. Tu m'achètes une boîte de peinture.
2. Tu peux demander de l'argent à papa!
3. Ne parle pas de cela à papa!

Order of Object Pronouns

1. When two or more pronouns are used in a declarative sentence, they follow a fixed order. The direct object pronoun is usually **le, la,** or **les. Me, te, nous,** and **vous** precede **le, la,** and **les; lui** and **leur** follow them. The pronouns **y** and **en,** in that order, come last.

DIRECT OR INDIRECT OBJECT	DIRECT OBJECT	INDIRECT OBJECT	y / en
me te nous vous	le la les	lui leur	y / en

—Le guide vous a-t-il expliqué la théorie des peintres impressionnistes? / *Did the guide explain the theory of the Impressionist painters to you?*

—Oui, il **nous l'**a expliquée. / *Yes, he explained it to us.*

—Avez-vous montré le tableau de Manet aux étudiants américains? / *Did you show the Manet painting to the American students?*

—Oui, je **le leur** ai montré. / *Yes, I showed it to them.*

—Est-ce que le guide a donné des livrets sur l'impressionnisme aux autres étudiants? / *Did the guide give booklets on Impressionism to the other students?*

—Oui, il **leur en** a donné. / *Yes, he gave them some.*

It might help you to remember this formula: first and second person before third; direct object before indirect object. Apply the first part if it is relevant, then the second.

2. In negative sentences with object pronouns, **ne** precedes the object pronouns; when the negative sentence is in the **passé composé, pas** follows the conjugated verb and precedes the past participle.

—Ils nous ont envoyé les horaires des autres musées de Paris? / *Did they send us the schedules of the other museums in Paris?*

—Non, ils **ne nous les ont pas** envoyés. / *No, they didn't send them to us.*

Commands with One or More Object Pronouns

1. The order of object pronouns in a negative command is the same as the order in declarative sentences. The pronouns precede the verb.

N'**en** parlons pas! / *Let's not talk about it!*
N'**y** pense pas! / *Don't think about it!*
Ne **me** donnez pas de cadeau! / *Don't give me a present!*
Ne **me le** donnez pas! / *Don't give it to me!*
Ne **leur** dites pas que vous êtes venus! / *Don't tell them you came!*
Ne **le leur** dites pas! / *Don't tell them!*

2. In affirmative commands with one object pronoun, the object pronoun follows the verb and is attached with a hyphen. When **me** and **te** come at the end of the expression, they become **moi** and **toi.**

La lettre? **Écrivez-la!** / *The letter? Write it!*
Voici du papier. **Prenez-en!** / *Here's some paper. Take some!*
Tes amis? **Donne-leur** des billets! / *Your friends? Give them some tickets!*
Parle-moi des concerts! / *Tell me about the concerts!*

As you know, the final **-s** is dropped from the **tu** form of regular **-er** verbs and of **aller** to form the **tu** imperative: **Parle! Va, tout de suite!** However, the **-s** is *not* dropped before **y** or **en** in the affirmative imperative: **Parles-*en*! Vas-*y*!**

3. When there is more than one pronoun in an affirmative command, however, all direct object pronouns precede indirect object pronouns, followed by **y** and **en,** in that order. All pronouns follow the command form of the verb and are attached by hyphens. The forms **moi** and **toi** are used except before **y** and **en,** where **m'** and **t'** are used.

DIRECT OBJECT	INDIRECT OBJECT		y / en
le	moi (m')	nous	
la	toi (t')	vous	y / en
les	lui	leur	

—Voulez-vous ma carte d'entrée au musée? *Do you want my museum entrance card?*
—Oui, **donnez-la-moi.** *Yes, give it to me.*

—Je t'apporte du papier? *Shall I bring you some paper?*
—Oui, **apporte-m'en.** *Yes, bring me some.*

—Tu veux que je cherche l'horaire du musée? *Do you want me to look for the museum schedule?*
—Oui, **cherche-le-moi.** *Yes, look for it for me.*

—Est-ce que je dis aux autres que l'entrée est gratuite le mardi? *Shall I tell the others that admission is free on Tuesdays?*

—Oui, **dites-le-leur.** *Yes, tell them that (lit., tell it to them).*

Allez-y!

A **Travail d'équipe** (*Teamwork*). Audrey et ses camarades font un travail sur l'art du dix-neuvième siècle. Transformez les phrases selon le modèle.

MODÈLE: Audrey donne ses notes à Christine. → Elle les lui donne.

1. Elle prête un livre sur Manet à Sylvie.
2. Christine décide d'emprunter (*borrow*) des diapositives (*slides*) à son professeur de français.

3. Le professeur offre aussi la vidéo « Vincent et Théo » aux trois filles.
4. Sylvie prend des notes sur Monet et les offre à Audrey et à Christine.
5. Christine est chargée (*given the responsibility*) d'expliquer le pointillisme aux deux autres.
6. Les trois étudiantes présentent leur exposé aux autres étudiants du cours.

B **Détails pratiques.** Vous faites une visite artistique de Paris. Répondez par *oui* ou *non* selon le modèle.

MODÈLE: Achetez-vous vos guides (*guide books*) à la librairie?
Oui, je les y achète. (Non, je ne les y achète pas.)

1. Prenez-vous vos repas dans les musées?
2. Achetez-vous vos cartes postales au musée?
3. Emmenez-vous vos amis au musée?
4. Y a-t-il des sculptures au musée du Louvre?
5. Avez-vous rencontré vos amis au ciné-club?
6. Apportez-vous votre appareil-photo au musée?
7. Est-ce qu'il y avait beaucoup de visiteurs à l'exposition du Grand-Palais?
8. Incitez-vous (*Do you encourage*) vos parents à faire des voyages culturels?

C **Pour devenir un écrivain célèbre.** Dans les phrases suivantes remplacez les mots en italique par des pronoms.

MODÈLES: Lisez *beaucoup de romans.* →
Lisez-en beaucoup!

Montrez *vos œuvres à vos amis.* →
Montrez-les-leur!

1. N'oubliez jamais *vos cahiers à la maison.*
2. Prenez *des notes.*
3. Révisez *votre travail.*
4. Envoyez *votre roman à l'éditeur.*
5. Invitez *votre éditeur* à dîner.
6. Après la publication du roman, demandez *à vos amis* d'acheter un exemplaire (*copy*).

MOTS-CLÉS

Using pause fillers

Eh bien,...	*Well . . .*
Voyons,...	*Let's see, . . .*
C'est-à-dire que...	*That is / I mean . . .*
Euh...	*Uhmm . . .*
Oui, mais...	*Yes, but . . .*
Alors,...	*So, then . . .*

D **Interview.** Interrogez un(e) camarade sur une ville ou une région que vous pensez visiter. Suivez le modèle. **Mots utiles:** un musée, une cathédrale, le cinéma, la musique, la sculpture, les tableaux, une pièce de théâtre, des acteurs/actrices célèbres, des compositeurs, des cinéastes, des écrivains, etc.

MODÈLE: É1: Est-ce qu'il y a une belle cathédrale à Strasbourg?
É2: Voyons... oui, il y en a une.

ADVERBS
SAYING HOW TO DO SOMETHING

La Provence

ANNE-LAURE: **Demain,** je pars en Provence. Je vais visiter **rapidement** la maison de Renoir à Cagnes, puis le musée Matisse à Nice, le musée Picasso à Antibes...

SYLVAIN: Tu voyages **constamment,** toi?

ANNE-LAURE: Non, pas **vraiment.** Mais je veux **absolument** aller en Provence parce que beaucoup de peintres français y ont habité.

SYLVAIN: Et **maintenant,** qu'est-ce que tu fais?

ANNE-LAURE: Je vais voir la maison de Monet à Giverny, dans la banlieue parisienne.

SYLVAIN: **Franchement,** à part la peinture, qu'est-ce qui t'intéresse?

ANNE-LAURE: La musique classique... J'aime beaucoup Berlioz.

Claude Monet (1840–1926), *Nymphéas*

Corrigez les phrases incorrectes.

1. Anne-Laure est partie en Provence hier.
2. Elle voyage très souvent.
3. Elle veut vraiment aller en Provence.
4. Demain, elle va visiter la maison de Matisse.

Forms of Adverbs

Adverbs (**les adverbes**, *m.*) modify a verb, an adjective, or another adverb: She learns *quickly*. He is *extremely* hardworking. They see each other *quite often*. You have already learned a number of adverbs, such as **souvent, parfois, bien, mal, beaucoup, trop, peu, très, vite, d'abord, puis, ensuite, après,** and **enfin.**

1. Most adverbs are formed by adding **-ment** (often corresponding to -*ly* in English) to the feminine form of an adjective.

FEMININE ADJECTIVE	ADVERB	
lente	**lentement**	*slowly*
rapide	**rapidement**	*quickly*
franche	**franchement**	*frankly*
sérieuse	**sérieusement**	*seriously*
(mal)heureuse	**(mal)heureusement**	*(un)fortunately*

2. If the masculine form of the adjective ends in a vowel, **-ment** is usually added directly to it.

MASCULINE ADJECTIVE	ADVERB	
admirable (*m.* or *f.*)	**admirablement**	*admirably*
absolu	**absolument**	*absolutely*
poli	**poliment**	*politely*
vrai	**vraiment**	*truly, really*

3. If the masculine form of the adjective ends in **-ent** or **-ant,** the corresponding adverbs have the endings **-emment** and **-amment,** respectively. The two endings have the same pronunciation.

MASCULINE ADJECTIVE	ADVERB	
différent	**différemment**	*differently*
évident	**évidemment**	*evidently, obviously*
constant	**constamment**	*constantly*
courant	**couramment**	*fluently*

Position of Adverbs

1. When adverbs qualify adjectives or other adverbs, they usually precede them.

Elle est **très** intelligente.	*She is very intelligent.*
Il va **assez** souvent au cinéma.	*He goes to the movies pretty often.*

2. When a verb is in the present or imperfect tense, the qualifying adverb usually follows it. In negative constructions, the adverb comes after **pas.**

Je travaille **lentement.**	*I work slowly.*
Elle voulait **absolument** devenir écrivain.	*She absolutely wanted to become a writer.*
Vous ne l'expliquez pas **bien.**	*You aren't explaining it well.*

3. Short adverbs usually precede the past participle when the verb is in a compound form; they usually follow **pas** in a negative construction.

J'ai **beaucoup** voyagé cette année.	*I've traveled a lot this year.*
Il a **déjà** visité le Louvre.	*He has already visited the Louvre.*
Elle n'est pas **souvent** allée en Normandie.	*She has not often been to Normandy.*
Je n'ai pas **très** faim.*	*I'm not very hungry.*

4. Adverbs ending in **-ment** follow a verb in the present or imperfect tense, and usually follow the past participle when the verb is in the **passé composé.**

Tu parles **couramment** le français.	*You speak French fluently.*
Il était **vraiment** travailleur.	*He was really hardworking.*
Paul n'a pas répondu **intelligemment.**	*Paul didn't respond intelligently.*

Allez-y!

A **Ressemblances.** Donnez l'équivalent adverbial de chacun des adjectifs suivants.

MODÈLE: franc →
franchement

1. heureux
2. actif
3. long
4. vrai
5. différent
6. rapide
7. certain
8. constant
9. absolu
10. admirable
11. poli
12. intelligent

B **Carrières.** Complétez les paragraphes suivants avec des adverbes logiques.

1. Le linguiste

Adverbes: bien, bientôt, couramment, ensuite, évidemment, probablement, vite

---

*Before the idiomatic expressions with **avoir,** one often uses an adverb: **J'ai très soif; Elle a très chaud,** etc.

Jean-Luc parle _____¹ l'anglais. Il a vécu aux États-Unis. Il est allé au lycée aux États-Unis et il a très _____² appris la langue pendant son séjour. _____³, à l'université il a choisi la section langues étrangères. Il va _____⁴ passer sa licence d'anglais. _____⁵, il doit _____⁶ choisir entre la traduction (*translation*) littéraire et l'enseignement. Ses parents sont professeurs et je pense qu'il va _____⁷ choisir de devenir professeur.

2. L'actrice

Adverbes: absolument, beaucoup, constamment, exactement, fréquemment, seulement, souvent, très

Marie-Hélène veut _____¹ devenir actrice. Elle travaille _____² pour y arriver: en général, le matin, elle arrive sur la scène à six heures _____³ et elle y reste _____⁴ jusqu'à neuf heures du soir. Dans la journée, elle travaille _____⁵ et prend _____⁶ quinze minutes pour déjeuner. _____⁷, elle est fatiguée le soir. Mais je pense qu'elle va réussir parce qu'elle est _____⁸ travailleuse et ambitieuse.

C **Interview.** Interviewez un(e) camarade de classe sur ses préférences et ses habitudes. Votre camarade doit utiliser dans sa réponse un adverbe basé sur les mots entre parenthèses. Décidez ensuite quelle sorte de personne elle est (pratique, énergique, calme, patiente, travailleuse, etc.).

MODÈLE: Comment déjeunes-tu d'habitude? (rapide / lent) →
Je déjeune lentement pour me reposer. (Je déjeune rapidement parce que je suis toujours pressé[e].)

1. Quand fais-tu la sieste?
  (fréquent / rare)
2. Comment attends-tu le résultat
  de ton examen? (patient / impatient)
3. Regardes-tu souvent ta montre?
  (constant / fréquent / rare / jamais)
4. Comment travailles-tu en général?
  (vite / lent)

Maintenant décrivez le caractère de votre camarade.

André Derain (1880–1954), *L'Estaque*, 1905.
(Paris, Collection partculière)

LEÇON 4

LECTURE

Le Petit Prince est un conte (*tale*) très populaire en France. Il a été écrit par Antoine de Saint-Exupéry en 1943. Dans l'histoire le Petit Prince habite sur une petite planète avec une rose pour seule compagnie. Un jour, il décide d'explorer d'autres planètes. Il arrive alors sur la Terre où il découvre les hommes. Il trouve étrange leur façon (*way*) de voir les choses. Après de nombreuses aventures, il devient l'ami d'un aviateur à qui il fait ses confidences (*in whom he confides*). Dans l'extrait suivant, l'aviateur nous parle de la planète d'où vient le Petit Prince et donne son opinion sur les hommes.

Avant de lire

Awareness of audience. One of the ways we decide what a text means is by inferring for whom it was written. For example, an article about rock music written for *Billboard* will make different points from an article written for the campus newspaper, because one is meant for music-industry professionals and the other for students. Inferring the intended audience is more difficult when you read fiction, yet it is crucial to understanding what the writer means. Look for subtle signs that suggest whom the writer is addressing. You can often deduce the assumed audience from the levels of ideas or language used. Are the ideas simple or sophisticated? Is the language straightforward or complex?

After you have become familiar with the general story line in this excerpt from *Le Petit Prince,* think about the implied audience for the story. Look for clues in the text, and discuss your conclusions with your classmates.

Note that *Le Petit Prince* contains some verb tenses you may not recognize: the **passé simple** (a literary tense) and the **plus-que-parfait** (similar to the past perfect in English). Both are past tenses, as the context makes clear. You do not need to learn them; you need merely infer their meaning to understand the story. The most difficult and unfamiliar verbs are glossed in the margin.

Le Petit Prince (extrait)*

J'ai de sérieuses raisons de croire que la planète d'où venait le petit prince est l'astéroïde B 612. Cet astéroïde n'a été aperçu° qu'une fois au télescope, en 1909, par un astronome turc.

découvert

Il avait fait alors une grande démonstration de sa découverte à un Congrès° International d'Astronomie.

convention

Mais personne ne l'avait cru à cause de son costume. Les grandes personnes° sont comme ça.

grandes... adultes

Heureusement pour la réputation de l'astéroïde B 612 un dictateur turc imposa° à son peuple, sous peine de mort,° de s'habiller à l'Européenne.° L'astronome refit° sa démonstration en 1920, dans un habit très élégant. Et cette fois-ci tout le monde fut° de son avis.°

a imposé
peine... penalty of death
de... to dress European style / a refait
a été
opinion

Si je vous ai raconté ces détails sur l'astéroïde B 612 et si je vous ai confié° son numéro, c'est à cause des grandes personnes. Les grandes personnes aiment les chiffres.° Quand vous leur parlez d'un nouvel ami, elles

confided
numbers

ne vous questionnent jamais sur l'essentiel. Elle ne vous disent jamais: « Quel est le son de sa voix°? Quels sont les jeux qu'il préfère? Est-ce qu'il collectionne les papillons°? » Elles vous demandent: « Quel âge a-t-il? Combien a-t-il de frères? Combien pèse°-t-il? Combien gagne° son père? » Alors seulement elles croient le connaître. Si vous dites aux grandes personnes: « J'ai vu une belle maison en briques roses, avec des géraniums aux fenêtres et des

voice

butterflies

weighs / earns

colombes° sur le toit... » elles ne parviennent° pas à s'imaginer cette maison. Il faut leur dire: « J'ai vu une maison de cent mille francs. » Alors elles s'écrient: « Comme c'est joli! »

doves / réussissent

Compréhension

Vous avez bien compris? Répondez aux questions.

1. Comment s'appelle la planète d'où vient le petit prince?
2. C'est un astronome *français / turc / américain* qui a aperçu pour la première fois cet astéroïde au télescope en 1909.

---

*Dessins réalisés par l'auteur, Antoine de Saint-Exupéry

3. Pourquoi est-ce que tout le monde a écouté cet astronome en 1920 et non en 1909? Qu'est-ce que l'astronome a changé?
4. Selon l'aviateur, qu'est-ce qui intéresse le plus les adultes? Qu'est-ce que les adultes ne voient pas quand ils font la connaissance de quelqu'un?
5. À votre avis, quelle affirmation exprime la pensée (*thought*) de l'auteur?
   a. Les adultes jugent les personnes et les choses d'après leur apparence, et non leur fond (*substance*).
   b. Les adultes sont curieux de détails.
   c. Les adultes sont obsédés (*obsessed*) par les chiffres.
   Êtes-vous d'accord avec l'opinion de l'auteur? Justifiez votre réponse avec des exemples de la vie réelle.
6. Trouvez dans le texte les phrases qui indiquent l'ironie de l'auteur.

À L'ÉCOUTE!

Bien entendu!

I. Les châteaux de la Loire. Virginie parle de ses vacances avec Marc. Lisez les activités avant d'écouter le vocabulaire et le dialogue qui leur correspondent.

> **VOCABULAIRE UTILE**
> **ses meubles d'époque**   its antique furniture
> **ses tapisseries**   its tapestries

A **Vrai ou faux?**

1. _____ Virginie a voyagé avec un groupe de touristes allemands.
2. _____ Marc a déjà visité Blois.
3. _____ Virginie a mieux aimé Azay-le-Rideau.
4. _____ Elle n'aime pas les autres châteaux de la Loire.
5. _____ Elle a aussi visité le château de Chinon.
6. _____ Elle adore le moyen âge.

B **Châteaux et visites.** Encerclez la bonne réponse d'après le dialogue.

1. Virginie a visité les châteaux de la Loire _____.
   a. en bus b. à vélo c. en voiture
2. Marc a visité le château de Blois en _____.
   a. 1977 b. 1982 c. 1987
3. Le château de Blois date _____.
   a. du moyen âge b. de l'époque classique c. de la Renaissance
4. Azay-le-Rideau se trouve sur _____.
   a. une île b. une montagne c. un plateau

5. Le château de Chinon date _____.
    a. de l'époque romaine **b.** de la Renaissance **c.** du moyen âge

II. Arthur Rimbaud. Jessica est en vacances en France. Elle aime beaucoup le poète Arthur Rimbaud et visite sa maison à Charleville. Le guide raconte la vie tourmentée (*tormented*) du poète. Lisez l'activité suivante avant d'écouter le vocabulaire et la description qui lui correspondent.

VOCABULAIRE UTILE

s'est révolté	rebelled
a renoncé à	renounced
l'armée	army
pourtant	nonetheless

● **Vrai ou faux?**

1. _____ Rimbaud a vécu au XIXème siècle.
2. _____ C'était un écrivain catholique.
3. _____ Il admirait beaucoup Napoléon III.
4. _____ Il a beaucoup voyagé pendant sa vie.
5. _____ Il a écrit des poèmes toute sa vie.
6. _____ Aujourd'hui Rimbaud est un mythe en France.

En situation

Un village perché* en Provence

Contexte *Francine montre son pays natal à Karen, une jeune Américaine qui étudie avec elle à l'Université de Nice. Les deux étudiantes vont passer quelques jours dans la petite maison de campagne de la famille de Francine. Karen connaît les plages et les villes célèbres de la Côte d'Azur. Mais elle n'a jamais vu les collines[1] pittoresques de l'arrière-pays.[2] Le village perché de Saint-Paul-de-Vence est pour elle une véritable découverte.*

Objectif *Karen exprime son admiration pour le paysage vençois.[3]*

FRANCINE: Voilà, nous arrivons. Ce village fortifié, là-bas,[4] c'est Saint-Paul-de-Vence.

KAREN: Mais il est absolument spectaculaire, ce village: il est bâti sur un rocher[5]!

FRANCINE: C'est parce que les villageois[6] devaient se protéger contre les pirates maures,[7] au moyen âge. Tous les vieux villages par ici sont construits sur des hauteurs.[8]

KAREN: Je n'ai jamais rien vu d'aussi beau!

FRANCINE: Maintenant, regarde la vue du côté de la Méditerranée.

KAREN: Quel panorama splendide! Les couleurs sont si brillantes.

FRANCINE: Oui, c'est pourquoi tant de[9] peintres sont venus vivre ici.

[1]*hills* [2]*inland* [3] de Vence [4]*over there* [5]*rock* [6]*habitants d'un village* [7]*Moorish* [8]*heights* [9]*tant... so many*

Cagnes-sur-mer, un petit village (Poitou-Charentes)

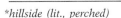

*hillside (lit., perched)

KAREN: La plupart d'entre eux étaient des artistes du dix-neuvième et surtout du vingtième siècles, n'est-ce pas?

FRANCINE: Oui, demain nous allons voir la chapelle Matisse, ou le musée Picasso ou la maison de Renoir. Ils sont tous près d'ici.

À PROPOS

Comment exprimer l'admiration ou l'indignation

VERBES

J'aime (admire, adore)...   Je n'aime pas (Je déteste)...

CONSTRUCTIONS VERBALES

Ça me plaît.   Ça ne me plaît pas du tout.
Ça me séduit (*appeals to me*).   Ça me dépasse. (*That's beyond me.*)
Ce qui me plaît, c'est que...   Ce qui me déplaît, c'est que...

CONSTRUCTIONS AVEC L'ADJECTIF

C'est agréable.   C'est désagréable.
   ...beau.   ...moche (*ugly*).
   ...merveilleux.   ...scandaleux.

EXCLAMATIONS AVEC *quel*

Quelle beauté!   Quelle horreur!
Quelle splendeur!

● **Jeu de rôles.** Quelle est votre réaction devant cette photo? Discutez-en avec un(e) camarade. Utilisez les expressions de l'**À propos.**

Niki de Saint-Phalle: fontaine dédiée à Igor Stravinski. (Quartier des Halles, Paris).

VIDÉOTHÈQUE*

THÈME 8   Les métiers et les professions

Cue to: 1:20:23

VIGNETTE CULTURELLE   Matisse: ses chefs-d'œuvre

Caroline, Michel, Paul, and Bénédicte are all off to see an exhibit of the works of Henri Matisse at the Centre Georges Pompidou. Born in 1869, Matisse is one of the most beloved artists of the twentieth century, admired for his paintings, sculpture, and cut paper compositions. Luxury, calm, and sensual pleasure are among the most important themes in his work: His goal, in his own words, was "un art d'équilibre, de pureté, de tranquillité." He died in Nice in 1954.

     Sit back and enjoy the show!

Ⓐ Les chefs-d'œuvre de Matisse.
Cochez (✓) les œuvres mentionnées dans le reportage.

       _____ Jazz
       _____ Luxe, Calme et Volupté
       _____ La Danse
       _____ La Joie de vivre
       _____ Les Marocains
       _____ Portrait de Madame Matisse

Ⓑ À vous! En petits groupes, répondez aux questions.

1. Quelles sont les couleurs que Matisse utilise beaucoup?
2. Dans la vidéo, quel est le tableau de Matisse que vous préférez? Pourquoi?
3. Quels sont vos peintres préférés? Pourquoi?

Henri Matisse, *Nuit de Noël*

---

*The theme number and vignette title correspond to those in the Video to accompany *Vis-à-vis*.

CHAPITRE 12
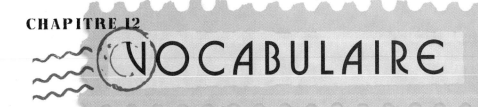
VOCABULAIRE

Verbes

bâtir to build
dater (de) to date from
deviner to guess
emprunter (à) to borrow (from)
flâner to stroll
poursuivre to pursue
suivre to follow; to take
    (*a course*)
vivre to live

Verbes pronominaux

s'amuser (à) to have fun
s'appeler to be named
s'arrêter to stop
se demander to wonder
se dépêcher to hurry
se détendre to relax
s'entendre (avec) to get along
    (with)
s'excuser to excuse oneself
s'installer to settle down, settle in
se rappeler to remember
se reposer to rest
se souvenir (de) to remember
se tromper to be wrong
se trouver to be situated, found

s'ennuyer – to be bored

Substantifs

l'acteur, l'actrice actor
les arènes (*f.*) arena
l'artiste (*m., f.*) artist
la cathédrale cathedral
le château castle
le chef-d'œuvre (*pl.* **les chefs-**
    d'œuvre) masterpiece
le/la cinéaste filmmaker
le compositeur, la compositrice
    composer
la conférence lecture
l'écrivain (*m.*)**, la femme**
    écrivain writer
l'époque (*f.*) period (*of history*)
l'événement (*m.*) event
l'horaire (*m.*) schedule
le moyen âge Middle Ages
le/la musicien(ne) musician
l'œuvre (*f.*) **(d'art)** work (of art)
le palais palace
le passé past
le patrimoine legacy, patrimony
le peintre, la femme peintre
    painter
la peinture painting
la pièce de théâtre play
la place seat

le poème poem
la poésie poetry
le poète, la poétesse poet
la reine queen
la Renaissance Renaissance
le roman novel
le sculpteur (la femme
    sculpteur) sculptor
la sculpture sculpture
le siècle century
le tableau painting

À REVOIR: **le cadeau, la carte**
    postale, le cinéma

Adjectifs

classique classical
gothique Gothic
historique historical
magnifique magnificent
médiéval(e) medieval
romain(e) Roman

Adverbes

constamment constantly
couramment fluently
poliment politely
vraiment really

LA VIE QUOTIDIENNE

Paris
Le Métro: les heures d'affluence

Jérôme,

Il n'y a rien d'amusant dans ma vie.

«Métro, boulot, dodo: c'est trop», comme on disait en '68!
Je rêve d'aventure, de soleil, de rencontres. Je voudrais des
surprises, des projets...

Mon quotidien à Paris:
examens, sorties au cinéma, au
restaurant, en boîte, mes copains,
dîners en famille. Où est la
nouveauté dans tout ça?

Au moins au Club Med, tu
t'amuses!

Raconte!
Bénédicte*

*__Chapitres 13–16__ of *Vis-à-vis* feature an exchange of cards and letters between Bénédicte, from the
Video to accompany *Vis-à-vis*, and her friend Jérôme, from Martinique. Refer to __Chapitre 1__ to
refamiliarize yourself with these two people.

327

PAROLES

L'AMOUR ET LE MARIAGE

Ils se rencontrent.
Ils tombent amoureux.

Ils se fiancent.

Les amoureux:
le coup de foudre*

Le couple:
les fiançailles

Ils se marient.

Mais ils ne s'entendent
pas toujours.

Le couple:
la cérémonie

Les nouveaux mariés:
parfois, ils se disputent.

Allez-y!

A **Pour commencer...** Quelles phrases de la colonne de droite correspondent aux différentes étapes (*stages*) d'un mariage?

1. la rencontre
2. le coup de foudre
3. les rendez-vous
4. les fiançailles
5. la cérémonie
6. l'installation (*setting up house*)

a. Ils se marient.
b. Ils sortent ensemble.
c. Ils tombent amoureux.
d. Ils se rencontrent.
e. Ils se disputent.
f. Ils se fiancent.

*Love at first sight (lit., flash of lightning).

B **Conversation.** Posez les questions suivantes à un(e) camarade.

1. Sors-tu souvent seul(e)? avec un ami (une amie)? avec d'autres couples?
2. Es-tu déjà tombé(e) amoureux/euse? Tombes-tu souvent amoureux/euse?
3. Est-ce que le coup de foudre est une réalité? En as-tu fait l'expérience?
4. Est-ce que tout le monde doit se marier? Pourquoi? Pourquoi pas? À quel âge?

LE CORPS HUMAIN

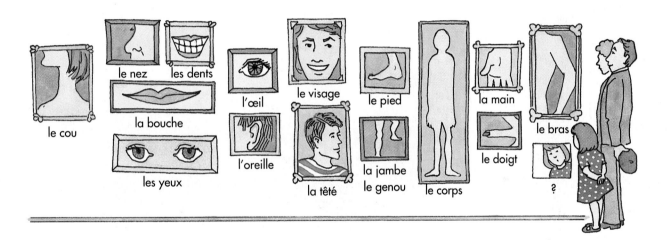

le nez les dents

le cou

la bouche

les yeux

l'œil

l'oreille

le visage

la tête

le pied

la jambe
le genou

le corps

la main

le doigt

le bras

?

AUTRES MOTS UTILES

avoir mal (à)	to hurt, have a pain (in)
J'ai mal à la tête.	My head hurts. (I have a headache.)
le dos	back
la gorge	throat
le ventre	abdomen

FRANCE
À vous de choisir:
Le Tabac ou la Santé
POSTES 1980 1,30

Allez-y!

A **Exercice d'imagination.** Où ont-ils mal? Répondez d'après le modèle.

MODÈLE: Il y a beaucoup de bruit chez Martine. →
Elle a mal à la tête (aux oreilles).

1. Vous portez des paquets très lourds (*heavy*).
2. Les nouvelles chaussures d'Henri-Pierre sont trop petites.
3. J'ai mangé trop de chocolat.
4. Vous apprenez à jouer de la guitare.
5. Patricia a marché très longtemps.
6. La cravate de Patrice est trop serrée (*tight*).
7. Ils font du ski et il y a beaucoup de soleil.
8. Il fait extrêmement froid dehors (*outside*) et vous n'avez pas de gants.
9. Chantal va chez le dentiste.
10. Albert chante depuis deux heures.

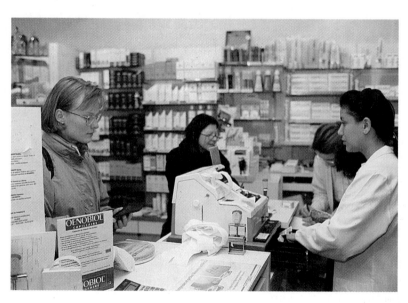

Une pharmacie française.

B **Devinettes.** Pensez à une partie du corps et donnez-en une définition au reste de la classe. Vos camarades vont deviner de quelle partie il s'agit.

MODÈLE: Vous en avez une. On fait les bises avec cette partie du corps. →
C'est la bouche!

LA VIE QUOTIDIENNE

Ils se réveillent et ils se lèvent.

Ils se brossent les dents.

Elle se maquille.

Ils se peignent.

Ils s'habillent.

Ils s'en vont.

Ils se couchent.

Ils s'endorment.

Allez-y!

A **Et votre journée?** Décrivez votre journée en employant le vocabulaire du dessin.

MODÈLE: À _____ heures, je me _____. → À sept heures, je me réveille.

B **Habitudes quotidiennes.** Dites dans quelles circonstances on utilise les objets suivants.

MODÈLE: une voiture → On utilise une voiture quand on s'en va.

1. un réveil
2. une brosse à dents
3. des vêtements
4. un fauteuil (*armchair*) confortable
5. un lit
6. un peigne
7. du rouge à lèvres (*lipstick*)

LEÇON 2

STRUCTURES

PRONOMINAL VERBS (CONTINUED)
TALKING ABOUT THE PAST AND GIVING COMMANDS

Une rencontre

LAURENT: Tu **t'en vas**?

ISABELLE: Oui, il fait beau et je **m'ennuie** ici. Je vais **me promener** au bord du lac. Tu viens?

LAURENT: Non, je ne peux pas. J'ai beaucoup de travail.

ISABELLE: Oh, tu exagères. Allez, on va **s'amuser** un peu!

LAURENT: Une autre fois. Si je **m'arrête** maintenant, je ne vais pas avoir le courage de finir plus tard.

1. Qui sort?
2. Est-ce que Isabelle s'amuse?
3. Que va-t-elle faire?
4. Est-ce que Laurent se repose?
5. Est-ce qu'il veut s'arrêter de travailler?

Reflexive Pronominal Verbs

1. In reflexive constructions, the action of the verb reflects or refers back to the subject: *The child dressed* **himself.** *Did you hurt* **yourself?** *She talks to* **herself.** In these examples, the subject and the object are the same person. In French, common reflexive pronominal verbs include:

se baigner *to bathe; to swim*	**se lever** *to get up*
se brosser *to brush*	**se maquiller** *to put on makeup*
se coucher *to go to bed*	**se peigner** *to comb one's hair*
se doucher *to take a shower*	**se raser** *to shave*
s'habiller *to get dressed*	**se regarder** *to look at oneself*
se laver *to wash oneself*	**se réveiller** *to wake up*

Zoë **se réveille** à six heures.
Pierre **se douche** et **se rase**
   pendant que Sarah **se maquille.**

Zoë wakes up at six o'clock.
Pierre showers and shaves
   while Sarah puts on makeup.

2. Most reflexive pronominal verbs can also be used nonreflexively.

Aujourd'hui Pierre **lave** la voiture.
Le bruit **réveille** tout le monde.

Today Pierre is washing his car.
The noise wakes everyone up.

3. Some reflexive pronominal verbs can have two objects, one direct
and one indirect. This frequently occurs with the verbs **se brosser**
and **se laver** plus a part of the body. The definite article—not the
possessive article, as in English—is used with the part of the body.

Valérie se brosse **les** dents.
Je me lave **les** mains.

Valérie is brushing her teeth.
I'm washing my hands.

Idiomatic Pronominal Verbs

When certain verbs are used with reflexive pronouns, their meaning
changes.

aller *to go*	**s'en aller** *to go away*
appeler *to call*	**s'appeler** *to be named*
demander *to ask*	**se demander** *to wonder*
endormir *to put to sleep*	**s'endormir** *to fall asleep*
entendre *to hear*	**s'entendre** *to get along*
ennuyer *to bother*	**s'ennuyer** *to be bored*
fâcher *to make angry*	**se fâcher** *to get angry*
installer *to install*	**s'installer** *to settle in (to a new house)*
mettre *to place, put*	**se mettre à** *to begin*
perdre *to lose*	**se perdre** *to get lost*
promener *to (take for a) walk*	**se promener** *to take a walk*
tromper *to deceive*	**se tromper** *to be mistaken*
trouver *to find*	**se trouver** *to be located*

—Les jeunes mariés **s'en vont** en
voyage de noces.
—Après cela, Véronique va **se
mettre à** chercher un
appartement.
—Tu **te trompes**! Elle en a déjà
trouvé un.
—Où **se trouve**-t-il?

The newlyweds are going away
on their honeymoon trip.
Afterwards, Véronique is going
to start looking for an
apartment.
You're wrong! She's already
found one.
Where is it?

Allez-y!

Annick

A **La routine.** Que font les membres de la famille Duteil?

MODÈLE: Annick se lave les mains.

Le matin...

1.
Papy

2.
Wolfgang

3.
Mme. Duteil

4.
M. Duteil

Plus tard...

5.
Jean

6.
M. Duteil

7.
Annick

8.
Wolfgang

Et vous, parmi ces activités, lesquelles faites-vous régulièrement?

B **Habitudes matinales.** Qui dans votre famille a les habitudes suivantes? Faites des phrase complètes. Puis comparez leurs habitudes aux vôtres (*to yours*). Commencez par « Moi aussi, je... » ou « Mais moi, je... ».

mon père	se regarder longtemps dans le miroir
ma mère	se lever souvent du pied gauche*
ma sœur	se réveiller toujours très tôt
mon frère	s'habiller rapidement / lentement
le chien	se maquiller / se raser très vite
le chat	s'endormir devant son café
	s'en aller sans prendre de petit déjeuner
	s'installer dans la salle de bain tous les jours
	se perdre toujours
	se fâcher souvent
	se tromper de chaussure

*__Se lever du pied gauche__ is the equivalent of *to get up on the wrong side of the bed.*

C **Synonymes.** Racontez l'histoire suivante. Remplacez l'expression en italique par un verbe pronominal.

À sept heures du matin, Sylvie *ouvre les yeux*,[1] elle *sort de son lit*,[2] *fait sa toilette*[3] et *met ses vêtements*.[4] À huit heures, elle *quitte la maison*.[5] Au travail, elle *commence à*[6] parler au téléphone. Sylvie *finit de*[7] travailler vers six heures; elle *fait une promenade*[8] et parfois ses amies et elle vont *nager*[9] à la piscine. Le soir, elle *va au lit*[10] et elle *trouve le sommeil*[11] très vite!

D **Interview.** Interrogez un(e) camarade sur une journée typique de sa vie à l'université. Posez-lui des questions avec les verbes **se réveiller, s'habiller, se dépêcher, s'en aller (en cours), s'amuser, s'ennuyer, se reposer, se promener** et **se coucher.** Ensuite, expliquez à la classe les différences et les ressemblances entre votre journée et celle de votre camarade.

Ils s'entendent bien, les jeunes gens?

PRONOMINAL VERBS (CONTINUED)
EXPRESSING RECIPROCAL ACTIONS

Le couple idéal

THIERRY: Tu vois, pour moi, le couple idéal c'est Jacquot et Patricia.

VALÉRY: Pourquoi est-ce que tu dis ça?

THIERRY: Parce qu'ils **s'adorent** tous les deux. Chaque fois que je les vois, ils **se regardent** amoureusement, ils **s'embrassent,** ils **se disent** des choses gentilles. Ils **se connaissent** depuis dix ans et je ne les ai jamais vus **se disputer.**

Vrai ou faux?

1. Patricia et Jacquot s'aiment.
2. Ils se connaissent depuis peu de temps.
3. Ils s'entendent bien.
4. Ils se disputent souvent.
5. Ils se disent des choses désagréables.

The plural reflexive pronouns **nous, vous,** and **se** can be used to show that an action is reciprocal or mutual. Almost any verb that can take a direct or indirect object can be used reciprocally with **nous, vous,** and **se.**

Ils **se** rencontrent par hasard.	*They meet by chance.*
Ils **s'**aiment.	*They love each other.*
Allons-nous **nous** téléphoner demain?	*Are we going to phone each other tomorrow?*
Vous ne **vous** quittez jamais.	*You are inseparable (never leave each other).*
Vous **vous** disputez souvent?	*Do you argue often?*

Allez-y!

A **Une amitié sincère.** Mme Chabot raconte l'amitié qui unit sa famille à la famille Marnier. Complétez son histoire au présent.

Gisèle Marnier et moi, nous _____¹ depuis plus de quinze ans. Nous _____² tous les jours et nous parlons longtemps. Nous _____³ souvent en ville. Quand nous partons en voyage, nous _____⁴ des cartes postales.

    Nos maris _____⁵ aussi très bien. Nos enfants _____⁶ surtout pendant les vacances quand ils jouent ensemble. Parfois ils _____⁷, mais comme ils _____⁸ bien, ils oublient vite leurs différends (*disagreements*).

s'écrire
se rencontrer
se téléphoner
se connaître

se disputer
se voir
s'entendre
s'aimer

B **Une brève rencontre.** Racontez au present l'histoire un peu triste d'un jeune homme et d'une jeune fille qui ne forment pas le couple idéal. Dites quand et où chaque action a lieu (*takes place*).

MODÈLE: Ils se voient (au jardin du Luxembourg, à l'Opéra-Garnier, à la Gare de Lyon)...

1. se voir
2. se rencontrer
3. s'admirer
4. se donner rendez-vous
5. se téléphoner
6. s'écrire souvent
7. se revoir
8. se disputer
9. (ne plus) s'entendre
10. se détester
11. se quitter

C **Rapports familiaux.** Posez les questions suivantes à un(e) camarade de classe.

1. Avec qui est-ce que tu t'entends bien dans ta famille?
2. Tes parents et toi, quand est-ce que vous vous téléphonez?
3. Tes frères et sœurs et toi, combien de fois par semaine, par mois, par an est-ce que vous vous voyez?
4. Et-ce que tu te disputes souvent avec tes frères et tes sœurs? Quand et pourquoi vous disputez-vous?
5. Tes cousins et toi, est-ce que vous vous connaissez bien? Pourquoi ou pourquoi pas?

La Martinique
Soleil et bonheur

CARTE POSTALE

Ma petite Bénédicte,

C'est vrai, on s'amuse bien au Club Med quand on est instructeur de tennis, comme moi! Ici à la Martinique, il n'y a pas de place pour la routine: Je me lève tôt et je m'endors tard. Les journées sont longues mais bien remplies. Les repas, les cours de tennis, les soirées: Chaque activité est une occasion de rencontre.

Mais plus que tout, ce que j'adore ici, c'est le sport: natation, tennis (bien sûr!), et le soir... danse! Et toi? Qu'est-ce qui ne va pas? Dis la vérité à ton petit Jérôme.

Ton meilleur copain,
Jérôme

 PAR

PORTRAIT: Joséphine de Beauharnais (impératrice de France née à la Martinique, 1763–1814)

Son destin entre dans l'histoire parce qu'un jour elle rencontre sur son chemin le général Bonaparte. En 1796 elle épouse cet homme génial et ambitieux qui restera toujours très amoureux d'elle. Devenue impératrice en 1804, elle est obligée de divorcer en 1809 parce qu'elle n'a pas donné d'héritier[1] à son mari. Mais toute sa vie, elle garde sur Napoléon une réelle influence.

[1] an heir

FLASH 1 LES FRANÇAIS: NON À L'AVENTURE!

1 714 000 Français résident à l'étranger, 770 000 y travaillent. La majeure partie des Français expatriés se trouve en Europe, et seulement 242 000 (115 000 actifs) aux États-Unis.

C'est peu, très peu pour un pays qui, comme la France, veut jouer un rôle international, accroître[1] ses exportations, défendre la francophonie et promouvoir sa culture dans le monde entier.

Pourquoi chez les Français ce refus de l'aventure? Parce que les Français préfèrent la France à tout autre pays. Parce qu'ils n'aiment pas beaucoup s'exprimer dans une langue étrangère. Parce qu'ils veulent garder leurs privilèges sociaux: cinq semaines de vacances payées, droit à la Sécurité Sociale et à la retraite.

Mais dans un monde où l'économie et la culture s'internationalisent auront-ils encore longtemps le choix?

[1]increase

Henri Matisse, *La Terrasse, Saint-Tropez*, 1904.
(Boston, Isabella Stewart Gardner Museum)

FLASH 2 LE CLUB MED DANS LE MONDE FRANCOPHONE

Vous voulez, en une semaine ou quinze jours, découvrir un pays étranger, vous reposer, vous amuser, vous faire un corps d'athlète, vous initier à la gastronomie française? Vous désirez échapper à[1] la monotonie du quotidien?

Allez au Club Méditerranée!

Le Club Med est l'art de vivre à la française dans 37 pays et cinq continents. Le Club Med compte 78 villages de vacances, en France mais aussi dans le monde francophone: en Suisse, en Afrique (Sénégal), dans l'océan Indien (l'île Maurice), dans les Caraïbes (les Antilles), dans le Pacifique (les îles de la Polynésie, la Nouvelle-Calédonie).

Vous y rencontrerez des Français, mais aussi des Allemands, des Italiens, des Japonais et... des Américains!

[1]échapper... *to escape from*

On fait de la planche à voile au Club Med, Martinique.

LEÇON 3

PRONOMINAL VERBS (CONTINUED)
TALKING ABOUT THE PAST AND GIVING COMMANDS

Un mariage d'amour

SABINE: Dis-moi Denis, **vous vous êtes rencontrés** comment?

DENIS: La première fois qu'**on s'est vu,** c'était à Avignon.

VÉRONIQUE: **Souviens-toi**! Il pleuvait, tu es entré dans la boutique où je travaillais et...

DENIS: Et ça a été le coup de foudre! **Nous nous sommes mariés** cette année-là.

1. Où se sont vus Véronique et Denis pour la première fois?
2. Véronique et Denis se sont-ils rencontrés par hasard?
3. Quand se sont-ils mariés?

Passé composé of Pronominal Verbs

1. All pronominal verbs are conjugated with **être** in the **passé composé.** The past participle agrees with the reflexive pronoun in number and gender when the pronoun is the *direct* object of the verb.

PASSÉ COMPOSÉ OF **se baigner** (*to bathe; to swim*)	
je me suis baigné(e)	nous nous sommes baigné(e)s
tu t'es baigné(e)	vous vous êtes baigné(e)(s)
il s'est baigné	ils se sont baignés
elle s'est baignée	elles se sont baignées
on s'est baigné	

Nous **nous sommes mariés** en octobre.	*We got married in October.*
Vos parents **se sont**-ils **fâchés**?	*Did your parents get angry?*
Vous ne **vous êtes** pas **vus** depuis Noël?	*You haven't seen each other since Christmas?*

2. Here are some of the more common pronominal verbs whose past participles do not agree with the pronoun: **se demander, se dire, s'écrire, s'envoyer, se parler, se téléphoner.** The reflexive pronoun of these verbs is *indirect* (**demander à, parler à,** etc.).

Elles se sont **écrit** des cartes postales.	*They wrote postcards to each other.*
Ne se sont-ils pas **téléphoné** hier soir?	*Didn't they phone each other last night?*
Vous êtes-vous **dit** bonjour?	*Did you say hello to each other?*

Imperative of Pronominal Verbs

Des époux Berbères, dans le Maghreb.

Reflexive pronouns follow the rules for the placement of object pronouns. In the affirmative imperative, they follow and are attached to the verb with a hyphen; **toi** is used instead of **te.** In the negative imperative, reflexive pronouns precede the verb.

Habillez-**vous**. Ne **vous** habillez pas.	*Get dressed. Don't get dressed.*
Lève-**toi**. Ne **te** lève pas.	*Get up. Don't get up.*

Allez-y!

A **Avant la soirée.** Hier, il y avait une fête à la Maison des Jeunes (*youth center*). Décrivez les activités de ces jeunes gens. Faites des phrases complètes au passé composé.

MODÈLE: Yves / se raser / avant →
          Yves s'est rasé avant.

1. Fabrice / s'habiller / avec soin (*care*)
2. Christine et toi, vous / se reposer
3. Valérie et Thomas / s'amuser / à passer (*play*) des CD
4. Sylvie / s'endormir / sur le canapé
5. David et moi, nous / s'installer / devant la télévision
6. je / s'ennuyer / pendant trois heures

B **Souvenirs.** Annick retrouve un vieil album de photos. Lisez son histoire à la page suivante, puis racontez-la au passé composé.

MODÈLE: Annick se demande de son passé. →
Annick s'est demandé de son passé.

1. Elle s'installe pour regarder son album de photos. **2.** Elle s'arrête à la première page. **3.** Elle se souvient de son premier amour. **4.** Elle ne se souvient pas de son nom. **5.** Elle se trompe de personne. **6.** Elle se demande où il est aujourd'hui. **7.** Elle s'endort sur la page ouverte.

C **Un rendez-vous difficile.** Bruno a rendez-vous avec quelqu'un qu'il ne connaît pas. Il est très énervé (*nervous*). Réagissez (*React*)! Utilisez l'impératif.

MODÈLE: Je ne *me suis* pas encore *préparé*. (vite) → Prépare-toi vite!

1. À quelle heure est-ce que je dois *me réveiller*? (à 5h)
2. Je n'ai pas envie de *m'habiller*. (tout de suite)
3. Je ne *me souviens* pas de la rue. (rue Mirabeau)
4. J'ai peur de *me tromper*. (ne... pas)
5. Je dois *m'en aller* à 6h. (maintenant)

Maintenant, inversez les rôles, mais cette fois utilisez *vous*.

MODÈLE: Je ne *me suis* pas encore *préparé*. (vite) →
Préparez-vous vite!

MOTS-CLÉS

Telling someone to go away

Va-t'en!
Allez-vous-en! *Get going, go away!*

On s'est amusé à l'école aujourd'hui!

COMPARATIVE AND SUPERLATIVE OF ADJECTIVES

MAKING COMPARISONS

Les courses

Laurence et Franck, nouveaux mariés, vont faire des courses ensemble pour la première fois.

LAURENCE: Nous allons où faire nos courses?

FRANCK: À Monoprix,* bien sûr! C'est **moins cher** et c'est **plus propre** que Trouvetout.

LAURENCE: Moi, j'ai horreur des grandes surfaces. Je préfère aller chez le petit épicier de la rue Leclerc. Les produits sont **plus chers,** d'accord, mais ils sont **plus frais.** Et puis, c'est **plus pratique** aussi: on n'a pas besoin de prendre la voiture. Et chez lui, c'est **le meilleur** accueil du quartier.

FRANCK: D'accord, ma chérie, mais en ce moment, la chose **la plus importante** est de faire des économies.

Vrai ou faux?

1. À Monoprix les produits sont plus chers que chez l'épicier.
2. Les produits sont moins frais à Monoprix.
3. C'est plus pratique d'aller chez l'épicier.
4. On trouve le meilleur accueil chez l'épicier.

Comparison of Adjectives

1. In French, the following constructions can be used with adjectives to express a comparison. It is not always necessary to state the second term of the comparison.

plus... que (*more . . . than*)

Chez l'épicier les produits sont **plus** chers (**qu'**à Monoprix).

The products at the grocer's are more expensive (than at Monoprix).

*Supermarché très populaire.

> **moins... que** (*less . . . than*)

Franck pense que Monoprix est **moins** cher (**que** Trouvetout).	*Franck thinks Monoprix is less expensive (than Trouvetout).*

> **aussi... que** (*as . . . as*)

Pour Laurence l'accueil est **aussi** important **que** la qualité des produits.	*For Laurence the friendly service is as important as the quality of the products.*

2. Stressed pronouns (**Chapitre 12, Leçon 2**) are used after **que** when a pronoun is required.

Elle est plus intelligente que **lui**.	*She is more intelligent than he is.*

Superlative Form of Adjectives

1. To form the superlative of an adjective, use the appropriate definite article with the comparative form of the adjective.

Deborah est frisée. → Juliette est plus frisée que Deborah. → Alice est **la** plus frisée des trois.

OU

Alice est frisée. → Juliette est moins frisée qu'Alice. → Deborah est **la** moins frisée des trois.

2. Superlative adjectives normally follow the nouns they modify, and the definite article is repeated.

Alice est **la** femme **la plus frisée** des trois.	*Alice is the woman with the curliest hair of the three.*

3. Adjectives that usually precede the nouns they modify can either precede or follow the noun in the superlative construction. If the adjective follows the noun, the definite article must be repeated.

> **les** plus longues jambes
>
> OU
>
> **les** jambes **les** plus longues

4. The preposition **de** expresses *in* or *of* in a superlative construction.

Alice et Grégoire habitent la plus belle maison **du** quartier.	*Alice and Grégoire live in the most beautiful house in the neighborhood.*
C'est le quartier le plus cher **de** la ville.	*It's the most expensive neighborhood in town.*

Irregular Comparative and Superlative Forms

The adjective **bon(ne)** has irregular comparative and superlative forms. **Mauvais(e)** has both regular and irregular forms.

	COMPARATIVE	SUPERLATIVE
bon(ne)	meilleur(e)	le/la meilleur(e)
mauvais(e)	plus mauvais(e)	le/la plus mauvais(e)
	pire	le/la pire

La viande à Monoprix est bonne, mais la viande à Trouvetout est **meilleure.**	*The meat at Monoprix is good, but the meat at Trouvetout is better.*
Ce grand magasin est **le meilleur** de la ville.	*This department store is the best (one) in town.*
Ce détergent-ci est **plus mauvais (pire)** que ce détergent-là.	*This detergent is worse than that detergent.*
C'est **le plus mauvais (le pire)** des produits.	*It's the worst of products.*

Allez-y!

A Comparaisons. Regardez les deux dessins et répondez aux questions suivantes.

MODÈLE: Qui est moins énervé, le jeune homme ou la jeune fille?
La jeune fille est moins énervée (que le jeune homme).

1. Qui est plus grand, le jeune homme ou la jeune fille? plus mince?
2. Est-ce que la jeune fille a l'air aussi dynamique que le jeune homme? aussi sympathique?
3. Qui est plus timide? plus bavard (*talkative*)?
4. Est-ce que le jeune homme est aussi bon étudiant que la jeune fille?
5. Est-ce que le jeune homme est plus ou moins travailleur que la jeune fille?
6. Qui est le plus ambitieux des deux? le plus sportif des deux?

B Un couple de francophiles. M. et Mme Cohen adorent tout ce qui est français et ils ont tendance à exagérer. Donnez leur opinion en transformant les phrases selon le modèle.

MODÈLE: Le français est une très belle langue. →
Le français est la plus belle langue du monde.

1. La cuisine française est bonne.
2. Les vins de Bourgogne sont sophistiqués.
3. La civilisation française est très avancée.
4. Paris est une ville intéressante.
5. Les Français sont un peuple cultivé.
6. La France est un beau pays.

C Opinions. Changez les phrases suivantes, si nécessaire, pour indiquer votre opinion personnelle: **plus/moins/aussi... que; meilleur(e) / plus mauvais(e) que.** Regardez d'abord les expressions de **Mots-clés.** Utilisez ces mots, et justifiez vos opinions.

1. Le sport est aussi important que les études.
2. Les rapports humains sont aussi importants que les bonnes notes.
3. Grâce à la technologie, la vie des étudiants est meilleure qu'il y a vingt ans.
4. Les cours universitaires sont plus intéressants que les cours à l'école secondaire.
5. Comme étudiant(e), je suis plus sérieux/euse que la plupart de mes ami(e)s.

MOTS-CLÉS

Being emphatic: Like **très,** the adverbs **bien** and **fort** are used to emphasize a point.

—Je crois que tout le monde est d'accord. Le célibat est **bien** plus facile que le mariage!
—Pas du tout! La vie des mariés peut être **fort** heureuse!
—Mais **bien** compliquée aussi!

LECTURE

Avant de lire

Using the dictionary. As you know, you can figure out from context the meaning of many unfamiliar words in your readings. Sometimes, however, you will need to consult a dictionary. When you do, keep in mind the following guidelines.

1. If possible, use a good hardback French–English dictionary. Paperback dictionaries often do not provide all the common equivalents for a word, nor offer examples of usage.
2. Read through *all* the meanings and examples. Make sure the meaning you choose corresponds to the part of speech (noun, verb, etc.) of the French word you are looking for and, of course, that it makes sense in context.
3. Later on, try consulting a monolingual dictionary: one in which French words are defined in French. This may present a bit of a challenge at first, but you will find it of great benefit in terms of vocabulary enrichment and increased range of expression.

The following is an article on coping with stress from *Châtelaine*, a Canadian magazine. At the end of the first paragraph, we read of the interviewee, Isabelle Neiderer: "Elle a alors décidé de prendre les moyens qu'il fallait pour mieux gérer son stress." Look for the meaning of **gérer** in the following excerpt from the *Larousse Dictionnaire Français-Anglais*:

> **gérer** [ʒere] v. tr (5). To conduct (un commerce); to direct, to manage, to run (un hôtel, un journal); to administer (une tutelle); *mal gérer,* to mismanage.

Which meaning is closest to the use of **gérer** in the article?

Just for fun, take a look at the definition of **gérer** from the *Larousse Dictionnaire du français contemporain*:

> **gérer** v.t. (c. **10**). 1. Administrer une affaire, des intérêts pour le compte d'un autre... 2. Administrer ses affaires: *Bien, mal gérer son capital, sa fortune.*

How did you fare using the monolingual dictionary?

It is always best to try to determine from context the meaning of an unfamiliar word. Used properly, though, the dictionary can be a helpful and efficient tool. **Et maintenant, allez-y!**

SUPPLÉMENT PUBLICITAIRE SPÉCIAL - CHÂTELAINE, ÉDITION DE JANVIER 1995

JE VEUX MIEUX GÉRER MON STRESS

LES BIENFAITS DE LA MAÎTRISE DU STRESS

✔ peut réduire le risque de maladies cardiaques ;
✔ peut prévenir les ulcères, l'hypertension, l'asthme, les migraines, etc. ;
✔ peut réduire le risque de contracter certaines maladies (on attribue 50 % des problèmes de santé au stress) ;
✔ peut soulager l'angoisse et la tension.

Isabelle Neiderer, Montréal

ELLE A RÉUSSI

Lorsque Isabelle Neiderer, 29 ans, a été nommée directrice adjointe au Service des relations avec les consommateurs du Bureau laitier du Canada, il y a quatre ans, elle avait un énorme défi à relever. Travailleuse acharnée, elle venait de terminer un baccalauréat en sciences, mais elle était jeune et peu expérimentée dans plusieurs secteurs de son emploi. Les signaux de stress n'ont pas tardé à se manifester : Isabelle se sentait presque toujours fatiguée. Elle a alors décidé de prendre les moyens qu'il fallait pour mieux gérer son stress.

Comment avez-vous atteint votre but ?

« J'ai commencé par identifier les facteurs de stress, c'est-à-dire les exigences de mon travail mais aussi celles que je m'imposais. J'ai fait des efforts pour être moins perfectionniste et plus indulgente envers moi-même. Je fais toujours de mon mieux,

j'aime terminer ce que j'ai entrepris et quitter le bureau l'esprit tranquille, car je n'apporte plus de travail à la maison. Dans l'autobus en me rendant au bureau ou en rentrant, je me laisse aller à la rêverie : cela me détend énormément. Je ne prends plus d'engagements qui me causent du stress. Ainsi, je fais de l'exercice pour le plaisir (patinage, ski, ballon volant) et non par obligation. Je prends soin de moi et je me relaxe en faisant des choses que j'aime : regarder un film, lire ou toute autre activité calme. Et puis, je suis des cours de formation qui m'aident à mieux faire mon travail. J'apprends plein de choses des gens autour de moi. J'ai aussi appris à dire non. Mes collègues savent que je travaille fort et ils me respectent. »

Des conseils précieux

• Donnez-vous du temps pour apprendre. Vous ne pouvez pas tout savoir dans tous les domaines !
• Ayez le sens de l'humour. Le rire soulage la tension et le stress.
• Ayez une attitude positive : concentrez-vous sur la solution et non sur le problème.
• Ne vous créez pas toutes sortes d'obligations... à moins que cela vous réussisse.

STRESSÉE ? DÉTENDEZ-VOUS !

Quand le stress vous envahit, le Centre canadien du stress et du bien-être recommande la technique de relaxation progressive suivante :

▲ arrêtez-vous et prenez plusieurs respirations lentes et profondes ;

▲ retirez-vous mentalement de la situation ;

▲ refaites le scénario mental de la situation pour en diminuer l'impact.

Compréhension

Vous avez bien compris? Répondez aux questions.

1. Où travaille Isabelle Neiderer? Que fait-elle?
2. Est-ce qu'elle travaille beaucoup?
3. Quel signal de stress Isabelle a-t-elle identifié dans sa vie?
4. Comment a-t-elle changé son attitude pour combattre le stress?
5. Que fait-elle pour se détendre?
6. Lequel des conseils à la fin de l'article vous semble le plus important pour gérer le stress? Pourquoi?
7. La technique de relaxation progressive donnée à la fin de l'article vous semble-t-elle intelligente? Pourquoi ou pourquoi pas?

À L'ÉCOUTE!

Bien entendu!

Un rêve bizarre. Vincent raconte son rêve à Gilles. Lisez les activités ci-dessous avant d'écouter le vocabulaire et la conversation qui leur correspondent.

VOCABULAIRE UTILE
a disparu	disappeared
dehors	outside
m'emmènent	take me (away)

A **Qu'est-ce qu'il fait?** Mettez les actions de Vincent dans l'ordre chronologique en les numérotant de 1 à 10.

_____ Il se rase.

_____ Personne ne lui dit bonjour.   _____ Il se brosse les dents.

__1__ Il se lève.   _____ Il se prépare le petit

_____ Il s'en va au bureau.   déjeuner.

_____ Il veut se peigner.   _____ Il prend sa douche.

_____ Il crie « non! »   _____ Les policiers l'emmènent.

B **Vrai ou faux?**

1. _____ Tous les matins, Vincent se lève à 7h30.
2. _____ Dans son rêve, il n'y a pas d'eau dans la douche.
3. _____ Dans son rêve, ses cheveux sont rouges.
4. _____ Dans son rêve, il se rase avec un couteau.
5. _____ Dehors, tout est bizarre.
6. _____ Il se réveille quand les policiers l'emmènent avec eux.

En situation

Visite à domicile

Contexte *Mme Guirardi est un médecin généraliste.[1] Elle fait souvent ses visites à domicile le matin et voit ses autres patients dans son cabinet[2] l'après-midi.*

Objectif *Jérôme s'explique avec le médecin.*

JÉRÔME: Bonjour, docteur.

DR. GUIRARDI: Bonjour, Jérôme. Asseyez-vous.[*] Alors, qu'est-ce qui ne va pas?

JÉRÔME: Docteur, j'ai très mal à la gorge, et j'ai un peu de fièvre.[3]

DR. GUIRARDI: Et cela dure[4] depuis combien de temps?

JÉRÔME: Ça fait quatre ou cinq jours, déjà.

DR. GUIRARDI: Bon, eh bien, laissez-moi vous ausculter[5]... Un peu de congestion, mais rien de grave. Ouvrez la bouche et dites *Aaaah*...

JÉRÔME: Aaaah...

DR. GUIRARDI: Très bien. Vous avez des points[6] blancs dans la gorge, jeune homme. Je crois que c'est une angine.[7]

JÉRÔME: Ça fait très mal quand j'avale.[8]

DR. GUIRARDI: Nous allons vous prescrire un sirop qui va arranger[9] ça. Êtes-vous allergique à certains médicaments?

JÉRÔME: Non, pas à ma connaissance.

DR. GUIRARDI: Alors, voici votre ordonnance.[10] Prenez ces comprimés[11] trois fois par jour pendant cinq jours.

JÉRÔME: Merci bien, docteur.

DR. GUIRARDI: Si votre fièvre monte, appelez-moi. Et je veux vous revoir si ça ne va pas mieux[12] dans quatre ou cinq jours.

---

[1]médecin... *general practitioner* [2]bureau [3]*fever* [4]*persists* [5](avec un stéthoscope) [6]*spots* [7]inflammation de la gorge [8]*swallow* [9]*make better* [10]*prescription* [11]*tablets* [12]*better*

● **Jeu de rôles.** Jouez les scènes suivantes avec des camarades. Utilisez les expressions de l'**À propos**.

1. Vous voyagez en France avec un ami (une amie). Il/Elle tombe malade. Essayez de trouver pourquoi il/elle est tombé(e) malade. Qu'est-ce qu'il/elle a mangé? Quand s'est-il/elle couché(e)? Depuis quand a-t-il/elle mal au ventre, à la tête, etc.? Ayez de la compassion pour lui/elle.

2. La scène se passe (*takes place*) dans une résidence universitaire. Un(e) de vos ami(e)s est sorti(e) hier soir et il/elle a trop mangé et trop bu dans un restaurant très cher. Aujourd'hui il y a un examen, et votre ami(e) vient vous demander de l'aider à s'y préparer. Vous n'avez pas de compassion pour lui/elle.

À PROPOS

Pour exprimer votre compassion à un(e) ami(e) malade

Oh, mon (ma) pauvre!
Je suis désolé(e). (*I'm very sorry.*)
Je peux faire quelque chose?
Je peux t'apporter quelque chose?
Guéris vite! (*Get well soon!*)

Pour exprimer votre manque (*lack*) de compassion à un(e) ami(e) malade

C'est de ta faute, tu sais!
   (*It's your fault, you know!*)
Tu l'as cherché!
Tu as eu tort de... (te coucher si tard, manger tout cela, etc.)

---

[*]*Sit down.* Consult the verb charts in the back of the text for the conjugation of the irregular verb **s'asseoir** (*to be seated, to sit down*). The form most useful to you now is the imperative: **Asseyez-vous; assieds-toi.**

VIDÉOTHÈQUE*

Cue to: 1:10:36

THÈME 7 La santé

SCÈNE 7.2 Trop de conseils

Caroline is sick in bed. After she talks on the phone with her mother, Bénédicte, Paul, and Michel come to cheer her up. Are they successful? Read over the **Vocabulaire utile** and the activities, then view the scene. Check your comprehension by completing the activities.

VOCABULAIRE UTILE

une nourriture plus équilibrée	better balanced meals
Je t'embrasse.	*lit.,* "I kiss you." (*commonly said to family and friends at the end of phone calls and letters*)
pour te distraire	to entertain you
ma vieille	my old friend
Je n'ai pas la forme.	I'm not in good shape.
Il va repasser...	He's going to come back . . .
Ça me rappelle...	This reminds me . . .
Tu as sans doute attrapé...	No doubt you've caught . . .
Je me fais beaucoup de souci...	I worry a lot . . .
Tu nous joues ton héroïne romantique!	You're playing the romantic heroine!
incorrigible	hopeless

● **Pauvre Caroline!** Regardez la scène une première fois. La deuxième fois, faites l'activité. Qui parle—Caroline (C), Paul (P), Michel (M) ou Bénédicte (B)?

1. _____ « Je t'appellerai demain matin. »
2. _____ « Il vaut mieux ne pas m'embrasser. »
3. _____ « Je t'ai apporté le journal et un magazine. »
4. _____ « Voici un compact disc de Renaud. »
5. _____ « Je me suis ennuyée depuis deux jours. »
6. _____ « Et bien, ma vieille, qu'est-ce qui t'arrive? »
7. _____ « Laisse-moi prendre ta température. »
8. _____ « Regarde un peu tous ces médicaments. »
9. _____ « Ça me rappelle quand j'étais malade il y a deux ans... »
10. _____ « C'est le stress. Tu travailles trop! »

---

*The theme and scene numbers correspond to those in the Video to accompany *Vis-à-vis.*

CHAPITRE 13
VOCABULAIRE

Verbes

avoir mal (à) to have pain; to hurt

se baigner to bathe; to swim

se brosser (les cheveux, les dents) to brush (one's hair, one's teeth)

se coucher to go to bed

se disputer to argue

se doucher to take a shower

s'embrasser to kiss

s'en aller to go away, go off (*to work*)

s'endormir to fall asleep

s'ennuyer to be bored

se fâcher to get angry

se fiancer to get engaged

s'habiller to get dressed

se laver to wash oneself

se lever to get up

se maquiller to put on makeup

se marier (avec) to get married (to)

se mettre à (+ *inf.*) to begin to (*do something*)

se peigner to comb one's hair

se perdre to get lost

se préparer to get ready

se promener to take a walk

se raser to shave

se regarder to look at oneself, at each other

se rencontrer to meet

se rendre à to go to

se réveiller to awaken, wake up

tomber amoureux/euse to fall in love

se inquiéter

À REVOIR: connaître; sortir; s'amuser (à faire quelque chose); s'arrêter (de); se demander; se détendre; se dépêcher; s'entendre (avec); s'excuser; s'installer; se rappeler; se reposer; se souvenir de; se tromper; se trouver

Substantifs

l'amour (*m.*) love

l'amoureux/euse lover, sweetheart

la bouche mouth

le bras arm

le célibat single life

le corps body

le cou neck

le coup de foudre flash of lightning; love at first sight

la dent tooth

le doigt finger

les fiançailles (*f. pl.*) engagement

le genou knee

la gorge throat

la jambe leg

la main hand

le mariage marriage

le nez nose

les nouveaux mariés newlyweds

l'œil (*m.*) **(les yeux)** eye

l'oreille (*f.*) ear

le peigne comb

le pied foot

la rencontre meeting, encounter

la santé health

la tête head

le ventre abdomen

le visage face

À REVOIR: les cheveux (*m. pl.*)

Adjectifs

amoureux/euse loving, in love

élevé(e) high

ennuyeux/euse boring

frisé(e) curly

lourd(e) heavy

meilleur(e) better

pire worse

pratique practical

propre clean

quotidien(ne) daily, everyday

Mots et expressions divers

allez-vous-en! go away!

asseyez-vous (assieds-toi) sit down

aussi... que as . . . as

bien (*adv.*) much

dehors outside

fort (*adv.*) very

moins... que less . . . than

plus... que more . . . than

va-t'en! get going, go away!

LE TRAVAIL, C'EST LA SANTÉ!

Chère Bénédicte,

On s'amuse au Club Med, mais on travaille beaucoup! Cette semaine, j'organise un tournoi de tennis: Tous les matins, je me lève à 5 heures pour préparer les matchs et vérifier l'état des courts.

Dès 8 heures, on s'entraîne. À 10 heures, la compétition commence. À 18 heures, je suis mort! Et le soir, il faut être en forme pour dîner et faire la fête!

Comme dit la chanson: «Le travail, c'est la santé... ne rien faire, c'est la conserver!»

Bisous, bisous,

Jérôme exténué

P.S. Ils sont mignons mes copains, n'est-ce pas?

LES FRANÇAIS AU TRAVAIL

1. **Les fonctionnaires:** ils travaillent pour l'État.

M. Durand,
agent de
police

Mlle Drouet,
secrétaire de
mairie

M. Martin,
facteur

Mme Lambert,
institutrice

Mme Guilloux,
employée à la
SNCF

2. **Les travailleurs salariés:**
ils travaillent pour
une entreprise.

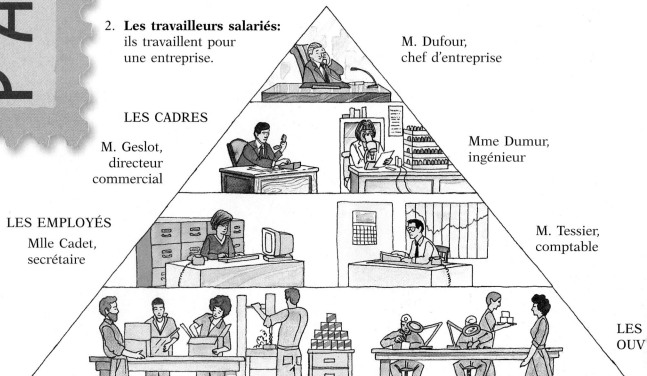

M. Dufour,
chef d'entreprise

LES CADRES

M. Geslot,
directeur
commercial

Mme Dumur,
ingénieur

LES EMPLOYÉS

Mlle Cadet,
secrétaire

M. Tessier,
comptable

LES
OUV

3. **Les travailleurs indépendants:** ils travaillent pour leur compte.

- Les artisans

M. Lepape,
plombier

Mme Simon,
coiffeuse

- Les commerçants

M. Thétiot,
boucher

M. Lefranc,
marchand de vin

- Les professions de la santé

M. Morin,
pharmacien

Mlle Duchamp,
dentiste

Mme Duchesne,
médecin

- Les autres professions libérales

Mme Aubry,
avocate

M. Leconte,
architecte

M. Colin,
agriculteur

Mlle Cossec,
artiste peintre

M. Kalubi,
journaliste

Allez-y!

A **Définitions.** Quelle est la profession des personnes suivantes?

MODÈLE: Elle enseigne à l'école primaire. → C'est une institutrice.

1. Elle s'occupe des dents de ses patients.
2. Il travaille à la campagne.
3. Il règle la circulation automobile.
4. Elle vend des billets de train.
5. Elle s'occupe de la santé de ses patients.
6. Il distribue des lettres et des paquets.
7. Il vend de la viande aux clients.
8. Elle coupe (*cuts*) les cheveux des clients.
9. Elle tape des lettres sur un ordinateur.
10. Il vend des vins et des liqueurs.
11. Il prépare et vend des médicaments.
12. Elle fait des portraits et des paysages (*landscapes*).

B **Stéréotypes.** Voici quelques dessins du caricaturiste français Jean-Pierre Adelbert. Choisissez la profession qui, selon vous, correspond le mieux à chaque dessin. Expliquez pourquoi.

Professions: architecte, artiste peintre, caricaturiste, chef d'entreprise, chômeur/euse (*unemployed person*), coiffeur/euse, comptable, critique de cinéma, critique de cuisine, journaliste de mode, plombier, vendeur/euse de CD et de vidéos rock... ?

C **Projets d'avenir.** Découvrez les futures professions de vos camarades de classe. Interviewez cinq étudiant(e)s pour découvrir quel métier ils/elles désirent faire après avoir terminé leurs études. Ensuite analysez les résultats. En général, avez-vous des ambitions différentes ou semblables (*similar*)?

MODÈLE: É1: Que veux-tu faire après tes études?
            É2: Je veux (Je voudrais) devenir avocat.
            É1: Et pourquoi?...

À LA BANQUE

Rebecca Johnson est une architecte américaine.
Elle s'est installée en France, et elle va à la banque.

1. Elle ouvre (*opens*) **un compte-chèques** (pour pouvoir **faire des chèques**) et **un compte d'épargne** (pour pouvoir **faire des économies**).

2. Elle prend aussi **une carte bancaire.**

3. Elle regarde **le cours du jour** et change ses dollars en francs.

CHANGES	Monnaies	Cours du jour
États-Unis....	1 USD	5,3529

4. Quelques jours plus tard, elle va au **distributeur automatique.** Avec sa carte bancaire, elle **retire** du **liquide** et **dépose** un chèque sur son compte-chèques.

AUTRES MOTS UTILES

le carnet de chèques checkbook	**le montant** sum
l'emprunt (*m.*) loan	**le reçu** receipt
les frais (*m. pl.*) expenses, costs	**toucher** to cash

Allez-y!

A **L'intrus.** Trouvez l'intrus et expliquez votre choix.

1. le compte d'épargne, déposer, la carte bancaire, faire des économies
2. le distributeur automatique, le liquide, retirer, faire des chèques
3. l'emprunt, le carnet de chèques, toucher, déposer
4. les frais, retirer, la carte bancaire, faire des économies

B **Une globe-trotter.** Audrey vient d'arriver à Paris et veut changer de l'argent. Mettez les conseils suivants par ordre chronologique.

1. _____ demander le cours du jour
2. _____ prendre des chèques de voyage avec soi
3. _____ prendre le reçu
4. _____ compter l'argent
5. _____ se présenter à un bureau de change (*money exchange office*) ou à une banque
6. _____ vérifier le montant sur le reçu
7. _____ montrer son passeport
8. _____ dire combien d'argent on veut changer

LE BUDGET DE MARC CONVERT

Marc travaille dans une petite **société** (*company*) près de Marseille où il est responsable (*director*) commercial.

Il **gagne** 18 500 francs par mois.

Il **dépense** presque tout ce qu'il gagne pour vivre; le **coût de la vie** est très élevé dans les villes françaises. Mais il espère avoir un **augmentation de salaire** dans six mois. En ce moment, il **fait des économies** pour acheter une maison.

Allez-y!

A **Frais et revenus.** Complétez les phrases en utilisant le vocabulaire de ci-dessus.

1. Danielle _____ pour acheter une voiture.
2. Les employés demandent souvent des _____.
3. Le _____ est moins élevé dans les petites villes.
4. Joël est très économe: il _____ très peu.
5. Mme Reich? Elle travaille dans une _____ d'assurance (*insurance*).
6. Irène a un boulot sympa; elle est contente même si elle _____ relativement peu.

B **Parlons d'argent!** Posez les questions suivantes à un(e) camarade.

1. Est-ce que tu travailles en ce moment? Si oui, qu'est-ce que tu fais comme travail?
2. Est-ce que tu as un compte-chèques? un compte d'épargne? une carte de crédit? Quelle carte?
3. Qu'est-ce que tu fais pour économiser de l'argent?
4. Est-ce que tu as un budget ou est-ce que tu vis au jour le jour (*from day to day*)? Pourquoi?

POUR PARLER D'ARGENT: LE VERBE *OUVRIR*

PRESENT TENSE OF **ouvrir** (*to open*)	
j' **ouvre**	nous **ouvrons**
tu **ouvres**	vous **ouvrez**
il, elle, on **ouvre**	ils, elles **ouvrent**

Past participle: **ouvert**

The verb **ouvrir** is irregular. Verbs conjugated like **ouvrir** include **couvrir** (*to cover*), **découvrir** (*to discover*), **offrir** (*to offer*), and **souffrir** (*to suffer*). Note that these verbs are conjugated like **-er** verbs.

Allez-y!

A Finances. Ce mois-ci Jean-Paul a des problèmes d'argent. Racontez cette histoire en choisissant un des verbes suivants: **ouvrir, couvrir, découvrir, offrir, souffrir.** Utilisez le passé composé là où il est indiqué (*p.c.*).

Le mois dernier Jean-Paul _____[1] (*p.c.*) un compte-chèques et un compte d'épargne. Sa grand-mère lui _____[2] (*p.c.*) de l'argent pour son anniversaire, mais il l'a utilisé pour ses frais scolaires. Jean-Paul est très économe. Il _____[3] toujours ses dépenses (*expenses*). Mais ce mois-ci, il a acheté une nouvelle moto et il _____[4] parce qu'il ne peut pas sortir aussi souvent. Alors, il _____[5] les plaisirs de la lecture!

B Profil psychologique. Demandez à un(e) camarade...

1. s'il (si elle) a un compte bancaire (si oui, dans quelle banque?)
2. s'il (si elle) couvre toujours ses dépenses
3. s'il (si elle) fait des économies et pourquoi
4. s'il (si elle) souffre quand il/elle est obligé(e) de faire des économies
5. combien de fois par semaine, ou par mois, il/elle retire de l'argent de son compte et combien de fois il/elle dépose de l'argent
6. si quelqu'un lui a récemment offert de l'argent et ce qu'il/elle en a fait

THE FUTURE TENSE

TALKING ABOUT THE FUTURE

Son avenir

LE PÈRE: Il **sera** écrivain, il **écrira** des romans et nous **serons** célèbres.

LA MÈRE: Il **sera** homme d'affaires, il **dirigera** une société et nous **serons** riches.

L'ENFANT: On **verra...** je **ferai** mon possible.

1. D'après son père, quelle sera la profession de l'enfant? Que fera-t-il?
2. D'après sa mère, quelle sera la profession de l'enfant? Que fera-t-il?
3. D'après l'enfant, que fera-t-il?

In French, the future is a simple tense, formed with the infinitive plus the endings **-ai, -as, -a, -ons, -ez, -ont.** The final **-e** of the infinitive of **-re** verbs is dropped.

	parler	**finir**	**vendre**
je	parler**ai**	finir**ai**	vendr**ai**
tu	parler**as**	finir**as**	vendr**as**
il, elle, on	parler**a**	finir**a**	vendr**a**
nous	parler**ons**	finir**ons**	vendr**ons**
vous	parler**ez**	finir**ez**	vendr**ez**
ils, elles	parler**ont**	finir**ont**	vendr**ont**

Demain nous **parlerons** avec le conseiller d'orientation.

Il te **donnera** des conseils.

Ces conseils t'**aideront** peut-être à trouver du travail.

La réunion finira vers cinq heures.

Tomorrow we will talk with the job counselor.

He will give you some advice.

Maybe this advice will help you to find a job.

The meeting will end around five o'clock.

Verbs with Irregular Future Stems

Some verbs have irregular future stems.

aller: **ir-**	être: **ser-**	savoir: **saur-**
avoir: **aur-**	faire: **fer-**	venir: **viendr-**
devoir: **devr-**	pleuvoir: **pleuvr-**	voir: **verr-**
envoyer: **enverr-**	pouvoir: **pourr-**	vouloir: **voudr-**

J'**irai** au travail la semaine prochaine.

I'll go to work next week.

Et toi, quand **enverras**-tu ta demande d'emploi?

And you? When will you send in your job application?

Pas de problème! J'**aurai** bientôt un poste.

No problem! I will soon have a position.

Alors, vous **devrez** tous les deux vous lever très tôt le matin.

So both of you will have to get up very early in the morning.

C'est vrai. Mais demain on **devra** célébrer cela!

It's true. But tomorrow we should celebrate!

Verbs with spelling irregularities in the present tense also have irregularities in the future tense. These include such verbs as **acheter, appeler,** and **payer.** See Appendix D: **-er** Verbs with Spelling Changes, at the end of the book.

MOTS-CLÉS

Saying when you will do something in the future

demain; après-demain
ce week-end
dans trois jours (une demi-heure / un mois / deux semaines, etc.)
lundi (mardi, etc.) prochain; la semaine prochaine / le mois prochain / l'année prochaine
un jour (*someday*)
à l'avenir (*from now on*)

Ma chambre à Paris sera prête **lundi prochain.**

Nous partirons pour Paris **dans dix jours (la semaine prochaine).**

Un jour, vous aurez peut-être votre propre maison.

À l'avenir, nous ferons des économies, n'est-ce pas?

Uses of the Future Tense

1. As you can see from the preceding examples, the use of the future tense parallels that of English. This is also true of the tense of verbs after an *if*-clause in the present tense.

Si je pose ma candidature pour ce poste, j'**aurai** peut-être des chances de l'obtenir.

If I apply for this position, I may (will maybe) have some chance of getting it.

Mais si tu ne te présentes pas, tu ne l'**auras** sûrement pas!

But if you don't apply (present your candidacy), you surely will not get it!

2. However, in dependent clauses following words like **quand, lorsque** (*when*)**, dès que** (*as soon as*), or **aussitôt que** (*as soon as*), the future tense is used in French if the action is expected to occur at a future time. English uses the present tense in this case.

Je te **téléphonerai** *dès que* j'**arriverai.**

I'll phone you as soon as I arrive.

Nous **pourrons** en discuter *lorsque* l'avocat **sera** là.

We'll be able to discuss it when the lawyer arrives.

La discussion **commencera** *dès que* tout le monde **sera** prêt.

The discussion will begin as soon as everyone is ready.

361

L'architecture: un travail exigeant.

Allez-y!

A **Stratégies.** Anne-Marie cherche du travail pour cet été. Elle doit se présenter demain à un entretien (*interview*). Dites ce qu'elle fera demain.

MODÈLE: se lever très tôt → Elle se lèvera très tôt.

1. faire un peu de gymnastique pour se relaxer
2. s'habiller avec soin
3. prendre un petit déjeuner léger
4. mettre son curriculum vitæ dans sa serviette (*briefcase*)
5. aller au rendez-vous en métro pour éviter les embouteillages (*traffic jams*)
6. y arriver un peu en avance
7. se présenter brièvement
8. parler calmement
9. répondre avec précision aux questions de l'employeur
10. remercier l'employeur en partant (*when leaving*)

Maintenant répétez l'exercice en utilisant le sujet *Anne-Marie et Loïc.*

MODÈLE: se lever très tôt → Ils se lèveront très tôt.

B **Jeu de société.** À une soirée vous jouez à la voyante (*fortune-teller*) et prédisez la carrière de chacun(e) de vos ami(e)s. Choisissez le verbe convenable pour décrire vos prédictions. Vous pouvez utiliser chaque verbe plusieurs fois. **Verbes:** écrire, enseigner (*to teach*), vendre, jouer, devenir, participer, faire, s'occuper de

1. Vous _____ cosmonaute.
2. Vous _____ des bijoux à Alger.
3. Vous _____ le rôle de Hamlet à Londres.
4. Vous _____ à la construction d'un stade à Mexico.
5. Vous _____ des articles pour le *New York Times.*
6. Vous _____ des assurances-automobile à Québec.
7. Vous _____ de la publicité pour Toyota.
8. Vous _____ des malades à Dakar.
9. Vous _____ dans une école primaire à Seattle.

C **Interview.** Vous voulez savoir ce que votre camarade pense de l'avenir et vous lui posez les questions suivantes. Mais malheureusement il/elle ne vous prend pas au sérieux! L'interviewé(e) utilise toute son imagination et son humour pour répondre. À la fin, inversez les rôles.

MODÈLE: dès que tu auras ton diplôme →
       É1: Que feras-tu dès que tu auras ton diplôme?
      É2: Moi, plus tard, je vendrai des légumes biologiques
         (*organic*) à Athènes.

1. quand tu seras vieux (vieille)   2. si un jour tu es milliardaire
3. dans dix ans   4. lorsque tu te marieras   5. dès que tu pourras réaliser un de tes rêves   6. si tu n'obtiens pas tout ce que tu veux
7. lorsque tu auras des enfants

À votre avis, parmi toutes les réponses, laquelle (*which one*) est la plus originale? la plus amusante? la plus bizarre?

Un travail sympa, n'est-ce pas?

Gustave Caillebotte (1848–1894)
Les raboteurs de parquet, 1875, Musée d'Orsay, Paris

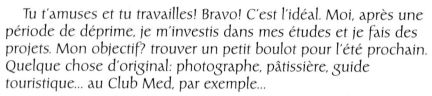

CARTE POSTALE

Jérôme,

Tu t'amuses et tu travailles! Bravo! C'est l'idéal. Moi, après une période de déprime, je m'investis dans mes études et je fais des projets. Mon objectif? trouver un petit boulot pour l'été prochain. Quelque chose d'original: photographe, pâtissière, guide touristique... au Club Med, par exemple...

Vois-tu des opportunités pour moi à la Martinique? Je compte sur toi!

Je t'embrasse mille fois,

Bénédicte

PAR AVI

PORTRAIT: Aimé Césaire (écrivain et homme politique français né à la Martinique, 1913–   )

Aimé Césaire a un objectif essentiel: rendre sa dignité à la race noire. Par quels moyens? La poésie, d'abord. *Le Cahier d'un retour au pays natal* (1947) est le premier poème d'une œuvre de révolte et de libération. La politique ensuite: Il milite pour l'indépendance des colonies françaises d'Afrique et pour l'autonomie des Antilles.

FLASH 1 ÉTUDIANTS: LA CHASSE AUX PETITS BOULOTS

L'accès à l'université est gratuit en France, mais comment couvrir les dépenses du quotidien: le loyer, la nourriture, les sorties et les vacances? Une solution: prendre un petit boulot.

Vous voulez trouver un travail intéressant, pas trop fatigant, et en plus bien payé? Première règle: Commencez vos investigations dès le mois de janvier si vous désirez travailler en été. Deuxième règle: Faites l'inventaire des entreprises qui embauchent[1] des étudiants. Troisième règle: Envoyez des CV[2] attractifs et des lettres de motivation personnalisées.

Mais surtout, un bon conseil: Si vous avez des amis bien placés, demandez-leur un petit coup de pouce![3]

[1]hire   [2]curricula vitæ (résumés)   [3]coup... nudge

« Y a-t-il quelque chose d'intéressant pour moi... ? »

FLASH 2 LES ANTILLES: UNE AGRICULTURE EXPORTATRICE

Une tonne de cannes à sucre donne 115 kg de sucre. L'économie des Antilles a longtemps dépendu de la canne à sucre et de ses dérivés, principalement le rhum.

Omniprésente aux XVIIIème et XIXème siècles, la canne à sucre occupe aujourd'hui une place importante derrière la banane qui est devenue le premier produit d'exportation.

Pour les gens qui habitent sous des climats continentaux, ces produits sont synonymes de soleil et d'exotisme. Ils évoquent l'agriculture généreuse des îles tropicales. Pour les Antillais, ils représentent le salut de leur économie.

Ouvriers dans un champ de canne à sucre à la Martinique.

LEÇON 3

STRUCTURES

RELATIVE PRONOUNS
LINKING IDEAS

Interview d'un chef d'entreprise

LA JOURNALISTE: Et pourquoi dites-vous que vous avez fait trois ans d'études inutiles?

GENEVIÈVE: Eh bien, parce que pendant tout ce temps-là, c'était la création de bijoux **qui** m'intéressait.

LA JOURNALISTE: Les bijoux **que** vous créez sont fabriqués avec des matériaux naturels?

GENEVIÈVE: Oui. Je dessine aussi pour les magazines des bijoux fantaisie **qu'**on peut réaliser à la maison.

LA JOURNALISTE: Maintenant, votre entreprise fabrique des milliers de bijoux **dont** les trois-quarts partent au Japon?

GENEVIÈVE: Oui, et j'ai des tas de nouveaux projets!

1. Qu'est-ce qui intéressait Geneviève pendant ses études?
2. Qu'est-ce qu'on peut réaliser à la maison?
3. Les trois-quarts de quoi partent au Japon?

A relative pronoun (*who, that, which, whom, whose*) links a dependent (relative) clause to a main clause. A dependent clause is one that cannot stand by itself—for example, the italicized parts of the following sentences: The suitcase *that he is carrying* is mine; There is the store *in which we met*. In French, there are two sets of relative pronouns: those used as the subject or direct object of a dependent clause and those used after a preposition.

1. The relative pronoun used as the *subject* of a dependent clause is **qui** (*who, that, which*). The relative pronoun used as the *direct object* of a dependent clause is **que** (*whom, that, which*).* Both can refer to people and to things.

---

*Remember that **qui** and **que** are used in asking questions as well. Refer to **Chapitre 4, Leçon 3** for a review.

SUBJECT   Je cherche l'artisane. **Elle** fabrique des bijoux.

Je cherche l'artisane **qui** fabrique des bijoux.

OBJECT   J'ai acheté des bijoux. Geneviève a fabriqué **ces bijoux.**

J'ai acheté les bijoux **que** Geneviève a fabriqués.

Qui replaces the subject (**elle**) in the dependent clause in the first example. Because it is the subject of the clause, **qui** will always be followed by a conjugated verb (**qui fabrique**).

Que replaces the direct object (**ces bijoux**) in the second example. **Que** is followed by a subject plus a conjugated verb (**...que Geneviève a fabriqués**). Note that the past participle agrees with the preceding plural direct object **que** (**les bijoux**). You may wish to review the information on agreement of past participles in **Chapitre 10, Leçon 3.**

2. **Qui** never elides with a following vowel sound. **Que,** however, does elide:

L'architecte **qui** est arrivé ce matin vient du Japon.
L'architecte **qu'**elle a rencontré vient du Japon.

3. **Qui** can also be used as the object of a preposition to refer to people.

Le comptable **avec qui** je travaille est agréable.   *The accountant with whom I work is pleasant.*
L'ouvrier **à qui** M. Mesnard a donné du travail est travailleur.   *The worker to whom Mr. Mesnard gave some work is industrious.*

4. The pronoun **dont** is used to replace **de** (**du, de la, de l', des**) plus an object.

Où est le reçu? J'ai besoin du reçu.   *Where is the receipt? I need the receipt.*

Où est le reçu **dont** j'ai besoin?   *Where is the receipt that I need?*

Dont is also used to express possession.

C'est la passagère. Ses valises sont à la douane.   *That's the passenger. Her suitcases are at the customs office.*

C'est la passagère **dont** les valises sont à la douane.   *That's the passenger whose suitcases are at the customs office.*

When **dont** is used, there is no need for a possessive adjective. Note the use of the definite article (**les**).

5. **Où** is the relative pronoun of time and place. It can mean *where*, *when*, or *which*.

Le guichet **où** vous changez
votre argent est là-bas.

*The window where you change
your money is over there.*

Le 1er janvier, c'est le jour **où** je
commence mon nouveau
travail.

*The first of January, that's the
day (when) I begin my new
job.*

L'aéroport d'**où** vous êtes partis
est maintenant fermé.

*The airport from which you
departed is closed now.*

Allez-y!

A **À la recherche d'un emploi.** Jean-Claude raconte comment il a
passé sa semaine à chercher du travail. Reliez les phrases suivantes
avec **qui.**

MODÈLE: Dimanche j'ai téléphoné à une amie. Elle est directeur d'un
journal. →
Dimanche j'ai téléphoné à une amie qui est directeur d'un
journal.

1. Lundi, j'ai déjeuné avec un ami. Il connaît beaucoup de comptables.
2. Mardi, j'ai eu une interview à la Banque Nationale de Paris. Elle
est près de la place de la Concorde.
3. Mercredi, j'ai parlé à un employé du Crédit Lyonnais. Il m'a beaucoup encouragé.
4. Jeudi, j'ai pris rendez-vous avec un membre de la Chambre de
commerce. Il est expert-comptable.
5. Enfin samedi, j'ai reçu une lettre d'une société belge. Elle m'offre
un poste de comptable à Bruxelles.
6. Et aujourd'hui je prends l'avion. Il me conduit vers ma nouvelle
vie.

B **Promenade sur la Seine.** Cet été, Marie-Claude travaille comme
guide sur un bateau-mouche (*tourist boat*) à Paris. Complétez ses
explications avec les pronoms relatifs **qui, que** ou **où.**

Ce bâtiment _____¹ vous voyez à présent dans l'île de la Cité, c'est la
Conciergerie. Autrefois une prison, c'est l'endroit _____² Marie-Antoinette
a passé ses derniers jours. Et cette église _____³ se trouve
en face de nous, c'est Notre-Dame. Est-ce que vous voyez cette statue
_____⁴ ressemble à la Liberté éclairant le monde? Eh bien, c'est
l'original de la statue _____⁵ la France a donnée aux Américains. Voici
le musée d'Orsay _____⁶ vous pourrez admirer les peintres impressionnistes et _____⁷ je vous recommande de visiter. Et un peu plus
loin, le musée du Louvre _____⁸ vous trouverez la Joconde et la
Vénus de Milo. Et enfin, voici la tour Eiffel _____⁹ est le symbole de
notre ville.

C **Photos de vacances.** Jeannine a passé un mois dans un village d'artistes dans le Midi. Elle y a rencontré beaucoup de gens intéressants. Elle montre maintenant ses photos de vacances à ses amis.

MODÈLE: Voici un artisan. Ses poteries sont très chères. →
Voici un artisan dont **les** poteries sont très chères.

1. Michel est un jeune artiste. On peut admirer ses tableaux au musée de Marseille.
2. Voici Yan. Ses sculptures sont déjà célèbres dans le milieu artistique.
3. Et voilà Claire. On vend ses bijoux à Saint-Tropez.
4. Laurent est un jeune écrivain. Son premier roman vient d'être publié.

D **Énigme.** Décrivez un objet, une personne ou un endroit à vos camarades. Utilisez des pronoms relatifs. Vos camarades vont essayer de trouver la chose dont vous parlez. **Catégories suggérées:** une ville, un pays, un plat, un gâteau, une personne, une classe, un moyen de transport, une profession...

MODÈLE: É1: Je pense à un gâteau qui est français et dont le nom commence par un *e*.
É2: Est-ce que c'est un éclair?

Maintenant, continuez ce jeu avec une différence. Cette fois, vous ne donnez que la catégorie d'un objet ou d'une personne. Vos camarades vous demandent des précisions. Répondez-leur par *oui* ou *non*.
Autres catégories suggérées: un film, une émission de télévision, une pièce de théâtre, un acteur (une actrice), un chanteur (une chanteuse), un homme (une femme) politique (*politician*), un(e) athlète...

MODÈLE: É1: Je pense à un film.
É2: C'est un film que tu as vu il y a longtemps?
C'est un film dont l'action se passe (*happens*) aux États-Unis?
C'est un film où Tom Hanks a joué le rôle principal?
C'est un film dont Bruce Springsteen a écrit la chanson principale?
C'est *Philadelphia*.

Le professeur: une profession prestigieuse et satisfaisante.

PERSPECTIVES

LECTURE

Avant de lire

More on skimming for the gist. The following article is from *Jeune et jolie*. It may seem difficult at first because of the many unfamiliar expressions. Before you pick up the dictionary, however, be sure to call on your skills at determining new words from context. Make use of all available visual clues as well.

Remember that you can use graphic elements (titles, information in colored or dark type) to get a quick overall orientation. Before you do a close reading, glance at the article and try to determine which of the following topics are addressed:

_____ la vie de Gérard Klein à vingt ans   _____ ses convictions politiques

_____ sa voie (*path*) professionnelle   _____ ses amours

_____ ses ambitions   _____ ses vêtements

_____ ses disques préférés   _____ ses complexes

Confirm your answers only after you have done a close reading. How were you able to find this information? To what degree were you able to get the gist of the article without reading every word?

Bonne chance!

les 20 ans de gérard KLEIN

Il a fait quantité de métiers avant de devenir animateur à France Inter. Sa voix on la connaît, sa bobine[a] aussi, surtout depuis qu'il fait du cinéma. "L'instit"[b] est un rôle qui lui va à merveille et qui lui tenait à cœur. Le mercredi à 20h55 sur France 2.

À quoi ressemblais-tu à vingt ans ?
Physiquement, à un gars[c] de la campagne, élancé et costaud[d] - largement plus en os qu'aujourd'hui ! (rires) - et, mentalement, à un inconscient au moral d'acier.[e]

Tes ambitions à l'époque ?
J'étais fasciné par l'univers de la science et du corps humain. Un ami de mon père, médecin de campagne, que j'avais tanné[f] des années, m'avait emmené à un accouchement.[g] Ça a été une révélation ! Après mon bac j'ai fait une année de médecine mais j'ai dû arrêter parce qu'il a fallu que je travaille pour gagner ma vie.

Ton environnement culturel ?
Je sortais peu, je travaillais énormément, parfois jour et nuit. Ce n'est que beaucoup plus tard que j'ai commencé à m'intéresser au monde effervescent des sixties.

Où habitais-tu ?
Chez ma mère à Paris où j'étais venu m'installer en année de terminale.[h]

Ce qui a changé en toi depuis tes 20 ans ?
Pas grand-chose ! Je ne crois pas que l'on change véritablement. Je suis tout simplement plus épanoui[i] : papa de quatre grandes filles !

Ce qui te complexait à l'époque ?
Mes origines campagnardes.[j] Quand je suis arrivé à Paris je me suis retrouvé confronté à des gens cultivés que je trouvais extrêmement brillants. Ils parlaient si bien de la littérature, de la musique, du cinéma, un monde dont j'ignorais tout, des grands classiques aux choses les plus underground.

Ce qui te révoltait en 1962 ?
Le centralisme, l'élitisme et le parisianisme. C'est encore d'actualité !

Tes convictions politiques ?
Aucune ! Chez moi on ne parlait jamais politique. Mon père vendait des postes[k] de radio la journée, et le soir, il n'avait qu'une envie : se reposer ou s'amuser avec ses enfants et ses amis. C'est à Paris que j'ai découvert ce comportement typiquement intello[l] : avoir des idées sur tout.

Comment t'imaginais-tu à l'âge que tu as aujourd'hui ?
Comme mon père : un homme qui aimait bien rire, tout en faisant sérieusement ce qu'il avait à faire.

L'image la plus forte que tu as conservée de cette époque ?
Mon air ébahi[m] lorsque j'ai remonté pour la première fois de ma vie le boulevard Saint-Michel. C'était beaucoup moins agité qu'aujourd'hui et les gens avaient vraiment l'air de post adolescents et non pas de "jeunes vieux".

Que penses-tu de ceux qui ont vingt ans aujourd'hui ?
Je les trouve tristes, déjà vieux, surprotégés[n] et trop exigeants.[o]

Karine Saporo

[a]*face* [b]*instituteur (a recent film role)* [c]*garçon (jeune homme)* [d]*élancé... trim and strapping* [e]*au... with a fighting spirit* [f]*pestered* [g]*birth* [h]*en... during my last year at school* [i]*fulfilled* [j]*rustic* [k]*sets* [l]*intellectuel* [m]*dumbfounded* [n]*sheltered* [o]*demanding*

Compréhension

C'est exact? Corrigez les phrases inexactes.

1. Gérard Klein a toujours été animateur à France Inter.
2. À vingt ans, il avait l'air très élégant.
3. Son père était médecin de campagne.
4. Gérard Klein a quitté ses études de médecine pour gagner sa vie.
5. Il est né à la campagne mais il a habité aussi en ville.
6. Il ne s'intéresse pas à la politique.
7. Le père de Gérard Klein travaillait beaucoup, même le soir.
8. D'après Gérard Klein, les jeunes gens aujourd'hui sont heureux et sans soucis (*carefree*).

À L'ÉCOUTE!

Bien entendu!

Carrières. Vous allez entendre trois offres d'emploi à la radio. Lisez les activités suivantes avant d'écouter le vocabulaire et les séquences sonores qui leur correspondent.

VOCABULAIRE UTILE
la comptabilité   accounting
la rentrée prochaine   beginning of next academic year

A Quel poste? Déterminez de quel poste il s'agit dans chaque cas.

Annonce 1 _____   **a.** professeur
Annonce 2 _____   **b.** ingénieur
Annonce 3 _____   **c.** secrétaire

B À chacun son emploi! Quelle annonce (numéro 1, 2 ou 3) convient à (*is appropriate for*) chacune des personnes suivantes? Encerclez le numéro.

1. Laurence Chassagne enseigne la physique et la chimie dans un lycée technique et rêve de partir à l'étranger.
   1 2 3
2. Carole Bernard parle trois langues couramment et est forte en calcul (*arithmetic*).
   1 2 3
3. Lionel Pelletier est spécialiste en informatique. Il voudrait trouver un travail avec plus de responsabilité.
   1 2 3

En situation

Un travail temporaire

Contexte *Chaque année à la fin de l'été, les vendanges[1] sont un rendez-vous traditionnel des étudiants français et étrangers. Ils savent qu'ils gagneront peu d'argent, mais qu'ils vivront une expérience enrichissante: l'accueil[2] chez les viticulteurs[3] est chaleureux[4] et l'ambiance des vendanges toujours joyeuse.*

Objectif *Jean-Marc cherche du travail.*

JEAN-MARC: Bonjour, Monsieur, j'ai entendu dire que vous embauchez pour les vendanges.

M. MICHAUD: Oui, c'est exact. Vous avez déjà vendangé? Ce n'est pas toujours drôle, on travaille sous le soleil, sous la pluie...

JEAN-MARC: Oui, je sais, mais je travaille bien. Vous payez à l'heure?

M. MICHAUD: Oui, nous payons 35 francs de l'heure, et les journées sont de huit à dix heures.

JEAN-MARC: Et pour le logement et les repas?

M. MICHAUD: Je retiens[5] deux heures de travail par jour seulement.

JEAN-MARC: Je suppose que ça va durer[6] deux ou trois semaines au maximum?

M. MICHAUD: Oh oui, sans doute, s'il ne fait pas trop mauvais temps.

JEAN-MARC: Eh bien, si vous voulez bien me prendre, ça m'intéresse.

M. MICHAUD: C'est d'accord. Mais n'oubliez pas: ici, on s'amuse bien, mais on travaille dur[7]!

[1]*grape harvests*   [2]*welcome*   [3]*winegrowers*   [4]*warm*   [5]*withhold, charge*   [6]*to last*   [7]*hard*

Les vendages: on travaille dur!

À PROPOS

Comment engager une conversation formelle au téléphone

LA PERSONNE QUI TÉLÉPHONE		LA PERSONNE QUI RÉPOND
[dring! dring!]	→	Transports Sud-Loire, j'écoute.
Bonjour, Monsieur (Madame). Pourrais-je parler à M. Dumont?	→	C'est de la part de qui?
		⎧ Un moment, s'il vous plaît.
		Ne quittez pas...
C'est de la part de Laurent Bernardin.	→	Je vous passe la personne à qui vous voulez parler.
Oui, j'attends.		(*ou* M. Dumont est absent.)

● **Jeu de rôles.** Jouez la scène suivante avec un ou plusieurs camarades.

Vous téléphonez à Mme Martin, responsable de gestion (*administration*) pour l'Europe à l'Agence France Presse. Elle a besoin d'un assistant dont la langue maternelle est l'anglais, mais avec une bonne connaissance du français. Vous avez vu l'offre d'emploi dans le journal *Le Monde.* Parlez d'abord à son secrétaire, une personne peu aimable qui ne fait rien pour vous aider. Le secrétaire est ferme et refuse de vous la passer. Essayez de le persuader de vous passer Mme Martin.

On vend *Le Monde* ici?

Cue to: 1:15:39

VIDÉOTHÈQUE*

THÈME 8   Les métiers et les professions

SCÈNE 8.1   Choisir sa voie professionnelle

Paul, Caroline, and their friend Alain are sitting on the steps of the Sacré-Cœur in Montmartre, discussing their future. What is in store for these three friends? Read over the **Vocabulaire utile** and the activities, then view the scene. Check your comprehension by completing the activities.

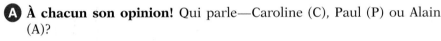

VOCABULAIRE UTILE

un généraliste	a general practitioner
Tu ne comptes pas... ?	You don't plan on . . . ?
les visites à domicile	house calls
de nouveaux traitements	new cures
Je gagnerai encore plus...	I'll earn even more . . .
Quelle tâche très humanitaire!	What a humanitarian undertaking!

A **À chacun son opinion!** Qui parle—Caroline (C), Paul (P) ou Alain (A)?

1. _____ « Tu ne comptes pas te marier et avoir des enfants? »
2. _____ « Les docteurs soignent les malades, trouvent de nouveaux traitements. »
3. _____ « Surtout ils gagnent beaucoup d'argent. »
4. _____ « Les criminels ont le droit d'être défendus comme tout le monde. »
5. _____ « Et je suppose que tu reprendras la clientèle de ton père? »
6. _____ « Allez, ne vous disputez pas! »
7. _____ « Je compte bien profiter de la vie. »
8. _____ « Et la vie est là devant nous! »

B **L'avenir.** Indiquez si les phrases suivantes sont vraies ou fausses.

1. V   F   Caroline fait de la médecine et deviendra docteur.
2. V   F   Selon Alain, Caroline n'a pas choisi un métier facile.
3. V   F   Paul n'est pas intéressé par l'argent.
4. V   F   Alain dit que Caroline aime parler et que Paul aime aider les gens.
5. V   F   Alain compte bien profiter de la vie.

---

*The theme and scene numbers correspond to those in the Video to accompany *Vis-à-vis*.

CHAPITRE 14 VOCABULAIRE

Verbes

aider to help
couvrir to cover
découvrir to discover
dépenser to spend (*money*)
déposer to deposit
diriger to direct
embaucher to hire
faire des économies to save (up) money
faire un chèque to write a check
gagner to earn; to win
intéresser to interest
offrir to offer
ouvrir to open
remettre to replace; to deliver
retirer to withdraw
souffrir to suffer
toucher to cash

Substantifs

l'argent (*m.*) **liquide** cash
l'augmentation (*f.*) increase
l'avenir (*m.*) future
le bijou jewel
le budget budget
le bureau de change money exchange (office)
le carnet de chèques checkbook
la carte bancaire bank (ATM) card
la carte de crédit credit card
le chèque check
le compte account
  le compte-chèques checking account
  le compte d'épargne savings account
le conseil advice

le cours exchange rate
le coût de la vie cost of living
la dépense expense
le distributeur automatique automatic teller
l'embauche (*f.*) hiring
l'emprunt (*m.*) loan
l'entreprise (*f.*) company
l'entretien (*m.*) job interview
les frais (*m. pl.*) expenses, costs
le montant sum, amount
le reçu receipt
le salaire salary
la societé company
À REVOIR: **l'horaire** (*m.*)

Les professions

l'agent (*m.*) **de police** police officer
l'agriculteur/trice farmer
l'architecte (*m., f.*) architect
l'artisan(e) artisan, craftsperson
l'artiste (*m., f.*) **peintre** (artist) painter
l'avocat(e) lawyer
le/la boucher/ère butcher
le cadre middle or upper manager
le chef d'entreprise company head, top manager, boss
le/la coiffeur/euse hairdresser
le/la commerçant(e) shopkeeper
le/la comptable accountant
le/la dentiste dentist
le/la directeur/trice manager, head
le/la directeur/trice commercial(e) business manager

l'employé(e) (de) employee; someone employed (by); white-collar worker; (sales) clerk
le facteur letter carrier
le/la fonctionnaire civil servant
l'ingénieur (*m.*) engineer
l'instituteur/trice primary school teacher
le/la journaliste reporter
le marchand de vin wine merchant
le médecin (la femme médecin) doctor
l'ouvrier/ière (manual) worker
le/la pharmacien(ne) pharmacist
le plombier plumber
le/la secrétaire secretary
le/la travailleur/euse worker
  le travailleur indépendant self-employed worker
  le travailleur salarié salaried worker

À REVOIR: **l'acteur, l'actrice; l'artiste** (*m., f.*)**; l'écrivain (la femme écrivain); le/la peintre; le/la serveur/euse**

Mots et expressions divers

à l'avenir from now on
aussitôt que as soon as
dès que as soon as
dont whose, of whom, of which
un jour someday
lorsque when
où where, when
prochain(e) next
que whom, that, which
qui who, that, which

LES LOISIRS

Chère Bénédicte,

Son prénom commence par B. Elle a trouvé le petit boulot de ses rêves: photographe au Club Med. Elle va passer l'été à la Martinique avec son vieux copain Jérôme.

Elle s'appelle? BÉNÉDICTE!

Voilà le marché: Tu as le job à condition de m'accompagner dans ma nouvelle passion: le « saut d'Acomat » que l'on pratique ici. C'est simple: Tu sautes dans un grand bassin d'eau à partir d'une falaise de quinze mètres. C'est d'accord?

Bisous. À bientôt!

Jérôme

LEÇON 1

PAROLES

LES LOISIRS PRÉFÉRÉS DES FRANÇAIS

Les spectacles
La chanson de
variété*
Le cinéma

Les activités de plein air
La pêche   Le ski
La pétanque†   La marche
Le pique-nique

Les manifestations sportives
Le football
Le cyclisme
Les matchs (de boxe,
de football)

Les jeux
Les jeux de hasard
Les jeux de société

Le bricolage
Le jardinage

Les passe-temps
Les collections
La lecture
La peinture

AUTRES MOTS UTILES
assister à‡ to attend
bricoler   to putter around, do odd jobs

---

*__Une chanson de variété__ is a popular song, frequently associated with a particular singer
and sung in a music hall or a small nightclub.
†**La pétanque** is a Provençal game similar to bowling or to Italian bocce ball.
‡**Aider** means *to assist, help.*

Allez-y!

A **Catégories.** La chanson de variété est un spectacle. Dans quelle(s) catégorie(s) de distractions classez-vous _____?

MODÈLE: la marche → La marche, c'est une activité de plein air.

1. un match de boxe
2. une collection de timbres
3. le jardinage
4. la pêche
5. la roulette
6. la lecture
7. un pique-nique
8. le poker
9. le cinéma
10. la pétanque
11. le cyclisme
12. la marche

B **Interview.** Posez les questions suivantes à un(e) camarade. Demandez-lui...

1. quelles sortes de chansons il/elle aime (les chansons d'amour? les chansons folkloriques? le rap?)
2. s'il (si elle) a jamais joué à la pétanque
3. à quelles sortes de spectacles il/elle assiste souvent et à quel spectacle il/elle a assisté récemment
4. s'il (si elle) préfère faire du sport ou s'il (si elle) préfère assister à des manifestations sportives; à quelle manifestation sportive il/elle a assisté récemment
5. quel jeu de société il/elle préfère (le bridge? le Scrabble? le Monopoly?)
6. à quels jeux de hasard il/elle a joué, où il/elle y a joué et combien il/elle a gagné ou perdu
7. s'il (si elle) aime bricoler et quels objets il/elle a réparés ou fabriqués (= construits)
8. s'il (si elle) collectionne quelque chose

**Le travail ou le bricolage?
À vous de décider!**

POUR PARLER DES LOISIRS: COURIR ET RIRE

PRESENT TENSE OF **courir** (*to run*)		**rire** (*to laugh*)
je	cour**s**	ri**s**
tu	cour**s**	ri**s**
il, elle, on	cour**t**	ri**t**
nous	cour**ons**	ri**ons**
vous	cour**ez**	ri**ez**
ils, elles	cour**ent**	ri**ent**
Past participle:	**couru**	**ri**
Future stem:	**courr-**	**rir-**

Allez-y!

A **Sondage sur le jogging.** Interviewez un(e) camarade pour savoir s'il (si elle) fait du jogging. Posez-lui ces questions.

1. Combien de fois court-il/elle par semaine?
2. Pendant combien de temps court-il/elle?; ou Combien de kilomètres fait-il/elle? (1 mile = 1,6 kilomètres)
3. Depuis quand fait-il/elle du jogging?

S'il (Si elle) a répondu que non...

1. Pourquoi ne court-il/elle pas?
2. Pratique-t-il/elle un autre sport?
3. Que pense-t-il/elle des gens qui courent souvent?

vive la détente!

B **Le rire.** Le rire est le passe-temps préféré de beaucoup de gens. Et vous? Aimez-vous rire? Avec un(e) camarade, répondez aux questions suivantes. Chaque fois que vous répondez que oui, donnez un exemple.

1. Racontez-vous des blagues (*jokes*)? **2.** Faites-vous souvent des jeux de mots (*puns*)? **3.** Avez-vous un(e) comique préféré(e)? **4.** Aimez-vous particulièrement un film amusant ou une pièce amusante? **5.** Est-ce que vous riez quelquefois dans la classe de français? (Quand et pourquoi?)

INTERROGATIVE PRONOUNS
GETTING INFORMATION

Au match de rugby

BILL: **Qu'est-ce qu**'ils essaient de faire?

JEAN-PAUL: Eh bien, ils essaient de poser le ballon derrière la ligne de but de l'équipe adverse.

BILL: Oui, je sais, mais **que** font-ils en ce moment?

JEAN-PAUL: Ça s'appelle une mêlée.

BILL: Et c'est **quoi**, une mêlée?

JEAN-PAUL: C'est quand plusieurs joueurs de chaque équipe sont regroupés autour du ballon. Tu vois, un des joueurs l'a récupéré.

BILL: **Lequel?**

JEAN-PAUL: Philippot.

BILL: **Qu'est-ce qui** l'empêche de le passer vers le but?

JEAN-PAUL: Les règles du jeu, mon vieux! C'est du rugby, ce n'est pas du football américain.

Voici des réponses. Quelles en sont les questions?

1. Ils essaient de plaquer (*tackle*) le joueur qui court avec le ballon.
2. C'est Duval qui passe le ballon à Philippot.
3. Un essai, c'est l'avantage obtenu quand un joueur réussit à poser le ballon derrière la ligne de but.

Forms of Interrogative Pronouns

Interrogative pronouns—in English, *who? whom? which? what?*—are used to ask questions. They can play several different roles in questions, serving as subjects, as objects of verbs, or as objects of prepositions. You are already familiar with the French interrogative pronouns **qui** and **qu'est-ce que.** Following is a more detailed list of French interrogative pronouns. Note that different pronouns are used for people and for things, and that several pronouns have a short and a long form.

USE	PEOPLE	THINGS
Subject of a question	qui qui est-ce qui	——— qu'est-ce qui
Object of a question	qui qui est-ce que	que qu'est-ce que
Object of a preposition	à qui	à quoi

Use of Interrogative Pronouns

1. **As the subject of a question:** There are two French equivalents for *who,* but only one for *what.* **Qui** is always followed by a singular verb.

   PEOPLE
   Qui fait du jogging ce matin?
   Qui est-ce qui fait du jogging ce matin?

   THINGS
   Qu'est-ce qui se passe? (*What's happening?*)

2. **As the object of a question:** There are two French equivalents for both *whom* and *what.* Note the special word order for the long and short forms.

   • Long forms: **Qui est-ce que** + *subject* + *verb* + (*other elements*)?
   Qu'est-ce que

   Qui est-ce que tu as vu sur le court de tennis ce matin?
   Whom did you see on the tennis court this morning?
   Qu'est-ce que Marie veut faire ce soir?
   What does Marie want to do this evening?

   Qu'est-ce que (**Qu'est-ce que c'est que**) is a set phrase used to ask for a definition: *What is* _____? **Qu'est-ce que la pétanque?**

   • The short form **qui:** **Qui** (+ *noun subject*) + *verb-pronoun* + (*other elements*)?

   Qui as-tu vu à la salle de sports?
   Whom did you see at the gym?
   Qui Marie a-t-elle vu sur le court de tennis?
   Whom did Marie see on the tennis court?

- The short form **que:**   **Que** + *verb* + *subject* (*noun or pronoun*) + (*other elements*)?

Que cherches-tu?	*What are you looking for?*
Que cherche Isabelle?	*What is Isabelle looking for?*

Note that both **qui** and **que** are followed by an inverted subject and verb.

3. **As the object of a preposition: Qui** is used to refer to people, **quoi** to refer to things.

À qui Michel parle-t-il?	*Who(m) is Michel speaking to?*
De qui parles-tu?	*Who(m) are you talking about?*
À quoi Corinne réfléchit-elle?	*What is Corinne thinking about?*
De quoi parlez-vous?	*What are you talking about?*

Lequel

Lequel (laquelle, lesquels, and **lesquelles;** *which one[s]?*) is used to ask about a person or thing that has already been mentioned. It agrees in gender and number with the noun to which it refers.

—Avez-vous vu cet opéra?	*Have you seen this (that) opera?*
—**Lequel?**	*Which one?*
—Vous rappelez-vous cette pièce de théâtre?	*Do you remember this (that) play?*
—**Laquelle?**	*Which one?*

Allez-y!

A **À la Maison des jeunes et de la culture.**[*] Posez des questions sur les activités des jeunes à la MJC. Utilisez **qui** ou **qui est-ce qui,** en remplaçant les mots en italique.

MODÈLE: *Pierrot* apprend à jouer du piano. →
          Qui (Qui est-ce qui) apprend à jouer du piano?

---

[*]The **Maison des jeunes et de la culture** (**MJC**) is a recreational center supported by the French government. **MJC**s offer courses in many hobbies and sports and sponsor cultural events.

1. *Astrid* va suivre un cours de taekwondo.
2. *Paul* apprend à faire un portrait dans le cours de peinture.
3. *Jean-Loup* écoute un concert de musique vietnamienne.
4. *Le professeur* choisit les meilleures œuvres à exposer.

Maintenant, posez des questions avec **que** ou **qu'est-ce que**.

MODÈLE: Sylvie regarde *un film de François Truffaut* au ciné-club. →
Que regarde Sylvie au ciné-club? (Qu'est-ce que Sylvie regarde au ciné-club?)

5. Les jeunes font *des vases* dans le cours de poterie.
6. On joue *un air de Jacques Brel* dans le cours de guitare.
7. Jean a fabriqué *des étagères* dans l'atelier de bricolage.
8. Marie a travaillé *son service* pendant son cours de tennis.

B **Exposition à la MJC.** Vous êtes chargé(e) d'organiser une exposition à votre MJC, et vous donnez des instructions à un groupe de volontaires. Quelles questions vous posent-ils? Choisissez l'interrogatif correct.

MODÈLE: (qui / qu'est-ce que) William nous prêtera une... →
Qu'est-ce que William nous prêtera?

1. (qui / qu'est-ce qui) Le directeur a invité...
2. (qui / qu'est-ce que) Valérie va nous apporter une...
3. (qui / qui est-ce qui) Nous devons téléphoner à...
4. (à quoi / de quoi) Demain, vous voulez nous parler...
5. (qui est-ce qui / qui) Nadine viendra avec son...
6. (quoi / que) Vous pensez beaucoup à la...

C **Une tranquille matinée de bricolage.** Ce matin il y a eu une grande confusion chez les Fontanet. La petite Emilie, rentrée de l'école maternelle (*kindergarten*), pose des questions sur tout ce qui s'est passé. Remplacez le(s) mot(s) en italique par un pronom interrogatif.

MODÈLE: Papa a invité *un ami.* →
Qui papa a-t-il invité? (Qui est-ce que papa a invité?)

1. *Maman* fabriquait une petite table.
2. Jean-Louis faisait *de la poterie.*
3. Papa parlait avec *son ami.*
4. *Jean-Louis* a ouvert la porte.
5. Le chien a vu *le facteur.*
6. Maman a crié après *le chien.*
7. Le chien a couru après *le facteur.*
8. *La poterie* est tombée par terre (*to the ground*).
9. *Papa* a rattrapé (*caught*) le chien.
10. Le chien a cassé (*broke*) *la petite table de maman.*

D Interview. Avec un(e) camarade de classe, posez des questions et répondez-y à tour de rôle.

MODÈLE: acteurs comiques: Danny DeVito, Eddie Murphy →
É1: Lequel de ces acteurs comiques préfères-tu, Danny DeVito ou Eddie Murphy?
É2: Je préfère Eddie Murphy. Et toi, lequel préfères-tu?
É1: Je préfère...

1. actrices: Jodie Foster, Whoopi Goldberg
2. peintres: le Français Degas, l'Espagnol Picasso
3. chanteuses: Courtney Love, Whitney Houston
4. loisirs: le bricolage, le jardinage
5. spectacles: les manifestations sportives, les chansons de variété
6. chansons: les chansons rock d'Eric Clapton, des Crash Test Dummies

Que pouvez-vous dire des goûts de votre camarade?

THE PRESENT CONDITIONAL (CONTINUED)

BEING POLITE, SPECULATING

Ah, si j'étais riche...

FRANÇOIS: Qu'est-ce que tu **ferais,** toi, si tu gagnais au loto?

VINCENT: Moi, je crois que j'**achèterais** un vieux cinéma de quartier. Je **choisirais** tous les films que j'aime et tous mes copains **pourraient** entrer gratuitement.

CHLOÉ: Moi, si je gagnais assez d'argent, je **m'installerais** dans le sud de la France et je **passerais** mon temps à faire de la peinture. J'**aurais** une grande maison et vous **pourriez** venir me voir tous les week-ends.

Et vous? Si vous gagniez au loto, qu'est-ce que vous feriez?

Forms of the Conditional

1. In **Chapitre 9, Leçon 2,** you learned a few conditional verb forms. You may remember that in English, the conditional is a compound verb form consisting of *would* plus the infinitive: *he would travel, we would go.* In French, the **conditionnel** is a simple verb form. The imperfect tense endings **-ais, -ais, -ait, -ions, -iez, -aient** are added to the infinitive. The final **-e** of **-re** verbs is dropped before the endings are added.

	parler	**finir**	**vendre**
je	parler**ais**	finir**ais**	vendr**ais**
tu	parler**ais**	finir**ais**	vendr**ais**
il, elle, on	parler**ait**	finir**ait**	vendr**ait**
nous	parler**ions**	finir**ions**	vendr**ions**
vous	parler**iez**	finir**iez**	vendr**iez**
ils, elles	parler**aient**	finir**aient**	vendr**aient**

Elle **passerait** son temps à faire de la peinture. | *She'd spend her time painting.*

Elle **habiterait** dans une grande maison à la campagne. | *She'd live in a big house in the country.*

2. Verbs with irregular stems in the future tense (**Chapitre 14, Leçon 2**) have the same irregular stems in the conditional.

S'il ne pleuvait pas, nous **irions** tous à la pêche. | *If it weren't raining, we would all go fishing.*

Elle **voudrait** venir avec nous. | *She would like to come with us.*

Est-ce que tu **aurais** le temps de m'aider à tout préparer? | *Would you have time to help me prepare everything?*

Uses of the Conditional

1. As you learned in **Chapitre 9, Leçon 2,** the conditional is used to express polite wishes or requests. Compare these sentences.

Je **veux** un billet. | *I want a ticket.*

Je **voudrais** un billet. | *I would like a ticket.*

Pouvez-vous m'indiquer ma place? | *Can you show me my seat?*

Pourriez-vous m'indiquer ma place? | *Could you show me my seat?*

2. The conditional is used in the main clause of some sentences containing **si** (*if*) clauses to express what *would* happen if the hypothesis of the *if*-clause were true. The imperfect is used in the *if*-clause.

Si j'**avais** le temps, je **jouerais** au tennis.	*If I had time, I would play tennis.*
Si nous **pouvions** pique-niquer tous les jours, nous **serions** contents.	*If we could go on a picnic every day, we would be happy.*
Elle **irait** avec vous au bord de la mer si elle **savait** nager.	*She would go to the seashore with you if she knew how to swim.*

The **si** clause containing the condition is sometimes understood but not directly expressed.

Je **viendrais** avec grand plaisir... (si tu m'invitais, si j'avais le temps, etc.).	*I would like to come . . . (if you invited me, if I had the time, etc.).*

3. Remember that an *if*-clause in the present expresses a condition that, if fulfilled, will result in a certain action (stated in the future).

Si j'**ai** le temps, je **jouerai** au tennis cet après-midi.	*If I have the time, I'll play tennis this afternoon.*

Note that the future and the conditional are *never* used in the dependent clause (after **si**) of an *if*-clause sentence.

4. The present conditional of the verb **devoir** is used to give advice and corresponds to the English *should*.

—J'aime bien les jeux de hasard.	*I like games of chance.*
—Vous **devriez** aller à Monte Carlo.	*You should go to Monte Carlo.*
—Elle a besoin d'exercice.	*She needs some exercise.*
—Elle **devrait** faire du jogging.	*She should go jogging.*

Allez-y!

A **Préférences.** Qu'est-ce que ces amis voudraient faire ce soir?

MODÈLE: Annick / aimer bien / jouer / bridge →
Annick aimerait bien jouer au bridge.

1. je / vouloir / voir / pièce de théâtre
2. Robert / préférer / travailler / atelier
3. tu / choisir / d'assister à / match de boxe
4. nous / vouloir / parler / amis / café
5. Anne et Myriam / vouloir / nous / emmener (*to take*) / cinéma
6. vous / aimer / aller / piscine

B **Après-midi de loisir.** Si vous pouviez choisir, laquelle de ces activités feriez-vous cet après-midi? Posez les questions avec un(e) camarade.

MODÈLE: faire une promenade en ville ou à la campagne →
   É1: Est-ce que tu ferais une promenade en ville ou à la campagne?
   É2: Je ferais une promenade à la campagne.

1. jouer au tennis ou au squash
2. aller au cinéma ou au café
3. visiter un musée ou un parc
4. manger une pizza ou un sandwich
5. boire un café ou un Coca-Cola
6. parler anglais ou français
7. faire des courses ou la sieste
8. écouter de la musique classique ou du rock
9. acheter des vêtements ou des livres
10. lire des bandes dessinées ou un roman
11. rendre visite à un ami (une amie) ou à la famille
12. ?

Mots-clés

How to make requests and to say thank you: As you know, the conditional mode can be used to make requests politely. You might want to begin your request with a general question.

Est-ce que je pourrais vous demander un petit service? — *May I ask you a favor?*

Don't forget to add **s'il vous plaît** (**s'il te plaît**) to the request and to say thank you.

Merci, Monsieur.
Je ne sais pas comment vous remercier, Madame.

Appropriate responses to **Merci.**

Je vous en prie, Mademoiselle. (*formal*)
De rien.
Il n'y a pas de quoi. (*more familiar*)

In polite conversation, the French use **Monsieur, Madame,** or **Mademoiselle** much more often than Americans use *ma'am* or *sir.*

C **S'il vous plaît.** Soyons poli(e)s! Utilisez le conditionnel dans les phrases suivantes. Ajoutez **s'il vous plaît** (**s'il te plaît**) si possible.

MODÈLE: Je veux parler à Mme de la Falaise. →
   Je voudrais parler à Mme de la Falaise, s'il vous plaît.

1. Pouvez-vous nous aider?
2. Est-ce que tu sais son numéro de téléphone?
3. Je veux bien assister à ce spectacle.
4. Savez-vous où on achète les billets?
5. Peux-tu venir avec nous?
6. Je préfère dîner en plein air.

D **Problèmes de loisir.** Donnez des conseils à un ami (une amie) qui a des difficultés à organiser son temps libre. Commencez par «À ta place, je _____ ».

MODÈLE: É1: J'ai envie de danser!
             É2: À ta place, j'irais en boîte.

1. J'aime le sport. 2. J'aime les timbres rares. 3. J'ai envie de lire quelque chose d'intéressant. 4. J'aime fabriquer des meubles. 5. J'ai besoin de tranquillité. 6. J'admire les tableaux de l'école de Fontainebleau.

E **De beaux rêves.** Imaginez ce que vous feriez dans les situations suivantes. Justifiez vos choix.

MODÈLE: si vous gagniez un voyage →
             Si je gagnais un voyage, j'irais à Tahiti.

1. si vous receviez un chèque de 100 000 dollars
2. si vous deviez vivre dans une autre ville
3. si vous pouviez avoir la maison de vos rêves
4. si vous preniez de longues vacances
5. si vous veniez d'obtenir votre licence (*university degree*)

Mon rêve? Un long séjour en Provence...

CORRESPONDANCE 15

Jean Baptiste Siméon Chardin (1699–1779)
Le Souffleur, 1734

CARTE POSTALE

Jérôme, tu es un amour! Comment
te remercier?

Enfin je vois la vie en rose! en bleu! en rouge!

Bientôt, je serai à la Martinique! Je vais danser, faire
du ski nautique, bronzer—et prendre des photos, bien sûr!

En attendant le grand jour où je pourrai faire ton
portrait—en couleur!—j'ai un cadeau pour toi: C'est
rond, léger, élégant, fantaisiste. C'est... un chapeau
acheté au marché aux puces de Vanves, comme
celui du tableau.

J'arrête mes bavardages: Demain, j'ai un examen!

Gros bisous,

Bénédicte

PORTRAIT:
Marie-José Pérec
(athlète française née à la
Guadeloupe, 1968)

Championne d'Europe, championne du monde, championne
olympique du 400 mètres, Marie-José Pérec est le symbole
de la grâce associée au sport. Jeune femme intelligente et
subtile, elle valorise l'image du sport. On la surnomme « la
gazelle » à cause de ses longues jambes et de sa légèreté.

FLASH 1 LE MARCHÉ AUX PUCES OU LA CHASSE AU TRÉSOR

Un réveil art déco, un tapis persan, la collection complète des œuvres de Molière, une aquarelle,[1] un canapé[2] en cuir... Le marché aux puces, c'est la caverne d'Ali Baba!

À Paris, le samedi et le dimanche, partez à l'aventure. Prenez le métro direction Porte de Vanves ou Porte de Clignancourt. Les deux principaux marchés aux puces vous attendent avec leurs merveilles.

On trouve tout au marché aux puces. Promenez-vous dans les allées et admirez les marchandises exposées. Tout est ancien, chaque objet a une histoire.

Si quelque chose vous intéresse, demandez son prix d'un air indifférent. Exclamez-vous: « C'est trop cher! » Puis proposez un prix plus bas. La discussion va s'engager...

Au marché aux puces, le marchandage,[3] c'est tout un art!

[1]watercolor [2]sofa [3]bargaining

« Cette radio a l'air bien, tu crois? »

FLASH 2 LES ANTILLES: LA VIE EN MUSIQUE

Des jeunes à la Martinique.

Les Antillais adorent la musique et la danse. Dans ces îles des Caraïbes, on vit au rythme du tambour[1] gwo-ka, du violon, de l'accordéon, de la guitare et du saxophone. Avec le jazz et le reggae, la musique antillaise réalise la jonction de[2] trois influences: l'Afrique, l'Amérique du Sud et La Nouvelle-Orléans.

Sous les tropiques, toute occasion est bonne pour se réjouir[3] en musique, chanter et danser: une naissance,[4] un mariage, un anniversaire, une simple réunion de famille. Les Antillais ont le sens de la fête.

Chaque année, en février ou en mars, pendant cinq jours, les Antilles vivent leur carnaval: concours[5] de chansons créoles, de costumes et de masques, jeux, spectacles, bals... cinq jours de réjouissances, de chants et de danses au rythme des orchestres de la rue.

[1]drum [2]réalise... brings together [3]se... rejoice [4]birth [5]contests

STRUCTURES

PREPOSITIONS AFTER VERBS
EXPRESSING ACTIONS

Sortie au cabaret

CORINNE: Ce soir, nous avons **décidé de** t'emmener au cabaret de la Contrescarpe, à Montmartre.

CHUCK: Qu'est-ce que c'est qu'un cabaret?

JACQUES: Un cabaret, c'est une sorte de café où on **peut écouter** des chansons poétiques, ou satiriques...

CORINNE: Tu connais Georges Brassens, Jacques Brel, Barbara?

JACQUES: C'est grâce aux cabarets qu'ils **ont réussi à** percer.

1. Qu'est-ce que Corinne et Jacques ont décidé de faire?
2. Qu'est-ce qu'on peut faire dans un cabaret?
3. Qu'est-ce que Georges Brassens, Jacques Brel et Barbara ont réussi à faire grâce aux cabarets?

1. Some verbs are followed directly by an infinitive, without an intervening preposition. Among the most frequently used are:

aimer	détester	pouvoir	venir
aller	devoir	préférer	vouloir
désirer	espérer	savoir	

Je **déteste chanter.** Mais je **sais** très bien **jouer** de la guitare.
Sophie **ne peut pas aller** au cinéma samedi soir. Elle **doit voir** sa grand-mère.

I hate singing but I know how to play the guitar very well. Sophie cannot go to the movies on Saturday evening. She has to visit her grandmother.

When **penser** is followed by an infinitive, it means *to count or plan on doing something.*

Je **pense rester** chez moi ce week-end.

I'm planning on staying home this weekend.

2. Other verbs require the preposition **à** directly before the infinitive. These include:

aider à	**chercher à**	**continuer à**	**se mettre à**
apprendre à	**commencer à**	**enseigner à**	

> **J'ai commencé à fumer** quand j'avais 16 ans. Caroline m'**a aidé à arrêter.**
>
> *I started to smoke when I was 16. Caroline helped me quit.*

> La semaine prochaine, je **me mets à faire** du tennis et je **continue à prendre** des cours de yoga deux fois par semaine.
>
> *Next week I start playing tennis and I continue to take yoga classes twice a week.*

3. Still other verbs require the preposition **de** directly before the infinitive.

accepter de	**décider de**	**finir de**	**rêver de**
s'arrêter de	**demander de**	**oublier de**	**venir de**
choisir de	**empêcher de**	**permettre de**	
conseiller de	**essayer de**	**refuser de**	

> François **a décidé de prendre** des cours d'art dramatique. Il **rêve de devenir** acteur. Il **vient de jouer** un petit rôle dans *Le Cid* à l'université. L'année prochaine, il va **essayer d'entrer** au Conservatoire de Paris.
>
> *François has decided to take drama classes. He dreams of becoming an actor. He just played a small role in* The Cid *at the university. Next year he is going to try to get into the Paris Conservatory.*

4. A few verbs change in meaning with different prepositions. **Commencer** is regularly followed by **à** plus an infinitive; **finir** is normally followed by **de** plus an infinitive. However, they can both be followed by **par: Commencer par** is used to talk about what one did first in a series of things; **finir par** means *to end up by doing something.*

> Michel **a commencé par** jouer un petit rôle dans une comédie à l'université. Il **a fini par** devenir acteur à Hollywood.

5. Note that the meaning of **venir** changes depending on whether it is followed directly by an infinitive or by **de** plus an infinitive. **Ils viennent dîner** means *They are coming to dinner.* **Ils viennent de dîner** means *They've just had dinner.*

Allez-y!

A **Au cabaret de la Contrescarpe.** Corinne, Chuck et Jacques arrivent à la Contrescarpe. Classez leurs activités par ordre chronologique.

_____ Ils décident de commander du champagne.

_____ Ils finissent par s'endormir dans le séjour.

_____ Ils se mettent à parler de poésie.

_____ Ils demandent au serveur de leur apporter l'addition.

_____ Ils choisissent de s'asseoir à une table près de la scène.

_____ Ils commencent par regarder la salle.

_____ Ils continuent à chanter en rentrant chez eux.

_____ Ils s'arrêtent de parler quand le spectacle commence.

_____ Ils n'oublient pas de laisser un pourboire au serveur.

B **Projets et activités.** Posez des questions à vos camarades pour vous informer de leurs projets et de leurs activités.

MODÈLE: aller / ce soir →
   É1: Qu'est-ce que tu vas faire ce soir?
   É2: Je vais...

1. vouloir / ce week-end
2. aller / l'été prochain
3. devoir / demain
4. aimer / après les cours
5. penser / la semaine prochaine
6. détester / le soir
7. espérer / ce soir
8. venir / maintenant

C **Résolutions de Nouvel An.** Racontez vos bonnes résolutions à vos camarades. Complétez les phrases suivantes avec un infinitif.

MODÈLE: Cette année, je vais finir... →
   Cette année, je vais finir de lire *À la recherche du temps perdu.*

1. En plus, je voudrais apprendre...
2. Je vais commencer...
3. J'ai aussi décidé...
4. Je vais essayer...
5. En plus, je vais m'arrêter...
6. Je vais chercher...
7. Enfin, je rêve...
8. Mais je refuse...

COMPARATIVE AND SUPERLATIVE (CONTINUED)

MAKING COMPARISONS

Le jazz

JENNIFER: Tu vas souvent en boîte le week-end?

BRUNO: Non, je vais **plus souvent** dans des bars de jazz **qu**'en boîte. Il n'y a pas **autant de** monde et j'aime **mieux** la musique.

JENNIFER: Moi aussi, j'adore le jazz. J'ai **plus de disques** de Duke Ellington **que de** Madonna. Mais le jazz, je l'écoute **le plus souvent** chez moi. Quand je vais en boîte, c'est pour danser et aussi parce qu'il y a **plus d'ambiance.**

Corrigez les phrases erronées.

1. Bruno va rarement dans des bars de jazz.
2. Il y a plus de gens dans les bars de jazz que dans les boîtes.
3. Jennifer a autant de disques de Madonna que de Duke Ellington.
4. Jennifer croit qu'il y a moins d'ambiance dans les bars de jazz.

Comparative and Superlative Forms of Adverbs

The same constructions you learned in **Chapitre 13, Leçon 3** for the comparative forms of adjectives are used for the comparative forms of adverbs.

plus... que (*more . . . than*)

Jeanne écoute les disques de Madonna **plus** volontiers (**que** moi).

Jeanne listens to Madonna's records more willingly (than I).

moins... que (*less . . . than*)

On écoute la musique **moins** attentivement dans les boîtes de nuit **que** dans les bars de jazz.

People listen to the music less attentively at discos than at jazz bars.

aussi... que (*as . . . as*)

Nous allons danser **aussi** souvent **que** possible.	*We go dancing as often as possible.*

To form the superlative of an adverb, place **le** in front of the comparative form (**le plus...** or **le moins...**). Because there is no direct comparison, **que** is not used.

Pierre s'en va tard. Louis s'en va plus tard. Michel s'en va **le plus tard.**

Bien and *mal*

Note the irregular comparative and superlative forms of **bien.** The comparative and superlative forms of **mal** are regular.*

	COMPARATIVE	SUPERLATIVE
bien mal	mieux plus mal	le mieux le plus mal

Tu parles français **mieux** que moi.	*You speak French better than I.*
Mais c'est Jean-Claude qui le parle **le mieux.**	*But Jean-Claude speaks it best.*
Roland joue **plus mal** au tennis que moi.	*Roland plays tennis worse than I.*
Mais c'est Marc qui y joue **le plus mal.**	*But Marc plays the worst.*

---

*Irregular comparative and superlative forms of **mal** (**pis, le pis**) exist, but the regular forms are much more commonly used.

Comparisons with Nouns

Plus de... (que), **moins de... (que)**, and **autant de... (que)** express quantitative comparisons with nouns.

Ils ont **plus d'**argent (**que** nous), mais nous avons **moins de** problèmes (**qu'**eux).

They have more money (than we), but we have fewer problems (than they).

Je suis **autant de** cours **que** toi ce semestre.

I'm taking as many courses as you this semester.

Allez-y!

A **Les comparaisons.** Avec l'aide des signes, comparez ces personnes célèbres en utilisant des phrases complètes. Mettez les verbes au présent.

Signes: + *more*   = *as*   − *less*

MODÈLE: Janet Jackson / danser / + bien / Mariah Carey →
Janet Jackson danse mieux que Mariah Carey.

1. Gene Siskel / aller au cinéma / = souvent / Roger Ebert
2. Madonna / chanter / + mal / Céline Dion
3. Jean-Michel Larqué* / jouer / + bien / au football / Jim Courier
4. Luciano Pavarotti / chanter / = bien / Plácido Domingo
5. Philippe Candeloro / faire du patinage (*skate*) / − bien / Elvis Stojko
6. Tout le monde / jouer / − bien / au basket-ball / Michael Jordan

B **Les Français et le sport.** Regardez le tableau et faites au moins trois comparaisons entre les hommes et les femmes en ce qui concerne le sport.

MODÈLE: Les hommes font moins de natation que les femmes, mais ils font plus de ski que les femmes.

Le ski d'abord

Taux de pratique sportive pendant l'année écoulée (1988, en % de la population totale) :

	Hommes	Femmes	Total
• Ski	18,7	14,5	16,5
• Gymnastique	11,5	18,5	15,1
• Cyclisme	16,6	1,3	13,8
• Natation	12,2	13,7	13,0
• Marche	11,3	10,1	10,7
• Gymnastique d'entretien	6,3	11,4	8,9
• Tennis	11,2	5,6	8,3
• Sports d'équipe	10,9	1,8	6,2
• Course à pied	7,3	2,5	4,8
• Football	7,5	0,3	3,7
• Ping-pong	5,1	1,4	3,1
• Musculation	3,5	1,7	2,6
• Planche à voile	2,5	1,1	1,8
• Sports de combat	2,1	0,5	1,3
Total	**53,4**	**42,5**	**47,7**

C **Habitudes** (*Habits*). Demandez à un(e) camarade combien de fois par semaine, par jour, par mois ou par an il/elle fait quelque chose, et puis comparez sa réponse avec vos propres habitudes. **Autres possibilités:** lire le journal, faire du sport, regarder la télévision, partir en voyage...

MODÈLE: É1: Combien de fois par semaine vas-tu au cinéma?
É2: Une ou deux fois par semaine.
É1: J'y vais plus (moins, aussi) souvent que toi.

*Jean-Michel Larqué a été un célèbre footballeur français.

LEÇON 4

LECTURE

Avant de lire

More on reading for the main ideas. The following portrait of singer Céline Dion comes from a feature in *Châtelaine* magazine entitled « Les Québécoises qui ont marqué 1994. » Once you know this and have glanced at the subhead (« *Sa voix fait le tour du monde* »), you can predict the writer's attitude toward her subject: admiration. Use this information to deduce the meaning of unfamiliar words and phrases. (No glosses have been provided with this particular reading.) Remember that the information following an unfamiliar word often clarifies its meaning, so reading ahead can help.

As always, you do not need to understand every word; just aim to get the gist of the article and enjoy learning about this brilliant Quebecois star. **Amusez-vous bien!**

Céline Dion

SA VOIX FAIT LE TOUR DU MONDE.

O n n'utilise plus son nom de famille, c'est tout dire! Céline, la seule et unique, est devenue en 10 ans une des chanteuses qu'on entend le plus souvent sur la planète. Rien de moins. Après avoir conquis le marché canadien, elle a réussi l'exploit de dominer le palmarès américain pendant deux semaines consécutives en février 1994, avec la chanson *The Power of Love.* Puis, en septembre dernier, elle explosait sur la scène de l'Olympia, à Paris. Après coup, on s'est rendu compte que, comme Roch Voisine, elle aurait pu remplir le stade de Bercy! La tournée européenne qui a suivi était dans le même ton.

PERSPECTIVES

La gloire et la fortune n'ont pas fait perdre à Céline sa simplicité et sa gentillesse. « J'étais très nerveuse à Paris, mais j'ai eu une belle surprise: on m'attendait à bras ouverts! » Dans la salle, l'assistance a fredonné *Ziggy* avec elle et applaudi au début de chaque chanson. Même scénario à Londres. « Là aussi, j'étais morte de peur: le public anglais est très difficile. Chaque soir, ils ont le choix entre 25 spectacles! Alors, la petite Québécoise qui débarque à Londres... » La petite Québécoise est devenue grande.

Et heureuse. Quand on lui demande ce qu'elle retiendra avant tout de 1994, elle n'évoque pas d'abord ses succès monstres auprès des publics étrangers. « Ma plus grande joie est de pouvoir désormais vivre au grand jour ma relation avec René (Angélil, son agent), et de voir que le public est avec moi dans cette aventure. » Le 30 mars 1993, le jour de ses 25 ans, Céline s'est fiancée avec René. Et elle a annoncé son mariage pour le 17 décembre avec celui qui avait hypothéqué sa maison pour produire le premier disque de la future étoile. Elle avait cinq ans. Tout le monde a cru qu'Angélil était devenu fou. C'est ce qu'on appelle avoir du flair...

Compréhension

Vrai ou faux? Corrigez les phrases qui sont fausses.

1. Céline Dion est une chanteuse d'origine belge.
2. En automne 1994 elle a fait une série de concerts en Europe.
3. Céline est très célèbre, mais uniquement dans les pays francophones.
4. À Paris, Céline avait très peur avant de chanter.
5. Après son succès à Paris, Céline a été très sûre d'elle devant le public anglais.
6. Son nouveau mari, René Angélil, avait financé le premier disque de Céline plus de vingt ans avant leur mariage.

Bien entendu!

Le Tour de France. Vous allez entendre une retransmission à la radio de cette manifestation sportive. Lisez les activités avant d'écouter le vocabulaire et la retransmission qui leur correspondent.

VOCABULAIRE UTILE

cette douzième étape	this twelfth lap (race)
les coureurs	runners, racers
se rapprochent	are getting closer
le maillot jaune	yellow jersey (worn by current leader of the **Tour**)

A **Partez!** Encerclez la bonne réponse.

1. Cette étape du Tour de France se situe _____.
   a. dans les Pyrénées **b.** dans les Alpes **c.** dans les Vosges
2. Le temps est _____.
   a. gris **b.** mauvais **c.** beau
3. Pour voir les coureurs il y a _____.
   a. beaucoup de gens **b.** peu de gens
4. Alain Laville porte le numéro _____.
   a. 62 **b.** 52 **c.** 42
5. Alain Laville est né à _____.
   a. Paris **b.** Annecy **c.** Chamonix
6. Le coureur qui a gagné cette étape du Tour s'appelle _____.
   a. Gilbert Monier **b.** Alain Laville **c.** Steve Johnson
7. Demain le Tour aura lieu à _____.
   a. Annecy **b.** Chamonix **c.** Paris

B **Les classements.** Remplissez les tableaux en vous basant sur la retransmission.

1. De quelles nationalités sont les coureurs qui ont gagné la 12ème étape à Chamonix?

CLASSEMENT DE L'ÉTAPE		
	nᵒ	*nationalité*
1er	52	Il est... français.
2ème	75	
3ème	142	

2. De quelles nationalités sont les coureurs qui sont les leaders du Tour en général?

CLASSEMENT DU TOUR	
	nationalité
1er 2ème 3ème	Il est... français.

En situation

Séance de cinéma

Contexte *Maureen, une Américaine, travaille au pair dans une famille française à Toulouse. Aujourd'hui elle va au cinéma avec une amie française, Gisèle.*

Objectif *Gisèle explique certaines différences culturelles.*

GISÈLE: Bonjour, je voudrais deux billets pour la séance[1] de deux heures, s'il vous plaît. Tiens, Maureen, tu peux donner les tickets à l'ouvreuse[2]?

MAUREEN: Oui, mais qu'est-ce que tu fais?

GISÈLE: Je cherche un peu de monnaie pour lui donner un pourboire.

MAUREEN: Ah, d'accord... C'est curieux, il n'y a pas de queue.[3]

GISÈLE: Oui, ici les cinémas ouvrent un peu avant la séance et on attend dans la salle.

MAUREEN: Et il n'y a rien à boire ou à manger?

GISÈLE: Si, une ouvreuse va passer pendant l'entracte.[4]
(*Maureen et Gisèle regardent l'annonce d'un film de Stephen Frears,* Les Liaisons dangereuses, *un vidéoclip[5] de Prince comme court métrage[6] et les publicités. Puis, c'est l'entracte.*)

MAUREEN: J'aimerais bien grignoter quelque chose.[7] Il y a du pop-corn?

GISÈLE: Pas de popcorn, désolée[8]! Appelle l'ouvreuse!

MAUREEN: Écoute, Gisèle, c'est vraiment trop drôle.

GISÈLE: Qu'est-ce qui est drôle?

MAUREEN: C'est d'entendre Glenn Close parler français, avec cette drôle de voix.[9]

GISÈLE: C'est vrai, j'ai oublié. Les films étrangers sont généralement doublés[10] ici. Ça surprend[11]!

---

[1]*show* [2]*usherette* [3]*line* [4]*intermission* [5]*music video* [6]*short-subject* [7]*grignoter... nibble, have a snack* [8]*sorry* [9]*voice* [10]*dubbed* [11]*surprises (people)*

À PROPOS

Comment critiquer un film

POUR EXPRIMER UNE OPINION FAVORABLE
Quel chef-d'œuvre!
Je l'ai trouvé extraordinaire.
C'est un film remarquable.
Il est formidable.
Il est super.

POUR EXPRIMER UNE OPINION DÉFAVORABLE
Je ne le recommande à personne.
C'est un film vraiment minable
    (*shabby*).
Quel désastre!
Quel navet (*flop*)!

● **Jeu de rôles.** Les expressions de l'**À propos** vous seront utiles dans les activités suivantes.

1. En groupes de trois ou quatre, créez des scènes où des amis sortent du cinéma en parlant (*while speaking*) du film qu'ils viennent de voir. Ils ne font pas mention du titre. Les autres étudiants essaient de deviner quel est le film en question. **Suggestions:** *Le Magicien d'Oz, Autant en emporte le vent, Terminator, Le roi lion, La reine Margot, Le Garde du corps...*

2. Chaque membre de la classe nomme le dernier film qu'il/elle a vu et explique aux autres pourquoi ils devraient ou ne devraient pas aller le voir.

3. Chaque membre de la classe nomme son film, son acteur/actrice ou son cinéaste favori et explique brièvement pourquoi.

VIDÉOTHÈQUE*

Cue to: 1:26:46

THÈME 9 Les loisirs

SCÈNE 9.2 Le champion de ski

Caroline calls Paul at home to talk about their upcoming ski vacation, and they leave for Chamonix (near the Swiss and Italian borders). Does their vacation work out as Paul had predicted? Look over the **Vocabulaire utile** and the activities, then view the scene. Check your comprehension by completing the activities.

*The theme and scene numbers correspond to those in the Video to accompany *Vis-à-vis*.

VOCABULAIRE UTILE

une cabine téléphonique	a telephone booth
Ils vont nous retrouver...	They're going to meet us . . .
tous les préparatifs	all the preparations
sur les pistes	on the slopes
Ils sont même déjà compostés.	They (the tickets) are even already punched.
des places non-fumeurs	non-smoking seats
Mon pauvre chou!	Poor thing! My poor soul!
Je ne suis pas encore habitué...	I'm still not used to . . .
sacrées béquilles	darned crutches
un plâtre	a cast

A Les vacances de ski. Indiquez si les phrases suivantes sont vraies (V) ou fausses (F).

1. V F Le numéro de téléphone de Paul est le quarante-deux, vingt-deux, quatre-vingt-dix-neuf, trente-deux.
2. V F Caroline veut parler de leurs vacances à la montagne.
3. V F Paul va prendre les pistes faciles avec Caroline.
4. V F Ils ont des places non-fumeurs.
5. V F Paul n'est pas habitué à ses béquilles.

B Ah, les bonnes vacances! Trouvez la réponse correcte.

1. Caroline téléphone à Paul _____.
   a. de chez elle
   b. de la fac
   c. d'une cabine téléphonique
2. Michel et Bénédicte vont les retrouver _____.
   a. jeudi après-midi
   b. dimanche
   c. mercredi
3. Paul _____.
   a. n'a pas d'équipement
   b. va louer son équipement là-bas
   c. a déjà son équipement
4. Paul _____.
   a. n'a pas composté les billets
   b. a oublié les billets et les réservations
   c. a déjà composté les billets et enregistré les skis
5. C'est le retour triomphal du champion avec _____.
   a. un bras cassé
   b. une jambe cassée
   c. une médaille

C À vous! Répondez aux questions.

1. Quelle est la meilleure saison pour faire du ski?
2. Quelles sont les stations de ski les plus connues?
3. Quels autres sports peut-on faire à la montagne?

CHAPITRE 15
VOCABULAIRE

Verbes

accepter (de) to accept
assister à to attend
bricoler to putter
chercher à to try to
commencer par begin by (*doing something*)
conseiller (à, de) to advise
courir to run
décider (de) to decide
désirer to desire, want
emmener to take (*someone*)
empêcher (de) to prevent (from)
enseigner (à) to teach
espérer to hope
finir par to end, finish by (*doing something*)
indiquer to show, point out
se passer to happen, take place
penser (+ *inf.*) to plan on (*doing something*)
permettre (de) to permit, allow
refuser (de) to refuse
remercier to thank
rire to laugh

À REVOIR: **aider; faire du sport; gagner; jouer à; jouer de; perdre**

Substantifs

les activités (*f.*) **de plein air** outdoor activities
le bricolage do-it-yourself work, puttering around
la chanson de variété popular song
la collection collection
le cyclisme cycling
l'équipe (*f.*) team
le jardinage gardening
les jeux (*m.*) **de hasard** games of chance
les jeux (*m.*) **de société** social games, group games
la lecture reading
les loisirs (*m.*) leisure activities
la manifestation sportive sporting event
la marche walking
le passe-temps hobby
la pêche fishing
la pétanque bocce ball, lawn bowling
le pique-nique picnic
le service favor
le spectacle show, performance

Expressions interrogatives

qui est-ce que, qu'est-ce qui, lequel, laquelle, lesquels, lesquelles

Mots et expressions divers

autant (de)... que as much (many) . . . as
bien, mieux, le mieux well, better, best
demander un petit service to ask a small favor
être en train de to be in the process of; to be in the middle of
Je ne sais pas comment vous (te) remercier. I don't know how to thank you.
Je vous en prie. / Il n'y a pas de quoi. / De rien. You're welcome.
Qu'est-ce qui se passe? What's happening? What's going on?

POUR OU CONTRE?

Paris
Une discussion animée au café

Cher Jérôme,

Catastrophe: Je me suis disputée avec Caroline, ma meilleure amie. Sur un simple désaccord politique, elle m'a claqué la porte au nez!

Moi, je suis toujours modérée: « il est important que... il vaudrait mieux que... »: Je mesure mes propos. Elle, sa passion l'emporte. Elle ne se contrôle plus.

Et la tolérance, alors?

Heureusement que, pour me changer les idées, je peux penser à la Martinique!

Je t'embrasse,

Bénédicte

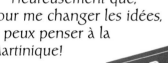

LEÇON 1

LES PROBLÈMES DE L'ENVIRONNEMENT

le gaspillage[a] des sources d'énergie
la pollution de l'atmosphère

les déchets[b] industriels

ne gaspillez pas les sources d'énergie

CONTRÔLEZ LES DÉCHETS INDUSTRIELS!

Il faut conserver les sources d'énergie!

IL FAUT RECYCLER

IL FAUT DÉVELOPPER L'ÉNERGIE SOLAIRE

NE POLLUEZ PAS L'ATMOSPHÈRE!

PROTÉGEZ LA NATURE

la conservation des sources d'énergie

le recyclage

le développement de l'énergie solaire

la protection de la nature

[a]wasting [b]waste, refuse

Allez-y!

A **Association de mots.** Quels problèmes écologiques associez-vous avec les verbes suivants?

> MODÈLE: gaspiller → le gaspillage des sources d'énergie

1. conserver
2. protéger
3. polluer
4. recycler
5. développer

B **Remèdes.** Expliquez quelles sont les actions nécessaires pour sauver (*to save*) notre planète. Utilisez **Il faut** ou **Il ne faut pas** suivi d'un infinitif.

> MODÈLES: le contrôle des déchets industriels →
> Il faut contrôler les déchets industriels.
>
> le gaspillage de l'énergie →
> Il ne faut pas gaspiller l'énergie.

1. la pollution de l'environnement
2. la protection de la nature
3. le développement de l'énergie solaire
4. la conservation des sources d'énergie
5. le gaspillage des ressources naturelles
6. le développement des transports en commun

C **Votre quotidien.** Lesquelles (*Which*) des choses suivantes font partie de votre vie quotidienne? Discutez-en avec un(e) camarade.

1. le recyclage
2. les aliments biologiques (*organic*)
3. la protection de la nature
4. l'énergie solaire
5. les transports en comun
6. le vélo
7. la conservation des sources d'énergie
8. l'activisme

LES PROBLÈMES DE LA SOCIÉTÉ MODERNE

Le palmarès[a] de vos peurs en 1992*

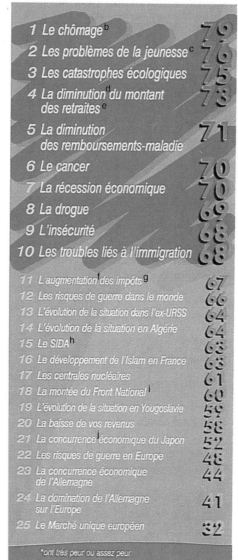

1	Le chômage[b]	79
2	Les problèmes de la jeunesse[c]	76
3	Les catastrophes écologiques	75
4	La diminution[d] du montant des retraites[e]	73
5	La diminution des remboursements-maladie	71
6	Le cancer	70
7	La récession économique	70
8	La drogue	69
9	L'insécurité	68
10	Les troubles liés à l'immigration	68
11	L'augmentation[f] des impôts[g]	67
12	Les risques de guerre dans le monde	66
13	L'évolution de la situation dans l'ex-URSS	64
14	L'évolution de la situation en Algérie	64
15	Le SIDA[h]	63
16	Le développement de l'Islam en France	63
17	Les centrales nucléaires	61
18	La montée du Front National[i]	60
19	L'évolution de la situation en Yougoslavie	59
20	La baisse de vos revenus	58
21	La concurrence[j] économique du Japon	52
22	Les risques de guerre en Europe	48
23	La concurrence économique de l'Allemagne	44
24	La domination de l'Allemagne sur l'Europe	41
25	Le Marché unique européen	32

*ont très peur ou assez peur

L'immigration en France: une question d'actualité.

[a]*Prize-winning list*
[b]*unemployment*
[c]*youth, young people*
[d]*decrease*
[e]*montant... retirement benefits*
[f]*increase*
[g]*taxes*
[h]*AIDS*
[i]*right-wing anti-immigrant political party*
[j]*competition*

AUTRES MOTS UTILES

le parti political party
la politique politics; policy
le politicien/la politicienne
   politician
élire to elect
s'engager (vers) to get involved
   (in) (*a public issue, cause*)

exiger to necessitate, demand
exprimer une opinion to
   express an opinion
faire grève to strike
manifester (pour/contre) to
   demonstrate (for/against)
soutenir to support

Allez-y!

A Autrement dit. Choisissez la bonne définition.

1. _____ exiger
2. _____ le parti
3. _____ la grève
4. _____ soutenir
5. _____ la politicienne
6. _____ élire
7. _____ s'engager
8. _____ manifester

a. s'intéresser
b. promouvoir
c. la femme d'état
d. l'association politique
e. participer à une manifestation
f. demander, réclamer
g. la cessation collective du travail
h. choisir

B L'actualité. Lisez à la page précédent les résultats d'une enquête faite pour *Le Figaro* magazine. Puis répondez aux questions.

1. Lesquels de ces thèmes sont évoqués (*brought up*) aux États-Unis?
2. Parmi ceux-là, lequel considérez-vous comme le plus important? le moins important?
3. Selon vous, que peut-on faire pour résoudre ces problèmes?
4. Quels autres thèmes ajouteriez-vous à ce sondage?

C À mon avis. Choisissez une des expressions des **Mots-clés** pour exprimer votre point de vue.

MODÈLE: possible / contrôler le problème des déchets nucléaires →
   À mon avis, je crois qu'il est (qu'il n'est pas) possible de
   contrôler le problème des déchets nucléaires, parce que...

1. essentiel / développer de nouvelles sources d'énergie
2. impossible / empêcher les accidents nucléaires
3. important / respecter la femme dans les publicités
4. indispensable / faire attention aux problèmes de la jeunesse
5. inutile / limiter l'immigration
6. essentiel / augmenter les impôts
7. utile / parler aux jeunes du SIDA

MOTS-CLÉS

How to carry on a discussion

To express a personal point of view:

Moi,...
À mon avis,...
Personnellement,...
Pour ma part,...

Je pense que...
Je crois que...
J'estime que...
Je trouve que...

Your point will seem more convincing if you give examples or refer to other people's opinions. Use the following expressions:

Par exemple,...
On dit que...
J'ai entendu dire que...

LEÇON 2

STRUCTURES

THE SUBJUNCTIVE: FORMS
EXPRESSING ATTITUDES

Votez pour Laure!

LAURE: Alors, vous voulez que je **pose** ma candidature au Conseil de l'université?

SIMON: Oui, nous souhaitons que le Conseil **sorte** de son inertie et que ses délégués **prennent** conscience de leurs responsabilités politiques.

LAURE: Mais je me suis déjà présentée sans succès l'an dernier.

LUC: Cette année, Laure, nous voulons que tu **réussisses.** Et nous te soutiendrons jusqu'au bout.

Retrouvez la phrase équivalente dans le dialogue.

1. Est-ce que je dois poser ma candidature au Conseil de l'université?
2. Nous espérons que le Conseil sortira de son inertie.
3. Nous espérons que ses délégués prendront conscience de leurs responsabilités.
4. Nous espérons que tu réussiras cette année.

The Subjunctive Mood

Most of the verb tenses you have learned so far (present, **passé composé, imparfait,** future) have been in the *indicative* mood, which is used to state facts. You are also familiar with the *imperative,* used for direct commands or requests, and the *conditional,* which conveys hypothetical actions or states. In this section, you will begin to learn about the subjunctive mood.

The subjunctive is used to present actions or states as subjective or doubtful, instead of as facts. It appears most frequently in dependent clauses, and is used infrequently in English. Compare the examples at the top of the following page.

INDICATIVE	SUBJUNCTIVE
He *goes* to Paris.	I insist that he *go* to Paris for the meeting.
We *are* on time.	They ask that we *be* on time.
She *is* the president.	She wishes that she *were* the president of the group.

The subjunctive is used more frequently in French than in English. It almost always appears in a dependent clause introduced by **que.** In such cases, the main clause contains a verb expressing desire, emotion, uncertainty, or some other subjective view of the action in the dependent clause. For now, you will focus on the use of the subjunctive in dependent clauses introduced by **que** after verbs of volition (wanting), including **aimer bien, désirer, préférer, souhaiter** (*to want, to wish*), and **vouloir.**

Usually, the subjects of the main and dependent clauses are different.

MAIN CLAUSE *Indicative*	DEPENDENT CLAUSE *Subjunctive*
Je veux	**que** vous **partiez.**

Pour ou contre l'énergie nucléaire? Et vous?

Note that French constructions with the subjunctive have many possible English equivalents.

que je parle → *that I speak, that I'm speaking, that I do speak, that I may speak, that I will speak, me to speak*

De quoi veux-tu **que je parle?**   *What do you want me to talk about?*

Il préfère **que je parle** des déchets nucléaires.   *He prefers that I speak about nuclear waste.*

Forms of the Present Subjunctive

1. To form the subjunctive of all regular **-er, -re,** and **-ir** verbs, drop the **-ent** ending of the third-person plural form and add the subjunctive endings. **Mettre, ouvrir, partir,** and similar verbs also follow this pattern.

infinitive	**parler**	**vendre**	**finir**
stem	(ils) **parl**ent	(ils) **vend**ent	(ils) **finiss**ent
...que je	parl**e**	vend**e**	finiss**e**
que tu	parl**es**	vend**es**	finiss**es**
qu'il, elle, on	parl**e**	vend**e**	finiss**e**
que nous	parl**ions**	vend**ions**	finiss**ions**
que vous	parl**iez**	vend**iez**	finiss**iez**
qu'ils, elles	parl**ent**	vend**ent**	finiss**ent**

Je préfère qu'il **mette** la radio.   *I prefer that he put the radio on.*

Je souhaite que vous ne **partiez** pas trop tard.   *I hope you don't leave too late.*

Je veux que tu **ouvres** tes yeux!   *I want you to open your eyes!*

2. Verbs with stem changes in the indicative follow the same pattern in the subjunctive. (See Appendix D.)

Évelyne veut que j'**achète** les journaux.   *Evelyne wants me to buy the papers.*

Elle ne veut pas que vous les **achetiez.**   *She doesn't want you to buy them.*

3. A number of verbs base their **nous** and **vous** forms of the subjunctive on the **nous** and **vous** forms of the indicative. Their other subjunctive forms follow the regular pattern.

INFINITIVE	PRESENT SUBJUNCTIVE	
boire	que nous buvions	que vous buviez
croire	que nous croyions	que vous croyiez
devoir	que nous devions	que vous deviez
envoyer	que nous envoyions	que vous envoyiez
prendre	que nous prenions	que vous preniez
venir	que nous venions	que vous veniez
voir	que nous voyions	que vous voyiez

Marc désire que nous **buvions** un bon champagne.
Je veux bien que vous **veniez**!

Marc wants us to drink a good champagne.
I really want you to come!

4. Some verbs have irregular subjunctive stems. The endings themselves are all regular, except for some endings of **avoir** and **être**.

	aller: *aill-/all-*	faire: *fass-*	pouvoir: *puiss-*	savoir: *sach-*	vouloir: *veuill-/voul-*	avoir: *ai-/ay-*	être: *soi-/soy-*
...que je/j'	aille	fasse	puisse	sache	veuille	aie	so**is**
que tu	ailles	fasses	puisses	saches	veuilles	aies	so**is**
qu'il, elle, on	aille	fasse	puisse	sache	veuille	a**it**	soit
que nous	allions	fassions	puissions	sachions	voulions	a**yons**	so**yons**
que vous	alliez	fassiez	puissiez	sachiez	vouliez	a**yez**	so**yez**
qu'ils, elles	aillent	fassent	puissent	sachent	veuillent	aient	soient

Le professeur veut que nous **allions** au débat.
Son parti veut que le gouvernement **fasse** des réformes.
Le président préfère que les sénateurs **soient** présents.

The professor wants us to go to the debate.
His (Her) party wants the government to make reforms.
The President prefers the senators to be there.

Allez-y!

A Stratégie électorale. Laure accepte de poser sa candidature au Conseil universitaire. Avec un groupe d'étudiants, elle prépare soigneusement sa campagne. Que veut Laure?

MODÈLE: Elle veut que les étudiants / choisir / des délégués responsables →
Elle veut que les étudiants choisissent des délégués responsables.

1. Elle veut que les étudiants / réfléchir / aux problèmes de l'université
2. Elle aimerait que nous / préparer / tout de suite / une stratégie électorale
3. Elle préfère que vous / finir / les affiches aujourd'hui
4. Elle veut que Luc et Simon / organiser / un débat
5. Elle souhaite que la trésorière / établir / un budget
6. Elle insiste pour que je / convoquer / tous les volontaires ce soir

B Discours politique. Ce soir, Laure fait son premier discours de la campagne électorale. Voici ce qu'elle dit aux étudiants.

MODÈLE: Je voudrais que nous / trouver / tous ensemble des solutions à nos problèmes →
Je voudrais que nous trouvions tous ensemble des solutions à nos problèmes.

1. Je veux que le Conseil universitaire / agir / en faveur des étudiants
2. Je souhaite que vous / participer / aux décisions du Conseil
3. Je préfère que nous / discuter / librement des mesures à prendre
4. Je désire que l'université / prendre / en considération nos inquiétudes
5. Je voudrais que les professeurs / comprendre / nos positions
6. Je souhaite enfin que tous les candidats / se réunir / bientôt pour mieux exposer leurs idées

C Revendications. Les délégués du Conseil universitaire donnent leurs directives aux étudiants. Recommencez leurs notes en remplaçant les sujets en italique par **vous,** puis par **les étudiants.**

Nous ne voulons pas que *tu* ailles[1] en cours aujourd'hui. Nous préférons que *tu* sois[2] présent à la manifestation et que *tu* fasses[3] grève. Nous désirons que *tu* aies[4] une affiche lisible (*legible*). Naturellement, nous voudrions que *tu* puisses[5] exprimer tes opinions librement.

D **Engagement politique.** Les Legrand ont des opinions libérales. Quels conseils donnent-ils à leurs enfants? Suivez les modèles.

MODÈLES: Patrick—tu / être réactionnaire →
Patrick, nous ne voulons pas que tu sois réactionnaire.

Fabrice / être courageux →
Nous voulons que Fabrice soit courageux.

1. Jacques / être actif politiquement
2. Corinne et Jacques / avoir le courage de leurs opinions
3. vous / avoir des amis racistes
4. Patrick / être bien informé
5. Sylvain—tu / être violent
6. vous / être intolérant
7. Fabrice—tu / avoir de l'ambition politique
8. Patrick et Sylvain / avoir des idéaux pacifistes

E **Slogans.** Composez votre propre slogan politique selon les modèles des dessins. Utilisez **Vous voulez que ___?** et les verbes suivants: **avoir, être, faire, pouvoir, savoir, choisir, réformer, réussir à, servir à, vivre, perdre, comprendre, changer, préparer, s'unir** (*to unite*), **écouter, gagner, apporter, élire, voter.**

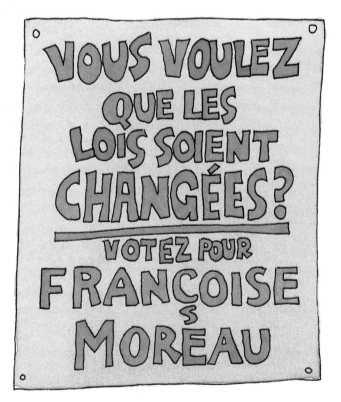

THE SUBJUNCTIVE: USES (INTRODUCTION)

EXPRESSING WISHES, NECESSITY, AND POSSIBILITY

Service militaire obligatoire ou volontaire?

PATRICK FAURE: À mon avis, le service obligatoire,
(22 ANS) c'est un anachronisme à l'âge nucléaire.

GÉRARD BOURRELLY: **Il est possible** que les jeunes
(36 ANS) s'intéressent plus au service si on leur donne une formation professionnelle.

FRANCIS CRÉPIN: **Il faut** qu'on abolisse le service
(25 ANS) obligatoire et qu'on établisse une armée de métier.

CHARLES PALLANCA: Mais si j'étais volontaire,
(18 ANS) **j'exigerais** que la solde soit au moins de 5 000 francs par mois!

Retrouvez la phrase correspondante selon le dialogue.

1. Il se peut que les jeunes s'intéressent plus à un service comprenant une formation professionnelle complémentaire.
2. Il faut abolir le service obligatoire et établir une armée de métier.
3. J'insisterais pour que la solde soit au moins de 5 000 francs par mois!

The Subjunctive with Verbs of Volition

1. When someone expresses a desire for someone else to behave in a certain way, or for a particular thing to happen, the verb in the subordinate clause is usually in the subjunctive. The following construction is used.

Mon père **veut que je fasse** mon service militaire.

Je **voudrais que le service militaire soit** aboli.

My father wants me to do my military service.
I'd like compulsory military service to be abolished.

Note that an infinitive construction is used in English to express such a desire.

2. Verbs of volition are followed by an infinitive in French when there is no change in subject, as in the first example.

Je veux finir mes études.	*I want to finish my studies.*
Et **ma mère veut** aussi **que** je les **finisse.**	*And my mother wants me to finish them too.*

3. Verbs expressing desires include **aimer bien, désirer, exiger, préférer, souhaiter, vouloir,** and **vouloir bien.**

The Subjunctive with Impersonal Expressions

1. An impersonal expression is one in which the subject does not refer to any particular person or thing. In English, the subject of an impersonal expression is usually *it: It is important that I go to class.* In French, many impersonal expressions—especially those that express will, necessity, judgment, possibility, or doubt—are followed by the subjunctive in the dependent clause.

IMPERSONAL EXPRESSIONS USED WITH THE SUBJUNCTIVE	
Will or necessity	*Possibility, judgment, or doubt*
il est essentiel que	il est normal que
il est important que	il est peu probable que
il est indispensable que	il est possible/impossible que
il est nécessaire que	il se peut que (*it's possible that*)
il est préférable que	il semble que (*it seems that*)
il faut que*	
il vaut mieux que*	
(*it's better that*)	

Il est important que le racisme **disparaisse.**	*It's important that racism disappear.*
Il faut que vous **soyez** au courant de la politique.	*You must (It's necessary that you) keep up with politics.*

---

*The infinitive of the verb conjugated in the expression **il faut que** is **falloir** (*to be necessary*). The infinitive of the verb in **il vaut mieux que** is **valoir** (*to be worth*).

> **Il est peu probable que** le
> sexisme **soit** tout à fait éliminé.
> **Il se peut que** d'autres pays
> **possèdent** des armes nucléaires.

> *It's not likely that sexism will be*
> *(is) totally eliminated.*
> *It's possible that other countries*
> *possess nuclear weapons.*

Except for **il faut que, il vaut mieux que,** and **il semble que,** these impersonal expressions are usually limited to writing and formal discourse.

2. When no specific person or thing is mentioned, impersonal expressions are followed by the infinitive instead of the subjunctive. Compare the following sentences.

> Il vaut mieux **attendre.**
> Il vaut mieux **que nous attendions.**

> *It's better to wait.*
> *It's better for us to wait.*

> Il est important **de voter.**
> Il est important **que vous votiez.**

> *It's important to vote.*
> *It's important for you to vote.*

Note that the preposition **de** is used before the infinitive after impersonal expressions that contain **être.**

Allez-y!

A **Comment gagner?** Donnez des conseils à Jeanne Laviolette, candidate à la mairie de Dijon, en suivant le modèle.

MODÈLE: Il est important de savoir écouter les gens. →
Il est important que vous sachiez écouter les gens.

1. Pour être maire, il faut être dynamique et responsable.
2. Il est essentiel de ne pas avoir peur d'agir.
3. Il est nécessaire de rester calme en toutes circonstances.
4. Il est préférable de parler souvent aux électeurs.
5. Il faut faire attention aux problèmes des jeunes.
6. Il est indispensable de gagner la confiance des commerçants.

B **La routine de tous les jours.** Posez des questions à un(e) camarade de classe. Suivez le modèle.

MODÈLE: nécessaire / faire la cuisine chaque soir
É1: Est-il nécessaire que tu fasses la cuisine
chaque soir?
É2: Oui, il est nécessaire que je fasse la cuisine chaque
soir. (Non, il n'est pas nécessaire que je fasse la
cuisine chaque soir; mes copains m'aident souvent.)

1. vaut mieux / aller au cours de français tous les jours
2. préférable / faire ton lit chaque matin
3. faut / nettoyer ta chambre tous les jours
4. normal / pouvoir dormir tard le matin
5. indispensable / étudier chaque soir
6. important / lire le journal chaque jour
7. essentiel / écouter la radio chaque matin
8. indispensable / acheter un CD chaque semaine

C **Problèmes contemporains.** Discutez des problèmes suivants avec un(e) camarade. Offrez des solutions. Utilisez les expressions suivantes: **il est important que, il faut que, il est nécessaire que, il est indispensable que, il est essentiel que, il est préférable que.**

1. l'immigration clandestine aux États-Unis
2. l'abus de la drogue chez les jeunes
3. la pollution
4. le chômage
5. le gaspillage des sources d'énergie
6. la violence aux États-Unis
7. l'effet de serre (*greenhouse*)
8. la propagation du SIDA

D **Nécessités et probabilités.** Quelle sera votre vie? Répondez aux questions suivantes. Dans chaque réponse, utilisez une de ces expressions: **il se peut que, il est peu probable que, il est impossible que, il est possible que, il est essentiel que, il faut que, il est nécessaire que.**

MODÈLE: Ferez-vous une découverte (*discovery*) importante? →
Il est peu probable que je fasse une découverte importante.

1. Vous marierez-vous?
2. Apprendrez-vous une langue étrangère?
3. Voyagerez-vous beaucoup?
4. Deviendrez-vous célèbre?
5. Serez-vous riche?
6. Saurez-vous jouer du piano?
7. Écrirez-vous un roman?
8. Ferez-vous la connaissance d'un président des États-Unis?
9. Irez-vous en Chine?
10. Vivrez-vous jusqu'à l'âge de cent ans?

Maintenant, utilisez ces questions pour interviewer un(e) camarade de classe.

MODÈLE: É1: Feras-tu une découverte importante?
É2: Oui, il est important que je fasse une découverte importante. (Non, il est peu probable que je fasse une découverte importante.)

CORRESPONDANCE 16

Paul Gauguin (1848–1903)
Mohana Moa, 1892
Atheneum, Helsinki

Ma petite chérie,

Calme-toi! Tu connais tes compatriotes: Ils adorent discuter, critiquer, contester...

Un petit conseil d'ami pour l'avenir: Évite les sujets brûlants comme la politique, l'immigration, le chômage, l'argent, la sécurité sociale. Parle plutôt du dernier petit restaurant que tu viens de découvrir ou de tes projets à la Martinique. Pas de grandes problématiques nationales ou universelles. Pour ma part, j'ai une grave décision à prendre: Où passerai-je la saison d'hiver? J'ai le choix entre la Polynésie et les Alpes françaises. Entre le bonheur et le bonheur!

J'attends que tu arrives et que tu me dises ton point de vue.

Bisous, bisous,
    Jérôme

P.S. N'oublie pas mon chapeau!

PAR AVIO

PORTRAIT: Voltaire (écrivain et philosophe français, 1694–1778)

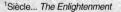

Il est l'intellectuel majeur du Siècle des lumières.[1]
Il s'intéresse à toutes les disciplines: les sciences, la philosophie, la morale, la religion, l'histoire, la politique, l'économie. Il défend la tolérance, la liberté, le progrès; il encourage l'instruction, les arts, le commerce et l'industrie. Il incarne l'« esprit français »: caustique, raisonneur, ironique, enthousiaste.

[1]Siècle... *The Enlightenment*

FLASH 1 LA BATAILLE DE L'ORTHOGRAPHE[1]

Un concours mondial d'orthographe! Où a-t-on vu cela? En France, bien sûr!

Chaque année, des milliers[2] de Français et de francophones font une dictée remplie de[3] difficultés et de pièges.[4] Cet événement est organisé par Bernard Pivot, l'animateur d' « Apostrophe » et de « Bouillon de Culture », deux émissions culturelles de la télévision française.

Qui participe à cette manifestation? Tous les amoureux de la langue française. Tous ceux qui considèrent que les pièges, les difficultés, les incohérences de l'orthographe sont parmi les attraits de la langue.

Face à ce clan des conservateurs, il y a les réformateurs qui se battent pour simplifier et uniformiser l'orthographe. Entre les deux camps, depuis des années, c'est la guerre!

Mais pour le moment le mot « orthographe » n'a pas encore changé d'orthographe!

[1]*spelling* [2]*thousands* [3]*remplie... filled with* [4]*traps*

Préparatifs du concours mondial d'orthographe.

FLASH 2 L'AVENIR DE LA FRANCOPHONIE

Pour garder sa place dans le monde, la francophonie a de nombreux atouts:[1]

1° Dans beaucoup de pays du monde, on étudie l'anglais mais aussi le français.

2° La langue française a un statut international. Le français est une des deux langues de travail aux Nations Unies et au Conseil de l'Europe.

3° Les pays francophones sont nombreux. Ils représentent entre le quart et le tiers des pays représentés aux Nations Unies.

4° Sur le plan idéologique, la francophonie symbolise un idéal. Le français apparaît comme une langue de culture et de distinction sociale.

Mais comment fortifier cette place dans le futur? Il faut renforcer les liens[2] culturels par des liens économiques. Il faut dégager[3] des budgets pour promouvoir la francophonie, demander aux états membres de participer davantage[4] aux dépenses[5] et encourager les entreprises à soutenir l'État dans sa politique francophone.

L'avenir s'annonce bien: la diversité de la Francophonie.

[1]*assets* (lit., *trump cards*) [2]*ties* [3]*to release* [4]*more* [5]*expenses*

LEÇON 3

STRUCTURES

The Subjunctive: Uses (Continued)

EXPRESSING EMOTION

L'Europe unie

Plusieurs Français donnent leur opinion sur l'unification politique et économique de l'Europe.

JEAN-PIERRE: Je suis **content** que la France **dise**
(35 ANS) « oui » à l'Europe.

ISABELLE: Nous, nous avons **peur** que les nationa-
(24 ANS) listes **deviennent** violents comme en
Bosnie-Herzégovine.

CLAUDE: Je **regrette** que la Suisse ne **veuille** pas
(40 ANS) faire partie de l'Europe.

NICOLE: Je **doute** que l'Europe **puisse** régler le
(30 ANS) problème du chômage.

MONIQUE: Je suis **furieuse** que les Américains **im-**
(52 ANS) **posent** des taxes sur les produits agricoles européens.

Complétez les phrases selon le dialogue.

1. Jean-Pierre est _____ que la France _____
   « oui » à l'Europe.
2. Isabelle a _____ que les nationalistes _____
   violents comme en Bosnie-Herzégovine.
3. Claude _____ que les Suisses ne _____ pas faire
   partie de l'Europe.
4. Nicole _____ que l'Europe _____ régler le
   problème du chômage.
5. Monique est _____ que les Américains _____
   des taxes sur les produits agricoles
   européens.

Expressions of Emotion

1. The subjunctive is frequently used after expressions of emotion.

> ### EXPRESSIONS OF EMOTION
>
> *happiness:* **être content(e), être heureux/euse**
> *regret:* **être désolé(e), être triste, regretter** (*to be sorry*)
> *surprise:* **être surpris(e), être étonné(e)**
> *fear:* **avoir peur**
> *relief:* **être soulagé(e)**
> *anger:* **être furieux/euse**

Le président **est content** que les électeurs **aient** confiance en lui.

The President is pleased that the voters have confidence in him.

Les électeurs **ont peur** que l'inflation **soit** un problème insoluble.

The voters are afraid that inflation is an insurmountable problem.

Les écologistes **sont furieux** que les lois contre la pollution des forêts et des rivières **soient** tellement faibles.

The ecologists are angry that the laws against polluting the forests and rivers are so weak.

2. As with verbs of volition, there must be different subjects in the main and dependent clauses. Otherwise, an infinitive is used.

Le président est content de rencontrer le Premier ministre du Canada.

The President is happy to meet the Prime Minister of Canada.

3. The subjunctive is also used following impersonal expressions of emotion.

il est stupide que*
il est bizarre que
il est bon que*

il est dommage que
   (*it's too bad that*)
il est juste/injuste que
il est utile/inutile que

Il est dommage que la guerre y **continue.**

It's too bad that war is continuing there.

Est-il bon que les enfants aussi **expriment** leurs opinions?

Is it good that children also express their opinions?

Il est stupide que tant de citoyens ne **votent** pas.

It is stupid that so many citizens do not vote.

---

*The French often say **c'est stupide que, c'est bon que,** etc. in everyday conversation.

Allez-y!

A **Sentiments.** Complétez les phrases de façon logique en choisissant une des expressions en italique.

MODÈLE: Nous sommes furieux / *les leaders politiques sont très responsables face aux électeurs / la télévision n'analyse pas les problèmes actuels.* →
Nous sommes furieux que la télévision n'analyse pas les problèmes actuels.

1. Je suis désolé(e) / *tu es malade aujourd'hui / tu réussis à l'examen.*
2. Mes parents ont peur / *je finis mes études très rapidement / je ne finis pas mes études.*
3. Je regrette / *mon frère et moi ne sommes jamais d'accord / mon frère et moi nous amusons souvent ensemble.*
4. Mon amie Catherine est soulagée / *il y a enfin deux femmes à la Cour suprême / le taux* (rate) *de chômage est élevé cette année.*
5. Les sénateurs sont étonnés / *le public ne veut pas payer plus d'impôts / le public veut payer plus d'impôts.*

B **Le journal.** Voici des titres (*headlines*) adaptés de divers journaux français. Donnez votre réaction à chaque situation. Utilisez les expressions suivantes: **être content(e), heureux/euse, désolé(e), triste, surpris(e), étonné(e), soulagé(e), fâché(e), furieux/euse, regretter, avoir peur, il est stupide (bizarre, bon, dommage, juste/injuste, utile/inutile) que.**

MODÈLE: **Les femmes et les chômeurs fument davantage** (*more*) →
Il est dommage que les femmes et les chômeurs fument davantage.

1. **Le Club Méditerranée ouvre son premier village en Chine**
2. **L'Europe aime la France** (La majorité des Européens choisiraient la France comme terre d'accueil [*country where they would settle*].)
3. **Le froid tue** (*kills*) **5 sans-abri** (*homeless*) (Des centres d'hébergement [*shelters*] exceptionnels ont ouvert leurs portes aux victimes du froid.)
4. **Les Français disent « non » à la drogue** (68% des Français sont favorables au maintien de l'interdiction totale des ventes et de la consommation de drogues, selon un sondage.)
5. **L'industrie textile va supprimer** (*eliminate*) **un emploi sur sept** (L'industrie textile a annoncé qu'elle comptait supprimer 750 emplois.)

C **Émotions.** Donnez votre opinion personnelle sur les problèmes de la société américaine.

MODÈLE: Je suis heureux/euse que... →
Je suis heureux/euse que les États-Unis aident plusieurs pays en voie de développement (*developing*).

1. Je suis heureux/euse que...
2. Je regrette que...
3. Il est injuste que...
4. Il est bon que...
5. Il est bizarre que...
6. Il est stupide que...

D **Encore des émotions.** Reprenez les *trois premières* phrases de l'exercice C. Maintenant demandez à cinq camarades comment ils/elles ont complété ces phrases. Pouvez-vous trouver quelqu'un qui a les mêmes opinions que vous?

MODÈLE: É1: Qu'est-ce qui te rend heureux/euse?
É2: Je suis heureux/euse que le maire fasse quelque chose pour aider les sans-abri (*homeless*).

THE SUBJUNCTIVE: USES (CONTINUED)

EXPRESSING DOUBT AND UNCERTAINTY

Les interventions militaires

KOFI: **Crois-tu qu'on doive** intervenir militairement dans les pays où il y a des difficultés politiques?

KARIM: Je **ne suis pas sûr** que ce **soit** une bonne solution.

KOFI: Pourquoi?

KARIM: Parce que **je ne pense pas** que cela **puisse** changer la situation politique de ces pays.

Complétez les phrases selon le dialogue.

1. Karim ne croit pas qu'on _____ intervenir militairement dans les pays où il y a des difficultés politiques.
2. Il n'est pas sûr que ce _____ une bonne solution.
3. Il ne pense pas que cette intervention _____ changer la situation politique.

Expressions of Doubt and Uncertainty

1. The subjunctive is used—with a change of subject—after expressions of doubt and uncertainty, such as **je doute, je ne suis pas sûr,** and **je ne suis pas certain.**

Beaucoup de femmes **ne sont pas sûres** que leur statut **soit** égal au statut des hommes.

Many women aren't sure that their status is equal to the status of men.

Les jeunes **doutent** souvent que les hommes et les femmes politiques **soient** honnêtes.

Young people often doubt that politicians are honest.

2. In the affirmative, such verbs as **penser** and **croire** are followed by the indicative. In the negative and interrogative, they express a degree of doubt and uncertainty and can then be followed by the subjunctive. In spoken French, however, the indicative is more commonly used.

Je **pense** que la presse **est** libre.

I think the press is free.

Pensez-vous que la presse **soit** libre?

Pensez-vous que la presse **est** libre?

Do you think the press is free?

Je **ne crois pas** que la démocratie **soit** en danger.

Je **ne crois pas** que la démocratie **est** en danger.

I don't think that democracy is in danger.

3. The following impersonal expressions are followed by the *indicative* because they imply certainty or probability.*

IMPERSONAL EXPRESSIONS USED WITH THE INDICATIVE	
il est certain que	il est probable que
il est clair que	il est sûr que
il est évident que	il est vrai que

Il est probable que la France et le Zaïre **feront** plus d'échanges culturels et commerciaux pendant les années 90.

It's probable that France and Zaire will engage in more cultural and commercial exchanges during the nineties.

Il est vrai que les Zaïrois **veulent** préserver leur propre identité.

It's true that the Zaireans want to preserve their own identity.

---

*In everyday conversation, you will often hear **c'est,** rather than **il est,** with these expressions.

Allez-y!

A **Réflexions sur l'Afrique francophone.** Complétez les phrases avec le subjonctif ou l'indicatif des verbes, selon le cas.

1. Il est sûr que le Burkina-Faso _____ (*être*) un pays en pleine mutation.
2. Pensez-vous que le Sénégal _____ (*être*) un pays touristique?
3. Les observateurs diplomatiques ne croient pas que l'assistance étrangère _____ (*pouvoir*) améliorer la crise économique et sociale de l'Afrique centrale.
4. On ne doute pas que les Sénégalais _____ (*vouloir*) multiplier les échanges commerciaux avec les pays voisins.
5. Il est évident que le Ghana _____ (*avoir*) des ressources minières importantes.
6. Je ne crois pas que le climat du continent africain _____ (*devoir*) changer dans le futur.

B **Discussion.** Avec un(e) camarade, discutez des idées suivantes. Choisissez une phrase et posez une question. Votre camarade répond selon sa conviction.

MODÈLE: Le président est honnête. →
É1: Crois-tu que le président soit honnête?
É2: Oui, je crois qu'il est honnête. (Non, je ne crois pas qu'il soit honnête.)

Idées à discuter.

1. Nous avons besoin d'une armée plus moderne.
2. Le peuple* américain sait voter intelligemment.
3. Le gouverneur de votre état a de bonnes idées.
4. On doit limiter l'immigration aux États-Unis.
5. Les États-Unis peuvent assumer la croissance (*absorb the growth*) de l'immigration.
6. L'enseignement bilingue est une bonne idée.

C **Opinions et croyances.** Complétez les phrases de façon logique. Exprimez une opinion personnelle.

MODÈLE: Je ne pense pas que... →
Je ne pense pas que les jeunes soient informés sur la contraception.

1. C'est vrai que... 2. Personne ne croit que... 3. Je ne suis pas sûr(e) que... 4. Il est probable que... 5. Beaucoup d'étudiants trouvent que...

---

*__Le peuple__ is generally used to refer to the population of a nation: **Le peuple français a perdu un grand chef quand de Gaulle est mort.** Use **les gens** to express *people* in the sense of "many persons."

PERSPECTIVES

LECTURE

Boris Vian (1920–1959) was an important poet and composer who wrote both the music and lyrics of his songs. This reading, "Le Déserteur," is a protest song written in the 1950s. One of Boris Vian's most popular compositions, "Le Déserteur" became the anthem of the French movement against the war in Algeria (1954–1962).

Avant de lire

Understanding poetry and songs. In French, poetry and song differ from ordinary speech, not only in the tendency to use figurative language (comparisons, metaphors, etc.), but also in pronunciation. Unlike speech, where the accent usually falls on the last syllable of a phrase, poetry and songs tend to have regularly accented rhythms. In traditional verse, the "silent e" of speech is pronounced (or sung) and forms part of the rhythmic pattern. Furthermore, French verse traditionally follows strict and complicated rules for rhyme. To fit these patterns, sentence elements may be rearranged.

Although "Le Déserteur" generally uses the vocabulary of everyday speech, its rhythms and rhymes are typical of French poetry. Read the text aloud and listen for the rhythm and the rhymes. Then read the text again for sense, and note how the units of meaning (phrases, sentences) follow the rhythmic structure.

Finally, note where the literal meaning of the text departs from ordinary reality and how these departures contribute to the impact of the message.

« Le Déserteur »

Paroles: Boris Vian. Musique: Boris Vian et Harold Berg.
© Djanik-CIMG, 1964.
Interprètes: Boris Vian, Mouloudji, Richard Anthony, les Sunlight.

La chanson date en réalité de 1955.
Quand Europe n° 1 diffuse pour la première fois *Le Déserteur,* le scandale éclate.
Les instances politiques n'apprécient guère la chanson et la censure l'interdit. La guerre d'Algérie vient de commencer.
Il faudra attendre 1966, avec la vogue du protest song, et que Peter, Paul and Mary l'enregistrent pour que la chanson ressuscite.

Le Déserteur

Monsieur le Président,
Je vous fais une lettre
Que vous lirez peut-être
Si vous avez le temps.
Je viens de recevoir
Mes papiers militaires
Pour partir à la guerre
Avant mercredi soir.

Monsieur le Président,
Je ne veux pas la faire,
Je ne suis pas sur terre
Pour tuer[a] de pauvres gens.
C'est pas pour vous fâcher,[b]
Il faut que je vous dise,
Ma décision est prise,
Je m'en vais déserter.

Depuis que je suis né,
J'ai vu mourir mon père,
J'ai vu partir mes frères
Et pleurer mes enfants.
Ma mère a tant souffert
Qu'elle est dedans sa tombe
Et se moque des[c] bombes
Et se moque des vers.[d]

Quand j'étais prisonnier,
On m'a volé[e] ma femme,
On m'a volé mon âme[f]
Et tout mon cher passé.
Demain de bon matin,
Je fermerai ma porte
Au nez[g] des années mortes
J'irai sur les chemins.[h]

Je mendierai[i] ma vie
Sur les routes de France,
De Bretagne en Provence,
Et je crierai[j] aux gens
Refusez d'obéir,
Refusez de la faire,
N'allez pas à la guerre,
Refusez de partir.

S'il faut donner son sang,[k]
Allez donner le vôtre,
Vous êtes bon apôtre,[l]
Monsieur le Président.
Si vous me poursuivez,[m]
Prévenez[n] vos gendarmes[o]
Que je n'aurai pas d'armes
Et qu'ils pourront tirer.[p]

[a]kill
[b]pour... to make you angry
[c]se... does not care about
[d]worms
[e]stole
[f]soul
[g]Au... In the face
[h]J'... I'll hit the road
[i]Je... I'll beg
[j]je... I'll shout
[k]blood
[l]Vous... You play the saint
[m]chase
[n]Inform
[o]French military police
[p]fire

Compréhension

1. En quelle année Boris Vian a-t-il écrit cette chanson? À cause de quel événement historique l'a-t-il écrite?
2. Selon la chanson, pourquoi veut-il déserter?
3. Quel conseil donne-t-il aux Français?
4. Quel conseil donne-t-il au président de la République?
5. Cette chanson a été censurée (*was censured*) pendant 11 ans. Êtes-vous d'accord avec cette action? Pourquoi ou pourquoi pas?
6. Connaissez-vous des chansons américaines semblables ou comparables au « Déserteur »? Lesquelles? Quand et pourquoi ont-elles été composées?

À L'ÉCOUTE!

Bien entendu!

I. Le candidat. Vous allez entendre une interview avec un politicien, M. Maurice Deschamps. Lisez les activités suivantes avant d'écouter le vocabulaire et le dialogue qui leur correspondent.

VOCABULAIRE UTILE
honnête honest
agir to act

Ⓐ **Vous avez bien compris?** Encerclez la bonne réponse, selon le dialogue. (Il y a quelquefois plusieurs réponses possibles.)

1. M. Deschamps espère devenir _____.
   a. député à Dijon
   b. maire de Lyon
   c. premier ministre
2. Selon lui, un chef du gouvernement doit être _____.
   a. ambitieux
   b. travailleur
   c. honnête
   d. dynamique
   e. responsable
3. Il doit aussi _____.
   a. savoir écouter
   b. avoir des contacts à Paris
   c. ne pas avoir peur d'agir
4. M. Deschamps constate qu'il est indispensable _____.
   a. que les électeurs aient confiance en leur maire
   b. que les électeurs participent eux-mêmes au gouvernement
5. Pour gagner la confiance des électeurs, selon Deschamps, il faut _____.
   a. protéger les intérêts de la ville
   b. développer de nouveaux programmes sociaux
   c. réduire les impôts
6. Selon lui, les problèmes de la ville qui exigent une attention immédiate sont _____ et _____.
   a. la sécurité sociale
   b. le chômage
   c. la pollution
   d. l'éducation
   e. l'immigration

B **Qu'est-ce qu'il dit?** Cochez les opinions exprimées par M. Deschamps pendant l'interview.

1. _____ Pour être le maire d'une grande ville, il faut savoir écouter.
2. _____ Un maire doit être ouvert à toutes les suggestions.
3. _____ Un maire doit développer de nouveaux programmes d'enseignement technique.
4. _____ La hausse de la criminalité dans la région est le problème qui m'inquiète le plus.
5. _____ Pour être élus, la plupart des candidats promettent l'impossible.
6. _____ Nous devons protéger nos rivières et nos forêts contre les déchets industriels.

II. Les informations. Vous allez entendre un flash d'informations à la radio. Lisez les activités suivantes avant d'écouter le vocabulaire et le flash d'informations qui leur correspondent.

VOCABULAIRE UTILE

en hommage à	in recognition of
une balle	a bullet
un chiffre record	a record number
ne jetez plus	don't throw away any more
la coupe d'Europe	European Cup

A **Thèmes et problèmes.** Encerclez les thèmes qui sont traités dans ce flash d'informations.

1. le SIDA
2. l'éducation
3. le racisme
4. la drogue
5. la Bosnie-Herzégovine
6. le chômage
7. le logement
8. la politique
9. l'écologie
10. la sécurité sociale
11. le recyclage
12. le sport
13. l'agriculture

B **Associations.** Associez les éléments de chaque colonne.

1. _____ recyclage
2. _____ séparation
3. _____ chiffre record
4. _____ coupe d'Europe
5. _____ manifestation

a. 3 millions de chômeurs
b. Limoges
c. Rachid Bencherif
d. « La Journée de la terre »
e. les « Verts » et « Génération écologie »

À PROPOS

Comment donner des conseils

Je vous (te) conseille de
(+ *infinitif*)...

À votre (ta) place, je (+ *verbe au
conditionnel*)...

Je suis convaincu(e) / persuadé(e)
que (+ *sujet + verbe à
l'indicatif*)...

Savez-vous (Sais-tu) que (+ *sujet +
verbe à l'indicatif*)...

Je recommande que vous (tu) (+
verbe au subjonctif)...

Vous devriez (Tu devrais)
(+ *infinitif*)...

N'oubliez pas (N'oublie pas) que (+
sujet + verbe à l'indicatif)...

En situation

L'Amérique en question

Contexte *Linda est une étudiante américaine en première année de faculté
à Montpellier. Ses amis, tous étudiants français ou francophones, aiment
discuter avec elle des États-Unis.*

Objectif *Linda participe à un échange d'opinions.*

LINDA: Il y a des stéréotypes sur les Américains ici?

NADINE: Oui, on dit souvent que les Américains sont naïfs, qu'ils ne
pensent qu'à l'argent...

LOUIS: Mais on est aussi fasciné par certains aspects des États-Unis:
Hollywood, les rappeurs, la conquête de l'espace, Silicon
Valley...

LINDA: C'est un sentiment un peu ambivalent, quand même,[1] non?

VIVIANE: Oui. Et en politique, par exemple, ça a été très difficile pour les
Français de voir des présidents américains qui n'étaient pas des
« spécialistes », tu sais... des membres d'une élite intellectuelle.

LINDA: Je crois que c'est particulièrement vrai des Parisiens. En
province, on admire l'Amérique, non?

NADINE: Oui, mais je crois que l'Amérique a connu avant nous des problèmes sociaux très graves: le racisme, la drogue, la violence...

DANIEL: Maintenant que nous nous débattons[2] aussi avec ces problèmes,
il est difficile d'être aussi critique envers les U.S.A.

LINDA: Mais est-ce que vous connaissez l'Amérique seulement par les
films et les journaux?

LOUIS: Eh bien moi, j'ai vécu aux États-Unis, et j'ai trouvé qu'il faut
beaucoup se battre[3] pour y survivre.[4] On n'est pas protégé contre la maladie ou le chômage. Finalement, j'ai trouvé que l'individu est très isolé.

VIVIANE: Oui, mais malgré tout, beaucoup de jeunes voudraient partir
vivre aux États-Unis. Ils veulent tenter[5] l'aventure américaine.

[1]quand... *all the same*   [2]nous... *we're struggling*   [3]se... *to fight, struggle*   [4]*survive*   [5]*essayer*

● **Jeu de rôles.** Avec plusieurs camarades, jouez une scène dans laquelle une personne doit prendre une décision de grande importance.
Les autres étudiants donnent des conseils à cette personne et discu-
tent avec elle de son problème. Utilisez les expressions de l'**À propos.
Suggestions:** Quelqu'un va...

• refuser de s'inscrire (*register*) au service militaire
• manifester contre les centrales nucléaires
• se marier avec quelqu'un dont il vient de faire connaissance
• quitter l'université sans obtenir son diplôme

VIDÉOTHÈQUE*

THÈME 10   La société contemporaine

Cue to: 1:35:32

SCÈNE 10.1   Divergence d'opinions

Caroline agrees to help Michel post flyers for the Green Party candidate in the upcoming elections. What happens when Michel runs into another student, who is posting flyers for an opposing candidate? First read over the **Vocabulaire utile** and the activities, then view the scene. Check your comprehension by completing the activities.

VOCABULAIRE UTILE

afficher ces prospectus	to post these flyers
le nouveau candidat des Verts	the new Green Party candidate
le bien-être	well-being
faire baisser le taux de chômage	to lower the unemployment rate
les déchets industriels	industrial waste
détruire des espaces verts	to destroy open land
raser des vieux quartiers	to destroy old neighborhoods
une H.L.M.	housing for low-income people
sans âme	without soul

A **On n'est pas d'accord!** Mettez ces phrases dans l'ordre chronologique.

_____ **a.** « Le nouveau candidat des Verts pour les élections. »

_____ **b.** « Les gens ont le droit de respirer de l'air pur. »

_____ **c.** « Il ne faut pas exagérer! »

_____ **d.** « On se retrouve dans dix minutes. »

_____ **e.** « Nous allons créer 2 000 emplois. »

_____ **f.** « La pollution n'est pas le problème le plus important de cette région. »

B **La campagne électorale.** Qui dit les choses suivantes: Michel (M) ou l'autre personne (A)?

1. _____ « La pollution n'est pas le problème le plus important de cette région. »

2. _____ « Qu'est-ce que vous faites de la qualité de la vie? »

3. _____ « Vous allez déplacer des familles, détruire des espaces verts. »

4. _____ « Vous ne pensez pas au bien-être de ses habitants. »

5. _____ « Nous allons créer 2 000 emplois. »

---

*The theme and scene numbers correspond to those in the Video to accompany *Vis-à-vis*.

CHAPITRE 16

VOCABULAIRE

Verbes

abolir to abolish
conserver to conserve
contrôler to inspect, monitor
développer to develop
douter to doubt
élire to elect
s'engager (vers) to get involved (in) (*a public issue, cause*)
estimer to consider; to believe; to estimate
exiger to require; to demand
exprimer une opinion to express an opinion
faire grève to strike
falloir to be necessary
gaspiller to waste
manifester (pour/contre) to demonstrate (for/against)
polluer to pollute
protéger to protect
reconnaître to recognize
recycler to recycle
regretter to regret, be sorry
sauver to save, rescue
souhaiter to wish, desire
soutenir to support
valoir to be worth

À REVOIR: **conduire, empêcher, perdre, vivre**

Substantifs

l'augmentation (*f.*) increase
la baisse lowering
le chômage unemployment
le/la citoyen(ne) citizen
le contrôle control, overseeing

les déchets (*m. pl.*) waste (*material*)
la diminution decrease
l'électeur/trice voter
le gaspillage wasting
la guerre war
les impôts (*m. pl.*) taxes
la jeunesse youth, young people
la montée rise
le parti political party
la politique politics; policy
le politicien/la politicienne politician
le problème problem
la réussite success, accomplishment

À REVOIR: **la vie**

Substantifs apparentés

l'accident (*m.*), **l'atmosphère** (*f.*), **le budget (militaire), le conflit, la conservation, le développement, l'énergie** (*f.*) **nucléaire/solaire, l'environnement** (*m.*), **le gouvernement, l'inflation** (*f.*), **la légalisation, la liberté d'expression, les médias** (*m.*), **la nature, l'opinion publique** (*f.*), **la pollution, la prolifération, la protection, le recyclage, la réforme, les ressources naturelles, le sexisme, la source**

Adjectifs

désolé(e) sorry

écologiste ecological
étonné(e) surprised
fâché(e) angry
furieux/euse furious
industriel(le) industrial
soulagé(e) relieved
sûr(e) sure, certain
surpris(e) surprised

Expressions impersonnelles

il est... it is . . .
　dommage too bad
　étrange strange
　fâcheux unfortunate
　(in)utile useless/useful
il se peut que... it is possible that . . .
il semble que... it seems that . . .
il vaut mieux (que)... it is better (that . . .)

Expressions impersonnelles apparentées

il est... certain, clair, essentiel, évident, important, (im)possible, indispensable, (in)juste, nécessaire, normal, peu probable, préférable, probable, stupide, sûr, urgent, vrai

Mots et expressions divers

par exemple for example
personnellement personally
la plupart (de) most (of)
pour ma part in my opinion, as for me

APPENDICES

The passé simple

1. The **passé simple** is a past tense often used in literary texts. It is not a conversational tense. Verbs that would be used in the **passé composé** in informal speech or writing are in the **passé simple** in formal writing. You may want to learn to recognize the forms of the **passé simple** for reading purposes. The **passé simple** of regular **-er** verbs is formed by adding the endings **-ai, -as, -a, -âmes, -âtes,** and **-èrent** to the verb stem. The endings for **-ir** and **-re** verbs are: **-is, -is, -it, -îmes, -îtes,** and **-irent.**

	parler	finir	perdre
je	parlai	finis	perdis
tu	parlas	finis	perdis
il, elle, on	parla	finit	perdit
nous	parlâmes	finîmes	perdîmes
vous	parlâtes	finîtes	perdîtes
ils, elles	parlèrent	finirent	perdirent

2. Here are the third-person forms (**il, elle, on; ils, elles**) of some verbs that are irregular in the **passé simple.** The rest can be found in Appendix D.

INFINITIVE	PASSÉ SIMPLE
avoir	il eut, ils eurent
dire	il dit, ils dirent
être	il fut, ils furent
faire	il fit, ils firent

Perfect tenses

In addition to the **passé composé,** French has several other perfect verb tenses (conjugated forms of **avoir** or **être** + the past participle of a verb). Following are the most common perfect tenses.

The Pluperfect

The pluperfect tense (also called the past perfect) is formed with the imperfect of the auxiliary verb (**avoir** or **être**) + the past participle of the main verb.

	parler	sortir	se réveiller
je/j'	avais parlé	étais sorti(e)	m'étais réveillé(e)
tu	avais parlé	étais sorti(e)	t'étais réveillé(e)
il, elle, on	avait parlé	était sorti(e)	s'était réveillé(e)
nous	avions parlé	étions sorti(e)s	nous étions réveillé(e)s
vous	aviez parlé	étiez sorti(e)(s)	vous étiez réveillé(e)(s)
ils, elles	avaient parlé	étaient sorti(e)s	s'étaient réveillé(e)s

The pluperfect is used to indicate an action or event that occurred before another past action or event, either stated or implied: *I had already left for the country* (*when my friends arrived in Paris*).

Quand j'ai téléphoné aux Dupont, ils **avaient** déjà **décidé** d'acheter la ferme.	*When I phoned the Duponts, they had already decided to buy the farm.*
Marie s'**était réveillée** avant moi.	*Marie had awakened before me.*
Elle **était** déjà **sortie** à sept heures.	*She had already left by seven o'clock.*

The Future Perfect

The future perfect is formed with the future of the auxiliary verb (**avoir** or **être**) + the past participle of the main verb.

	parler	sortir	se réveiller
je/j'	aurai parlé	serai sorti(e)	me serai réveillé(e)
tu	auras parlé	seras sorti(e)	te seras réveillé(e)
il, elle, on	aura parlé	sera sorti(e)	se sera réveillé(e)
nous	aurons parlé	serons sorti(e)s	nous serons réveillé(e)s
vous	aurez parlé	serez sorti(e)(s)	vous serez réveillé(e)(s)
ils, elles	auront parlé	seront sorti(e)s	se seront réveillé(e)s

The future perfect is used to express a future action that will already have taken place when another future action occurs. The subsequent action is always expressed by the simple future.

Je publierai mes résultats quand j'**aurai terminé** cette expérience.

I'll publish the results when I've finished this experiment.

Aussitôt que mes collègues **seront revenus,** ils liront mon rapport.

As soon as my colleagues have returned, they'll read my report.

The Past Conditional

The past conditional (or conditional perfect) is formed with the conditional of the auxiliary verb (**avoir** or **être**) + the past participle of the main verb.

	parler	sortir	se réveiller
je/j'	aurais parlé	serais sorti(e)	me serais réveillé(e)
tu	aurais parlé	serais sorti(e)	te serais réveillé(e)
il, elle, on	aurait parlé	serait sorti(e)	se serait réveillé(e)
nous	aurions parlé	serions sorti(e)s	nous serions réveillé(e)s
vous	auriez parlé	seriez sorti(e)(s)	vous seriez réveillé(e)(s)
ils, elles	auraient parlé	seraient sorti(e)s	se seraient réveillé(e)s

The past conditional is used to express an action or event that would have occurred if some set of conditions (stated or implied) had been present: *We would have worried (if we had known).*

USES OF THE PAST CONDITIONAL

The past conditional is used in the main clause of an *if*-clause sentence when the verb of the *if*-clause is in the pluperfect.

Si j'**avais eu** le temps, j'**aurais visité** Nîmes.

If I had had the time, I would have visited Nîmes.

Si les Normands n'**avaient** pas **conquis** l'Angleterre en 1066, l'anglais **aurait été** une langue très différente.	*If the Normans had not conquered England in 1066, English would have been a very different language.*

The underlying set of conditions (the *if*-clause) is sometimes not stated.

À ta place, j'**aurais parlé** au guide.	*In your place, I would have spoken to the guide.*
Nous **serions allés** au lac.	*We would have gone to the lake.*

THE PAST CONDITIONAL OF *DEVOIR*

The past conditional of **devoir** means *should have* or *ought to have*. It expresses regret about something that did not take place in the past.

J'**aurais dû prendre** l'autre chemin.	*I should have taken the other road.*
Nous **aurions dû acheter** un plan.	*We should have bought a map.*

The Past Subjunctive

The past subjunctive is formed with the present subjunctive of the auxiliary verb (**avoir** or **être**) + the past participle of the main verb.

	PAST SUBJUNCTIVE OF **PARLER**	PAST SUBJUNCTIVE OF **VENIR**
que je/j'	**aie parlé**	**sois venu(e)**
que tu	**aies parlé**	**sois venu(e)**
qu'il, elle, on	**ait parlé**	**soit venu(e)**
que nous	**ayons parlé**	**soyons venu(e)s**
que vous	**ayez parlé**	**soyez venu(e)(s)**
qu'ils, elles	**aient parlé**	**soient venu(e)s**

Je suis content que tu **aies parlé** avec Léa.	*I'm glad you spoke with Léa.*
Il est dommage qu'elle ne **soit** pas encore **venue.**	*It's too bad that she hasn't come yet.*

The past subjunctive is used following the same expressions as the present subjunctive except that it indicates that the action or situation described in the dependent clause occurred *before* the action or situation described in the main clause. Compare these sentences:

Je suis content que tu **viennes.**	*I'm happy that you are coming.*
Je suis content que tu **sois venu(e).**	*I'm happy that you came.*
Je doute qu'ils le **comprennent.**	*I doubt that they understand it.*
Je doute qu'ils l'**aient compris.**	*I doubt that they have understood it.*

Pronouns

Demonstrative Pronouns

Demonstrative pronouns such as *this one, that one,* refer to a person, thing, or idea that has been mentioned previously. In French, they agree in gender and number with the nouns they replace.

		SINGULAR		PLURAL
Masculine	**celui**	*this one, that one, the one*	**ceux**	*these, those, the ones*
Feminine	**celle**	*this one, that one, the one*	**celles**	*these, those, the ones*

French demonstrative pronouns cannot stand alone. They must be used:

1. with the suffix **-ci** (to indicate someone or something located close to the speaker) or **-là** (for someone or something more distant from the speaker)

   Voici deux affiches. Préférez-vous **celle-ci** ou **celle-là**?

   Here are two posters. Do you prefer this one or that one?

2. followed by a prepositional phrase (often a construction with **de**)

   Quelle époque t'intéresse? **Celle** du moyen âge ou **celle** de la Renaissance?

   Which period interests you? That of the Middle Ages or that of the Renaissance?

3. followed by a dependent clause introduced by a relative pronoun

   On trouve des villages anciens dans plusieurs parcs: **ceux** qui sont dans le Parc de la Brière sont en ruine; **ceux** qui sont dans les parcs de la Lorraine et du Morvan ont été restaurés.

   One finds very old villages in several parks: those that are in Brière Park are in ruins; those that are in the Lorraine and Morvan parks have been restored.

INDEFINITE DEMONSTRATIVE PRONOUNS

Ceci (*this*), **cela** (*that*), and **ça** (*that*, informal) are indefinite demonstrative pronouns; they refer to an idea or thing with no definite antecedent. They do not show gender or number.

Cela (**Ça**) n'est pas important.	*That's not important.*
Regarde **ceci** de près.	*Look at this closely.*
Qu'est-ce que c'est que **ça**?	*What's that?*

Relative Pronouns

A. *Ce qui* and *ce que*

Ce qui and **ce que** are indefinite relative pronouns similar in meaning to **la chose qui** (**que**) or **les choses qui** (**que**). The first serves as the subject of a dependent clause, and the second as the object. They refer to an idea or a subject that is unspecified and has neither gender nor number, often expressed as *what*.

—Dites-mois **ce qui** est arrivé au touriste américain.	*Tell me what happened to the American tourist.*
—Je ne sais pas **ce qui** lui est arrivé.	*I don't know what happened to him.*
—Dites-moi **ce que** vous avez fait à Reims.	*Tell me what you did in Reims.*
—Je n'ai pas le temps de vous dire tout **ce qu'**on a fait.	*I don't have time to tell you everything we did.*

B. *Lequel*

Lequel (**laquelle, lesquels, lesquelles**) is the relative pronoun used as an object of a preposition to refer to things and people. **Lequel** and its forms contract with **à** and **de**.

Où est l'agence de voyage **devant laquelle** il attend?	*Where is the travel agency in front of which he's waiting?*
L'hôtel **auquel** j'écris est à la Guadeloupe.	*The hotel to which I am writing is in Guadeloupe.*
Ce sont des gens **parmi lesquels** je me sens bien.	*They're people among whom I feel comfortable.*

Possessive Pronouns

Possessive pronouns replace nouns that are modified by a possessive adjective or other possessive construction. In English, the possessive pronouns are *mine, yours, his, hers, its, ours,* and *theirs.* In French, the appropriate definite article is always used with the possessive pronoun.

	SINGULAR		PLURAL	
	MASCULINE	*FEMININE*	*MASCULINE*	*FEMININE*
mine	le mien	la mienne	les miens	les miennes
yours	le tien	la tienne	les tiens	les tiennes
his/hers/its	le sien	la sienne	les siens	les siennes
ours	le nôtre	la nôtre	les nôtres	
yours	le vôtre	la vôtre	les vôtres	
theirs	le leur	la leur	les leurs	

POSSESSIVE CONSTRUCTION + *NOUN*

Où sont **leurs bagages**?

C'est **mon frère** là-bas.

La **voiture de Frédérique** est plus rapide que **ma voiture.**

POSSESSIVE PRONOUN

→ **Les leurs** sont ici.

→ Ah oui? C'est **le mien** à côté de lui.

→ Ah oui? **La sienne** est aussi plus rapide que **la mienne.**

APPENDIX D

Verb Charts

VERB[1]	INDICATIVE			
	PRESENT	PASSÉ COMPOSÉ	IMPERFECT	PLUPERFECT

1. Avoir and être

avoir	ai	ai eu	avais	avais eu
(*to have*)	as	as eu	avais	avais eu
ayant	a	a eu	avait	avait eu
eu	avons	avons eu	avions	avions eu
	avez	avez eu	aviez	aviez eu
	ont	ont eu	avaient	avaient eu
être	suis	ai été	étais	avais été
(*to be*)	es	as été	étais	avais été
étant	est	a été	était	avait été
été	sommes	avons été	étions	avions été
	êtes	avez été	étiez	aviez été
	sont	ont été	étaient	avaient été

2. Regular verbs

-er verbs	parle	ai parlé	parlais	avais parlé
parler	parles	as parlé	parlais	avais parlé
(*to speak*)	parle	a parlé	parlait	avait parlé
parlant	parlons	avons parlé	parlions	avions parlé
parlé	parlez	avez parlé	parliez	aviez parlé
	parlent	ont parlé	parlaient	avaient parlé
-ir verbs	finis	ai fini	finissais	avais fini
finir	finis	as fini	finissais	avais fini
(*to finish*)	finit	a fini	finissait	avait fini
finissant	finissons	avons fini	finissions	avions fini
fini	finissez	avez fini	finissiez	aviez fini
	finissent	ont fini	finissaient	avaient fini

---

[1]The left-hand column of each chart contains the infinitive, the present participle, and the past participle of each verb. Conjugated verbs are shown without subject pronouns.

PASSÉ SIMPLE	FUTURE	CONDITIONAL PRESENT	PAST	SUBJUNCTIVE PRESENT	IMPERATIVE
eus	aurai	aurais	aurais eu	aie	
eus	auras	aurais	aurais eu	aies	aie
eut	aura	aurait	aurait eu	ait	
eûmes	aurons	aurions	aurions eu	ayons	ayons
eûtes	aurez	auriez	auriez eu	ayez	ayez
eurent	auront	auraient	auraient eu	aient	
fus	serai	serais	aurais été	sois	
fus	seras	serais	aurais été	sois	sois
fut	sera	serait	aurait été	soit	
fûmes	serons	serions	aurions été	soyons	soyons
fûtes	serez	seriez	auriez été	soyez	soyez
furent	seront	seraient	auraient été	soient	

PASSÉ SIMPLE	FUTURE	CONDITIONAL PRESENT	PAST	SUBJUNCTIVE PRESENT	IMPERATIVE
parlai	parlerai	parlerais	aurais parlé	parle	
parlas	parleras	parlerais	aurais parlé	parles	parle
parla	parlera	parlerait	aurait parlé	parle	
parlâmes	parlerons	parlerions	aurions parlé	parlions	parlons
parlâtes	parlerez	parleriez	auriez parlé	parliez	parlez
parlèrent	parleront	parleraient	auraient parlé	parlent	
finis	finirai	finirais	aurais fini	finisse	
finis	finiras	finirais	aurais fini	finisses	finis
finit	finira	finirait	aurait fini	finisse	
finîmes	finirons	finirions	aurions fini	finissions	finissons
finîtes	finirez	finiriez	auriez fini	finissiez	finissez
finirent	finiront	finiraient	auraient fini	finissent	

| VERB | INDICATIVE | | | |
	PRESENT	PASSÉ COMPOSÉ	IMPERFECT	PLUPERFECT
-re verbs	perds	ai perdu	perdais	avais perdu
perdre	perds	as perdu	perdais	avais perdu
(*to lose*)	perd	a perdu	perdait	avait perdu
perdant	perdons	avons perdu	perdions	avions perdu
perdu	perdez	avez perdu	perdiez	aviez perdu
	perdent	ont perdu	perdaient	avaient perdu

3. Intransitive verbs conjugated with *être*[2]

entrer	entre	suis entré(e)	entrais	étais entré(e)
(*to enter*)	entres	es entré(e)	entrais	étais entré(e)
entrant	entre	est entré(e)	entrait	était entré(e)
entré	entrons	sommes entré(e)s	entrions	étions entré(e)s
	entrez	êtes entré(e)(s)	entriez	étiez entré(e)(s)
	entrent	sont entré(e)s	entraient	étaient entré(e)s

4. Pronominal verbs

se laver	me lave	me suis lavé(e)	me lavais	m'étais lavé(e)
(*to wash*	te laves	t'es lavé(e)	te lavais	t'étais lavé(e)
oneself)	se lave	s'est lavé(e)	se lavait	s'était lavé(e)
se lavant	nous lavons	nous sommes lavé(e)s	nous lavions	nous étions lavé(e)s
lavé	vous lavez	vous êtes lavé(e)(s)	vous laviez	vous étiez lavé(e)(s)
	se lavent	se sont lavé(e)s	se lavaient	s'étaient lavé(e)s

[2]Other intransitive verbs conjugated with **être** in compound tenses are **aller, arriver, descendre, devenir, monter, mourir, naître, partir (repartir), passer, rentrer, rester, retourner, revenir, sortir, tomber,** and **venir.** Note that **descendre, monter, passer, retourner,** and **sortir** may sometimes be used as transitive verbs (i.e., with a direct object), in which case they are conjugated with **avoir** in compound tenses.

PASSÉ SIMPLE	FUTURE	CONDITIONAL PRESENT	PAST	SUBJUNCTIVE PRESENT	IMPERATIVE
perdis	perdrai	perdrais	aurais perdu	perde	
perdis	perdras	perdrais	aurais perdu	perdes	perds
perdit	perdra	perdrait	aurait perdu	perde	
perdîmes	perdrons	perdrions	aurions perdu	perdions	perdons
perdîtes	perdrez	perdriez	auriez perdu	perdiez	perdez
perdirent	perdront	perdraient	auraient perdu	perdent	

PASSÉ SIMPLE	FUTURE	CONDITIONAL PRESENT	PAST	SUBJUNCTIVE PRESENT	IMPERATIVE
entrai	entrerai	entrerais	serais entré(e)	entre	
entras	entreras	entrerais	serais entré(e)	entres	entre
entra	entrera	entrerait	serait entré(e)	entre	
entrâmes	entrerons	entrerions	serions entré(e)s	entrions	entrons
entrâtes	entrerez	entreriez	seriez entré(e)(s)	entriez	entrez
entrèrent	entreront	entreraient	seraient entré(e)s	entrent	

PASSÉ SIMPLE	FUTURE	CONDITIONAL PRESENT	PAST	SUBJUNCTIVE PRESENT	IMPERATIVE
me lavai	me laverai	me laverais	me serais lavé(e)	me lave	
te lavas	te laveras	te laverais	te serais lavé(e)	te lave	lave-toi
se lava	se lavera	se laverait	se serait lavé(e)	se lave	
nous lavâmes	nous laverons	nous laverions	nous serions lavé(e)s	nous lavions	lavons-nous
vous lavâtes	vous laverez	vous laveriez	vous seriez lavé(e)(s)	vous laviez	lavez-vous
se lavèrent	se laveront	se laveraient	se seraient lavé(e)s	se lavent	

VERB	INDICATIVE PRESENT	PASSÉ COMPOSÉ	IMPERFECT

5. Irregular verbs[3]

VERB	PRESENT	PASSÉ COMPOSÉ	IMPERFECT
aller	vais	suis allé(e)	allais
(*to go*)	vas	es allé(e)	allais
allant	va	est allé(e)	allait
allé	allons	sommes allé(e)s	allions
	allez	êtes allé(e)(s)	alliez
	vont	sont allé(e)s	allaient
asseoir[4]	assieds	ai assis	asseyais
(*to seat*)	assieds	as assis	asseyais
asseyant	assied	a assis	asseyait
assis	asseyons	avons assis	asseyions
	asseyez	avez assis	asseyiez
	asseyent	ont assis	asseyaient
battre	bats	ai battu	battais
(*to beat*)	bats	as battu	battais
battant	bat	a battu	battait
battu	battons	avons battu	battions
	battez	avez battu	battiez
	battent	ont battu	battaient
boire	bois	ai bu	buvais
(*to drink*)	bois	as bu	buvais
buvant	boit	a bu	buvait
bu	buvons	avons bu	buvions
	buvez	avez bu	buviez
	boivent	ont bu	buvaient
conduire	conduis	ai conduit	conduisais
(*to lead,*	conduis	as conduit	conduisais
to drive)	conduit	a conduit	conduisait
conduisant	conduisons	avons conduit	conduisions
conduit	conduisez	avez conduit	conduisiez
	conduisent	ont conduit	conduisaient
connaître	connais	ai connu	connaissais
(*to be*	connais	as connu	connaissais
acquainted)	connaît	a connu	connaissait
connaissant	connaissons	avons connu	connaissions
connu	connaissez	avez connu	connaissiez
	connaissent	ont connu	connaissaient

[3]Note that the pluperfect and past conditional forms are not listed in this appendix for irregular verbs.

[4]**S'asseoir** (pronominal form of **asseoir**) means *to be seated* or *to take a seat*. The imperative forms of **s'asseoir** are **assieds-toi, asseyons-nous,** and **asseyez-vous.**

PASSÉ SIMPLE	FUTURE	CONDITIONAL PRESENT	SUBJUNCTIVE PRESENT	IMPERATIVE
allai	irai	irais	aille	
allas	iras	irais	ailles	va
alla	ira	irait	aille	
allâmes	irons	irions	allions	allons
allâtes	irez	iriez	alliez	allez
allèrent	iront	iraient	aillent	
assis	assiérai	assiérais	asseye	
assis	assiéras	assiérais	asseyes	assieds
assit	assiéra	assiérait	asseye	
assîmes	assiérons	assiérions	asseyions	asseyons
assîtes	assiérez	assiériez	asseyiez	asseyez
assirent	assiéront	assiéraient	asseyent	
battis	battrai	battrais	batte	
battis	battras	battrais	battes	bats
battit	battra	battrait	batte	
battîmes	battrons	battrions	battions	battons
battîtes	battrez	battriez	battiez	battez
battirent	battront	battraient	battent	
bus	boirai	boirais	boive	
bus	boiras	boirais	boives	bois
but	boira	boirait	boive	
bûmes	boirons	boirions	buvions	buvons
bûtes	boirez	boiriez	buviez	buvez
burent	boiront	boiraient	boivent	
conduisis	conduirai	conduirais	conduise	
conduisis	conduiras	conduirais	conduises	conduis
conduisit	conduira	conduirait	conduise	
conduisîmes	conduirons	conduirions	conduisions	conduisons
conduisîtes	conduirez	conduiriez	conduisiez	conduisez
conduisirent	conduiront	conduiraient	conduisent	
connus	connaîtrai	connaîtrais	connaisse	
connus	connaîtras	connaîtrais	connaisses	connais
connut	connaîtra	connaîtrait	connaisse	
connûmes	connaîtrons	connaîtrions	connaissions	connaissons
connûtes	connaîtrez	connaîtriez	connaissiez	connaissez
connurent	connaîtront	connaîtraient	connaissent	

VERB	INDICATIVE PRESENT	PASSÉ COMPOSÉ	IMPERFECT
courir	cours	ai couru	courais
(*to run*)	cours	as couru	courais
courant	court	a couru	courait
couru	courons	avons couru	courions
	courez	avez couru	couriez
	courent	ont couru	couraient
craindre	crains	ai craint	craignais
(*to fear*)	crains	as craint	craignais
craignant	craint	a craint	craignait
craint	craignons	avons craint	craignions
	craignez	avez craint	craigniez
	craignent	ont craint	craignaient
croire	crois	ai cru	croyais
(*to believe*)	crois	as cru	croyais
croyant	croit	a cru	croyait
cru	croyons	avons cru	croyions
	croyez	avez cru	croyiez
	croient	ont cru	croyaient
devoir	dois	ai dû	devais
(*to have to,*	dois	as dû	devais
to owe)	doit	a dû	devait
devant	devons	avons dû	devions
dû	devez	avez dû	deviez
	doivent	ont dû	devaient
dire[5]	dis	ai dit	disais
(*to say;*	dis	as dit	disais
to tell)	dit	a dit	disait
disant	disons	avons dit	disions
dit	dites	avez dit	disiez
	disent	ont dit	disaient
dormir[6]	dors	ai dormi	dormais
(*to sleep*)	dors	as dormi	dormais
dormant	dort	a dormi	dormait
dormi	dormons	avons dormi	dormions
	dormez	avez dormi	dormiez
	dorment	ont dormi	dormaient

[5]Verbs like **dire: contredire (vous contredisez), interdire (vous interdisez), prédire (vous prédisez)**

[6]Verbs like **dormir: mentir, partir, repartir, sentir, servir, sortir. (Partir, repartir,** and **sortir** are conjugated with **être.**)

PASSÉ SIMPLE	FUTURE	CONDITIONAL PRESENT	SUBJUNCTIVE PRESENT	IMPERATIVE
courus	courrai	courrais	coure	
courus	courras	courrais	coures	cours
courut	courra	courrait	coure	
courûmes	courrons	courrions	courions	courons
courûtes	courrez	courriez	couriez	courez
coururent	courront	courraient	courent	
craignis	craindrai	craindrais	craigne	
craignis	craindras	craindrais	craignes	crains
craignit	craindra	craindrait	craigne	
craignîmes	craindrons	craindrions	craignions	craignons
craignîtes	craindrez	craindriez	craigniez	craignez
craignirent	craindront	craindraient	craignent	
crus	croirai	croirais	croie	
crus	croiras	croirais	croies	crois
crut	croira	croirait	croie	
crûmes	croirons	croirions	croyions	croyons
crûtes	croirez	croiriez	croyiez	croyez
crurent	croiront	croiraient	croient	
dus	devrai	devrais	doive	
dus	devras	devrais	doives	dois
dut	devra	devrait	doive	
dûmes	devrons	devrions	devions	devons
dûtes	devrez	devriez	deviez	devez
durent	devront	devraient	doivent	
dis	dirai	dirais	dise	
dis	diras	dirais	dises	dis
dit	dira	dirait	dise	
dîmes	dirons	dirions	disions	disons
dîtes	direz	diriez	disiez	dites
dirent	diront	diraient	disent	
dormis	dormirai	dormirais	dorme	
dormis	dormiras	dormirais	dormes	dors
dormit	dormira	dormirait	dorme	
dormîmes	dormirons	dormirions	dormions	dormons
dormîtes	dormirez	dormiriez	dormiez	dormez
dormirent	dormiront	dormiraient	dorment	

VERB	INDICATIVE PRESENT	PASSÉ COMPOSÉ	IMPERFECT
écrire[7]	écris	ai écrit	écrivais
(*to write*)	écris	as écrit	écrivais
écrivant	écrit	a écrit	écrivait
écrit	écrivons	avons écrit	écrivions
	écrivez	avez écrit	écriviez
	écrivent	ont écrit	écrivaient
envoyer	envoie	ai envoyé	envoyais
(*to send*)	envoies	as envoyé	envoyais
envoyant	envoie	a envoyé	envoyait
envoyé	envoyons	avons envoyé	envoyions
	envoyez	avez envoyé	envoyiez
	envoient	ont envoyé	envoyaient
faire	fais	ai fait	faisais
(*to do,*	fais	as fait	faisais
to make)	fait	a fait	faisait
faisant	faisons	avons fait	faisions
fait	faites	avez fait	faisiez
	font	ont fait	faisaient
falloir	il faut	il a fallu	il fallait
(*to be*			
necessary)			
fallu			
lire[8]	lis	ai lu	lisais
(*to read*)	lis	as lu	lisais
lisant	lit	a lu	lisait
lu	lisons	avons lu	lisions
	lisez	avez lu	lisiez
	lisent	ont lu	lisaient
mettre[9]	mets	ai mis	mettais
(*to put*)	mets	as mis	mettais
mettant	met	a mis	mettait
mis	mettons	avons mis	mettions
	mettez	avez mis	mettiez
	mettent	ont mis	mettaient
mourir	meurs	suis mort(e)	mourais
(*to die*)	meurs	es mort(e)	mourais
mourant	meurt	est mort(e)	mourait
mort	mourons	sommes mort(e)s	mourions
	mourez	êtes mort(e)(s)	mouriez
	meurent	sont mort(e)s	mouraient

[7]Verbs like **écrire: décrire**
[8]Verbs like **lire: élire, relire**
[9]Verbs like **mettre: permettre, promettre, remettre**

PASSÉ SIMPLE	FUTURE	CONDITIONAL PRESENT	SUBJUNCTIVE PRESENT	IMPERATIVE
écrivis	écrirai	écrirais	écrive	
écrivis	écriras	écrirais	écrives	écris
écrivit	écrira	écrirait	écrive	
écrivîmes	écrirons	écririons	écrivions	écrivons
écrivîtes	écrirez	écririez	écriviez	écrivez
écrivirent	écriront	écriraient	écrivent	
envoyai	enverrai	enverrais	envoie	
envoyas	enverras	enverrais	envoies	envoie
envoya	enverra	enverrait	envoie	
envoyâmes	enverrons	enverrions	envoyions	envoyons
envoyâtes	enverrez	enverriez	envoyiez	envoyez
envoyèrent	enverront	enverraient	envoient	
fis	ferai	ferais	fasse	
fis	feras	ferais	fasses	fais
fit	fera	ferait	fasse	
fîmes	ferons	ferions	fassions	faisons
fîtes	ferez	feriez	fassiez	faites
firent	feront	feraient	fassent	
il fallut	il faudra	il faudrait	il faille	
lus	lirai	lirais	lise	
lus	liras	lirais	lises	lis
lut	lira	lirait	lise	
lûmes	lirons	lirions	lisions	lisons
lûtes	lirez	liriez	lisiez	lisez
lurent	liront	liraient	lisent	
mis	mettrai	mettrais	mette	
mis	mettras	mettrais	mettes	mets
mit	mettra	mettrait	mette	
mîmes	mettrons	mettrions	mettions	mettons
mîtes	mettrez	mettriez	mettiez	mettez
mirent	mettront	mettraient	mettent	
mourus	mourrai	mourrais	meure	
mourus	mourras	mourrais	meures	meurs
mourut	mourra	mourrait	meure	
mourûmes	mourrons	mourrions	mourions	mourons
mourûtes	mourrez	mourriez	mouriez	mourez
moururent	mourront	mourraient	meurent	

VERB	INDICATIVE PRESENT	PASSÉ COMPOSÉ	IMPERFECT
naître	nais	suis né(e)	naissais
(*to be born*)	nais	es né(e)	naissais
naissant	naît	est né(e)	naissait
né	naissons	sommes né(e)s	naissions
	naissez	êtes né(e)(s)	naissiez
	naissent	sont né(e)s	naissaient
ouvrir[10]	ouvre	ai ouvert	ouvrais
(*to open*)	ouvres	as ouvert	ouvrais
ouvrant	ouvre	a ouvert	ouvrait
ouvert	ouvrons	avons ouvert	ouvrions
	ouvrez	avez ouvert	ouvriez
	ouvrent	ont ouvert	ouvraient
plaire	plais	ai plu	plaisais
(*to please*)	plais	as plu	plaisais
plaisant	plaît	a plu	plaisait
plu	plaisons	avons plu	plaisions
	plaisez	avez plu	plaisiez
	plaisent	ont plu	plaisaient
pleuvoir	il pleut	il a plu	il pleuvait
(*to rain*)			
pleuvant			
plu			
pouvoir	peux, puis	ai pu	pouvais
(*to be able*)	peux	as pu	pouvais
pouvant	peut	a pu	pouvait
pu	pouvons	avons pu	pouvions
	pouvez	avez pu	pouviez
	peuvent	ont pu	pouvaient
prendre[11]	prends	ai pris	prenais
(*to take*)	prends	as pris	prenais
prenant	prend	a pris	prenait
pris	prenons	avons pris	prenions
	prenez	avez pris	preniez
	prennent	ont pris	prenaient
recevoir[12]	reçois	ai reçu	recevais
(*to receive*)	reçois	as reçu	recevais
recevant	reçoit	a reçu	recevait
reçu	recevons	avons reçu	recevions
	recevez	avez reçu	receviez
	reçoivent	ont reçu	recevaient

[10]Verbs like **ouvrir: couvrir, découvrir, offrir, souffrir**
[11]Verbs like **prendre: apprendre, comprendre, surprendre**
[12]Verbs like **recevoir: apercevoir, s'apercevoir de, décevoir**

PASSÉ SIMPLE	FUTURE	CONDITIONAL PRESENT	SUBJUNCTIVE PRESENT	IMPERATIVE
naquis	naîtrai	naîtrais	naisse	
naquis	naîtras	naîtrais	naisses	nais
naquit	naîtra	naîtrait	naisse	
naquîmes	naîtrons	naîtrions	naissions	naissons
naquîtes	naîtrez	naîtriez	naissiez	naissez
naquirent	naîtront	naîtraient	naissent	
ouvris	ouvrirai	ouvrirais	ouvre	
ouvris	ouvriras	ouvrirais	ouvres	ouvre
ouvrit	ouvrira	ouvrirait	ouvre	
ouvrîmes	ouvrirons	ouvririons	ouvrions	ouvrons
ouvrîtes	ouvrirez	ouvririez	ouvriez	ouvrez
ouvrirent	ouvriront	ouvriraient	ouvrent	
plus	plairai	plairais	plaise	
plus	plairas	plairais	plaises	plais
plut	plaira	plairait	plaise	
plûmes	plairons	plairions	plaisions	plaisons
plûtes	plairez	plairiez	plaisiez	plaisez
plurent	plairont	plairaient	plaisent	
il plut	il pleuvra	il pleuvrait	il pleuve	
pus	pourrai	pourrais	puisse	
pus	pourras	pourrais	puisses	
put	pourra	pourrait	puisse	
pûmes	pourrons	pourrions	puissions	
pûtes	pourrez	pourriez	puissiez	
purent	pourront	pourraient	puissent	
pris	prendrai	prendrais	prenne	
pris	prendras	prendrais	prennes	prends
prit	prendra	prendrait	prenne	
prîmes	prendrons	prendrions	prenions	prenons
prîtes	prendrez	prendriez	preniez	prenez
prirent	prendront	prendraient	prennent	
reçus	recevrai	recevrais	reçoive	
reçus	recevras	recevrais	reçoives	reçois
reçut	recevra	recevrait	reçoive	
reçûmes	recevrons	recevrions	recevions	recevons
reçûtes	recevrez	recevriez	receviez	recevez
reçurent	recevront	recevraient	reçoivent	

| VERB | INDICATIVE | | |
	PRESENT	PASSÉ COMPOSÉ	IMPERFECT
rire	ris	ai ri	riais
(*to laugh*)	ris	as ri	riais
riant	rit	a ri	riait
ri	rions	avons ri	riions
	riez	avez ri	riiez
	rient	ont ri	riaient
savoir	sais	ai su	savais
(*to know*)	sais	as su	savais
sachant	sait	a su	savait
su	savons	avons su	savions
	savez	avez su	saviez
	savent	ont su	savaient
suivre	suis	ai suivi	suivais
(*to follow*)	suis	as suivi	suivais
suivant	suit	a suivi	suivait
suivi	suivons	avons suivi	suivions
	suivez	avez suivi	suiviez
	suivent	ont suivi	suivaient
tenir	tiens	ai tenu	tenais
(*to hold;*	tiens	as tenu	tenais
to keep)	tient	a tenu	tenait
tenant	tenons	avons tenu	tenions
tenu	tenez	avez tenu	teniez
	tiennent	ont tenu	tenaient
valoir	vaux	ai valu	valais
(*to be*	vaux	as valu	valais
worth)	vaut	a valu	valait
valant	valons	avons valu	valions
valu	valez	avez valu	valiez
	valent	ont valu	valaient
venir[13]	viens	suis venu(e)	venais
(*to come*)	viens	es venu(e)	venais
venant	vient	est venu(e)	venait
venu	venons	sommes venu(e)s	venions
	venez	êtes venu(e)(s)	veniez
	viennent	sont venu(e)s	venaient

[13]Verbs like **venir: devenir (elle est devenue), revenir (elle est revenue), maintenir (elle a maintenu), obtenir (elle a obtenu), se souvenir de (elle s'est souvenue de...)**

PASSÉ SIMPLE	FUTURE	CONDITIONAL PRESENT	SUBJUNCTIVE PRESENT	IMPERATIVE
ris	rirai	rirais	rie	
ris	riras	rirais	ries	ris
rit	rira	rirait	rie	
rîmes	rirons	ririons	riions	rions
rîtes	rirez	ririez	riiez	riez
rirent	riront	riraient	rient	
sus	saurai	saurais	sache	
sus	sauras	saurais	saches	sache
sut	saura	saurait	sache	
sûmes	saurons	saurions	sachions	sachons
sûtes	saurez	sauriez	sachiez	sachez
surent	sauront	sauraient	sachent	
suivis	suivrai	suivrais	suive	
suivis	suivras	suivrais	suives	suis
suivit	suivra	suivrait	suive	
suivîmes	suivrons	suivrions	suivions	suivons
suivîtes	suivrez	suivriez	suiviez	suivez
suivirent	suivront	suivraient	suivent	
tins	tiendrai	tiendrais	tienne	
tins	tiendras	tiendrais	tiennes	tiens
tint	tiendra	tiendrait	tienne	
tînmes	tiendrons	tiendrions	tenions	tenons
tîntes	tiendrez	tiendriez	teniez	tenez
tinrent	tiendront	tiendraient	tiennent	
valus	vaudrai	vaudrais	vaille	
valus	vaudras	vaudrais	vailles	vaux
valut	vaudra	vaudrait	vaille	
valûmes	vaudrons	vaudrions	valions	valons
valûtes	vaudrez	vaudriez	valiez	valez
valurent	vaudront	vaudraient	vaillent	
vins	viendrai	viendrais	vienne	
vins	viendras	viendrais	viennes	viens
vint	viendra	viendrait	vienne	
vînmes	viendrons	viendrions	venions	venons
vîntes	viendrez	viendriez	veniez	venez
vinrent	viendront	viendraient	viennent	

VERB	INDICATIVE		
	PRESENT	PASSÉ COMPOSÉ	IMPERFECT
vivre	vis	ai vécu	vivais
(*to live*)	vis	as vécu	vivais
vivant	vit	a vécu	vivait
vécu	vivons	avons vécu	vivions
	vivez	avez vécu	viviez
	vivent	ont vécu	vivaient
voir	vois	ai vu	voyais
(*to see*)	vois	as vu	voyais
voyant	voit	a vu	voyait
vu	voyons	avons vu	voyions
	voyez	avez vu	voyiez
	voient	ont vu	voyaient
vouloir	veux	ai voulu	voulais
(*to wish,*	veux	as voulu	voulais
to want)	veut	a voulu	voulait
voulant	voulons	avons voulu	voulions
voulu	voulez	avez voulu	vouliez
	veulent	ont voulu	voulaient

6. *-er* Verbs with spelling changes

Certain verbs ending in **-er** require spelling changes. Models for each kind of change are listed here. Stem changes are in boldface type.

commencer[14]	commence	ai commencé	**commençais**
(*to begin*)	commences	as commencé	**commençais**
commençant	commence	a commencé	**commençait**
commencé	**commençons**	avons commencé	commencions
	commencez	avez commencé	commenciez
	commencent	ont commencé	**commençaient**
manger[15]	mange	ai mangé	**mangeais**
(*to eat*)	manges	as mangé	**mangeais**
mangeant	mange	a mangé	**mangeait**
mangé	**mangeons**	avons mangé	mangions
	mangez	avez mangé	mangiez
	mangent	ont mangé	**mangeaient**

---

[14]Verbs like **commencer: dénoncer, divorcer, menacer, placer, prononcer, remplacer, tracer**

[15]Verbs like **manger: bouger, changer, dégager, engager, exiger, juger, loger, mélanger, nager, obliger, partager, voyager**

PASSÉ SIMPLE	FUTURE	CONDITIONAL PRESENT	SUBJUNCTIVE PRESENT	IMPERATIVE
vécus	vivrai	vivrais	vive	
vécus	vivras	vivrais	vives	vis
vécut	vivra	vivrait	vive	
vécûmes	vivrons	vivrions	vivions	vivons
vécûtes	vivrez	vivriez	viviez	vivez
vécurent	vivront	vivraient	vivent	
vis	verrai	verrais	voie	
vis	verras	verrais	voies	vois
vit	verra	verrait	voie	
vîmes	verrons	verrions	voyions	voyons
vîtes	verrez	verriez	voyiez	voyez
virent	verront	verraient	voient	
voulus	voudrai	voudrais	veuille	
voulus	voudras	voudrais	veuilles	veuille
voulut	voudra	voudrait	veuille	
voulûmes	voudrons	voudrions	voulions	veuillons
voulûtes	voudrez	voudriez	vouliez	veuillez
voulurent	voudront	voudraient	veuillent	

PASSÉ SIMPLE	FUTURE	CONDITIONAL PRESENT	SUBJUNCTIVE PRESENT	IMPERATIVE
commençai	commencerai	commencerais	commence	
commenças	commenceras	commencerais	commences	commence
commença	commencera	commencerait	commence	
commençâmes	commencerons	commencerions	commencions	**commençons**
commençâtes	commencerez	commenceriez	commenciez	commencez
commencèrent	commenceront	commenceraient	commencent	
mangeai	mangerai	mangerais	mange	
mangeas	mangeras	mangerais	manges	mange
mangea	mangera	mangerait	mange	
mangeâmes	mangerons	mangerions	mangions	**mangeons**
mangeâtes	mangerez	mangeriez	mangiez	mangez
mangèrent	mangeront	mangeraient	mangent	

VERB	INDICATIVE PRESENT	PASSÉ COMPOSÉ	IMPERFECT
appeler[16]	**appelle**	ai appelé	appelais
(*to call*)	**appelles**	as appelé	appelais
appelant	**appelle**	a appelé	appelait
appelé	appelons	avons appelé	appelions
	appelez	avez appelé	appeliez
	appellent	ont appelé	appelaient
essayer[17]	**essaie**	ai essayé	essayais
(*to try*)	**essaies**	as essayé	essayais
essayant	**essaie**	a essayé	essayait
essayé	essayons	avons essayé	essayions
	essayez	avez essayé	essayiez
	essaient	ont essayé	essayaient
acheter[18]	**achète**	ai acheté	achetais
(*to buy*)	**achètes**	as acheté	achetais
achetant	**achète**	a acheté	achetait
acheté	achetons	avons acheté	achetions
	achetez	avez acheté	achetiez
	achètent	ont acheté	achetaient
préférer[19]	**préfère**	ai préféré	préférais
(*to prefer*)	**préfères**	as préféré	préférais
préférant	**préfère**	a préféré	préférait
préféré	préférons	avons préféré	préférions
	préférez	avez préféré	préfériez
	préfèrent	ont préféré	préféraient

[16]Verbs like **appeler**: **épeler, jeter, projeter, (se) rappeler**
[17]Verbs like **essayer**: **employer, (s')ennuyer, nettoyer, payer**
[18]Verbs like **acheter**: **achever, amener, emmener, (se) lever, (se) promener**
[19]Verbs like **préférer**: **célébrer, considérer, espérer, (s')inquiéter, pénétrer, posséder, répéter, révéler, suggérer**

PASSÉ SIMPLE	FUTURE	CONDITIONAL PRESENT	SUBJUNCTIVE PRESENT	IMPERATIVE
appelai	**appellerai**	**appellerais**	**appelle**	
appelas	**appelleras**	**appellerais**	**appelles**	**appelle**
appela	**appellera**	**appellerait**	**appelle**	
appelâmes	**appellerons**	**appellerions**	appelions	appelons
appelâtes	**appellerez**	**appelleriez**	appeliez	appelez
appelèrent	**appelleront**	**appelleraient**	**appellent**	
essayai	**essaierai**	**essaierais**	**essaie**	
essayas	**essaieras**	**essaierais**	**essaies**	**essaie**
essaya	**essaiera**	**essaierait**	**essaie**	
essayâmes	**essaierons**	**essaierions**	essayions	essayons
essayâtes	**essaierez**	**essaieriez**	essayiez	essayez
essayèrent	**essaieront**	**essaieraient**	**essaient**	
achetai	**achèterai**	**achèterais**	**achète**	
achetas	**achèteras**	**achèterais**	**achètes**	**achète**
acheta	**achètera**	**achèterait**	**achète**	
achetâmes	**achèterons**	**achèterions**	achetions	achetons
achetâtes	**achèterez**	**achèteriez**	achetiez	achetez
achetèrent	**achèteront**	**achèteraient**	**achètent**	
préférai	préférerai	préférerais	**préfère**	
préféras	préféreras	préférerais	**préfères**	**préfère**
préféra	préférera	préférerait	**préfère**	
préférâmes	préférerons	préférerions	préférions	préférons
préférâtes	préférerez	préféreriez	préfériez	préférez
préférèrent	préféreront	préféreraient	**préfèrent**	

Translations of postcards and letters

Chapitre 1: opener

Dear Sophie,

Good morning! How's it going? It's beautiful today in Paris.

Today's Monday: I have a biology class.

'Bye for now!
Caroline

Correspondance 1

Dear Caroline,

Good morning! In Quebec, it's cold. No more bikinis! Autumn's here . . .

And how are things going for you at the university?

Chin up!
Sophie

Chapitre 2: opener

Dear Caroline,

We have an American student working as an au pair: She lives and eats with us. She loves the two children!

She studies French at the University of Montreal. She plans to visit France. A friend for you, perhaps?

So long! Love & kisses,
Sophie

Correspondance 2

Dear Sophie,

Thanks for your postcard!

I'm perfectly organized now: I eat at the student cafeteria, I work a lot, and I study at the library.

I have fun, too. I watch films on T.V., and I work out and dance regularly.

Kisses to the whole family!

Your little Caroline

Chapitre 3: opener

Dear Caroline,

Here's a recent photo of the children. They're beautiful and intelligent! Nicole is kind and sociable. Jérémie is very serious. He likes books. But he's also really into sports: He loves soccer!

Everything O.K.?

Kisses,
Sophie

Correspondance 3

Dear Sophie,

Yes, everything's fine! Right now I'm enthusiastic, energetic, and optimistic! Physically I'm in good shape: I don't eat too much in order to remain slender. I try to be elegant. I'm not rich, so I buy my clothes at secondhand clothing stores. They're inexpensive and unusual.

I have an exam tomorrow! Back to work!

Hugs,
Caroline

Chapitre 4: opener

Sophie,

Do you like my royal room? In reality my "palace" is very modest: a bed, a desk, some bookshelves—all within a space of ten square meters! It's small . . . but it's charming.

Of course, it's hard to be neat in these conditions! But to find what I'm looking for, I look under the bed!

Love & kisses to all,
Caroline

Correspondance 4

Dear Caroline,

We're living in a new apartment in old Quebec. The neighborhood is full of charm: picturesque streets, old churches, beautiful stone houses, and monuments built in the 17th century!

I feel like I'm in the old section of Paris.

We invite you to come for your vacation! O.K.?

A thousand kisses,
Sophie

Chapitre 5: opener

Hi, Malik!

Thanks for the birthday card. I'm going to celebrate the event in Paris, at home with friends and family.

How are you? Are you enjoying your job as a tourist guide? What's your itinerary in Africa?

As for me, I'm traveling in my books!

'Bye for now!

Your friend,
Michel

Correspondance 5

Dear Michel,

My itinerary: a tour of Senegal and Ivory Coast. I'm accompanying a group of 30 tourists.

Today I'm in Dakar, the capital of Senegal. My contact, Timité, has invited me to have dinner at his house. He has seven sisters and two brothers: ten children in all. What a responsibility for his parents!

But you know, with my tourists, I often wonder if I'm a guide or a father to a large family!

Write if you have time!

Kisses from your old pal,
Malik

Chapitre 6: opener

Dear Michel,

Today I'm having lunch with my group at an excellent restaurant in Abidjan, in Ivory Coast.

The menu is exotic. I'm choosing a local specialty: "macharon" (a type of fish) and, to drink, some "lemouroudji" (lime and ginger).

It's delicious and . . . different!

Kisses,
Malik

P.S. This is my friend Abena. She's an excellent cook. Oh, boy! I'm going to put on weight.

Correspondance 6

Greetings, Malik!

I've discovered a little restaurant in my neighborhood in Paris. It's called "Chez Yvette." A complete meal is 100 francs, everything included: a quarter liter of wine or mineral water, a first course, daily special, salad, cheese, AND dessert. What's more, coffee at the end of the meal. Good French family cuisine. It's perfect.

I often dine there with my friend Bénédicte, who is a gourmand. Be my guest! Tell me when.

Well, so long for now.
Michel

Chapitre 7: opener

Dear Malik,

Tonight, I'm inviting my friends over for dinner. I'm preparing coq au vin. My reputation's on the line!

I'm going to the market to buy a small chicken, onions, aromatic (Provençal) herbs, cheese, and fruit. My friend Bénédicte wants to help, but . . . no way! I don't want to share my moment of triumph!

Wish me "good luck"!

Hugs,
Michel (alias Paul Bocuse)

Correspondance 7

Dear Michel,

African markets are fascinating: fabulous fruits (mangoes, guavas), exotic vegetables, fantastic fish. A symphony of red, green, and yellow—like fireworks. The women in long tunics resemble flowers. The sun, the colors, the smells: This is the real Africa.

Completely different from your French market, isn't it?

'Bye!
Malik

Chapitre 8: opener

Hi, Michel!

Do you believe in paradise? I do!

For two days I've been spending my time sleeping on the beach, a few kilometers from Dakar. When I open my eyes, from behind my sunglasses I see blue (the sea and the sky) and white (the sand). They go on forever . . .

But in ten days I'm leaving on an expedition: a surprise itinerary. Our correspondence will be temporarily suspended: I'm going to be a nomad.

Kisses,
Malik, the adventurer

Correspondance 8

Malik,

I'm also on vacation. With my brother, in Blois, at my grandmother's house.

Our routine? Eating big slices of buttered bread, harvesting salad greens and carrots in the garden, buying eggs at the farm, visiting the magnificent château . . .

I'm waiting to get the green light from you before continuing with our correspondence.

Good luck and have a great trip!

Michel

Chapitre 9: opener

Dear Nathalie,

The good news: I bought a red car, a once-in-a-lifetime bargain! A collector's item!

The bad news: I already got a flat tire! I got a full tank of gas and drove for a half hour in Paris. And pow! My tire exploded on the Champs-Élysées.

I'm desperate. I'm ruined. How am I going to get to the university now?

Console me!
Paul

Correspondance 9

Poor Paul!

In my opinion, a tank would be safer and more solid in Paris. Another solution: you could get around by bike. It's inexpensive and ecological. Or you could buy a monthly pass and take the metro or the bus, like everyone else. But maybe that's a little too common for you?

A final solution: walking. It's free and it's great for keeping in shape.

As for me, I don't have any such problems here in Bourgogne. I'm taking the train to Cannes next week. The Festival awaits me, and I'm planning to do a series of interviews for my newspaper.

Hang in there!
Nathalie

Chapitre 10: opener

Pau... au... au... l!

I just got the interview of the century: the actress Isabelle Adjani, in person! She graciously answered all my questions, and she even told me about her next film: an exclusive!

I'm the best! I'm going to rise to the top! I'm staying with journalism for life!

I'm looking forward to hearing from you!

Love & kisses,
Nathalie

Corresondance 10

Dear Nathalie,

I see that you're having a good time. Good for you. As for me, I'm dying of boredom. It's raining, and I'm spending my time in front of the television set, watching boring programs. There's nothing to see at the movies: the good films come out after the Cannes Festival.

Naturally, I have good friends: Bénédicte, Michel, Caroline . . . But without you, life is no fun. What if you worked in Paris? For a newspaper, or for a television station?

I tried to call you, but it was impossible to reach you. It's exasperating. Will you call me?

Big kisses,
Paul

Chapitre 11: opener

Paul,

It's true, I'm hard to reach. I'm always on the road! But journalism means mobility. I don't have a choice.

This week, for example, I'm doing research on European capitals for an article on the theme of "city life." Today I'm in Geneva, then I'm going to Vienna, Madrid, and Brussels.

Come join me! We'll spend the weekend together. That will refresh your mind.

Kisses,
Nathalie

Correspondance 11

Nathalie,

Know what? I've finished my reviewing. I feel as free as a bird.

Agreed: I'll meet you in Brussels, the city of chocolate and French fries! Next Sunday, I'll be waiting for you at noon in front of the main entrance to the European Parliament. I'll have a bouquet of red roses in my right hand, and my left hand will be on my heart. The plan: restaurants, movies, dancing.

O.K.?
Paul

P.S. I think I'm headed in the wrong direction: I'm made for theatre, not law. What do you think?

Chapitre 12: opener

Nathalie,

A golden weekend, Nathalie! We had a golden weekend! I feel renewed.

Here's my proposal: Let's have our next meeting in Paris at Place des Vosges, in front of Victor Hugo's house. In exactly thirteen days, three hours and ten minutes from now. (Today's Monday, and it's 8:50.)

You can't say that I'm not creative!

You'll come, won't you?

A big hug!!
Paul

Correspondance 12

My darling Paul,

I can say one thing: You're a hopeless romantic underneath your Don Juan mask. You really know how to stage a production.

Unfortunately, the theater must close down: I'm going away. Far away. I have to do an article on Francophone islands. First stop: Reunion Island, in the Indian Ocean.

What luck! I have a job that I love! I travel all over the world! I'm young and free: All things are possible.

I'm hoping to be in Paris in a few weeks. Shall we get together as soon as I arrive?

Big kisses from Nathalie, globe-trotting journalist!

Chapitre 13: opener

Jérôme,

There's no fun in my life.

"The daily grind (train, work, sleep) is too much!" as they said back in 1968! I dream of adventures, sunshine, and meeting people. I would like some surprises, some plans for the future . . .

My daily routine in Paris: taking exams, going to the movies, to a restaurant or a disco, seeing my friends, and dining with the family. Where's the novelty in all that?

At least you're having fun at Club Med!

Tell me about it!
Bénédicte

Correspondance 13

My darling Bénédicte,

It's true: you really have fun at Club Med when you're a tennis instructor, like me!

Here in Martinique there's no room for routine: I get up early and I go to sleep late. The days are long but well-filled. Meals, tennis classes, parties: Each activity is a chance to meet people.

But more than anything, what I love here are the sports: swimming, tennis (of course!), and at night . . . dancing!

And you? What's wrong? Tell your dear Jérôme the truth.

Your best friend,
Jérôme

Chapitre 14: opener

Dear Bénédicte,

We have fun at Club Med but we work a lot! This week, I'm organizing a tennis tournament: I get up at 5:00 every morning to prepare for the matches and to check the condition of the courts.

At 8:00, we begin practice. At 10:00, the competition starts. By 6:00 P.M., I'm dead! And in the evening you have to be up for dining and partying!

Like the song says, "Work is health . . . and doing nothing keeps you healthy!"

Love & kisses,
Jérôme, totally exhausted

P.S. Aren't my friends cute?

Correspondance 14

Jérôme,

You're having fun and you're working! Bravo! That's the ideal thing. As for me, after a period of depression, I'm getting into my studies and making plans. My goal? Finding a job for next summer. Something different, like a photographer, pastry chef, tourist guide . . . at Club Med, for example . . .

Do you see any opportunities for me in Martinique? I'm counting on you!

A thousand hugs,

Bénédicte

Chapitre 15: opener

Here's a riddle:

Her first name begins with a B. She has found the job of her dreams: as a photographer at Club Med. She's going to spend the summer in Martinique with her old pal Jérôme.

Her name? BÉNÉDICTE!

Here's the deal: You have the job as long as you join me in my new craze: the "Acomat" diving that they do here. It's easy: you jump off a fifty-foot cliff into a large pond. Agreed?

Kisses. See you soon!
Jérôme

Correspondance 15

Jérôme, you are a love! How can I thank you?

Life's finally coming up roses! In all colors!

I'll soon be in Martinique! I'm going to dance, go waterskiing, get a suntan—and take pictures, of course!

While waiting for the big day when I can make your portrait—in color!—I have a gift for you: it's round, lightweight, elegant, and whimsical. It's . . . a hat that I bought at the Vanves flea market. Like the one in the painting.

Enough chitchat: I have an exam tomorrow!

Big kisses,
Bénédicte

Chapitre 16: opener

Dear Jérôme,

What a catastrophe! I had an argument with Caroline, my best friend. Because of a simple political disagreement, she shut the door in my face!

I'm always moderate: I soften my language with phrases like "it is important to . . . it would be better if . . ." But her passion carries her away. She loses control.

What ever happened to being tolerant? Thankfully, for a change of topic, I can think about Martinique!

Hugs,
Bénédicte

Correspondance 16

My dear darling,

Calm down! You know your compatriots: They love to discuss, criticize, take issue . . .

A little friendly advice for the future: avoid hot topics like politics, immigration, unemployment, money, and Social Security. Talk instead about . . . about the latest little restaurant you just discovered, or your plans for Martinique. No big national or universal issues.

As for me, I have a serious decision to make: Where am I going to spend the winter season? I can choose between Polynesia and the French Alps. A win-win proposition! I'm waiting for you to arrive so you can give me your opinion.

Love & kisses,
Jérôme

P.S. Don't forget my hat!

Translations of brief dialogues

CHAPITRE 2

Articles and Nouns

In the University District
Alex, an American student, is visiting the university with Mireille, a French student. MIREILLE: There are the library, the university bookstore, and the student cafeteria. ALEX: Is there also a café? MIREILLE: Yes, of course; here's the cáfé. It's the center of university life! ALEX: Is it ever! There are twenty or thirty people here, and only one student in the library!

Plural Articles and Nouns

An Eccentric Professor
THE PROFESSOR: Here is the grading system: zero [points] for the hopeless people, four for mediocre students, eight for geniuses, and ten for the professor. Are there any questions?

Subject Pronouns and -er Verbs

Meeting of Friends at the Sorbonne
XAVIER: Hi, Françoise! Are you visiting the university? FRANÇOISE: Yes, we're admiring the library right now. This is Paul, from New York, and Mireille, a friend [of mine]. XAVIER: Hello, Paul. Do you speak French? PAUL: Yes, a little bit. XAVIER: Hello, Mireille. Are you a student at the Sorbonne? MIREILLE: Oh, no. I work in the library.

Negation Using ne . . . pas

The End of a Friendship?
BERNARD: Things aren't great with Martine [and me]. She likes to dance, I don't like dancing. I like to go skiing, and she doesn't like sports. She's studying biology, and I don't like science . . .
MARTINE: Things aren't great with Bernard [and me]. He doesn't like to dance, I like dancing. I don't like skiing, and he likes sports. He's a humanities student, and I don't like literature . . .

CHAPITRE 3

The Verb *être*

Fabrice's Genius
FABRICE: Well, I'm ready to work! MARTINE: Me too, but where are the books and the dictionary? FABRICE: Um . . . oh yeah, look, there they are. The dictionary is under the hat and the notebooks are on top of the jacket. Now we're ready. MARTINE: You know, Fabrice, you're very good at literature, but as far as organization is concerned, you're hopeless! FABRICE: Maybe, but chaos is a sign of genius!

Descriptive Adjectives

Computerized Dating Services
He is sociable, charming, serious, good-looking, idealistic, athletic . . . She is sociable, charming, serious, good-looking, idealistic, athletic . . . [COMPUTER]: They're hard to please!

Yes/No Questions

A Discussion Between Friends
TOURIST: Is this an accident? POLICE OFFICER: No, it's not an accident. TOURIST: Is it a demonstration? POLICE OFFICER: Of course not! TOURIST: So it's a fight? POLICE OFFICER: Not really. It's an animated discussion between friends.

The Prepositions *à* and *de*

Arnaud and Delphine, Two Students
They live in the dormitory. They eat in the cafeteria. They play volleyball in the gym. On the weekend, they play cards with friends. They like talking about professors, the English exam, French literature class, and university life.

CHAPITRE 4

Verbs Ending in *-ir*

Down with Term Papers!
Khaled and Naima have term papers in history.
KHALED: Which topic are you choosing? NAIMA: I don't know, I'm thinking it over. OK, I'm choosing the first topic—Napoleon's empire. (*Two days later.*) KHALED: Well, are you

ready? NAIMA: Wait, I'm finishing up my conclusion, and then I'm coming. And if I manage to get 15 out of 20, we'll have a party!

The Verb *avoir*
Roommates
JEAN-PIERRE: You have a very pleasant room, and it seems quiet . . . FLORENCE: Yes. I need lots of quiet in order to work. JEAN-PIERRE: Do you have a nice roommate? FLORENCE: Yes, we're lucky: We both like tennis, quiet . . . and messiness!

Indefinite Articles in Negative Sentences
Student Comfort
NATHALIE: Where is the bathroom? ANNE: Sorry, I don't have a toilet in my room. It's in the hallway. NATHALIE: But do you have a shower? ANNE: No; no toilet, no shower, but I do have a little kitchenette and . . . NATHALIE: And a TV? ANNE: No, there's no TV, but I do have a stereo.

Interrogative Expressions
Room for Rent
MME GÉRARD: Hello, miss. What's your name? AUDREY: Audrey Delorme. MME GÉRARD: Are you a student? AUDREY: Yes. MME GÉRARD: Where do you go to school? AUDREY: At the Sorbonne. MME GÉRARD: That's very good. And what are you studying? AUDREY: Philosophy. MME GÉRARD: Oh, that's serious. How many hours of class do you have? AUDREY: 21 hours per week. MME GÉRARD: So you need an inexpensive room? AUDREY: Yes, that's right. When will the room be available? MME GÉRARD: Today. It's yours.

CHAPITRE 5

Possessive Adjectives
The House as a Reflection of Social Standing
Marc, a student at the Sorbonne, is taking a brief tour of Paris and the suburbs with his friend Thu. While driving, he points out the different kinds of housing to Thu. My brother-in-law has a lot of money. There's his villa; it's great, isn't it? Our house is small, but comfortable; my family is pretty happy. Out here in the suburbs you see the big housing projects where families of workers and immigrants mostly live. Their buildings are called HLMs (**Habitations à Loyer Modéré:** *Moderate-rent housing*).

The Verb *aller*
A Model Father
SIMON: Shall we play tennis this afternoon? STÉPHANE: No, I'm going to the zoo with Céline. SIMON: So [how about] tomorrow? STÉPHANE: I'm sorry, but tomorrow I'm going to take Sébastien to the dentist. SIMON: What a model father [you are]!

The Verb *faire*
A Question of Organization
SANDRINE: Do you and your roommate eat in the cafeteria? MARION: No, Candice and I are very organized. She does the shopping and I cook. SANDRINE: And who does the dishes? MARION: The dishwasher, of course!

Verbs Ending in *-re*
Beauregard at the Restaurant
JILL: Do you hear that? GÉRARD: No. What's the matter? JILL: I hear a noise under the table. GENEVIÈVE: Oh, that! That's Beauregard . . . He's waiting for his dinner . . . and he doesn't like to wait . . .

CHAPITRE 6

Verbs Ending in *-re: prendre* and *boire*
At the Restaurant
WAITER: What will you have, sir? Ma'am? JULIETTE: We'll have the chicken with cream and the vegetables. WAITER: And what will you have to drink? JEAN-MICHEL: I'll have a beer, and for the lady, a bottle of mineral water, please.

Partitive Articles
No Dessert
JULIEN: What are we having to eat today, mommy? MME TESSIER: There's chicken with potatoes. JULIEN: And the chocolate mousse in the fridge, is it for lunch today? MME TESSIER: No, no; the mousse is for this evening. For lunch, there is fruit or coffee ice cream. JULIEN: I don't like ice cream and I don't like fruit! But I love mousse! MME TESSIER: The answer is no!

The Imperative
The Enemy of a Good Meal
FRANÇOIS: Martine, pass me the salt, please . . . [*Martine passes the salad to François.*] FRANÇOIS: No, come on! Use your ears a little . . . I asked you for the salt! MARTINE: François, be a dear—don't talk so loud. I can't hear the television . . .

CHAPITRE 7

Demonstrative Adjectives
A Dinner with Friends
BRUNO: This roast beef is really delicious! ANNE: Thank you. BRUNO: Can I try a little more of that sauce? ANNE: But of course. MARIE: These green beans, mmm! Where do you do your shopping? ANNE: Rue Contrescarpe. MARIE: Me too. I just love that street, that village-like feeling, those little shops . . .

The Verbs *vouloir, pouvoir,* and *devoir*
Le Procope
MARIE-FRANCE: Would you like some coffee? CAROLE: No, thanks, I can't drink coffee. I have to be careful. I have an exam today. If I drink coffee, I'll be too nervous. PATRICK: I only drink coffee on the days when I have exams. It inspires me, the way it inspired Voltaire!

The Interrogative Adjective *quel*
Henri Lefèvre, Restaurant Owner in Deauville
Dan Bartell, an American journalist, asks Henri Lefèvre some questions. DAN BARTELL: What is the main difference between traditional cooking and the *nouvelle cuisine?* HENRI LEFÈVRE: The sauces, my friend, the sauces. DAN BARTELL: And which sauces do you make? HENRI LEFÈVRE: I really like to make the traditional sauces like *bordelaise* and *beurre blanc* [white butter]. DAN BARTELL: Which wines do you buy for your restaurant? HENRI LEFÈVRE: I buy mostly red wines from Burgundy and white wines from Anjou.

The Placement of Adjectives
A New Restaurant
CHLOË: There's a new restaurant in the neighborhood. VINCENT: Great! Where? CHLOË: Next to the little grocery store. It's called "The Good Old Days." VINCENT: That's a nice name. Let's go there Saturday night. CHLOË: Good idea!

CHAPITRE 8

Dormir and Similar Verbs; *venir*
The Joy of Nature
STÉPHANE: Where are you going on vacation this summer? ANNE-LAURE: This year we're going to Martinique. We're going to camp in a little village 30 kilometers from Fort-de-France. We'll drink *ti'punch,* go out every night, and sunbathe by the coconut trees. A dream, huh? Come with us. We're leaving August 2. STÉPHANE: No thanks, the sea is not for me. Smelling fish, sleeping with mosquitoes, no way! ROMAIN: You never change, that's for sure. The gentleman needs his creature comforts! Too bad for you! We just love sleeping in the open, feeling the sea breeze, and admiring the stars.

The *passé composé* with *avoir*
At the Hotel
GUEST: Good morning, ma'am. I made a reservation for a room for two people. EMPLOYEE: Your name, please? GUEST: Bernard Meunier. EMPLOYEE: Hmm . . . yes, Room 12, on the ground floor. You asked for a room with a view of the sea, is that right? GUEST: Yes, that's right. EMPLOYEE: All right, then, please fill out this card.

Depuis, pendant, il y a
A Question of Practice
OLIVIA: How long have you been entering competitions? MARIE: Since 1994. How about you: how long have you been windsurfing? OLIVIA: Only for the last two weeks! MARIE: I started eight years ago. OLIVIA: It's hard, but it's fabulous. Yesterday I was able to stay on the board for four minutes.

Prepositions with Geographical Names
Bruno in the Congo
Bruno is on vacation in the Congo. He has met Kofi. KOFI: Where in France do you come from? BRUNO: From Marseille. KOFI: It must be beautiful there! Tell me, do you have plans for future vacations? BRUNO: Yeah, lots. First, I'm going to Mexico next year with my girlfriend. And in the future I want to go to Russia, Quebec, Senegal, and also Asia. KOFI: Which town would you like to live in? BRUNO: Verona, in Italy, so I can find my Juliet.

CHAPITRE 9

The *passé composé* with *être*
Sunday Morning Explanations
MME FERRY: I would really like to know where you went last night! And what time did you get home? STÉPHANIE: Not late, mom. I went out with some friends. We went to have a drink at Laurent's, we stayed there about an hour, then we left to go to the movies. I got back to the house right after the movie. MME FERRY: Are you sure? Because your father got back from the soccer game at 11 and didn't see the car in the garage . . .

The Present Conditional (Introduction)
A Weekend in London
JULIE: Would you have some good fares to London right now? AGENT: You're in luck! We have a flight with a promotional fare of 550 francs round-trip. JULIE: Great! And could you reserve a hotel room for me from September 3 to September 7? AGENT: No problem! In what part of London would you like to be? JULIE: I'd like to find a hotel, not too expensive, near Hyde Park.

Affirmative and Negative Adverbs
The High-speed Train (TGV)
PATRICIA: Have you taken the TGV yet? FRÉDÉRIC: No, not yet, but I've reserved a seat for next Saturday. I'm going to see my parents in Lyon. PATRICIA: Do you always have to make an advance reservation for the TGV? FRÉDÉRIC: Yes, it's required. I don't like that system at all, because I hate to look ahead; I like to leave at the last minute, I never make plans, and I've never kept an appointment book.

Affirmative and Negative Pronouns
Coin-operated Luggage Lockers
SERGE: Is there something wrong? JEAN-PIERRE: Yes, I'm having trouble with the locker. It doesn't work. SERGE: Oh, that! There's nothing more annoying! JEAN-PIERRE: Everyone always seems to find a locker that works, except me. SERGE: Look, someone is taking their luggage out of one of the lockers. There, you can be sure that one works. JEAN-PIERRE: Excellent idea!

CHAPITRE 10

The *imparfait*
Poor Grandmother!
MME CHABOT: You see, when I was little, television didn't exist. CLÉMENT: So what did you do in the evenings? MME CHABOT: Well, we read, we chatted; our parents told us stories . . . CLÉMENT: Poor Grandmother, it must have been sad not to be able to watch television at night . . .

Direct Object Pronouns
The Cossecs Are Moving
THIERRY: What should we do with the TV? MARYSE: We're going to give it to your sister. THIERRY: Okay. And all our books? MARYSE: We're going to send them by mail. They have a special book rate. THIERRY: You're right. I didn't want to throw them away. And are we going to sell the minitel? MARYSE: Of course not! You *know* that we rent it from France Télécom. We have to return it before the end of the month.

Agreement of the Past Participle
Opinion of an American TV Viewer in France
REPORTER: Have you watched French television yet? AMERICAN: Yes, I watched it last night. REPORTER: Which shows did you like best? AMERICAN: That's hard to say . . . REPORTER: Don't you think it's very different from American TV? AMERICAN: Well . . . the programs I saw are rather similar . . . *Santa Barbara, The Simpsons* . . . That is, sure, they're different: they're in French!

Indirect Object Pronouns
Journalists for the Canard?
RÉGIS: Did you write to the journalists at the *Canard Enchaîné*? NICOLE: Yes, I wrote to them. RÉGIS: Have they answered you? NICOLE: Yes, they made an appointment with us for tomorrow. RÉGIS: Did they like our political cartoons? NICOLE: They haven't said anything to me yet: we'll see tomorrow!

CHAPITRE 11

The *passé composé* versus the *imparfait*
Casablanca
ALAIN: So, are you going to tell us about your vacation in Morocco? SYLVIE: Well, I left Paris July 23. The weather was terrible: it was cold and raining. Awful! But when I arrived in Casablanca, the sky was bright blue, the sun was shining, the sea was warm . . . RÉMI: Did you like the city? SYLVIE: Yes, a lot. But I wanted to visit a mosque and I couldn't get in. ALAIN: Why? SYLVIE: It was my fault, because I was wearing a miniskirt.

The Pronouns *y* and *en*
Paris, City of Love
MYRIAM: Have you gone to the Parc Montsouris yet? FABIENNE: No, not yet, but I'm going there Saturday with Vincent. MYRIAM: Vincent? Tell me, how many boyfriends do you have? FABIENNE: Right now I have two. But I'm going to break up with Jean-Marc soon. MYRIAM: Have you talked to Jean-Marc about it? FABIENNE: No, not yet. I'm thinking about it, but I'm a bit afraid of how he'll react.

The Verbs *savoir* and *connaître*
Labyrinth
MARCEL: Taxi! Are you familiar with Vaucouleurs Street? TAXI DRIVER: Of course I know where it is! I know Paris like the back of my hand [literally, pocket]! MARCEL: I don't know how you do it. I got lost yesterday in the Île de la Cité. TAXI DRIVER: I know my job; and besides, you know, with a map of Paris it's not that hard!

The Verbs *voir* and *croire*
Where Are the Keys?
MICHAËL: I think I've lost the car keys. VIRGINIE: What? They must be at the restaurant. MICHAËL: You think so? VIRGINIE: I'm not sure, but we can go check. (*At the restaurant.*) MICHAËL: You're right. They're over there on the table. I see them. VIRGINIE: Whew! Well, what do you want to do now? MICHAËL: Let's go see what we can find in the booksellers' stalls.

CHAPITRE 12

Stressed Pronouns
Artistic Visits
David is visiting Paris with his parents and his brother. He's telling Géraldine, a Parisian friend, about their activities.
GÉRALDINE: David, did you go the Louvre? DAVID: No, it's too big for me. I prefer the Picasso Museum. GÉRALDINE: Me, too! But did your parents visit the Louvre? DAVID: Them? Yes, they went there several times. But my brother prefers visiting the shops and discos.

Pronominal Verbs (Introduction)
A Meeting
DENIS: Anne! How are you? VÉRONIQUE: You're making a mistake. My name is not Anne. DENIS: I'm sorry. I wonder . . . haven't I met you before . . . ? VÉRONIQUE: I

don't remember having met you. But that doesn't matter . . . my name is Véronique. What's your name?

Double Object Pronouns

An Artistic Temperament
Marie wants a box of paints. MARIE: Go on, Mommy, buy it for me! MOTHER: Listen to me carefully! I can't give it to you. I don't have any more money. MARIE: Ask Daddy for some! MOTHER: All right, all right. I'll go talk to him about it. But don't *you* say anything to him, swear it! MARIE: I swear it!

Adverbs

Provence
ANNE-LAURE: Tomorrow I'm leaving for Provence. I'm going to make a quick visit to Renoir's house at Cagnes, then to the Matisse Museum at Nice, to the Picasso Museum at Antibes . . . SYLVAIN: Do you travel constantly? ANNE-LAURE: No, not really, but I absolutely want to go to Provence because many French painters lived there. SYLVAIN: And now, what are you doing? ANNE-LAURE: I'm going to see Monet's house at Giverny, in the suburbs of Paris. SYLVAIN: Tell me frankly: Aside from painting, what interests you? ANNE-LAURE: Classical music . . . I like Berlioz a lot.

CHAPITRE 13

Pronominal Verbs (*continued*)

An Encounter
LAURENT: Are you leaving? ISABELLE: Yes, it's nice out and I'm bored here. I'm going to take a walk along the lake. Will you come along? LAURENT: No, I can't, I have a lot of work. ISABELLE: Oh, you're making too much of it. Come on, we'll go have some fun! LAURENT: Some other time. If I stop now, I won't have the courage to finish up later.

Pronominal Verbs (*continued*)

The Ideal Couple
THIERRY: You see, for me the ideal couple is Jacquot and Patricia. VALÉRY: Why do you say that? THIERRY: Because they both love each other. Every time I see them they gaze at each other lovingly, they kiss, and they say sweet things to each other. They have known each other for ten years and I've never seen them argue.

Pronominal Verbs (*continued*)

A Love Match
SABINE: Tell me, Denis, how did you meet each other? DENIS: We saw each other for the first time in Avignon. VÉRONIQUE: Remember? It was raining, you came into the boutique where I worked and . . . DENIS: And it was love at first sight! We got married that same year.

Comparative and Superlative of Adjectives

Shopping
Laurence and Franck, newlyweds, are going shopping together for the first time. LAURENCE: Where are we going to shop? FRANCK: At the Monoprix, of course! It's less expensive and cleaner than Trouvetout. LAURENCE: I hate big discount chains. I prefer to go to the little grocer on Rue Leclerc. The products are more expensive, I agree, but they're fresher. And then it's also more practical: You don't need to take the car. As for friendly service, this grocer is the best in the neighborhood. FRANCK: I agree, sweetheart, but right now the most important thing is to save money.

CHAPITRE 14

The Future Tense

His Future
FATHER: He'll be a writer, he'll write novels, and we'll be famous. MOTHER: He'll be a businessman, he'll be the head of a company, and we'll be rich. CHILD: We'll see . . . I'll do what I can.

Relative Pronouns

Interviewing the Head of a Business
JOURNALIST: And why do you say that you studied for three years in vain? GENEVIÈVE: Well, because all that time, it was making jewelry that interested me. JOURNALIST: The jewelry you create is made out of natural materials? GENEVIÈVE: Yes. I also design costume jewelry, for magazines, that people can make at home. JOURNALIST: Now, your business makes thousands of pieces of jewelry, three quarters of which go to Japan? GENEVIÈVE: Yes, and I have loads of new projects!

CHAPITRE 15

Interrogative Pronouns

At the Rugby Game
BILL: What are they trying to do? JEAN-PAUL: Well, they're trying to get the ball behind the goal line of the other team. BILL: Yes, I know, but what are they doing right now? JEAN-PAUL: This is called a scrummage. BILL: And what's a scrummage? JEAN-PAUL: That's when several players from each team are clustered around the ball. You see, one of the players got it. BILL: Which one? JEAN-PAUL: Philippot. BILL: What's keeping him from throwing it toward the goal? JEAN-PAUL: The rules of the game, pal! This is rugby; it's not American football.

The Present Conditional (*continued*)

Oh, if I Were Rich . . .
FRANÇOIS: What would you do if you won the lottery? VINCENT: Me? I'd buy an old neighborhood movie theater. I

would choose all the films I like and all my friends could get in for free. CHLOË: If I had enough money, I'd settle in the south of France and would spend my time painting. I'd have a big house, and you could both come and see me every weekend.

Prepositions After Verbs
Going Out to the Cabaret
CORINE: Tonight we've decided to take you to the Contrescarpe cabaret in Montmartre. CHUCK: What is a cabaret? JACQUES: A cabaret is a kind of café where you can listen to ballads and satirical songs . . . CORINE: Do you know Georges Brassens, Jacques Brel, Barbara? JACQUES: It's because of the cabarets that they were able to make a name for themselves.

Comparative and Superlative (*continued*)
Jazz
JENNIFER: Do you often go to nightclubs on the weekends? BRUNO: No, I go to jazz bars more often than nightclubs. There aren't as many people and I like the music better. JENNIFER: I love jazz, too. I have more records of Duke Ellington than of Madonna. But jazz . . . I listen to it more often at my place. When I go to a nightclub, it's to dance, and also because there's more atmosphere.

CHAPITRE 16

The Subjunctive: Forms
Vote for Laure!
LAURE: So, you want me to run for the university council! SIMON: Yes, we wish the council would get over its inertia and that the delegates would realize what their political responsibilities are. LAURE: But I already ran without any

luck last year. LUC: This year, Laure, we want you to win. And we'll support you to the end.

The Subjunctive: Uses (Introduction)
The Draft or Voluntary Military Service?
PATRICK FAURE (22): In my opinion, the draft is an anachronism in the nuclear age. GÉRARD BOURRELLY (36): It's possible that young people will become more interested in military service if it gives them professional training. FRANCIS CRÉPIN (25): We have to do away with the draft and set up a career army. CHARLES PALLANCA (18): But if I were a volunteer, I would insist that the salary be at least 5,000 francs a month!

The Subjuctive: Uses (*continued*)
A United Europe
Several French people are expressing their opinions about the political and economic unification of Europe. JEAN-PIERRE (35): I'm glad that France is saying "yes" to Europe. ISABELLE (24): We're afraid the nationalists will become violent, like in Bosnia-Herzogovina. CLAUDE (40): I'm sorry the Swiss don't want to be part of Europe. NICOLE (30): I doubt whether Europe can settle the problem of unemployment. MONIQUE (52): I'm furious that the Americans put taxes on European agricultural products.

The Subjunctive: Uses (*continued*)
Military Interventions
KOFI: Do you believe France should intervene militarily in countries where there are political problems? KARIM: I'm not so sure that's a good solution. KOFI: Why? KARIM: Because I don't think it can change the political situation of those countries.

APPENDIX G

Answers to *Bien entendu!* and *Vidéothèque* activities

CHAPITRE 1
Bien entendu!
1. c   2. a   3. d   4. b   5. e

Vidéothèque
(no activities)

CHAPITRE 2
Bien entendu!
Fatima—Tunisie—espagnol—cinéma
François—Canada (Québec)—philosophie—sport
Scott—Angleterre—sociologie—café

Vidéothèque
1. b   2. c   3. a   4. c   5. a

CHAPITRE 3
Bien entendu!
A.   Patrice is the person on the right.
B.   1. b   2. a   3. b   4. b   5. a   6. a

Vidéothèque
1. e   2. c   3. d   4. f   5. a   6. b

CHAPITRE 4
Bien entendu!
1. b, e, f
2. b, e, g, h

Vidéothèque
A.   1. M   2. P   3. C   4. P   5. C
B.   1. c   2. e   3. b   4. d   5. a   6. P   7. M

CHAPITRE 5
Bien entendu!
1. Gérard   2. Géraldine   3. Marie   4. Juliette
5. Laurence   6. Franck   7. Léa

Vidéothèque
A.   1. F   2. V   3. F   4. V   5. V   6. F   7. V
B.   1. h   2. c, d, g   3. f   4. b   5. e   6. a

CHAPITRE 6
Bien entendu!
See map below.

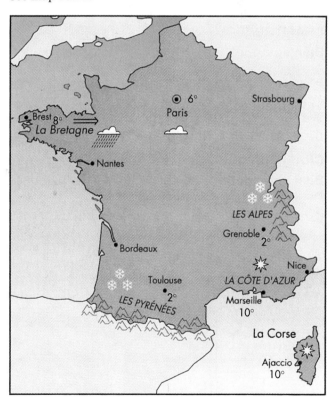

Vidéothèque
1. b.   2. a   3. c   4. a   5. c   6. a   7. c

CHAPITRE 7
Bien entendu!
Partie I: A.   1. d   2. b   3. a   4. c
B.   3
Partie II: 1. a   2. b   3. b   4. a   5. a   6. a

Vidéothèque
A.   1. B   2. P   3. P   4. C   5. B   6. P   7. C
B.   du beurre, de la crème, du fromage, du sel, de la
farine, des œufs, du jambon, du poivre

CHAPITRE 8

Bien entendu!
A.   1. V   2. V   3. F   4. V   5. V   6. V   7. F   8. V
B.   1. J-Y   2. J-Y   3. J-Y   4. S   5. S

Vidéothèque
1. V   2. V   3. F   4. V   5. V   6. V   7. V   8. V

CHAPITRE 9

Bien entendu!
Partie I: A.   1. a   2. b   3. a   4. b   5. a   6. c
B.   1. F   2. V   3. F   4. F   5. V
Partie II: a. 4   b. 10   c. 1   d. 8   e. 2   f. 5   g. 3   h. 9
i. 7   j. 6

Vidéothèque
1. a   2. c   3. d   4. f   5. h   6. e   7. g   8. b

CHAPITRE 10

Bien entendu!
A.   1. c   2. b   3. b
B.   1. F / F   2. F / V   3. F / V

Vidéothèque
A.   1. P   2. B   3. M   4. P   5. B
B.   1. b   2. a   3. b   4. b   5. c

CHAPITRE 11

Bien entendu!
Partie I: A.   1. a   2. b   3. a   4. b   5. b
B.

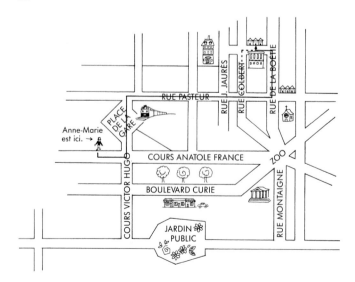

Vidéothèque
A.   1. F   2. V   3. F   4. V   5. V
B.   1. e   2. b   3. d   4. c   5. a

CHAPITRE 12

Bien entendu!
Partie I: A.   1. F   2. V   3. V   4. F   5. F   6. V
B.   1. c   2. b   3. c   4. a   5. c
Partie II: 1. V   2. F   3. F   4. V   5. F   6. V

Vidéothèque
A.   Luxe, calme et volupté; La Danse; Portrait de Madame
Matisse
B.   Answers will vary.

CHAPITRE 13

Bien entendu!
A.   5   8   1   7   4   10   3   6   2   9
B.   1. V   2. F   3. F   4. V   5. F   6. V

Vidéothèque
1. C   2. C   3. B   4. M   5. C   6. M   7. M   8. C
9. P   10. B

CHAPITRE 14

Bien entendu!
A.   1. b   2. c   3. a
B.   1. Annonce numéro 3   2. Annonce numéro 2
3. Annonce numéro 1

Vidéothèque
A.   1. P   2. C   3. P   4. P   5. C   6. A   7. A   8. C
B.   1. V   2. V   3. F   4. F   5. V

CHAPITRE 15

Bien entendu!
A.   1. b   2. c   3. a   4. b   5. c   6. b   7. a
B.   1. 1ère: français; 2ème: français; 3ème: américain
2. 1ère: français; 2ème: espagnol; 3ème: italien

Vidéothèque
A.   1. F   2. V   3. F   4. V   5. V
B.   1. c   2. b   3. c   4. c   5. b
C.   Answers will vary.

CHAPITRE 16

Bien entendu!
Partie I: A.   1. b   2. c, d, e   3. a, c   4. a
5. a   6. b, c
B.   1, 2, 5
Partie II: A.   3, 6, 8, 9, 11, 12
B.   1. d   2. e   3. a   4. b   5. c

Vidéothèque
A.   1. a   2. d   3. f   4. c   5. b   6. e
B.   1. A   2. M   3. M   4. M   5. A

LEXIQUES

Lexique Français-Anglais

This end vocabulary provides contextual meanings of French words used in this text. It does *not* include proper nouns (unless presented as active vocabulary), most abbreviations, exact cognates, most near cognates, past participles used as adjectives if the infinitive is listed, or regular adverbs formed from adjectives listed. Adjectives are listed in the masculine singular form; feminine endings or forms are included when irregular. An asterisk (*) indicates words beginning with an aspirate *h*. Active vocabulary is indicated by the number of the chapter in which it first appears.

ABBREVIATIONS

A. archaic
ab. abbreviation
adj. adjective
adv. adverb
art. article
conj. conjunction
fam. familiar or colloquial
f. feminine noun
Gram. grammatical term
indic. indicative (mood)

inf. infinitive
interj. interjection
interr. interrogative
inv. invariable
irreg. irregular
m. masculine noun
n. noun
neu. neuter
pl. plural
p.p. past participle

prep. preposition
pron. pronoun
Q. Quebec usage
s. singular
s.o. someone
s.th. something
subj. subjunctive
tr. fam. very colloquial, slang
v. verb

à *prep.* to; at; in (2)
abaissement *m.* bringing down; decline
abandonner to give up; to abandon; to desert
abats *m. pl.* giblets, offal
abolir to abolish (16)
abonnement *m.* subscription; rental
s'abonner (à) to subscribe (to)
aboyer (il aboie) to bark (*dog*)
abri *m.* shelter; **les sans-abri** *m. pl.* the homeless
abricot *m.* apricot
absolu *adj.* absolute
accabler to overwhelm
accent *m.* accent; **accent aigu (grave, circonflexe)** acute (grave, circumflex) accent
accepter (de) to accept (15); to agree to
accès *m.* access
accident *m.* accident (16)
accompagner to accompany, go along with
accord *m.* agreement; **d'accord** all right, O.K., agreed (2); **être d'accord** to agree, be in agreement; **se mettre**

d'accord to reconcile, come to an agreement
accorder to grant, bestow, confer; **s'accorder** to grant oneself
accroître (*like* croître) *irreg.* to increase, add to
accueil *m.* greeting, welcome; **question accueil** as far as welcoming goes
acharné *adj.* relentless
achat *m.* purchase (8)
acheter (j'achète) to buy (6)
acte *m.* act
acteur (actrice) *m., f.* actor, actress (12)
actif/ive *adj.* active; working
action *f.* action; gesture
activé *adj.* activated
activité *f.* activity; **les activités de plein air** outdoor activities (15)
actualité *f.* piece of news; present-day event
actuel(le) *adj.* present, current
adapter to adapt; **s'adapter** to adapt oneself
addition *f.* bill, check (*in a restaurant*) (7)

adieu *interj.* good-bye
adjectif *m., Gram.* adjective
adjoint *adj.* assistant
admettre (*like* mettre) *irreg.* to admit, accept
administrer to manage, run
admirateur/trice *m., f.* admirer
admirer to admire
adolescent(e) *m., f., adj.* adolescent, teenager
adorer to love, adore (2)
adresse *f.* address (10)
adulte *m., f., adj.* adult
adverbe *m., Gram.* adverb
adverse *adj.* opposing; opposite
aéré *adj.* ventilated; light
aérien(ne) *adj.* airline; **compagnie** (*f.*) **aérienne** airline
aérobic *f.* aerobics (5); **faire de l'aérobic** to do aerobics (5)
aéroport *m.* airport (9)
affaire *f.* affair; business matter; *pl.* business (9); **classe** (*f.*) **affaires** business class (9); **faire de telles affaires** to get good deals; **homme (femme)**

d'affaires *m.*, *f.* businessman (woman); **voyage** (*m.*) **d'affaires** business trip

affamé(e) *m.*, *f.* starving person; *adj.* starving

affiche *f.* poster (4); billboard

afficher to post, put up

affirmatif/ive *adj.* affirmative

affirmation *f.* declaration

affluence: heures (*f. pl.*) **d'affluence** rush hour

affreux/euse *adj.* horrible, awful (5)

afin de *prep.* to, in order to

âge *m.* age; epoch; **moyen âge** *m. s.* Middle Ages (12); **quel âge avez-vous?** how old are you?

agence *f.* agency; **agence de voyages** travel agency

agenda *m.* engagement book, pocket calendar

agent *m.* agent; **agent de police** police officer, policeman (woman) (14)

agir to act (4); **il s'agit de** it's about, it's a question of

agité *adj.* agitated, restless

agneau: côte (*f.*) **d'agneau** lamb chop

agréable *adj.* agreeable, pleasant, nice (3)

agricole *adj.* agricultural

agriculteur/trice *m.*, *f.* farmer (14)

agrumes *m. pl.* citrus fruits

ah bon *interj.* oh really (6)

aide *f.* help, assistance; **à l'aide de** with the help of

aider to help (14)

aigu: accent (*m.*) **aigu** acute accent (é)

aimable *adj.* likable, friendly

aimer to like (2); to love (2); **aimer bien** to like; **aimer mieux** to prefer (2); **j'aimerais** + *inf.* I would like (*to do s.th.*) (7); **je n'aime... pas du tout** I don't like . . . at all

aîné *adj.* older

ainsi *conj.* thus, so

air *m.* air; look; tune; **avoir l'air (de)** to seem, look (4); **de plein air** outdoor (15); **en plein air** outdoors, in the open air; **hôtesse** (*f.*) **de l'air** flight attendant (9)

ajouter to add

album *m.* (photo) album; picture book

alcoolisé *adj.* alcoholic

Algérie *f.* Algeria (8)

aliment(s) *m.* food, nourishment

alimentaire *adj.* alimentary, pertaining to food

alimentation *f.* food, feeding, nourishment; **magasin** (*m.*) **d'alimentation** food store

Allemagne *f.* Germany (8)

allemand *adj.* German; *m.* German (language); **Allemand(e)** *m.*, *f.* German (*person*) (2)

aller *irreg.* to go (5, 13); **aller** + *inf.* to be going (*to do s.th.*) (5); **aller mal** to feel bad (ill) (5); **allez-vous-en** *interj.* go away (13); **allez-y** go ahead; **billet** (*m.*) **d'avion aller-retour** round-trip plane ticket; **ça peut aller** all right, pretty well (1); **ça va** how's it going (1); **ça va bien (mal)** fine (bad[ly]) (things are going well [badly]) (1); **comment allez-vous** how are you (1); **s'en aller** to go away, go off (*to work*) (13)

allô *interj.* hello (*phone greeting*) (10)

allumette: pommes (*f. pl.*) **allumettes** shoestring potatoes

alors *adv.* so (3); then, in that case (5)

alpinisme *m.* mountaineering (8), mountain climbing; **faire de l'alpinisme** to go mountain climbing

alternance *f.* alternance; alternation

altruiste *adj.* altruistic

amande *f.* almond

ambiance *f.* atmosphere, surroundings

ambitieux/ieuse *adj.* ambitious

âme *f.* soul; spirit

amélioration *f.* improvement

améliorer to improve, better

américain *adj.* American; **à l'américaine** American-style; **Américain(e)** *m.*, *f.* American (*person*) (2)

ami(e) *m.*, *f.* friend (2); **petit(e) ami(e)** *m.*, *f.* boyfriend, girlfriend

amitié *f.* friendship

amour *m.* love (13); love affair

amoureux/euse *adj.* loving, in love (13); *m.*, *f.* lover, sweetheart (13), person in love; **tomber amoureux/euse (de)** to fall in love (with) (13); **vie** (*f.*) **amoureuse** love life

amphithéâtre (*fam.* **amphi**) *m.* lecture hall (2), amphitheater

amusant *adj.* amusing, fun (3)

s'amuser (à) to have fun, have a good time (12)

an *m.* year (8); **avoir (vingt) ans** to be (twenty) years old (4); **l'an dernier (passé)** last year; **par an** per year, each year

analyser to analyze

ancien(ne) *adj.* old, antique (7); former (7); ancient

angine *f.* sore throat, strep throat

anglais *adj.* English; *m.* English

(*language*); **Anglais(e)** *m.*, *f.* Englishman (woman) (2)

Angleterre *f.* England (8)

angoisse *f.* anguish

animateur/trice *m.*, *f.* host, hostess (*radio, T.V*); motivator (*in marketing*)

animé *adj.* animated; **dessin** (*m.*) **animé** cartoon

année *f.* year (8); **l'année prochaine (dernière, passée)** next (last) year; **année scolaire** academic, school year; **les années (cinquante)** the decade (era) of the (fifties) (8)

anniversaire *m.* anniversary; birthday; **bon anniversaire** happy birthday; **fête** (*f.*) **d'anniversaire** birthday party

annonce *f.* announcement, ad; **petites annonces** *pl.* (classified) ads (10)

annoncer (nous annonçons) to announce, declare

annuaire *m.* telephone book (10)

anonyme *adj.* anonymous

anorak *m.* (ski) jacket (8), windbreaker

antillais *adj.* West Indian; **Antillais(e)** *m.*, *f.* West Indian (*person*)

Antilles *f. pl.* West Indies

antipathique *adj.* disagreeable, unpleasant

anxieux/ieuse *adj.* anxious

août August (4)

apercevoir (*like* **recevoir**) *irreg.* to perceive, notice

aperçu *adj.* noticed

apôtre *m.* apostle

apparaître (*like* **connaître**) *irreg.* to appear

appareil *m.* apparatus (10); device; appliance; telephone (10); **appareil-photo** *m.* (*still*) camera; **qui est à l'appareil** who's calling (10)

apparemment *adv.* apparently

apparence *f.* appearance

apparenté *adj.* related; cognate (*word*)

appartement *m.* apartment (5)

appartenir (*like* **tenir**) **à** *irreg.* to belong to

appeler (j'appelle) to call (10); to name; **comment s'appelle...** what's . . .'s name; **comment vous appelez-vous** what's your name (1); **je m'appelle...** my name is . . . (1); **s'appeler** to be named (12)

appétit *m.* appetite; **bon appétit** enjoy your meal

appliquer to apply

apport *m.* provision

apporter to bring, carry (7); to furnish

apposé *adj.* (af)fixed, attached

apprécier to appreciate, value

apprendre (*like* **prendre**) *irreg.* to learn (6); to teach; **apprendre à** to learn (how) to

après *prep.* after (2, 5); afterward (5); **après avoir (être)...** after having . . .; **d'après** *prep.* according to

après-midi *m. or f.* afternoon (5); **cet(te) après-midi** this afternoon (5); **de l'après-midi** in the afternoon (6)

aquarelle *f.* watercolor (painting)

arbre *m.* tree (5)

architecte *m., f.* architect (14)

arène(s) *f.* arena (12) bullring

argent *m.* money (7); silver; **argent liquide** cash (14)

argot *m.* slang, argot

arme *f.* weapon, arm

armée *f.* army **armée de métier** professional army

armoire *f.* wardrobe; closet

armoiries *f. pl.* coat of arms

arranger (**nous arrangeons**) to arrange; to fix

arrêt *m.* stop; **arrêt de bus** bus stop

arrêter (de) to stop, cease; **s'arrêter** to stop (*oneself*) (12)

arrière *adv.* back; **arrière-grand-parent** *m.* great-grandparent (5)

arrivée *f.* arrival (9)

arriver to arrive, come (3); to happen; **qu'est-ce qui t'arrive** what's wrong with you

arrondissement *m.* ward, section (*of Paris*) (11)

art *m.* art; **arts et lettres** humanities; **œuvre** (*f.*) **d'art** work of art (12)

artichaut *m.* artichoke

artifice: feux (*m.*) **d'artifice** fireworks

artisan(e) *m., f.* artisan, craftsperson (14)

artiste *m., f.* artist (12); **artiste peintre** *m., f.* (artist) painter (14)

aspiré *adj.* aspirate

asseoir (*p.p.* **assis**) *irreg.* to seat; **asseyez-vous (assieds-toi)** sit down (13); **s'asseoir** to sit down

assez *adv.* somewhat (3); rather, quite; **assez de** *adv.* enough (6); **pas assez** not enough

assiette *f.* plate (6); **assiette à soupe** bowl

assis *adj.* seated

assistance *f.* assistance, help; audience

assister à to attend (15), go to (*concert, etc.*)

associer to associate

assortiment *m.* assortment

assumer to assume; to take on

assurance *f.* assurance; insurance; **assurances-automobile** *pl.* car insurance

assurer to insure

astéroïde *m.* asteroid

astronome *m., f.* astronomer

atelier *m.* workshop; (*art*) studio

atmosphère *f.* atmosphere (16)

atout *m.* asset

attachant *adj.* captivating, engaging

atteindre (*like* **craindre**) *irreg.* to reach, attain

attendre to wait, wait for (5)

attention *f.* attention; **faire attention (á)** to pay attention (to); to be careful (of), watch out (for) (5)

attentivement *adv.* attentively

atténuer to alleviate, ease

attrait *m.* attraction, lure; charm

attraper to catch

attribuer to attribute

auberge *f.* inn; **auberge de jeunesse** youth hostel

aucun(e) (ne... aucun[e]) *adj., pron.* none; no one, not one, not any; anyone; any

audio-visuel(le) *adj.* audiovisual; *m.* audiovisual, broadcast media

auditeur/trice *m., f.* auditor, listener

augmentation *f.* increase (14, 16); **augmentation de salaire** raise

augmenter to increase

aujourd'hui *adv.* today (1); nowadays

auparavant *adv.* previously, beforehand

auprès de *prep.* with, to

aurore *f.* dawn; **aux aurores** at daybreak

ausculter to listen (with a stethoscope)

aussi *adv.* also (3); so; as; **aussi... que** as . . . as (13)

aussitôt *conj.* immediately, at once; **aussitôt que** as soon as (14)

autant (de) *adv.* as much, so much, as many, so many; **autant (de)... que** as much (many) . . . as (15)

auteur *m.* author

auto *f., fam.* car, auto

autobiographique *adj.* autobiographical

autobus (*fam.* **bus**) *m.* (*city*) bus (5)

autocar *m.* (*interurban*) bus

autodidacte *adj.* self-taught

automatique *adj.* automatic; **distributeur** (*m.*) **automatique** automatic teller (14)

automne *m.* autumn, fall (1); **en automne** in the autumn (1)

automobile (*fam.* **auto**) *f., adj.* automobile, car; **assurances-automobile** *f. pl.* car insurance

autoportrait *m.* self-portrait

autoroute *f.* highway (9), freeway

autour de *prep.* around

autre *adj., pron.* other (4); another; *m., f.* the other; *pl.* the others, the rest; **d'autre part** on the other hand; **de l'autre côté** on the other side; **de part et d'autre** on both sides, here and there

autrefois *adv.* formerly (11), in the past

autrement *adv.* otherwise; **autrement dit** in other words

auxiliaire *m., Gram.* auxiliary (verb)

avaler to swallow

avance *f.* advance; **à l'avance** beforehand; **en avance** early

avancé *adj.* advanced

avant *adj.* before (*in time*); *prep.* before, in advance of; *m.* front; **avant de + inf.** (*prep.*) before; **avant tout** above all, first and foremost

avant-hier *adv.* the day before yesterday (8)

avantage *m.* advantage, benefit

avare *adj.* miserly, stingy

avec *prep.* with (2)

avenir *m.* future (14); **à l'avenir** from now on (14), in the future

aventure *f.* adventure

aventureux/euse *adj.* adventurous

aventurier/ière *m., f.* adventurer

averti *adj.* informed, mature

aviateur/trice *m., f.* aviator

avion *m.* airplane (9); **billet** (*m.*) **d'avion aller-retour** round-trip plane ticket; **en avion** by plane

avis *m.* opinion; **à votre (ton) avis** in your opinion (11); **changer d'avis** to change one's mind

avocat(e) *m., f.* lawyer (14)

avoir (*p.p.* **eu**) *irreg.* to have (4); **avoir (20) ans** to be (20) years old (4); **avoir besoin de** to need (4); **avoir chaud** to be warm (4), hot; **avoir confiance en** to have confidence in; **avoir de la chance** to be lucky (4); **avoir du mal à** to have trouble (difficulty); **avoir envie de** to feel like; to want (4); **avoir faim** to be hungry (4); **avoir froid** to be (feel) cold (4); **avoir honte (de)** to be ashamed (of) (4); **avoir horreur de** to hate; **avoir l'air (de)** to seem, look (like) (4); **avoir la trouille** to have stage fright; to be terrified; **avoir le temps (de)** to have the time (to); **avoir lieu** to take place; **avoir mal (à)** to have pain; to hurt (13); **avoir peur (de)** to be afraid (of) (4); **avoir raison** to be right

(4); **avoir rendez-vous avec** to have a meeting (date) with (4); **avoir soif** to be thirsty (4); **avoir sommeil** to be sleepy (4); **avoir tort** to be wrong (4); **il y a** there is, there are (1); ago (8); **j'aurai droit à quoi** I'll be entitled to what

avouer to confess, admit

avril April (4)

Azur: Côte (*f.*) **d'Azur** (French) Riviera

baccalauréat (*fam.* **bac**) *m.* baccalaureate (*French secondary school degree*)

bagages *m. pl.* luggage

bagarre *f.* fight, brawl

baguette (de pain) *f.* French bread, baguette (7)

baie *f.* bay

se baigner to bathe (*oneself*) (13); to swim (13)

bain *m.* bath; swim; **maillot** (*m.*) **de bain** swimsuit (3); **salle** (*f.*) **de bains** bathroom (5)

baiser *m.* kiss

baisse *f.* lowering (16), reduction; **en baisse** reduced

baisser: faire baisser to lower

bal *m.* dance, ball

baladeur *m.* Walkman

balcon *m.* balcony (5)

balle *f.* (*small*) ball; tennis ball

ballon *m.* (*soccer, basket*) ball; balloon; **ballon à air chaud** hot-air balloon; **ballon volant** hot-air balloon

banane *f.* banana

banc *m.* bench

bancaire *adj.* banking, bank; **carte** (*f.*) **bancaire** bank (ATM) card (14); **compte** (*m.*) **bancaire** bank account

bande *f.* band; group; gang; (*cassette, video*) tape; **bande dessinée** comic strip; *pl.* comics

banlieue *f.* suburbs (11); **en banlieue** in the suburbs

banque *f.* bank (11)

baptiser to baptize; to name

bar *m.* bar; snack bar; pub

barde *f.* bard (*layer of bacon on a roast*)

baron(ne) *m., f.* baron, baroness

barrer to bar, block

bas(se) *adj.* low; **à bas...** down with . . . ; **en bas** downstairs; **là-bas** *adv.* over there

base (*f.*) **de données** data base

base-ball *m.* baseball; **jouer au base-ball** to play baseball

baser to base; **se baser sur** to be based on

basilique *f.* basilica

basket-ball (*fam.* **basket**) *m.* basketball; **jouer au basket** to play basketball

bassin *m.* basin; pond; wading pool

bataille *f.* battle

bateau *m.* boat (8); **bateau à voile** sailboat (8); **bateau-mouche** *m. tourist boat on the Seine*; **en bateau** by boat, in a boat; **faire du bateau** to go boating

bâtiment *m.* building (11)

bâtir to build (12)

se battre (*p.p.* **battu**) *irreg.* to fight

bavard *adj.* talkative

bavardage *m.* chattering

bavarder to chat; to talk

bavaroise *f.* mousse (*dessert*)

bavette: bifteck (*m.*) **bavette** sirloin of beef

BCBG *ab.* (**bécébégé**)**: bon chic bon genre** "preppy"

beau (bel, belle [beaux, belles]) *adj.* handsome; beautiful (3); **il fait beau** it's nice (weather) out (1)

beaucoup (de) *adv.* very much, a lot (1); much, many

beau-frère *m.* brother-in-law (5); stepbrother

beau-père *m.* father-in-law (5); stepfather

belge *adj.* Belgian; **Belge** *m., f.* Belgian (*person*)

Belgique *f.* Belgium (8)

belle-mère *f.* mother-in-law (5); stepmother (5)

belle-sœur *f.* sister-in-law (5); stepsister

ben *interj., fam.* well

bénéficier (de) to profit, benefit (from)

béquille *f.* crutch

besoin *m.* need; **avoir besoin de** to need (4)

beurre *m.* butter (6)

beurré *adj.* buttered

bibliothèque (*fam.* **bibli**) *f.* library (2)

bicyclette *f.* bicycle (8); **faire de la bicyclette** to go bicycling (8)

bien *adv.* well (15); (*fam.*) good (5), quite; much (13); comfortable; **aimer bien** to like; **bien (mieux, le mieux)** *adv.* well (better, best) (15); **bien alors** *interj.* well, so then; **bien cuit** well-done (*meat*); **bien entendu** *interj.* of course; **bien sûr** *interj.* of course (6); **bien sûr que oui (non)** of course (not) (6); **ça va bien** fine (things are going well) (1); **eh bien** *interj.* well (3); **je vais bien** I'm fine; **merci bien** thanks a lot; **ou bien** or else; **s'amuser bien** to have a good time; **s'entendre bien** to get along (well);

tomber bien to come at the right moment; **très bien** very well (good) (1); **vouloir bien** to be willing; to agree (7)

bien-aimé(e) *m., f.* beloved

bien-être *m.* well-being; welfare

bienfaisant *adj.* beneficial

bienfaits *m.* benefits

bientôt *adv.* soon (5); **à bientôt** *interj.* see you soon (1)

bienvenu *adj.* welcome

bière *f.* beer (6)

bifteck *m.* steak (6)

biguine *f.* beguine (*South American dance*)

bijou *m.* jewel (14); piece of jewelry

bilingue *adj.* bilingual

billet *m.* bill (*currency*) (7); bill, check (*in a restaurant*) (7); ticket (9); **billet aller-retour** round-trip ticket

biologie *f.* biology (2)

biologique *adj.* biological

biscuit (sec) *m.* cookie

bise *f., fam.* kiss, smack; **faire la bise** to kiss on both cheeks (*in greeting*); **grosses bises** love and kisses

bisou *m., fam.* kiss (*child's language*)

bistro(t) *m.* bar, pub

blague *f.* joke

blanc(he) *adj.* white (3)

blancheur *f.* whiteness

bleu *adj.* blue (3)

blond(e) *m., f., adj.* blond (4)

blouson *m.* windbreaker (3); jacket

bœuf *m.* beef (7); **consommé** (*m.*) **de bœuf** beef consommé; **filet** (*m.*) **de bœuf** beef fillet; **rôti** (*m.*) **de bœuf** roast beef

bof *interj. and gesture of skepticism*

boire (*p.p.* **bu**) *irreg.* to drink (6)

bois *m.* forest, woods (11); wood

boisson *f.* drink (6), beverage

boîte *f.* box; can (7); nightclub; **boîte (de conserve)** can (*of food*) (7); **boîte aux lettres** mailbox (10); **boîte de coleurs** box of colored pencils

bol *m.* wide cup (6); bowl

bon(ne) *adj.* good (7); right, correct; *f.* maid, chambermaid; **ah bon** oh really (6); **bon anniversaire** happy birthday; **bon appétit** enjoy your meal; **bon chic bon genre (BCBG)** "preppie"; **bon soir** good evening (1); **bon voyage** have a good trip; **bonne chance** good luck; **bonne route** have a good trip; **de bon matin** early in the morning; **de bonne heure** early (6); **le bon vieux temps** the good old days; **un bon moyen** a good way

bonbon *m.* (*piece of*) candy
bonheur *m.* happiness
bonjour *interj.* hello, good day (1)
bonsoir *interj.* good evening (1)
bord *m.* board; edge, bank, shore; **à bord** on board; **au bord de** on the banks (shore) of
bosseur/euse *m., f., fam.* hard worker
bottes *f. pl.* boots (3)
boubou *m. long tunic worn by black North Africans*
boucanier *m.* pirate, buccaneer
bouche *f.* mouth (13)
boucher/ère *m., f.* butcher (14)
boucherie *f.* butcher shop (7); **boucherie-charcuterie** *f.* combination butcher and deli
bouffe *f., fam.* large, copious meal (*with friends*)
bouger (nous bougeons) to move
bouillon *m.* broth, stock; **bouillon de culture** culture medium
boulangerie *f.* bakery (7); **boulangerie-pâtisserie** *f.* bakery-pastry shop
boulevard *m.,* boulevard (11)
boulot *m., fam.* job; work
bouquiniste *m., f.* secondhand book-seller (*especially along the Seine in Paris*)
bourgeois *adj.* bourgeois; middle-class
boursier/ière *m., f.* grant-holder, scholarship student
bout *m.* end; **jusqu'au bout** until the very end
bouteille *f.* bottle (6)
boutique *f.* shop, store
boxe *f.* boxing; **match** (*m.*) **de boxe** boxing match
brancher to connect (up); **se brancher sur** to link oneself with
bras *m. s.* arm (13); **à bras ouverts** with open arms
bref *adv.* in short, in brief
Brésil *m.* Brazil (8)
breton(ne) *adj.* Breton; **Breton(ne)** *m., f.* Breton (*person*)
breuvage *m.* drink, beverage
bribes *f. pl.* scraps, snippets
bricolage *m.* do-it-yourself, work, puttering around (15)
bricoler to putter around, do odd jobs (15)
brièvement *adv.* briefly
brillant *adj.* brilliant; shining
briller to shine, gleam
brique *f.* brick
bronzage *m.* suntan
bronzer to get a suntan (8)

brosse *f.* brush; **brosse à dents** toothbrush
brosser to brush; **se brosser les cheveux (les dents)** to brush one's hair (teeth) (13)
brouillard *m.* fog
bruit *m.* noise (5)
brûlant *adj.* burning; urgent
brume *f.* mist; fog
brumeux/euse *adj.* foggy, misty
bruyant *adj.* noisy
bûche *f.* log; **bûche de Noël** yule-log (*pastry*)
bûcheron *m.* woodcutter
budget *m.* budget (14); **budget militaire** military budget (16)
bureau *m.* desk (1); office, study (5); **bureau de change** money exchange (office) (14); **bureau de poste** post office (10); **bureau de tabac** (*government-licensed*) tobacconist
bureaucrate *m., f.* bureaucrat
but *m.* goal; objective

ça *pron.* this, that (7); it; **ça m'est égal** it's all the same to me; **ça peut aller** all right, pretty well; **ça va** how's it going (1); **ça va** fine (things are going well) (1); **ça va bien (mal)** things are going well (badly) (1); **comme ci, comme ça** so-so (1); **non, ce n'est pas juste, ça** no, that's not right (1)
cabine *f.* cabin; booth; **cabine téléphonique** telephone booth (10)
cabinet *m.* office; study
cadeau *m.* present, gift
cadre *m.* frame; setting; middle (upper) manager (14)
café *m.* café (2); (cup of) coffee (2); **café au lait** coffee with milk; **café-tabac** *m.* bar-tobacconist (11)
cahier *m.* notebook (1); workbook
caisse *f.* cash register
calcul *m.* calculation; arithmetic; calculus; **faire des calculs** to do calculations
calculer to calculate, figure; **machine** (*f.*) **à calculer** adding machine
calendrier *m.* calendar
calme *m., adj.* calm (3)
calmer to calm (down)
calorique *adj.* caloric; **très (peu) calorique** high (low) in calories
camarade *m., f.* friend, companion; **camarade de chambre** roommate (4); **camarade de classe** classmate, schoolmate
caméra *f.* movie camera; **caméra vidéo** video camera

caméscope *m.* camcorder, video camera
camion *m.* truck
campagne *f.* country(side) (8); campaign; **à la campagne** in the country; **pain** (*m.*) **de campagne** country-style bread, wheat bread; **pâté** (*m.*) **de campagne** terrine; (country-style) pâté (7)
camper to camp
campeur/euse *m., f.* camper
camping *m.* camping (8); **faire du camping** to go camping; **terrain** (*m.*) **de camping** campground
Canada *m.* Canada (8)
canadien(ne) *adj.* Canadian; **Canadien(ne)** *m., f.* Canadian (*person*)
canal *m.* channel; canal
canapé *m.* sofa, couch (4)
canard *m.* duck; *tr. fam.* newspaper; **confit** (*m.*) **de canard** duck conserve
candidat(e) *m., f.* candidate; applicant
candidature *f.* candidacy
canne (*f.*) **à sucre** sugar cane
capital *m.* capital, money
capitale *f.* capital (*city*)
car *conj.* for, because
caractère *m.* character (*personality*)
carafe *f.* carafe (6); pitcher
Caraïbes *f. pl.* Caribbean (*islands*); **mer** (*f.*) **des Caraïbes** Caribbean (*sea*)
caravane *f.* (camping) trailer
carbone: hydrate (*m.*) **de carbone** carbohydrate
carburateur *m.* carburetor
cardiaque *adj.* cardiac
caricature *f.* caricature; political cartoon
caricaturiste *m., f.* caricaturist, cartoonist
carlingue *f.* cockpit, cabin (*plane*)
carnaval *m.* carnival
carnet *m.* book of tickets; **carnet de chèques** checkbook (14)
carotte *f.* carrot (6)
carrefour *m.* intersection
carrière *f.* career
carriériste *adj.* career-oriented
carte *f.* card; menu (7); map (*of region, country*) (11); *pl.* (playing) cards (3); **carte bancaire** bank (ATM) card (14); **carte de crédit** credit card (14); **carte d'embarquement** boarding pass (9); **carte d'étudiant** student ID card; **carte postale** postcard (10); **jouer aux cartes** to play cards
cas *m.* case; **selon le cas** as the case may be
casquette *f.* French cap (3)
casse-croûte *m.* snack, light lunch

casser to break; **casser avec** to break off relations with

casse-tête *m.* puzzle, riddle game

cassette *f.* cassette tape (*video or audio*) (4); **lecteur** (*m.*) **de cassettes** cassette deck, cassette player (4)

cassis *m.* black currant (*liqueur*)

catégorie *f.* category, class

cathédrale *f.* cathedral (12)

cause *f.* cause; **à cause de** because of; **mettre en cause** to call into question

CD: lecteur (*m.*) **de CD** compact disc player (4)

ce (cet, cette, ces) *pron., adj.* this, that (5); **c'est un (une)...** it's a . . . (1); **ce week-end** this weekend (5); **cet après-midi (ce matin, ce soir)** this afternoon (morning, evening) (5)

cédille *f.* cedilla

cela (ça) *pron.* this, that (7)

célèbre *adj.* famous

célébrer (je célèbre) to celebrate

célibat *m.* single life (13)

célibataire *m., f., adj.* single (*person*) (5)

celui (ceux, celle, celles) *pron.* the one, the ones; this one, that one; these, those

censure *f.* censorship

censurer to censor

cent *adj.* one hundred

centaine *f.* about one hundred

centime *m.* centime, 1/100th of a French franc (7)

centrale (*f.*) **nucléaire** nuclear power plant

centre *m.* center; **centre-ville** *m.* downtown (11)

cependant *conj.* however, nevertheless

céréales *f. pl.* cereal; grains

cérémonie *f.* ceremony

certain *adj.* sure; particular; certain; *pl., pron.* certain ones, some people; **il est certain que** + *indic.* it's certain that (16)

c'est-à-dire *conj.* that is to say

chacun(e) *m., f., pron.* each (one), everyone

chaîne *f.* television channel; network (10); **chaîne par câble** cable channel; **chaîne stéréo** stereo (4)

chaise *f.* chair (1)

chaleureux/euse *adj.* warm; friendly

chambre *f.* room; bedroom (4, 5); hotel room; **camarade** (*m., f.*) **de chambre** roommate (4)

champ *m.* field

champignon *m.* mushroom

champion(ne) *m., f.* champion

chance *f.* luck; possibility; opportunity; **avoir de la chance** to be lucky (4); **bonne chance** good luck

change *m.* currency exchange; **bureau** (*m.*) **de change** money exchange (office) (14)

changement *m.* change

changer (nous changeons) to change; to exchange (*currency*); **changer d'avis** to change one's mind; **changer de l'argent** to exchange currency

chanson *f.* song, **chanson de variété** popular song (15)

chant *m.* song

chanter to sing (10)

chanteur/euse *m., f.* singer

chantilly *f.* whipped cream; **à la chantilly** with whipped cream

chapeau *m.* hat (3)

chapelle *f.* chapel

chapitre *m.* chapter

chaque *adj.* each, every

charcuterie *f.* deli; cold cuts; pork butcher's shop, delicatessen (7)

chargé (de) *adj.* in charge of, responsible for; heavy, loaded; busy

chargement *m.* loading; shipping

charlotte *f.* charlotte (*cake with whipped cream and fruit*)

charmant *adj.* charming

chasse *f.* hunt, hunting; **chasse au trésor** treasure hunting

chassé *adj.* chased, pursued

chat(te) *m., f.* cat

châtain *adj.* brown, chestnut-colored (*hair*) (4)

château *m.* castle, chateau (11)

châtelaine *f.* lady of the manor; *dessert made with hazelnuts, hot chocolate syrup, and whipped cream*

chaud *adj.* warm; hot (1); **avoir chaud** to be warm (4), hot; **il fait chaud** it's hot (1)

chauffeur/euse *m., f.* chauffeur; driver

chaussée *f.* pavement; **rez-de-chaussée** *m.* ground floor (5)

chaussettes *f. pl.* socks (3)

chaussures *f. pl.* shoes (3); **chaussures de ski (de montagne)** ski (hiking) boots (8)

chef *m.* leader; head; chef, head cook; **chef de cuisine** head cook, chef; **chef d'entreprise** company head, top manager, boss (14); **terrine** (*f.*) **du chef** chef's special pâté

chef-d'œuvre *m.* (*pl.* **chefs-d'œuvre**) masterpiece (12)

chemin *m.* way (*road*) (11); path; **chemin de fer** railroad; **demander son chemin** to ask directions

chemise *f.* shirt (3)

chemisier *m.* (*woman's*) shirt, blouse (3)

chèque *m.* check (14); **carnet** (*m.*) **de chèques** checkbook (14); **chèque de voyage** traveler's check; **compte-chèques** *m.* checking account (14); **déposer un chèque** to deposit a check; **faire un chèque** to write a check (14); **toucher un chèque** to cash a check (11)

cher (chère) *adj.* expensive (3, 7); dear (7); **coûter cher** to be expensive

chercher to look for (2); to pick up; **chercher à** to try to (15)

chéri(e) *m., f.* darling

cheval *m.* horse (8); **faire du cheval** to go horseback riding (8)

cheveux *m. pl.* hair (4); **se brosser les cheveux** to brush one's hair (13)

chez at the home (establishment) of (5); **chez moi** at my place

chic *m.* chic; *adj. inv.* chic, stylish; **bon chic bon genre (BCBG)** "preppy"

chien(ne) *m., f.* dog (4)

chiffre *m.* number, digit; **chiffre record** record number

chimie *f.* chemistry (2)

chimiste *m., f.* chemist

Chine *f.* China (8)

chinois *adj.* Chinese; *m.* Chinese (*language*); **Chinois(e)** *m., f.* Chinese (*person*) (2)

choc *m.* shock

chocolat *m.* chocolate (6); hot chocolate; **éclair** (*m.*) **au chocolat** chocolate eclair; **mousse** (*f.*) **au chocolat** chocolate mousse

choisir (de) to choose (to) (4)

choix *m.* choice (2); **au choix** of your choosing

chômage *m.* unemployment (16)

chômeur/euse *m., f.* unemployed person

choquer to shock

chose *f.* thing; **autre chose** something else; **pas grand-chose** not much; **quelque chose** something (9); **quelque chose d'intéressant** something interesting

chou *m.* cabbage; (*fam.*) darling

chouette *adj. inv., fam.* cute; super, neat

chou-fleur (*pl.* **choux-fleurs**) *m.* cauliflower

chrétien(ne) *adj.* Christian

chronique *f.* chronicle; news

chronologique *adj.* chronological
ci: comme ci, comme ça so-so (1)
ci-dessous *adv.* below
ci-dessus *adv.* above, previously
ciel *m.* sky; **bleu ciel** *adj. inv.* sky-blue; **gratte-ciel** *m. inv.* skyscraper
cinéaste *m., f.* filmmaker (12)
ciné-club *m.* film club
cinéma (*fam.* **ciné**) *m.* movies (2); movie theater (2)
cinq *adj.* five (1)
cinquante *adj.* fifty (1); **les années** (*f. pl.*) **cinquante** the decade (era) of the fifties (8)
cinquième *adj.* fifth (11)
circonflexe *m.* circumflex (*accent*)
circonstance *f.* circumstance
circuit *m.* organized tour
circulation *f.* traffic; circulation
circuler to circulate; to travel
cité *f.* area in a city; **cité universitaire** (*fam.* **cité-U**) university dormitory (2)
citoyen(ne) *m., f.* citizen (16)
citron *m.* lemon
clafoutis *m.* fruit cobbler (*dessert*)
clair *adj.* light, bright; light-colored; clear; evident (16)
claquer: elle m'a claqué la porte au nez she closed the door in my face
classe *f.* class; classroom; **camarade** (*m., f.*) **de classe** classmate; **classe affaires** (**économique**) business (tourist) class (9); **première (deuxième) classe** first (second) class; **salle** (*f.*) **de classe** classroom (1)
classement *m.* classification
classer to classify; to sort
classique *adj.* classical (12); classic; **musique** (*f.*) **classique** classical music
clavier *m.* keyboard
clé, clef *f.* key (8); **mot-clé** *m.* key word
client(e) *m., f.* customer, client
climat *m.* climate
climatisé *adj.* air-conditioned
clip *m.* music video
cloche *f.* bell
closerie *f.* pleasure garden
club *m.* club (*social, athletic*); **ciné-club** *m.* film club
coca *m., fam.* cola drink
cocher to check off (*list*)
coco: lait (*m.*) **de coco** coconut milk; **noix** (*f.*) **de coco** coconut
cocon *m.* cocoon
cocoteraie *f.* coconut plantation
cocotier *m.* coconut tree
cocotte *f.* stew-pan

code *m.* code; **code postal** postal (zip) code
codé *adj.* coded
cœur *m.* heart
coffre *m.* trunk (*of car*)
coiffeur/euse *m., f.* hairdresser (14); barber
coin *m.* corner (11)
collaborateur/trice *m., f.* collaborator; contributor
collection *f.* collection (15)
collectionner to collect
collège *m.* secondary school
colline *f.* hill
colombe *f.* dove
colon *m.* colonist
colonie *f.* colony
colonisateur/trice *m., f.* colonizer
colonne *f.* column
combattre (*like* **battre**) *irreg.* to fight
combien (de) *adv.* how much, how many (1, 4)
comédie *f.* comedy
comédien(ne) *m., f.* comedian
comique *m., f.* comedian, comic; *adj.* funny, comical, comic
commander to order (*in a restaurant*) (6)
comme *adv.* as, like, how; **comme ci, comme ça** so-so (1)
commencement *m.* beginning
commencer (nous commençons) (à) to begin (to) (10, 11); **commencer par** to begin by (*doing s.th.*) (15)
comment *adv.* how (1); **comment** what, how (1, 4); **comment allez-vous** how are you (1); **comment ça va** how are you, how's it going; **comment dit-on... en français** how do you say . . . in French (1); **comment est-il/elle** what's he (she, it) like; **comment s'appelle-t-il/elle** what's his (her) name; **comment vous appelez-vous** what's your name (1); **je ne sais pas comment vous (te) remercier** I don't know how to thank you (15)
commentaire *m.* commentary, remark
commenter to comment on
commerçant(e) *m., f.* shopkeeper (14)
commerce *m.* business (2)
commercial *adj.* commercial, business; **directeur/trice** (*m., f.*) **commercial(e)** business manager (14)
commissaire *m.* commission member, commissioner
commissariat *m.* police station (11)
commission *f.* commission; errand
commode *f.* chest of drawers (4)

commun *adj.* ordinary, common; shared; **en commun** in common; **transports** (*m. pl.*) **en commun** public transportation
communauté *f.* community
commune *f.* district
communicatif/ive *adj.* communicative
communication *f.* communication; phone call
compact: disque (*m.*) **compact** compact disc
compagnie *f.* company; **compagnie aérienne** airline
compagnon (compagne) *m., f.* companion
comparaison *f.* comparison
comparer to compare
compartiment *m.* compartment (9)
compatriote *m., f.* fellow countryman (woman)
complément *m.* complement; **pronom** (*m.*) **complément d'objet (in)direct** *Gram.* (in)direct object pronoun
complémentaire *adj.* complementary
complet/ète *adj.* complete; whole
compléter (je complète) to complete, finish
compliqué *adj.* complicated
comportement *m.* behavior
composé *adj.* composed; **passé** (*m.*) **composé** *Gram.* present perfect
composer to compose; to make up; **composer un numéro** to dial a (phone) number (10); **se composer de** to be composed of
compositeur/trice *m., f.* composer (12)
composter to stamp (*date*); to punch (*ticket*)
compote (*f.*) **de pommes** stewed apples
compréhensif/ive *adj.* understanding
compréhension *f.* understanding
comprendre (*like* **prendre**) *irreg.* to understand (6); to comprise, include (6); **je ne comprends pas** I don't understand (1)
comprimé *m.* tablet, pill
compris *adj.* included; **tout compris** all inclusive
comptabilité *f.* accounting
comptable *m., f.* accountant (14); **expert(e)-comptable** *m., f.* certified public accountant
compte *m.* account (14); **compte bancaire** bank account; **compte-chèques** *m.* checking account (14); **compte d'épargne** savings account (14); **travailler pour son compte** to be self-employed

compter (sur) to plan (on); to intend; to count

se concentrer to concentrate

concerner: en ce qui concerne concerning

concourir (*like* **courir**) **à** *irreg.* to work toward

concours *m.* competition; competitive exam

concurrence *f.* competition; trading

concurrent(e) *m., f.* competitor

condition *f.* condition; situation; **à condition de** provided, providing

conditionnel *m., Gram.* conditional

conducteur/trice *m., f.* driver (9)

conduire (*p.p.* **conduit**) *irreg.* to drive (9); to take; to lead; **permis** (*m.*) **de conduire** driver's license

conférence *f.* lecture (12); conference; **salle** (*f.*) **de conférence** meeting room, conference hall

confiance *f.* confidence; **avoir confiance en** to have confidence in; to trust; **faire confiance à** to trust in

confidence: faire une confidence à to tell a secret to

confier to confide; to give

confit (*m.*) **de canard** duck conserve

confiture *f.* jam, preserves

conflit *m.* conflict

conformiste *m., f., adj.* conformist (3)

confort *m.* comfort; amenities

confortable *adj.* comfortable

Congo *m.* Congo (8)

congrès *m.* meeting, convention

conjugaison *f., Gram.* (verb) conjugation

connaissance *f.* knowledge; acquaintance; **faire connaissance** to get acquainted; **faire la connaissance de** to meet (*for the first time*), make the acquaintance of; **heureux/euse de faire votre connaissance** delighted to meet you; **pas à ma connaissance** not to my knowledge (5)

connaître (*p.p.* **connu**) *irreg.* to know (11); to be familiar with (11)

connu *adj.* known; famous

conquérir (*p.p.* **conquis**) *irreg.* to conquer

conquête *f.* conquest; **à la conquête de** in quest of

consacré *adj.* consecrated; devoted

conscience *f.* conscience; **prendre conscience de** to become aware of

conseil *m.* (piece of) advice (14); council; **donner des conseils à** to give advice to

conseiller (à, de) to advise (15)

conseiller/ère *m., f.* **d'orientation** guidance counselor

conservateur/trice *m., f.* conservative

conservation *f.* conserving; preservation (16)

conservatoire *m.* conservatory

conserve *f.* preserve(s), canned food; **boîte** (*f.*) **de conserve** can of food (7)

conserver to conserve (16), preserve

considération: prendre en considération to take into consideration

considérer (**je considère**) to consider

consigne (*f.*) **(automatique)** coin locker

consommateur/trice *m., f.* consumer

consommation *f.* consumption; consumerism

consommé *m.* clear soup, consommé; *adj.* consumed

constamment *adv.* constantly (12)

constater to notice; to remark

constituer to constitute

construire (*like* **conduire**) *irreg.* to construct, build (9)

consultatif/ive *adj.* advisory

consultation *f.* consultation; doctor's visit

consulter to consult

contagion *f.* infectiousness; disease

conte *m.* tale, story

contempler to contemplate, meditate upon

contemporain *adj.* contemporary

contenir (*like* **tenir**) *irreg.* to contain

content *adj.* happy, pleased (10); **être content(e) de** + *inf.* to be happy about; **être content(e) que** + *subj.* to be happy that

contester to answer

conteur/euse *m., f.* storyteller

continuer (à) to continue (to)

contraire *m.* opposite; **au contraire** on the contrary (6)

contre *prep.* against; **le pour et le contre** the pros and cons; **manifester contre** to demonstrate against (16)

contrôle *m.* control, overseeing (16)

contrôler to inspect, monitor (16)

contrôleur/euse *m., f.* ticket collector; conductor

controverse *f.* controversy

convaincre (*like* **vaincre**) *irreg.* to convince

convaincu *adj.* convinced

convenable *adj.* proper; appropriate

convenir (*like* **venir**) *irreg.* to be suitable

convoquer to summon, invite, convene

copain (copine) *m., f., fam.* friend, pal

copieux/euse *adj.* copious, abundant

coq *m.* rooster; **coq au vin** coq au vin (*chicken prepared with red wine*)

corps *m.* body (13)

correspondance *f.* correspondence

correspondant *adj.* corresponding

correspondre to correspond

corriger (nous corrigeons) to correct

costume *m.* (*man's*) suit (3); costume

côte *f.* coast; chop (7); rib; rib steak; side; **côte d'agneau (de porc)** lamb (pork) chop; **Côte d'Azur** (French) Riviera

côté *m.* side; **à côté (de)** *prep.* by, near; beside, next to (3); at one's side **(d')à côté** (from) next door

Côte-d'Ivoire *f.* Ivory Coast (8)

coton *m.* cotton; **en coton** (*made of*) cotton

cou *m.* neck (13)

couchage: sac (*m.*) **de couchage** sleeping bag (8)

couche *f.* layer; stratum; *pl.* (*baby's*) diapers; *pl.* childbirth; **couche d'ozone** ozone layer

se coucher to go to bed (13)

couchette *f.* couchette; berth (*train*) (9)

coudre (*p.p.* **cousu**) *irreg.* to sew

couleur *f.* color; **boîte** (*f.*) **de couleurs** box of colored pencils (paints); **de quelle couleur est...** what color is . . . ; **en couleur(s)** in color; colored

coulis *m.* purée

couloir *m.* hall(way) (5)

coup *m.* blow; **après coup** *adv.* afterwards; **coup de fil** *fam.* phone call; **coup de foudre** flash of lightning (13); love at first sight (13); **coup d'état** government overthrow, coup d'état; **coup de pouce** little push (in the right direction); **coup de téléphone** telephone call; **tout à coup** *adv.* suddenly; **tout d'un coup** *adv.* suddenly, all at once (11)

coupe *f.* trophy, cup; champagne glass; cut (*of cloth*); **coupe** (*f.*) **d'Europe** European Cup (*soccer*)

couper to cut (off)

cour *f.* court (*legal*)

courage *m.* courage; spirit; **bon courage** cheer up

courageux/euse *adj.* courageous (3)

couramment *adv.* fluently (12)

courant *adj.* general, everyday; **être au courant de** to be up (to date) with

coureur/euse *m., f.* runner

courge *f.* squash, gourd

courir (*p.p.* **couru**) *irreg.* to run (15)

couronné *adj.* crowned

courrier *m.* mail

cours *m.* course (2); class; exchange rate (14); price; **cours du jour** today's exchange rate; **suivre un cours** to take a course

course *f.* race; errand; **course à pied** footrace; **faire les courses** to do errands (5); to shop

court *f.* short (hair) (4); *m.* (tennis) court; **court métrage** short subject (*film*)

couscous *m.* couscous (*North African cracked-wheat dish*)

couscoussier *m.* couscous pan (*with steamer*)

cousin(e) *m., f.* cousin (5)

coût *m.* cost; **coût de la vie** cost of living (14)

couteau *m.* knife (6)

coûter to cost; **coûter cher** to be expensive

couture *f.* sewing; clothes design; **haute couture** high fashion

couvert: mettre le couvert to set the table

couvrir (*like* **ouvrir**) *irreg.* to cover (14)

craie *f.* stick of chalk (1)

craquer to crack, snap

cravate *f.* tie (3)

crayon *m.* pencil (1)

créateur/trice *m., f.* creator

créatif/ive *adj.* creative

crédit *m.* credit; **carte** (*f.*) **de crédit** credit card (14)

credo *m.* creed, system of beliefs

créer to create (10)

crème *f.* cream (6); **crème de cassis** black currant liqueur; **crème de marrons** chestnut purée; **crème glacée** ice cream

crêpe *f.* crepe, French pancake

crêperie *f.* creperie, restaurant featuring **crêpes**

crevette *f.* shrimp

crier to cry out; to shout

criminaliser to refer to criminal court

criminalité *f.* crime

crise (*f.*) **économique** recession; depression

critique *f.* criticism; critique; *m., f.* critic; *adj.* critical; **faire la critique** to review, criticize

critiquer to criticize

croire (*p.p.* **cru**) (**à**) *irreg.* to believe (in) (11); **croire que** to believe that (11)

croisé *adj.* crossed; **mots** (*m. pl.*) **croisés** crossword puzzle

croiser to cross; to run across

croisière *f.* cruise

croissance *f.* growth, development

croissant *m.* croissant (*roll*) (6)

croissanterie *f.* *snack bar featuring croissant sandwiches*

croque-monsieur *m.* *grilled cheese and ham sandwich*

croquer to munch; to crunch

croquis *m.* sketch

croyance *f.* belief

crustacé *m.* crustacea, shellfish

cuillère *f.* spoon (6); **cuillère à soupe** soup spoon (6), tablespoon; **petite cuillère** teaspoon

cuillerée *f.* spoonful

cuir *m.* leather; **en cuir** (*made of*) leather

cuisine *f.* cooking (6); food, cuisine (6); kitchen (5, 6); **chef** (*m.*) **de cuisine** head cook, chef; **faire la cuisine** to cook (5); **livre** (*m.*) **de cuisine** cookbook; **nouvelle cuisine** light (low-fat) cuisine

cuisiner to cook

cuisinier/ière *m., f.* cook, chef

cuisson *f.* cooking (*process*)

cuit *adj.* cooked; **bien cuit** well-done (*meat*)

culinaire *adj.* culinary, cooking

cultivé *adj.* educated; cultured

culture *f.* education; culture; **bouillon** (*m.*) **de culture** culture medium

culturel(le) *adj.* cultural

curieux/euse *adj.* curious

curriculum (*m.*) **vitæ** resumé

cyclisme *m.* cycling (15)

cycliste *m., f.* bicycle rider, cyclist

d'abord *adv.* first, first of all, at first (11)

d'accord *interj.* all right, O.K., agreed (2)

dame *f.* lady, woman

dangereux/euse *adj.* dangerous

dans *prep.* within, in; **dans quatre jours** in four days

dansant: soirée (*f.*) **dansante** dance

danse *f.* dance; dancing

danser to dance (2)

date *f.* date (*time*); **date limite de réservation** deadline for making reservations; **quelle est la date d'aujourd'hui** what's today's date

dater de to date from (12)

d'autres *pron.* others

davantage *adv.* more

de *prep.* of, from, about (2)

débarquement *m.* debarkation, landing

débarquer to land

débat *m.* debate

se débattre (*like* **battre**) *irreg.* to fight; to struggle

débilité *f.* weakness

debout *adj., adv. inv.* standing up

début *m.* beginning; **au début (de)** in (at) the beginning (of)

débutant(e) *m., f.* beginner

décalage (*m.*) **horaire** time-lag

décembre December (4)

déchets *m. pl.* waste (material) (16); debris; **déchets nucléaires** nuclear waste

décidément *adv.* decidedly; definitely

décider (de) to decide (to) (15)

décision *f.* decision; **prendre une décision** to make a decision

se déclarer to declare oneself

déclin *m.* decline

décodeur *m.* decoder

décollage *m.* take-off (*airplane*)

décoloré *adj.* bleached; colorless; faded

décontracté *adj.* relaxed

décorer (de) to decorate (with)

découverte *f.* discovery

découvrir (*like* **ouvrir**) *irreg.* to discover (14)

décrire (*like* **écrire**) *irreg.* to describe (10)

décrit *adj.* described

décrocher *fam.* to get, receive

dedans *prep., adv.* within, inside

défaut *m.* defect, fault

défavorable *adj.* unfavorable

défendre to defend

défi *m.* challenge

défini: article (*m.*) **défini** *Gram.* definite article

définir to define

se défouler *fam.* to let off steam, unwind

dégager (nous dégageons) to release

dégoûtant *adj.* disgusting

dehors *adv.* outdoors; outside (13)

déjà *adv.* already (9)

déjeuner to have lunch; *m.* lunch (6); **petit déjeuner** breakfast (6)

délégué(e) *m., f.* delegate

délicieux/euse *adj.* delicious

deltaplane *m.* hang glider

déluge *m.* deluge, flood

demain *adv.* tomorrow (5); **à demain** see you tomorrow; **après-demain** day after tomorrow; **demain de bon matin** early tomorrow morning

demande (*f.*) **d'emploi** job application

demander to ask (for) (4), request; **se demander** to wonder (12)

déménager (nous déménageons) to move (*change residence*)

demi *adj.* half; **demi-frère** *m.* half brother; stepbrother (5); **demi-heure** *f.* half hour; **demi-pension** *f.* partial board (*with room*); **demi-sœur** *f.* half sister; stepsister (5); **et demi(e)** half past (the hour) (6)
démocratie *f.* democracy
démolir to demolish, destroy
dénoncer (nous dénonçons) to denounce
dent *f.* tooth (13); **à pleines dents** fully, completely; **brosse** (*f.*) **à dents** toothbrush; **se brosser les dents** to brush one's teeth (13)
dentifrice *m.* toothpaste
dentiste *m., f.* dentist (14)
dépannage *m.* fixing, repairing
départ *m.* departure (9); **point** (*m.*) **de départ** starting point
département *m.* department; district
dépassé *adj.* outmoded
dépasser to go beyond; to pass, surpass
dépêche *f.* telegram, wire
se dépêcher to hurry (12)
dépendre de to depend on
dépense *f.* expense (14); spending
dépenser to spend (*money*) (14)
dépit: en dépit de in spite of
déplacer (nous déplaçons) to displace; to shift; to remove; **se déplacer** to move around, go somewhere
déplaire (*like* **plaire**) *irreg.* to displease
déposer to deposit (14); **déposer de l'argent** to deposit money
déprime *f. fam.* blues
déprimé *adj.* depressed
depuis *prep.* since, for (8); **depuis combien de temps** how long
député *m.* delegate, deputy
déranger (nous dérangeons) to disturb, bother
dérivé *m.* derivative
dériveur *m.* sailboat; drifter
dernier/ière *adj.* last (8); most recent; past; **la dernière fois** the last time; **l'an dernier (l'année dernière)** last year
derrière *prep.* behind (3)
dès *prep.* from (*then on*); **dès que** *conj.* as soon as (14)
désaccord *m.* disagreement
désagréable *adj.* disagreeable, unpleasant (3)
désastre *m.* disaster
désavantage *m.* disadvantage
descendre to go down (9); to get off (5, 9); to go down (*street, river*); **descendre à** to go down (*south*) to (5); **descendre de** to get down (from), get off (5)

désert *m.* desert; wilderness
déserter to desert; to run away
déserteur *m.* deserter; defector
désespéré *adj.* desperate
déshumanisé *adj.* dehumanized
désir *m.* desire
désirer to desire, want (15)
désolé *adj.* sorry (16); **(je suis) désolé(e)** I'm sorry
désordre *m.* disorder, confusion; **en désordre** disorderly, disheveled (4)
désorienté *adj.* disoriented
désormais *adv.* henceforth
dessert *m.* dessert (6)
dessin *m.* drawing
dessinateur/trice *m., f.* designer; sketcher
dessiné: bande (*f.*) **dessinée** comic strip; *pl.* comics
dessiner to draw
dessous: ci-dessous *adv.* below
dessus: ci-dessus *adv.* above, previously
destin *m.* destiny
destinataire *m., f.* recipient
destination *f.* destination; **à destination de** in the direction of; heading for
destinée *f.* destiny, future
détail *m.* detail; **en détail** in detail
se détendre to relax (12)
déterminer to determine
détester to detest (2); to hate
détruire (*like* **conduire**) *irreg.* to destroy (9)
deux *adj.* two (1); **tous (toutes) les deux** both (of them)
deuxième *adj.* second (5, 11); **deuxième classe** second-class (*travel*); **deuxième étage** third floor (*in the U.S.*) (5); **Deuxième Guerre** (*f.*) **mondiale** Second World War
devant *prep.* before, in front of (3)
développé *adj.* developed; industrialized
développement *m.* development (16); developing (*photo*); **pays** (*m.*) **en voie de développement** developing country
développer to develop (16); **se développer** to develop
devenir (*like* **venir**) *irreg.* to become (8)
devenu *adj.* became
deviner to guess (12)
devinette *f.* riddle, conundrum
dévoiler to reveal, disclose
devoir (*p.p.* **dû**) *irreg.* to owe (7); to have to, be obliged to (7); *m.* duty; *m. pl.* homework (5); **faire ses devoirs** to do one's homework (5)
dévot *m.* devout person

d'habitude *adv.* habitually, usually (10)
diapositive *f.* (*photographic*) slide
dictateur/trice *m., f.* dictator
dictature *f.* dictatorship
dictée *f.* dictation
dictionnaire *m.* dictionary (2)
diététique *adj.* dietetic
Dieu *m.* God
différemment *adv.* differently
différend *m.* disagreement, difference
différent *adj.* different (3)
difficile *adj.* difficult (3)
difficulté *f.* difficulty
diffuser to broadcast; to disseminate
digestif *m.* brandy, liqueur
dignité *f.* dignity
diligemment *adv.* diligently
dimanche *m.* Sunday (1)
diminuer to lessen, diminish
diminution *f.* decrease (16), reduction
dinde *f.* turkey
dîner to dine, have dinner (6); *m.* dinner (6)
diplomate *m., f.* diplomat; *adj.* diplomatic, tactful
diplomatique *adj.* diplomatic (*of the diplomatic corps*)
diplôme *m.* diploma
diplômé(e) *m., f.* graduate; holder of a diploma
dire (*p.p.* **dit**) *irreg.* to say, tell (10); **c'est-à-dire** that is to say, namely; **que veut dire...** what does . . . mean (7); **se dire** to say to one another; **vouloir dire** to mean (7)
direct: en direct live (*broadcasting*); **pronom** (*m.*) **(complément) d'objet direct** *Gram.* direct object pronoun
directeur/trice *m., f.* manager, head (14); **directeur/trice commercial(e)** business manager (14)
directives *f. pl.* rules of conduct, directives
diriger (nous dirigeons) to direct (14); to govern, control
disc: compact disc *m.* CD
discothèque (*fam.* **disco**) *f.* discothèque
discours *m.* discourse; speech
discuter (de) to discuss
disjoint: pronom (*m.*) **disjoint** *Gram.* disjunctive (stressed) pronoun
disparaître (*like* **connaître**) *irreg.* to disappear
disponible *adj.* available
dispute *f.* quarrel
se disputer to argue (13)
disque *m.* record (4), recording; **disque compact** compact disc

dissertation *f.* essay, term paper

distraction *f.* recreation; entertainment; distraction

se distraire (*p.p.* **distrait**) *irreg.* to have fun, amuse oneself

distribuer to distribute

distributeur/trice *m., f.* distributor; *m.* vending machine; **distributeur automatique** automatic teller (ATM) (14)

divers *adj.* varied, diverse

se diviser to divide up

divorcé *adj.* divorced (5)

divorcer to get a divorce, divorce

dix *adj.* ten (1); **dix-sept (-huit, -neuf)** *adj.* seventeen (eighteen, nineteen) (1)

dixième *adj.* tenth

docteur *m.* doctor

dodo *m., fam.* sleep

doigt *m.* finger (13)

domaine *m.* domain; specialty

domestique *m., f.* servant; *adj.* domestic

domicile: à domicile at home; **visite** (*f.*) **à domicile** house call

dominer to dominate

dominical *adj.* pertaining to Sunday(s)

dommage: c'est dommage it's too bad, what a pity; **il est dommage que** + *subj.* it's too bad that (16)

donc *conj.* then; therefore (3)

données *f. pl.* data; **base** (*f.*) **de données** data base

donner to give (2); **donner des conseils** to give advice; **donner rendez-vous à** to make an appointment with; **qui donnent sur** that overlook

dont whose, of whom, of which (14)

dormir (*like* **partir**) *irreg.* to sleep (8)

dortoir *m.* dormitory

dos *m.* back; **sac** (*m.*) **à dos** backpack (3)

douane *f.* customs (*at the border*)

doublé *adj.* dubbed (*film*); doubled

douceur *f.* softness; gentleness; sweetness

douche *f.* shower (*bath*) (4); **prendre une douche** to take a shower

se doucher to take a shower (13)

doute: sans doute probably

douter to doubt (16)

douteux/euse *adj.* doubtful, uncertain, dubious

doux (douce) *adj.* sweet

douzaine *f.* dozen; about twelve

douze *adj.* twelve (1)

douzième *adj.* twelfth

dramatique: art (*m.*) **dramatique** theater, theater arts

drap *m.* (*bed*) sheet

drapeau *m.* flag

drogue *f.* drug(s)

droit *m.* law (2); right (*legal*)

droit *adj.* right; straight; **Rive** (*f.*) **droite** Right Bank (*in Paris*) (11); **tout droit** *adv.* straight ahead (11)

droite *f.* right, righthand; **à droite** *prep.* on (to) the right (11)

drôle *adj.* funny, odd (3)

duc *m.* duke

dur *adj.* hard; difficult; **en dur** concrete, stone; **travailler dur** to work hard

durée *f.* duration, length; **longue durée** long-lasting

durer to last, continue; to endure; to last a long time

dynamique *adj.* dynamic (3)

eau *f.* water (6); **eau minérale** mineral water (6); **salle** (*f.*) **d'eau** half-bath (*toilet and sink*)

ébloui *adj.* dazzled

échange *m.* exchange

échapper à to escape

échecs *m. pl.* chess (3)

échelle *f.* ladder

éclair *m.* éclair (*pastry*) (7)

éclaircie *f.* clearing (*in weather*)

éclairé *adj.* lit, lighted

éclater to break out; to burst

école *f.* school (10); **école maternelle** preschool, kindergarten; **école primaire** primary school

écologie *f.* ecology

écologique *adj.* ecological

écologiste *m., f.* ecologist (*politics*); *adj.* ecological (16)

économe *adj.* thrifty, economical

économie *f.* economics (2); economy; *pl.* savings; **faire des économies** to save (up) money (14)

économique *adj.* economic; financial; economical; **classe** (*f.*) **économique** tourist class (9); **sur le plan économique** economically speaking

économiser to save (*money*)

écoulé *adj.* passed, gone by (*time*)

écouter to listen to (2)

écran *m.* screen; monitor; **le petit écran** television

s'écrier to cry out, exclaim

écrire (*p.p.* **écrit**) (**à**) *irreg.* to write (to) (10)

écrit *adj.* writtten

écrivain, femme écrivain *m., f.* writer (12)

édité *adj.* edited

éditeur/trice *m., f.* editor; publisher

éducatif/ive *adj.* educational

éducation *f.* upbringing; breeding; education

effet *m.* effect; **effet de serre** greenhouse effect; **en effet** as a matter of fact, indeed

effort *m.* effort, attempt; **faire des efforts pour** to try, make an effort to

égal *adj.* equal; **cela (ça) m'est égal** I don't care, it's all the same to me

également *adv.* equally; likewise, also

égalité *f.* equality

église *f.* church (11)

égoïste *adj.* selfish

eh bien *interj.* well, well then (3)

élaboré *adj.* elaborate

électeur/trice *m., f.* voter (16)

électricité *f.* electricity

élève *m., f.* pupil, student

élevé *adj.* high (13); raised, built

éliminé *adj.* eliminated

élire (*like* **lire**) *irreg.* to elect (16)

elle *pron., f. s.* she; her; it; **elle-même** *pron., f. s.* herself; **elles** *pron., f. pl.* they; them

élu *adj.* elected

embarquement: carte (*f.*) **d'embarquement** boarding pass (9)

embauche *f.* hiring (14)

embaucher to hire (14)

embellir to beautify; to embellish

embêter to annoy; to bore

embouteillage *m.* traffic jam

embrasser to kiss; to embrace; **je t'embrasse** love (*closing of letter*); **s'embrasser** to kiss (13); to embrace

émetteur *m.* transmitter

émission *f.* program; broadcast (10)

emmener (j'emmène) to take (*s.o. somewhere*) (15); to take along

empêcher (de) to prevent (from) (15); to preclude

empereur *m.* emperor

emplacement *m.* location

emploi *m.* use; job, position; **demande** (*f.*) **d'emploi** job application; **offre** (*f.*) **d'emploi** job offer

employé(e) *m., f.* employee (14); white-collar worker (14); (sales) clerk (14); **employé(e) de** s.o. employed by (14)

employer (j'emploie) to use; to employ

employeur/euse *m., f.* employer

empoisonner to poison

emporter to take (*s.th. somewhere*); to take out (*food*); to carry away

emprunt *m.* loan (14); **faire un emprunt** to take out a loan

emprunter (à) to borrow (from) (10, 12)

en *prep.* in; to (2); like; in the form of; *pron.* of them; of it; some, any (11)

en-cas *m.* snack

encercler to circle, encircle

enchaîné *adj.* chained, fettered

enchanté *adj.* enchanted; pleased (to meet you)

encore *adv.* still (9); again; yet; even; more; **encore une fois** once more; **encore un peu** a little more; **il nous reste encore...** we still have . . . ; **ne... pas encore** not yet (9); **ou encore** or else

encourager (nous encourageons) (à) to encourage (to)

encyclopédie *f.* encyclopedia

endormir (*like* **dormir**) *irreg.* to put to sleep; **s'endormir** to fall asleep (13)

endroit *m.* place (8), spot

énergétique *adj.* pertaining to energy

énergie *f.* energy; **énergie nucléaire (solaire)** nuclear (solar) energy (16)

énergique *adj.* energetic

énervant *adj.* aggravating, irritating

énervé *adj.* irritated, upset

enfance *f.* childhood

enfant *m., f.* child (5); **petit-enfant** *m.* grandchild (5)

enfin *adv.* finally (11), at last

engagement *m.* (*political*) commitment

engager (nous engageons) to begin, start; **s'engager (vers)** to get involved (*in a public issue*) (16)

s'engueuler *fam.* to quarrel, scold each other

énigme *f.* riddle, enigma

enlever (j'enlève) to remove, take off

ennemi(e) *m., f.* enemy

ennui *m.* trouble (9); problem (9); worry; boredom

ennuyer (j'ennuie) to bother; to bore; **s'ennuyer** to be bored (13); **s'ennuyer à mourir** to be bored to death

ennuyeux/euse *adj.* boring (13); annoying

énonciation *f.* statement

énorme *adj.* huge, enormous

enquête *f.* survey, poll

enregistrer to record; to check in

enrichissant *adj.* enriching

enseignement *m.* teaching; education

enseigner (à) to teach (to) (15)

ensemble *adv.* together; *m.* ensemble; whole

ensoleillé *adj.* sunny

ensuite *adv.* then, next (7)

entendre to hear (5); **s'entendre (avec)** to get along (with) (12)

entendu: bien entendu of course

enthousiasme *m.* enthusiasm

enthousiaste *adj.* enthusiastic (3)

entier/ière *adj.* entire, whole, complete; **en entier** in its entirety

entourer (de) to surround (with)

entracte *m.* intermission

entraînement *m.* (*athletic*) training, coaching

entre *prep.* between, among

entrecôte *f.* rib steak

entrée *f.* entrance, entry; admission; first course (*meal*) (7)

entreprendre (*like* **prendre**) *irreg.* to undertake

entreprise *f.* business, company (14); **chef** (*m.*) **d'entreprise** company head, top manager, boss (14)

entrer (dans) to enter (9)

entretien *m.* maintenance; conversation; job interview (14)

envahir to invade

enveloppe *f.* envelope (10)

envers *prep.* toward

envie *f.* desire; **avoir envie de** to want (4); to feel like (4)

environ *adv.* about, approximately

environnement *m.* environment (16)

envoyer (j'envoie) to send (10)

épais(se) *adj.* thick

épargne: compte (*m.*) **d'épargne** savings account (14)

épaule *f.* shoulder

épice *f.* spice

épicerie *f.* grocery store (7)

épicier/ière *m., f.* grocer

épinards *m. pl.* spinach

époque *f.* period (*of history*) (12); **à l'époque (de)** at the time (of); **meubles** (*m. pl.*) **d'époque** antique furniture

épouser to marry

éprouver to feel; to experience

équilibre *m.* equilibrium, balance

équilibré *adj.* balanced, well-balanced

équipage *m.* crew

équipe *f.* team (15); **sports** (*m. pl.*) **d'équipe** team sports; **travail** (*m.*) **d'équipe** teamwork

équipé *adj.* equipped

équipement *m.* equipment; gear

érable: sirop (*m.*) **d'érable** maple syrup

erreur *f.* error; mistake

erroné *adj.* wrong, erroneous

escalier *m.* stairs, stairway (5)

escalope *f.* (*veal*) scallop

escargot *m.* snail; escargot

esclave *m., f.* slave

escrime *f.* fencing (*sport*)

espace *m.* space

Espagne *f.* Spain (8)

espagnol *adj.* Spanish; *m.* Spanish (*language*); **Espagnol(e)** *m., f.* Spanish (*person*) (2)

espèces *f.* species

espérer (j'espère) to hope (15)

esprit *m.* mind; spirit; wit

essai *m.* attempt, try; **mariage** (*m.*) **à l'essai** trial marriage

essayer (j'essaie) (de) to try (to) (10)

essence *f.* gasoline, gas; **faire le plein d'essence** to fill the tank

essentiel(le) *adj.* essential; **il est essentiel que** + *subj.* it's essential that (16)

est *m.* east (9); **à l'est** to the east (9)

estimer to consider (16); to believe (16); to estimate (16)

et *conj.* and (2); **et puis** and (then), next (7); **et quart** quarter past the hour (6); **et toi (vous)** and you (1)

établir to establish, set up

établissement *m.* establishment

étage *m.* floor (*of building*); **premier (deuxième) étage** second (third) floor (*in the U.S.*) (5)

étagère *f.* shelf (4); étagère

étape *f.* stage; stopping place

état *m.* state (8); condition; **en bon (mauvais) état** in good (bad) condition

États-Unis *m. pl.* United States (of America) (8)

été *m.* summer (1); **en été** in summer (1); **job** (*m.*) **d'été** summer job

étendue *f.* area, expanse

éternité *f.* eternity

étiquette *f.* label

étoile *f.* star; **à la belle étoile** in the open air

étonnant *adj.* astonishing, surprising

étonné *adj.* surprised (16); astonished

étrange *adj.* strange (16)

étranger/ère *adj.* foreign; *m., f.* stranger; foreigner; **à l'étranger** abroad, in a foreign country (9); **langue** (*f.*) **étrangère** foreign language (2)

être (*p.p.* **été**) *irreg.* to be (3); **c'est (ce n'est pas)** it's (it isn't); **comment est-il/elle** what's he/she like; **être en train de** to be in the process of, be in the middle of (15); **être fauché(e)** *fam.* to

be broke, without money; **nous
sommes lundi (mardi...)** it's Monday
(Tuesday . . .) (1); **peut-être** *adv.* perhaps, maybe (5)

étroit *adj.* narrow, small

étude *f.* study; *pl.* studies; **faire des
études** to study

étudiant(e) *m., f., adj.* student (1); **carte
(***f.***) d'étudiant** student ID card

étudier to study (2)

euh... *interj.* uh . . .

européen(ne) *adj.* European;
Européen(ne) *m., f.* European (*person*)

eux *pron., m. pl.* them; **eux-mêmes** *pron.,
m., pl.* themselves

événement *m.* event (12)

évidemment *adv.* evidently, obviously

évident *adj.* obvious, clear; **il est évident
que** + *indic.* it is clear that (16)

éviter to avoid

évoluer to evolve, advance

évoquer to evoke, call to mind

exact: oui, c'est exact yes, that's correct
(1)

exagérer (j'exagère) to exaggerate

examen (*fam.* **exam**) *m.* test, exam (2);
examination; **passer un examen** to
take an exam (4); **réussir à un examen**
to pass a test

exaspérant *adj.* exasperating

excentricité *f.* eccentricity

excentrique *adj.* eccentric (3)

excepté *prep.* except

exceptionnel(le) *adj.* exceptional

excès *m.* excess

excitant *m.* stimulant

exclu *adj.* excluded

excursion *f.* excursion, outing; **faire une
excursion** to go on an outing

s'excuser to excuse oneself (12);
excusez-moi excuse me (1), pardon me

exemplaire *adj.* exemplary; *m.* copy

exemple *m.* example; **par exemple** for
example (16)

exercice *m.* exercise; **faire de l'exercice**
to do exercise(s)

exigeant *adj.* demanding; difficult

exiger (nous exigeons) to require (16);
to demand (16)

exister to exist

exode *m.* exodus

exotisme *m.* exoticism

expatrié *adj.* expatriated

expérience *f.* experience; experiment;
faire l'expérience de to experience

expérimenté *adj.* experienced

expert(e) *m., f.* expert; **expert(e)-**

comptable *m., f.* certified public accountant

explication *f.* explanation

expliquer to explain; **s'expliquer avec** to
explain oneself; to have it out with

explorateur/trice *m., f.* explorer

exploser to explode

exportateur/trice *adj.* export

exposé *m.* presentation, exposé

exposer to expose, show; to display

exposition *f.* exhibition; show

expression *f.* expression; term; **liberté
(***f.***) d'expression** freedom of expression (16)

exprimer to express; **exprimer une
opinion** to express an opinion (16)

exténué *adj.* exhausted

extrait *m.* excerpt; extract

extraordinaire *adj.* extraordinary

extrêmement *adv.* extremely

fabriquer to manufacture, make

fabuleux/euse *adj.* fabulous

fac *f., fam.* (**faculté**) university department or school

façade *f.* façade, face (*of a building*)

face: en face (de) *prep.* opposite, facing,
across from (11); **face à** facing; **faire
face à** to face, confront

fâché *adj.* angry (16)

fâcher to make angry; **se fâcher** to get
angry (13)

fâcheux/euse *adj.* unfortunate (16);
troublesome

facile *adj.* easy (3)

façon *f.* way, manner, fashion; **de façon
(logique)** in a (logical) way

facteur *m.* factor; letter carrier (14)

facture *f.* bill (*to pay*)

faculté *f.* ability; (*fam.* **fac**) division
(*academic*) (2); **faculté des lettres**
School of Arts and Letters; **faculté des
sciences** School of Science

faible *adj.* weak; small

faim *f.* hunger; **avoir faim** to be hungry
(4)

faire (*p.p.* **fait**) *irreg.* to do (5); to make
(5); to form; to be; **faire attention (à)**
to pay attention (to) (5); to watch out
(for) (5); **faire baisser** to lower; **faire
beau (il fait beau)** to be good weather
(it's nice out) (1); **faire chaud (il fait
chaud)** to be warm, be hot (out) (it's
warm, it's hot) (1); **faire connaissance**
to get acquainted; **faire de la
bicyclette** to cycle, go (bi)cycling (8);
faire de l'aérobic to do aerobics (5);

faire de la gymnastique (*fam.* **gym**) to
do gymnastics; to exercise; **faire de
l'alpinisme** to go mountain climbing;
faire de la peinture to paint; **faire de
la planche à voile** to go windsurfing;
faire de la plongée sous-marine to go
skin diving (scuba diving); **faire de la
politique** to go in for politics; **faire de
la voile** to go sailing (5); **faire de
l'exercice** to do exercises; to exercise;
faire des calculs to do calculations;
faire des économies to save (up)
money (14); **faire des études** to study;
faire des objections to voice objections; **faire des préparatifs** to prepare,
make preparations; **faire de telles
affaires** to get good deals; **faire du
bateau** to go boating; **faire du bruit** to
make noise; **faire du camping** to
camp, go camping; **faire du cheval** to
go horseback riding (8); **faire du
jogging** to run, jog (5); **faire du lèche-
vitrine** to go window shopping; **faire
du patinage** to go skating; **faire du ski**
to ski (5); **faire du ski de fond** to go
cross-country skiing; **faire du ski de
piste** to go downhill skiing; **faire du
ski nautique** to go waterskiing; **faire
du soleil (il fait du soleil)** to be sunny
(it's sunny) (1); **faire du sport** to do
sports (5); **faire du tennis** to play
tennis; **faire du tourisme** to go sightseeing; **faire du vélo** to go cycling (5);
faire du vent (il fait du vent) to be
windy (it's windy) (1); **faire face à** to
face, confront; **faire faire** to have done,
make (*s.o.*) do (*s.th.*); **faire frais (il fait
frais)** to be cool (out) (it's cool) (1);
faire froid (il fait froid) to be cold
(out) (it's cold) (1); **faire grâce à** to
spare; **faire grève** to strike, go on strike
(16); **faire la bise** to kiss on both cheeks
(*in greeting*); **faire la connaissance
de** to meet (*for the first time*) (5); **faire
la cuisine** to cook (5); **faire la fête** to
party; **faire la lessive** to do the laundry
(5); **faire la sieste** to take a nap; **faire
la vaisselle** to do the dishes (5); **faire
le lit** to make the bed; **faire le marché**
to do the shopping, go to the market
(5); **faire le ménage** to do the housework (5); **faire le plein** to fill it up (*gas
tank*) (9); **faire les courses** to do errands
(5); **faire les valises** to pack one's
bags; **faire le tour de** to go around, to
tour; **faire mauvais (il fait mauvais)**
to be bad weather (out) (it's bad out)

(1); **faire mention de** to mention; **faire partie de** to belong to; **faire plaisir à** to please; **faire preuve de** to show; **faire ses devoirs** to do one's homework (5); **faire son possible** to do one's best; **faire un chèque** to write a check (14); **faire un cours** to give (teach) a course; **faire une erreur** to make a mistake; **faire une excursion** to go on an outing; **faire un emprunt** to take out a loan; **faire une promenade** to take a walk (5); **faire une randonnée** to go hiking (8); **faire une visite** to pay a visit; **faire un pique-nique** to go on a picnic; **faire un stage** to do an internship; **faire un temps pourri** fam. to be rotten weather; **faire un tour** to take a walk, ride (5); **faire un voyage** to take a trip (5)

fait m. fact; adj. made; **tout à fait** adv. completely, entirely

falloir (p.p. **fallu**) irreg. to be necessary (16); to be lacking; **il a fallu trouver...** we had to find . . . ; **il faut** + inf. it is necessary to; one needs (7)

fameux/euse adj. famous

familial adj. family

famille f. family (5); **en famille** with one's family; **fonder une famille** to start a family

fantaisie: bijoux (m. pl.) **fantaisie** costume jewelry

fantaisiste adj. fanciful, whimsical

farine f. flour

fascinant adj. fascinating

fasciné adj. fascinated

fatigant adj. tiring

fatigué adj. tired

fauché adj., fam. broke, without money

faut (il) it is necessary to; one needs (7)

faute f. fault, mistake; **c'est de ta faute** it's your fault

fauteuil m. armchair, easy chair

faux (fausse) adj. false (7)

faveur: en faveur de in favor of

favori(te) adj. favorite

félicitations f. pl. congratulations

féminin adj. feminine

femme f. woman (2); wife (5); **femme d'affaires** businesswoman; **femme écrivain** writer (12); **femme médecin** doctor (14); **femme peintre** painter (12); **femme politique** politician; **femme sculpteur** sculptor (12)

fenêtre f. window (1)

fer m. iron; **chemin** (m.) **de fer** railroad

ferme f. farm; adj. firm

fermer to close (8)

fête f. holiday (4); celebration, party; saint's day, name day (4); pl. Christmas season; **faire la fête** to party; **fête d'anniversaire** birthday party; **fête des Rois** Feast of the Magi, Epiphany; **jour** (m.) **de fête** holiday

fêter to celebrate; to observe a holiday

feu (pl. **feux**) m. fire; traffic light; **feux d'artifice** fireworks

feuilleté adj. flaky (pastry)

feuilleton m. soap opera

fève f. bean

février February (4)

fiançailles f. pl. engagement (13)

se fiancer (nous nous fiançons) to get engaged (13)

fibre f. fiber, filament

fiche f. index card; form (to fill out); deposit slip; **fiche d'identité** identity card

s'en ficher to not care

fidèle adj. faithful

fier (fière) adj. proud (3)

fièvre f. fever

figure f. figure, important person

fil: coup (m.) **de fil** fam. phone call

filer to trail, follow

filet m. fillet (fish, meat) (7); **faux filet** sirloin (of beef); **filet de porc (de bœuf)** pork (beef) fillet

fille f. girl; daughter (5); **jeune fille** girl, young lady (3); **petite-fille** granddaughter (5)

film m. movie, film (2); **film doublé** dubbed movie

fils m. son (5); **petit-fils** grandson (5)

filtre m. filter

fin f. end; **à la fin de** at the end of; **en fin d'après-midi** in the late afternoon; **extra-fin** adj. superfine; **mi-fin** adj. medium-cut (vegetables)

finalement adv. finally

finance f. finance; pl. finances

financer (nous finançons) to finance

finir (de) to finish (4); **finir par** to end, finish by (doing s.th.) (15)

firme f. firm, company

fixer to fix; to make firm

flamand m. Flemish (language)

flâner to stroll (12)

flash (d'informations) m. newsbrief

fléché adj. marked with an arrow

fleur f. flower (4); **fleur de lis** fleur de lis, trefoil

fleurette f. floweret

fleuve m. (large) river (8)

flûte f. flute

foie m. liver; **pâté** (m.) **de foie gras** goose liver pâté

fois f. time, occasion; times (arithmetic); **encore une fois** again; **la première (dernière) fois** the first (last) time; **une fois** once (11); **une fois par semaine** once a week (5)

folie f. folly

folklorique adj. traditional; folk (music, etc.)

fonctionnaire m., f. civil servant (14)

fonctionner to function, work

fond m. bottom; background; **ski** (m.) **de fond** cross-country skiing (8)

fonder to found; **fonder une famille** to start a family

fondue f. fondue (Swiss melted cheese dish)

fontaine f. fountain

football (fam. **foot**) m. soccer; **football américain** football; **match** (m.) **de foot** soccer game

footballeur m. soccer player

force f. strength

forcer (nous forçons) to force, compel; **forcer sur** to stress, emphasize; to overdo

forêt f. forest (8)

formation f. education, training

forme f. form; shape; figure; **en (bonne, pleine) forme** physically fit; **en forme de** in the form of; **salle** (f.) **de mise en forme** fitness (conditioning) room; **sous forme de** in the form of; **tenir la forme** to stay in shape

formel(le) adj. formal

former to form, shape; to train

formidable adj. wonderful, great (5)

formulaire m. form (to fill out); **remplir un formulaire** to fill out a form

formule f. formula

formuler to formulate

fort adj. strong; heavy; adv. strongly; loudly; very (13); **parler fort** to speak loudly; **travailler fort** to work hard

fortifier to fortify

fou (fol, folle) adj. crazy, mad

foudre f. lightning; **coup** (m.) **de foudre** flash of lightning (13); love at first sight (13)

fourchette f. fork (6)

fournitures (f.) **scolaires** school supplies

foyer m. hearth; home (5); student residence

fractionner to divide up

frais *m., pl.* expenses, costs (14); **frais de scolarité** school, university (tuition) fees
frais (fraîche) *adj.* cool (1); fresh (7); **faire frais (il fait frais)** to be cool (out) (it's cool) (1)
fraise *f.* strawberry (6)
framboise *f.* raspberry
franc *m.* franc (*French, Swiss currency*) (7)
franc(he) *adj.* frank; fruitful; honest
français *adj.* French; *m.* French (*language*); **Français(e)** *m., f.* Frenchman (woman) (2)
France *f.* France (8)
franchement *adv.* frankly
franchir to go through
francophile *m., f.* Francophile (*person who admires France or the French*)
francophone *adj.* French-speaking
francophonie *f.* French-speaking world
frapper to strike
fredonner to hum
fréquemment *adv.* frequently, often
fréquenté *adj.* much visited, popular
fréquenter to go to often
frère *m.* brother (5); **beau-frère** brother-in-law (5); **demi-frère** half brother (5); stepbrother (5)
frigo *m., fam.* fridge, refrigerator
friperie *f., fam.* secondhand clothes shop
frisé *adj.* curly (13)
frites *f. pl.* French fries (6)
froid *adj.* cold; *m.* cold (1); **avoir froid** to be cold (4); **faire froid (il fait froid)** to be cold (out) (it's cold) (1)
fromage *m.* cheese (6)
fromagerie *f.* cheese dairy
frontière *f.* border
fruit *m.* fruit (6); **jus** (*m.*) **de fruit** fruit juice (7)
fumée *f.* smoke
fumer to smoke (8)
fumeur/euse *m., f.* smoker; **zone** (*f.*) **fumeur (non-fumeur)** smoking (non-smoking) section (9)
furieux/euse *adj.* furious (16)
fuseau *m.* zone; **fuseau horaire** time zone
fusillade *f.* shooting
futé *adj.* sharp, smart, crafty
futur *m., Gram.* future (*tense*); *adj.* future
futuriste *adj.* futuristic

gagner to win (14); to earn (14)
galerie *f.* gallery; roof rack (*car*)
galette *f.* pancake; tart, pie

gant *m.* glove
garantie *f.* guarantee; safeguard
garçon *m.* boy; café waiter
garde *m., f.* guard
garder to keep, retain
gare *f.* station; train station (9); **gare de chargement** loading dock
garer to park
gaspillage *m.* wasting (16)
gaspiller to waste (16)
gastronome *m., f.* gourmet
gastronomique *adj.* gastronomical
gâteau *m.* cake (6)
gâter to spoil
gauche *adj.* left; *f.* left; **à gauche** *prep.* on the (to the) left (11); **Rive** (*f.*) **gauche** Left Bank (*in Paris*) (11); **se lever du pied gauche** to get up on the wrong side of the bed
gaz *m.* gas
géant *m.* giant
gendarme *m.* gendarme (*French state police officer*)
généalogique *adj.* genealogical; family
général *m., adj.* general; **en général** generally (2)
généraliste *m., f.* general practitioner (M.D.)
généreux/euse *adj.* generous
génial *adj.* brilliant, inspired; *fam.* neat, delightful (5)
génie *m.* genius
genou (*pl.* **genoux**) *m.* knee (13)
genre: bon chic bon genre (BCBG) "preppy"
gens *m. pl.* people; **jeunes gens** young men; young people
gentil(le) *adj.* nice, pleasant (3); kind
gentillesse *f.* kindness, niceness
géographie (*fam.* **géo**) *f.* geography (2)
géographique *adj.* geographical
géologie *f.* geology (2)
géométrie *f.* geometry
gérer (**je gère**) to manage, administer
gestion *f.* management
gigantesque *adj.* gigantic
gigot (d'agneau) *m.* leg of lamb
gingembre *m.* ginger
glace *f.* ice cream (7); ice (7); mirror; **patin** (*m.*) **à glace** ice-skating
glacé: crème (*f.*) **glacée** ice cream
se glisser to slip into
gloire *f.* glory
gorge *f.* throat (13); gorge; **avoir mal à la gorge** to have a sore throat
gothique *adj.* Gothic (12)

gourmand(e) *adj.* gluttonous, greedy; *m., f.* glutton, gourmand; **je suis gourmand(e)** I like to eat
goût *m.* taste
goûter *m.* afternoon snack (6); *v.* to taste (7)
goûteux/euse *adj.* tasty, flavorful
gouvernement *m.* government (16)
gouverneur *m.* governor
goyave *f.* guava
grâce *f.* grace; pardon; **faire grâce à** to spare; **grâce à** *prep.* thanks to
grade: monter en grade to get a promotion
grammaire *f.* grammar
gramme *m.* gram
grand *adj.* great; large, tall; big (4); **grande surface** *f.* mall; superstore; **grand magasin** *m.* department store; **grande personne** *f.* adult, grown-up; **Train** (*m.*) **à Grande Vitesse (TGV)** (*French high-speed*) bullet train
grand-chose: pas grand-chose *pron. m.* not much
grandiose *adj.* grand, imposing
grand-mère *f.* grandmother (5)
grand-parent (*pl.* **grands-parents**) *m.* grandparent (5); **arrière-grand-parent** *m.* great-grandparent (5)
grand-père *m.* grandfather (5)
gras(se) *adj.* fat; oily; rich; **pâté** (*m.*) **de foie gras** goose liver pâté
gratte-ciel *m., inv.* skyscraper
gratuit *adj.* free (*of charge*)
grave *adj.* grave, serious; **accent** (*m.*) **grave** grave accent (**è**)
Grèce *f.* Greece (8)
grenouille *f.* frog
grève *f.* strike, walkout; **faire grève** to strike (16)
grignoter to nibble; to snack
grillade *f.* grilled meat
grillé *adj.* toasted; grilled; broiled
gris *adj.* gray (3)
gros(se) *adj.* large; fat; thick; **grosses bises** *fam.* hugs and kisses (*closing of letter*)
grossir to gain weight
grotte *f.* cave, grotto
guère: ne... guère *adv.* scarcely, hardly
guérir to cure; **guéris vite** get well soon
guerre *f.* war (16); **Première (Deuxième) Guerre mondiale** First (Second) World War
guichet *m.* (ticket) window (9); counter, booth
guichetier/ière *m., f.* ticket-seller

guide *m.* guide; guidebook; instructions

guitare *f.* guitar; **jouer de la guitare** to play the guitar

gymnase *m.* gymnasium

gymnastique (*fam.* **gym**) *f.* gymnastics; exercise; **faire de la gymnastique** to do gymnastics; to exercise

s'habiller to get dressed (13)

habit *m.* clothing, dress

habitant(e) *m., f.* inhabitant; resident

habitation *f.* lodging, housing

habiter to live (2)

habitude *f.* habit; **d'habitude** *adv.* usually, habitually (10)

habitué *adj.* used to

habituellement *adv.* habitually

*haché *adj.* chopped up

Haïti *m.* Haiti (8)

*hardi *adj.* bold, daring

*haricot *m.* bean; **haricots* (*pl.*) **mangetout** string beans; sugar peas; **haricots* **verts** green beans (6)

harmonieux/euse *adj.* harmonious

harmonisation *f.* harmonizing, bringing into line

*hasard *m.* chance, luck; **jeux** (*m. pl.*) **de** **hasard* games of chance (15); **par** **hasard* by accident, by chance

*hâte *f.* haste; **à la** **hâte* hastily

*hausse *f.* rise; **en** **hausse* rising, on the rise

*haut *adj.* high; higher; tall; upper; *m.* top; height; **de** **haut* high (*in measuring*); **du** **haut de* from the top of; **haute* **couture** *f.* high fashion

*hauteur *f.* height

hebdomadaire *adj.* weekly

hébergement *m.* lodging, accommodations

herbe *f.* herb

héritier *m.* heir

*héros *m.* (*f.* **héroïne**) hero

hésiter (à) to hesitate (to)

*heu *interj.* uh, umm

heure *f.* hour; time (6); **à l'heure** on time (9); per hour; **à n'importe quelle heure** at any time; **à quelle heure** (at) what time; **à tout à l'heure** see you soon; **de bonne heure** early (6); **de l'heure** an hour, per hour; **demi-heure** *f.* half-hour; **heures d'affluence** rush hour; **il est... heure(s)** it is ... o'clock (6); **quelle heure est-il** what time is it (6); **tout à l'heure** in a while (5)

heureusement *adv.* fortunately, luckily

heureux/euse *adj.* happy (10); fortunate (10)

hier *adv.* yesterday (8); **avant-hier** day before yesterday (8); **hier matin (soir)** yesterday morning (evening)

histoire *f.* history (2); story

historien(ne) *m., f.* historian

historique *adj.* historical (12)

hiver *m.* winter (1); **en hiver** in the winter (1)

H.L.M. (Habitation à Loyer Modéré) housing for low-income people

*homard *m.* lobster

hommage *m.* homage, respects; **en hommage à** in recognition of

homme *m.* man (2); **homme d'affaires** businessman; **homme politique** politician; **jeune homme** young man (3)

honnête *adj.* honest

honorer to honor

*honte *f.* shame; **avoir** **honte* to be ashamed (4)

hôpital *m.* hospital (11)

horaire *m.* schedule (12); **décalage** (*m.*) **horaire** time-lag

horloge *m.* clock

horreur *f.* horror; **avoir horreur de** to hate, detest; **j'ai horreur de...** I can't stand . . . ; **quelle horreur** how awful

*hors-d'œuvre *m. inv.* appetizer (6, 7)

hospitalier/ière *adj.* hospitable

hostellerie *f.* high-quality country inn

hôtel *m.* hotel (11); **hôtel de ville** town hall, city hall

hôtesse *f.* hostess; **hôtesse de l'air** flight attendant (9)

huile *f.* oil (7); **sardines** (*f. pl.*) **à l'huile** sardines in oil (7)

*huit *adj.* eight (1)

*huitième *m.* one-eighth; *adj.* eighth (11)

huître *f.* oyster (7)

humain *adj.* human; *m.* human being

humanitaire *adj.* humanitarian

humidité *f.* humidity, dampness

humour *m.* humor; **avoir le sens de l'humour** to have a sense of humor

hydrate (*m.*) **de carbone** carbohydrate

hypocrisie *f.* hypocrisy

hypocrite *adj.* hypocritical

hypothéquer (**j'hypothèque**) to mortgage

ici *adv.* here (2); **par ici** this way, in this direction

idéal *m.* ideal; *adj.* ideal

idéaliste *m., f.* idealist; *adj.* idealistic (3)

idée *f.* idea

identifier to identify

identité *f.* identity

idéologique *adj.* ideological

il *pron., m. s.* he; it; there; **il y a** there is/are (1); ago (8); **il y a...** is/are there . . . (1); **il y a... que** for (*period of time*); it's been . . . since; **il n'y a pas de quoi** you're welcome (15)

île *f.* island (11)

illogique *adj.* illogical

illustré *adj.* illustrious, famous

ils *pron., m. pl.* they

image *f.* picture, image

imaginer to imagine

immédiat *adj.* immediate

immeuble *m.* apartment building (4)

immigré(e) *m., f.* immigrant

imparfait *m., Gram.* imperfect (*verb tense*)

impatience *f.* impatience; **avec impatience** impatiently

impatient *adj.* impatient (3)

impératif *m., Gram.* imperative, command

impératrice *f.* empress

imperméable *m.* raincoat (3)

impersonnel(le) *adj.* impersonal

important *adj.* important (3); **il est important que** + *subj.* it's important that (16)

importer to import; to matter; **à n'importe quelle heure** at any time; **n'importe quoi** anything (at all)

imposer to impose

impossible *adj.* impossible; *m.* the impossible; **il est impossible que** + *subj.* it's impossible that (16)

impôts *m. pl.* (*direct*) taxes (16)

impulsif/ive *adj.* impulsive

inadapté *adj.* unadapted

incarner to incarnate

inciter to prompt, encourage

inclure (*p.p.* **inclus**) *irreg.* to include

inconvénient *m.* disadvantage

incorporer to incorporate

incroyable *adj.* unbelievable, incredible (7)

indéfini *adj.* indefinite; **pronom** (*m.*) **indéfini** *Gram.* indefinite pronoun

indépendance *f.* independence; **fête** (*f.*) **de l'indépendance** Independence Day

indépendant *adj.* independent; **travailleur/euse** (*m., f.*) **indépendant(e)** self-employed worker (14)

indicatif *m., Gram.* indicative

indication *f.* instructions

indiquer to show, point out (15)

indispensable *adj.* indispensable; **il est indispensable que** + *subj.* it's indispensable that

individu *m.* individual, person

individualiste *adj.* individualistic, nonconformist (3)

individuel(le) *adj.* individual; private

industrialisé *adj.* industrialized

industrie *f.* industry

industriel(le) *adj.* industrial (16); **déchets** (*m. pl.*) **industriels** toxic waste

inertie *f.* inertia

inexact *adj.* incorrect

infini *m.* infinity

infinitif *m., Gram.* infinitive

influencer (nous influençons) to influence

information *f.* (*fam.* **info**) information; *pl.* news (broadcast); **flash** (*m.*) **d'informations** newsbrief

informatique *f., adj.* computer science (2)

informé *adj.* informed; **bien (mal) informé** well- (badly) informed

informel(le) *adj.* informal

informer to inform

ingénieur *m.* engineer (14)

inhabituel(le) *adj.* unusual

initiative: syndicat (*m.*) **d'initiative** (local) chamber of commerce; tourist information bureau (11)

initier to initiate

injuste *adj.* unjust, unfair; **il est injuste que** + *subj.* it's unfair that (16)

inoubliable *adj.* unforgettable

s'inquiéter (je m'inquiète) to worry

inquiétude *f.* worry

inscription *f.* inscription; matriculation; registration

inscrire (*like* **écrire**) *irreg.* to inscribe; **s'inscrire (à)** to join; to enroll; to register

insécurité *f.* insecurity

insister to insist

insociable *adj.* unsociable

insolite *adj.* unusual

insoluble *adj.* unsolvable

installation *f.* moving in; installation

installer to install; to set up; **s'installer** to settle down, settle in (12); to settle in (*to a new house*)

instances *f. pl.* authorities

institut *m.* institute; trade school

instituteur/trice *m., f.* elementary, primary school teacher (14)

instructeur *m.* instructor

s'instruire (*like* **conduire**) *irreg.* to educate oneself

instrument *m.* instrument; **jouer d'un instrument** to play a musical instrument

s'intégrer (je m'intègre) (à) to integrate oneself, get assimilated (into)

intellectuel(le) *adj.* intellectual (3); *m., f.* intellectual (*person*)

intelligemment *adv.* intelligently

intensif/ive *adj.* intensive

intention *f.* intention; meaning; **avoir l'intention de** to intend to

interdiction *f.* prohibition

interdire (*like* **dire, vous interdisez**) **(de)** *irreg.* to forbid (to)

intéressant *adj.* interesting (3)

intéresser to interest (14); **s'intéresser à** to be interested in

intérêt *m.* interest, concern

interprète *m., f.* singer, performer

interrogatif/ive *adj., Gram.* interrogative

interroger (sur) (nous interrogeons) to question, ask (about)

intervenir (*like* **venir**) *irreg.* to intervene

intervention *f.* intervention; speech; operation

interviewé(e) *m., f.* interviewee

interviewer to interview

intrus(e) *m., f.* intruder

inutile *adj.* useless (16)

inventaire *m.* inventory

inventer to invent

inverser to reverse

s'investir to invest oneself

inviter to invite

invraisemblable *adj.* unlikely, improbable

ironie *f.* irony

ironique *adj.* ironic

irrespect *m.* disrespect

isolé *adj.* isolated; detached

isolement *m.* isolation, loneliness

Italie *f.* Italy (8)

italien(ne) *adj.* Italian; *m.* Italian (*language*); **Italien(ne)** *m., f.* Italian (*person*) (2)

italique *m.* italic; **en italique** in italics

itinéraire *m.* itinerary

ivoire *m.* ivory; **Côte-d'Ivoire** *f.* Ivory Coast (8)

ivoirien(ne) *adj.* of (from) the Ivory Coast Republic; **Ivoirien(ne)** *m., f.* native (inhabitant) of the Ivory Coast Republic

jamais *adv.* ever; **ne... jamais** *adv.* never (9)

jambe *f.* leg (13)

jambon *m.* ham (6)

janvier January (4)

Japon *m.* Japan (8)

japonais *adj.* Japanese; *m.* Japanese (*language*); **Japonais(e)** *m., f.* Japanese (*person*) (2)

jardin *m.* garden (5)

jardinage *m.* gardening (15); **faire du jardinage** to garden

jardiner to garden

jardinier/ière *m., f.* gardener; **assiette** (*f.*) **du jardinier** vegetable plate

jaune *adj.* yellow (3)

je *pron., s.* I

jean(s) *m.* (*blue*) jeans (3)

jeter (je jette) to throw, throw away; **ne jetez plus** don't throw away any more

jeu (*pl.* **jeux**) *m.* game; game show; **jeu de mots** play on words; **jeu de rôles** role-playing game; **jeux de *hasard** games of chance (15); **jeux de société** social games, group games (15)

jeudi *m.* Thursday (1)

jeune *adj.* young (7); *m. pl.* young people, youth; **jeune fille** *f.* girl, young lady (3); **jeune homme** *m.* young man (3); **jeunes gens** *m. pl.* young men; young people; **jeunes mariés** *m. pl.* newlyweds

jeunesse *f.* youth, young people (16); **auberge** (*f.*) **de jeunesse** youth hostel

Joconde: la Joconde Mona Lisa

jogging *m.* jogging; **faire du jogging** to run, jog (5)

joie *f.* joy

joindre (*p.p.* **joint**) *irreg.* to join

joli *adj.* pretty (7)

jonction *f.* junction, meeting point

jouer to play; **jouer à** to play (*a sport or game*) (3); to play at (*being*); **jouer de** to play (*a musical instrument*) (3)

jouet *m.* toy

joueur/euse *m., f.* player

jour *m.* day; **au grand jour** out in the open; **au jour le jour** from day to day; **dans quatre jours** in four days (5); **du jour** today's (*menu, exchange rate*); **jour de l'An** New Year's Day; **jours de fête** holidays; **par jour** per day, each day; **plat** (*m.*) **du jour** today's special (*restaurant*); **quel jour est-ce aujourd'hui** what day is it today; **quel jour sommes-nous** what day is it (1); **quinze jours** two weeks; **tous les jours** every day (5, 10); **un jour** someday (11)

journal (*pl.* **journaux**) *m.* newspaper, news (10); journal, diary

journaliste *m., f.* reporter (14)
journée *f.* (*whole*) day (6)
joyeux/euse *adj.* joyous; happy, joyful
juger (nous jugeons) to judge
juillet July (4)
juin June (4)
jupe *f.* skirt (3); **mini-jupe** *f.* miniskirt
jurer to swear
jus *m.* juice (7); **jus de fruit** fruit juice (7); **jus d'orange** orange juice
jusqu'à (jusqu'en) *prep.* up to, as far as (11); until; **jusque-là** until then
juste *adj.* just; right, exact; *adv.* just, precisely; accurately; **il est juste que** + *subj.* it's fair, equitable that (16); **non, ce n'est pas juste, ça** no, that's not right (1)
justifier to justify

kilo(gramme) (kg.) *m.* kilogram (7)
kilomètre (km.) *m.* kilometer
kiosque *m.* kiosk; newsstand (10)

la *art., f. s.* the; *pron., f. s.* it, her
là *adv.* there (11); **là-bas** *adv.* over there; **oh, là, là** *interj.* good heavens, my goodness
laboratoire (*fam.* labo) *m.* laboratory; **laboratoire de langues** language lab
lac *m.* lake (8); **au bord du lac** on the lakeshore
lagune *f.* laguna
laid *adj.* ugly (4)
laine *f.* wool
laisser to let, allow; to leave (*behind*) (7)
lait *m.* milk (6); **café** (*m.*) **au lait** coffee with hot milk
laitier/ière *adj.* dairy, milk
lampe *f.* lamp (4)
langage *m.* language; jargon
langue *f.* language; tongue; **laboratoire** (*m.*) **de langues** language lab; **langue étrangère** foreign language (2); **langue maternelle** native language
lapin *m.* rabbit
lard *m.* bacon
large *adj.* wide
laser *m.* laser; **platine** (*f.*) **laser** compact disc (CD) player (4)
latin: Quartier (*m.*) **latin** Latin Quarter, district (*in Paris*)
lavabo *m.* bathroom sink (4)
lave-vaisselle *m.* (*automatic*) dishwasher
laver to wash; **se laver** to wash (*oneself*) (13); **se laver les mains** to wash one's hands
le *art., m. s.* the; *pron., m. s.* it, him

lèche-vitrine: faire du lèche-vitrine to go window shopping
leçon *f.* lesson
lecteur/trice *m., f.* reader; *m.* disk drive; **lecteur de cassettes** cassette deck (4); **lecteur de CD** compact disc (CD) player (4)
lecture *f.* reading (15)
légalisation *f.* legalization (16)
léger (légère) *adj.* light; lightweight; slight; mild
législatif/ive *adj.* legislative
légume *m.* vegetable (6)
lent *adj.* slow
lentement *adv.* slowly
lentilles *f.* (contact) lenses
lequel (laquelle, lesquels, lesquelles) *pron.* which one, who, whom, which (15)
les *art., pl., m., f.* the; *pron., pl., m., f.* them
lessive *f.* laundry; **faire la lessive** to do the laundry (5)
lessivé *adj., fam.* done in, dead tired
lettre *f.* letter (10); *pl.* literature; humanities; **arts** (*m.*) **et lettres** humanities; **boîte** (*f.*) **aux lettres** mailbox (10); **faculté** (*f.*) **des lettres** School of Arts and Letters; **poster une lettre** to mail a letter
leur *adj., m., f.* their; *pron., m., f.* to them; **le/la/les leur(s)** *pron.* theirs
lever (je lève) to raise, lift; **levez la main** raise your hand (1); **se lever** to get up (13); to get out of bed
lèvres *f. pl.* lips; **rouge** (*m.*) **à lèvres** lipstick
liaison *f.* liaison; love affair
libanais *adj.* Lebanese; **Libanais(e)** *m., f.* Lebanese (*person*)
libérer (je libère) to free
liberté *f.* freedom; **liberté d'expression** freedom of expression (16)
librairie *f.* bookstore (2)
libre *adj.* free; available; vacant; **plongée** (*f.*) **libre** free fall, diving; **temps** (*m.*) **libre** leisure time
libre-échange *m.* free trade
licence *f.* French university degree (= *U.S. bachelor's degree*)
lié *adj.* linked, tied
lien *m.* tie, bond
lieu *m.* place (2); **au lieu de** *prep.* instead of, in the place of; **avoir lieu** to take place
lieue *f., A.* league (*approx. 2.5 miles*)
lièvre *m.* hare
ligne *f.* line; bus line; figure; **couper la ligne** to cut off (*phone call*)

lilas *m. inv.* lilac
limite: date (*f.*) **limite de réservation** deadline for making reservations
limiter to limit
limonade *f.* lemonade; soft drink
linge *m.* (*household*) linen; cloth
linguiste *m., f.* linguist
linguistique *f.* linguistics (2)
lipide *m.* lipid, fat
liqueur *f.* liquor, liqueur
liquide *m., adj.* liquid; cash; **argent** (*m.*) **liquide** cash (14)
lire (*p.p.* **lu**) *irreg.* to read (10)
lisible *adj.* legible
liste *f.* list
lit *m.* bed (4); **wagon-lit** *m.* sleeping car
litre *m.* liter
littéraire *adj.* literary
littérature *f.* literature (2)
livre *m.* book (1); **livre de cuisine** cookbook; **prenez votre livre** take your book (1)
livret *m.* booklet
logement *m.* lodging(s), place of residence (4)
loger (nous logeons) to dwell, live
logiciel *m.* software
logique *m.* logic; *adj.* logical
loi *f.* law
loin *adv.* far; **loin de** *prep.* far from (5)
lointain *adj.* distant
loisir *m.* leisure; *pl.* leisure activities (15)
long(ue) *adj.* long (4); **longue durée** long-lasting, slow
longtemps *adv.* (for) a long time; **il y a longtemps** a long time ago
lorsque *conj.* when (14)
loto *m.* lottery
louer to rent (4); to reserve; **à louer** for rent
lourd *adj.* heavy (13)
loyer *m.* rent (*payment*)
lui *pron., m., f.* he; it; to him; to her; to it; **lui-même** *pron., m. s.* himself
lumière *f.* light; **Siècle** (*m.*) **des lumières** Age of Enlightenment
lundi *m.* Monday (1)
lune *f.* moon
lunettes *f. pl.* (eye)glasses (8); **lunettes de ski** ski goggles (8); **lunettes de soleil** sunglasses (8)
lutter to fight
luxe *m.* luxury; **de luxe** luxury; first-class
luxueux/euse *adj.* luxurious
lycée *m.* French secondary school
lys: fleur (*f.*) **de lys** fleur de lis, trefoil

ma *adj., f. s.* my; **pour ma part** in my opinion, as for me (16)

machine *f.* machine; **machine à calculer** calculator

Madame (Mme) (*pl.* **Mesdames**) *f.* Madam, Mrs. (ma'am) (1)

Mademoiselle (Mlle) (*pl.* **Mesdemoiselles**) *f.* Miss (1)

magasin *m.* store, shop (7); **grand magasin** department store; **magasin d'alimentation** food store

magazine *m.* (*illustrated*) magazine (10)

magicien(ne) *m., f.* magician

magique *adj.* magic, magical

magnat *m.* magnate, tycoon

magnétophone *m.* tape recorder

magnétoscope *m.* videocassette recorder (VCR) (10)

magnifique *adj.* magnificent (12)

magot *m.* Barbary ape; *fam.* nest egg, sum

mai May (4)

maigre *adj.* thin

maillot *m.* jersey, T-shirt; **maillot de bain** swimsuit (3)

main *f.* hand (13); **levez la main** raise your hand (1); **sac** (*m.*) **à main** handbag, purse (3); **se laver les mains** to wash one's hands

maintenant *adv.* now (2)

maintien *m.* keeping, upholding

maire *m.* mayor

mairie *f.* town (city) hall (11)

mais *conj.* but (2); **mais non** (but) of course not; **mais oui** (but) of course

maison *f.* house, home (4); company, firm; **à la maison** at home; **Maison-Blanche** *f.* White House; **repas** (*m.*) **fait maison** homemade meal

maître (maîtresse) *m., f.* master (mistress)

maîtrise *f.* mastery

majeur *adj.* major

majoritaire *adj.* majority

majorité *f.* majority

mal *adv.* badly (5); *m.* evil; pain (*pl.* **maux**); **aller mal** to feel bad (ill) (5); **avoir du mal à** to have trouble, difficulty; **avoir mal (à)** to hurt, have a pain (13); **avoir mal à la tête (au ventre)** to have a headache (stomachache); **ça va mal** bad(ly) (things are going badly) (1); **mal de mer** seasickness; **pas mal** not bad(ly) (1); **pas mal de** a lot of

malade *m., f.* sick person; *adj.* sick; **tomber malade** to get sick

maladie *f.* illness, disease

malaise *m.* feeling of sickness, (general) discomfort

malgré *prep.* in spite of

malheureusement *adv.* unfortunately; sadly

malheureux/euse *adj.* unhappy; miserable

maman *f., fam.* mom, mommy

mamie *f., fam.* grandma

Manche *f.* English Channel

mandat *m.* mandate, term in office

mange-tout: ***haricots** (*m. pl.*) **mange-tout** string beans; sugar peas

manger (nous mangeons) to eat (2); **salle** (*f.*) **à manger** dining room (5)

mangeur/euse *m., f.* eater

mangue *f.* mango

manière *f.* manner, way; **bonnes manières** *f. pl.* good manners

manifestation *f.* (*political*) demonstration; **manifestation sportive** sporting event (15)

manifester (pour, contre) to demonstrate (for, against) (16); **se manifester** to be manifested

mannequin *m.* model (*fashion*)

manque *m.* lack, shortage

manquer to miss; **ma famille me manque** I miss my family

manteau *m.* coat, overcoat (3)

se maquiller to put on makeup (13)

marais *m.* marsh, swamp

marbre *m.* marble

marchand(e) *m., f.* merchant, shopkeeper; **marchand(e) de vin** wine merchant (14)

marchandage *m.* bargaining

marchander to bargain

marche *f.* walking (15); step (*stair*)

marché *f.* market; deal, transaction; **bon marché** *adj. inv.* cheap, inexpensive; **faire le marché** to do the shopping, go to the market (5); **marché aux puces** flea market; **marché en plein air** outdoor market

marcher to walk; to work (*machine, object*) (9)

mardi *m.* Tuesday (1)

mari *m.* husband (5)

mariage *m.* marriage (13); wedding; **mariage à l'essai** trial marriage

marié *adj.* married (5); **jeunes (nouveaux) mariés** *m. pl.* newlyweds (13), newly married couple

se marier (avec) to get married (13)

marin *adj.* maritime, of the sea; **plongée** (*f.*) **sous-marine** skin diving (8)

Maroc *m.* Morocco (8)

marocain *adj.* Moroccan; **Marocain(e)** *m., f.* Moroccan (*person*)

marque *f.* trade name, brand

marquer to mark; to indicate

marrant *adj., fam.* funny, hilarious

marron *adj. inv.* brown (3); *m.* chestnut; **crème** (*f.*) **de marrons** chestnut purée

mars March (4)

masculin *adj.* masculine

masque *m.* mask

match *m.* game; **match de foot (de boxe)** soccer game (boxing match)

matérialiste *adj.* materialistic

matériau (*pl.* **matériaux**) *m.* material; building material

matériel(le) *adj.* material

maternel(le) *adj.* maternal; **école** (*f.*) **maternelle** nursery school, preschool; **langue** (*f.*) **maternelle** native language

maternité *f.* maternity, childbearing

mathématicien(ne) *m., f.* mathematician

mathématiques (*fam.* **maths**) *f. pl.* mathematics (2)

matière *f.* academic subject

matin *m.* morning (5); **ce matin** this morning (5); **du matin** in the morning (6); **tous les matins** every morning (10)

matinal *adj.* morning

matinée *f.* morning (*duration*) (8)

mauvais *adj.* bad (7); **en mauvais état** in bad condition; **il fait mauvais** it's bad (weather) out (1); **le/la plus mauvais(e)** the worst; **plus mauvais** worse

mécanicien(ne) *m., f.* mechanic

médaille *f.* medal

médecin (femme médecin) *m., f.* doctor, physician (14); **médecin généraliste** general practitioner

médecine *f.* medicine (*study, profession*)

médias *m. pl.* media (16)

médicament *m.* medication; drug

médiéval *adj.* medieval (12)

médiocre *m., f.* mediocre person; *adj.* mediocre

médiocrité *f.* mediocrity

meilleur *adj.* better (13); **le/la meilleur(e)** the best

mélangé *adj.* mixed

mêlée *f.* scrum (*rugby*)

membre *m.* member

même *adj.* same (7); itself; very same; *adv.* even (7); **le/la/les même(s)** the same one(s); **moi-même** myself; **quand même** anyway, even so; **tout de même** all the same, for all that

mémoire *m.* memory
menace *f.* threat
menacé *adj.* threatened
ménage *m.* housekeeping; household;
 faire le ménage to do the housework (5)
mendier to beg
mener (je mène) to lead
mention: faire mention de to mention
mentionné *adj.* mentioned
menu *m.* menu; fixed-price menu (7)
mépris *m.* scorn
mer *f.* sea, ocean (8); **au bord de la mer**
 at the seashore; **mer des Caraïbes**
 Caribbean (*sea*)
merci *interj.* thank you (1); **merci bien**
 thanks a lot
mercredi *m.* Wednesday (1)
mère *f.* mother (5); **belle-mère** mother-
 in-law (5); stepmother (5); **grand-mère**
 grandmother (5)
merveille *f.* marvel; **à merveille** *adv.*
 marvelously
merveilleux/euse *adj.* marvelous
mes *adj., m., f., pl.* my
mésaventure *f.* misadventure, bad thing
 (8)
messager/ère *m., f.* messenger
messe *f.* (*Catholic*) Mass
messieurs-dames ladies and gentlemen
mesure *f.* measure; **prendre des**
 mesures to take measures
mesurer to measure
météo *f., fam.* weather forecast
méthode *f.* method
métier *m.* trade, profession; **armée** (*f.*)
 de métier professional army
métrage *m.* footage, length; **court**
 métrage *m.* short subject (*film*)
mètre *m.* meter
métro *m.* subway (*train, system*) (9);
 station (*f.*) **de métro** metro station (11)
métropole *m.* metropolis
métropolitain *adj.* metropolitan; from
 (of) mainland France
mets *m. s.* food, dish
metteur/euse en scène *m., f.* producer;
 film director
mettre (*p.p.* **mis**) *irreg.* to place, put (8);
 to put on (8); to turn on; to take (*time*);
 to admit, grant; **mettre en cause** to
 call into question; **mettre en place** to
 install, put in place; **mettre la table (le**
 couvert) to set the table; **se mettre à**
 to begin to (*do s.th.*) (13); **se mettre au**
 vert to take a rest in the country; **se**
 mettre d'accord to reach an agreement

meuble *m.* piece of furniture (5);
 meubles d'époque antique furniture
meublé *adj.* furnished
meurtre *m.* murder
mexicain *adj.* Mexican; **Mexicain(e)** *m.,*
 f. Mexican (*person*)
Mexique *m.* Mexico (8)
micro-ordinateur (*fam.* **micro**) *m.* personal computer
midi noon (6); *m. south-central region of*
 France; **après-midi** *m.* afternoon (6);
 de l'après-midi in the afternoon (6); **il**
 est midi it's noon (6)
miel *m.* honey
mien(ne)(s) (le/la/les) *pron., m., f.,* mine
mieux *adv.* better; **aimer mieux** to prefer
 (2); **bien, mieux, le mieux** well, better,
 the best (15); **il vaut mieux que** + *subj.*
 it's better that (16); **tant mieux** so
 much the better
mignon(ne) *adj., fam.* cute
mil *m.* thousand (*for years*)
milieu *m.* environment; milieu; middle;
 au milieu de in the middle of
militaire *adj.* military; **budget militaire**
 military budget (16)
militer pour to militate, argue for
mille *adj.* thousand
millénaire *m.* one thousand; *adj.* millen-
 nial
milliardaire *m., f.* billionaire
millier *m.* (around) a thousand
minable *adj., fam.* sorry, shabby; disap-
 pointing
mince *adj.* thin; slender
minéral: eau (*f.*) **minérale** mineral water
 (6)
mini-jupe *f.* miniskirt
ministère *m.* ministry
ministre *m.* minister; **premier ministre**
 prime minister
minitel *m.* minitel (*French personal com-*
 munications terminal) (10)
minuit midnight (6); **il est minuit** it's
 midnight (6)
minute *f.* minute; **dans dix minutes** in
 ten minutes
mirabelle *f.* mirabelle plum
miraculeux/euse *adj.* miraculous
miroir *m.* mirror (4)
mise (*f.*) **en forme** fitness training
misère *f.* misery, poverty
mobilité *f.* mobility
moche *adj., fam.* ugly; rotten
mode *f.* fashion, style; *m.* form, mode;
 adj. fashionable; **à la mode** in style
modèle *m.* model; pattern

modéré *adj.* moderate
moderniser to modernize
moderniste *adj.* modernistic
modeste *adj.* modest, humble
modifier to modify, transform
moi *pron. s.* I, me; **chez moi** at my place;
 excusez-moi excuse me (1); **moi aussi**
 me too; **moi-même** myself; **moi non**
 plus me neither
moins *adv.* less; minus; **à moins que**
 unless; **au moins** at least; **le moins** the
 least; **moins de...** fewer than (*with*
 numbers); **moins le quart** quarter to
 (the hour) (6); **moins... que** less . . .
 than (13); **plus ou moins** more or less;
 rien de moins nothing less
mois *m.* month (8); **par mois** per month
moitié *f.* half
moment *m.* moment; **du moment** current; **en ce moment** now, currently
mon *adj., m. s.* my
monde *m.* world (8); people; society; **tour**
 (*m.*) **du monde** trip around the world;
 tout le monde everybody, everyone (9)
mondial *adj.* world; worldwide;
 Première (Deuxième) Guerre (*f.*)
 mondiale First (Second) World War
monétaire *adj.* monetary
monnaie *f.* coins, change (10); currency
 (*units*)
monopole *m.* monopoly
monotone *adj.* monotonous
Monsieur (M.) (*pl.* **Messieurs**) *m.* Mis-
 ter; gentleman; Sir (1); **croque-**
 monsieur *m. grilled cheese and ham*
 sandwich
monstre *m.* monster
mont *m.* hill; mountain
montagne *f.* mountain (8); **à la**
 montagne in the mountains;
 chaussures (*f.*) **de montagne** hiking
 boots (8)
montagneux/euse *adj.* mountainous
montant *m.* sum, amount (14); total
montée *f.* rise (16), ascent; going up
monter (dans) to set up, organize; to put
 on; to carry up; to go up (9); to climb
 (into) (9)
montre *f.* watch; wristwatch
montrer to show (3)
monument *m.* (*historical*) monument
 (11)
se moquer de to make fun of; to mock
moquette *f.* wall-to-wall carpeting
morale *f.* moral philosophy
morceau *m.* piece (7); **morceau de**
 gâteau piece of cake

mort *f.* death
mort *adj.* dead
mosquée *f.* mosque
mot *m.* word (4); **mot apparenté** related word, cognate; **mot-clé** *m.* key word
motocyclette (*fam.* **moto**) *f.* motorcycle (9)
mouche: bateau-mouche (*pl.* **bateaux-mouches**) *m. tourist boat on the Seine*
mourir (*p.p.* **mort**) *irreg.* to die (9); **s'ennuyer à mourir** to be bored to death
mousse (*f.*) **au chocolat** chocolate mousse
moustique *m.* mosquito
moutarde *f.* mustard
mouton *m.* mutton; sheep
mouvement *m.* movement
mouvementé *adj.* animated, eventful
moyen(ne) *adj.* average; *m.* mean(s); way; **de taille moyenne** of medium height (4); **moyen âge** *m. s.* Middle Ages (12); **un bon moyen** a good way
municipal *adj.* municipal (11)
mur *m.* wall (4)
musculation *f.* muscle development
musée *m.* museum (11)
musical (*pl.* **musicaux**) *adj.* musical
musicien(ne) *m., f.* musician (12)
musique *f.* music (2); **musique classique** classical music
musulman(e) *m., f.* Muslim
mutation *f.* change, alteration
myrtille *f.* huckleberry; blueberry
mystère *m.* mystery
mythe *m.* myth
mythique *adj.* mythical

nager (**nous nageons**) to swim (8)
nageur/euse *m., f.* swimmer
naïf (**naïve**) *adj.* naive; simple (3)
naissance *f.* birth
naître (*p.p.* **né**) *irreg.* to be born (9)
natal *adj.* native
natation *f.* swimming
nationaliste *m., f.* nationalist
nationalité *f.* nationality
nature *f.* nature (16); *adj.* plain (*food*)
naturel(le) *adj.* natural; **ressources** (*f. pl.*) **naturelles** natural resources (16); **sciences** (*f. pl.*) **naturelles** natural sciences
nautique *adj.* nautical; **ski** (*m.*) **nautique** waterskiing (8)
navarin *m.* stew; lamb stew
navet *m.* turnip; *fam.* dud, flop (*show*)
navette *f.* shuttle bus

ne *adv.* no; not; **ne... aucun(e)** none, not one; **ne... jamais** never, not ever (9); **ne... ni... ni** neither . . . nor; **ne... pas** no; not; **ne... pas du tout** not at all (9); **ne... pas encore** not yet (9); **ne... personne** no one, nobody (9); **ne... plus** no more (6), no longer (9); **ne... que** only (9); **ne... rien** nothing (9); **n'est-ce pas** isn't it (so), isn't that right
né *adj.* born
nécessaire *adj.* necessary; **il est nécessaire que** + *subj.* it's necessary that (16)
nécessité *f.* need
néfaste *adj.* harmful
négatif/ive *adj.* negative
négliger (**nous négligeons**) to neglect
négocier to negotiate
nègre (**négresse**) *m., f.* Negro (Negress)
négritude *f.* Negritude
neige *f.* snow; **fête** (*f.*) **des neiges** snow festival
neiger (**il neigeait**) to snow (1); **il neige** it's snowing (1)
nerveux/euse *adj.* nervous (3)
net(te) *adj.* clear; net (*price*)
nettoyer (**je nettoie**) to clean
neuf *adj.* nine (1)
neuf (**neuve**) *adj.* new, brand-new; **quoi de neuf** what's new
neuvième *adj.* ninth
neveu *m.* nephew (5)
nez *m.* nose (13); **elle m'a claqué la porte au nez** she closed the door in my face
ni neither; nor; **ne... ni... ni** neither . . . nor
nièce *f.* niece (5)
niveau *m.* level
noces: voyage (*m.*) **de noces** honeymoon trip
Noël *m.* Christmas; **bûche** (*f.*) **de Noël** yule-log (*pastry*); **père** (*m.*) **Noël** Santa Claus; **réveillon** (*m.*) **de Noël** *midnight Christmas dinner*
noir *adj.* black (3)
noisette *f.* hazelnut
noix *f.* nut; **noix de coco** coconut
nom *m.* noun; name; **au nom de** in the name of
nombre *m.* number; quantity; **nombres** (*pl.*) **ordinaux** ordinal numbers
nombrer to number
nombreux/euse *adj.* numerous
nommer to name; to appoint
non *interj.* no (1); not; **moi non plus** me neither; **non plus** neither, not . . . either

nord *m.* north (9); **au nord** to the north (9); **nord-est** *m.* northeast; **nord-ouest** *m.* northwest
normal *adj.* normal; **il est normal que** + *subj.* it's normal that (16)
Norvège *f.* Norway
nos *adj., m., f., pl.* our
nostalgique *adj.* nostalgic
notamment *adv.* notably; especially
notation *f.* grading; notation
note *f.* note; grade (*academic*); **prendre des notes** to take notes
noter to notice
notion *f.* notion, idea, knowledge
notre *adj., m., f., s.* our
nôtre(s): le/la (les) nôtre(s) *pron., m., f.* ours; our own
nourrissant *adj.* nourishing
nourriture *f.* food
nous *pron., pl.* we; us; **nous sommes lundi (mardi...)** it's Monday (Tuesday . . .) (1); **quel jour sommes-nous** what day is it (1)
nouveau (**nouvel, nouvelle** [**nouveaux, nouvelles**]) *adj.* new (3, 7); **à nouveau** once more; **de nouveau** again (11); **nouveaux mariés** *m. pl.* newlyweds (13); **Nouvel An** *m.* New Year's
nouvelle *f.* piece of news; short story; *pl.* news, current events; **bonne (mauvaise) nouvelle** good (bad) news
novembre November (4)
nu *m., adj.* nude
nuage *m.* cloud
nuageux/euse *adj.* cloudy; **le temps est nuageux** it's cloudy (1)
nucléaire *adj.* nuclear; **centrale** (*f.*) **nucléaire** nuclear power plant; **déchets** (*m. pl.*) **nucléaires** nuclear waste; **énergie** (*f.*) **nucléaire** nuclear power (16)
nuit *f.* night (8)
nul(le) *adj.*, null; *fam.* no good
nullard(e) *m., f., fam.* dunce, numbskull
numéro *m.* number; **composer un numéro** to dial a number (10); **numéro de téléphone** telephone number (10)
numéroter to number

obéir (à) to obey
objectif *m.* goal, objective
objections *f. pl.*: **faire des objections** to voice objections
objet *m.* object; objective; **pronom** (*m.*) **complément d'objet direct (indirect)** *Gram.* direct (indirect) object pronoun

obligatoire *adj.* obligatory; mandatory; **service** (*m.*) **(militaire) obligatoire** mandatory military service

obligé *adj.* obliged, required; **être obligé de** to be obliged to

obsédé *adj.* obsessed

observateur/trice *m., f.* observer

obtenir (*like* **tenir**) *irreg.* to obtain, get (8)

occasion *f.* opportunity; occasion; bargain

occident *m.* the west

occidental *adj.* (*pl.* **occidentaux**) western, occidental

occupé *adj.* occupied; busy

occuper to occupy; **s'occuper de** to look after, take care of

octobre October (4)

odeur *f.* odor, smell

œil (*pl.* **yeux**) *m.* eye (13)

œuf *m.* egg (6)

œuvre *f.* work; artistic work (12); **chef-d'œuvre** (*pl.* **chefs-d'œuvre**) *m.* masterpiece (12); ***hors-d'œuvre** (*pl.* **les *hors-d'œuvre**) *m.* appetizer (6, 7); **œuvre d'art** work of art (12)

offre *f.* offer; **offre d'emploi** job offer

offrir (*like* **ouvrir**) *irreg.* to offer (14)

oie *f.* goose; **la Mère l'Oie** Mother Goose

oignon *m.* onion

ombre *f.* shadow

omelette *f.* omelet

oncle *m.* uncle (5)

onze *adj.* eleven (1)

onzième *adj.* eleventh

opinion *f.* opinion; **exprimer une opinion** to express an opinion (16); **opinion publique** public opinion (16)

opportunité *f.* opportunity; timeliness

opposé *m.* the opposite

optimiste *m., f.* optimist; *adj.* optimistic (3)

optométrie *f.* optometry

or *m.* gold; *conj.* now; well

orage *m.* storm

orageux/euse *adj.* stormy; **le temps est orageux** it's stormy (1)

orange *adj. inv.* orange; *m.* orange (*color*) (3); *f.* orange (*fruit*); **jus** (*m.*) **d'orange** orange juice

orchestre *m.* orchestra

ordinaire *adj.* ordinary, regular

ordinal *adj.* ordinal; **nombres** (*m. pl.*) **ordinaux** ordinal numbers

ordinateur *m.* computer (4, 10)

ordonnance *f.* prescription

ordonné *adj.* orderly, tidy

ordre *m.* order; command; **dans le bon ordre** in the right order; **en ordre** orderly (4), neat

oreille *f.* ear (13)

organisé *adj.* organized

organiser to organize

oriental (*pl.* **orientaux**) *adj.* Oriental

orientation *f.* orientation; direction; **conseiller/ère** (*m., f.*) **d'orientation** guidance counselor

originaire (*adj.*) **de** native to

original (*pl.* **originaux**) *adj.* original; eccentric

origine *f.* origin; **d'origine belge** of Belgian extraction

orphelin(e) *m., f.* orphan

orthographe *f.* spelling

os *m.* bone

ou *conj.* or; either (2); **ou bien** or else

où *adv.* where (3); *pron.* where, in which, when (14); **où est...** where is . . .

ouais *interj., fam.* yes (**oui**)

oublier (de) to forget (to) (8)

ouest *m.* west (9); **à l'ouest** to the west (9); **nord-ouest** *m.* northwest; **sud-ouest** *m.* southwest

oui *interj.* yes (1)

outil *m.* tool

ouvert *adj.* open; frank; **à bras ouverts** with open arms

ouvreuse *f.* usher (*movies*)

ouvrier/ière *m., f.* (*manual*) worker (14)

ouvrir (*p.p.* **ouvert**) *irreg.* to open (14)

pain *m.* bread (6); **baguette** (*f.*) **de pain** (French) bread, baguette (7); **pain de campagne** country-style bread, wheat bread

pair: au pair au pair (*child care by foreign student*)

palais *m.* palace (12)

palmarès *m. s.* prize, honors list

palme *f.* prize

pamplemousse *m.* grapefruit

pan *interj.* pow

panaché *m.* mixed dish, salad

panne *f.* (*mechanical*) breakdown; **être en panne** to have a breakdown; **tomber en panne** to have a (*mechanical*) breakdown

panoplie *f.* range

panorama *m.* view; panorama

pantalon *m.* (pair of) pants (3)

papa *m., fam.* dad, daddy

pape *m.* pope

papier *m.* paper

papillon *m.* butterfly

papy *m., fam.* grandpa

Pâques *f. pl.* Easter

paquet *m.* package (10)

par *prep.* by, through, with; **par contre** on the other hand; **par écrit** in writing; **par exemple** for example (16); **par *hasard** by chance; **par ici** around here; **par jour (semaine, etc.)** per day (week, etc.); **par ordre chronologique** in chronological order; **par terre** on the ground (3)

paradis *m.* paradise

parapluie *m.* umbrella (8)

parc *m.* park (11)

parce que *conj.* because (3)

pardon *interj.* pardon (me) (1)

pareil(le) *adj.* similar

parent(e) *m., f.* parent; relative; **arrière-grand-parent** *m.* great-grandparent (5); **grand-parent** grandparent (5)

parenthèse *f.* parenthesis; **entre parenthèses** in parentheses

paresseux/euse *adj.* lazy (3)

parfait *adj.* perfect

parfois *adv.* sometimes (9)

parfum *m.* perfume; flavor

parisien(ne) *adj.* Parisian (3); **Parisien(ne)** *m., f.* Parisian (*person*)

parlement *m.* parliament

parler (à, de) to speak (to, of) (2); to talk; *m.* speech

parmi *prep.* among

parodie *f.* parody

parole *f.* word

parquet *m.* wooden (parquet) floor

part *f.* share, portion; **à part** besides; separately; **c'est de la part de X** X is calling; **d'autre part** on the other hand; **de ma part** for me, on my behalf; **de part et d'autre** on both sides; **pour ma part** in my opinion, as for me (16); **quelque part** somewhere

partager (nous partageons) to share

partenaire *m., f.* partner

parti *m.* (*political*) party (16)

participe *m., Gram.* participle

participer à to participate in

particulier/ière *adj.* particular, special

partie *f.* part; **de la partie de** from; **en partie** in part; **faire partie de** to be part of

partir (*like* **dormir**) **(à, de)** *irreg.* to leave (for, from) (8); **à partir de** *prep.* starting from

partisan(e) *m., f.* supporter, advocate (11)

partitif/ive *adj., Gram.* partitive

partout *adv.* everywhere

parvenir (*like* **venir**) **à** *irreg.* to succeed in

pas (ne... pas) not; **ne... pas du tout** not at all (9); **ne... pas encore** not yet (9); **pas à pas** step-by-step; **pas du tout** not at all (5); **pas grand-chose** not much; **pas mal** not bad(ly) (1)

passage *m.* passage; passing

passager/ère *m., f.* passenger (9)

passé *m.* past (12); *adj.* past, gone, last (8); **passé composé** *Gram.* past tense (compound tense); **passé simple** *Gram.* past tense (*literary*)

passeport *m.* passport

passer to pass, spend (*time*) (6); to put through to (*by phone*); **passer (par)** to pass (by, through) (9); **passer un examen** to take an exam (4); **qu'est-ce qui se passe** what's happening, what's going on (15); **se passer** to happen, take place; to go (15)

passe-temps *m.* pastime, hobby (15)

pasteur *m.* (*Protestant*) minister

pastis *m.* pastis (*aniseed aperitif*)

patate *f., tr. fam.* potato

pâté *m.* liver paste, pâté; **pâté de campagne** (country-style) pâté (7); **pâté de foie gras** goose liver pâté

pâtes *f. pl.* pasta, noodles

patience *f.* patience; **perdre patience** to lose patience

patient *m., f.* (*hospital*) patient; *adj.* patient (3)

patienter to wait

patin *m.* skate, ice skate; **faire du patin à glace** to go ice-skating

patinage *m.* skating; **faire du patinage** to go skating

pâtisserie *f.* pastry (7); pastry shop (7)

pâtissier/ière *m., f.* pastry shop owner; pastry chef

patrimoine *m.* legacy; patrimony (12)

patron(ne) *m., f.* boss, employer

pause *f.* pause, break

pauvre *adj.* poor (7); unfortunate (7)

pavé *m.* **(de viande)** thick piece (of steak)

payé *adj.* paid, paying

payer (je paie) to pay, pay for

pays *m.* country (2, 8), nation (8); **pays en voie de développement** developing nation

paysage *m.* landscape, scenery

Pays-Bas *m. pl.* Netherlands

pêche *f.* fishing (15); **aller à la pêche** to go fishing

pêcher to fish (8)

pêcheur/euse *m., f.* fisherman (woman)

pédagogie *f.* pedagogy

peigne *m.* comb (13)

se peigner to comb one's hair (13)

peindre (*like* **craindre**) *irreg.* to paint

peine *f.* punishment, sentence; **peine de mort** death penalty

peintre (femme peintre) *m., f.* painter (12); **artiste-peintre** *m., f.* painter (*artist*) (14)

peinture *f.* painting (12); **faire de la peinture** to paint

pendant *prep.* during (15); **pendant les vacances** during vacation (5); **pendant que** *conj.* while

pendule *f.* pendulum

pensée *f.* thought; idea

penser to think; to reflect; to expect, intend; **penser** + *inf.* to plan on (*doing s.th.*) (15); **penser à** to think of, think about (11); **penser de** to think of, have an opinion about (11); **que pensez-vous de...** what do you think of . . . (11); **qu'en penses-tu** what do you think about it (11)

penseur/euse *m., f.* thinker

pension *f.* board, meals; boardinghouse

percer (nous perçons) to make a name for oneself, become popular

perché *adj.* perched

perdre to lose (5); to waste (5); **perdre patience** to lose patience; **se perdre** to get lost (13)

perdu *adj.* lost; wasted

père *m.* father (5); **beau-père** father-in-law (5); stepfather (5); **grand-père** grandfather (5)

perfectionnement *m.* perfecting

perfectionner to perfect

perfectionniste *adj.* perfectionistic

période *f.* period (*of time*)

permanence: en permanence permanently

permettre (*like* **mettre**) **(de)** *irreg.* to permit, allow (15), let

permis (*m.*) **de conduire** driver's license

persan *adj.* Persian

persévérant *adj.* persevering, dogged

personnage *m.* (*fictional*) character

personnalisé *adj.* personalized

personnalité *f.* personality

personne *f.* person (3); **grande personne** adult, grown-up; **ne... personne** nobody, no one (9)

personnel(le) *adj.* personal

personnellement *adv.* personally (16)

perspective *f.* view; perspective

persuader to persuade, convince

peser (je pèse) to weigh

pessimiste *adj.* pessimistic (3)

pétanque *f.* bocce ball, lawn bowling (*So. France*) (15)

petit *adj.* little; short (4); very young; *m. pl.* young ones; little ones; **petit(e) ami(e)** *m., f.* boyfriend, girlfriend; **petit déjeuner** *m.* breakfast (6); **petite cuillère** *f.* teaspoon; **petit écran** *m.* television set; **petit-enfant** *m.* grandchild (5); **petite-fille** *f.* granddaughter (5); **petites annonces** *f. pl.* classified ads (10); **petit-fils** *m.* grandson (5)

peu *adv.* little; few; not very (3); hardly (3); **à peu près** *adv.* nearly; **encore un peu** a little more; **il est peu probable que** + *subj.* it's doubtful that (16); **peu calorique** low in calories; **peu de** few; **un peu** a little (3); **un peu (de)** a little (of) (2)

peuple *m.* nation; people (*of a country*)

peupler to populate

peur *f.* fear; **avoir peur (de)** to be afraid (of) (4)

peut-être *adv.* perhaps, maybe (5)

pharaon *m.* Pharaoh

pharmacie *f.* pharmacy, drugstore (11)

pharmacien(ne) *m., f.* pharmacist (14)

philosophe *m., f.* philosopher

philosophie (*fam.* **philo**) *f.* philosophy (2)

photo *f.* picture, photograph; **appareil-photo** *m.* (*still*) camera; **prendre des photos** to take photos

photocopieur *m.* photocopy machine

photographe *m., f.* photographer

phrase *f.* sentence

physicien(ne) *m., f.* physicist

physiologie *f.* physiology

physique *f.* physics (2)

physiquement *adv.* physically

pianiste *m., f.* pianist

piano *m.* piano; **jouer du piano** to play the piano

pichet *m.* pitcher, small carafe

pièce *f.* piece; room (*of a house*) (5); coin (7); **monter une pièce** to put on a play; **pièce de monnaie** coin; **pièce de théâtre** (*theatrical*) play (12)

pied *m.* foot (13); **à pied** on foot; **se lever du pied gauche** to get up on the wrong side of the bed

piège *f.* trap, trick

pierre *f.* stone

pilote *m., f.* pilot (9)

pilule *f.* pill

pique-nique *m.* picnic (15); **faire un pique-nique** to go on a picnic

pique-niquer to have a picnic
pire *adj.* worse (13); **le/la pire** the worst
pis *adv.* worse; **le pis** the worst; **tant pis** too bad
piscine *f.* swimming pool (11)
piste *f.* path, trail; course; slope; **ski** (*m.*) **de piste** downhill skiing (8)
pittoresque *adj.* picturesque
place *f.* place; position; (public) square (11); seat (12); **à votre (ta) place** in your place, if I were you
plage *f.* beach (8); **serviette** (*f.*) **de plage** beach towel (8)
plaine *f.* plain
plaire (*p.p.* **plu**) à *irreg.* to please; **en français, s'il vous plaît** in French, please (1); **s'il te (vous) plaît** *interj.* please (1)
plaisir *m.* pleasure; **faire plaisir à** to please
plan *m.* plan; diagram; map (*of a city*) (11); **sur le plan économique** economically speaking
planche *f.* board; **planche à voile** windsurfer (8)
planète *f.* planet
plante *f.* plant
plaque *f.* package (*of frozen food*)
plaquer *fam.* to abandon, ditch
plat *m.* dish (*type of food*) (7); course (*meal*) (7); **plat de résistance** main course, dish; **plat du jour** today's special (*restaurant*); **plat principal** main course (7)
plateau *m.* plateau
platine *f.* turntable; **platine laser** compact disc (CD) player (4)
plâtre *m.* cast
plein (de) *adj.* full (of); **activitiés** (*f. pl.*) **de plein air** outdoor activities (15); **faire le plein** to fill it up (*gas tank*) (9); **plein de** a lot of
pleurer to cry, weep
pleuvoir (*p.p.* **plu**) *irreg.* to rain (8); **il pleut** it's raining (1)
plombier *m.* plumber (14)
plongée *f.* diving; **faire de la plongée sous-marine** to go skin diving (scuba diving) (8)
pluie *f.* rain
plupart: la plupart (de) most (of) (16), the majority (of)
pluriel *m., Gram.* plural
plus (de) *adv.* more; plus; **de plus en plus** more and more; **de plus / en plus** in addition; **le/la/les plus** + *adj.* most; **le plus** + *adv.* most; **ne... plus** no

longer (9), no more (6); **plus ou moins** more or less; **plus... que** more . . . than (13); **plus tard** later
plusieurs (de) *adj., pron.* several (of)
plutôt *adv.* instead; rather (7)
pneu *m.* tire; **éclater un pneu** to have a flat tire
poche *f.* pocket
poème *m.* poem (12)
poésie *f.* poetry (12)
poète (poétesse) *m., f.* poet (12)
poétique *adj.* poetic, poetry
poids *m.* weight; significance
point *m.* point; spot; **à point** medium (*steak*); **ne... point** not at all; **point de départ** starting point; **point de vue** point of view
pointe: à la pointe de in the forefront of
pointillisme *m.* pointillism (*style of painting*)
poire *f.* pear (6)
pois: petits pois (*m.*) peas
poisson *m.* fish (6)
poissonnerie *f.* fish store (7)
poivrade: sauce (*f.*) **poivrade** vinaigrette dressing with pepper
poivre *m.* pepper (6); **steak** (*m.*) **au poivre** pepper steak
poivron *m.* green pepper
poli *adj.* polite; polished
police *f.* police; **agent** (*m.*) **de police** police officer (14); **poste** (*m.*) **de police** police station (11)
policier/ière *adj.* pertaining to the police; *m.* police officer; **roman** (*m.*) **policier** detective novel
poliment *adv.* politely (12)
politicien(ne) *m., f.* politician (16)
politique *f.* politics (16); policy (16); *adj.* political; **homme (femme) politique** *m., f.* politician
polluant *adj.* polluting
polluer to pollute (16)
pollution *f.* pollution (16)
pomme *f.* apple (6); **compote** (*f.*) **de pommes** stewed apples; **pomme de terre** potato (6); **pommes allumettes** shoestring (matchstick) potatoes; **tarte** (*f.*) **aux pommes** apple tart
ponctuel(le) *adj.* punctual
pont *m.* bridge
populaire *adj.* popular; common; of the people
popularité (*f.*) popularity
porc *m.* pork (7); **côte** (*f.*) **de porc** pork chop
porte *f.* door (1); stop, exit (*metro*); **elle**

m'a claqué la porte au nez she closed the door in my face
porter to wear (3); to carry (3)
porto *m.* port (*wine*)
Portugal *m.* Portugal (8)
poser to put (down); to state, pose; to ask; **poser sa candidature** to apply; to run (*for office*); **poser une question** to ask a question
positif/ive *adj.* positive
posséder (je possède) to possess
possessif/ive *adj.* possessive
possession *f.* possession; **prendre possession de** to take possession of
possibilité *f.* possibility
possible *adj.* possible; **aussi souvent que possible** as often as possible; **faire son possible** to do one's best; **il est possible que** + *subj.* it's possible that (16)
postal *adj.* postal, post; **carte** (*f.*) **postale** postcard (10); **code** (*m.*) **postal** postal code, zip code
poste *m.* position; employment; *f.* post office; postal service; **bureau** (*m.*) **de poste** post office (10); **poste** (*m.*) **de police** police station (11); **poste** (*m.*) **de télévision** TV set (5)
poster to mail (*a letter*)
poterie *f.* pottery
pouce *m.* thumb; inch; **coup** (*m.*) **de pouce** little push (in the right direction); **déjeuner sur le pouce** to have a quick lunch
poule *f.* hen
poulet *m.* chicken (6)
pour *prep.* for, in order to (2); **le pour et le contre** the pros and cons; **manifester pour** to demonstrate for (16); **pour ma part** in my opinion, as for me (16)
pourboire *m.* tip, gratuity (7)
pourcentage *m.* percentage
pourquoi *adv., conj.* why (4)
pourri: faire un temps pourri *fam.* to be rotten weather
poursuivre (*like* **suivre**) *irreg.* to pursue (12)
pourtant *adv.* however, yet, still, nevertheless
pousser to push
pouvoir (*p.p.* **pu**) *irreg.* to be able to, can (7); *m.* power, strength; **il se peut que** + *subj.* it's possible that (16)
pratique *adj.* practical (13); *f.* practice
pratiquer to practice, exercise (*sport*)
pré *m.* meadow

précédent *adj.* preceding
précieux/euse *adj.* precious
se précipiter à to rush to
précis *adj.* precise, fixed, exact
précisément *adv.* precisely, exactly
préciser to state precisely; to specify
précision *f.* precision; piece of information
prédire (*like* **dire, vous prédisez**) *irreg.* to predict, foretell
préférable *adj.* preferable, more advisable; **il est préférable que** + *subj.* it's preferable that (16)
préféré *adj.* favorite, preferred (5)
préférence *f.* preference
préférer (je **préfère**) to prefer, like better (6)
préfrit *adj.* pre-fried
premier/ière *adj.* first (11); **premier (deuxième) étage** second (third) floor (*in the U.S.*) (5); **premier ministre** *m.* prime minister
prendre (*p.p.* **pris**) *irreg.* to take (6); to have (to eat, to drink) (6); to order; **prendre au sérieux** to take seriously; **prendre conscience de** to realize, become aware of; **prendre l'avion** to take a plane; **prendre le soleil** to sit in the sun; **prendre place** to take place; **prendre possession de** to take possession of; **prendre rendez-vous** to make an appointment (date); **prendre son temps** to take one's time; **prendre une décision** to make a decision; **prendre une douche** to take a shower; **prendre une photo** to take a photo; **prendre un verre** *fam.* to have a drink; **prenez votre livre** take your book (1)
prénom *m.* first (Christian) name
préoccupé *adj.* worried, preoccupied
se préoccuper de to concern, preoccupy oneself with
préparatifs *m. pl.* preparations
préparer to prepare (5); **se préparer (à)** to prepare oneself, get ready (for) (13)
près (de) *adv.* near, close to (4); **à peu près** nearly; **tout près** very near
prescrire (*like* **écrire**) *irreg.* to prescribe
présent *m.* present (time); *adj.* present
présenter to present; to introduce; to put on (*a performance*); **je vous (te) présente...** I want you to meet . . .
préserver to preserve
président(e) *m., f.* president
présider to preside
presque *adv.* almost, nearly (6)

presse *f.* press (*media*)
pressé *adj.* in a hurry, rushed
pression *f.* pressure
prestigieux/euse *adj.* prestigious
prêt *adj.* ready (3)
prétentieux/euse *adj.* pretentious
prêter (à) to lend (to) (10)
preuve *f.* proof; **faire preuve de** to show
prévenir (*like* **venir**) *irreg.* to warn, inform; to prevent, avert
préventif/ive *adj.* preventive
prévoir (*like* **voir**) *irreg.* to foresee, anticipate
prévu *adj.* expected, anticipated; **quelque chose de prévu** something planned
prier to pray; to beg, entreat; to ask (*s.o.*); **je vous (t')en prie** please; you're welcome (15)
prière de please, be so kind as to
primaire *adj.* primary; **école** (*f.*) **primaire** primary school
principal *adj.* principal, main, most important; **plat** (*m.*) **principal** main course (7)
printanier/ière *adj.* spring(like)
printemps *m.* spring (1); **au printemps** in the spring (1)
priorité *f.* priority; **en priorité** first and foremost
pris *adj.* occupied
prise *f.* taking
prisonnier/ière *m., f.* prisoner
privé *adj.* private
privilégier to favor
prix *m.* price (7); prize
probabilité *f.* probability
probable *adj.* probable; **il est peu probable que** + *subj.* it's doubtful that (16); **il est probable que** + *indic.* it's probable that (16)
problématique *f.* problematics (*philosophy*)
problème *m.* problem (16)
procédé *m.* process, method
prochain *adj.* next (14); **à la prochaine** until next time; **la rentrée prochaine** beginning of next academic year (14); **la semaine prochaine** next week (5)
proche (de) *adj., adv.* near, close; *m. pl.* close relatives; **futur** (*m.*) **proche** *Gram.* immediate (near) future
produire (*like* **conduire**) *irreg.* to produce
produit *m.* product
professeur (*fam.* **prof**) *m.* professor, instructor (*male or female*); **vive le professeur** *interj.* long live (hurray for) the professor (1)

professionnel(le) *adj.* professional
profil *m.* profile; outline; cross section
profiter de to take advantage of, profit from
profiterole *f.* profiterole (*small cream puff*)
profond *adj.* deep
programme *m.* program; design, *pl.* plans; agenda
programmer to program
progrès *m.* progress
projection *f.* projection, showing
projet *m.* project; *pl.* plans (5)
projeter (je **projette**) to project
prolifération *f.* proliferation (16)
promenade *f.* walk (5); ride; **faire une promenade** to take a walk (5); **promenade en mer** boat ride
promener (je **promène**) to take out walking; **se promener** to go for a walk (drive, ride), take a walk (13)
promettre (*like* **mettre**) **(de)** *irreg.* to promise (to)
promotion *f.* promotion; sale, store special; **en promotion** on special
promouvoir (*p.p.* **promu**) *irreg.* to promote
pronom *m., Gram.* pronoun; **pronom complément d'objet direct (indirect)** *Gram.* direct (indirect) object pronoun; **pronom interrogatif (disjoint, relatif)** *Gram.* interrogative (disjunctive, relative) pronoun
pronominal *adj., Gram.* pronominal; **verbe** (*m.*) **pronominal** *Gram.* pronominal, reflexive verb
propagation *f.* spread
proportionnellement *adv.* proportionally
propos *m.* talk; utterance; **à propos** by the way
proposer to propose
propre *adj.* own; clean (13)
propriétaire *m., f.* owner; landlord
propriété *f.* property
prospectus *m.* handbill, leaflet
protection *f.* protection (16)
protéger (je **protège, nous protégeons**) to protect (16)
protide *m.* protein
prouver to prove
provision *f.* supply; *pl.* groceries
provoquer to provoke
proximité *f.* proximity, closeness; **à proximité de** near
psychologie (*fam.* **psycho**) *f.* psychology (2)
psychologique *adj.* psychological

psychologue *m., f.* psychologist
public (publique) *adj.* public (11);
 opinion (*f.*) **publique** public opinion
 (16); *m.* public; audience
publicité (*fam.* **pub**) *f.* commercial,
 advertisement (10); advertising (10)
publier to publish
puce *f.* flea; **marché** (*m.*) **aux puces** flea
 market
puis *adv.* then, next (11); besides; **et puis**
 and then (7); and besides
puisque *conj.* since, as, seeing that
puissant *adj.* powerful
pull-over (*fam.* **pull**) *m.* (*pullover*)
 sweater (3)
punir to punish
pur *adj.* pure
purée *f.* purée; *adj.* mashed (*vegetables*)

quai *m.* quai; platform (*train station*) (9)
qualité *f.* quality; characteristic
quand *adv., conj.* when (3); **depuis**
 quand since when; **quand même** even
 though; anyway
quantité *f.* quantity
quarante *adj.* forty (1)
quart *m.* quarter (6); fourth; quarter of
 an hour; **et quart** quarter past (the
 hour) (6); **moins le quart** quarter to
 (the hour) (6)
quartier *m.* quarter, neighborhood (2);
 Quartier latin Latin Quarter, district
 (*in Paris*)
quatorze *adj.* fourteen (1)
quatorzième *adj.* fourteenth
quatre *adj.* four (1)
quatre-vingts eighty
quatrième *adj.* fourth
que what (4); that, which (14); whom
 (14); **ne... que** *adv.* only; **qu'en**
 penses-tu what do you think of that;
 qu'est-ce que what (*object*) (4);
 qu'est-ce que c'est what is it (1);
 qu'est-ce qui what (*subject*) (15);
 qu'est-ce qui se passe what's happening, what's going on (15); **que pensez-**
 vous de... what do you think about . . .
 (11); **que veut dire...** what does . . .
 mean (7)
Québec *m.* Quebec (8)
québécois *m.* Quebecois (*language*); *adj.*
 from (of) Quebec; **Québécois(e)** *m., f.*
 Quebecer
quel(le)(s) *interr. adj.* what, which (7);
 what a; **quel âge avez-vous** how old
 are you; **quel jour sommes-nous** what
 day is it (1); **quel temps fait-il** how's

the weather (1); **quelle heure est-il**
 what time is it (6)
quelque(s) *adj.* some, any; a few; somewhat; **quelque chose** *pron.* something
 (9); **quelque part** *adv.* somewhere
quelquefois *adv.* sometimes (2)
quelqu'un *pron., neu.* someone, some-
 body (9)
question *f.* question; **pas question** *interj.,*
 fam. no way; **poser des questions** to
 ask questions; **question accueil** as far
 as welcoming goes
questionner to question, ask questions
queue *f.* line (*of people*)
qui *pron.* who, whom (3, 14); that, which
 (14); **qu'est-ce qui** what (*subject*) (15);
 qui est à l'appareil who's calling (10);
 qui est-ce que whom (*object*) (15); **qui**
 est-ce qui who (*subject*)
quiche *f.* quiche (*egg custard pie*); **quiche**
 lorraine egg custard pie with bacon
quinzaine *f.* about fifteen
quinze *adj.* fifteen (1); **quinze jours** two
 weeks
quinzième *adj.* fifteenth
quitter to leave (*s.o. or someplace*) (8); **se**
 quitter to separate, leave one another
quoi (à quoi, de quoi) *pron.* which; what
 (4); **il n'y a pas de quoi** you're welcome (15); **j'aurai droit à quoi** I'll be
 entitled to what; **n'importe quoi** anything; no matter what
quoique *conj.* although
quotidien(ne) *adj.* daily, everyday (13);
 dépenses (*f. pl.*) **du quotidien** everyday living expenses

raboteur *m.* planer (*worker*)
raconter to tell, relate (10)
radio *f.* radio (2)
ragoût *m.* meat stew, ragout
raide *adj.* stiff; straight (*hair*) (4)
raideur *f.* stiffness
raisin *m.* grape(s); raisin
raison *f.* reason; **avoir raison** to be right
 (4)
raisonnable *adj.* reasonable; rational (3)
raisonneur/euse *adj.* argumentative;
 reasoning
ramasser to gather up
ramener (**je ramène**) to bring back
randonnée *f.* hike (8); **faire une**
 randonnée to go hiking (8)
rapide *adj.* rapid, fast
rapidement *adv.* quickly
rappeler (**je rappelle**) to remind; **se**
 rappeler to recall, remember (12)

rappeur/euse *m., f.* rap singer
rapports *m. pl.* relations
rapporter to bring back; to return; to
 report
se rapprocher (de) to draw nearer (to)
raquette *f.* racket
rarement *adv.* rarely (2)
se raser to shave (13)
rassembler to gather
rassurer to reassure
rater to miss, not find
rattraper to recapture
rayon *m.* ray, beam
réactionnaire *adj.* reactionary
réagir to react
réaliser to carry out, fulfill; to create
réaliste *adj.* realistic (3)
réalité *f.* reality; **en réalité** in reality
récemment *adv.* recently, lately
recenser to take an inventory of
récent *adj.* recent, new, late
réception *f.* hotel (lobby) desk
réceptionniste *m., f.* receptionist
recette *f.* recipe
recevoir (*p.p.* **reçu**) *irreg.* to receive
recherche *f.* (*piece of*) research; search; **à**
 la recherche de in search of; **faire des**
 recherches to do research
rechercher to seek; to search for
récipient *m.* container
réclamer to call for, demand
recommandation *f.* recommendation
recommander to recommend
recommencer (nous recommençons) to
 start again
récompense *f.* reward, recompense
reconnaître (*like* **connaître**) *irreg.* to
 recognize (16)
reçu *m.* receipt (14)
recueil *m.* collection
récupérer (**je récupère**) to recover, get
 back
recyclage *m.* recycling (16)
recycler to recycle (16)
rédacteur/trice *m., f.* writer; editor
redouter to dread, fear
réduire (*like* **conduire**) *irreg.* to reduce
réel(le) *adj.* real, actual
refaire (*like* **faire**) *irreg.* to make again; to
 redo
référence *f.* reference
se référer (**je me réfère**) to refer
réfléchir (à) to reflect (upon); to think
 (about) (4)
reflet *m.* reflection
réflexion *f.* reflection, thought
réformateur/trice *m., f.* reformer

réforme *f.* reform (16)
réformer to reform
refus *m.* refusal
refuser (de) to refuse (to) (15)
se régaler to feast on, treat oneself
regard: au regard de in the eyes of, from the viewpoint of
regarder to look at, watch (2); **se regarder** to look at oneself, look at each other (13)
se régénérer (il se régénère) to regenerate
régime *m.* diet; régime; **être au régime** to be on a diet
régional (*pl.* **régionaux**) *adj.* local, of the district
règle *f.* rule
régler (je règle) to regulate, adjust; to settle
regretter to regret, be sorry (16)
regrouper to regroup
régulier/ière *adj.* regular
reine *f.* queen (12)
rejoindre (*like* **craindre**) *irreg.* to (re)join
se réjouir en to rejoice in
réjouissance *f.* rejoicing
relais *m.* stop, coach stop
relatif/ive *adj.* relative; **pronom** (*m.*) **relatif** *Gram.* relative pronoun
relation *f.* relation; relationship
se relaxer to relax
relever (je relève) un défi to take up a challenge
relier to tie, link
religieux/euse *adj.* religious
remarquable *adj.* remarkable
remarqué *adj.* noticed
remboursement *m.* reimbursement
rembourser to reimburse
remède *m.* remedy; treatment
remercier (de) to thank (for) (15); **je ne sais pas comment vous (te) remercier** I don't know how to thank you (15)
remettre (*like* **mettre**) *irreg.* to hand in; to replace (14); to deliver (14)
remplacer (nous remplaçons) to replace
rempli *adj.* filled, full
remplir to fill (in, out, up)
rémunérateur/trice *adj.* remunerative
rémunéré *adj.* compensated, paid
Renaissance *f.* Renaissance (12)
rencontre *f.* meeting, encounter (13)
rencontrer to meet, encounter; **se rencontrer** to meet (13); to get together
rendez-vous *m.* meeting, appointment; date; meeting place; **avoir rendez-vous**

avec to have a meeting (date) with (4); **donner rendez-vous à** to make an appointment with; **faire (prendre) rendez-vous** to make an appointment
rendre to give (back), return (5); to hand in; **rendre malade** to make (*s.o.*) sick; **rendre visite à** to visit (*s.o.*) (5); **se rendre à** to go to (13); **se rendre compte** to realize
renforcer (nous renforçons) to reinforce
renommé *adj.* renowned
renoncer (nous renonçons) à to give up, renounce
rénover to renovate, restore
renseignement *m.* (*piece of*) information
se renseigner sur to make inquiries about
rentrée (*f.*) **prochaine** beginning of next academic year
rentrer to return, go home (9)
réparation *f.* repair
réparer to repair
repartir (*like* **partir**) *irreg.* to leave (again)
repas *m.* meal (6); **repas fait maison** homemade meal
repasser to review; to come back
répertoire *m.* repertory
répéter (je répète) to repeat (1); **écoutez et répétez** listen and repeat (1)
répondeur (téléphonique) *m.* answering machine (10)
répondre (à) to answer, respond (5)
réponse *f.* answer, response
reportage *m.* reporting; commentary
repos *m.* rest, relaxation
reposant *adj.* restful
se reposer to rest (12)
reprendre (*like* **prendre**) *irreg.* to take (up) again; to have more (*food*)
représenter to represent
république *f.* republic
réputé *adj.* famous
réserve *f.* reservation; preserve; reserve
réservé *adj.* reserved
réserver to reserve; to keep in store
résidence (*f.*) **universitaire** dormitory building
résider to reside
résistance: plat (*m.*) **de résistance** main dish, course
résoudre (*p.p.* **résolu**) *irreg.* to solve, resolve
respecter to respect, have regard for
respiration *f.* breath

respirer to breathe
responsabilité *f.* responsibility
responsable *m., f.* supervisor; staff member; *adj.* responsible
ressemblance *f.* resemblance
ressembler à to resemble; **se ressembler** to look alike, be similar
ressource *f.* resource; **ressources naturelles** natural resources (16)
ressusciter to revive, resuscitate
restaurant *m.* restaurant (2); **restaurant universitaire** (*fam.* **restau-U**) university cafeteria
restaurateur/trice *m., f.* restaurant owner
restauration *f.* restoration; restaurant business
reste *m.* rest, remainder
rester to stay, remain (5); to be remaining; **il nous reste encore...** we still have . . .
résultat *m.* result
rétablir to reestablish
retard *m.* delay; **deux heures de retard** two hours late; **en retard** late (9)
retenir (*like* **tenir**) *irreg.* to retain; to keep, hold
retirer to withdraw (14)
retour *m.* return; **au retour** upon returning; **billet** (*m.*) **aller-retour** round-trip ticket
retourner to return; to go back (9)
retracer (nous retraçons) to retrace
retrait *m.* withdrawal; suspension
retraite *f.* retirement
retraité(e) *m., f.* retired person
retransmettre (*like* **mettre**) *irreg.* to broadcast (10)
retransmission *f.* broadcast
retrouver to find (again); to regain; **se retrouver** to meet (again)
réunion *f.* meeting; reunion
se réunir to get together, to hold a meeting
réussi *adj.* successful
réussir (à) to succeed (at), be successful (in) (4); to pass (*a test*) (4)
réussite *f.* success, accomplishment (16)
revanche *f.* revenge
rêve *m.* dream
réveil *m.* alarm clock (4)
réveiller to wake, awaken (*s.o.*); **se réveiller** to awaken, wake up (13)
Réveillon *m. Christmas Eve (New Year's Eve) dinner*
revendication *f.* demand; claim

revenir (*like* **venir**) *irreg.* to return (8); to come back (*someplace*) (8)

revenus *m. pl.* personal income

rêver (de, à) to dream (about, of) (2)

rêverie *f.* daydreaming

réviser to review, revise

revoir (*like* **voir**) *irreg.* to see again (11); **au revoir** good-bye (1)

se révolter to revolt, rebel

revue *f.* magazine (4, 10); review (10); journal

rez-de-chaussée *m.* ground floor (5), first floor

rhum *m.* rum

riche *adj.* rich

richesse *f.* wealth

rideau (*pl.* **rideaux**) *m.* curtain (4)

rien (**ne... rien**) *pron.* nothing (9); **de rien** not at all, don't mention it (1); you're welcome (1, 15); **rien de moins** nothing less

rigoler *fam.* to be kidding

rigolo(te) *adj., fam.* funny

rire (*p.p.* **ri**) *irreg.* to laugh (15); *m.* laughter

risque *m.* risk

rissoler to brown (*cooking*)

rive *f.* (river)bank; **Rive gauche (droite)** the Left (Right) Bank (*in Paris*) (11)

rivière *f.* river, tributary

riz *m.* rice

robe *f.* dress (3)

rocher *m.* rock, crag

rocheux/euse *adj.* rocky

roi *m.* king; **fête** (*f.*) **des Rois** Feast of the Magi, Epiphany

rôle *m.* part, character, role; **à tour de rôle** in turn, by turns; **jouer le rôle de** to play the part of

romain *adj.* Roman (12)

roman *m.* novel (12); **roman policier** detective novel

romancier/ière *m., f.* novelist

romantisme *m.* romanticism

rond *adj.* round

rose *adj.* pink (3); *f.* rose; **voir la vie en rose** to see life through rose-colored glasses

rôti *m.* roast (7)

rouge *adj.* red (3); **rouge** (*m.*) **à lèvres** lipstick

roulé *adj.* rolled (up)

rouler to travel (*in a car*) (9)

route *f.* road, highway (8); **en route** on the way, en route

routinier/ière *adj.* routine, following a routine

roux (rousse) *m., f.* redhead; *adj.* red-headed (4); red (*hair*) (4)

rubrique *f.* headline

rue *f.* street (4)

ruine *f.* ruin; decay; collapse

ruiné *adj.* ruined

rumsteak *m.* rumpsteak

russe *adj.* Russian; *m.* Russian (*language*); **Russe** *m., f.* Russian (*person*) (2)

Russie *f.* Russia (8)

rythme *m.* rhythm

rythmer to give rhythm to, punctuate

sable *m.* sand

sac *m.* sack; bag; handbag; **sac à dos** backpack (3); **sac à main** handbag (3); **sac de couchage** sleeping bag (8)

sachet *m.* packet

sacré *adj.* sacred

sage *m.* wise man; *adj.* good, well-behaved

saignant *adj.* rare (*meat*)

saint(e) *m., f.* saint; *adj.* holy; **Saint-Valentin** *f.* Valentine's Day

saison *f.* season

salade *f.* salad; lettuce (6)

salaire *m.* salary (14)

salarié(e): travailleur/euse (*m., f.*) **salarié(e)** salaried worker (14)

salle *f.* room; auditorium; **salle à manger** *f.* dining room (5); **salle d'eau** half-bath (*toilet and sink*); **salle de bains** bathroom (5); **salle de classe** classroom (1); **salle de conférence** meeting room; **salle de gymnastique** gym, gymnasium; **salle de mise en forme** exercise (fitness) room; **salle de musculation** weight room, training room; **salle de séjour** living room (5); **salle de sports** gymnasium

salon *m.* salon; living room

saluer to greet

salut *m.* health; *interj.* hi (1); bye

salutation *f.* greeting

samedi *m.* Saturday (1)

sandales *f. pl.* sandals (3)

sang *m.* blood

sans *prep.* without; **sans doute** probably

sans-abri *m. pl.* homeless (*persons*)

santé *f.* health (13); **à votre (ta) santé** *interj.* cheers, to your health

sapin *m.* fir tree

sardines (*f. pl.*) (**à l'huile**) sardines (in oil) (7)

satirique *adj.* satirical

satisfait *adj.* satisfied; pleased

sauce *f.* sauce; gravy; salad dressing

saucisse *f.* sausage (7)

saucisson *m.* hard salami

sauf *prep.* except

saumon *m.* salmon

sauté *adj.* pan-fried, sautéed

sauter to jump; to skip; to sauté

sauver to save, rescue (16)

savane *f.* savanna

savoir (*p.p.* **su**) *irreg.* to know (how) (11); **en savoir plus** to know more about it

savoureux/euse *adj.* tasty, delicious

scandaleux/euse *adj.* scandalous

scène *f.* stage; scenery; scene

sceptique *adj.* skeptical

science *f.* science; **science-fiction** science fiction; **sciences économiques** economics; **sciences humaines** humanities; **sciences naturelles** natural sciences; **sciences po(litiques)** political science

scientifique *m., f.* scientist

scolaire *adj.* pertaining to schools, school, academic; **fournitures** (*f. pl.*) **scolaires** school supplies; **frais** (*m. pl.*) **scolaires** tuition, fees

scolarité: frais (*m. pl.*) **de scolarité** tuition, fees

sculpté *adj.* sculpted

sculpteur (femme sculpteur) *m., f.* sculptor (12)

sculpture *f.* sculpture (12)

se (s') *pron.* oneself; himself; herself; itself; themselves; to oneself, etc.; each other

séance *f.* session, meeting; performance

sec (sèche) *adj.* dry; **biscuit** (*m.*) **sec** cookie, wafer

second(e) *adj.* second

secrétaire *m., f.* secretary (14)

secrétariat *m.* administrative office(s)

secteur *m.* sector

section *f.* section; division

sécurité (*f.*) **sociale** Social Security

séduire (*like* **conduire**) *irreg.* to charm, win over; to seduce

seize *adj.* sixteen (1)

seizième *adj.* sixteenth

séjour *m.* stay, sojourn; **salle** (*f.*) **de séjour** living room (5)

sel *m.* salt (6)

sélectionner to select

selon *prep.* according to

semaine *f.* week (8); **la semaine prochaine** next week (5); **toutes les semaines** every week (10); **une fois par semaine** once a week (5)

semblable (à) *adj.* like, similar (to)

sembler to seem; to appear; **il semble que** + *subj.* it seems that (16)

semestre *m.* semester

séminaire *m.* seminar

semoule *f.* semolina

sénateur *m.* senator

Sénégal *m.* Senegal (8)

sénégalais *adj.* Senegalese; **Sénégalais(e)** *m., f.* Senegalese (*person*)

sens *m.* meaning; sense; way, direction; **avoir le sens de l'humour** to have a sense of humor

sentiment *m.* feeling

sentir (*like* **partir**) *irreg.* to feel, sense (8); to smell (8); **se sentir** to feel

séparé *adj.* separated

sept *adj.* seven (1)

septembre September (4)

septentrional (*pl.* **septentrionaux**) *adj.* northern

septième *adj.* seventh

sérénité *f.* serenity

série *f.* series

sérieusement seriously

sérieux/euse *adj.* serious (3); **prendre au sérieux** to take seriously

serre *f.* greenhouse; **effet** (*m.*) **de serre** greenhouse effect

serré *adj.* tight, snug

serveur/euse *m., f.* bartender; waiter, waitress (7)

service *m.* favor (15); service; military service; **demander un petit service** to ask for a small favor (15)

serviette *f.* napkin (6); towel, briefcase; **serviette de plage** beach towel (8)

servir (*like* **partir**) *irreg.* to serve (8) **servir à** to be of use in, be used for

ses *adj. m., f. pl.* his; her; its; one's

seul *adj.* alone; single; only; **tout(e) seul(e)** all alone

seulement *adv.* only (9)

sévère *adj.* severe; stern, harsh

sexisme *m.* sexism (16)

short *m.* (*pair of*) shorts (3)

si *adv.* so (very) (7); so much; yes (*response to negative question*) (9); *conj.* if (3, 7); whether; **même si** even if; **s'il vous (te) plaît** please (1)

sida (SIDA) *m.* AIDS

siècle *m.* century (12); **Siècle des lumières** Age of Enlightenment

siège *m.* seat; place; headquarters

siéger (il siège; il siégeait) to be located

sien(ne)(s): le/la (les) sien(ne)(s) *pron., m., f.* his/hers

sieste *f.* nap; **faire la sieste** to take a nap

signe *m.* sign, gesture

signification *f.* meaning

signifier to mean

silence *interj.* quiet

silencieux/euse *adj.* silent

similaire *adj.* similar

simple *adj.* simple; **aller** (*m.*) **simple** one-way ticket

simplicité *f.* simplicity

simplifier to simplify

sincère *adj.* sincere (3)

sincérité *f.* sincerity

singe *m.* monkey

singulier/ière *adj.* singular; *m., Gram.* singular (*form*)

sirop *m.* syrup; **sirop d'érable** maple syrup

se situer to be situated; to be located

six *adj.* six (1)

sixième *adj.* sixth

ski *m.* skiing (5); ski (8); **chaussures** (*f. pl.*) **de ski** ski boots (8); **faire du ski** to ski (5); **lunettes** (*f. pl.*) **de ski** ski goggles (8); **ski de fond** cross-country skiing (8); **ski de piste** downhill skiing (8); **ski nautique** waterskiing (8)

skier to ski (8)

skieur/euse *m., f.* skier

snob *adj. inv.* snobbish (3)

sociable *adj.* sociable (3)

social *adj.* social; **sécurité** (*f.*) **sociale** Social Security

société *f.* society; organization; company (14); **jeux** (*m. pl.*) **de société** social games, group games (15)

sociologie (*fam.* **socio**) *f.* sociology (2)

sœur *f.* sister (5); **belle-sœur** sister-in-law (5); **demi-sœur** half sister (5); stepsister (5)

soi (soi-même) *pron., neu.* oneself

soie *f.* silk

soif *f.* thirst; **avoir soif** to be thirsty (4)

soigner to take care of; to treat

soigneusement *adv.* carefully

soin *m.* care; **avec soin** carefully

soir *m.* evening (5); **ce soir** tonight, this evening (5); **ce soir-là** that evening; **demain (hier) soir** tomorrow (yesterday) evening; **du soir** in the evening, at night (6); **le lundi (le vendredi) soir** on Monday (Friday) evenings (5)

soirée *f.* party (2); evening (8)

soixante *adj.* sixty (1)

sol: sous-sol *m.* basement, cellar

solaire *adj.* solar; **énergie** (*f.*) **solaire** solar energy (16)

solde *f.* (*soldier's*) pay, wages

sole *f.* sole (*fish*) (7)

soleil *m.* sun (1); **faire du soleil (il fait du soleil)** to be sunny (out) (it's sunny) (1); **lunettes** (*f. pl.*) **de soleil** sunglasses (8); **prendre le soleil** to sit in the sun

solitaire *adj.* solitary; single; alone (3)

sombre *adj.* dark; gloomy

sommeil *m.* sleep; **avoir sommeil** to be sleepy (4); **le plein sommeil** deep in sleep

sommet *m.* summit, top

somnifère *m.* sleeping drug

somptueux/euse *adj.* sumptuous

son *adj., m. s.* his, her, its

sonate *f.* sonata

sondage *m.* opinion poll

sonner to ring (*telephone*)

sonnette *f.* bell; doorbell

sonore *adj.* sound

sophistiqué *adj.* sophisticated

sorbet *m.* sorbet, sherbet

sorte *f.* sort, kind; manner

sortie *f.* exit; going out; evening out

sortilège *m.* witchcraft, spell

sortir (*like* **dormir**) *irreg.* to leave (8); to take out; to go out (8)

sou *m.* sou (*copper coin*); cent; *pl. fam.* money

souci *m.* care, worry

soudain *adv.* suddenly (11)

souffrir (*like* **ouvrir**) *irreg.* to suffer (14)

souhaiter to wish, desire (16)

souk *m. North African market*

soulagé *adj.* relieved (16)

soulager (nous soulageons) to relieve

souligné *adj.* underlined

soupe *f.* soup; **cuillère** (*f.*) **à soupe** tablespoon, soupspoon (6)

source *f.* source (16)

sous *prep.* under (3), beneath; in (*rain, sun*); **sous forme de** in the form of

sous-marin *adj.* underwater; *m.* submarine; **plongée** (*f.*) **sous-marine** skin diving (8)

sous-sol *m.* basement, cellar

soutenir (*like* **tenir**) *irreg.* to support (16); to assert

soutien *m.* support

souvenir *m.* memory, recollection; souvenir; **jour** (*m.*) **du souvenir** Memorial (Remembrance) Day; **se souvenir** (*like* **venir**) **de** *irreg.* to remember (12)

souvent *adv.* often (2)

spécial (*pl.* **spéciaux**) *adj.* special

spécialisé *adj.* specialized

spécialiste *m., f.* specialist

spécialité *f.* specialty (*in cooking*)

spectacle *m.* show; performance (15)
spectaculaire *adj.* spectacular
splendeur *f.* splendor
sport *m.* sport(s) (2); **faire du sport** to do, participate in sports (5)
sportif/ive *adj.* athletic; sports-minded (3); **manifestation** (*f.*) **sportive** sporting event (15)
stade *m.* stadium
stage *m.* training course; practicum, internship
standardiste *m., f.* switchboard operator
station *f.* resort (*vacation*); station; **station de métro** subway station (11); **station de ski** ski resort; **station-service** service station, garage
statistique *f.* statistic(s)
statut *m.* status
steak (*m.*) **au poivre** pepper steak
stéréo *adj. m., f.* stereo(phonic); **chaîne** (*f.*) **stéréo** stereo (4)
steward *m.* flight attendant, steward (9)
stratégie *f.* strategy
stressé *adj.* stressed out
studio *m.* studio apartment
stupide *adj.* stupid; foolish; **il est stupide que** + *subj.* it's idiotic that (16)
stupidité *f.* stupidity
style *m.* style; **style de vie** lifestyle
stylo *m.* pen (1)
subjonctif *m., Gram.* subjunctive (*mood*)
substantif *m., Gram.* noun, substantive
substituer to substitute
succès *m.* success; **à succès** successful
sucre *m.* sugar (6); **canne** (*f.*) **à sucre** sugar cane
sud *m.* south (9); **au sud** to the south (9)
suffrage: au suffrage universel by popular vote
suggéré *adj.* suggested
se suicider to commit suicide
Suisse *f.* Switzerland (8); **suisse** *adj.* Swiss; **Suisse** *m., f.* Swiss (*person*)
suite: tout de suite immediately (5)
suivant *adj.* following
suivi (de) *adj.* followed (by)
suivre (*p.p.* **suivi**) *irreg.* to follow (12); to take (*a class, a course*) (12)
sujet *m.* subject; topic
super *adj. inv., fam.* super, fantastic
superbe *adj.* superb (5)
superficie *f.* surface, area
supérieur *adj.* superior; upper
supermarché *m.* supermarket
superstitieux/euse *adj.* superstitious
supplément *m.* supplement, addition; supplementary charge

supplémentaire *adj.* supplementary, additional
supportable *adj.* bearable, tolerable
supposer to suppose
supprimer to abolish, suppress
sur *prep.* on, on top (of) (3); over; out of; about; **qui donnent sur** that overlook
sûr *adj.* sure, certain (16); safe; **bien sûr** of course; **bien sûr que oui (non)** of course (not) (6); **il est sûr que** + *indic.* it is certain that (16)
sûrement pas *interj.* certainly not
surface *f.* surface; **grande surface** shopping mall, superstore
surgelé *adj.* frozen
surmonter to overcome, get over
surprenant *adj.* surprising
surprendre (*like* **prendre**) *irreg.* to surprise, be surprising
surpris *adj.* surprised (16)
surtout *adv.* especially (10); above all
survivre (*like* **vivre**) *irreg.* to survive
suspect(e) *m., f.* suspect
symbole *m.* symbol
symboliser to symbolize
sympathique (*fam., inv.* **sympa**) *adj.* nice, friendly (3)
symphonie *f.* symphony
syndicat (*m.*) **d'initative** (local) tourist information bureau (11)
synonyme *m.* synonym; *adj.* synonymous
système *m.* system

ta *adj., f. s., fam.* your
tabac *m.* tobacco; **café-tabac** *m.* bar-tobacconist (*government-licensed*) (11)
table *f.* table (1)
tableau *m.* chalkboard (1); painting (12); chart; **tableau d'affichage** schedule display board
tablette *f.* cake, tablet; bar (*of chocolate*)
tabou *m.* taboo
tâche *f.* task
taille *f.* waist; build; size; **de taille moyenne** of medium height (4); **quelle taille fais-tu** what size do you wear (take)
tailleur *m.* (*woman's*) suit (3)
talentueux/euse *adj.* talented
tambour *m.* drum
tandis que *conj.* while; whereas
tant *adj.* so much; so many; **tant de** so many, so much; **tant mieux** so much the better; **tant pis** too bad
tante *f.* aunt (5)
taper to type
tapis *m.* rug (4)

tapisserie *f.* tapestry
tard *adv.* late (6); **il est tard** it's late; **plus tard** later
tarif *m.* tariff; fare, price
tarte *f.* tart; pie (6); **tarte aux pommes** apple tart
tartine *f.* bread and butter sandwich
tas: des tas de lots of, piles of
tasse *f.* cup (6)
tata, tatie *f., tr. fam.* aunt
taux *m.* rate; **taux de chômage** unemployment rate
taxe *f.* indirect tax
taxi *m.* taxi; **chauffeur** (*m.*) **de taxi** cab driver
te (t') *pron., s., fam.* you; to you, for you
technicien(ne) *m., f.* technician
technique *f.* technique; *adj.* technical
technologie *f.* technology
tee-shirt (*pl.* **tee-shirts**) *m.* T-shirt (3)
teinte *f.* tint, shade, hue
tel(le) *adj.* such; **tel(le) que** such as, like; **faire de telles affaires** to get good deals
télécarte *f.* telephone calling card (10)
télégramme *m.* telegram
téléphone *m.* telephone *f.* (4); **numéro** (*m.*) **de téléphone** telephone number (10)
téléphoner (à) to phone, telephone (3); **se téléphoner** to call one another
téléphonique: cabine (*f.*) **téléphonique** phone booth (10); **répondeur** (*m.*) **téléphonique** (telephone) answering machine (10)
téléspectateur/trice *m., f.* television viewer
télévisé *adj.* televised
téléviseur *m.* television set (10)
télévision (*fam.* **télé**) *f.* television (2); **poste** (*m.*) **de télévision** TV set (5)
tellement *adv.* so; so much
temporaire *adj.* temporary
temporel(le) *adj.* temporal, pertaining to time
temps *m., Gram.* tense; time (5); weather (1); **avoir le temps de** to have time to; **depuis combien de temps** since when, how long; **de temps en temps** from time to time (2, 11); **le bon vieux temps** the good old days; **le temps est nuageux** it's cloudy (1); **le temps est orageux** it's stormy (1); **prendre le temps (de)** to take the time (to); **quel temps fait-il** how's the weather (1); **temps libre** leisure time; **tout le temps** always, the whole time

tendance *f.* tendency; trend; **avoir tendance à** to have a tendency to
tendre *adj.* tender, sensitive; soft
tenir (*p.p.* **tenu**) *irreg.* to hold; to keep; **tenir la forme** to stay in shape, stay fit
tennis *m.* tennis; *pl.* tennis shoes (3); **court** (*m.*) **de tennis** tennis court; **jouer au tennis** to play tennis
tente *f.* tent (8)
tenter (de) to try, attempt (to)
tenue *f.* (*manner of*) dress, costume
terminer to end; to finish
terrain (*m.*) **de camping** campground
terrasse *f.* terrace, patio (5)
terre *f.* land; earth; the planet Earth; **par terre** on the ground (3); **pomme** (*f.*) **de terre** potato (6)
Terre-Neuve *f.* Newfoundland
terrible *adj.* terrible; great; **pas terrible** not bad, not terrible
terrine *f.* (*type of*) pâté
territoire *m.* territory
tes *adj., m., f. pl., fam.* your
tête *f.* head (13); **avoir mal à la tête** to have a headache
texte *m.* text; passage; **traitement** (*m.*) **de texte** word processing
thé *m.* tea (6)
théâtre *m.* theater; **pièce** (*f.*) **de théâtre** (*theatrical*) play (12)
théorie *f.* theory
ticket *m.* ticket (*subway, movie*)
tiens *interj.* well, well (*expresses surprise*)
tiers *m.* one-third; *adj.* third
tigre *m.* tiger
timbre *m.* stamp (10)
timide *adj.* shy; timid
tiré (de) *adj.* drawn, adapted (from)
tirer to draw (out); to shoot, fire at; to pull
titre *m.* title; degree; **grand titre** headline
toi *pron., s., fam.* you; **toi-même** yourself
toilettes *f. pl.* bathroom, toilet
toit *m.* roof
tomate *f.* tomato (6)
tombe *f.* tomb, grave
tomber to fall (9); **tomber amoureux/euse (de)** to fall in love (with) (13); **tomber bien** to be lucky, be in luck; **tomber en panne** to have a (*mechanical*) breakdown; **tomber malade** to become ill
ton *adj., m. s., fam.* your
tonne *f.* ton
tort *m.* wrong; **avoir tort** to be wrong (4)
tôt *adv.* early (6); **il est tôt** it's early
toucher (à) to touch; to concern (11); to cash (*a check*) (11, 14)

toujours *adv.* always (2); still
tour *f.* tower (11); *m.* walk, ride (5); turn; tour; trick; **à tour de rôle** in turn, by turns; **faire le tour de** to go around, take a tour of; **faire un tour** to take a walk (ride) (5)
tourisme *m.* tourism; **faire du tourisme** to go sightseeing
touriste *m., f.* tourist
touristique *adj.* tourist
tourmenté *adj.* uneasy; tortured
tournée *f.* tour, round
tourner (à) to turn (11)
tournoi *m.* tournament
Toussaint *f.* All Saints' Day (*November 1*)
tout(e) (*pl.* **tous, toutes**) *adj., pron.* all, every (10); everything (9); each; any; **tout** *adv.* wholly, entirely, quite, very, all; **à tout à l'heure** see you soon; **avant tout** above all, first and foremost; **en tout** altogether; **je n'aime pas du tout...** I don't like . . . at all; **ne... pas du tout** not at all (9); **pas du tout** not at all (5); **tous (toutes) les deux** both (of them); **tous les jours** every day (5, 10); **tous les matins** every morning (10); **tout à coup** suddenly; **tout à l'heure** in a while (5); **tout compris** all-inclusive; **tout de suite** immediately (5); **tout droit** *adv.* straight ahead (11); **tout d'un coup** suddenly, all at once (11); **toutes les semaines** every week (10); **tout le monde** everybody, everyone (9); **tout le temps** always, the whole time; **tout-puissant** *adj.* all-powerful; **tout(e) seul(e)** all alone; **tout va bien** everything is going well
tracer (nous traçons) to draw; to trace out
traditionnel(le) *adj.* traditional
traduction *f.* translation
traduire (*like* **conduire**) *irreg.* to translate (9)
train *m.* train (9); **billet** (*m.*) **de train** train ticket; **en train** by train; **être en train de** to be in the process of (15)
traité *adj.* treated, dealt with
traitement *m.* treatment; **traitement de texte** word processing
traiteur *m.* caterer, deli owner; delicatessen
tranche *f.* slice (7); block, slab
tranché *adj.* sliced, cut out
tranquille *adj.* quiet, calm (4)
tranquillité *f.* tranquility; calm
transformer to transform, to change
transport(s) *m.* transportation; **moyen** (*m.*) **de transport** means of transporta-

tion; **transports en commun** public transportation
transporter to carry, transport
travail (*pl.* **travaux**) *m.* work (2); project; job; employment; *pl.* public works
travailler to work (2); **travailler dur** to work hard; **travailler pour son compte** to be self-employed
travailleur/euse *m., f.* worker (14); *adj.* hardworking (3); **travailleur/euse indépendant(e)** self-employed worker (14); **travailleur/euse salarié(e)** salaried worker (14)
travers: à travers *prep.* through
traverser to cross (9)
treize *adj.* thirteen (1)
treizième *adj.* thirteenth
tréma *m.* diæresis, umlaut (ë)
trente *adj.* thirty (1)
très *adv.* very (3); most; very much; **très bien** very well (good) (1); **très bien, merci** very well, thank you; **très calorique** high in calories
trésor *m.* treasure; **chasse** (*f.*) **au trésor** treasure hunting
trésorerie *f.* treasury
triomphal (*pl.* **triomphaux**) *adj.* triumphant
triste *adj.* sad
trois *adj.* three (1)
troisième *adj.* third
tromper to deceive; **se tromper (de)** to be wrong/to be mistaken (12)
trompette *f.* trumpet
trop (de) *adv.* too much (of) (6); too many (of)
troublant *adj.* troublesome, troubling
trouble *m.* disturbance; trouble
trouille *f., fam.* stage fright
trouver to find (2); to deem; to like; **il a fallu trouver...** we had to find . . . (8); **se trouver** to be situated, found (12)
truc *m.* trick, idea
tu *pron., s., fam.* you
tuer to kill
Tunisie *f.* Tunisia (8)
tunisien(ne) *adj.* Tunisian; **Tunisien(ne)** *m., f.* Tunisian (*person*)
turc (turque) *adj.* Turkish
tutelle *f.* guardianship; supervision
typique *adj.* typical

un(e) *art., adj., pron.* one (1); **un(e) autre** another; **un jour** someday (14); **un peu** a little (3); **un peu (de)** a little (of) (2); **une fois** once (11); **une fois par semaine** once a week (5)

uni *adj.* united; **États-Unis** *m. pl.* United States

unifié *adj.* unified, in agreement

uniformiser to make uniform, standardize

union *f.* union; marriage; **union libre** living together, common-law marriage

unique *adj.* only, sole

unir to unite

unité *f.* unity; unit; department

universel(le) *adj.* universal; **suffrage** (*m.*) **universel** popular vote

universitaire *adj.* (*of or belonging to the*) university; **cité** (*f.*) **universitaire** (*fam.* **cité-U**) university dormitory (2); **résidence** (*f.*) **universitaire** dormitory; **restaurant** (*m.*) **universitaire** (*fam.* **restau-U, R.U.**) university cafeteria (2)

université *f.* university (2)

urbain *adj.* urban, city

urgent *adj.* urgent; **il est urgent que** + *subj.* it's urgent that (16)

utile *adj.* useful (16)

utiliser to use, utilize

vacances *f. pl.* vacation (5); **partir (aller) en vacances** to leave on vacation; **pendant les vacances** during vacation (5)

vachement *adv., fam.* very, tremendously

vaisselle *f.* dishes (5); **faire la vaisselle** to wash (do) the dishes (5)

val *m.* valley

Valentin: Saint-Valentin *f.* Valentine's Day

valeur *f.* value; worth

valise *f.* suitcase (9); **faire sa valise** to pack one's bag

vallée *f.* valley

valoir (*p.p.* **valu**) *irreg.* to be worth (16); **il vaut mieux que** + *subj.* it is better that (16)

vanille *f.* vanilla

variante *f.* variation

varié *adj.* varied

varier to vary; to change

variété *f.* variety; **chanson** (*f.*) **de variété** popular song (15)

vaste *adj.* vast; wide, broad

va-t'en *fam.* get going, go away (13)

veau *m.* veal; calf

vedette *f.* star, celebrity (male or female)

végétarien(ne) *m., f., adj.* vegetarian

véhicule *m.* vehicle

veille *f.* the day (evening) before; eve

vélo *m., fam.* bike; **à/en vélo** by bike; **faire du vélo** to go cycling (5)

vendange *f.* grape harvest

vendanger (nous vendangeons) to harvest grapes

vendeur/euse *m., f.* salesperson

vendre to sell (5); **à vendre** for sale

vendredi *m.* Friday (1)

venir (*p.p.* **venu**) *irreg.* to come (8); **venir de** + *inf.* to have just (*done s.th.*) (8)

vent *m.* wind (1); **faire du vent (il fait du vent)** to be windy (it's windy) (1)

vente *f.* sale

ventre *m.* abdomen, belly (13)

ver *m.* worm, earthworm

verbe *m.* verb; language

vérifier to verify

véritable *adj.* true; real

vérité *f.* truth

verre *m.* glass (6); **prendre un verre** *fam.* to have a drink; **un verre de** a glass of

vers *prep.* around, about (*with time expressions*) (6); toward(s), to; about; *m.* line (*of poetry*)

version *f.* version; **en version originale** original version, not dubbed (*movie*)

vert *adj.* green (3); (*politically*) "green"; **feu** (*m.*) **vert** green (stop)light; *haricots (m. pl.) verts green beans (6); **se mettre au vert** to take a rest in the country; **espace** (*m.*) **vert** grassy (wooded) area

veste *f.* sports coat, blazer (3)

veston *m.* suit jacket (3)

vêtement *m.* garment; *pl.* clothes, clothing

vétérinaire *m., f.* veterinary, veterinarian

viande *f.* meat (6)

victime *f.* victim (male or female)

vide *adj.* empty

vidéo *f., fam.* video(cassette); *adj.* video; **caméra** (*f.*) **vidéo** videocamera

vidéoclip *m.* music video

vidéothèque *f.* video store

vie *f.* life (2); **coût** (*m.*) **de la vie** cost of living (14); **voir la vie en rose** to see life through rose-colored glasses

vieillir to grow old

vieillissement *m.* aging

vierge *adj.* virgin; **forêt** (*f.*) **vierge** virgin forest

vietnamien(ne) *adj.* Vietnamese

vieux (vieil, vieille) *adj.* old (7); **le bon vieux temps** the good old days; **mon vieux (ma vieille)** old friend, buddy

vigoureux/euse *adj.* vigorous, strong

villa *f.* bungalow; single-family house; villa

village *m.* village, town

villageois(e) *m., f., adj.* villager

ville *f.* city (2); **centre-ville** *m.* downtown (11); **en ville** in town, downtown

vin *m.* wine (6); **coq** (*m.*) **au vin** coq au vin (*chicken prepared with red wine*); **marchand(e)** (*m., f.*) **de vin** wine merchant

vingt *adj.* twenty (1); **vingt et un (vingt-deux...)** *adj.* twenty-one (twenty-two . . .) (1)

vingtième *adj.* twentieth

violet(te) *adj.* purple, violet (3); *m.* violet (*color*); *f.* violet (*flower*)

violon *m.* violin

vis-à-vis (de) *adv.* opposite, facing; towards

visa *m.* visa; signature

visage *m.* face (13)

visionnaire *m.* visionary

visite *f.* visit (2); **faire une visite** to pay a visit; **rendre visite à** to visit (*s.o.*)

visiter to visit (*a place*) (2); **je peux la visiter** I may visit it

visiteur/euse *m., f.* visitor

vitæ: curriculum (*m.*) **vitæ** resumé

vite *adv.* quickly, fast, rapidly; **venez vite** come quickly

vitesse *f.* speed; **Train** (*m.*) **à Grande Vitesse (TGV)** (*French high-speed*) bullet train

viticulteur/trice *m., f.* grape grower

vitrail (*pl.* **vitraux**) *m.* stained-glass window

vitrine *f.* display window, store window

vivre (*p.p.* **vécu**) *irreg.* to live (12); **facile (difficile) à vivre** easy (hard) to live with; **vive le professeur** *interj.* long live (hurray for) the professor (1)

vocabulaire *m.* vocabulary

vogue *f.* fashion, vogue

voici *prep.* here is/are (2)

voie *f.* way, road; course; lane; railroad track; **pays** (*m.*) **en voie de développement** developing nation

voilà *prep.* there is/are (2)

voile *f.* sail (5); **bateau** (*m.*) **à voile** sailboat (8); **faire de la voile** to go sailing (5); **planche** (*f.*) **à voile** windsurfer (8)

voir (*p.p.* **vu**) *irreg.* to see (11); **on verra** we'll see

voire *adv.* indeed

voisin(e) *m., f.* neighbor (8)

voiture *f.* car, automobile (3)

voix *f.* voice

vol *m.* flight (9)

volaille *f.* poultry, fowl

volant: ballon (*m.*) **volant** hot-air balloon

volcan *m.* volcano

voler to fly; to steal; **on m'a volé mon appareil-photo** someone stole my camera

volley-ball (*fam.* **volley**) *m.* volleyball; **jouer au volley** to play volleyball

volontaire *m., f., adj.* volunteer

volonté *f.* will, willingness

volontiers *adv.* willingly, gladly

volupté *f.* voluptuous pleasure

vos *adj., m.f. pl.* your

voter to vote

votre *adj., m., f.* your

vôtre(s): le/la (les) vôtres *pron., m., f.* yours; *pl.* your close friends, relatives

vouloir (*p.p.* **voulu**) *irreg.* to wish, want (7); **que veut dire...** what does . . . mean (7); **vouloir bien** to be willing (7); to agree (7); **vouloir dire** to mean (7)

vous *pron.* you; yourself; to you; **chez vous** where you live; **et vous** and you (1); **s'il vous plaît** please (1); **vous-même** *pron.* yourself

voyage *m.* trip (5); **agence** (*f.*) **de voyages** travel agency; **chèque** (*m.*) **de voyage** traveler's check; **faire un voyage** to take a trip (5); **voyage d'affaires** business trip

voyager (nous voyageons) to travel (8)

voyageur/euse *m., f.* traveler

voyant(e) *m., f.* fortune-teller, medium

vrai *adj.* true, real (7); **il est vrai que** + *indic.* it's true that (16)

vraiment *adv.* truly, really (12)

vue *f.* view; panorama; sight; **point** (*m.*) **de vue** point of view

wagon *m.* train car (9); **wagon-lit** *m.* sleeping car; **wagon-restaurant** *m.* dining car

week-end *m.* weekend (5); **ce week-end** this weekend (5); **le week-end** on weekends (5)

y *pron.* there (11); **il y a** there is (are) (1); ago (8); **il n'y a pas de...** there isn't (aren't) . . . ; **qu'est-ce qu'il y a dans...** what's in . . . ; **y a-t-il...** is (are) there . . .

yaourt *m.* yogurt

yeux (*m. pl.* of **œil**) eyes (4, 13)

Zaïre *m.* Zaire (8)

zaïrois *adj.* Zairian; **Zaïrois(e)** *m., f.* Zairian (*person*)

zèbre *m.* zebra

zone *f.* zone, area; **zone fumeur (non-fumeur)** smoking (nonsmoking) area (9)

zoologique *adj.* zoological; **jardin** (*m.*) **zoologique** zoological gardens, zoo

LEXIQUE ANGLAIS-FRANÇAIS

This English-French end vocabulary includes the words in the active vocabulary lists of all chapters. See the introduction to the *Lexique français-anglais* for a list of abbreviations used.

abdomen ventre *m.*
able: to be able pouvoir
abolish abolir
about (*with time expressions*) vers
abroad à l'étranger
Acadia Acadie *f.*
Acadian acadien(ne)
accept accepter (de)
accident accident *m.*
accomplishment réussite *f.*
according to suivant
account compte *m.*; **checking account**
  compte-chèques *m.*; **savings account**
  compte d'épargne
accountant comptable *m., f.*
**acquaintance: to make the acquain-
  tance (of)** faire la connaissance (de)
across from en face de
act agir
activities (leisure) loisirs *m. pl.*; **outdoor
  activities** activités (*f.*) de plein air
actor acteur *m.*, actrice *f.*
address adresse *f.*
adore adorer
ads (classified) petites annonces *f. pl.*
advertisement, advertising publicité *f.*
advice conseil *m.*
advise conseiller (à, de)
aerobics aérobic *f.*; **to do aerobics** faire
  de l'aérobic
afraid: to be afraid of avoir peur de
after après
afternoon après-midi *m.*; **afternoon snack**
  goûter *m.*; **in the afternoon** de l'après-
  midi; **this afternoon** cet après-midi
afterward après
again de nouveau
age: Middle Ages moyen âge *m.*
ago il y a
agree vouloir bien
agreeable agréable

agreed d'accord
ahead: straight ahead tout droit
airplane avion *m.*
airport aéroport *m.*
alarm clock réveil *m.*
Algeria Algérie *f.*
all tout, toute, tous, toutes; **not at all**
  ne... pas du tout
allow (to) permettre (de)
almost presque
already déjà
also aussi
always toujours
American (*person*) Américain(e) *m., f.*
amount montant *m.*
amusing amusant(e)
ancestor ancêtre *m., f.*
and et; **and you** et vous (et toi)
angry fâché(e); **to get angry** se fâcher
another un(e) autre
answer répondre à; **answering machine**
  répondeur (téléphonique) *m.*
Antilles (*islands*) Antilles *f. pl.*
antique ancien(ne)
apartment appartement *m.*; **apartment
  building** immeuble *m.*
apparatus appareil *m.*
appetizer *hors-d'œuvre *m.*
apple pomme *f.*
appointment: to have an appointment
  avoir rendez-vous
approximately environ
April avril
architect architecte *m., f.*
area: smoking, nonsmoking area zone
  (*f.*) (non-)fumeur
arena arènes *f. pl.*
argue se disputer
arm bras *m.*
around (*with time expressions*) vers
arrival arrivée *f.*

arrive arriver
art (work of) œuvre (*f.*) (d'art)
artisan artisan(e) *m., f.*
artist artiste *m., f.*
as . . . as aussi... que; **as much (many)
  . . . as** autant (de)... que; **as soon as** dès
  que, aussitôt que; **as far as** jusqu'à
ashamed: to be ashamed avoir honte
ask (for) demander
asleep: to fall asleep s'endormir
at à
athletic sportif/ive
atmosphere atmosphère *f.*
attend assister à
attendant (flight) hôtesse (*f.*) de l'air;
  steward *m.*
attention attention *f.*; **to pay attention
  (to)** faire attention (à)
August août
aunt tante *f.*
automatic teller distributeur (*m.*)
  automatique
automobile voiture *f.*
autumn automne *m.*; **in autumn** en
  automne
average moyen(ne)
awaken se réveiller
awful affreux/euse

backpack sac (*m.*) à dos
bad mauvais(e) *adj.*; **bad(ly)** mal *adv.*; **it's
  bad (out)** il fait mauvais; **not bad(ly)**
  pas mal; **things are going badly** ça va
  mal; **to feel bad (ill)** aller mal; **too bad**
  dommage *interj.*
bag: sleeping bag sac (*m.*) de couchage
baguette baguette (*f.*) (de pain)
bakery boulangerie *f.*
balcony balcon *m.*
ball: bocce ball pétanque *f.*; **masked
  ball** bal (*m.*) masqué

bank banque *f.*; **bank (ATM) card** carte (*f.*) bancaire; **the Left Bank** (*in Paris*) Rive (*f.*) gauche; **the Right Bank** (*in Paris*) Rive (*f.*) droite

bar-tobacconist café-tabac *m.*

bathe se baigner

bathroom salle (*f.*) de bains; **bathroom sink** lavabo *m.*

be être; **here is/are** voici; **how are you** comment allez-vous; **it's a . . .** c'est un (une)... **is/are there . . .** il y a...; **there is/are** il y a; voilà; **to be in the middle (the process) of** être en train de

beach plage *f.*; **beach towel** serviette (*f.*) de plage

beans: green beans *haricots (*m. pl.*) verts

beautiful beau, bel, belle (beaux, belles)

because parce que

become devenir

bed lit *m.*; **to go to bed** se coucher

bedroom chambre *f.*

beef bœuf *m.*

beer bière *f.*

begin commencer; **to begin by** (*doing s.th.*) commencer par; **to begin to** (*do s.th.*) se mettre à (+ *inf.*)

behind derrière

Belgium Belgique *f.*

believe croire; estimer; **to believe in (that)** croire à (que)

berth couchette *f.*

beside à côté de

best le mieux *adv.*; le/la/les meilleur(e) (s) *adj.*

better meilleur(e) *adj.*; mieux *adv.*; **it is better that** il vaut mieux que + *subj.*

between entre

beverage boisson *f.*

bicycle bicyclette *f.*, vélo *m.*; **to go bicycling** faire de la bicyclette, du vélo

big grand(e)

bill (*in a restaurant*) addition *f.*; (*currency*) billet *m.*

biology biologie *f.*

black noir(e)

blackboard tableau (noir) *m.*; **go to the board** allez au tableau

blazer veste *f.*

blond(e) blond(e)

blouse chemisier *m.*

blue bleu(e)

boarding pass carte (*f.*) d'embarquement

boat bateau *m.*; **sailboat** bateau (*m.*) à voile

bocce ball pétanque *f.*

body corps *m.*

book livre *m.*; **telephone book** annuaire *m.*

bookshelf étagère *f.*

bookstore librairie *f.*

booth (telephone) cabine (*f.*) téléphonique

boots bottes *f. pl.*; **hiking boots** chaussures (*f. pl.*) de montagne; **ski boots** chaussures (*f. pl.*) de ski

bore: to be bored s'ennuyer

boring ennuyeux/euse

born: to be born naître

borrow (from) emprunter (à)

boss chef (*m.*) d'entreprise

bottle bouteille *f.*

boulevard boulevard *m.*

bowling (lawn) pétanque *f.*

brave courageux/euse

Brazil Brésil *m.*

bread pain *m.*; **loaf of bread** baguette (*f.*) de pain

breakfast petit déjeuner *m.*

bring apporter; **to bring** (*s.o. somewhere*) amener

broadcast émission *f.*; retransmettre *v.*

brother frère *m.*

brother-in-law beau-frère *m.*

brown châtain(s) (*hair*); marron *inv.*

brush (one's hair, teeth) se brosser (les cheveux, les dents)

budget budget *m.*; **military budget** budget militaire

build bâtir

building bâtiment *m.*; immeuble (*office, apartment*) *m.*

bus (*city*) autobus *m.*

business commerce *m.*; **business class** classe (*f.*) affaires

but mais

butcher boucher/ère *m.*, *f.*; **butcher shop** boucherie *f.*; **pork butcher's shop** charcuterie *f.*

butter beurre *m.*

buy acheter

café café *m.*

Cajun acadien(ne)

cake gâteau *m.*

call appeler; **telephone calling card** télécarte *f.*; **who's calling** qui est à l'appareil

calm calme; tranquille

camping camping *m.*

can (*to be able*) pouvoir; vouloir bien; **can (of food)** boîte (*f.*) (de conserve)

Canada Canada *m.*

cap (French) casquette *f.*

car voiture *f.*; **train car** wagon *m.*

carafe carafe *f.*

cards cartes *f. pl.*; **bank (ATM) card** carte bancaire; **credit card** carte de crédit

careful: to be careful faire attention (à)

Caribbean Islands Antilles *f. pl.*

Caribbean Sea mer (*f.*) des Caraïbes (des Antilles)

Carnival Carnaval *m.*

carrier (letter) facteur *m.*

carrot carotte *f.*

carry apporter; porter

case: in that case alors

cash argent (*m.*) liquide; **to cash (a check)** toucher

cassette player lecteur (*m.*) de cassettes; **cassette tape** cassette *f.*

castle château *m.*

cathedral cathédrale *f.*

CD player platine (*f.*) laser, lecteur (*m.*) de CD

celebrate fêter

cent (*1/100th of a franc*) centime *m.*

century siècle *m.*

certain certain(e); sûr(e)

chair chaise *f.*

chalk (stick of) craie *f.*

chalkboard tableau (noir) *m.*; **go to the board** allez au tableau

chance: games of chance jeux (*m. pl.*) de hasard

change monnaie *f.*

channel (*television*) chaîne *f.*

chateau château *m.*

check (*in a restaurant*) addition *f.*; (*bank*) chèque *m.*; **checkbook** carnet (*m.*) de chèques; **checking account** compte-chèques *m.*; **to write a check** faire un chèque; **to cash a check** toucher un chèque

cheese fromage *m.*

chemistry chimie *f.*

chess échecs *m. pl.*

chest (of drawers) commode *f.*

chicken poulet *m.*

child enfant *m.*, *f.*

China Chine *f.*

Chinese (*person*) Chinois(e) *m.*, *f.*; (*language*) chinois *m.*

chocolate chocolat *m.*

choice choix *m.*

choose choisir

chop côte *f.*

church (*Catholic*) église *f.*

citizen citoyen(ne) *m.*, *f.*

city ville *f.*

civil servant fonctionnaire *m.*, *f.*

class (business) classe (*f.*) affaires;
  tourist class classe économique
classical classique
classified ads petites annonces *f. pl.*
classroom salle (*f.*) de classe
clean propre
clear clair(e)
clerk (sales) employé(e) *m., f.*
climb monter
clock (alarm) réveil *m.*
close fermer
close to près de
cloudy: it's cloudy le temps est nuageux
coat manteau *m.*; **sports coat** veste *f.*
coffee (cup of) un café *m.*
coin pièce *f.*; **coins** monnaie *f.*
cold froid *m.*; **it's cold** il fait froid; **to be
  cold** avoir froid
collection collection *f.*
colonize coloniser
comb peigne *m.*; **to comb one's hair** se
  peigner
come venir; **to come back to** (*someplace*)
  revenir
commercial publicité *f.*
compact disc (CD) player platine (*f.*)
  laser, lecteur (*m.*) de CD
company entreprise *f.*; société *f.*; **company head** chef (*m.*) d'entreprise
compartment (*train*) compartiment *m.*
composer compositeur/trice
computer ordinateur *m.*; **computer
  science** informatique *f.*
concern toucher
conflict conflit *m.*
conformist conformiste
Congo Congo *m.*
conservation conservation *f.*
conserve conserver
consider estimer
constantly constamment
construct construire
continue continuer
contrary: on the contrary au contraire
control contrôle *m.*
cooking cuisine *f.*; **to cook** faire la
  cuisine
cool frais (fraîche); **it's cool** il fait frais
corner coin *m.*
correct: that's correct c'est exact
cost of living coût (*m.*) de la vie
costs frais *m. pl.*
costume costume *m.*; **costume party** bal
  (*m.*) masqué
country (*nation*) pays *m.*; **country(side)**
  campagne *f.*
courageous courageux/euse

course (*academic*) cours *m.*; **course**
  (*meal*) plat *m.*; **first course** entrée *f.*;
  of course (not) bien sûr que oui
  (non); **main course** plat (*m.*) principal
cousin cousin(e) *m., f.*
cover couvrir
craftsperson artisan(e) *m., f.*
crayfish écrevisse *f.*
cream crème *f.*; **ice cream** glace *f.*
create créer
credit card carte (*f.*) de crédit
croissant croissant *m.*
cross traverser; **cross-country skiing** ski
  (*m.*) de fond
cup tasse *f.*; **cup of coffee** un café *m.*;
  wide cup bol *m.*
curly frisé(e)
curtain(s) rideau(x) *m.*
cute chouette
cycling cyclisme *m.*; vélo *m.*; **to go cycling** faire du vélo

daily quotidien(ne)
dance danser
date (from) dater (de); **to have a date**
  avoir rendez-vous
daughter fille *f.*
day jour *m.*; **whole day** journée *f.*; **every
  day** tous les jours; **the day before
  yesterday** avant-hier; **what day is it**
  quel jour sommes-nous
dear cher (chère)
decade: the decade of (the fifties) les
  années (cinquante) *f. pl.*
December décembre
decide décider (de)
decrease diminution *f.*
delay retard *m.*
deli charcuterie *f.*
delightful génial(e)
deliver remettre
demand exiger
demonstrate (for/against) manifester
  (pour/contre)
dentist dentiste *m., f.*
departure départ *m.*
deposit déposer
describe décrire
desire désirer; souhaiter
desk bureau *m.*
dessert dessert *m.*
destroy détruire
detest détester
develop développer
development développement *m.*
dial (a number) composer (un numéro)
dictionary dictionnaire *m.*

die mourir
different différent(e)
difficult difficile
difficulty: to have difficulty (in) avoir
  du mal (à)
dine dîner
dining room salle (*f.*) à manger
dinner dîner *m.*; **to have dinner** dîner
direct diriger
disagreeable désagréable
discover découvrir
disguise oneself se déguiser
dishes vaisselle *f.*; **to do the dishes** faire
  la vaisselle
district quartier *m.*; arrondissement *m.*
division (*academic*) faculté *f.*
divorced divorcé(e)
do faire; **do-it-yourself work** bricolage *m.*
doctor médecin (femme médecin) *m., f.*
dog chien(ne) *m., f.*
door porte *f.*
dormitory cité (*f.*) universitaire (cité-U)
doubt douter
down: down with exams! à bas les
  examens!
downhill skiing ski (*m.*) de piste
downtown centre-ville *m.*
drawers (chest of) commode *f.*
dream rêver
dress robe *f.*; **to dress up in disguise** se
  déguiser; **to get dressed** s'habiller
drink boisson *f.*; **to drink** boire
drive conduire
driver conducteur/trice *m., f.*
drugstore pharmacie *f.*
during pendant
dynamic dynamique

each (one) chacun(e) *pron.*; chaque *adj.*
ear oreille *f.*
early de bonne heure; tôt
earn gagner
east est *m.*; **to the east** à l'est
easy facile
eat manger; **I like to eat** je suis
  gourmand(e)
eccentric excentrique
eclair éclair (*pastry*) *m.*
ecological écologique
economics économie *f.*
egg œuf *m.*
eight *huit
eighteen dix-huit
eighth le/la huitième
elect élire
eleven onze
eleventh le/la onzième

employee employé(e) *m.*, *f.*: **s.o. employed (by)** employé(e) (de)
encounter rencontre *f.*; rencontrer
end by (*doing s.th.*) finir par
energy énergie *f.*; **nuclear/solar energy** énergie (*f.*) nucléaire/solaire
engage: to get engaged se fiancer
engagement fiançailles *f. pl.*
engineer ingénieur *m.*
England Angleterre *f.*
English (*person*) Anglais(e) *m.*, *f.*; (*language*) anglais *m.*; **English-speaking** anglophone
enough assez de
enter entrer
enthusiastic enthousiaste
envelope enveloppe *f.*
environment environnement *m.*
era: the era of (the fifties) les années (cinquante) *f. pl.*
errands courses *f. pl.*; **to do errands** faire les courses
especially surtout
essential essentiel(le)
establishment: at the establishment of chez
estimate estimer
even même
evening soir *m.*; **entire evening** soirée *f.*; **good evening** bonsoir, **in the evening** du soir; **Monday/Friday evenings** le lundi/le vendredi soir; **this evening** ce soir *m.*
event événement *m.*; **sporting event** manifestation (*f.*) sportive
every tout, toute, tous, toutes; **every day** tous les jours; **every one** chacun(e) *pron.*; **every week** toutes les semaines
everyday quotidien(ne)
everyone tout le monde
everything tout
everywhere partout
evident évident(e)
exam examen *m.*; **to take an exam** passer un examen; **down with exams** à bas les examens
example: for example par exemple
exchange rate cours *m.*; **money exchange (office)** bureau (*m.*) de change
excuse (oneself) s'excuser; **excuse me** excusez-moi
expense dépense *f.*; **expenses** frais *m. pl.*
expensive cher (chère)
express an opinion exprimer une opinion
expression: freedom of expression liberté (*f.*) d'expression
eye œil *m.* (*pl.* yeux)

face visage *m.*
fair juste
fall automne *m.*; tomber *v.*; **in fall** en automne
false faux (fausse)
familiar: to be familiar with connaître
family famille *f.*
far from loin de
farmer agriculteur/trice *m.*, *f.*
father-in-law beau-père *m.*
favor service *m.*; **to ask a small favor** demander un petit service
favorite préféré(e)
February février
feel sentir; **to feel bad** aller mal; **to feel like** avoir envie de
few: a few quelques
fifteen quinze
fifth le/la cinquième
fifty cinquante
fill it up faire le plein
fillet (*beef, fish, etc.*) filet *m.*
film film *m.*
filmmaker cinéaste *m.*, *f.*
finally enfin
find trouver
fine bien; ça va bien
finger doigt *m.*
finish finir de (+ *inf.*); **to finish by** (*doing s.th.*) finir par (+ *inf.*)
first d'abord *adv.*; premier/ière *adj.*; **first of all (at first)** d'abord
fish poisson *m.*; **fish store** poissonnerie *f.*; **fishing** pêche *f.*; **to fish** pêcher
five cinq
fixed price menu menu *m.*
flash of lightning coup (*m.*) de foudre
flight vol *m.*; **flight attendant** hôtesse (*f.*) de l'air; **steward** *m.*
float (*parade*) char *m.*
floor: ground floor rez-de-chaussée *m.*; **second floor** premier étage *m.*; **third floor** deuxième étage *m.*
flower fleur *f.*
fluently couramment
follow suivre
food cuisine *f.*
foot pied *m.*
for pour; (*time*) depuis; **for example** par exemple
foreign: in a foreign country à l'étranger; **foreign language** langue (*f.*) étrangère
foreigner étranger/ère *m.*, *f.*
forest bois *m.*; forêt *f.*
forget (to) oublier (de)
fork fourchette *f.*

former ancien(ne)
formerly autrefois
fortunate heureux/euse
forty quarante
found: to be found se trouver
four quatre
fourteen quatorze
fourth le/la quatrième; **one-fourth** quart *m.*
franc franc (*currency*) *m.*
France France *f.*
freedom (of expression) liberté (*f.*) (d'expression)
French (*person*) Français(e) *m.*, *f.*; (*language*) français *m.*; **French fries** frites *f. pl.*; **French-speaking** francophone; **in French, please** en français, s'il vous plaît
fresh frais (fraîche)
Friday vendredi *m.*
friend ami(e) *m.*, *f.*
fries frites *f. pl.*
from de; **from time to time** de temps en temps
front: in front of devant
fruit fruit *m.*; **fruit juice** jus (*m.*) de fruit
fun amusant(e); **to have fun** s'amuser (à)
funny drôle
furious furieux/euse
furniture (piece of) meuble *m.*
future avenir *m.*; **in the future** à l'avenir

games: games of chance jeux (*m. pl.*) de hasard; **group, social games** jeux (*pl.*) de société
garden jardin *m.*
gardening jardinage *m.*
generally en général
geography géographie *f.*
geology géologie *f.*
German (*person*) Allemand(e) *m.*, *f.*; (*language*) allemand *m.*
Germany Allemagne *f.*
get obtenir; **get going!** va-t'en!; **to get along (with)** s'entendre (avec); **to get off, down from** descendre (de); **to get up** se lever
girl jeune fille *f.*
give donner; **to give back** rendre
glass verre *m.*; **(eye)glasses** lunettes *f. pl.*
gloves (ski) gants (*m. pl.*) (de ski)
go: to go aller; **fine (things are going well)** ça va; **go away/get going** allez-vous-en (va-t'en!); **how's it going** ça va; **to be going** (*to do s.th.*) aller + *inf.*; **to go back** retourner; **to go down** descendre; **to go home** rentrer; **to go off, go away** (*to work*) s'en aller; **to go out**

sortir (de); **to go to** se rendre à; **to go up** monter; **what's going on** qu'est-ce qui se passe

goggles: ski goggles lunettes (*f. pl.*) de ski

good bien *adv.*; bon(ne) *adj.*; **good-bye** au revoir; **good day** bonjour; **good evening** bonsoir

Gothic gothique

government gouvernement *m.*

grandchild petit-enfant *m.*

granddaughter petite-fille *f.*

grandfather grand-père *m.*

grandmother grand-mère *f.*

grandparents grands-parents *m. pl.*

grandson petit-fils *m.*

gray gris(e)

great formidable; bravo; excellent

great-grandparent arrière-grand-parent *m.*

green vert(e); **green beans** *haricots (*m. pl.*) verts

grocery store épicerie *f.*

ground: on the ground par terre; **ground floor** rez-de-chaussée *m.*

group games jeux (*m. pl.*) de société

guess deviner

habitually d'habitude

hair cheveux *m. pl.*

hairdresser coiffeur/euse *m., f.*

Haiti Haïti *m.*

half demi(e); **half brother** demi-frère *m.*; **half past the hour** et demi(e); **half sister** demi-sœur *f.*

hall couloir *m.*; **lecture hall** amphithéâtre *m.*; **town hall** mairie *f.*

ham jambon *m.*

hand main *f.*; **raise your hand** levez la main

handbag sac (*m.*) à main

handsome beau, bel, belle

happen se passer; **what's happening** qu'est-ce qui se passe

happy content(e); heureux/euse

hardly peu

hardworking travailleur/euse

hat chapeau *m.*

have avoir; **to have** (*to eat; to order*) prendre; **to have to** devoir

head directeur/trice *m., f.*; tête *f.*; **company head** chef (*m.*) d'entreprise

health santé *f.*

hear entendre

heavy lourd(e)

height: medium height de taille moyenne

hello bonjour; (*telephone*) allô

help aider

here ici; **here is/are** voici

hi salut

high élevé(e)

highway autoroute *f.*

hike randonnée *f.*; **hiking boots** chaussures (*f. pl.*) de montagne; **to go hiking** faire une randonnée

hilarious marrant(e)

hire embaucher; **hiring** embauche *f.*

historical historique *f.*

history histoire *f.*

hobby passe-temps *m.*

holiday fête *f.*

home foyer *m.*; maison *f.*; **at the home of** chez; **to go home** rentrer

homework devoirs *m. pl.*; **to do homework** faire ses devoirs

hope espérer

horse cheval *m.*; **to go horseback riding** faire du cheval

hospitable accueillant(e)

hospital hôpital *m.*

hot chaud; **it's hot** il fait chaud; **to be hot** avoir chaud

hotel hôtel *m.*

hour heure *f.*; **quarter before the hour** moins le quart

house maison *f.*

housework: to do the housework faire le ménage

how comment; **how are you** comment allez-vous; **how many . . .** combien (de)... ; **how's it going** ça va

hungry: to be hungry avoir faim

hurry se dépêcher

hurt avoir mal (à)

husband mari *m.*

ice cream glace *f.*

idealistic idéaliste

if si

immediately tout de suite

impatient impatient(e)

important important(e)

impossible impossible

in à; en; dans; **in French** en français; **in order to** pour; **in four days** dans quatre jours; **in the afternoon** de l'après-midi

include comprendre

increase augmentation *f.*

indispensable indispensable

individualistic individualiste

industrial industriel(le)

inflation inflation *f.*

information: tourist information bureau syndicat (*m.*) d'initiative

inspect contrôler

instead plutôt

instructor professeur *m., f.*

intellectual intellectuel(le)

intelligent intelligent(e)

interest intéresser

interesting intéressant(e)

interview (job) entretien *m.*

involve: to get involved (in) (*a public issue, cause*) s'engager (vers)

island île *f.*

it is il est

it's a . . . c'est un (une)...

Italian (*person*) Italien(ne) *m., f.*; (*language*) italien

Italy Italie *f.*

Ivory Coast Côte-d'Ivoire *f.*

jacket (ski) anorak *m.*; **suit jacket** veston *m.*

January janvier

Japan Japon *m.*

Japanese (*person*) Japonais(e) *m., f.* (*language*) japonais *m.*

jeans jean *m.*

jewel bijou *m.*

jog faire du jogging

juice (fruit) jus (*m.*) de fruit

July juillet

June juin

just juste; **to have just done s.th.** venir de + *inf.*

key clé, clef *f.*

kilo kilogramme *m.*

kiosk kiosque *m.*

kiss s'embrasser

kitchen cuisine *f.*

knee genou *m.* (*pl.* genoux)

knife couteau *m.*

know connaître; **to know (how)** savoir; **I don't know** je ne sais pas

lake lac *m.*

lamp lampe *f.*

language (foreign) langue (*f.*) (étrangère)

last dernier/ière; passé(e)

late en retard; tard

laugh rire

laundry: do the laundry faire la lessive

law droit *m.*

lawn bowling pétanque *f.*

lawyer avocat(e) *m., f.*

lazy paresseux/euse

learn apprendre (à)

leave (for, from) partir (à, de); **to leave** (*behind*) laisser; **to leave** (*go out*) sortir; **to leave** (*s.o. or someplace*) quitter

lecture conférence *f.*; **lecture hall** amphithéâtre *m.*

left: on the left à gauche; **the Left Bank** (*in Paris*) Rive (*f.*) gauche

leg jambe *f.*

legacy patrimoine *m.*

legalization légalisation *f.*

leisure (activities) loisirs *m. pl.*

lend (to) prêter (à)

less . . . than moins... que

letter lettre *f.*; **letter carrier** facteur *m.*

lettuce salade *f.*

library bibliothèque *f.*

life vie *f.*

lightning: flash of lightning coup (*m.*) de foudre

like aimer; **I don't like . . . at all** je n'aime pas du tout... **I would like** (*to do s.th.*) j'aimerais (+ *inf.*); **to like better** aimer mieux

likely probable

linguistics linguistique *f.*

listen écouter

literature littérature *f.*

little: a little (of) un peu (de)

live habiter; vivre; **long live (hurray for)** . . . vive...

living: cost of living coût (*m.*) de la vie; **living room** salle (*f.*) de séjour

loaf (of bread) baguette (*f.*) (de pain)

loan emprunt *m.*

locate: to be located se trouver

lodging(s) logement *m.*

long long(ue); **long live (hurray for)** . . . vive...

longer: no longer ne... plus

look (at) regarder; **to look (like)** avoir l'air (de); **to look at oneself, look at each other** se regarder; **to look for** chercher

lose perdre; **to get lost** se perdre

lot: a lot beaucoup

love adorer; aimer; amour *m.*; **love at first sight** coup (*m.*) de foudre; **lover; loving** amoureux/euse *m., f.*; **to fall in love** tomber amoureux/euse

lowering baisse *f.*

lucky: to be lucky avoir de la chance

lunch déjeuner *m.*; **to have lunch** déjeuner

ma'am Madame (Mme)

machine: answering machine répondeur (*m.*) téléphonique

magazine (*illustrated*) magazine *m.*; (*journal*) revue *f.*

magnificent magnifique

mailbox boîte (*f.*) aux lettres

make faire

makeup: to put on makeup se maquiller

man homme *m.*; **young man** jeune homme *m.*

manager directeur/trice *m., f.*; **middle/senior manager** cadre *m.*; **top manager** chef (*m.*) d'entreprise

many: how many . . . combien (de)...

map plan (*city*) *m.*; carte (*of a region, country*) *f.*

March mars

market marché *m.*; **to go to the market** faire le marché

marriage mariage *m.*

married marié(e); **to get married** se marier (avec)

Martinique Martinique *f.*

masked ball bal (*m.*) masqué

masterpiece chef-d'œuvre *m.* (*pl.* chefs-d'œuvre)

mathematics (math) mathématiques (maths) *f. pl.*

May mai

maybe peut-être

me: as for me pour ma part

meal repas *m.*

mean vouloir dire; **what does . . . mean** que veut dire...

meat viande *f.*

media médias *m. pl.*

medieval médiéval(e)

medium: of medium height de taille moyenne

meet se rencontrer; **to meet (for the first time)** faire la connaissance (de)

meeting rencontre *f.*; **to have a meeting (date)** avoir rendez-vous

mention: don't mention it de rien

menu carte *f.*; **fixed price menu** menu *m.*

merchant (wine) marchand(e) (*m., f.*) (de vin)

messy en désordre

metro station station (*f.*) de métro

Mexico Mexique *m.*

middle: Middle Ages moyen âge *m. s.*; **to be in the middle of** être en train de

midnight minuit

military budget budget (*m.*) militaire

milk lait *m.*

minitel minitel *m.*

mirror miroir *m.*

Miss Mademoiselle (Mlle)

mixture mélange *m.*

Monday lundi *m.*; **it's Monday (Tuesday . . .)** nous sommes lundi (mardi...)

money argent *m.*; **money exchange (office)** bureau (*m.*) de change

monitor contrôler

month mois *m.*

Montreal Montréal

monument monument *m.*

more . . . than plus... que; **no more** ne... plus

morning matin *m.*; **entire morning** matinée *f.*; **in the morning** du matin; **this morning** ce matin

most (of) la plupart (de) *f.*

mother-in-law belle-mère *f.*

motorcycle motocyclette, moto *f.*

mountain montagne *f.*

mountaineering alpinisme *m.*

mouth bouche *f.*

movie film *m.*; **movie theater; movies** cinéma *m.*

Mr. Monsieur (M.)

Mrs. Madame (Mme)

much bien *adv.*; **as much/many . . . as** autant (de)... que; **too much** trop de; **very much** beaucoup

municipal municipal(e)

museum musée *m.*

music musique *f.*

musician musicien(ne) *m., f.*

naive naïf (naïve)

named: to be named s'appeler; **my name is . . .** je m'appelle... ; **what's your name** comment vous appelez-vous

napkin serviette *f.*

natural naturel(le); **natural resources** ressources (*f. pl.*) naturelles

nature nature *f.*

necessary nécessaire; **it is necessary to** il est nécessaire de + *inf.*; il faut... ; **to be necessary** falloir

neck cou *m.*

necktie cravate *f.*

need avoir besoin de; **one needs** il faut; il est nécessaire de; on a besoin de + *inf.*

neighbor voisin(e) *m., f.*

neighborhood quartier *m.*

nephew neveu *m.*

nervous nerveux/euse

network chaîne *f.*

never ne... jamais

new nouveau, nouvel, nouvelle

Newfoundland Terre-Neuve *f.*
newlyweds nouveaux mariés *m. pl.*
New Orleans La Nouvelle-Orléans
newspaper (news) journal *m.* (*pl.* journaux)
newsstand kiosque *m.*
next ensuite, puis *adv.*; prochain(e) *adj.*; **next to** à côté de; **next week** la semaine prochaine
nice beau (*weather*); gentil(le); sympathique (sympa); **it's nice (out)** il fait beau
niece nièce *f.*
night nuit *f.*; **at night** du soir
nine neuf
nineteen dix-neuf
ninth le/la neuvième
no non; **no longer, no more** ne... plus; **no one, nobody** ne... personne
noise bruit *m.*
nonsmoking area zone (*f.*) non-fumeur
noon midi
normal normal(e)
north nord *m.*; **to the north** au nord
nose nez *m.*
not (at all) ne... pas (du tout); **not bad(ly)** pas mal; **not very** peu; **not yet** ne... pas encore
notebook cahier *m.*
nothing ne... rien
Nova Scotia Nouvelle-Écosse *f.*
novel roman *m.*
November novembre
now maintenant; **from now on** à l'avenir
nuclear energy énergie (*f.*) nucléaire
number (telephone) numéro (*m.*) (de téléphone); **to dial a number** composer un numéro

obliged: to be obliged to devoir
obtain obtenir
ocean mer
o'clock: It is . . . o'clock il est... heures
October octobre
odd drôle
of de; **of course (not)** bien sûr que oui (non); **of them (of it)** en
offer offrir
office bureau *m.*
officer (police) agent (*m.*) de police
often souvent
okay d'accord
old ancien(ne); vieux, vieil, vieille
on (top of) sur; **on the ground** par terre
once une fois; **all at once** tout d'un coup; **once a week** une fois par semaine
one un(e)

only ne... que; seulement
open ouvrir
opinion: in my opinion pour ma part; à mon avis; **in your opinion** à votre (ton) avis; **public opinion** opinion (*f.*) publique; **to express an opinion** exprimer une opinion; **to have an opinion about** penser de
optimistic optimiste
or ou
orange orange *inv.*
order: in order/orderly en ordre; **in order to** pour; **to order** commander, prendre (*in a restaurant*)
other autre; **others** d'autres; **the other(s)** le/la/les autre(s)
outdoors de plein air; **outdoor activities** activités (*f.*) de plein air
outside dehors
overseeing contrôle *m.*
owe devoir
oyster huître *f.*

package paquet *m.*
pain: to have pain avoir mal (à)
painter artiste-peintre *m., f.*; peintre (femme peintre) *m., f.*
painting peinture *f.*; tableau *m.*
palace palais *m.*
pants pantalon *m.*
parade défilé *m.*; **parade float** char *m.*
pardon (me) pardon
Parisian parisien(ne)
park parc *m.*
party soirée *f.*; **costume party** bal (*m.*) masqué; **political party** parti *m.*
pass (*time*) passer; **boarding pass** carte (*f.*) d'embarquement; **to pass** (*a test*) réussir à; **to pass by** passer par
passenger passager/ère *m., f.*
past passé *m.*
pastry, pastry shop pâtisserie *f.*
pâté (country-style) pâté (*m.*) (de campagne)
patient patient(e)
patrimony patrimoine *m.*
pay attention (to) faire attention (à)
pear poire *f.*
pen stylo *m.*
pencil crayon *m.*
pepper poivre *m.*
perfect perfectionner
performance spectacle *m.*
period (*of history*) époque *f.*
permit (to) permettre (de)
person personne *f.*
personally personnellement

pessimistic pessimiste
pharmacist pharmacien(ne) *m., f.*
pharmacy pharmacie *f.*
philosophy philosophie *f.*
phone téléphoner (à)
physics physique *f.*
picnic pique-nique *m.*
pie tarte *f.*
piece morceau *m.*; **piece of furniture** meuble *m.*
pilot pilote *m., f.*
pink rose
place endroit *m.*; lieu *m.*; **place of residence** logement *m.*; **to place (put)** mettre
plan on (*doing s.th.*) penser (+ *inf.*); **plans** projets *m. pl.*
plate assiette *f.*
platform (*train station*) quai *m.*
play (*theater*) pièce (*f.*) de théâtre; **to play** (*a musical instrument*) jouer de; **to play** (*a sport or game*) jouer à
player (cassette, CD) lecteur (*m.*) (de cassettes, de CD)
pleasant gentil(le); agréable
please s'il vous (te) plaît; **pleased** content(e)
plumber plombier *m.*
poem poème *m.*
poet poète *m., f.*
poetry poésie *f.*
point out indiquer
police officer agent (*m.*) de police; **police station** commissariat *m.*; poste (*m.*) de police
policy politique *f.*
politely poliment
political party parti *m.*
politician politicien(ne) *m., f.*
politics politique *f.*
pollute polluer
pollution pollution *f.*
pool (swimming) piscine *f.*
poor pauvre
popular song chanson (*f.*) de variété
pork porc *m.*; **pork butcher's shop (delicatessen)** charcuterie *f.*
Portugal Portugal *m.*
possible possible; **it is possible that** il est possible que + *subj.*
post office poste *f.*; bureau (*m.*) de poste
postcard carte (*f.*) postale
poster affiche *f.*
potato pomme (*f.*) de terre
practical pratique
prefer aimer mieux; préférer
preferable préférable

preferred préféré(e)
prepare préparer
pretty joli(e)
prevent (from) empêcher (de)
price prix *m.*; **fixed price menu** menu *m.*
primary school teacher instituteur/trice *m., f.*
probable probable
problem ennui *m.*; problème *m.*
process: to be in the process of être en train de
professor professeur *m.*
program (*TV, radio*) émission *f.*
proliferation prolifération *f.*
protect protéger
protection protection *f.*
proud fier (fière)
psychology psychologie *f.*
public public (publique); **public opinion** opinion (*f.*) publique
purchase achat *m.*
pursue poursuivre
put on mettre
putter (around) bricoler

quarter (*one-fourth*) quart *m.*; **quarter to the hour** moins le quart; **quarter past the hour** et quart; **quarter** (*district*) quartier *m.*
Quebec (*city*) Québec; **of, from Quebec** québécois(e); **Quebec** (*province*) Québec *m.*; **Quebecois** (*language*) québécois *m.*
queen reine *f.*
question: I have a question j'ai une question
quiet tranquille; silence *m.*

radio radio *f.*
rain pleuvoir; **it's raining** il pleut
raincoat imperméable *m.*
raise: raise your hand levez la main
rarely rarement
rate (of exchange) cours *m.*
rather plutôt
read lire; **reading** lecture *f.*
ready prêt(e); **to get ready** se préparer
realistic réaliste
really vraiment; **oh, really** ah, bon
reasonable raisonnable
receipt reçu *m.*
recognize reconnaître
record(ing) disque *m.*
recycle recycler
recycling recyclage *m.*
red rouge; **red** (*hair*) roux (rousse)
redheaded roux (rousse)

reform réforme *f.*
refuse (to) refuser (de)
regret regretter
relate (*tell*) raconter
relax se détendre
relieved soulagé(e)
remain rester
remember se rappeler; se souvenir (de)
Renaissance Renaissance *f.*
rent louer
repeat répéter
replace remettre
reporter journaliste *m., f.*
require exiger
rescue sauver
residence: university residence complex cité universitaire (cité-U) *f.*
resource: natural resources ressources (*f. pl.*) naturelles
rest se reposer
restaurant restaurant *m.*
return (give back) rendre, retourner; (*go home*) rentrer; (*come back to someplace*) revenir
review revue *f.*
ride tour *m.*; **to take a ride** faire un tour (en voiture)
right: on (to) the right à droite: **the Right Bank** (*in Paris*) Rive (*f.*) droite; **to be right** avoir raison; **that's not right** ce n'est pas juste
rise montée *f.*
river fleuve *m.*
road route *f.*
roast rôti *m.*
Roman romain(e)
room pièce *f.*; (*bedroom*) chambre *f.*
roommate camarade (*m., f.*) de chambre
rug tapis *m.*
run courir; faire du jogging
Russia Russie *f.*
Russian (*person*) Russe *m., f.*

sailboat bateau (*m.*) à voile
sailing voile *f.*; **to go sailing** faire de la voile
salad salade *f.*
salaried worker travailleur/euse (*m., f.*) salarié(e)
salary salaire *m.*
salt sel *m.*
same même; **the same one(s)** le/la/les même(s)
sandals sandales *f. pl.*
sardines (in oil) sardines (*f. pl.*) (à l'huile)
Saturday samedi *m.*

sausage saucisse *f.*
save (*rescue*) sauver; **savings account** compte (*m.*) d'épargne; **to save (up) money** faire des économies
say dire; **how do you say "Cheers" in French** comment dit-on «Cheers» en français
schedule horaire *m.*
school école *f.*; **primary school teacher** instituteur/trice *m., f.*
sculptor sculpteur (femme sculpteur) *m., f.*
sculpture sculpture *f.*
sea mer *f.*
season saison *f.*
seat (*theater*) place *f.*
second le/la deuxième; **second floor** premier étage *m.*
secretary secrétaire *m., f.*
section (*of Paris*) arrondissement *m.*
see voir; **see you soon** à bientôt; **to see again** revoir
seems: it seems that il semble que + *subj.*; **to seem** avoir l'air de
self-employed worker travailleur/euse (*m., f.*) indépendant(e)
sell vendre
send envoyer
Senegal Sénégal *m.*
sense sentir *v.*
September septembre
serious sérieux/euse
serve servir
set (*TV*) poste (*m.*) de télévision
settle (down, in) s'installer
seven sept
seventeen dix-sept
several plusieurs
sexism sexisme *m.*
shave se raser
shelf étagère *f.*
shirt chemise *f.*
shoes chaussures *f. pl.*; **tennis shoes** tennis *m. pl.*
shop (*store*) magasin *m.*; **butcher shop** boucherie *f.*; **pastry shop** pâtisserie *f.*
shopkeeper commerçant(e) *m., f.*
shopping: to do the shopping faire le marché
short court(e) (*hair*); petit(e) (*person*)
shorts short *m.*
show spectacle *m.*; **to show** indiquer; montrer
shower douche *f.*; **to take a shower** se doucher
since depuis
sincere sincère

sing chanter
single (*person*) célibataire *m., f.*; **single life** célibat *m.*
sir Monsieur (M.)
sister sœur *f.*; **sister-in-law** belle-sœur *f.*
sit down asseyez-vous (assieds-toi)
situate: to be situated se trouver
six six
sixteen seize
sixty soixante
ski ski *m.*; **ski boots** chaussures (*f. pl.*) de ski; **ski goggles** lunettes (*f. pl.*) de ski; **ski jacket** anorak *m.*; **to ski** faire du ski; skier
skiing ski *m.*; **cross-country skiing** ski de fond; **downhill skiing** ski de piste; **to go skiing** faire du ski; **waterskiing** ski nautique
skin diving plongée (*f.*) sous-marine; **to go skin diving** faire de la plongée sousmarine
skirt jupe *f.*
sleep dormir
sleeping bag sac (*m.*) de couchage
sleepy: to be sleepy avoir sommeil
slice tranche *f.*
small petit(e)
smell sentir
smoke fumer
smoker fumeur/euse *m., f.*
smoking area zone (*f.*) fumeur
snack: afternoon snack goûter *m.*
snob snob
snow neige *f.*; neiger; **it's snowing** il neige
snowman bonhomme (*m.*) de neige
so alors; **so-so** comme ci, comme ça **so (very)** si
sociable sociable
social games jeux (*m. pl.*) de société
sociology sociologie *f.*
socks chaussettes *f. pl.*
sofa canapé *m.*
solar energy énergie (*f.*) solaire
sole (*fish*) sole *f.*
solitary solitaire
some en *pron.*; quelques *adj.*
someday un jour
someone quelqu'un
something quelque chose
sometimes parfois; quelquefois
somewhat assez
son fils *m.*
song (popular) chanson (*f.*) de variété
soon bientôt; **as soon as** aussitôt que; dès que; **see you soon** à bientôt
sorry désolé(e); **to be sorry** regretter
source source *f.*

south sud *m.*; **to the south** au sud
Spain Espagne *f.*
Spanish (*person*) Espagnol(e) *m., f.*; (*language*) espagnol
speak parler
spend (*money*) dépenser; (*time*) passer
spoon (soup) cuillère (*f.*) (à soupe)
sport(s) sport *m.*; **sports coat** veste *f.*; **sporting event** manifestation (*f.*) sportive; **sports-minded** sportif/ive; **to do sports** faire du sport
spring printemps *m.*; **in spring** au printemps
square (*in city*) place *f.*
stairway escalier *m.*
stamp timbre *m.*
stand: I can't stand . . . j'ai horreur de...
state état *m.*; **United States** États-Unis *m. pl.*
station (subway) station (*f.*) de métro; **police station** commissariat *m.*; poste (*m.*) de police; **train station** gare *f.*
stay rester
steak bifteck *m.*
stepbrother demi-frère *m.*
stepfather beau-père *m.*
stepmother belle-mère *f.*
stepsister demi-sœur *f.*
stereo chaîne (*f.*) stéréo
steward, stewardess steward *m.*, hôtesse (*f.*) de l'air
still encore
stop s'arrêter (de)
store magasin *m.*; **fish store** poissonnerie *f.*; **grocery store** épicerie *f.*
stormy: it's stormy le temps est orageux
straight (*hair*) raide
straight ahead tout droit
strange étrange
stranger étranger/ère *m., f.*
strawberry fraise *f.*
street rue *f.*
strike: to strike faire grève
stroll flâner
student étudiant(e) *m., f.*
study étudier
stupid stupide
suburbs banlieue *f.*
subway métro *m.*; **subway station** station (*f.*) de métro
succeed réussir (à)
success réussite *f.*
suddenly soudain; tout à coup
suffer souffrir
sugar sucre *m.*
suit (*man's*) costume *m.*; (*woman's*) tailleur *m.*; **suit jacket** veston *m.*
suitcase valise *f.*

sum montant *m.*
summer été *m.*; **in summer** en été
sun soleil *m.*; **it's sunny** il fait du soleil
Sunday dimanche *m.*
sunglasses lunettes (*f. pl.*) de soleil
suntan: to get a suntan bronzer
superb superbe
support soutenir
sure sûr(e)
surprised étonné(e); surpris(e)
sweater pull-over *m.*
sweetheart amoureux/euse *m., f.*
swim nager; se baigner
swimming pool piscine *f.*
swimsuit maillot (*m.*) de bain
Switzerland Suisse *f.*

table table *f.*
take prendre; **to take** (*a course*) suivre; **to take** (*s.o.*) emmener; **to take a ride** faire un tour; **to take a trip** faire un voyage; **to take a walk** faire un tour; se promener; **to take an exam** passer un examen; **to take out** sortir; **to take place** se passer
tall grand(e)
tape (cassette) cassette *f.*
taste goûter *v.*
taxes impôts *m. pl.*
tea thé *m.*
teach enseigner (à); apprendre (à)
teacher professeur *m.*; **primary school teacher** instituteur/trice *m., f.*
team équipe *f.*
telephone téléphone *m.*; appareil *m.*; **telephone book** annuaire *m.*; **telephone booth** cabine (*f.*) téléphonique; **telephone calling card** télécarte *f.*; **telephone number** numéro (*m.*) de téléphone; **to telephone** téléphoner à
television télévision *f.*; **TV set** poste (*m.*) de télé; téléviseur; **television channel** chaîne *f.*
tell dire; raconter
teller: automatic teller distributeur (*m.*) automatique
ten dix
tennis shoes tennis *m. pl.*
tent tente *f.*
terrace terrasse *f.*
test examen *m.*; **to pass a test** réussir à un examen
thank you merci; **to thank** remercier; **I don't know how to thank you** je ne sais pas comment vous (te) remercier
that cela (ça); que, qui *rel. pron.*
theater (*movie*) cinéma *m.*

then (and) (et) alors; ensuite; puis; **well then** eh bien...

there là *adv.*; y *pron.*; **is/are there . . .** il y a... ; **there is/are** voilà; il y a

therefore alors; donc

think (about) réfléchir (à); **to think (of, about)** penser (à); **to think (have an opinion) about** penser de; **what do you think about . . .** que pensez-vous (penses-tu) de... ; **what do you think of that** qu'en pensez-vous (penses-tu)

third floor deuxième étage *m.*

thirsty: to be thirsty avoir soif

thirteen treize

thirty trente

this cela (ça); ce, cet, cette, ces

three trois

throat gorge *f.*

Thursday jeudi *m.*

ticket billet *m.*

ticket window guichet *m.*

tidy en ordre

tie (*necktie*) cravate *f.*

time fois (*f.*); heure *f.*; temps *m.*; **from time to time** de temps en temps; **not on time** en retard; **on time** à l'heure; **to pass, spend (time)** passer (du temps); **what time is it** quelle heure est-il; **the time is . . . o'clock** il est... heures

tip pourboire *m.*

today aujourd'hui

tomato tomate *f.*

tomorrow demain

too: too bad dommage *interj.*; **too much** trop de

tooth dent *f.*

top: on top sur

touch toucher

tourist class classe (*f.*) économique; **tourist information bureau** syndicat (*m.*) d'initiative

towel: beach towel serviette (*f.*) de plage

tower tour *f.*

town hall mairie *f.*

train train *m.*; **train car** wagon *m.*; **train station** gare *f.*

translate traduire

transportation transports *m. pl.*

travel voyager; (*in a car*) rouler

tree arbre *m.*

trip voyage *m.*; **to take a trip** faire un voyage

trouble ennui *m.*; **to have trouble (in)** avoir du mal (à)

true vrai(e)

try (to) essayer (de); chercher (à)

T-shirt tee-shirt *m.*

Tuesday mardi *m.*

Tunisia Tunisie *f.*

turn tourner

TV (set) poste (*m.*) de télévision; téléviseur *m.*

twelve douze

twenty vingt: **twenty-one** vingt et un; **twenty-two** vingt-deux

two deux

ugly laid(e)

umbrella parapluie *m.*

uncle oncle *m.*

under sous

understand comprendre; **I don't understand** je ne comprends pas

unemployment chômage *m.*

unfair injuste, pas juste

unfortunate fâcheux/euse; pauvre

United States États-Unis *m. pl.*

university université *f.*; **university dormitory** cité universitaire (cité-U) *f.*

unjust injuste

unlikely peu probable

unsociable insociable

until jusqu'à

up to jusqu'à

urgent urgent(e)

useful utile

useless inutile

usually d'habitude

vacation vacances *f. pl.*; **during vacation** pendant les vacances

VCR magnétoscope *m.*

vegetable légume *m.*

very très; fort *adv.*; **not very** peu; **very much** beaucoup; **very well, good** très bien

violet violet(te)

visit visite *f.*; **to visit** (*a place*) visiter; **to visit** (*s.o.*) rendre visite à

voodoo vaudou *m.*

voter électeur/trice *m., f.*

wait (for) attendre

waiter, waitress serveur/euse *m., f.*

wake up se réveiller

walk promenade *f.*; tour *m.*; **to take a walk** se promener; faire un tour/une promenade; **walking** marche *f.*

wall mur *m.*

want avoir envie de; désirer; vouloir

war guerre *f.*

ward (*of Paris*) arrondissement *m.*

warm: to be warm avoir chaud

wash (*oneself*) se laver

waste gaspillage *m.*; (*material*) déchet *m.*; **to waste** perdre; gaspiller

watch regarder; **to watch out (for)** faire attention (à)

water (mineral) eau (*f.*) (minérale); **waterskiing** ski (*m.*) nautique

way (*road*) chemin *m.*

wear porter

weather temps *m.*; **how's the weather** quel temps fait-il; **it's bad (good) weather** il fait mauvais (beau)

Wednesday mercredi *m.*

week semaine *f.*; **every week** toutes les semaines; **next week** la semaine prochaine; **once a week** une fois par semaine

weekend: this weekend ce week-end; **on weekends** le week-end

welcome: you're welcome de rien; il n'y a pas de quoi; je vous en prie

well bien *adv.*; **things are going well** ça va bien; **very well, good** très bien **well, then** eh bien...

west ouest *m.*; **to the west** à l'ouest

what que; qu'est-ce que; qu'est-ce qui; quoi; **what** comment; **what is it** qu'est-ce que c'est

when quand; lorsque; où *relative pron.*

where où

which lequel, laquelle, lesquels, lesquelles; que, qui *relative pron.*; quel, quelle, quels, quelles *interr. adj.*; **of which** dont

while: in a while tout à l'heure

white blanc(he); **white-collar worker** employé(e) *m., f.*

who qui; qui est-ce qui

whom qui; qui est-ce que; que; **of whom** dont

whose dont

why pourquoi

wife femme

willing: to be willing vouloir bien

win gagner

wind vent *m.*; **it's windy** il fait du vent

windbreaker blouson *m.*

window fenêtre *f.* **(ticket)** guichet *m.*

windsurfing planche (*f.*) à voile

wine vin *m.*; **wine merchant** marchand (*m.*) de vin

winter hiver *m.*; **in winter** en hiver

wish souhaiter

with avec

withdraw retirer

woman femme *f.*; **young woman** jeune fille *f.*

wonder se demander

wood(s) bois *m.*; forêt *f.*

word mot *m.*
work travail *m.*; **to work** travailler; (*machine or object*) marcher; **do-it-yourself work** bricolage *m.*; **work (of art)** œuvre (*f.*) (d'art)
worker travailleur/euse *m., f.*; (*manual*) ouvrier/ière *m., f.*; **salaried worker** travailleur/euse salarié(e); **self-employed worker** travailleur/euse indépendant(e); **white-collar worker** employé(e) *m., f.*

world monde *m.*
worse pire
worth: to be worth valoir
write (to) écrire (à)
writer écrivain (femme écrivain) *m., f.*
wrong: to be wrong avoir tort; se tromper

year an *m.*; **entire year** année *f.*; **to be (20) years old** avoir (20) ans
yellow jaune

yes oui; si (*response to negative question*)
yesterday hier; **the day before yesterday** avant-hier
yet: not yet ne... pas encore
you: and you et vous (et toi)
young jeune; **young man** jeune homme *m.*; **young lady** jeune fille *f.*; **young people** jeunesse *f.*
youth jeunesse *f.*

Zaire Zaïre *m.*

INDICES

INDEX

This index is divided into two parts: Part I (Grammar) covers topics in grammar, structure, and usage; Part II (Topics) lists cultural, functional (**À propos** and **Mots-clés**), and vocabulary topics treated in the text. Topics in Part II appear as groups; they are not cross-referenced.

Part I: Grammar

Part II: Topics

CULTURE

FUNCTIONS (À propos and Mots-clés)

STRATEGIES (Avant de lire)

CREDITS

Photo Credits

Page 1 © Comstock; *3 Sophie* © Owen Franken; *Malik* © S. Errington/The Hutchison Library; *Jérôme* © Charles Gupton/Stock, Boston; *Nathalie* © Owen Franken; *14 (left)* Auguste Charpentier, *Portrait of George Sand*. Musée Carnavalet, Paris. Photograph © Giraudon/Art Resource; *(right)* © Paul G. Adam/Publiphoto; *15 (left)* © Jeff Greenberg/Photo Researchers; *(right)* © Owen Franken; *25* Thomas Kitchin/First Light; *38 (left)* © M. Ponomareff/Ponopress; *(right)* Marc Chagall, *Paris Through the Window*, 1913. Oil on canvas, 53½ × 55¾″. The Solomon R. Guggenheim Museum, New York. Gift, Solomon R. Guggenheim, 1937. Photo David Heald © The Solomon R. Guggenheim Foundation, New York. © 1996 Artists Rights Society, N.Y./ADAGP, Paris; *39 (bottom left)* © Stephen Homer/First Light; *(top right)* © Owen Franken; *49* © Owen Franken; *53* © Trevor Bonderud/First Light; *58* © Arlene Collins/Monkmeyer Press; *64* © Karen Judd; *67* © Owen Franken; *68 (left)* Coco Chanel © Horst P. Horst. Courtesy Staley-Wise Gallery; *(right)* Elisabeth-Louise Vigée-Lebrun, *Self-Portrait*. Uffizi Gallery, Florence. Photograph © Giraudon/Art Resource; *69 (top left)* © Owen Franken; *(bottom right)* © P. Quittemelle/Publiphoto; *72* © Owen Franken; *73* © Owen Franken; *78* © M. Ponomareff/Ponopress; *83* The bedroom of Louis XIV. Photograph © Giraudon/Art Resource; *85* © Owen Franken; *94 (left) Louis XIV Praying*. Frontispiece, Book of Hours Louis XIV. Cliché © Bibliothèque Nationale de France, Paris. Photograph © Giraudon/Art Resource; *(right)* © Chad Ehlers/First Light; *95 (bottom left)* © G. Zimbel/Publiphoto; *(top right)* © Owen Franken; *102* © Andrew Brilliant; *103* © Owen Franken; *107* Pierre Auguste Renoir, *Madame Georges Charpentier and Her Children*, 1878. Oil on canvas 60½ × 74⅞″. The Metropolitan Museum of Art, New York. Wolfe Fund, Catharine Lorillard Wolfe Collection, 1907; *109* © Owen Franken; *116 (left)* © Owen Franken/Sygma; *(right)* © Peter Menzel/Material World; *117 (top)* © Owen Franken; *(bottom)* © Betty Press/Panos Pictures; *123* © Owen Franken; *129* © Betty Press/Panos Pictures; *133* © Owen Franken; *134* © Owen Franken; *140 (left)* © Michel Ginies/Sipa Press; *(right)* Paul Cézanne, *Still Life*, ca. 1900. Oil on canvas, 18 × 21⅝″. The National Gallery of Art, Washington. Gift of the W. Averell Harriman Foundation in memory of Marie N. Harriman; *141 (top)* © Owen Franken; *(bottom)* © William B. Folsom; *148 (both)* © Owen Franken; *149* © Robert Bretzfelder/PhotoEdit; *153* © Owen Franken; *157* © Owen

York. © 1996 Succession H. Matisse, Paris/Artists Rights Society, N.Y.; *327* © Owen Franken; *330* © Owen Franken; *335* © Owen Franken; *338* (*left*) P.P. Prud'hon, *Portrait of the Empress Joséphine*. Musée du Louvre, Paris. Photograph © Lauros-Giraudon/Art Resource; (*right*) © Kit Kittle; *339* (*top*) Henri Matisse, *The Terrace, Saint-Tropez*, Saint-Tropez, summer 1904. Oil on canvas, 28¼ × 22¾". Isabella Stewart Gardner Museum, Boston. © 1996 Succession H. Matisse, Paris/Artists Rights Society, N.Y.; (*bottom*) © Mary Laurence/Courtesy Club Med Sales, N.Y.; *341* © Nik Wheeler/Black Star; *342* © C. Osborne/Photo Researchers; *353* © Bill Bachmann/The Image Works; *358* © Owen Franken; *362* © Owen Franken; *363* © Owen Franken; *364* (*left*) © S. Bassouls/Sygma; (*right*) Gustave Caillebotte, *The Floor-scrapers*. Musée d'Orsay, Paris. Photograph © Giraudon/Art Resource; *365* (top) © Owen Franken; (*bottom*) © Philipe Giraud/Sygma; *369* © Bruce Paton/Panos Pictures; *373* © Jean-Luc Barde; *374* © Owen Franken; *377* © Gérard Del Vecchio/Fotogram/Tony Stone Images; *379* © Owen Franken; *381* © Shaun Botterill/Allsport; *389* © Owen Franken; *390* (*left*) © Mike Powell/Allsport; (*right*) Jean-Baptise Siméon Chardin, *Portrait of the Artist Jacques André Joseph Aved*, 1734. Oil on canvas, 54¼ × 41¼". Musée du Louvre, Paris. Photograph © Scala/Art Resource; *391* (*top*) © Owen Franken; (*bottom*) © Sylvain Grandadam/Fotogram/Tony Stone Images; *405* © Lapi-Viollet, Paris; *408* © Owen Franken; *411* © Facelly/Sipa Press; *416* © Chris-Steele Perkins/Magnum; *420* (*left*) AKG London; (*right*) Paul Gauguin, *Landscape of Tahiti (Mohana Moa)*, 1892. Atheneum, Helsinki, Finland. Photograph © Giraudon/Art Resource; *421* (*top*) © J. F. Roussier/Sipa Press; (*bottom*) © Stevens/Gamma-Liaison

Realia and Literary Credits

Page 19 Dernières Nouvelles d'Alsace; 29–30 © Liber Kartor, Sweden; *132 Gault Millau; 139 Le Nouvel Observateur; 173 Gault Millau; 174–175 Bons Sens magazine; 204* Reprinted with permission of Club Mediterranée; *233* Published in *Approche*, photo: Agence Metis; *248 L'Express*/NYTSS; *257 Africa No. 1; 261* Copyright1 *Le Figaro* 1995; *290–291 Journal Français d'Amérique; 348* Magazines Maclean Hunter, Québec; *370–371* Reprinted with permission of *Magazine Jeune et Jolie; 397* INSEE; *398–399 Châtelaine*, vol. 36, #1, January 1995; *468* Copyright: *Figaro magazine*

NOTES

NOTES

NOTES

NOTES

NOTES

NOTES

NOTES